“十二五”普通高等教育本科国家级规划教材

数字电子技术基础

第3版

Digital Fundamentals

● 西安交通大学电子学教研组 编

● 赵进全 张克农 宁改娣 金印彬 编

● 赵进全 张克农 主编

高等教育出版社·北京

内容简介

本书为“十二五”普通高等教育本科国家级规划教材，是在2003年出版的《数字电子技术基础》、2010年出版的《数字电子技术基础》(第2版)(“十一五”“十二五”国家级规划教材)的基础上，参照“教育部高等学校电子电气基础课程教学指导分委员会”2011年颁布的“数字电子技术基础”课程教学基本要求，总结西安交通大学电子学教研组多年教学实践修订而成的。

本次修订未改变原教材的知识体系，仍然遵循器件、电路、应用相结合，以器件、电路工作原理及分析方法为基础，电路及系统应用为目的的原则，体现“引导入门、由浅入深、循序渐进、利于教学”的指导思想，增加了一定量的应用实例和例题，提高了教材的可读性和实用性，保持了我校电子技术基础教学“保基础、重实践、少而精”的传统。内容包括：数字逻辑基础、集成逻辑门电路、组合逻辑电路的分析和设计、锁存器与触发器、时序逻辑电路、脉冲的产生与整形电路、数模和模数转换、半导体存储器与可编程逻辑器件、数字系统综合设计。各章前有内容提要，末有小结，并配有难易程度和数量都比较适当的习题。

本书可与我校赵进全、杨拴科主编的《模拟电子技术基础》(第3版)配套使用，作为高等学校电气、自动化、仪器仪表、电子信息类及其他相近专业本、专科学生“电子技术基础”课程的教材或教学参考书，也可供相关工程技术人员参考。

图书在版编目(CIP)数据

数字电子技术基础/西安交通大学电子学教研组编；赵进全，张克农主编. --3版. --北京：高等教育出版社，2020.9

ISBN 978-7-04-054292-9

Ⅰ.①数… Ⅱ.①西… ②赵… ③张… Ⅲ.①数字电路-电子技术-高等学校-教材 Ⅳ.①TN79

中国版本图书馆CIP数据核字(2020)第105926号

Shuzi Dianzi Jishu Jichu

策划编辑 平庆庆　责任编辑 平庆庆　封面设计 赵　阳　版式设计 杨　树
插图绘制 于　博　责任校对 王　雨　责任印制 赵义民

出版发行 高等教育出版社
社　　址 北京市西城区德外大街4号
邮政编码 100120
印　　刷 大厂益利印刷有限公司
开　　本 787mm×1092mm 1/16
印　　张 21.5
字　　数 450千字
购书热线 010-58581118
咨询电话 400-810-0598
网　　址 http://www.hep.edu.cn
　　　　 http://www.hep.com.cn
网上订购 http://www.hepmall.com.cn
　　　　 http://www.hepmall.com
　　　　 http://www.hepmall.cn
版　　次 2003年4月第1版
　　　　 2020年9月第3版
印　　次 2020年9月第1次印刷
定　　价 43.30元

物 料 号 54292-00

第3版前言

本书是在高等教育出版社分别于2003年出版的《数字电子技术基础》、2010年出版的《数字电子技术基础》(第2版)(“十一五”“十二五”国家级规划教材)的基础上,参照“教育部高等学校电子电气基础课程教学指导分委员会”2011年颁布的“数字电子技术基础”课程教学基本要求,总结西安交通大学电子学教研组多年教学实践修订而成的。

本次修订未改变原教材体系,仍然遵循器件、电路、应用相结合,以器件、电路工作原理及分析方法为基础,电路及系统应用为目的的原则,体现“引导入门、由浅入深、循序渐进、利于教学”的指导思想,保持我校电子技术基础教学“保基础、重实践、少而精”的传统,加强了教材的可读性与应用性。

与前两版相比,新版教材内容有一定的变化,加强了基础知识、中规模集成器件、MOS管及其应用的教学,增加了一定量的例题和习题,强化了重点知识、简化了难点知识的教学,提高了本书的可读性和实用性。具体变化如下:

1. 第1章增加了数字电路的基本概念、机器数及机器数的运算规则、逻辑代数的基本规则,加强了具有约束条件的逻辑函数的建立及化简。

2. 第2章删除集成逻辑门的封装特点及一些浅显的知识,加强了TTL**与非**门的外特性及有关参数介绍,增加了OC门、三态门及其应用,加强了CMOS门电路的组成、工作原理及特点介绍。

3. 第3章加强了译码器、加法器及多路数据选择器的应用实例,增加了多位数值比较器的原理介绍。

4. 第4章删掉了CMOS主从D触发器。

5. 第5章将5.7.1时序脉冲发生电路作为单独一节,并补充了一个基于MSI时序逻辑电路的设计实例。

6. 每章都增加了一定量的例题、习题及应用实例。

书中打*号部分为选学内容,教师可根据具体要求、总学时数及学生学习情况灵活处理。删去这些内容不影响理论体系的完整性。

本书由赵进全、张克农担任主编,负责提出修订大纲、组织修订和定稿工作。各章具体修订分工如下:第1、2、3章由赵进全、宁改娣修订,第4、5、6章由赵进全修订,第7章由崔占琴修订,第8章及各章的VHDL语言部分由张克农修订,第9章由金印彬修订。修订过程中,西安交通大学电子学教研组的杨建国、陈文洁、徐正红、张虹以及西安石油大学的崔占琴、西安邮电大学的师亚莉、陕西科技大学的侯勇严等老师参加了讨论,并提出了宝贵的意见。

华中科技大学的罗杰教授审阅了本书的全稿，并提出了不少建设性的修改意见。对此，谨致以衷心的感谢。

由于作者水平有限，本书内容难免有疏漏和错误，欢迎专家、学者、使用本书的教师、学生和工程技术人员提出宝贵意见和建议。E-mail：jqzhao@xjtu.edu.cn.

编者

2020年5月

第2版前言

近年来，数字电子技术飞速发展，数字化的浪潮席卷全球，几乎所有电子产品都在向数字化方向发生着重大变革，对数字电子技术基础课程不断提出新的要求。

本教材的修订仍然遵循器件、电路、应用相结合，以器件、电路工作原理及分析方法为基础、电路应用为目的的原则，体现“难点分散、引导入门、利于教学”的指导思想，保持我校电子技术基础教学“保基础、重实践、少而精”的传统。

本版修订重点考虑以下几个方面的问题：

对原教材章节次序作了一定调整，加强、整理、完善和补充了VHDL语言、数字电路EDA设计方法、FPGA的开发与应用等内容，另增加数字系统综合设计一章，介绍现代数字系统设计方法，使现代数字系统设计和实践方面的内容成为一条与传统内容并行的教学路线。

通过删减一些较少使用的内容，完善和补充传统重要相关内容，使两条教学路线内容有机结合起来。加强电子系统的概念，将单元电路的分析、设计与应用系统设计有机地结合；加强集成器件及应用实例的分析与设计，提高读者工程实际应用等能力。

通过增加一定数量例题、应用实例和习题拓展读者的知识面。

新教材整体教学内容略有增加。增加一定数量具有实用意义的例题和习题，适当增加新型集成器件及实际应用电路等内容，使教材及时反映器件和现代数字系统设计最新发展，引导读者主动思考、寻找解决问题的方法，培养创新思维能力。

本次教材编写过程中，宁改娣编写了第1~3章，赵进全编写了第4~6章，张克农编写了第7章、第8章和各章中的VHDL语言部分，金印斌编写了第9章。

本书的初版和再版都是在我的导师沈尚贤教授编写的教材基础上进行的。如今，他已经离开了我们，作者深切缅怀和纪念沈尚贤教授。

北京交通大学的侯建军认真审阅了全部书稿，并提出了许多修改意见。在此，编者谨向他们致以衷心的感谢。

由于作者水平有限，教材中难免会有一些不当之处，希望读者批评指正。

张克农

2009年12月

第1版前言

随着电子技术的高速发展,电子技术领域里的新概念、新器件和新方法不断涌现,使电子技术基础课程的教学内容不断增加,教材篇幅越来越大。然而,随着教学改革的不断深入、教学计划的不断调整,各门课程的授课学时数不断减少,进一步加剧了电子技术基础课程教学内容多而授课学时少的矛盾,国内目前仍缺少适用较少学时的简明教材。

一般把电子技术基础课程确定为电类专业的一门入门性和实践性很强的技术基础课程。因而,随着"轻专业,重基础"教学改革的进行,本课程在人才培养中的作用就显得更加重要。

我校多年使用沈尚贤先生和何金茂先生主编的《电子技术导论》及修订版教材,本次编写的《数字电子技术基础》教材是在上述教材的基础上,发扬我校电子技术基础课程教学的传统优势,体现我校电子学教研组多年教学经验,结合新的课程体系和教学内容改革的要求编写而成。

本书与杨拴科主编的《模拟电子技术基础》形成电子技术基础课程教材的姊妹篇,但内容相对独立,既可采用"先模拟后数字",又可采用"先数字后模拟"的教学体系。

编写本教材的基本思想是:

1. 从"电子技术基础课程"的定位出发,既要满足教学内容的需要,又要具有一定的实用性。保持了我校电子技术基础教学"保基础、重实践、少而精"的传统,全书约35万字,可以满足较少学时教学的需要。

2. 教材内容以集成电路为主,适当保留了门电路和触发器方面的基本内容。把数字电路分析和设计的重点从门电路和触发器上移到中规模集成电路。

3. 重视集成电路的外特性,压缩各种集成电路内部工作原理的介绍,强调通过外特性来学习集成电路,提出通过功能框图来分析和设计较大规模数字电路。适当引入数字系统概念。

4. 适当引入了新概念、新器件、新技术,本书介绍了硬件描述语言VHDL,并把它作为一种新的数字电路的描述方法。增加和充实了高密度可编程逻辑器件方面的内容。便于学生了解电子技术的新发展并学习掌握一些分析设计数字电路的新方法。

本书的编写工作是在何金茂先生的指导下进行的,具体分工如下:宁改娣编写1、3章,高歌编写4、5章,段军政编写6、7章,张克农编写2、8、9章并负责制订编写提纲和全书的统稿工作。编写过程中,西安交通大学电子与信息工程学院邓建国老师,电子学教研组杨拴科、马积勋、杨建国和徐正红等老师参与讨论并提供了宝贵的意见。硕士研究生王维和王红雨等同学也参与了部分工作。西安电子科技大学的杨颂华老师认真审阅了全部书稿,并提出了许多修改意见。在此,编者谨向他们致以衷心的感谢。

本书中一定存在许多不足之处,希望读者给予批评和指正。

编者
2002 年 7 月于西安交通大学

目 录

1

数字逻辑基础

【内容提要】

数字逻辑是数字电子技术的数学基础,是分析和设计复杂数字系统的理论依据。数字逻辑是以二进制数制为基础的。本章介绍如何用二进制数描述数字逻辑,具体内容包括数制和码制、各种数制之间的转换、算术运算和逻辑运算、逻辑函数表示法以及逻辑函数的代数和卡诺图化简方法等。

1.1 数字电路的基本概念

1.1.1 模拟量与数字量

自然界中有各种各样的物理量,无论它们的性质多么不同,就其变化规律和特点而言,可将它们分为两大类:模拟量(模拟信号)和数字量(数字信号)。

① 模拟量:其特点是量值的大小随时间连续变化,如图 1.1.1(a)所示。加工和处理这类信号的电路称为模拟电路。研究和分析模拟信号的电子线路理论称为模拟电子学。

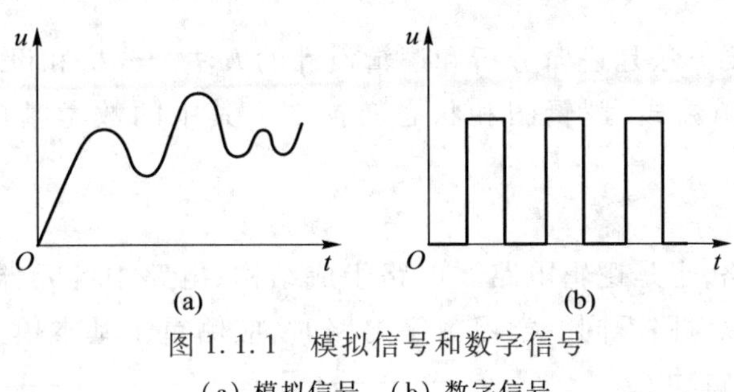

图 1.1.1 模拟信号和数字信号

(a) 模拟信号 (b) 数字信号

② 数字量:其特点是量值是离散的、突变的,如图 1.1.1(b)所示。加工和处理这类信号的电路称为数字电路。研究和分析数字信号的电子线路理论称为数字电子学。

1.1.2 数字信号的特点及脉冲参数

在数字电路中,加工和处理的信号都是脉冲信号,也即数字信号。从广义上讲,一切非正弦信号通称为脉冲信号。常见的脉冲信号波形如图 1.1.2 所示。无论它们的形状多么不同,但其共同点是量值是突变的,而且是不连续的,即时有时无的,或者说时高时低的。

数字电路中主要应用的是方波和矩形波。

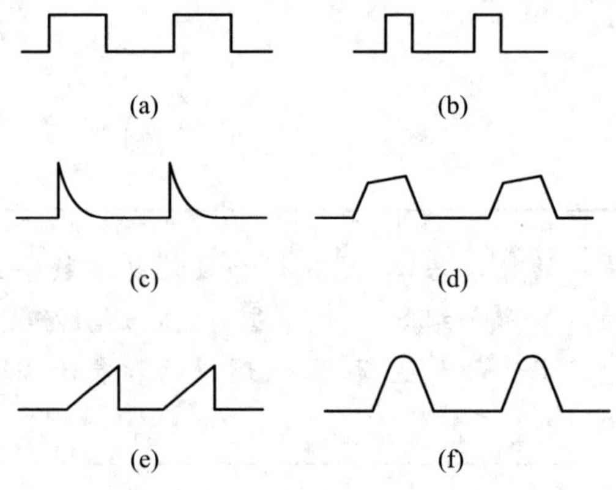

图 1.1.2 常见的脉冲信号波形
(a) 方波 (b) 矩形波 (c) 尖脉波 (d) 梯形波 (e) 锯齿波 (f) 钟形波

1.1.3 数字电路研究的对象及方法

1. 数字电路研究的主要对象

在研究数字电路的各基本单元电路和基本模块电路时,采用的输入信号为数字信号,得到的输出信号也为数字信号,输入与输出之间为一一对应的关系。因而,数字电路研究的主要对象是输入与输出之间的逻辑关系,也即电路的逻辑功能。

2. 研究方法

研究数字电路的主要方法是逻辑分析和逻辑设计的方法。分析和设计数字电路的基本工具是真值表、卡诺图、逻辑函数式、逻辑图和状态转换图。其中的数学基础是逻辑代数——布尔代数。

3. 学习侧重点

数字电路是开关电路,也是逻辑电路。电路组成结构、电路中各元器件的工作状态、研究对象及处理方法等均与模拟电路不同。学习数字电路时,应侧重于基本单元电路和基本数字模块的外部特性,即电路的逻辑功能。

1.1.4 数字系统概述

将若干不同功能的基本数字模块有机地组合在一起，构成完成某一特定任务的电路，这些数字电路称为数字系统。显然，一台数字设备就是一个数字系统。

为了对数字系统有一个初步的认识。这里以数字转速表为例，简要介绍数字系统的大致结构形式。

图 1.1.3 所示为数字转速表的结构框图。转动体上有一黑色环，中间有白色亮点（定标记号），光源发出的光经其反射后，照射光电管，光电管将光转变为电信号。当转动体每转一周时，光电管接受一次光电信号，并产生一个电脉冲。此电脉冲经放大整形变为与光电管输出脉冲同频率的矩形脉冲信号（数字信号），送至门电路的一个输入端。门电路的开门和关门时间受脉冲发生器控制。分脉冲将门打开 1 min，此期间，矩形脉冲通过门电路进入计数器，计数器累计的脉冲个数就是转动体 1 min 内所转圈数，也即转速。计数器中的数值再经寄存、译码，最后通过显示器直接显示出来。

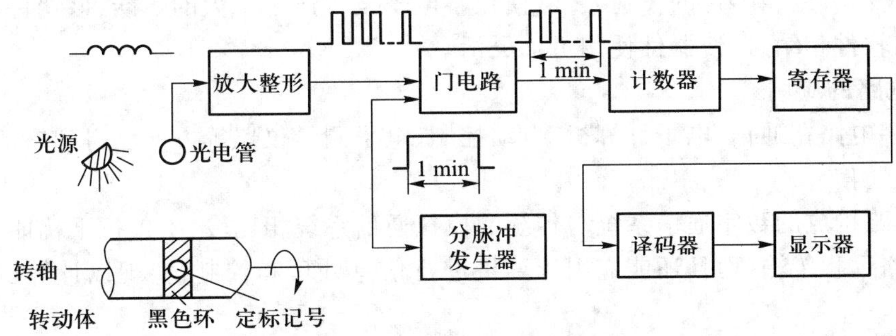

图 1.1.3　数字转速表结构框图

在上述简单的例子中，已涉及脉冲信号的放大整形，脉冲信号的发生、控制、计数、寄存、译码、显示等典型的数字单元电路。数字电路包含的内容是广泛的，本书除主要介绍上述各种基本单元电路外，还将介绍常用的数字部件，如存储器、数模和模数转换器等。

1.1.5 数字电路的特点、发展历程及应用概述

近几十年间，随着计算机技术的普及，数字电子技术在我国获得飞速的发展。特别是随着集成电路的发展，尤其是中、大规模和超大规模集成电路的发展，更加速了数字技术的发展，对各类电子系统的设计、制造和应用都产生了深远的影响。许多传统的模拟系统已被或逐渐被性能更为优越的数字系统所替代。目前，市场上数字集成电路产品已占整个集成电路产品的 80% 以上。

1. 数字电路的特点

与模拟电路相比，数字电路有如下的特点：

① 数字电路结构简单，容易制造，便于集成、系列化生产，因而成本低、价格低廉。

② 数字集成电路产品系列多、品种全、便于应用。

③ 由基本数字模块组成的数字系统可靠性高、精度高、稳定性好、便于维护。

④ 数字电路不仅能完成数字运算,还可以完成逻辑运算。

⑤ 数字运算的可重复性好。

⑥ 有可能通过编程改变芯片的逻辑功能。

⑦ 容易采用计算机辅助设计。

2. 数字电路的发展历程

数字电路的发展经历了由电子管、半导体分立器件到集成电路几个阶段。集成电路按集成度可分为小规模(SSI)、中规模(MSI)、大规模(LSI)和超大规模集成电路(VLSI)。从20世纪60年代开始,开发了以双极型工艺为基础的小规模逻辑器件,随后发展到中规模及大规模集成电路。计算机就是数字电路发展的结晶。

逻辑门电路是基本的逻辑单元电路,最早问世的是TTL逻辑门电路,随着CMOS集成工艺的发展,CMOS器件有取代TTL主导地位的趋势。

近年来,可编程逻辑器件的飞速发展,使数字电子技术产生了大的飞跃,该器件不仅规模大,而且将硬件和软件相结合,使器件使用更加灵活。

3. 数字电路的应用

目前,数字电路在通信、电子计算机、自动控制、电子测量仪器等方面已得到广泛的应用。

(1) 数字通信

用数字电路构成的数字通信系统与传统的模拟通信系统相比较,不仅抗干扰能力强、保密性能好、适于多路远程传输,而且还能应用计算机进行信息处理和控制,实现以计算机为中心的自动交换通信网。

(2) 电子计算机

以数字电路构成的数字计算机处理信息能力强、运算速度快、工作稳定可靠,便于参与过程控制。

(3) 自动控制

数字电路构成的自动控制系统具有快速、灵敏、精确等特点,如数控机床、电厂参数的远距离测控、卫星测控等。

(4) 电子测量仪器

用数字电路构成的测量仪器与模拟测量仪器相比较,不仅测量精度高、测试功能强、而且便于进行数据处理,实现测量自动化、智能化。

以上仅概括说明了数字电路的一些应用。实际上,数字电路的应用是广泛的。随着数字电路应用领域的扩大,数字电子技术将更深入地渗透到国民经济各个部门中去,并产生愈来愈深刻的影响。因此,数字电子技术是现代电子工程技术人员必须掌握的一门技术基础知识。

1.2 数制和码制

用一组固定的数字和一套统一的规则来表示数目的方法就叫作数制,目前计数通常采用的是进位计数法。进位计数法是将数划分为不同的位数,按位进行累计,累计到一定数量后,又从零开始,同时向高位进位。由于位数不同,则同样的数码在不同的数位中所表示的数值是不同的,低位数值小,高位数值大。进位计数法使用较少的数码能表示较大的数。

在生产实践中人们使用各种进位制,如10、12、16、60等进制,但人们最熟悉的是十进制。然而,在数字系统中,目前还没有具有十种状态的开关器件可用来表示一个十进制数。因此,在数字系统中直接使用十进制数比较困难。常见的开关器件通常只具有通、断两种不同的状态,可以分别用**0**和**1**来表示。很显然,在数字系统中使用二进制数比较方便。

每个数位规定使用的数码符号的总数,称为**进位基数**,又称**进位模数**,用 R 表示。若每位数码用 d_i 表示,n 为整数的位数,m 为小数的位数,则进位计数制表示数的式子为

$$d_{n-1}d_{n-2}\cdots d_1 d_0 d_{-1}d_{-2}\cdots d_{-m} \tag{1.2.1}$$

式(1.2.1)形式称为进位计数制的位置记数法,也称为并列表示法。

当某位的数码为1时所表征的数值,称为该数位的**权值**。权值随数位的增加呈指数规律增加,最低位的权值为1,第 i 位的权值为 R^i。这样,第 i 位数码 d_i 所表示的数值就是数码 d_i 乘上该位数的权值,即 $d_i \times R^i$。式(1.2.1)可写成

$$d_{n-1}R^{n-1}+d_{n-2}R^{n-2}+\cdots+d_1R^1+d_0R^0+d_{-1}R^{-1}+d_{-2}R^{-2}+\cdots+d_{-m}R^{-m} \tag{1.2.2}$$

式(1.2.2)形式称为进位计数制的**多项式表示法**,也称为**按权展开式**。

1.2.1 几种常用的数制

下面介绍常用的几种进位计数制。

1. 十进制(decimal)

十进制数有0、1、2、3、4、5、6、7、8和9十个符号。其基数为10,计数规则为"逢十进一"。一个十进制数可以用若干个十进制符号构成,如333、2765和58等。相同的数码处于不同的位置可代表不同的值。例如,333可以表示成下列多项式

$$333=3\times10^2+3\times10^1+3\times10^0 \tag{1.2.3}$$

一个具有 n 位整数和 m 位小数的十进制数,可以记为 $(D)_{\mathrm{D}}$,下标D表示括号中的 D 为十进制数。可用以下一般表达式表示

$$\begin{aligned}(D)_{\mathrm{D}}&=d_{n-1}10^{n-1}+d_{n-2}10^{n-2}+\cdots+d_1 10^1+d_0 10^0+d_{-1}10^{-1}+d_{-2}10^{-2}+\cdots+d_{-m}10^{-m}\\&=\sum_{i=-m}^{n-1}d_i 10^i\end{aligned} \tag{1.2.4}$$

式中,d_i 为第 i 位的系数,可为0~9中的任何一个符号;10为基数,10^{n-1}、10^{n-2}、…、10^1、10^0、10^{-1}、

10^{-2}、…、10^{-m} 分别为各位的权。大家熟知的十进制数下标可以忽略，即 $(D)_D$ 可以省略记为 D。

2. 二进制(binary)

二进制数只有 **0** 和 **1** 两个符号。其基数 R 为 2，计数规则为"逢二进一"，各位的权则为 2 的幂。与式(1.2.4)类似，任一个 n 位整数和 m 位小数的二进制无符号数可按权展开为

$$(D)_B=(d_{n-1}d_{n-2}\cdots d_0.d_{-1}\cdots d_{-m})_B=\sum_{i=-m}^{n-1}d_i 2^i \qquad (1.2.5)$$

其中，下标 B 表示括号中的 D 为二进制数，系数 d_i 取值只有 **0** 和 **1** 两种可能。例如

$$(\mathbf{1101.101})_B=1\times2^3+1\times2^2+0\times2^1+1\times2^0+1\times2^{-1}+0\times2^{-2}+1\times2^{-3}$$

由于二进制数计数规则简单，且与电子器件的开关状态对应，因而在数字系统中获得广泛应用。

在二进制系统中，一组二进制数常被称为二进制字，不同系统的一个字的位数可能不同，在微型计算机领域，一般将 8 位(bit)二进制称为一个字节(byte)，16 位称为一个字，32 位称为双字。经常也引进一些 2 的幂次方的缩写表示二进制数，比如，1K 表示 2^{10}(1024)，1M=1024K 表示 2^{20}，那么，2^{16} 就等于 64K。显然，二进制的缩写与基数为 10 所对应的缩写值是不同的。比如，数字系统中的 1K(1024)与物理学中 1k(1000)是不同的。

3. 十六进制(hexadecimal)

用二进制表示一个比较大的数时，位数较长且不易读写，因而在数字系统和计算机中，常将其改为 2^i 进制来表达，其中最常用的是十六进制(即 2^4)。十六进制有 16 个符号，采用 0～9 和 A～F 表示。十六进制的计数规则是"逢十六进一"，它的基数为 16，各位的权为 16 的幂。

任一个 n 位整数和 m 位小数的十六进制无符号数可按权展开为

$$(D)_H=(d_{n-1}d_{n-2}\cdots d_0.d_{-1}\cdots d_{-m})_H=\sum_{i=-m}^{n-1}d_i 16^i \qquad (1.2.6)$$

式中，系数 d_i 可为十六进制符号 0～9 和 A～F 中的任一个，下标 H 表示 D 为十六进制数。不同进制的数常常在其数字后加上对应进制的缩写字母表示，十进制数的缩写 D 可以省略，比如，1001B、2FH、234 分别表示二进制、十六进制和十进制数。

常用数制对照如表 1.2.1 所示。

表 1.2.1 常用数制对照表

十进制(D)	二进制(B)	十六进制(H)	十进制(D)	二进制(B)	十六进制(H)
0	**0000**	0	8	**1000**	8
1	**0001**	1	9	**1001**	9
2	**0010**	2	10	**1010**	A
3	**0011**	3	11	**1011**	B
4	**0100**	4	12	**1100**	C
5	**0101**	5	13	**1101**	D
6	**0110**	6	14	**1110**	E
7	**0111**	7	15	**1111**	F

对于任意位置表示法的 R 进制无符号数，则可有

$$(D)_R=\sum_{i=-m}^{n-1} d_i R^i \tag{1.2.7}$$

其中 R 为 R 进制数的基数，d_i 为 R 进制的符号。

1.2.2 数制转换

虽然大家非常熟悉十进制数，但数字系统只能识别二进制数，因此，需要了解数制之间的转换。通常用于数制转换的两种方法是多项式法和基数乘除法，这两种方法有不同的适用范围。

1. 多项式法

多项式法适用于将基数为 R 的非十进制数转换为十进制数，通常只需根据式(1.2.7)按权展开，并按十进制数计算，所得结果就是其所对应的十进制数。

例如，将十六进制数 $(\mathrm{DE})_{\mathrm{H}}$ 转换为十进制数

$$(\mathrm{DE})_{\mathrm{H}}=(13\times16^1+14\times16^0)_{\mathrm{D}}=(208+14)_{\mathrm{D}}=(222)_{\mathrm{D}}=222$$

例如，将二进制数 **110101.101** 转换为十进制数

$$\begin{aligned}(\mathbf{110101.101})_{\mathrm{B}}&=(1\times2^5+1\times2^4+1\times2^2+1\times2^0+1\times2^{-1}+1\times2^{-3})_{\mathrm{D}}\\&=(53.625)_{\mathrm{D}}=53.625\end{aligned}$$

2. 基数乘除法

基数乘除法适合把一个十进制数 D 转换为其他进制的数。即把一个 n 位整数和 m 位小数的十进制数 $D=d_{n-1}d_{n-2}\cdots d_2d_1d_0d_{-1}d_{-2}\cdots d_{-m}$，用 k 位整数和 i 位小数的其他进制的数来表示。转换方法是把整数部分和小数部分分别进行转换，然后合并起来。

下面主要以十进制数转换为二进制数为例讨论基数乘除法。

(1) 整数转换(除基取余法)

依据转换原则及二进制数的按权展开式(1.2.5)，整数部分的转换可以表示为

$$D_k=d_{k-1}\times2^{k-1}+d_{k-2}\times2^{k-2}+\cdots+d_1\times2^1+d_0\times2^0 \tag{1.2.8}$$

将式(1.2.8)两边同除以二进制的基数 2，得

$$(1/2)D_k=d_{k-1}\times2^{k-2}+d_{k-2}\times2^{k-3}+\cdots+d_1\times2^0+d_0/2 \tag{1.2.9}$$

由此可知，用 2 去除十进制数，得到的余数为 d_0。将式(1.2.9)左边的商再除以 2，得到的余数为 d_1。依此类推，将十进制整数每除以一次 2，就可根据余数得到二进制数的 1 位数字。因此，只要将十进制数逐次除以 2，直到商为 0，就可根据余数求出二进制数。

[例 **1.2.1**] 将十进制数 89 转换成二进制数。

[解] 根据转换方法，将十进制数 89 逐次除以 2，取其余数，即得二进制数。

除数	被除数/商		余数		位	
2	89		余数			
2	44	……	**1**	……	d_0	LSB(least significant bit 的缩写)
2	22	……	**0**	……	d_1	

2 | 11 …… **0** …… d_2

2 | 5 …… **1** …… d_3

2 | 2 …… **1** …… d_4

2 | 1 …… **0** …… d_5

0 …… **1** …… d_6　MSB(most significant bit 的缩写)

即$(89)_D=(\mathbf{1011001})_B$

(2) 小数部分的转换(乘基取整法)

与整数转换类似,将十进制小数乘以 2,取其整数部分即为 d_{-1}。由此可见,将十进制小数每乘以一次 2,就可根据其乘积的整数部分得到二进制小数的一位数。因此只要逐步乘以 2,且逐次取出乘积中的整数部分,直到小数部分为 0 或者达到所需的精度为止,即可求得相应的二进制小数。

[例 **1.2.2**]　将十进制数 0.64 转换为二进制数,要求误差 $\varepsilon<2^{-10}$。

[解]　根据上述转换方法,将十进制小数 0.64 逐次乘以 2,取其整数,即得二进制小数。

	0.64	0.28	0.56	0.12	0.24	0.48	0.96	0.92	0.84	0.68
(乘基)	×2	×2	×2	×2	×2	×2	×2	×2	×2	×2
	1.28	0.56	1.12	0.24	0.48	0.96	1.92	1.84	1.68	1.36
(取整)	**1**	**0**	**1**	**0**	**0**	**0**	**1**	**1**	**1**	**1**
	d_{-1}	d_{-2}	d_{-3}	d_{-4}	d_{-5}	d_{-6}	d_{-7}	d_{-8}	d_{-9}	d_{-10}

则$(0.64)_D=(\mathbf{0.1010001111})_B$,且其误差 $\varepsilon<2^{-10}$。

十进制数转换为十六进制数有两种方法。一种就是采取上面介绍的基数乘除法,对整数部分除基取余,对小数部分乘基取整,即可求得转换;另一种方法是以二进制为桥梁进行转换,即首先把待转换的十进制数按基数乘除法转换为二进制数,再根据下面将要介绍的十六进制与二进制对应关系,即可求得转换结果。实际上,后者较为常用。

3. 基数为 2^i 的进制间的转换

由表 1.2.1 可以看出,4 位二进制数可以组成 1 位十六进制数($2^4=16$),而且这种对应关系是一一对应的。这样就不难求得它们之间的相互转换结果。

[例 **1.2.3**]　将数字$(\mathbf{110110111000110.1011000101})_B$转换成十六进制数。

[解]　用上述对应关系,以小数点为界,整数部分由右向左按 4 位一组划分;小数部分由左向右 4 位一组划分,数位不够四位者用 0 补齐。由此可得十六进制数

$$\overbrace{\mathbf{0110}}^{6}\overbrace{\mathbf{1101}}^{D}\overbrace{\mathbf{1100}}^{C}\overbrace{\mathbf{0110}}^{6}\,.\,\overbrace{\mathbf{1011}}^{B}\overbrace{\mathbf{0001}}^{1}\overbrace{\mathbf{0100}}^{4}$$

则$(\mathbf{110110111000110.1011000101})_B=(6DC6.B14)_H$,熟练后即可直接写出二进制与十六进制的相互转换结果。

1.2.3 码制

将一定位数的数码按一定的规则排列起来表示特定对象，称其为**代码或编码**，将形成这种代码所遵循的规则称为**码制**。在数字系统中，常用一定位数的二进制数码来表示数字、符号和汉字等。下面介绍几种常用的码制。

1. 二-十进制码

这是一种用4位二进制数码表示1位十进制数的方法，称为二进制编码的十进制数（binary coded decimal），简称二-十进制码或 **BCD 码**。

4位二进制数码有十六种组合，而一位十进制数只需用其中十种组合来表示。因此，用4位二进制数表示十进制数时，可以有很多种编码方式，主要分为以下两种。

（1）有权码

顾名思义，有权码的每位都有固定的权，各组代码按权相加对应于各自代表的十进制数。

8421BCD 码是 BCD 码中最常用的一种代码。这种编码每位的权和自然二进制码相应位的权一致，从高到低依次为8、4、2、1，故称为8421BCD 码。例如，十进制数8964可用8421BCD 码表示为

1000 1001 0110 0100

常见的 BCD 有权码还有5421和2421码等。表1.2.2所示为几种常用的 BCD 码。

表 1.2.2　常用 BCD 码

十进制数	有权码		无权码		十进制数	有权码		无权码	
	8421	5421	余3码	循环码		8421	5421	余3码	循环码
0	**0000**	**0000**	**0011**	**0010**	5	**0101**	**1000**	**1000**	**1100**
1	**0001**	**0001**	**0100**	**0110**	6	**0110**	**1001**	**1001**	**1101**
2	**0010**	**0010**	**0101**	**0111**	7	**0111**	**1010**	**1010**	**1111**
3	**0011**	**0011**	**0110**	**0101**	8	**1000**	**1011**	**1011**	**1110**
4	**0100**	**0100**	**0111**	**0100**	9	**1001**	**1100**	**1100**	**1010**

（2）无权码

这种码的每位没有固定的权，各组代码与十进制数之间的对应关系是人为规定的。余3码是一种较为常用的无权码。表1.2.2示出了余3码与十进制数之间的对应关系。若把余3码的每组代码视为4位二进制数，那么每组代码总是比它们所代表的十进制数多余3，故得名余3码。常用的 BCD 无权码还有循环码和自补码等。

2. 其他常用的代码

（1）格雷码

格雷(Gray)码的特点是任意两组相邻代码之间只有一位不同，典型的格雷码如表1.2.3所示。表中4位的自然二进制代码，相邻两个代码之间可能有2位、3位甚至4位不同。如：**0111**

和 **1000** 代码中的 4 位都不同，也就是当代码由 **0111** 变到 **1000** 时，4 位代码都将发生变化。由于实际数字电路延时的不同，这 4 位代码的变化不可能同时反应到电路输出，从而可能导致输出产生错误响应。而这两组代码对应的格雷码是 **0100** 和 **1100**，两者仅有 1 位发生变化。因此，采用格雷码会大大减少数字系统出错的概率。格雷码可以由相应的自然二进制码通过一定运算得到，运算规则为：从自然二进制码最低位开始，相邻的两位相加，但不进位，其结果作为格雷码的最低位，依此类推，一直加到最高位得到格雷码的次高位，格雷码的最高位与二进制码的最高位相同，例如，$(\mathbf{1001})_B=(\mathbf{1101})_G$。

表 1.2.3　自然二进制码和格雷码

自然二进制码				格雷码				自然二进制码				格雷码			
B_3	B_2	B_1	B_0	G_3	G_2	G_1	G_0	B_3	B_2	B_1	B_0	G_3	G_2	G_1	G_0
0	**0**	**0**	**0**	**0**	**0**	**0**	**0**	**1**	**0**	**0**	**0**	**1**	**1**	**0**	**0**
0	**0**	**0**	**1**	**0**	**0**	**0**	**1**	**1**	**0**	**0**	**1**	**1**	**1**	**0**	**1**
0	**0**	**1**	**0**	**0**	**0**	**1**	**1**	**1**	**0**	**1**	**0**	**1**	**1**	**1**	**1**
0	**0**	**1**	**1**	**0**	**0**	**1**	**0**	**1**	**0**	**1**	**1**	**1**	**1**	**1**	**0**
0	**1**	**0**	**0**	**0**	**1**	**1**	**0**	**1**	**1**	**0**	**0**	**1**	**0**	**1**	**0**
0	**1**	**0**	**1**	**0**	**1**	**1**	**1**	**1**	**1**	**0**	**1**	**1**	**0**	**1**	**1**
0	**1**	**1**	**0**	**0**	**1**	**0**	**1**	**1**	**1**	**1**	**0**	**1**	**0**	**0**	**1**
0	**1**	**1**	**1**	**0**	**1**	**0**	**0**	**1**	**1**	**1**	**1**	**1**	**0**	**0**	**0**

（2）奇偶校验码

信息的正确性对数字系统和计算机有极其重要的意义，但在信息的存储与传送过程中，常由于某种随机干扰而发生错误。所以希望在传送代码时能进行某种校验以判断是否发生了错误，甚至能自动纠正错误。

奇偶校验码是一种具有检错能力的代码。常见的奇偶校验码如表 1.2.4 所示。由表可见，这种代码由两部分构成：一部分是信息位，可以是任一种二进制代码；另一部分是校验位，它仅有一位。该位数码的编码方式是：作为“奇校验”时，使校验位和信息位所组成的每组代码中含有奇数个 **1**；作为“偶校验”时，则使每组代码中含有偶数个 **1**。奇偶校验码能发现奇数个代码位同时出错的情况。

表 1.2.4　奇偶校验码

十进制数	奇校验 8421BCD		偶校验 8421BCD		十进制数	奇校验 8421BCD		偶校验 8421BCD	
	信息位	校验位	信息位	校验位		信息位	校验位	信息位	校验位
0	**0000**	**1**	**0000**	**0**	5	**0101**	**1**	**0101**	**0**
1	**0001**	**0**	**0001**	**1**	6	**0110**	**1**	**0110**	**0**
2	**0010**	**0**	**0010**	**1**	7	**0111**	**0**	**0111**	**1**
3	**0011**	**1**	**0011**	**0**	8	**1000**	**0**	**1000**	**1**
4	**0100**	**0**	**0100**	**1**	9	**1001**	**1**	**1001**	**0**

奇偶校验码常用于代码的传送过程中,检查接收端代码的奇偶性。若与发送端的奇偶性一致,则可认为接收到的代码正确。否则,接收到的一定是错误代码。

(3) 字符码

字符码种类很多,是专门用来处理数字、字母及各种符号的二进制代码。其中最常用的是ASCII(American Standard Code for Information Interchange,美国标准信息交换码)码,它是用7位二进制数码来表示字符的,其对应关系如表1.2.5所示。7位二进制代码可以表示 $2^7=128$ 个字符。每个字符都是由代码的高3位 $b_6b_5b_4$ 和低4位 $b_3b_2b_1b_0$ 一起确定的。例如,3的ASCII码为33H,A的ASCII码为41H等。

表1.2.5 美国标准信息交换码(ASCII码)

b_3	b_2	b_1	b_0 字符 $b_6b_5b_4$	000	001	010	011	100	101	110	111
0	0	0	0	控制符		间隔	0	@	P		p
0	0	0	1			!	1	A	Q	a	q
0	0	1	0			"	2	B	R	b	r
0	0	1	1			#	3	C	S	c	s
0	1	0	0			$	4	D	T	d	t
0	1	0	1			%	5	E	U	e	u
0	1	1	0			&	6	F	V	f	v
0	1	1	1			'	7	G	W	g	w
1	0	0	0			(	8	H	X	h	x
1	0	0	1			)	9	I	Y	i	y
1	0	1	0			*	:	J	Z	j	z
1	0	1	1			+	;	K	[	k	{
1	1	0	0			,	<	L	\	l	|
1	1	0	1			–	=	M	]	m	}
1	1	1	0			.	>	N	^	n	
1	1	1	1			/	?	O	–	o	DEL

(4) 汉字编码

在数字系统和计算机中,常用若干位二进制编码来表示一个汉字。一般将8位二进制数码称为一个字节。显然,用单字节编码来表示汉字是远远不够的,国标GB2312—80规定每个汉字和图形符号用双字节表示。GB2312—80中共收录一级、二级汉字和图形符号7445个。

1.3 算术运算与逻辑运算

在数字系统中,二进制数码的 **1** 和 **0** 不仅可以表示数量的大小,也可以表示事物两种不同的逻辑状态。例如,可以用 **1** 和 **0** 分别表示某电路的通和断,或者表示一件事情真和假、是和非等。表示数量和表示逻辑的运算分别称为算术运算和逻辑运算。

1.3.1 算术运算

一、算术运算

当由 **0** 和 **1** 组成的两个二进制数码表示两个数量时,它们之间可以进行数值运算,把这种运算称为算术运算。二进制之间的运算规则和十进制数的运算规则基本相同,所不同的是二进制中相邻数位之间的进、借位关系为“逢二进一”和“借一作二”。

例如:完成 6AH+1BH 和 55H-2FH 的运算如下。

被加数	0 1 1 0 1 0 1 0	被减数	0 1 0 1 0 1 0 1
加数	0 0 0 1 1 0 1 1	减数	0 0 1 0 1 1 1 1
进位	0 1 1 1 1 0 1 0	借位	0 0 1 0 1 1 1 0
	0 1 0 0 0 0 0 1 0 1		0 0 1 0 0 1 1 0

二进制乘法运算与十进制乘法也类似,可用乘数的每一位去乘被乘数,若该位乘数为 **0**,则相应部分积就是全 **0**。若该位乘数为 **1**,则相应部分积就是被乘数;部分积的个数等于乘数的位数。将部分积移位累加就得到两个二进制数的乘积。二进制除法与十进制除法运算也类似。

例如,**1110**B×**110**B 和 **10011000**B÷**110**B 运算过程如下。

```
被乘数          1 1 1 0
乘数          × 0 1 1 0
           ------------
部分积          0 0 0 0
部分积        1 1 1 0
部分积   +  1 1 1 0
           --------------
积          1 0 1 0 1 0 0
```

10011000B÷**110**B 商为 **11001**B,余 **10**B。

```
       00011001
    ___________
110 /10011000
   - 110
   ---------
      111
   -  110
   ----------
        1000
   -     110
   ----------
          10
```

二进制数的算术运算非常简单,它的基本运算是加法。在数字计算机中,为了节省设备和简化运算,一般只有加法器而无减法器,这就需要将减法运算转化为加法运算。引入补码后,利用加法和移位就可以实现二进制数的减法、乘法和除法运算。

二、原码、反码和补码

前面所提到的二进制数,没有提到符号问题,故是一种无符号数。但在实际中数显然会有正有负,那么在数字设备中"+""-"符号是如何表示的呢?

1. 机器数与真值

按我们习惯表示方法正 5 用+5 表示,二进制数为+**101**;负 5 用-5 表示,二进制数为-**101**。在数字设备中"+""-"也要数值化,一般将数的最高位设为符号位,**0** 表示"+",**1** 表示"-"。如

+101	**0101**
-101	**1101**
(真值)	(机器数)

为了区分"+""-"号数值化前后的两个对应数,引入真值和机器数两个术语。连同符号位在一起的数称为**机器数**,而它的数值称为真值。

为了运算方便,即将减法运算变为加法运算,常用的机器数有原码、反码和补码三种形式。

2. 原码、反码及补码

将数的真值形式中正数符号用符号位 **0** 表示,负数符号用符号位 **1** 表示时,叫作数的原码形式、简称**原码**。如绝对值为 9 的数,它的真值形式和原码形式如下所示(用八位数码表示,最高位为符号位):

数	真值	原码
+9	**+0001001**	**00001001**
-9	**-0001001**	**10001001**

原码的优点是易于辨认,因为它的数值部分就是该数的绝对值,而且与真值和十进制的转换十分方便。但在采用原码进行运算时,如两个异号数相减,则首先判定哪个数的绝对值大,绝对值大的作为被减数,绝对值小的作为减数,所得差数的符号与绝对值大的数的符号一致。这样数字设备就要增加判数大小的设备,且要用减法器来完成减法运算,显然增加了设备量。为了减少设备量,将减法变为加法运算,就引进了反码和补码形式。

与原码相比较,**反码**也是在数位左面加上一位符号位,**0** 代表正数,**1** 代表负数。与原码不一样的是,反码数位的形成与它的符号位有关:对于正数,**反码**与**原码**相同;对于负数,**反码**数位由原码数位逐位求反而得。这就是反码的由来。

数	原码	反码
+9	**00001001**	**00001001**
-9	**10001001**	**11110110**

补码是机器数的第三种形式。对于正数,原码、反码和补码的表示是相同的;对于负数,从原码转换到补码的规则是:数位逐位求反,并在最低位加 **1**。

数	原码	补码
+9	**00001001**	**00001001**
−9	**10001001**	**11110111**

3. 原码、反码及补码的算术运算

机器数有三种表示法,它们形成规则不同,算术运算的方法也不相同,下面通过例子来说明它们的不同之处。

[**例 1.3.1**] 已知 $X=+\mathbf{1101}$,$Y=+\mathbf{0110}$,用原码、反码及补码计算 $Z=X-Y$。

(1) 原码运算

采用原码运算时,需将真值表示为原码:

$$[X]_{原}=\mathbf{01101} \qquad [Y]_{原}=\mathbf{00110}$$

首先判别相减的两数是同号还是异号。若为同号,则进行减法;若为异号,则进行加法。本例 X、Y 同号,故进行减法。其次判别 X、Y 谁大谁小,以确定谁为被减数。本例 $|X|>|Y|$,故 X 为被减数,结果符号应与 $[X]_{原}$ 相同。

$$\begin{array}{r} \mathbf{01101} \\ -\ \mathbf{00110} \\ \hline \mathbf{00111} \end{array}$$

即 $[Z]_{原}=\mathbf{00111}$,其真值 $Z=+\mathbf{0111}$。

(2) 反码运算

采用反码运算时,需将真值表示为反码,进行反码减法时可按 $X_{反}+[-Y]_{反}$ 进行,将减法变为加法运算。其运算结果仍为反码。

$$[X]_{反}=\mathbf{01101} \qquad [-Y]_{反}=\mathbf{11001}$$

则 $Z_{反}=[X]_{反}+[-Y]_{反}$,其算式如下:

$$\begin{array}{r} \mathbf{01101} \\ +\ \mathbf{11001} \\ \hline \mathbf{100110} \\ +\qquad \mathbf{1} \\ \hline \mathbf{00111} \end{array}$$

对反码运算是按下列规则进行的:

$Z_{反}=[X-Y]_{反}=X_{反}+[-Y]_{反}$+符号位进位。

$Z_{反}=\mathbf{00111}$ 其真值为 $Z=+\mathbf{0111}$。

(3) 补码运算

采用补码运算时,需将真值表示为补码,其运算过程与反码运算相似,按$[X]_{补}+[-Y]_{补}$进行,将减法运算变为加法运算。其运算结果仍为补码。

$$[X]_{补}=\mathbf{01101} \qquad [-Y]_{补}=\mathbf{11010}$$

$$\begin{array}{r}\mathbf{0\,1\,1\,0\,1}\\ +\quad\mathbf{1\,1\,0\,1\,0}\\ \hline \mathbf{1\,0\,0\,1\,1\,1}\end{array}$$

其符号进位自然丢失。即 $Z_{补}=\mathbf{00111}$,其真值 $Z=+\mathbf{0111}$。
其计算结果为正数,故三种码运算结果形式均相同。

[例 1.3.2] 已知 $X=+\mathbf{0110}$,$Y=+\mathbf{1101}$,用原码、反码及补码计算 $Z=X-Y$ 之值。

(1) 原码运算

$$[X]_{原}=\mathbf{00110} \qquad [Y]_{原}=\mathbf{01101}$$

因为$|Y|>|X|$,故计算结果应与$[X]_{原}$符号相反,

$$\begin{array}{r}\mathbf{0\,1\,1\,0\,1}\\ -\quad\mathbf{0\,0\,1\,1\,0}\\ \hline \mathbf{1\,0\,1\,1\,1}\end{array}$$

所以 $Z_{原}=\mathbf{10111}$,其真值 $Z=-\mathbf{0111}$。

(2) 反码运算

$$Z_{反}=[X]_{反}+[-Y]_{反}$$

$$[X]_{反}=\mathbf{00110} \qquad [-Y]_{反}=\mathbf{10010}$$

$$\begin{array}{r}\mathbf{0\,0\,1\,1\,0}\\ +\quad\mathbf{1\,0\,0\,1\,0}\\ \hline \mathbf{1\,1\,0\,0\,0}\end{array}$$

因为符号位无进位,所以 $Z_{反}=\mathbf{11000}$,其真值 $Z=-\mathbf{0111}$。

(3) 补码运算

$$Z_{补}=[X]_{补}+[-Y]_{补}$$

$$[X]_{补}=\mathbf{00110} \qquad [-Y]_{补}=\mathbf{10011}$$

$$\begin{array}{r}\mathbf{0\,0\,1\,1\,0}\\ +\quad\mathbf{1\,0\,0\,1\,1}\\ \hline \mathbf{1\,1\,0\,0\,1}\end{array}$$

即 $Z_{补}=\mathbf{11001}$,其真值 $Z=-\mathbf{0111}$。

由上述例子可看出:

① 反码、补码将减法运算变为加法运算。

② 反码、补码运算时,符号位也被看成是一位数码,并与数位一样以同样的加法和进位规则

来处理,所得结果的符号位也就是正确结果的符号。

③ 用什么码运算,其运算结果也就是什么码。在转换为真值时,对反码和补码的运算结果,要特别注意,当符号位为 **0** 时,数位不变;当符号位为 **1** 时,应分别将结果求反或求补才是其真值。

④ 补码运算最简单,故在数字系统和计算机中多采用补码运算。

1.3.2 逻辑代数基础

英国数学家 George Boole 于 1854 年提出将人的逻辑思维规律和推理过程归结为一种数学运算的代数系统,即布尔代数。1938 年,贝尔实验室研究员 Claude E. Shannon 将布尔代数的一些基本前提和定理应用于继电器电路的分析与描述,成为二值布尔代数,即开关代数,又称为逻辑代数。

逻辑代数是二值逻辑运算中的基本数学工具,它广泛地应用于数字系统的分析和设计中。

1. 逻辑代数中的几个概念

(1) 逻辑状态

事物虽然是复杂的,但在一定条件下,事物的某种性质只表现为两种互不相容的状态。例如,开与关,是与非,信号的有与无,真与假,等等。两种状态必出现且仅出现一种,一种状态是另一种状态的反状态。因此,可用符号 **0** 和 **1** 分别表示这两种状态(称为**逻辑状态**)。这里 **0** 和 **1** 已不是通常的数,不表示数的大小,而是代表状态的符号。通常称之为 **0** 状态(**0**-state)和 **1** 状态(**1**-state)。**0** 状态一般表示逻辑条件的假或无效;**1** 状态一般表示逻辑条件的真或有效。

(2) 逻辑变量

由于条件变化,表示事物状态的逻辑状态也随之变化,这种未予确定的逻辑状态称为**逻辑变量**。逻辑变量反映逻辑状态的变化,逻辑变量仅能取值 **0** 或 **1**,**0** 和 **1** 称为逻辑常量。

(3) 逻辑电平

任何反映逻辑变量关系的逻辑电路都是用实际器件来实现的,而每一实际器件都是物理实体,其功能是用输入和输出物理量来描述的。这些物理量通常都是连续且不确定的变量,由于受到多种因素的干扰,很难获得稳定且准确的物理量,也很难对其进行数学或逻辑操作。为了能用各种数学或逻辑方法进行分析,需对物理量进行离散化。在二值逻辑电路中,把物理量离散成两种电平(相对于参考地的电压值),即**高电平**(用 H 表示)和**低电平**(用 L 表示)。这里已经忽略了物理量值的实际含义,而抽象化的高、低电平代表着一定范围的物理量。在采用不同器件组成的电路中,电平代表的范围可能不相同,通常用 H 代表具有正得较多的电平,用 L 代表具有正得较少的或负的电平。

(4) 正逻辑和负逻辑

在数字电路中,**1** 和 **0** 可以用一个高电平区间和低电平区间分别表示。若规定高电平为逻辑 **1**,低电平为逻辑 **0**,则为**正逻辑**;反之,若规定高电平表示逻辑 **0**,低电平表示逻辑 **1**,则为**负逻辑**。

对于同一电路,可用正逻辑表示,也可用负逻辑表示。不过,选用的逻辑体制不同,电路的逻辑功能也将不同。因此,在同一系统中,只能采用一种逻辑体制。若无特别说明,一般采用正逻辑。

2. 逻辑代数的基本运算

逻辑代数的基本运算只有三种:**与**运算、**或**运算及**非**运算。根据**与**、**或**、**非**三种基本运算规则,可以推导出逻辑代数运算的基本定理和规则,由这三种基本运算,可以组合成任何复杂的逻辑网络。

(1) **与**运算(逻辑乘)

当决定某事件的全部条件都具备时,事件才发生,这种因果关系称之为**逻辑与**。假设某事件有两个输入条件,分别用逻辑变量 A 和 B 表示,逻辑**与**用 L 表示,如果 A 和 B 同时为 **1**,那么 L 为 **1**。将**与**逻辑关系列于表 1.3.1 中,这种表格称为**真值表**。

两变量的逻辑**与**运算的逻辑函数式或逻辑表达式为

$$L=A \cdot B \tag{1.3.1}$$

式(1.3.1)中,“·”表示 A 和 B 之间的**与**运算,也叫逻辑乘。为了书写方便,常将“·”省略。**与**运算也可用图 1.3.1 中的**与**门符号表示,**与**门是实现**与**运算的逻辑器件。

表 1.3.1　与逻辑真值表

A	B	L
0	**0**	**0**
0	**1**	**0**
1	**0**	**0**
1	**1**	**1**

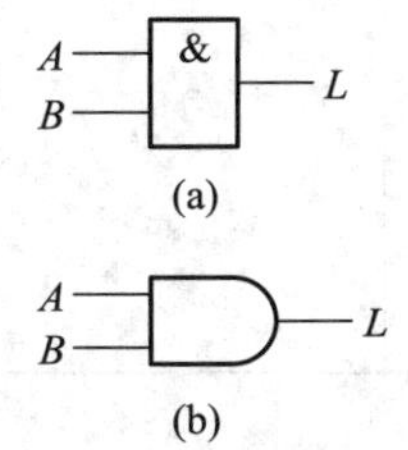

图 1.3.1　**与**门逻辑符号

(a) 国标符号　(b) 国际流行符号

(2) **或**运算(逻辑加)

当决定某事件的全部条件中,任一条件具备,事件就发生,这种因果关系称之为**逻辑或**。表 1.3.2 是逻辑**或**的真值表,图 1.3.2 为**或**门符号。

表 1.3.2　逻辑或真值表

A	B	L
0	**0**	**0**
0	**1**	**1**
1	**0**	**1**
1	**1**	**1**

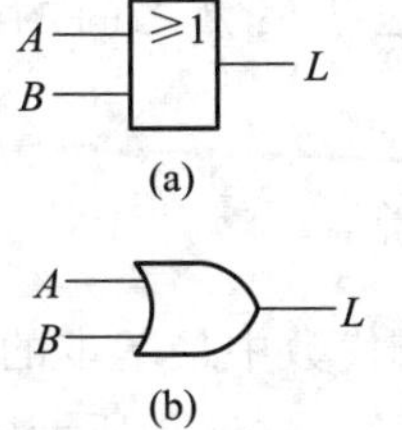

图 1.3.2　**或**门逻辑符号

(a) 国标符号　(b) 国际流行符号

两变量的逻辑**或**运算可以用下式表示

$$L=A+B \tag{1.3.2}$$

式(1.3.2)中,"+"表示 A 和 B 之间的**或**运算,也叫逻辑加。

(3) **非**运算

当条件具备时,事件不发生,条件不具备时,事件就发生,这种因果关系称之为逻辑**非**。**非**逻辑的真值表见表 1.3.3。

非运算用逻辑函数式表示为

$$L=\overline{A} \tag{1.3.3}$$

在逻辑代数中,在变量上加一横线,即表示该变量的**非**。这里将 $\overline{A}$ 读作"A **非**",$\overline{A}$ 是 A 的反变量,而 A 则为原变量,**非**运算有时也称为求反运算。**非**运算也可用图 1.3.3 所示的符号表示。

表 1.3.3 非逻辑真值表

A	L
0	**1**
1	**0**

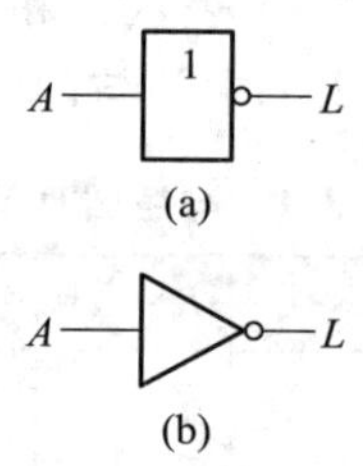

图 1.3.3 非门逻辑符号

(a) 国标符号 (b) 国际流行符号

在逻辑代数中,只有 **0** 和 **1** 两个逻辑常量,把它们代入基本逻辑运算式中,则得常量间的基本运算。为了便于对照,将它们列于表 1.3.4 中。

表中第一列为常量间的**与**运算;中间一列为**或**运算;最后一列为**非**运算,由表可见,二值常量 **0** 和 **1** 互为**非**。

逻辑函数式中,如果既有**与**运算,又有**或**运算,还有**非**运算,则这些运算之间的优先顺序为:**非**、**与**和**或**。

表 1.3.4 逻辑常量间的基本运算

与	或	非
$0\cdot 0=0$	$0+0=0$	$\overline{0}=1$
$0\cdot 1=0$	$0+1=1$	
$1\cdot 0=0$	$1+0=1$	$\overline{1}=0$
$1\cdot 1=1$	$1+1=1$	

1.3.3 复合逻辑运算

以上介绍了逻辑代数中最基本的**与**、**或**和**非**逻辑运算。用**与**、**或**和**非**运算的组合可以实现任何复杂的逻辑函数运算,这就是所谓的复合逻辑运算。

最常用的复合逻辑运算有**与非**、**或非**、**与或非**、**同或**和**异或**等。它们的逻辑符号和逻辑函数式分别示于图 1.3.4 中。复合逻辑运算也都有相应的门电路与其对应。

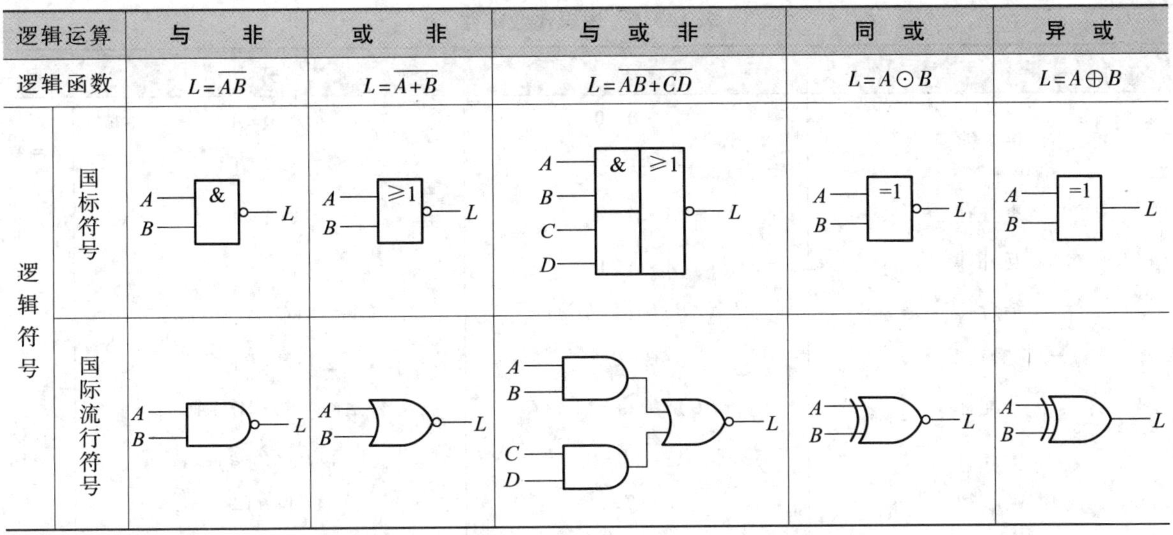

逻辑运算		与　非	或　非	与　或　非	同　或	异　或
逻辑函数		$L=\overline{AB}$	$L=\overline{A+B}$	$L=\overline{AB+CD}$	$L=A\odot B$	$L=A\oplus B$
逻辑符号	国标符号	A B & L	A B ≥1 L	A B C D & ≥1 L	A B =1 L	A B =1 L
	国际流行符号	A B L	A B L	A B C D L	A B L	A B L

图 1.3.4　复合逻辑运算

与非运算为**与**和**非**两种运算的复合，**或非**运算是**或**和**非**两种运算的复合，**与或非**运算为**与**、**或**和**非**三种运算的复合。这三种复合逻辑运算的函数式上的横线，以及对应的符号图中的小圆圈都表示了**非**运算。**同或**运算和**异或**运算的复合情况虽不易直接从图中看出，但只要将它们的逻辑函数式稍加变化，即

$$A\odot B=\overline{A}\,\overline{B}+AB \tag{1.3.4}$$

$$A\oplus B=\overline{A}\,B+A\,\overline{B} \tag{1.3.5}$$

式(1.3.4)和式(1.3.5)分别为**同或**运算和**异或**运算的展开式。由式可见，二者都可看成**与**、**或**和**非**三种基本运算的复合。

在逻辑电路设计中，人们希望用较少种类的门来完成更多的功能。分析表明，使用**与非**、**或非**、**与或非**三种复合逻辑的任何一种就可以完成**与**、**或**、**非**的功能。这就给设计工作带来方便，只要具备一种门就可以完成全部逻辑运算，设计出任何逻辑电路。

1.3.4　逻辑代数的基本定理

逻辑代数构成了数字系统的设计基础，是分析数字系统的重要数学工具，借助于逻辑代数，能分析给定逻辑电路的工作，并用逻辑函数描述它。利用逻辑代数，又能将复杂的逻辑函数式化简，从而得到一较简单的逻辑电路。

1. 逻辑代数基本定理

前面介绍了**与**、**或**和**非**三种基本的逻辑关系，习惯将**或**称为逻辑加，**与**称为逻辑乘，根据逻辑**与**、**或**和**非**三种基本运算法则，可推导出逻辑运算的基本定律，如表 1.3.5 所示。这些恒等式是逻辑函数化简的重要依据。

表 1.3.5　逻辑代数定律

基本定理	与	或	非
0-1 律	$A\cdot\mathbf{0}=\mathbf{0}$	$A+\mathbf{0}=A$	$\overline{\overline{A}}=A$
	$A\cdot\mathbf{1}=A$	$A+\mathbf{1}=\mathbf{1}$	
重叠律	$A\cdot A=A$	$A+A=A$	
互补律	$A\cdot\overline{A}=\mathbf{0}$	$A+\overline{A}=\mathbf{0}$	
结合律	$(AB)C=A(BC)$	$(A+B)+C=A+(B+C)$	
交换律	$AB=BA$	$A+B=B+A$	
分配律	$A+(BC)=(A+B)(A+C)$	$A(B+C)=AB+AC$	
吸收律	$AB+A\overline{B}=A$	$(A+B)(A+\overline{B})=A$	
	$A+AB=A$	$A(A+B)=A$	
	$A+\overline{A}B=A+B$	$A(\overline{A}+B)=AB$	
摩根(De · Morgan)定理(反演律)	$\overline{A\cdot B\cdot C\cdots}=\overline{A}+\overline{B}+\overline{C}+\cdots$	$\overline{A+B+C\cdots}=\overline{A}\cdot\overline{B}\cdot\overline{C}\cdots$	
多余项定理	$AB+\overline{A}C+BC=AB+\overline{A}C$	$(A+B)(\overline{A}+C)(B+C)=(A+B)(\overline{A}+C)$	

证明这些定律的有效方法是:检验等式左边和右边逻辑函数的真值表是否一致。

例如,要证明 $A\cdot\overline{A}=\mathbf{0}$,如表 1.3.6 所示,可见逻辑关系 $A\cdot\overline{A}=\mathbf{0}$ 成立。

表 1.3.6　定理证明

A	$A\cdot\overline{A}$
0	0
1	0

本节所列出的基本定理反映的是逻辑关系,而不是数量之间的关系,在运算中不能简单套用初等代数的运算规则。比如,初等代数中的移项规则就不能用于逻辑代数,这是因为逻辑代数中没有减法和除法的缘故。这一点在使用时必须注意。

2. 逻辑代数的基本规则

逻辑代数中还有三个重要的运算规则:代入规则、反演规则和对偶规则。它们与基本公理、基本定理构成完整的逻辑代数系统,所有的二值逻辑问题都可以用它们来描述和变换。

(1) 代入规则

在逻辑等式中,如将等式两边出现的某一变量用同一个逻辑函数式代入,等式仍然成立,称为代入规则。

例如:$A+AB=A$

用函数式 $Y=CD$ 代替等式中的 A,则下面等式仍然成立。即

$$CD+CDB=CD$$

又如:摩根定理① $\overline{AB}=\overline{A}+\overline{B}$,② $\overline{A+B}=\overline{A}\cdot\overline{B}$

用函数式 $Y_1=AC$ 代替等式①中的 A，$Y_2=B+C$ 代替等式②中的 B，则下面等式仍然成立。

$$\overline{ABC}=\overline{AC}+\overline{B}=\overline{A}+\overline{C}+\overline{B}=\overline{A}+\overline{B}+\overline{C}$$

$$\overline{A+(B+C)}=\overline{A}\cdot\overline{(B+C)}=\overline{A}\cdot\overline{B}\cdot\overline{C}$$

从而可推广多变量的摩根定理

$$\overline{ABCDE\cdots}=\overline{A}+\overline{B}+\overline{C}+\overline{D}+\overline{E}+\cdots \tag{1.3.6}$$

$$\overline{A+B+C+D+E+\cdots}=\overline{A}\cdot\overline{B}\cdot\overline{C}\cdot\overline{D}\cdot\overline{E}\cdot\cdots \tag{1.3.7}$$

因为任何一个逻辑变量只有两种可能的取值 **0** 或 **1**，任何一个逻辑函数式取值也只有 **0** 或 **1**，用它代替等式中的变量，等式必然成立。

(2) 反演规则(香农定理——Shannon 定理)

反演规则与摩根定理有关，是利用摩根定理来求函数的反函数(**非**值)，又称反演定理。

反演规则是：对任意一个逻辑函数表达式 F，如将式中“·”换成“+”，“+”换成“·”，**0** 换成 **1**，**1** 换成 **0**，原变量换成反变量，反变量换成原变量后，所得到的逻辑函数表达式就是逻辑函数 F 的反函数 $\overline{F}$。

例如
$$F_1=\overline{A}\cdot\overline{B}+C\cdot D$$

则
$$\overline{F_1}=(A+B)\cdot(\overline{C}+\overline{D})$$

又如
$$F_2=\overline{\overline{A+\overline{B}}+\overline{C}+A+\overline{B}}$$

则
$$\overline{F_2}=\overline{\overline{\overline{A}\cdot B}\cdot C\cdot\overline{A}\cdot B}$$

特别应当提出的是，应用反演规则求逻辑函数式的反函数时，必须注意以下两点：①原来函数式的运算符号先后顺序不能搞乱。有时可加大、中、小括号来表明运算的先后顺序，例如 F_1 式中，应先做 $\overline{A}\cdot\overline{B}$ 和 $C\cdot D$，然后再进行两者加运算，故在$\overline{F_1}$式中用括号表明；②不是一个变量上的**非**号应保持不变。如 F_2 式应用反演规则求得的$\overline{F_2}$式中，F_2 式的总**非**号不变，$\overline{A+B}$的总**非**号不变。

(3) 对偶规则

对偶规则是：任意一个逻辑函数式 F，如将式中的“+”换成“·”，“·”换成“+”，**0** 换成 **1**，**1** 换成 **0**，就可以得到一个新的表达式 F'。如原函数式 F 的等式成立，则转换后的新表达式 F'的等式也成立。F'就是 F 的对偶式，两者互为对偶关系。

在表 1.3.5 中，**与**运算关系式和**或**运算关系式分别一一互为对偶式。这样，根据对偶规则，公式的证明就可以减少一半。

在使用对偶规则求一个函数式的对偶式时，要注意运算符号的优先顺序。

例如 $F=A\cdot(B+\overline{C})$　　　　$F'=A+B\cdot\overline{C}$

$F=(A+\overline{B})\cdot(A+C\cdot\mathbf{1})$　　　　$F'=A\cdot\overline{B}+A\cdot(C+\mathbf{0})$

$$F=[\overline{A}+\overline{(B+C)}] \qquad\qquad F'=\overline{A}\cdot(\overline{B\cdot C})$$

上面例子中左边的 F 是对应右边 F'的对偶式,右边的 F'也是对应左边 F 的对偶式。

又如设 $F_1=\overline{A+B}, F_2=\overline{A}\cdot\overline{B}$,则

$$F_1'=\overline{A\cdot B}, F_2'=\overline{A}+\overline{B}$$

因为

$$F_1=F_2 \qquad\qquad (\text{摩根定理 }2)$$

按对偶规则,则 $F_1'=F_2'$,即

$$\overline{A\cdot B}=\overline{A}+\overline{B}$$

前面讨论的表 1.3.5 基本定理中的**与**式和**或**式均为对偶的。因此,若**与**式成立,按对偶规则,**或**式必定成立。

1.4 逻辑函数及其表示方法

1.4.1 逻辑函数的概念

1. 逻辑函数的定义

当输入逻辑变量 A、B、C、…取值确定之后,输出逻辑变量 L 的取值随之而定,把输入和输出逻辑变量间的这种对应关系称为**逻辑函数**(logic function),并写作

$$L=F(A,B,C,\cdots) \tag{1.4.1}$$

前面介绍的基本逻辑式 $L=A\cdot B$、$L=A+B$、$L=\overline{A}$ 以及复合逻辑式 $L=\overline{A\cdot B}$、$L=\overline{A+B}$等都是逻辑函数式。任何复杂逻辑函数都是这些简单逻辑函数的组合。

2. 逻辑函数的建立

在实际的数字系统中,任何逻辑问题都可以用逻辑函数来描述。现在举一个简单例子来说明。在二层楼房装了一盏楼梯灯 L,并在一楼和二楼各装一个单刀双掷开关 A 和 B,如图 1.4.1 所示。若用 $A=\mathbf{1}$ 和 $B=\mathbf{1}$ 代表开关在向上位置,$A=\mathbf{0}$ 和 $B=\mathbf{0}$ 代表开关在向下的位置;以 $L=\mathbf{1}$ 代表灯亮,$L=\mathbf{0}$ 代表灯灭,则可将 A、B 的状态和 L 的状态表达为逻辑函数 $L=A\oplus B$。

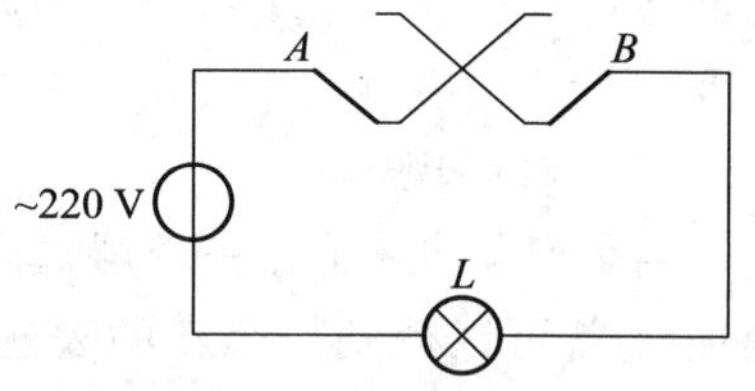

图 1.4.1 楼梯灯控制电路

1.4.2 逻辑函数的表示方法

在分析和处理实际的逻辑问题时,根据逻辑函数的不同特点,可以采用不同方法表示逻辑函数。无论采用何种表示方法,都应将其逻辑功能完全准确地表达出来。逻辑函数传统的表示方法有真值表、逻辑函数式、逻辑图和卡诺图等。下面分别加以介绍。

1. 真值表

描述逻辑函数输入变量取值的所有组合和输出取值对应关系的表格称为**真值表**。以图 1.4.1 楼梯灯控制电路为例，可将开关 A 和 B 的四种组合和灯 L 关系列成表 1.4.1，直观地表示了输入与输出间的逻辑关系。

表 1.4.1 灯控电路真值表

A	B	L
0	0	0
0	1	1
1	0	1
1	1	0

2. 逻辑函数式

用**与**、**或**和**非**等逻辑运算的组合表示逻辑函数输入与输出间逻辑关系的表达式称为**逻辑函数式**。

描述图 1.4.1 电路中逻辑关系的函数式是

$$L=\overline{A}B+A\overline{B} \tag{1.4.2}$$

3. 逻辑图

既然逻辑函数可以通过逻辑变量的**与**、**或**、**非**等运算的组合来表示，那么，就可以将逻辑函数式中各变量间的**与**、**或**、**非**等运算关系用相应的逻辑符号表示出来，即得到表示输入与输出间函数关系的**逻辑图**。逻辑图描述数字系统可同时表示出用于构造系统的逻辑模块以及各模块之间的互连关系。

根据式(1.4.2)画出的逻辑图如图 1.4.2(a)所示。

对式(1.4.2)稍做变化，可以写为

$$L=\overline{A}B+A\overline{B}=A\oplus B \tag{1.4.3}$$

根据式(1.4.3)画出的逻辑图如图 1.4.2(b)所示。这说明，同一逻辑函数的逻辑电路图不是唯一的。

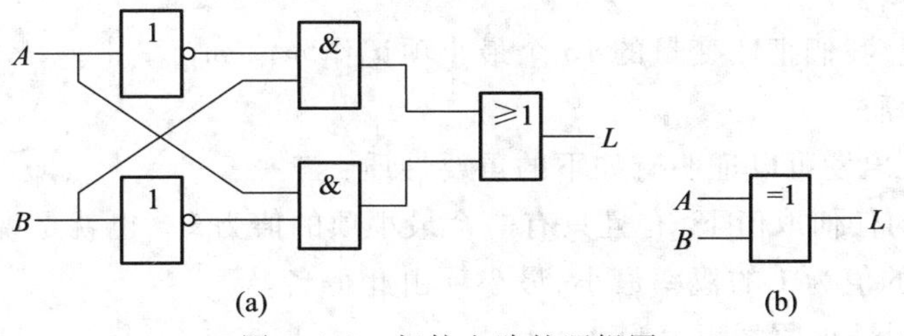

图 1.4.2 灯控电路的逻辑图

(a) 式(1.4.2)对应的逻辑图 (b) 式(1.4.3)对应的逻辑图

4. 卡诺图

卡诺图是逻辑函数的一种图形表示方式，使用卡诺图可以从视觉上直观地实现函数的简化。要讲清楚卡诺图需要较大的篇幅，详见 1.4.4 节。

5. 硬件描述语言

硬件描述语言 HDL(hardware description language)为数字系统的计算机辅助设计 CAD(computer aided design)提供了一个有效的方法。HDL 与高级编程语言(如 C++、Java 等)是近似的,但它可用于描述复杂的数字电路和数字系统。目前 IEEE 标准的 HDL 有 VHDL 和 Verilog HDL 两种。本章最后一节将简单介绍 VHDL 基础知识,在后续相关章节给出了 VHDL 描述简单数字电路的例子。VHDL 和 Verilog HDL 的详细内容有大量教材可参考,感兴趣的学生可以自学。

1.4.3 逻辑函数的最小项和式

先介绍两个基本概念:最小项和逻辑函数的“最小项之和”标准形式。

1. 最小项的定义、编号和性质

(1) 最小项的定义

在 n 变量逻辑函数中,若每个乘积项都以这 n 个变量为因子,而且这 n 个变量都是以原变量或反变量形式在各乘积项中仅出现一次,则称这些乘积项为 n 变量逻辑函数的**最小项**。

一个两变量逻辑函数 $L(A,B)$ 有四(2^2)个最小项,分别为 $\overline{A}\,\overline{B}$、$\overline{A}B$、$A\overline{B}$、$AB$,三变量 $L(A,B,C)$ 有八(2^3)个最小项,分别为 $\overline{A}\,\overline{B}\,\overline{C}$、$\overline{A}\,\overline{B}C$、$\overline{A}B\overline{C}$、$\overline{A}BC$、$A\overline{B}\,\overline{C}$、$A\overline{B}C$、$AB\overline{C}$、$ABC$。同理,四变量逻辑函数有 2^4 个最小项。依此类推,n 变量逻辑函数有 2^n 个最小项。

(2) 最小项的编号

为了书写方便,最小项通常用 m_i 表示,下标 i 是与最小项二进制编码相应的十进制数。即将最小项中原变量表示为 **1**,反变量表示为 **0**,当变量顺序确定后,用 **1** 和 **0** 按变量顺序排列形成一个二进制数,此二进制数对应的十进制数即为该最小项的下标 i。例如,三变量函数 $L(A,B,C)$ 中,一般以 ABC 为由高到低的顺序,如最小项 $A\overline{B}C$ 相应的二进制编码为 $(\mathbf{101})_B$,所以其编号 m_i 的下标 $i=(\mathbf{101})_B=(5)_D$,故将 $A\overline{B}C$ 用 m_5 表示。同理可将 $\overline{A}\,\overline{B}\,\overline{C}$、$\overline{A}\,\overline{B}C$、…、$ABC$ 表示为 $\overline{A}\,\overline{B}\,\overline{C}=m_0$,$\overline{A}\,\overline{B}C=m_1$,…,$ABC=m_7$。

根据同样的道理,我们把四变量的 16 个最小项记作 $m_0 \sim m_{15}$。

(3) 最小项的性质

从最小项的定义出发可以证明有如下的重要性质:

① 在输入变量的任何取值下,有且只有一个最小项的值为 **1**。也就是说,对于输入变量的各种逻辑取值,最小项的值为 **1** 的概率最小,最小项由此得名。

② 任何两个不同最小项之积恒为 **0**。

③ 对于变量的任何一组取值,全体最小项之和为 **1**。

④ 具有逻辑相邻的两个最小项之和可以合并成一项,并消去一个因子。

逻辑相邻性是指两个最小项除一个因子互为**非**外,其余因子相同。例如,两个最小项 $\overline{A}BC$ 和 ABC 只有第一个因子互为**非**,其余因子都相同,所以它们具有逻辑相邻性。这两个最小项之和可以合并,并消去一个因子,即

$$\overline{A}BC+ABC=(\overline{A}+A)BC=BC$$

2. 逻辑函数的最小项之和形式

利用逻辑代数基本定理,可以把任何逻辑函数化成最小项之和形式,这种表达式是逻辑函数的一种标准形式,称为最小项之和表达式。而且任何一个逻辑函数都只有唯一的最小项之和表达式。

[例 1.4.1] 试将逻辑函数 $L=A\overline{B}+B\overline{C}$化为最小项之和表达式。

[解] 这是一个三变量逻辑函数,最小项表达式中每个积项应由三变量作为因子构成。因此,可用基本定理 $A+\overline{A}=\mathbf{1}$,将逻辑函数中的每项都化为含有三变量 A、B、C 或 $\overline{A}$、$\overline{B}$、$\overline{C}$ 的积项。即

$$L=A\overline{B}(C+\overline{C})+B\overline{C}(A+\overline{A})=A\overline{B}C+A\overline{B}\,\overline{C}+AB\overline{C}+\overline{A}B\overline{C}$$

上式中各项用最小项的编号分别表示为:m_5、m_4、m_6、m_2。因此,上式也可写为

$$L=(A,B,C)=m_2+m_4+m_5+m_6=\sum_i m_i \qquad (i=2,4,5,6)$$

有时也简写成$\sum m(2,4,5,6)$或$\sum(2,4,5,6)$的形式。

1.4.4 逻辑函数的卡诺图

1. 卡诺图

卡诺图是一种方格图,每个方格代表逻辑函数的一个最小项。

将 n 变量逻辑函数的全部最小项各用一个小方格表示,并使任何在逻辑上相邻的最小项在几何位置上也相邻,得到的这种方格图就叫 n 变量的**卡诺图**。

按照上述约定,图 1.4.3 给出了二~四变量卡诺图的常用画法,小方格中为最小项,可以用图中的三种方法表示。应该看到,随着变量增多,卡诺图迅速复杂化,如果五变量卡诺图就要有32(2^5)个方格,这时不但使用几何相邻表示逻辑相邻性发生困难,而且不易直观判断最小项的相邻性,因而五变量以上的逻辑函数不宜用卡诺图表示。

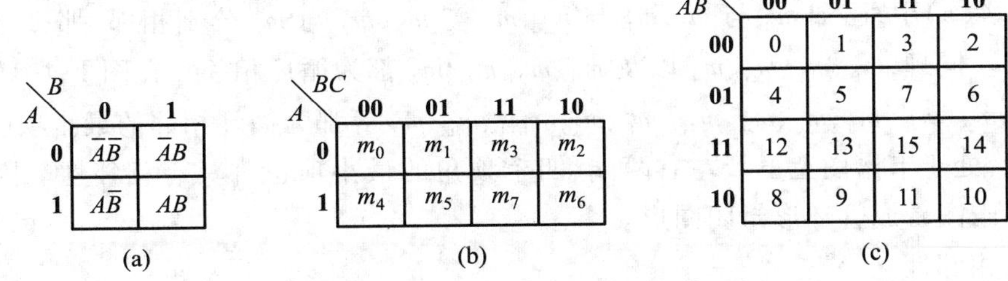

图 1.4.3 二~四变量卡诺图

(a) 二变量 (b) 三变量 (c) 四变量

由图不难看出卡诺图具有下列特点:

① 图中小方格数为 2^n,其中 n 为变量数。

② 图形左侧和上侧标注了变量及变量取值,行列交叉的方格是对应的最小项。

③ 变量取值按格雷码排列，使具有逻辑相邻性的最小项，在几何位置上也相邻。

几何相邻性与逻辑相邻性的一致是卡诺图的一个很重要的特点，这就很容易从几何位置上直观找到逻辑相邻的最小项。下面分别介绍几何相邻性和逻辑相邻性的概念。

(1) 几何(位置)相邻性

① 小方格相连(有公共边)则相邻

在图 1.4.3(b)所示三变量卡诺图中，m_0 与 m_1 和 m_4 有公共边，因此，m_0 分别与 m_1、m_4 相邻。同理图 1.4.3(c)所示四变量卡诺图中，m_5 与 m_1、m_4、m_7、m_{13} 相邻。

② 对折重合的小方格相邻

设想在卡诺图中加装一对正交坐标轴，如图 1.4.4 所示。在图 1.4.4(a)中，以 yy' 为轴对折，m_0 与 m_2 重合，以 xx' 为轴对折，m_0 与 m_4 重合。在图 1.4.4(b)中以 yy' 为轴对折，m_0 与 m_2 重合，以 xx' 为轴对折，m_0 与 m_8 重合等。

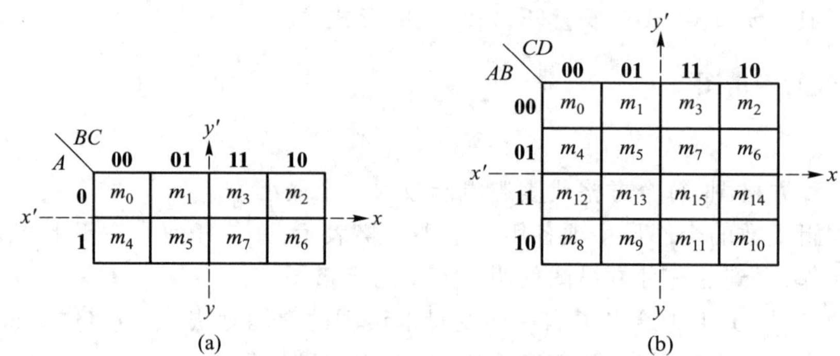

图 1.4.4 加装坐标轴的卡诺图

(a) 三变量 (b) 四变量

③ 循环相邻

在图 1.4.4(a)中，已知 m_0 与 m_1，m_1 与 m_3，m_3 与 m_2，m_2 与 m_0 分别相邻，那么，这四个最小项为循环相邻。同理，m_0、m_1、m_5、m_4 以及 m_0、m_2、m_6、m_4 都为循环相邻。在图 1.4.4(b)中，读者不难证明：m_0、m_2、m_{10}、m_8；m_0、m_4、m_{12}、m_8、m_{10}、m_{14}、m_6、m_2 等都为循环相邻的最小项。

由此可见，处于卡诺图上下及左右两端、四个顶角的最小项也都具有相邻性。因此，从几何位置上可把卡诺图看成管环形封闭图形。

(2) 逻辑相邻性

若两个最小项中除一个变量互为非外，其余相同，则这两项逻辑相邻。

下面通过例子检查一下卡诺图的几何相邻与逻辑相邻的一致性。例如，m_0 和 m_2 几何相邻，它们对应的最小项是 $\overline{A}\overline{B}\overline{C}$ 和 $\overline{A}B\overline{C}$，容易看出，两个最小项中 $\overline{A}\overline{C}$ 为公因子，唯独 $\overline{B}$ 和 B 不同，则 m_0 和 m_2 逻辑相邻，两项合并可以消去变量 B。又如，m_0、m_2、m_4 和 m_6 几何相邻，很明显，每两个最小项为逻辑相邻，通过合并：

$$m_0+m_2+m_4+m_6=\overline{A}\,\overline{C}+A\overline{B}\,\overline{C}+AB\overline{C}=\overline{A}\,\overline{C}+A\overline{C}(B+\overline{B})$$

$$=\overline{A}\,\overline{C}+A\overline{C}=(\overline{A}+A)\overline{C}=\overline{C}\qquad \text{消去了变量 } A \text{ 和 } B$$

2. 逻辑函数的卡诺图表示

利用上述最小项的卡诺图，可以表示任何一逻辑函数。基本方法是先把逻辑函数化成最小项之和的形式，再根据逻辑函数所包含的变量数画出其相应的卡诺图，然后在最小项之和函数式中所包含的各最小项对应的小方格中填**1**，其余小方格中填入**0**（也可省去不填），这样所得的方格图即为逻辑函数的卡诺图。卡诺图给出了最小项之和标准形式逻辑函数的一个图形表达方法。

下面通过举例，进一步说明逻辑函数的卡诺图表示法。

［**例 1.4.2**］ 试用卡诺图表示逻辑函数 $L=\sum m(0,1,2,5,7,8,10,11,13,15)$。

［**解**］ 逻辑函数以最小项编号的形式给出，由最大编号 m_{15} 可以看出，它是一个四变量的逻辑函数，设其变量分别为 A、B、C、D，所画卡诺图应有 $2^4=16$ 个小方格。对应于函数式中的最小项，在图中相应位置填**1**，其余位置填**0**，如图 1.4.5 所示。

［**例 1.4.3**］ 试用卡诺图表示逻辑函数 $L=\overline{A}\,\overline{B}C+BC+AB\overline{C}$。

［**解**］ 先将函数式化为最小项之和的形式：

$$L=\overline{A}\,\overline{B}C+(A+\overline{A})BC+AB\overline{C}=\overline{A}\,\overline{B}C+ABC+\overline{A}BC+AB\overline{C}=m_1+m_7+m_3+m_6$$

(001)　(111)　(011)　(110)

这是一个三变量逻辑函数，所画卡诺图的小方格数应为 $2^3=8$ 个。将该函数各最小项填入相应位置，其余位置填**0**，如图 1.4.6 所示。

［**例 1.4.4**］ 试用卡诺图表示逻辑函数 $L=\overline{C}\,\overline{D}+AB+\overline{A}C\overline{D}+ABD+AC$。

［**解**］ 这是一个以一般表达式给出的四变量逻辑函数。按基本方法需将其化为最小项之和的形式表示在卡诺图上，显然这种做法比较麻烦。实际对于以**与-或**式给出的逻辑函数，可以直接填入卡诺图中，以式中第一项 $\overline{C}\,\overline{D}$ 为例，它包含了所有含有 $\overline{C}\,\overline{D}$ 因子的最小项，而不管另外两个因子 A、B 的情况。因此，可以直接在卡诺图上所有对应 $C=\mathbf{0}$ 同时 $D=\mathbf{0}$ 的方格里填入**1**。同样，可填入其他项，如图 1.4.7 所示。

AB \ CD	00	01	11	10
00	1	1	0	1
01	0	1	1	0
11	0	1	1	0
10	1	0	1	1

图 1.4.5　例 1.4.2 图

A \ BC	00	01	11	10
0	0	1	1	0
1	0	0	1	1

图 1.4.6　例 1.4.3 图

AB \ CD	00	01	11	10
00	1	0	0	1
01	1	0	0	1
11	1	1	1	1
10	1	0	1	1

图 1.4.7　例 1.4.4 图

值得一提的是，在卡诺图中可以直接进行逻辑运算。比如，在卡诺图中进行**非**运算，只需将原来填入的 **0** 和 **1** 全部取反即可。

1.4.5 逻辑函数各种表示方法之间的转换

同一个逻辑函数可用不同的方法来描述，因此，各种表示方法之间可以互相转换。经常用到的转换方式有以下几种。

1. 由真值表求出函数式和逻辑图

从真值表写出逻辑函数式的一般方法是：将真值表中使逻辑函数为 **1** 的每个变量组合成一个最小项，组合中取值为 **1** 的写成原变量，为 **0** 的写成反变量，然后再将这些最小项相**或**，就得到了逻辑函数式，且为最小项之和形式，表示在这些最小项条件下函数值为 **1**，而其余的最小项函数值为 **0**。

［**例 1.4.5**］ 试求表 1.4.2 所示的逻辑函数式，并画出逻辑图。

表 1.4.2 例 1.4.5 的真值表

输入			输出	输入			输出
A	B	C	L	A	B	C	L
0	**0**	**0**	**0**	**1**	**0**	**0**	**1**
0	**0**	**1**	**1**	**1**	**0**	**1**	**0**
0	**1**	**0**	**0**	**1**	**1**	**0**	**0**
0	**1**	**1**	**0**	**1**	**1**	**1**	**0**

［**解**］ 先找出使函数 L 取值为 **1** 的变量组合 **001** 和 **100**。按照变量取值的规定，则 **001** 和 **100** 对应的**与**项为 $\overline{A}\,\overline{B}C$ 和 $A\overline{B}\,\overline{C}$，由此可得 L 的逻辑函数式：

$$L=\overline{A}\,\overline{B}C+A\overline{B}\,\overline{C} \tag{1.4.4}$$

把真值表中输入变量各组取值依次代入函数式中进行运算，若所得结果与表中相应的函数值全部一致，所得到的逻辑函数式一定是正确的。由函数式画逻辑图的方法如前所述。按照式(1.4.4)画出的逻辑图如图 1.4.8 所示。

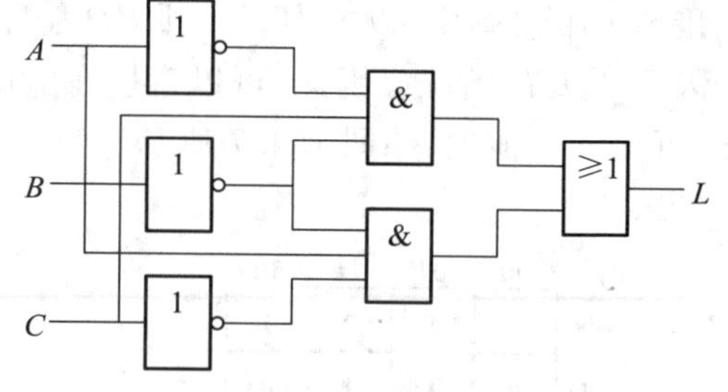

图 1.4.8 例 1.4.5 的逻辑图

2. 由逻辑函数式求真值表

由逻辑函数式求真值表时，只要把输入变量取值的所有可能组合分别代入逻辑函数式中进行计算，求出相应的函数值，然后把输入变量取值与函数值按对应关系列成表格，就得到所求的真值表。

根据逻辑函数式画逻辑图的方法前面已做过介绍，这里不再重复。

［**例 1.4.6**］ 求逻辑函数式 $L=(A\oplus B)C+AB$ 对应的真值表和逻辑图。

［**解**］ 将输入变量取值的所有可能组合，分别代入逻辑函数式进行计算，将所得的结果按对应关系填入表中，即得到所求真值表，如表 1.4.3 所示。

用逻辑符号代替所给函数式中逻辑运算，所得逻辑图如图 1.4.9 所示。

表 1.4.3 例 1.4.6 的真值表

输入			输出
A	*B*	*C*	*L*
0	0	0	0
0	0	1	0
0	1	0	0
0	1	1	1
1	0	0	0
1	0	1	1
1	1	0	1
1	1	1	1

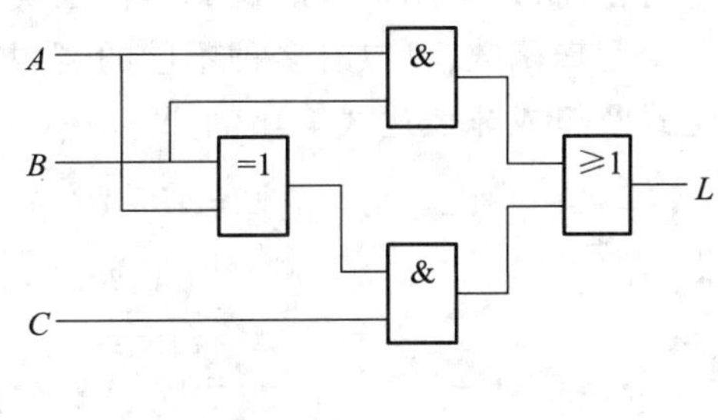

图 1.4.9 例 1.4.6 的逻辑图

3. 由逻辑图求逻辑函数式和真值表

如果已知逻辑图，需要求出对应的逻辑函数式和真值表时，只要从输入到输出（或输出到输入）依次把逻辑图中的每个逻辑符号用相应的运算符号代替，即可求得逻辑函数式。有了逻辑函数式就很容易求出真值表。

［**例 1.4.7**］ 试写出图 1.4.10 逻辑图的逻辑函数式。

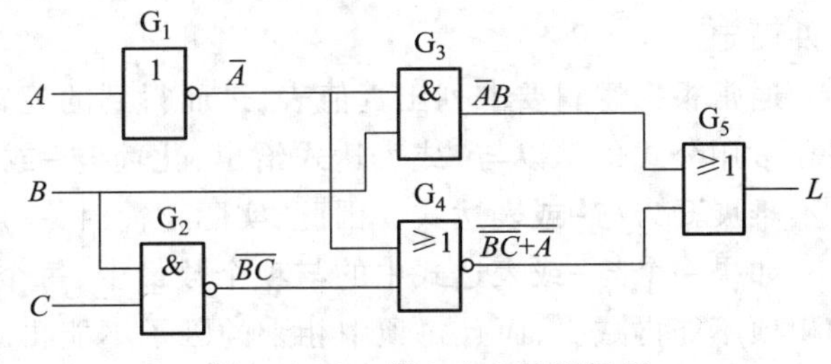

图 1.4.10 例 1.4.7 的逻辑图

［**解**］ 利用从输入到输出方法，按照各门离输入端的远近，将电路分为三级。先写出第一级电路 G_1、G_2 的输出，再以此作为第二级电路 G_3、G_4 的输入，写出 G_3、G_4 的输出，最终写出第三级电路 G_5 的输出，即为所求的函数式，因此得 $L=\overline{A}B+\overline{\overline{BC}+\overline{A}}$。也可以从输出到输入写出逻辑表达式。

4. 卡诺图与逻辑函数表达式之间的转换

前边已经介绍了逻辑函数的卡诺图表示法，将卡诺图中使逻辑函数为 **1** 的所有最小项相**或**，即得到逻辑函数表达式。

1.5 逻辑函数化简

1.5.1 逻辑函数化简的意义

由前面的介绍可知，对于任何逻辑问题，只要写出逻辑函数式，就可用相应的门电路来实现。但同样的逻辑功能，逻辑式不同则需要的硬件不同。在设计实际电路时，除考虑逻辑要求外，往往还需考虑成本低，门电路种类少，工作速度高，工作可靠及便于故障检测等。当然，同时达到这些要求比较困难，一般主要考虑电路成本和可靠性。

直接按逻辑要求归纳出的逻辑函数式及对应的电路，通常不是最简形式，因此，需要对逻辑函数式进行化简，以求用最少的逻辑器件来实现所需的逻辑要求。

同一个逻辑函数，可以有多种不同的逻辑表达方式，如：**与-或**表达式，**或-与**表达式，**与非-与非**表达式及**与或非**表达式等。例如

$$\begin{aligned}
L &= AB+\bar{A}C && \text{与-或表达式} \\
&= (\bar{A}+B)(A+C) && \text{或-与表达式} \\
&= \overline{\overline{AB}\ \overline{\bar{A}C}} && \text{与非-与非表达式} \\
&= \overline{(\bar{A}+\bar{B})(A+\bar{C})} && \text{或-与-非表达式} \\
&= \overline{\overline{\bar{A}+B}+\overline{A+C}} && \text{或非-或非表达式} \\
&= \overline{A\bar{B}+\bar{A}\bar{C}} && \text{与-或-非表达式}
\end{aligned}$$

这就意味着可以采用不同的逻辑器件去实现同一函数，究竟采用哪一种器件更好，要视具体条件而定。

通常根据逻辑要求列出真值表，进而得到的逻辑函数往往是**与-或**表达式。逻辑代数基本定理和常用公式也多以**与-或**表达式给出，化简**与-或**表达式也比较方便，而且任何形式的表达式都不难展开为**与-或**表达式。因此，实际化简时，一般把逻辑函数化为最简的**与-或**表达式。

如果一个**与-或**表达式中的**与**项个数最少，每个**与**项中的变量个数最少，即函数式中相加的乘积项不能再减少，而且每项中相乘的因子不能再减少时，则函数式为最简**与-或**表达式。最简**与-或**表达式的定义对其他形式的逻辑式同样适用。

“**与**项个数最少”意味着用电路实现时使用**与**门个数最少，“变量个数最少”意味着使用门的输入端数最少。在采用集成逻辑门构成逻辑电路的情况下，电路成本主要由使用器件的数目来决定。

有了最简**与-或**表达式，通过公式变换很容易得到其他形式的函数式。需要注意的是，将最简**与-或**表达式直接变换为其他形式的函数式时，结果不一定是最简的。

[例 1.5.1] 将最简**与-或**表达式 $L=AB+BC+AC$ 化为**与非-与非**表达式。

[解] 根据基本定理，$L=\bar{\bar{L}}$，然后，再用摩根定理$\overline{A+B}=\bar{A}\ \bar{B}$，可得

$$L=\overline{\overline{AB+BC+AC}}=\overline{\overline{AB}\cdot\overline{BC}\cdot\overline{AC}}$$

由此可见，只要将**与-或**表达式两次求非，就转换成了**与非-与非**表达式。不难证明，得到的**与非-与非**表达式也是最简的。

以下介绍代数化简法和卡诺图化简法。

1.5.2 代数化简法

■ 视频1-3 代数化简法

代数化简法就是利用逻辑代数的基本定理和常用公式，将给定的逻辑函数式进行适当的恒等变换，消去多余的**与**项以及各**与**项中多余的因子，使其成为最简的逻辑函数式。下面介绍几种常用的化简方法。

1. 并项法

利用公式 $AB+A\bar{B}=A(B+\bar{B})=A$，可以把两个**与**项合并成一项，并消去 B 和 $\bar{B}$ 这两个因子。根据代入规则，公式中的 A 和 B 可以是任何复杂的逻辑式。

［例 1.5.2］ 试用并项法化简下列逻辑函数：

$$L_1=AB\bar{C}D+AB\overline{\bar{C}D}$$

$$L_2=\bar{A}B+\bar{A}C+\bar{A}\,\overline{B+C}$$

$$L_3=ABC+A\bar{B}\bar{C}+AB\bar{C}+A\bar{B}C$$

［解］

$$L_1=(AB)(\bar{C}D)+(AB)\overline{\bar{C}D}=AB$$

$$L_2=\bar{A}(B+C)+\bar{A}\,\overline{B+C}=\bar{A}$$

$$L_3=A(BC+\bar{B}\bar{C})+A(B\bar{C}+\bar{B}C)=A(B\odot C)+A\,\overline{B\odot C}=A$$

2. 吸收法

利用定理 $A+AB=A(\mathbf{1}+B)=A$，消去多余的**与**项 AB。

［例 1.5.3］ 化简逻辑函数

$$L=A\bar{B}+A\bar{B}C+A\bar{B}D\,\overline{E+F}$$

［解］

$$\begin{aligned}L&=A\bar{B}+A\bar{B}(C+D\,\overline{E+F})\\&=A\bar{B}\end{aligned}$$

3. 消因子法

利用 $A+\bar{A}B=A+B$ 可消去 $\bar{A}B$ 中的多余因子 $\bar{A}$。

［例 1.5.4］ 化简下列逻辑函数：

$$L_1=\bar{A}+ABC$$

$$L_2=AB+\bar{A}C+\bar{B}C$$

［解］

$$L_1=\bar{A}+A(BC)=\bar{A}+BC$$

$$L_2=AB+(\bar{A}+\bar{B})C=AB+\overline{AB}C=AB+C$$

4. 消项法

利用公式 $AB+\bar{A}C+BC=AB+\bar{A}C$ 消去冗余项 BC。

［例 1.5.5］ 化简下列逻辑函数：

$$L_1=\bar{A}B+A\bar{C}+B\bar{C}$$

$$L_2=A\bar{B}\,\bar{C}+\bar{A}D+BD+\bar{C}D$$

［解］

$$L_1=\bar{A}B+A\bar{C}$$

$$\begin{aligned}L_2&=A\bar{B}\,\bar{C}+(\bar{A}+B)D+\bar{C}D\\&=(A\bar{B})\bar{C}+\overline{A\bar{B}}D+\bar{C}D\\&=A\bar{B}\,\bar{C}+\overline{A\bar{B}}D\end{aligned}$$

5. 添项法

利用定理 $A+A=A$，在函数式中重写某一项，以便把函数式化简。

［例 1.5.6］ 化简逻辑函数 $L=A\bar{B}C+AB\bar{C}+ABC$。

［解］ 若在函数式中重写 ABC 项，可得

$$\begin{aligned}L&=(A\bar{B}C+ABC)+(AB\bar{C}+ABC)\\&=AC+AB\end{aligned}$$

［例 1.5.7］ 化简逻辑函数 $L=A\bar{B}+B\bar{C}+\bar{A}B+\bar{B}C$。

［解］ 表面看，函数式似乎已是最简结果了，其实不然，若在函数式中加入前两项的冗余项 $A\bar{C}$，则可得进一步简化的结果

$$\begin{aligned}L&=A\bar{B}+B\bar{C}+A\bar{C}+\bar{A}B+\bar{B}C\\&=(A\bar{C}+\bar{B}C+A\bar{B})+B\bar{C}+\bar{A}B\\&=A\bar{C}+\bar{B}C+B\bar{C}+\bar{A}B\\&=(A\bar{C}+\bar{A}B+B\bar{C})+\bar{B}C\\&=A\bar{C}+\bar{A}B+\bar{B}C\end{aligned}$$

6. 配项法

利用 $A+\bar{A}=\mathbf{1}$，将某个**与**项乘以$(A+\bar{A})$，将其拆成两项，以便与其他项配合化简。

［例 1.5.8］ 试化简逻辑函数 $L=\bar{A}\,\bar{B}+BC+AB+\bar{B}\,\bar{C}$。

［解］

$$\begin{aligned}L&=\bar{A}\bar{B}+BC+AB(C+\bar{C})+(A+\bar{A})\bar{B}\bar{C}\\&=\bar{A}\bar{B}+BC+ABC+AB\bar{C}+A\bar{B}\bar{C}+\bar{A}\bar{B}\bar{C}\\&=(ABC+BC)+(AB\bar{C}+A\bar{B}\bar{C})+(\bar{A}\bar{B}+\bar{A}\bar{B}\bar{C})\\&=BC+A\bar{C}+\bar{A}\bar{B}\end{aligned}$$

代数化简法的优点是不受任何条件的限制，但代数化简法没有固定的步骤可循，在化简较为复杂的逻辑函数时不仅需要熟练运用各种公式和定理，而且需要有一定的运算技巧和

经验。代数化简法的结果是否为最简也没有判断依据。为了更方便地进行逻辑函数的化简，人们创造了许多比较系统的、又有简单的规则可循的简化方法，卡诺图化简法就是其中最常用的一种。利用这种方法，不需要特殊技巧，只要按简单的规则进行化简，就能得到最简结果。

1.5.3 卡诺图化简法

卡诺图化简法是由美国工程师卡诺（Karnaugh）在 1952 年首先提出的。化简依据的基本原理是逻辑相邻的最小项可以合并，并消去互为非的因子。

前边已经提到，卡诺图具有几何位置相邻与逻辑相邻一致的特点，因而在卡诺图上直观地找到具有几何相邻的最小项，并反复应用 $A+\overline{A}=\mathbf{1}$ 合并最小项，消去变量 A，使逻辑函数得到简化。

卡诺图化简函数的过程可按如下步骤进行：

① 将逻辑函数化为最小项之和的形式；

② 画出表示该逻辑函数的卡诺图；

③ 按照合并规律合并最小项（即画包围圈的原则，稍后总结）；

④ 写出最简**与-或**表达式。

［**例 1.5.9**］ 用卡诺图法化简逻辑函数 $L=\overline{A}B+A\overline{B}+BC+AB\overline{C}$。

［**解**］ 首先画出逻辑函数 L 的卡诺图，如图 1.5.1 所示。事实上，在画卡诺图时，并不一定要将 L 化为最小项之和的形式。例如，式中 $A\overline{B}$的一项包含了所有 $A\overline{B}$因子的最小项，而不管另一因子是 C 还是 $\overline{C}$（$A\overline{B}$实际上是 $A\overline{B}\,\overline{C}$ 和 $A\overline{B}C$ 两个最小项相加合并的结果），所以在填卡诺图时可以直接在卡诺图上所有对应 $A\overline{B}=\mathbf{10}$ 的空格里填入 $\mathbf{1}$，就可以省去第①步。

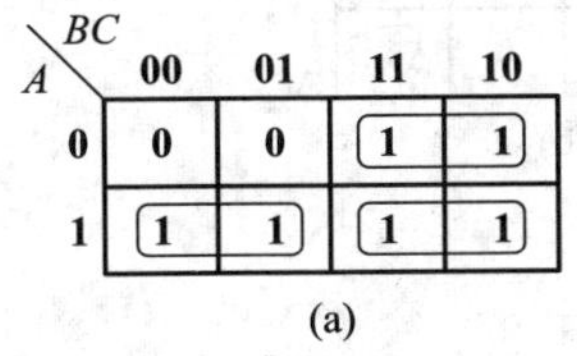

(a)

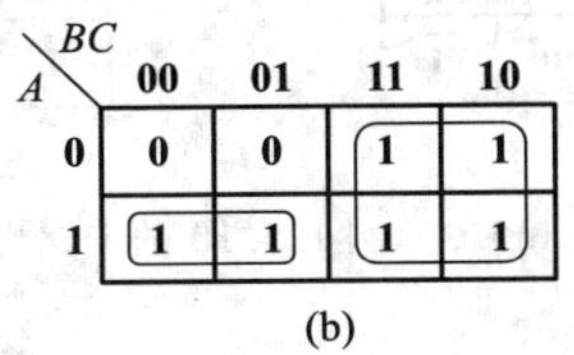

(b)

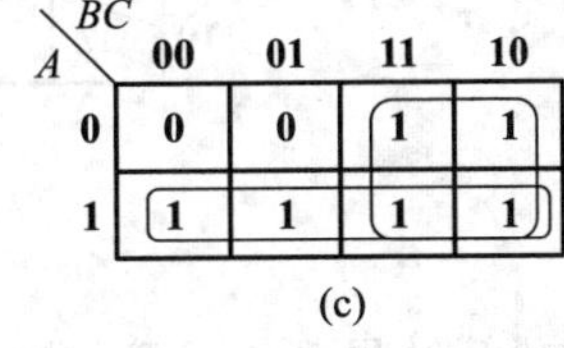

(c)

图 1.5.1 例 1.5.9 的卡诺图

其次，找出可以合并的最小项。将可能合并的最小项用线圈出，最后写出化简结果。

按图 1.5.1(a)方式画圈合并最小项，所得结果为

$$L=A\overline{B}+AB+\overline{A}B \tag{1.5.1}$$

按图 1.5.1(b)方式画圈合并最小项，所得结果为

$$L=A\overline{B}+B \tag{1.5.2}$$

按图 1.5.1(c)方式画圈合并最小项，所得结果为

$$L=A+B \tag{1.5.3}$$

比较以上三种合并方式发现，按图 1.5.1(c)方式画圈合并最小项，所得式(1.5.3)为最简。

由此例可见，用卡诺图法化简逻辑函数时，能否得到最简结果，关键在于用合适的包围圈来选择可合并的最小项。若按下述原则画包围圈，则能得到最简结果。

画包围圈的原则：

① 包围圈所含小方格数为 2^i 个($i=0,1,2,\cdots$)；

② 包围圈尽可能大，个数尽可能少；包围圈越大，包含的最小项越多，消去的变量就越多；个数少，则化简结果中的**与**项最少；

③ 允许重复圈，但每个包围圈至少应有一个未被其他圈包围过的最小项；

④ 孤立(无相邻项)的最小项单独包围。

[例 1.5.10] 试用卡诺图法化简逻辑函数 $L=\overline{A}\,\overline{B}\,\overline{D}+B\overline{C}D+BC+C\overline{D}+\overline{B}\,\overline{C}\,\overline{D}$。

[解] 首先画出逻辑函数 L 的卡诺图，如图 1.5.2(a)和(b)所示。

再根据画包围圈的原则，包围可合并的最小项，该例有两种包围方法，如图(a)、(b)所示。最后对每个包围圈写出合并结果即为最简逻辑函数表达式。按图(a)的包围圈写出的合并结果为

$$L=\overline{B}\,\overline{D}+BD+BC$$

按图(b)的包围圈写出的合并结果为

$$L=\overline{B}\,\overline{D}+BD+C\overline{D}$$

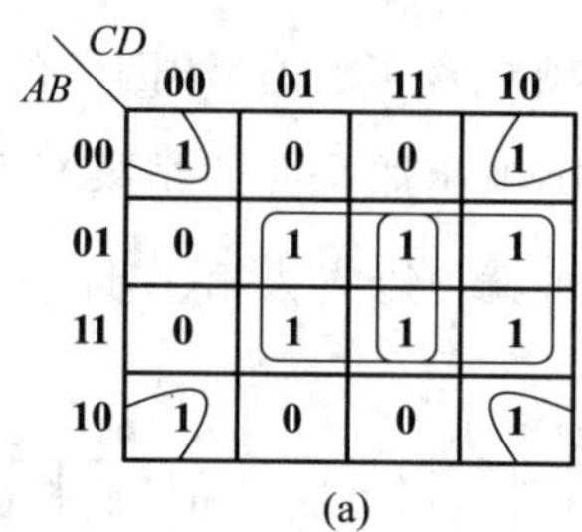

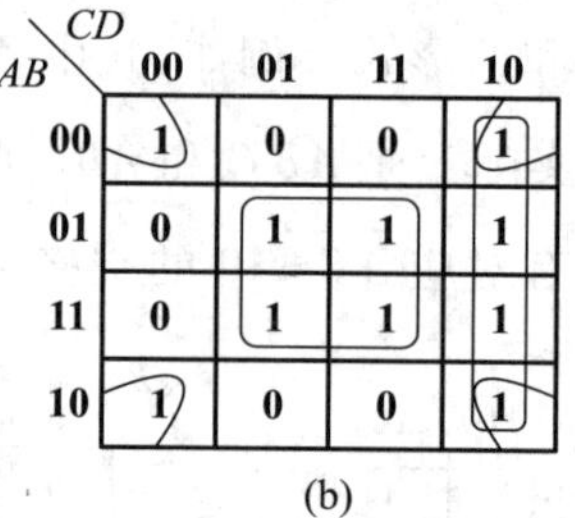

图 1.5.2　例 1.5.10 的卡诺图

两个化简结果都为最简**与或**表达式。本例说明，有的逻辑函数最简表达式不是唯一的，一般只需要写出一种即可。

■ 视频1-5 具有无关项逻辑函数的化简

1.5.4　具有无关项逻辑函数的化简

前面所讨论的逻辑函数，对于输入变量的每一组取值，都有确定的函数值(**0** 或 **1**)与其对应。而且变量之间相互独立，各自可以任意取值，输入变量取值范围为它的全集。

在某些实际的数字系统中，输入变量的取值不是任意的或者根本就不会出现。比如，用 4 个

逻辑变量表示一个十进制数时，有 6 个最小项是不允许出现的，也就是说对输入变量的取值是有约束的，这些不允许出现的最小项称为**约束项**。如果在某些输入变量的某些取值下，逻辑函数的值可以是任意的，即函数值是 **1** 还是 **0** 都可，将这些输入变量取值对应的最小项称为**任意项**。把约束项和任意项可以统称为**无关项**。

在化简具有无关项的逻辑函数时，根据无关项对应逻辑函数取值的随意性（取 **0** 或取 **1**，并不影响逻辑函数原有的实际逻辑功能），若能合理地利用无关项，一般能得到更简单的化简结果。

无关项其实是所有使逻辑函数值不确定的输入变量组合，因此，在画具有无关项的卡诺图时，无关项对应的方格既不能填 **1**，也不能填 **0**，而是用×表示，根据化简需要可以使×为 **0** 或者为 **1**。

由于每一组输入变量的取值都使一个且仅有一个最小项的值为 **1**，所以无关项可以用它们对应的最小项之和恒等于 **0** 来表示。例如用 4 位 $ABCD$ 表示 8421BCD 码时，约束条件可以表示为

$$d(A,B,C,D)=\sum d(10,11,12,13,14,15)=0 \tag{1.5.4}$$

$\sum d(10,11,12,13,14,15)$ 化简后为 $AC+AB$，因此该约束条件经常也可表示为

$$AC+AB=0 \tag{1.5.5}$$

［**例 1.5.11**］ 某逻辑电路的输入信号 $ABCD$ 是 8421BCD 码。当输入 $ABCD$ 取值为 **0** 和偶数时，输出逻辑函数 $L=\mathbf{1}$，否则 $L=\mathbf{0}$。求逻辑函数式 L。

［**解**］ 根据题意，可列逻辑函数 L 的真值表如表 1.5.1 所示。由于六种输入组合 **1010**、**1011**、…、**1111** 不会出现，因此，对应的最小项为无关项，相应函数值用×表示。

表 1.5.1 例 1.5.11 的真值表

A	B	C	D	L		A	B	C	D	L
0	**0**	**0**	**0**	**1**		**1**	**0**	**0**	**0**	**1**
0	**0**	**0**	**1**	**0**		**1**	**0**	**0**	**1**	**0**
0	**0**	**1**	**0**	**1**	无关项	**1**	**0**	**1**	**0**	×
0	**0**	**1**	**1**	**0**	无关项	**1**	**0**	**1**	**1**	×
0	**1**	**0**	**0**	**1**	无关项	**1**	**1**	**0**	**0**	×
0	**1**	**0**	**1**	**0**	无关项	**1**	**1**	**0**	**1**	×
0	**1**	**1**	**0**	**1**	无关项	**1**	**1**	**1**	**0**	×
0	**1**	**1**	**1**	**0**	无关项	**1**	**1**	**1**	**1**	×

若将此函数表示在卡诺图中，则如图 1.5.3 所示。图中填 **1** 和 **0** 的小方格分别对应于使函数取值为 **1** 和 **0** 的最小项。而标有×的小方格则属于无关项。在卡诺图中，可以非常直观地看出化简时，对这些无关项应该如何处理。为了得到最简结果，应将无关项 m_{10}、m_{12}、m_{14} 与填 **1** 的小方格一起包围，如图中实线包围圈所示。合并最小项后，则得 $L=\overline{D}$。如果要合并标 **0** 的最小项，则将无关项 m_{11}、m_{13}、m_{15}

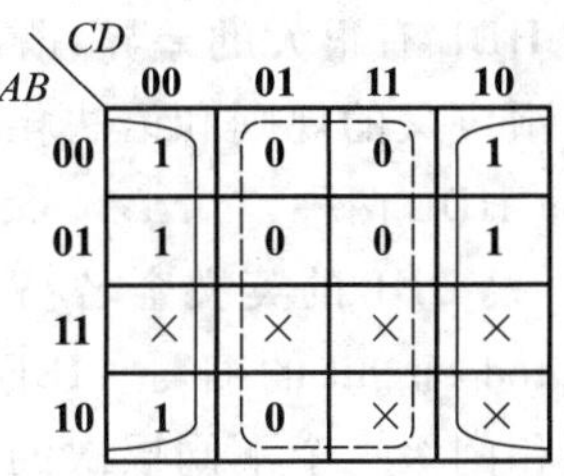

图 1.5.3 例 1.5.11 的卡诺图

与填 **0** 的小方格一起包围，如图中虚线包围圈所示，此时由卡诺图化简得到的是输出逻辑函数 L 的非，即 $\overline{L}=D$。

[**例 1.5.12**]　试化简逻辑函数 $L=\overline{A}\,\overline{D}+A\overline{B}\,\overline{C}+\overline{B}\,\overline{C}D+\overline{A}\,\overline{B}C$，约束条件为 $AB+AC=\mathbf{0}$。

[**解**]　将逻辑函数 L 中各项在卡诺图相应小方格填入 **1**，而将约束条件中各项在卡诺图相应的小方格里填入×，得到表示 L 的卡诺图如图 1.5.4 所示。

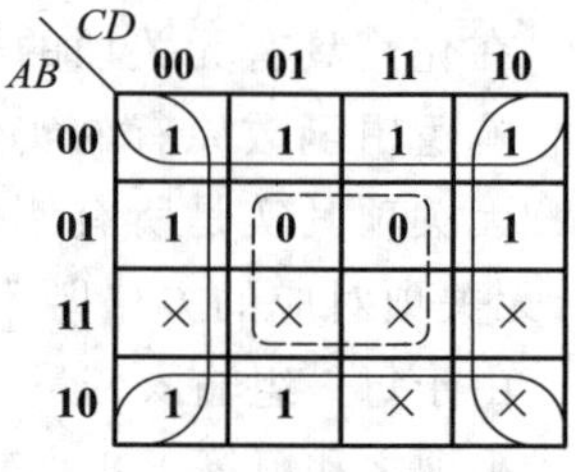

AB \ CD	**00**	**01**	**11**	**10**
00	1	1	1	1
01	1	0	0	1
11	×	×	×	×
10	1	1	×	×

图 1.5.4　例 1.5.12 的卡诺图

由图可见，将无关项 m_{10}、m_{11} 与上、下两行中填 **1** 的小方格一起包围，合并为 $\overline{B}$；将无关项 m_{10}、m_{12}、m_{14} 与左、右两列中填 **1** 的小方格一起包围，合并为 $\overline{D}$。最终得到化简结果为

$$L=\overline{B}+\overline{D}$$

在卡诺图中，如果标 **0** 的小方格数目少而且集中，利用无关项后，又能得到较多的相邻项，就可利用圈 **0** 法合并，如图 1.5.4 中虚线包围圈所示。所得的化简结果与上面结果相同。

需要指出的是，利用约束条件化简了的逻辑函数，必须遵守约束条件，否则将使逻辑函数原有的功能遭到破坏。

1.6　硬件描述语言 VHDL 基础

组合电路传统的设计方法是由逻辑命题、列真值表、化简逻辑函数到画逻辑电路图。若要设计的数字系统较复杂，以上每一步都是繁琐的工作。随着计算机和电子技术的发展，数字系统设计的方法发生根本的改变。为了便于利用计算机进行数字系统辅助设计，便于交流和存档，已趋向于用硬件描述语言（hardware description language，HDL）来描述电子系统硬件行为、结构和数据。HDL 与高级编程语言（如 C++、Java 等）的概念是相同的，只是 HDL 是应用于数字系统的设计和分析。HDL 是一种可用于描述任意复杂度的数字系统的高级计算机语言。有了 EDA 技术和 HDL，数字系统的设计和实现可能变成这样：设计者用 HDL 描述系统的结构或行为，再利用设计软件工具生成与硬件实现有关的工艺文件，最后用高密度可编程逻辑器件来实现系统。不同的 HDL 有很大的差异，既不利于设计者互相交流，也不利于 EDA 软件推广应用。HDL 允许采用与预定义的规则和语法相一致的语句来定义逻辑运算。目前 IEEE 标准的 HDL 有 VHDL 和 Verilog HDL 两种。

VHDL 的英文全名：VHSIC hardware description language，而 VHSIC 则是 very high speed integrated circuit 的缩写。IEEE 1987 年和 1993 年公布了 VHDL 的标准版本。它支持系统级、寄存器级和门级三个不同层次的设计。在数字系统从顶到底（top-to-down）设计的全过程中，都可利用这同一种硬件描述语言进行设计、模拟和存档。VHDL 有覆盖面广、描述能力强、可读性好、生命期长、支持大规模设计的分解和已有设计再利用等主要优点。

作为一种电子系统现代设计方法，可用 VHDL 描述和设计数字电子系统，用计算机作为设计和模拟的工具，用高密度可编程逻辑器件作为系统的硬件实现。

由于课程性质和学时的限制，这里只是简单地介绍了 VHDL，希望把它作为一种新的描述工具，以便学习后续各章内容，也有利于学习和使用各种 EDA 软件。

1.6.1 VHDL 的主要构件

VHDL 程序包含实体、结构体、配置、程序包和库五个部分。VHDL 把一个任意的电路模块视作一个设计单元。单元又可分为接口（称实体，以关键字 ENTITY 来标识）部分和描述体（称结构体，以关键字 ARCHITECTURE 来标识）部分。实体描述了该设计单元的外部接口信号，结构体则描述系统的行为、数据流程或系统结构。程序包里存放能共享的数据类型、常数和子程序等。库用于存放编译过的实体、结构体、配置和程序包。用户可以直接调用库里已有的模块，而不必每次都从头编写。

1. 实体

实体（ENTITY）是 VHDL 设计电路的最基本部分。它描述一个设计单元的外部接口以及连接信号的类型和方向。当一个实体经过编译并被放入库中之后，它就成为其他设计可以采用的一种元件。实体主要描述了设计单元的名称和端口的引脚等信息。

实体的一般格式为

```
ENTITY 实体名 IS
  [PORT（端口表）;]
  实体说明部分;
  [BIGIN 实体语句部分;]
END [ENTITY] 实体名;
```

［例 1.6.1］ 如或门的实体为

```
ENTITY orgate IS
  PORT(a,b:IN BIT ;
          z:OUT BIT);
END orgate;
```

实体部分的大写单词 ENTITY、IS、PORT、IN、OUT 和 END 为关键字。VHDL 本身不区分大小写，但为了程序清楚起见，本章把关键字都用大写来表示。在 ENTITY… END 之间是实体内容，ENTITY 后的字符串 orgate 表示实体的名称，即电路的符号名。端口（引脚）信息关键字 PORT 中的语句描述了例 1.6.1 设计单元有三个端口，分别是两个输入（IN）端 a 和 b，一个输出（OUT）端 z。程序中的[ ]表示括号中的内容不是必要的内容。

端口信息描述了信号的流向，最常用的是输入和输出类型。BIT 表示信号的数据类型为逻辑位，除此之外，它们还可以是实数、整数、无符号数、物理以及数据类型组成的记录和数组集合等。

2. 结构体

电路描述部分称之为结构体(ARCHITECTURE),它用于描述设计单元内部的行为、元件及连接关系。结构体定义出了实体的功能,一个实体可以对应多个结构体,每个结构体代表该硬件的某一方面特性,例如行为特性或结构特性。每一特性的描述,又由于其层次、实现方法不同形成多个结构体。结构体的一般格式为

```
ARCHITECTURE 结构体名 OF 实体名 IS
[定义语句];(内部信号,常数,数据类型,函数定义等)
BEGIN
 [并行处理语句];
[进程语句];
END 结构体名;
```

例如,或门的符号和外部端口 a、b 和 z 确定之后,就要确定实体的逻辑功能,与例 1.6.1 orgate 实体相对应的 VHDL 结构体描述如下:

```
ARCHITECTURE behave OF orgate IS
  BEGIN
    z<=a or b;
END behave;
```

结构体的关键字是 ARCHITECTURE,它中间的语句描述了实体的内部逻辑行为。本例结构体的名字为 behave,关键字 OF…IS 表示它是实体 orgate 的结构体。

VHDL 结构体主要采取以下三种描述方式:

① 行为描述方式:描述该设计单元的功能。主要使用函数、过程和进程语句,以算法形式描述数据的变换和传送。

② 数据流描述方式:数据流描述方式也称为寄存器传输级(RTL)描述,它既显式地表示了设计单元的行为,又隐含了该设计单元的结构。主要使用并行信号赋值语句来描述这种信号间的数据流转。

③ 结构描述方式:侧重描述该设计单元之间的硬件结构,即该电路中各单元之间是如何构成的。主要使用元件例化等语句描述元件的类型及互连关系。

一个实体可以对应于多个可替代的结构体的意义在于:每个结构体可以代表该硬件模块的某一方面的特性(行为特性、结构特性……)。此外,即使是同一特性的描述,其抽象层次、实现方法也可以千差万别。因此,只有同时给出实体名和结构体名时,才能唯一地确定该单元的模型。

3. 程序包

程序包(PACKAGE)是一种使包体中的元件、子程序、公用数据类型和说明等对其他设计单元可调用的设计单元。程序包包括程序包说明和程序包体。程序包说明为程序包定义接口,声明包中的类型、元件、子程序和说明,类似于实体 ENTITY;程序包体规定程序的实际功能,存放元件和子程序等的具体实现,类似于结构体 ARCHITECTURE。

程序包说明的一般格式为

```
PACKAGE 程序包名 IS
[说明部分]
END 程序包名
```

包体的一般格式为

```
PACKAGE BODY 程序包名 IS
[说明部分]
END 程序包名
```

包体中的子程序体和基本说明不能被其他 VHDL 单元使用,而程序包中的说明则是公共的,是可调用的。要是一个程序包中所定义的内容可以被调用,应在 VHDL 单元前加上 USE 语句。例如,要调用程序包 ieee. std_logic_1164. all 中的内容,需要使用 LIBRARY 和 USE 语句。

```
LIBRARY ieee;
USE ieee.std_logic_1164.all;
```

这两句放在程序的前面,表示后面在实体和结构体中要用到库 IEEE 中的标准类型包 ieee. std 中的数据类型。

4. 库

库(LIBRARY)是用来存放可编译的设计单元的地方,可以放置若干个程序包。VHDL 语言库分为设计库和资源库。

设计库对当前项目是可见、默认的,无需用 LIBRARY 语句声明。设计库包括 WORK 和 STD 库。WORK 库相当于一个临时仓库,用于保存当前项目中设计成功、正在验证、未仿真的中间器件。一个项目对应一个 WORK 库。在 QUARTUS Ⅱ 中,WORK 库中所涉及的资源必须存放在本工程项目中。若一个项目想要引用其他项目 WORK 库的资源,则必须把这些资源编译后生成的 *. dls 文件拷贝到当前目录中。WORK 库中的资源不利于共享,用资源库就可以较好地解决这个问题。

资源库是把常用的工具、元件和模块等设计资源集中打包,它存放常规元件和标准模块,供其他项目引用。许多 IC 厂商、EDA 软件厂商都开发了自己的资源库。ieee 库是最常用的资源库,它包含了 std_logic_1164 等常用的程序包。在 QUARTUS Ⅱ 中,还另外提供了一些常用资源库。用户也可以开发自己的资源库。引用第三方或自己开发的资源库,一般需要指定读取路径。资源库使用前要预先用 LIBRARY 语句声明,例如要调用库 ieee 的 VHDL 语句是:LIBRARY ieee。

1.6.2 数据类型与运算

VHDL 硬件描述语言中有三类对象:信号、变量和常量。一个信号或变量可以被赋予一系列的值,但一个常量只能被赋予一次值。变量与信号不同,分配给信号的值必须经过一定的时间延时后才能成为当前值,而分配给变量的值立即成为当前值。信号与硬件中的“连线”相对应,而变量在硬件中无对应物。

VHDL 是一种非常严格的数据类型化语言,规定每个信号、常量、变量或表达式都要有确定的数据类型。一般说,在表达式中分配数值给对象时的数据类型不可以被混用。如进行一个赋值操作,操作符“<=”两边信号的数据类型必须一致。每个对象的类型要在说明部分确定。

几个对象说明的例子:

```
VARIABLE a:BOOLEAN;
SIGNAL enable:BIT;
CONSTANT rom_size:INTEGER:= 16#FFF#;
```

VHDL 提供了丰富的数据类型,常用的整数、实数和枚举数等基本数据类型已经放在集合包 standard 中。此外,用户也可以在用户集合包中定义自己的数据类型和操作数。

数据类型大体分为标量型和复合型。标量型只具有单一的值,这个值无法再分解,标量类型的值可以按某一个尺度排序。标量型中主要有实数型、整数型、枚举型和物理型。复合型是由标量组成的数组或记录,其中含有多个值。

1. 标量数据类型

标量数据类型是一种基本的数据类型,它包括有:字符、位、布尔量、实数、整数、物理单位和枚举等。类型说明的一般格式为

```
TYPE 类型名 IS 类型定义
```

一个字符放入单引号中就定义了一个字符:‘x’,字符可以是 a ~ z 中任一个字符、0 ~ 9 中的数字和特殊字符等。

数字系统中的信号经常用位来表示,表示的方法是用 **0** 或 **1** 来表示一个位的两个可能值。位矢量是用双引号括起来的位文字,称之为位矢量数组。例如 **001100**。

一个布尔文字用来表示真(true)或者假(false)。一般关系操作会产生一个布尔量结果。

对于整数与浮点数据类型来说,它定义了一种范围限制,范围限制由关键字 RANGE 和范围说明组成。形式较简单的范围说明是由两个表达式和一个方向组成,方向 TO 表示范围的上升,方向 DOWNTO 表示范围的下降。例如 0 TO 3 和 7 DOWNTO 0 等。

枚举类型定义在形式上是括号括起来的枚举文字表。枚举文字既可以是标识符,也可以是字符文字。一个标识符或字符文字在同一个枚举类型定义中只能出现一次,但容许同一标识符或字符文字出现在不同的枚举类型的定义中。

[例 **1.6.2**]　枚举类型举例

```
TYPE  my_state  IS
(reset, rw_cycle, int_cycle);
      .....
SIGNAL state:my_state;
      .....
state <=reset;  OK
state <=“00”;  ERR
```

另一种标量类型是物理类型,它指定了一个范围限制、一个基本单位、零个或多个次级单位,每个次级单位都是基本单位的整数倍。例如:

数据类型包括整数类型、浮点类型及物理类型,加、减、乘、除、取模、取余、取幂、求补以及求绝对值等运算是针对数值类型定义的。

2. 复合数据类型

复合数据类型的值可以分解为更细微的值。有两种复合数据类型:记录和数组。记录是异构复合类型,也就是说,记录的元素可以是不同的类型。一个记录类型的定义规定了一个或多个元素,每个元素具有不同的名字,并且可以具有不同类型。

[例 1.6.3] 复合类型举例

```
TYPE Instruction IS RECORD
      Opcode_field:Opcode;
      Operand_1: address;
      Operand_2: address;
END RECORD;
```

数组是同构复合类型,也就是说,数组的各个元素具有同一类型。数组可以是一维、二维或多维的,每一维含有一个类型,并且必须是离散类型(整数类型或枚举类型)。数组类型的定义可以是限定性的,或者是非限定性的。限定性数组的定义指定了数组的上下界,而非限定性数组则并不指定上下界。这种可以定义大小不确定的对象的功能在接口表中十分有用。例如,可以定义一个具有位数可变的端口的实体,使得一个实体可以代表 8 位、16 位或 32 位的移位寄存器。其位数取决于对应该非限定性端口的实际数组号的范围。

3. IEEE 标准数据类型“std_logic”和“std_logic_vector”

“std_logic”和“std_logic_vector”是 IEEE 标准化数据类型,使用它们以前必须写出库 IEEE 和程序包集合 std_logic 说明语句 LIBRARY IEEE 和 USE ieee. std_logic_1164. all,否则,编译时就会出错。

1.6.3 运算及运算符

逻辑代数中的各种逻辑运算如**与**、**或**、**非**等在 VHDL 中都有专门的运算符号,如 and、or、nand、nor、xor 和 not 等。逻辑运算所涉及的对象必须事先定义为 bit、bit_vector 或 boolean 等数据类型,运算符 not 的优先级别最高。

[例 1.6.4] 运算符优先级的举例

```
LIBRARY ieee;
USE ieee.std_logic_1164.all;
ENTITY muls IS
  PORT (a,b,c:IN BIT ;
       z :OUT BIT);
```

```
END muls;
ARCHITECTURE ex OF muls IS
BEGIN
  z <= a AND NOT(b OR c);
END ex;
```

VHDL 提供了常用的关系运算符,如 <、<=、>、>=、= 和 /=,它们分别代表小于、小于等于、大于、大于等于、等于和不等于。关系运算经常用在 if-then-else 句型中,根据关系运算的结果决定下面要执行的语句。例如

[**例 1.6.5**] 关系运算的举例

```
if(a=b) then
  z <='1';
ELSE
  z <='0';
end if;
```

VHDL 中常用的算数运算符有:+、-、*、/和 abs(绝对值)等。

本章小结

介绍了数制和码制的概念,数制和码制对于以后学习数字计算机系统是非常重要和基础的内容。

数字系统不仅有数值运算,还有逻辑运算,本章介绍了二进制数码的算术运算和逻辑运算的基本定理。

逻辑函数可以有多种表示方式,如真值表、逻辑函数式、逻辑图和卡诺图等,这些方式之间可以相互转换。

逻辑函数的化简有两种方法——代数化简法和卡诺图化简法。代数化简法的优点是不受任何条件的限制,但这种方法没有固定的步骤可循,在化简较为复杂的逻辑函数时不仅需要熟练运用各种公式和定理,而且需要有一定的运算技巧和经验,最后结果是否为最简也不得而知。卡诺图化简法的优点是简单、直观又有一定的化简步骤可循,容易掌握。然而卡诺图化简法只适合于逻辑变量较少的逻辑函数化简。

具有无关项逻辑函数的化简,若能合理地利用无关项,一般能得到更简单的逻辑表达式。

最后简单介绍了 VHDL 基础知识。

思考题和习题

思考题

1.1 数字电路中为什么采用二进制计数体制？为什么也常采用十六进制？

1.2 二进制和十六进制之间如何转换？二进制和十进制之间如何转换？

1.3 何为 8421BCD 码？它与自然二进制数有何异同点？

1.4 算术运算和逻辑运算有何不同？

1.5 逻辑变量和普通代数中的变量相比有哪些不同特点？

1.6 什么是逻辑函数？有哪几种表示方法？

1.7 逻辑函数化简的目的和意义是什么？

1.8 用代数法化简逻辑函数有何优缺点？

1.9 什么叫卡诺图？卡诺图上变量取值顺序是如何排列的？

1.10 什么是卡诺图的循环相邻特性？为什么相邻的最小项才可以合并？

1.11 卡诺图上画包围圈的原则是什么？卡诺图化简函数的依据是什么？

1.12 什么叫无关项？在卡诺图化简中如何处理无关项？

1.13 简述 VHDL 语言的主要优点。

习题

1.1 把下列二进制数转换成十进制数：

（1）**10010110**；（2）**11010100**；（3）**0101001**；（4）**10110.111**；（5）**101101.101** （6）**0.01101**。

1.2 把下列十进制数转换为二进制数：

（1）19；（2）64；（3）105；（4）1989；（5）89.125；（6）0.625。

1.3 把下列十进制数转换为十六进制数：

（1）125；（2）625；（3）145.6875；（4）0.5625。

1.4 把下列十六进制数转换为二进制数：

（1）4F；（2）AB；（3）8D0；（4）9CE。

1.5 写出下列十进制数的 8421BCD 码：

（1）9；（2）24；（3）89；（4）365。

1.6 在下列逻辑运算中，哪个或哪些是正确的？并证明之。

（1）若 $A+B=A+C$，则 $B=C$；（2）若 $\mathbf{1}+A=B$，则 $A+AB=B$；

（3）若 $\mathbf{1}+A=A$，则 $A+\overline{A}B=A+B$；（4）若 $XY=YZ$，则 $X=Z$。

1.7 证明下列恒等式成立：

（1）$A+BC=(A+B)(A+C)$；

（2）$\overline{A}B+A\overline{B}=(\overline{A}+\overline{B})(A+B)$；

（3）$(AB+C)B=AB\overline{C}+\overline{A}BC+ABC$；

（4）$BC+AD=(B+A)(B+D)(A+C)(C+D)$。

1.8 试将下列逻辑函数转换为最小项之和式：

（1）$L=A\overline{B}+B\overline{C}$；

（2）$L=\overline{B}CD+B\overline{C}+\overline{A}\,\overline{C}D+A\overline{B}C$。

1.9 求下列逻辑函数的反函数：

（1）$L_1=\overline{A}\,\overline{B}+AB$；　　（2）$L_2=BD+\overline{A}C+\overline{B}\,\overline{D}$；

（3）$L_3 = AC+BC+AB$；　　　　（4）$L_4 = (A+\overline{B})(\overline{A}+\overline{B}+C)$。

1.10　写出表题 1.10 真值表描述的逻辑函数的表达式，并画出实现该逻辑函数的逻辑图。

表题 1.10

A	B	C	L_1	A	B	C	L_2
0	**0**	**0**	**0**	**0**	**0**	**0**	**0**
0	**0**	**1**	**0**	**0**	**0**	**1**	**0**
0	**1**	**0**	**0**	**0**	**1**	**0**	**0**
0	**1**	**1**	**1**	**0**	**1**	**1**	**0**
1	**0**	**0**	**0**	**1**	**0**	**0**	**0**
1	**0**	**1**	**1**	**1**	**0**	**1**	**1**
1	**1**	**0**	**0**	**1**	**1**	**0**	**1**
1	**1**	**1**	**1**	**1**	**1**	**1**	**1**

1.11　写出图题 1.11 所示逻辑电路的表达式，并列出该电路的真值表。

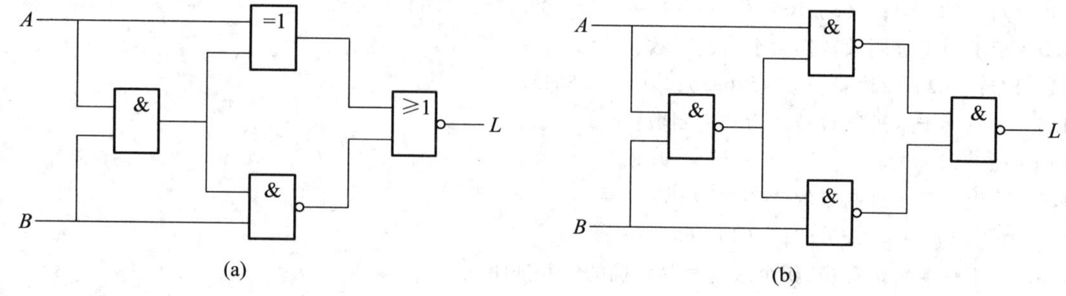

图题 1.11

1.12　某逻辑电路的输入逻辑变量为 A、B、C。当输入中 **1** 的个数多于 **0** 的个数时，输出就为 **1**。列出该电路的真值表，写出输出表达式。

1.13　一个对四个逻辑变量进行判断的逻辑电路，当四变量中有奇数个 **1** 出现时，输出为 **1**；其他情况，输出为 **0**。列出该电路的真值表，写出输出表达式。

1.14　用代数法将下列逻辑函数式化为最简**与-或**式：

（1）$L=\overline{A}\,\overline{B}+\overline{A}\,B+AB$；

（2）$L=ABC+\overline{AB}+C$；

（3）$L=A(B\oplus C)+A(B+C)+A\overline{B}\,\overline{C}+\overline{A}\,\overline{B}C$；

（4）$L=\overline{A}\,\overline{B}\,\overline{C}+\overline{A}\,\overline{C}\,D+\overline{A}BD+A\overline{B}\,\overline{C}+\overline{B}\,\overline{C}\,\overline{D}+\overline{B}\,\overline{C}D$；

（5）$L=\overline{A+B}\cdot\overline{ABC}\cdot\overline{\overline{A}C}$；

(6) $L=\overline{(AB+\overline{B}C)+(B\overline{C}+\overline{A}B)}$;

(7) $L=\overline{(AB+\overline{B}C)(AC+\overline{A}\,\overline{C})}$;

(8) $L=(A+B+C+D)(\overline{A}+B+C+D)(A+B+\overline{C}+D)$。

1.15 用卡诺图将下列逻辑函数化简为最简**与-或**式:

(1) $L=AB+BC+\overline{A}\,\overline{C}$;

(2) $L=\overline{AB+BC}+A\overline{C}$;

(3) $L=(A+B+C+D)(A+B+C+\overline{D})(\overline{A}+B+C+D)$;

(4) $L=\overline{A}[\overline{B}C+B(C\overline{D}+D)]+AB\overline{C}D$;

(5) $L=\sum(0,2,3,4,6)$;

(6) $L=\sum m(2,3,4,5,9)+\sum d(10,11,12,13)$;

(7) $L=\sum(0,1,2,3,4,6,8,9,10,11,12,14)$。

1.16 将函数**与或**表达式 $L=AB+\overline{A}C$ 转换为**与非-与非**、**与或非**、**或与**、**或非-或非**形式。

1.17 试化简逻辑函数

$$L=\overline{A}C\overline{D}+\overline{A}B\overline{C}\,\overline{D}+A\overline{B}\,\overline{C}\,\overline{D}$$

已知约束条件为

$$A\overline{B}C\overline{D}+A\overline{B}CD+AB\overline{C}\,\overline{D}+AB\overline{C}D+ABC\overline{D}+ABCD=\mathbf{0}$$

1.18 试化简逻辑函数

$$L=\overline{A}D+A\overline{B}\,\overline{C}+\overline{A}\,\overline{B}C\overline{D}$$

约束条件为

$$AB+AC=\mathbf{0}$$

1.19 十字路口的交通规则规定:红灯停,绿灯行,黄灯要注意(即黄灯一亮,未过停车线的车辆也须停车)。若以变量 A、B、C 分别表示红、黄、绿灯的状态,且以灯亮为 **1**,灯灭为 **0**,用 L 表示停车与否,且以停车为 **1**,通行为 **0**。规定任何时刻有且仅有一个灯亮,试写出交通停车的逻辑函数表达式。

1.20 判断如下 VHDL 的操作是否正确,如不正确,请改正。字符 a 和 b 的数据类型是 BIT,c 是 INTEGER,执行操作 c<=a+b。

1.21 一个 VHDL 模块是否必须有一个实体和一个结构体?是否可以有多个实体和结构体?简述它们的作用。

1.22 判断以下三种描述中哪两种的意义相同:

```
Statement a:z <= not X and not Y;
Statement b:z <= not (X or Y);
Statement c:z <= not X and Y。
```

2

集成逻辑门电路

【内容提要】

第一章介绍了**与**、**或**、**非**三种基本逻辑运算和逻辑符号,讨论了数字逻辑系统的理论基础。本章主要讨论数字逻辑系统的物理实现,即数字逻辑的硬件或者叫数字电路。集成逻辑门是构成数字电路的基本单元,这些逻辑门内部是由半导体器件构成相关的逻辑电路。在模拟电子技术中,已对半导体二极管、三极管和场效应管等电子器件作了详细介绍。本章首先介绍半导体器件的开关特性,然后简介集成电路概念及数字逻辑系列,最后重点讲解 TTL 和 CMOS 集成逻辑门的工作原理以及集成门的逻辑电平、扇出、功耗、传输延迟和噪声容限等技术参数。通过本章的学习,将会正确使用集成门电路,理解 TTL 和 CMOS 系列集成电路的特点,掌握 TTL 和 CMOS 的接口技术。

2.1 半导体器件的开关特性

通过开关将一个电压切换到另一个电压实现灯的亮和灭的控制是大家所熟知的。数字电路基础与照明开关类似,数字电路中常用双极型晶体管和场效应管(MOS)作开关,当输入信号加载到一个输入端时,使另外两端变成开路或短路,电路中就产生两个电压级别,分别表示二进制的 **0** 和 **1**。可见晶体管开关构成了二进制系统的硬件基础。下面分别介绍双极型晶体管和 MOS 管的开关特性。

2.1.1 双极型三极管的开关特性

PN 结具有单向导电特性,每个晶体管有两个 PN 结,两个 PN 结有四种通断组合方式,使得晶体管分别具有放大、饱和、截止和倒置四种工作状态。如果晶体管只工作在截止状态或饱和状态,管子截止相当于开关断开,管子饱和相当于开关接通,晶体管就相当于一个开关。

1. 开关特性

在图 2. 1. 1(a)所示的原理电路中,使输入信号 u_I 按图 2. 1. 1(b)所示变化时,晶体管集电极电流 i_C 和输出电压 u_O 按图 2. 1. 1(b)所示的波形变化。

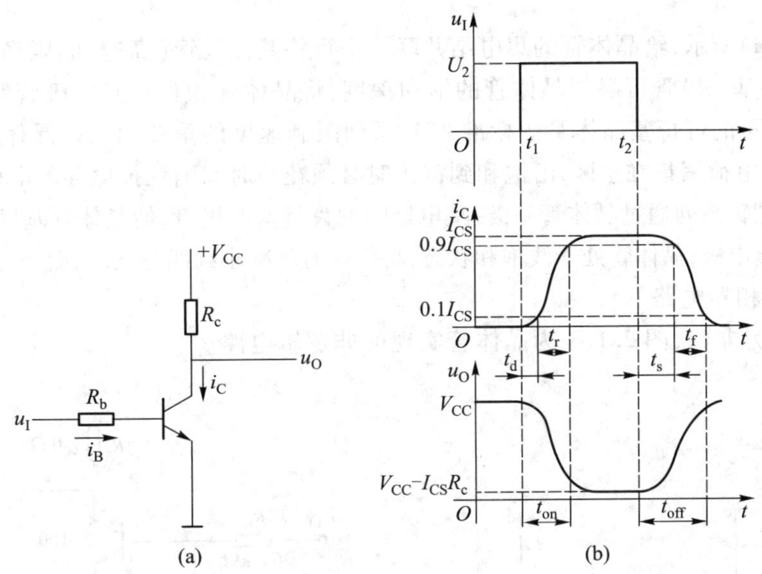

图 2. 1. 1 三极管开关电路及波形图

(a) 开关电路 (b) u_I、i_C 和 u_O 波形

在动态情况下,晶体管在截止与饱和导通两种状态间转换时,由于晶体管内部电荷的建立和消散都需要一定的时间,所以集电极电流的变化滞后于基极电压的变化,也就是说,i_C 和 u_O 的变化不能瞬间完成,而是需要时间的。

(1) 开关时间

从图 2. 1. 1(b)中可见,当 $0<t<t_1$ 时,$u_I=0$ V,晶体管发射结零偏、集电结反偏,管子处于截止状态,$i_C=0$,$u_O=V_{CC}$。当 $t_1 \leqslant t<t_2$ 时,u_I 从低电平跳到高电平 U_2,i_C 却不能立刻上升到饱和电流 I_{CS},而是需要经过 t_d 和 t_r 两段时间。前者称为延迟(delay)时间,是从 t_1 时刻到 i_C 上升到 $0.1I_{CS}$ 所需要的时间;后者称为上升(rise)时间,是 i_C 从 $0.1I_{CS}$上升到 $0.9I_{CS}$的时间。t_d 与 t_r 之和称为接通(turn-on)时间 t_{on}。

当 $t>t_2$ 后,u_I 由 U_2 下跳到 0 V,i_C 不能立刻下跳到零,而是需要有 t_s 和 t_f 两段时间,前者称为存储(storage)时间 t_s,它是 i_C 从 I_{CS}降到 $0.9I_{CS}$所需要的时间;后者称为下降(fall)时间 t_f,是 i_C 从 $0.9I_{CS}$降到 $0.1I_{CS}$所需的时间。t_s 与 t_f 之和称为关断(turn-off)时间 t_{off}。

晶体管的接通时间 $t_{on}=t_d+t_r$,关断时间 $t_{off}=t_s+t_f$,二者统称为晶体管的开关时间(switching time)。开关时间越短,开关速度也就越高。开关时间不仅与管子的结构工艺有关,而且与外加输入电压的极性及大小有关。因此,提高开关速度的途径有两个,一是制造开关时间较小的管子

（开关管），二是设计合理的外电路以减小开关时间。

(2) 提高开关速度的措施

通常 $t_{off}>t_{on}$、$t_s>t_f$，因此控制晶体管的饱和深度，减小 t_s 是缩短开关时间、提高开关速度的一个主要途径。

如图 2.1.2(a)所示，给晶体管的集电结并联一个肖特基二极管（高速、低压降），当晶体管处于饱和状态时，肖特基二极管可限制晶体管的饱和深度，将晶体管和肖特基二极管制作在一起，构成如图 2.1.2(b)所示的肖特基晶体管。标准 TTL 系列限制速度的重要因素是晶体管基区电容性电荷，晶体管饱和时电荷聚集在基区，由饱和到截止时必须花费时间消耗掉储存的电荷，产生较大的传输时延。肖特基逻辑系列通过晶体管基极-集电极间的肖特基二极管，使晶体管基区多余的电荷通过肖特基二极管到集电极，晶体管处于浅饱和状态，将传输时延减小约四分之一，而功耗仅增加一倍。

2. 晶体管反相器电路

反相器也称为**非**门，图 2.1.3 为晶体管实现的**非**逻辑电路。

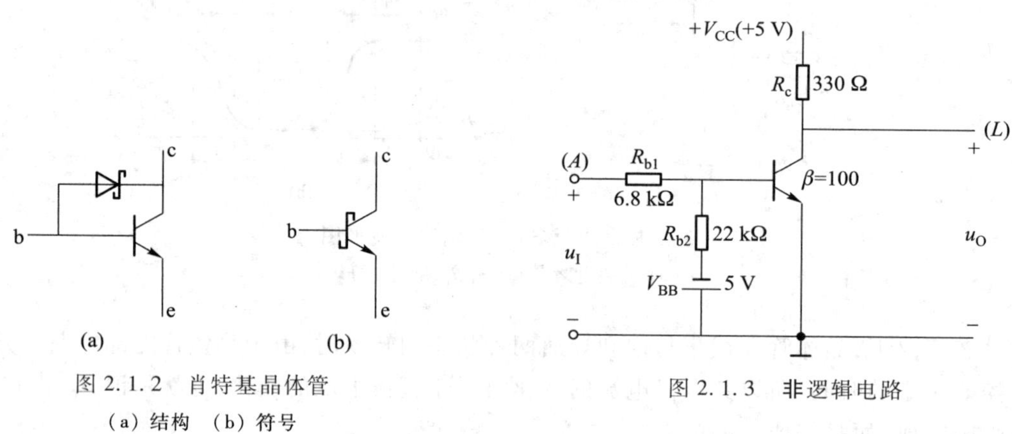

图 2.1.2　肖特基晶体管
(a) 结构　(b) 符号

图 2.1.3　非逻辑电路

当输入电压 u_I 为 0 V（低电平）时，此时发射结和集电结都是反偏，所以管子工作在截止状态，输出 u_O 为高电平。

当输入电压 u_I = +5 V（高电平）时，晶体管处于饱和状态。输出电压 $u_O = U_{CES}$，近似为 0 V（逻辑低电平）。

可见，u_I 为低电平时，u_O 为高电平；u_I 为高电平时，u_O 为低电平。电路完成了反相，其输入和输出的电平如表 2.1.1 所示。若分别用 A 和 L 表示该电路的输入和输出逻辑变量，则反相器的输出与输入关系可表示为

$$L=\overline{A}$$

表 2.1.1　非门的电平表

u_I	晶体管工作状态	u_O
低	截止	高
高	饱和	低

2.1.2　场效应管的开关特性

由于 MOS 管输入电阻很大,MOS 电路功耗很小,且 MOS 管的面积比双极型晶体管要小,可以使复杂的数字系统占用很小的硅片面积,大规模地提高集成电路的集成度。因此,MOS 管广泛应用于数字电路之中。

1. MOS 管的开关特性

图 2.1.4 是 N 沟道 MOS 管的符号和开关模型。图中,s 为源极,d 为漏极,g 为栅极。当栅源电压 u_{GS}小于开启电压 U_{TN}时,MOSFET 处于截止状态,相当于开关断开;u_{GS}大于 U_{TN},相当于开关接通。可见,MOS 管是由栅源电压控制开关两端 s、d 的通和断。由 MOS 管的结构决定了图中栅极的输入电容 C_{gs}不可忽略。

图 2.1.5 是增强型 NMOS 管的电压传输特性,在图 2.1.5(a)中给栅极加上一个等于电源值 V_{DD}的电路最高电压,使管子可以很好导通。如果输入电压 u_I 允许在 0 V 到 V_{DD}之间变化,输出电压 u_O 的范围被限制在 0 V 和 $V_{DD}-U_{TN}$之间,如图 2.1.5(b)所示,输出电压达不到电源值。因此,可以得到结论:NMOS 传输一个强逻辑 **0**,传输弱逻辑 **1**。

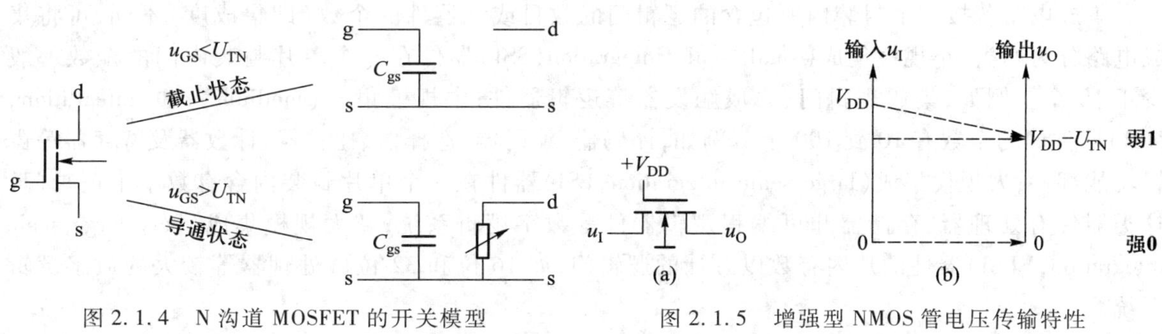

图 2.1.4　N 沟道 MOSFET 的开关模型

图 2.1.5　增强型 NMOS 管电压传输特性
(a) 电路　(b) 电压传输特性

同样分析可得到:PMOS 可以传输一个强逻辑 **1**,传输弱逻辑 **0**。

2. 互补定律及 CMOS 反相器

由以上讨论可见,PMOS 和 NMOS 管在电气和逻辑特性上互补,即它们的开关特性和电压传输特性相反。因此,可以方便地由两者构成逻辑电路,由它们构成的电路称之为 CMOS(complementary metal oxide semiconductor)电路,一个 NMOS 和一个 PMOS 组成一个互补对。

在数字电路中,逻辑 **0** 理想的逻辑电平为 0 V,逻辑 **1** 理想的逻辑电平为 V_{DD}。根据 MOS 管传输特性,如果设计一个反相器的话,自然会考虑用两个互补管,其中它们的栅极接在一起使之具有互补开关特性。由于 NMOS 传输强逻辑 **0**,PMOS 传输强逻辑 **1**,因而输出与地之间接 NMOS,输出与电源 V_{DD}之间接 PMOS。这样可得图 2.1.6 所示的反相器

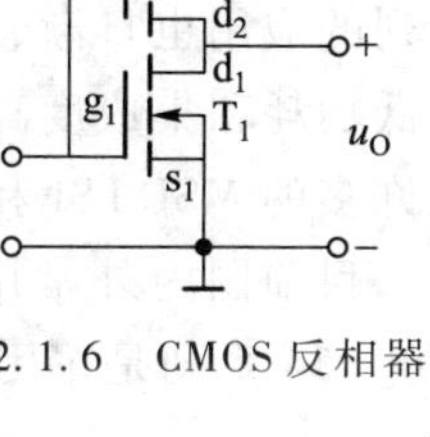

图 2.1.6　CMOS 反相器

电路，当输入电压 u_I 为低电平，即逻辑 **0** 时，NMOS 管 T_1 截止，PMOS 管 T_2 导通。因此，输出通过 T_2 与电源接通，$u_O \approx V_{DD}$，输出为逻辑 **1**。同理可知，当输入电压 u_I 为高电平时，PMOS 管 T_2 截止，NMOS 管 T_1 导通，$u_O \approx 0$ V。由此可见，该电路实现了反相作用。

2.2 集成电路及数字逻辑器件

2.2.1 集成电路的概念

集成电路（integrated circuit，IC）通常是指把电路中的半导体器件、电阻、电容及连线制作在一块半导体芯片上，芯片用陶瓷或塑料封装在一个壳体内，接线接到外部的引脚，这样就形成了集成电路。引脚数可从小规模 IC 的几个到大规模 IC 的数百个。

集成电路按其处理的信号不同可分为数字 IC 和模拟 IC。数字 IC 是用来处理数字信号的集成电路。数字系统是由各种数字 IC 器件构成。

集成电路若按一个封装内所包含的逻辑门的数目或元器件的个数（即集成度）不同，可将集成电路分为四类：小规模集成（small scale integration，SSI）器件在一个单片封装内门的个数一般少于 10 个。例如，集成逻辑门、集成触发器等逻辑器件；中规模集成（medium scale integration，MSI）器件门的个数有 10 到 100 个。例如，译码器、编码器、选择器、比较器、计数器及寄存器等逻辑功能部件；大规模集成（large scale integration，LSI）器件在一个单片封装内含有数千个逻辑门，这类器件有处理器、存储器和可编程逻辑器件等数字逻辑系统；超大规模集成（very large scale integration，VLSI）器件的片内有数以万计的逻辑门，如 16 位和 32 位微处理器等较大的数字逻辑系统。

2.2.2 常用数字逻辑器件

1. TTL 和 CMOS 系列简介

数字集成电路按所用半导体器件不同可分成两大类：一类称为双极型数字集成电路；另一类称为 MOS 型或单极型数字集成电路。双极型又包括电阻晶体管逻辑（RTL）、二极管晶体管逻辑（DTL）、晶体管-晶体管逻辑（transistor-transistor logic，TTL）和发射极耦合逻辑（ECL）等数字逻辑系列。MOS 型包括了 NMOS、PMOS 和 CMOS 等数字逻辑系列。

这些数字逻辑系列中的 RTL 和 DTL 由于在数字系统设计中已不再使用而成为历史。ECL 系列的应用也日渐衰落，TTL 是长期用于数字系统的一个系列，得到了广泛应用。CMOS 的特点是低功耗和集成度高，因此，CMOS 已成为主流的逻辑系列。TTL 和 CMOS 有大量的 SSI 电路，也有许多的 MSI、LSI 和 VLSI 器件。

目前国内外常用的 TTL/SSI 和 TTL/MSI 集成电路系列是 SN54/74 系列（或简称 54/74 系列）。54 系列是军用产品，工作温度范围宽（-55 ~ +125℃）、功耗小、速度高，当然价格也很高。74

系列是民用产品,上述指标均较 54 系列低,但价格相对低廉。SN54/74 系列中又分四档,即 SN54/74 系列、SN54H/74H 高速系列、SN54S/74S 肖特基系列及 SN54LS/74LS 低功耗肖特基系列。

与 TTL 一样,CMOS 也有许多的子系列,国际上通用的 CMOS 数字电路主要有:美国 RCA 公司最先开发的 CD4000 系列、美国摩托罗拉公司(Motorola)开发的 MC14500 系列(即 4500)以及我国开发的 CC4000B 标准型 CMOS 系列,CC4000B 系列与国际上同序号产品可互换使用。之后发展了民用 74 高速 CMOS 系列电路,其逻辑功能及引脚排列与相应的 TTL74 系列相同,工作速度相当,而功耗却大大降低且提供较强的抗干扰能力和较宽的工作电压及工作温度范围,该系列常用的有两类:74HC 系列和 74HCT 系列,前者为 CMOS 电平,后者为 TTL 电平,可以与同序号 TTL74 系列互换使用。

74AHC 和 74AHCT 是改进型的高速 CMOS,该系列有单门逻辑,即在芯片内部只有一个门,引脚数目少,在印制电路板上占据较小的面积,例如,74AHC1G00 是单门封装,片内仅有一个二输入**与非**门,5 个引脚。

对 HC/HCT 的进一步改进出现了高速 CMOS 逻辑电路(ACL)和仙童高级 CMOS(FACT)系列,具有更好的工作特性。

74BiCMOS 系列是将高速双极型晶体管和低功耗 CMOS 相结合构成的低功耗和高速的数字逻辑系列。74BCT 是德州仪器公司制造的 BiCMOS 系列,74ABT 是飞利浦制造的 BiCMOS 系列。不同制造商用不同符号表示该系列。

CMOS 逻辑 IC 的功耗与电源电压的平方成正比,因此,LV、LVC、LVT、ALVC 等低电压系列器件,常用于笔记本电脑、移动电话、手持式视频游戏机和高性能工作站。

各个 IC 数字逻辑系列中,最基本的电路是门电路,其他更复杂的电路是由基本电路组成的。因此,理解 IC 逻辑门电路的工作原理及性能参数是掌握数字电子技术的基础。集成逻辑电路的参数主要包括逻辑电平、扇出、功耗、传输延迟和噪声容限等。

2. 集成电路的主要参数

逻辑电平:数字逻辑芯片用两个不同的电压范围来表示逻辑 **1** 和逻辑 **0**。理想的逻辑 **1** 定义为器件的电源电压值,逻辑 **0** 定义为 0 V。在实际应用中,由于噪声的影响也不能如此精确的定义逻辑 **0** 和逻辑 **1**,而是定义两个电压范围来表示逻辑 **0** 和逻辑 **1**,如图 2.2.1 所示。不同逻辑系列这个范围有所不同,同一器件输入和输出数字信号的逻辑 **0** 和 **1** 的电压范围也不同。

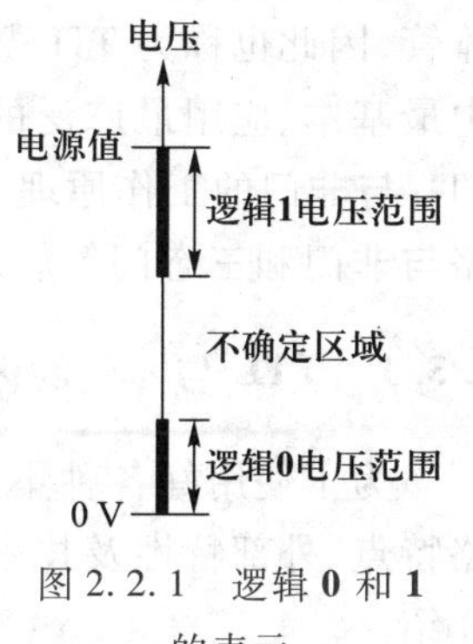

图 2.2.1　逻辑 **0** 和 **1** 的表示

扇出:是指在保证电路正常工作的条件下,输出最多能驱动的同类门的数量,是衡量逻辑门输出端带负载能力的一个重要参数。由于一个逻辑门只能提供一定的拉电流或者灌电流,一旦所带负载使输出端电流超过这个电流值,逻辑门就不能正常工作了。一个门输出通常是连接在其他同类门的输入上,每个输入都消耗前级门输出的一定电流量,因此,一个逻辑系列根据其结构及门的输入输出电流参数可以得到扇出数。扇入是指逻辑门中可用的输入数。

功耗：是指逻辑门所消耗的电源功率。集成门电路需要有直流电源 V_{CC} 供电，V_{CC} 供给的电流叫电源电流，用 I_E 表示。功耗等于电源电压 V_{CC} 与电源电流 I_E 之乘积。I_E 小，则组件功耗就小。输入全 **0** 时和输入全 **1** 时的功耗是不一样的，通常取其平均值。

传输延迟：是指加在输入端二进制信号值发生变化时，信号从门的输入端传播到输出端的平均传输延迟。要提高电路工作的速度，数字电路每个逻辑门必须有较短的传输延迟，且输入和输出之间门的数量要少。

噪声容限：是指加在一个输入信号上的最大外部噪声电压，一旦超出这个容限，逻辑门将不能正常工作。

3. TTL 和 CMOS 系列中小规模集成器件的命名

数字逻辑 IC 的不同制造商都将编号方案标准化，其基本部分的数字相同，与制造商无关。数字的前缀依制造商而异。例如，一个器件名称为 S74F08N 的 IC，其中的 7408 属于基本部分，对所有制造商 7408 都代表四**与**门，F 表示快速系列，前缀 S 表示制造商 Signetics 的代号，后缀 N 表示封装类型为双列直插式塑料封装。有些制造商的数据手册将 7408 写成 5408/7408，54 系列是 TTL 军用等级，其工作环境温度是 -55 ~ +125 ℃；74 系列是 TTL 普通民用等级，其工作环境温度范围一般是 0 ~ 70 ℃，两者对电源的要求也不同。教材中一般都省略了代表制造厂商的前缀和表示封装类型的后缀，××表示器件的代码。例如，7404 是六反相器；7400 是四 2 输入**与非**门等。

2.3 TTL 系列集成门电路

在双极型数字集成电路中应用最广泛的是 TTL 电路。TTL 是晶体管-晶体管逻辑（transistor-transistor logic）电路的简称。在 TTL 门电路中，输入和输出端的电路结构形式都采用了双极型晶体管，因此也称为 TTL 数字集成电路。TTL 电路在中小规模集成电路方面应用广泛。TTL 电路中最基本、应用最广泛的是 TTL **与非**门。本节首先介绍 TTL **与非**门的工作原理、特性和参数，然后介绍集电极开路**与非**门和三态门等。

2.3.1 TTL 与非门的内部结构及工作原理

为了使用好各种集成门电路，必须先了解其内部电路特点、外部特性及技术参数。下面以 TTL **与非**门为例介绍。

1. TTL **与非**门的内部结构

图 2.3.1 是典型的 TTL **与非**门电路。该电路由三部分组成：

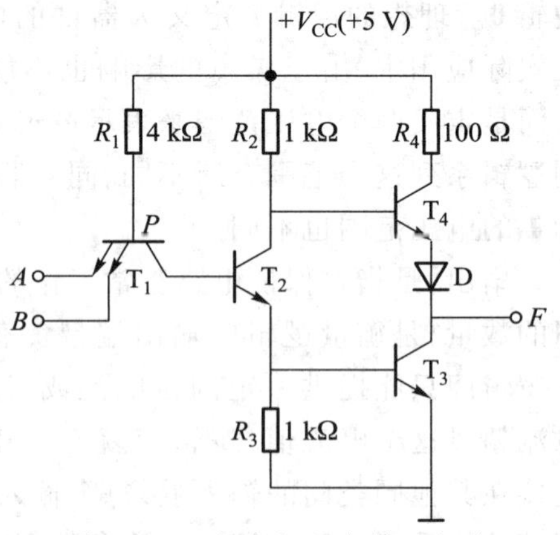

图 2.3.1 **与非**门基本单元电路

（1）输入级

TTL **与非**门的输入级由多发射极晶体管 T_1 和电阻 R_1 组成，它们的作用是对输入变量进行**与**运算，所以输入级相当于一个**与**门。

（2）输出级

该电路的输出级由晶体管 T_3、T_4 和二极管组成。输出级的作用是实现反相，其电路形式是一种推拉式结构，输出电阻低，负载能力强。

（3）中间级

中间级由 T_2、R_2、R_3 组成，实际上是一个 倒相分离器，在 T_2 的发射极与集电极上可以获得两个相位相反的电压，以满足输出级推拉式工作的要求。

2. TTL **与非**门的功能分析

首先，讨论 A 和 B 至少有一个输入为逻辑 **0**（比如 0.3 V）时，输出与输入的逻辑关系。假设 A 为 **0**，这时，V_{CC}通过 R_1 向 T_1 注入基极电流，相应的发射结导通，则 T_1 的基极电位被钳制在

$$u_P = u_A + U_{BE} = (0.3+0.7)\text{ V} = 1\text{ V}$$

这一电压不足以使 T_1 的集电结和 T_2 导通，故 T_2 截止，从而 T_3 也截止。另一方面，由于 T_2 截止，电源 V_{CC}通过 R_2 向 T_4 提供基极驱动电流，而使 T_4 和 D 导通，流过的电流近似为负载电流 i_L，忽略 $i_{B4}R_2$ 则得输出电压为

$$u_F \approx V_{CC} - U_{BE4} - U_D = (5-0.7-0.7)\text{ V} = 3.6\text{ V}$$

这说明，有任一输入为逻辑 **0** 时，输出 u_F 为高电平，即逻辑 **1**。

其次，讨论 A、B 输入均为 **1** 时输出与输入之间的逻辑关系。假设 A、B 均为 3.6 V 的高电平，电源电压通过 R_1 向 T_1 提供基极电流，此时似乎 T_1 的发射结和集电极都正偏，如果发射结导通，$u_P = (3.6+0.7)\text{ V} = 4.3\text{ V}$；如果 T_1 集电结正偏导通，由 T_1 集电极流出的电流将驱动 T_2 导通，同时 T_2 的发射极电流又进一步驱动 T_3 导通，这三个 PN 结导通后，$u_P = U_{BC1} + U_{BE2} + U_{BE3} = 3\times0.7\text{ V} = 2.1\text{ V}$。这样，$T_1$ 的基极电位将被钳在较低的 2.1 V，这个电位低于这时的发射极电位。因此，T_1 的发射结承受反偏而截止，这时的三极管 T_1 工作在倒置状态。T_2 工作在饱和状态，于是，$u_{C2} = U_{BE3} + U_{CES2} = (0.7+0.3)\text{ V} = 1\text{ V}$。这一电压不能使 T_4 和 D 导通，故 T_4 和 D 截止。另一方面，T_3 的基极电流由 T_2 发射极电流提供，它使 T_3 处于饱和状态，$u_F = 0.3\text{ V}$，也就是说，输出 F 为逻辑 **0**。

输入电压为 1.4 V，即 T_1 的基极电压为 2.1 V 是输出级 T_4 和 T_3 轮流导通的一个临界电压，这个电压称为阈值电压或门槛电压，记为 U_T。

由以上分析可见，当**与非**门的输入全为逻辑 **1** 时，其输出为逻辑 **0**；任何一个输入为逻辑 **0** 时，就使输出为逻辑 **1**，这样就实现了**与非**逻辑功能，即 $F=\overline{AB}$。如果多发射极三极管有三个发射极，可得 $F=\overline{ABC}$，其余类推。

TTL 集成电路中，一般都是采用多发射极三极管来完成**与**的逻辑功能，这种结构不仅便于制造，还有利于提高电路的开关速度。当输出为逻辑 **0** 时，T_2、T_3 饱和导通，其基区积聚着存储电

荷，三极管 T_1 的集电极电位为 1.4 V。若任一输入端由高电平降至低电平 0.3 V 时，则 T_1 的相应发射结导通，T_1 基极电压 u_P 为 1 V。由于基极电位低于集电极电位，使 T_1 工作在线性放大区，一股很大的集电极电流将流过 T_2 和 T_3 的发射结，如图 2.3.2 所示，它促使 T_2、T_3 基区的存储电荷加速消失，从而缩短了存储时间，提高了电路的开关速度。

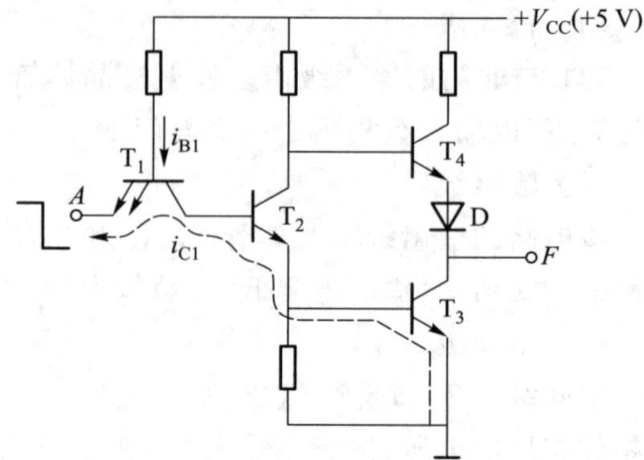

图 2.3.2　输入负跳变时的反向驱动电流

TTL **与非**门输出部分的 T_3 和 T_4 轮流导通，使输出 F 有时为 **0**，有时为 **1**，所以称为推挽式输出。

当输出 F 为逻辑 **0** 时，T_4 截止，T_3 饱和导通，可以接受较大的灌电流负载；而当输出为逻辑 **1** 时，T_4 导通，T_3 截止，能够向负载提供较大的驱动电流，这种负载为拉电流负载。也就是说，推挽式输出级电阻较小，驱动能力较强。

2.3.2　TTL 与非门的外部特性及有关参数

在学习了 TTL **与非**门的工作原理之后，下面着重介绍其外部特性及有关参数。因为在实际应用中，只要了解其外部特性和参数，就能够正确地使用该器件。

所谓 TTL **与非**门的外部特性是指：

① 电压传输特性；

② 输入特性；

③ 输出特性。

这些特性可以用适当的仪器仪表测得。由这些外部特性可以判断集成电路性能的优劣，并给用户提供了合理、安全使用集成组件的依据。

1. 电压传输特性

图 2.3.3 表示 TTL **与非**门作为**非**门时典型的电压传输特性。它可以直观地反映输出电压 u_O 随输入电压 u_I 变化的规律。

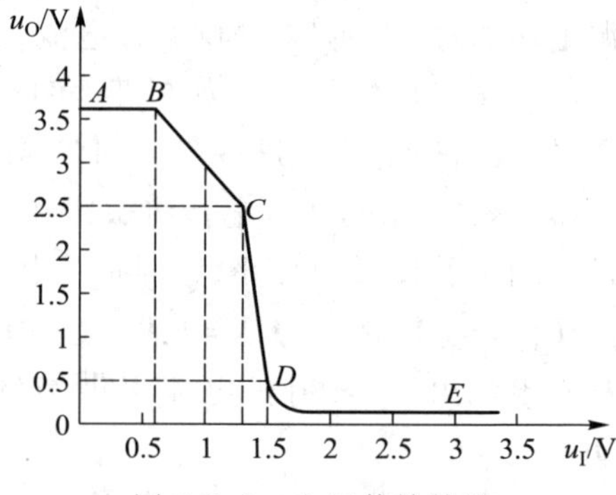

图 2.3.3　电压传输特性

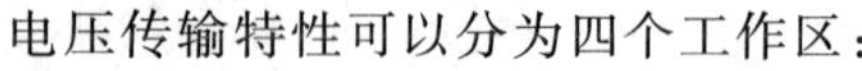
电压传输特性可以分为四个工作区：

(1) 截止区

当 $u_I<0.6\text{V}$ 时，$U_{B1}=U_{BE1}+u_I<1.3\text{V}$。此时，$T_2$、$T_3$ 截止，T_4 导通，输出高电平 $U_{OH}=3.6\text{V}$，对应于图中的 AB 段。习惯上用 T_3 的状态代表**与非**门的工作状态，在 AB 段中 T_3 截止，所以也称**与非**门处于截止状态或关门状态。因而 AB 段称为截止区。

(2) 线性区

当 $0.6\text{V}\leqslant u_I<1.3\text{V}$ 时，T_2 导通而 T_3 仍然截止。T_2 导通后处于放大状态，U_{C2} 随着 u_I 的增加而

线性下降。由于 T_4 的射极跟随作用，使 u_O 也线性下降，对应于图中的 *BC* 段，该段称为线性区。由于 T_3 截止，所以 *BC* 段中**与非**门仍处于关门状态。

(3) 转折区

当 $u_I>1.3V$ 以后，T_2、T_3 同时导通，且均工作在放大状态，输出电压 u_O 随输入电压 u_I 的增加而急剧下降。当 $u_I=1.4V$ 时，T_2、T_3 相继进入饱和状态，**与非**门完成了由关门到开门的转变。因此，*CD* 段称为特性曲线的转折区。

(4) 饱和区

当 $u_I>1.4V$ 以后，由于 T_2、T_3 均已处于饱和导通状态，此后虽然 u_I 继续升高，但 u_O 不再变化，**与非**门处于开门状态，输出为稳定的低电平 U_{OL}。因此，*DE* 段称为特性曲线的饱和区。

根据电压传输特性，可以得到 TTL **与非**门的几个重要参数。

(1) 输出高电平 U_{OH}

TTL **与非**门在空载时，输出高电平 $U_{OH}\geqslant 3.6V$，带上一定负载后，其输出电平会有所下降。在数字电路中，高电平 U_{OH} 一般是一电压范围。TTL 产品规定 $U_{OH}\geqslant 2.4V$，因此，输出高电平有一个下限值 U_{OHmin}，$U_{OHmin}=2.4V$。

(2) 输出低电平 U_{OL}

TTL **与非**门的输出低电平也有一个范围，空载时，T_3 工作于深饱和状态，输出低电平 $U_{OL}\approx 0$，带上一定负载后，T_3 饱和程度降低，U_{OL} 随之上升，TTL 产品规定 $U_{OL}\leqslant 0.4V$，输出低电平有一个上限值 U_{OLmax}，$U_{OLmax}=0.4V$。

(3) 关门电平 U_{off}

当 TTL **与非**门的输入为低电平时，其输出为高电平，**与非**门电路的 T_3 截止，称为关门状态。当输入低电平升高时，输出高电平下降，把输出高电平下降到 U_{OHmin} 时，对应的输入低电平值称为关门电平 U_{off}。关门电平也称为输入低电平最大值，记为 U_{ILmax}。注意在使用时，输入低电平绝不能大于 U_{off}，否则将引起逻辑混乱。U_{off} 的典型值为 0.8V。

(4) 开门电平 U_{on}

当 TTL **与非**门的输入为高电平时，其输出为低电平，此时**与非**门电路的 T_3 饱和导通，称为开门状态。当输入高电平下降时，输出低电平上升，把输出低电平上升到 U_{OLmax} 时对应的输入高电平值称为开门电平 U_{on}。开门电平也称为输入高电平最小值，记为 U_{IHmin}。U_{on} 的典型值为 2V。

(5) 阈值电压 U_T

电压传输特性曲线上转折区 *CD* 段中点所对应的输入电压既是 T_3 导通和截止的分界线，也是输出高、低电平的分界线。此输入电压称为阈值电压或门槛电压(threshold voltage)，记为 U_T。一般，TTL **与非**门的阈值电压为

$$U_T=U_{BE2}+U_{BE3}=(0.7+0.7)V=1.4V$$

在 TTL **与非**门电路的分析中，常将 U_T 视为决定**与非**门工作状态的关键值。可以认为，当 $u_I<U_T$ 时，**与非**门处于关门状态，输出为高电平 U_{OH}；而当 $u_I\geqslant U_T$ 时，**与非**门处于开门状态，输出为低电平 U_{OL}。

（6）抗干扰度

在实际的数字系统中，总是由许多门电路互连来完成一定的逻辑功能的。图 2.3.4(a) 所示为两个互连的**与非**门，前级门的输出是后级门的输入。它们正常的逻辑功能应为：前级门输出低电平时，后级门输出为高电平；反之，前级门输出高电平时，后级门输出为低电平。但在两级门之间的连线较长的情况下，电网电压波动、周围电磁场变化产生的电耦合、相邻信号线之间的相互耦合等外界干扰以电噪声的形式叠加于两级**与非**门之间的连线上时，也即加于后级门的输入端，如图 2.3.4(a) 所示。这时还能保证前述的正常逻辑功能吗？

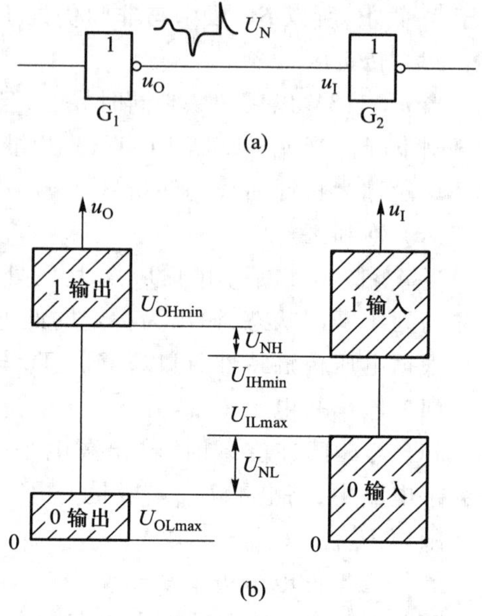

图 2.3.4　输入噪声容限定义示意图

由**与非**门的电压传输特性曲线可见，当输入低电平偏离正常值而升高时，输出的高电平并不立即改变。同样，当输入高电平偏离正常值而降低时，输出低电平也不会立刻改变。因此，即使有噪声电压叠加到门的输入高低电平上，只要这些噪声电压不超过容许的限度，就不会影响正常的逻辑功能。

图 2.3.4(b) 给出了噪声容限定义的示意图。考虑最严重的情况，即后级门输入高电平信号可能出现的最低值为前级门输出高电平的下限 U_{OHmin}，输入低电平信号可能出现的最高值为前级门输出低电平的上限 U_{OLmax}。由图可得输入噪声容限的定义式。

① 输入低电平的噪声容限 U_{NL}

在保证输出为高电平的条件下，输入端低电平上允许的最大干扰电压为低电平噪声容限 U_{NL}。由图 2.3.4(b) 可见

$$U_{NL}=U_{ILmax}-U_{OLmax}=U_{OFF}-U_{OLmax} \tag{2.3.1}$$

U_{NL} 越大，表明**与非**门输入低电平时，抗正向干扰的能力越强。

② 输入高电平的噪声容限 U_{NH}

在保证输出为低电平的条件下，输入端高电平上允许的最大干扰电压为高电平噪声容限 U_{NH}。由图 2.3.4(b) 可见

$$U_{NH}=U_{OHmin}-U_{IHmin}=U_{OHmin}-U_{ON} \tag{2.3.2}$$

U_{NH} 越大，表明**与非**门输入高电平时，抗负向干扰的能力越强。

2. 输入特性

图 2.3.5(b) 所示为 TTL **与非**门的输入特性曲线，它直观地反映了门电路的输入电流 i_I 与输入电压 u_I 之间的关系。

在图 2.3.5(a) 中所示的参考方向下，输入电流为负表示是从 TTL **与非**门输入端流出的电

流。在 $u_I<U_T$ 范围内,输入电流可按下式近似计算(忽略 T_1 集电结的分流)

$$i_I=-(V_{CC}-U_{BE1}-u_I)/R_1 \tag{2.3.3}$$

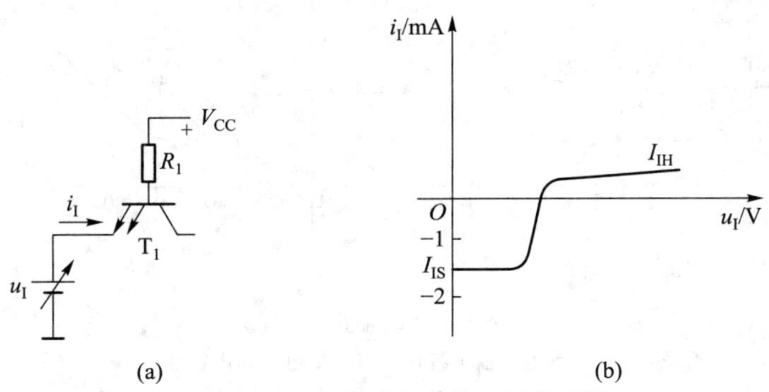

图 2.3.5　TTL **与非**门的输入特性曲线

因此,输入电流 i_I 的绝对值将随输入电压 u_I 的增加而减小。

当 $u_I=U_T$ 时,T_1 的发射结截止,输入电流 i_I急剧减小,并改变方向。这个正向电流即是 T_1 的漏电流。随着 u_I的增加,T_1 将工作在“倒置”状态,其输入电流 i_I一般小于几十微安。

与输入特性有关的参数有:

(1) 输入短路电流 I_{IS}

I_{IS}是将**与非**门输入端短路时的输入电流,当 $R_1=3\ \text{k}\Omega$,$u_{BE1}=0.7\text{V}$ 时,I_{IS}为 1.4 mA,可以近似认为输入低电平电流 $I_{IL}\approx I_{IS}$,它反映了 TTL **与非**门对前级驱动门灌电流的大小。

(2) 高电平输入电流 I_{IH}

高电平输入电流 I_{IH}就是上面提到过的输入漏电流,通常为几十微安。它的大小反映了对驱动它的门拉电流的多少。

3. 输出特性

输出特性反映了输出电压 u_O 随输出负载电流 i_L变化的关系。**与非**门输出有高、低电平两种状态,下面分两种情况分析输出特性。

图 2.3.6(a)所示是高电平输出特性,这时 T_3截止,T_4和 D 导通。若空载时($i_L=0$),输出为高电平 $u_{OH}\approx V_{CC}$,如果输出端接上负载(比如驱动其他门),则电流 i_L 方向为从 T_4发射极通过二极管 D 流向负载,故该负载电流又称为拉电流。图 2.3.6(a)表明,当负载电流比较小时,T_4处于放大状态,其发射极电位跟随着基极电位 u_{B4}变化,由于 i_{B4}较小,u_{B4}变化很小,因此 u_O 与空载时相比,略有下降。当 i_L足够大时,T_4管进入饱和状态,此时输出电压为

$$u_O=V_{CC}-U_{CES4}-U_D-i_{R4}R_4=V_{CC}-(U_{CES4}+U_D)-i_LR_4 \tag{2.3.4}$$

故输出高电平 u_O 随着 i_L增加而线性下降。

由高电平输出特性曲线,可以得到集成门的最大输出电流 I_{OHmax},它为高电平输出特性曲线上 U_{OHmin}所对应的点在 i_L 轴上的投影值。

图 2.3.6(b)所示为输出端低电平时,输出电压 u_O 与负载电流 i_L的关系曲线,简称低电平输

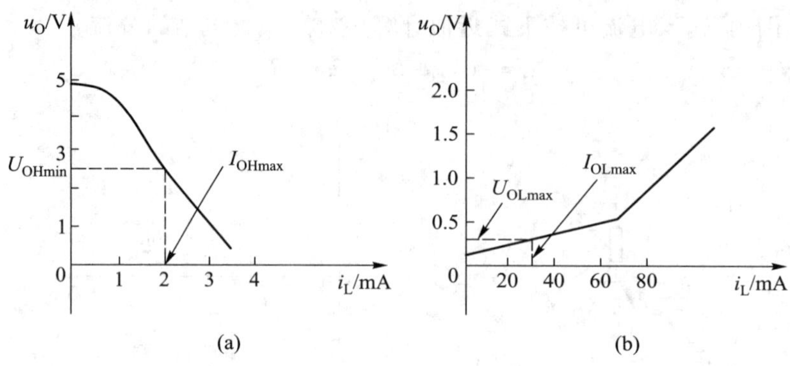

图 2.3.6 输出特性

(a) 高电平输出特性 (b) 低电平输出特性

出特性。此时，T_4管截止，D 截止，而 T_3管处于深饱和状态，所带负载的电流通常从 T_3管集电极灌入，故称为灌电流负载。当 i_L比较小时，输出低电平随着 i_L的增加而缓缓上升。当 i_L足够大时（如 70 mA 左右），T_3将退出饱和，$u_{CE} \neq U_{CES}$，u_O 随 i_L的增加而很快上升。

低电平输出特性曲线上，$u_{OL} = U_{OLmax}$所对应的 i_L 为低电平时最大输出端电流 I_{OLmax}。

根据输出特性和输入特性可判断**与非门**的带负载能力。

与非门的负载能力用其所能驱动同类门的数目（**扇出系数** N）来表示。当驱动门输出为低电平时，从低电平输出特性曲线可查得 I_{OLmax}值，而每个负载门所给驱动门灌入的电流为输入特性曲线上的 I_{IS}，二者之比为此时驱动门带同类门的个数，即

$$N_L = I_{OLmax} / I_{IS}（取整） \tag{2.3.5}$$

若 $I_{OLmax} = 20$ mA，$I_{IS} = 1.4$ mA，则 $N_L = 14$。

显然 I_{IS}越小，对驱动门的负担越轻，I_{OLmax}愈大，则带灌电流负载能力愈强，两者之比越大，扇出系数 N_L 越大。

当驱动门输出为高电平时，由高电平输出特性和输入特性可以确定此时**与非门**的负载能力 N_H，见图 2.3.7。TTL **与非门**总的扇出系数为 $N = \min\{N_L, N_H\}$。

一般由于 $N_L < N_H$，因此通常所说的扇出系数 N 即指 N_L，标准 TTL 系列典型值为 10。

4. 动态响应特性

上述电压传输特性中，输入特性、输出特性都是不随时间变化的，都未反映输入信号从一个电平跳到另一个电平（脉冲工作状态）时电路的响应情况，故它们是静态特性。在实际应用中，往往有脉冲信号加到门电路的输入端，门电路输出对输入脉冲的响应称为门的动态响应特性（开关速度）。动态响应特性用门的平均传输延迟时间、上升时间、下降时间等参数来描述。

通常，在使用逻辑门时，某一门的输入往往来自另一门的输出，所以门的实际输入波形并不是瞬时突变。图 2.3.8（a）表示一个**非门**的典型输入波形，通过**非门**后，相应的输出波形如图（b）所示。比较（a）和（b）两图的波形，可以看出，除反相关系之外，输出波形比输入波形还延后了一定的时间，称为传输时延（propagation delay）。从输入波形下降沿的 50% 到输出波形上升沿的

50%之间的延迟时间，称为门的输出由低电平升到高电平的传输时延 t_{PLH}；反之，t_{PHL}为输出由高电平降到低电平的传输时间，而平均传输时延 t_{pd}为上述两者的平均值

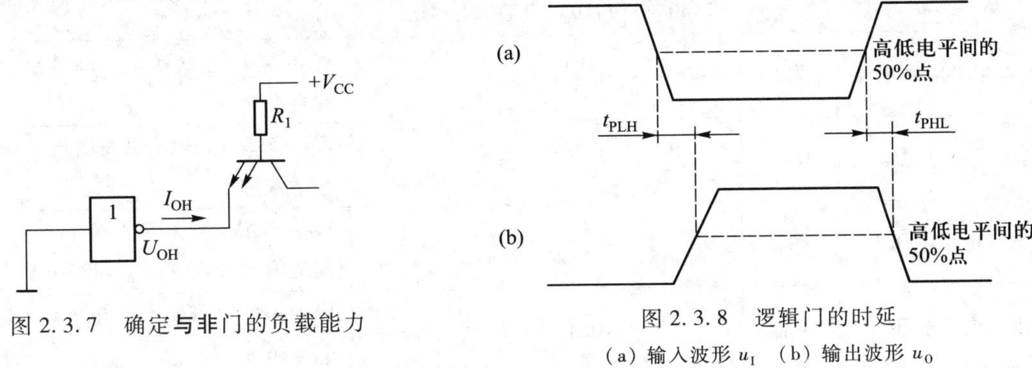

图 2.3.7　确定**与非**门的负载能力

图 2.3.8　逻辑门的时延
（a）输入波形 u_I　（b）输出波形 u_O

$$t_{pd}=(t_{PLH}+t_{PHL})/2 \tag{2.3.6}$$

t_{pd}除决定于组件本身的结构和制造工艺以及电源电压的大小等因素以外，还与输出端所接的其他逻辑电路的输入电容和寄生的接线电容有关。门的输出等效电容愈大，t_{pd}愈大。

典型 TTL **与非**门的平均传输延迟时间 $t_{pd}=10\sim20$ ns。

5. 电源电流及功耗

（1）电源电流

集成门电路需要有直流电源供电，TTL 集成门供电电源 V_{CC}为+5 V。V_{CC}供给的电流叫电源电流，用 I_E 表示。I_E 小，则组件功耗就小。目前我国各系列 TTL 的 I_E 值相差很多，低功耗的可小于 0.3 mA，高者可达 4 mA 左右，但高功耗 TTL 门的动态响应特性较快。

（2）功耗

功耗是指组件工作时消耗的功率，它等于电源电压 V_{CC}与电源电流之积。输入全为 **0** 时和输入全为 **1** 时的功耗是不一样的，通常取其平均值。

需要指出，要求低功耗往往与提高门电路的动态响应特性相矛盾。为了降低门的功耗，就需要增大三极管的集电极电阻 R_c 值，但将会增大时间常数 R_cC_L，从而增加了延时。因此，常用功耗 P 和传输时延 t_{pd}的乘积，即功耗-时延积 M 作为衡量一个门的品质指标。

$$M=Pt_{pd} \tag{2.3.7}$$

M 习惯上又称为速度-功耗积。M 值越大，表示组件的性能越差。

综上所述，门电路的外部特性一般包括电压传输特性、输入特性和输出特性，它们属于静态特性；而动态响应特性则用平均传输延迟时间 t_{pd}来描述。门电路的主要参数有：输入短路电流 I_{IS}、高电平输入电流 I_{IH}、扇出系数 N、抗干扰度及功耗等，它们都可以通过外部引脚在一定的条件下测得，是反映门电路性能优劣的指标。表 2.3.1 列出了 TTL 中速**与非**门参数规范和测试条件，以供参考。

表 2.3.1　TTL 中速与非门参数规范和测试条件

参数名称和符号		规范值			单位	参数及测试条件
		7430	7420	7400		
输出低电平时电源电流	I_{EL}	≤6	≤11	≤22	mA	$V_{CC}=5.5$ V,被测输入端悬空,输出端空载
输出高电平时电源电流	I_{EH}	≤2	≤4	≤8	mA	$V_{CC}=5.5$ V,被测输入端接地,输出端空载
输出高电平电压	U_{OH}	≥2.4			V	$V_{CC}=4.5$V,被测输入端 $u_I=0.8$ V,其他输入端悬空,$I_{OH}=400$ μA
输出低电平电压	U_{OL}	≤0.4			V	$V_{CC}=4.5$ V,各输入端并联 $u_I=2.0$ V,$I_{OL}=16$ mA
输入低电平电压	U_{IL}	≤0.8			V	使用参数
输入高电平电压	U_{IH}	≥2.0			V	使用参数
输入低电平电流	I_{IL}	≤1.6			mA	$V_{CC}=5.0$ V,被测输入端 $u_I=0.4$ V,其他输入端悬空,输出端空载
输入高电平电流	I_{IH}	≤40			μA	$V_{CC}=5.0$ V,被测输入端 $u_I=2.4$ V,其他输入端接地,输出端空载
输出高电平电流	I_{OH}	≤400			μA	使用参数
输出低电平电流	I_{OL}	≤16			mA	使用参数
传输延迟时间	t_{PLH}	≤22	≤22	≤22	ns	$V_{CC}=5.0$ V,被测输入端接输入信号,$R_L=400$ Ω,$C_L=15$ pF
	t_{PHL}	≤15	≤15	≤15		

注:7430 为 8 输入**与非**门,7420 为双 4 输入**与非**门,7400 为四 2 输入**与非**门。

2.3.3　其他 TTL 集成逻辑门

在 TTL 门电路产品中,还有一些其他功能的产品,例如**与**门、**非**门、**或**门、**或非**门、**与或非**门、**异或**门、集电极开路门及三态逻辑门等。以下仅选其中几种作简单介绍。

1. 集电极开路门(OC 门)

在实际应用**与非**门时,某些场合希望能将多个门的输出端连到同一根线上,在数字系统中,这根公共导线称为总线(BUS),它是传输各门输出信息的公共通道。

但是,前面介绍过的 TTL **与非**门不能这样使用。为什么呢?显然,如果各个**与非**门输出同处于高电平或同处于低电平,它们的输出端并联对电路工作状态、逻辑关系都不会有任何影响。然而,实际上每个门的输出往往是分别受各自的输入信号控制的。因此,各个门的输出不可能总是保持相同的逻辑状态。

有两个 TTL **与非**门,若一个门输出为高电平,而另一个门输出为低电平,将两个门的输出端并联成如图 2.3.9 所示电路。由于在具有推拉式输出级的电路中,无论是高电平还是低电平,输出电阻都很小。输出端并联后将有很大的电流 I_S 同时流过两个门的输出级,这个电流远远超过了**与非**门的正常工作电流。这个电流不仅会使导通门的输出低电平抬高,而且会因功耗过大而损坏门电路,因此,不允许这样连接。为了便于集电极门输出端直接并联,专门生产了集电极开路(open collector,OC)型的TTL **与非**门。

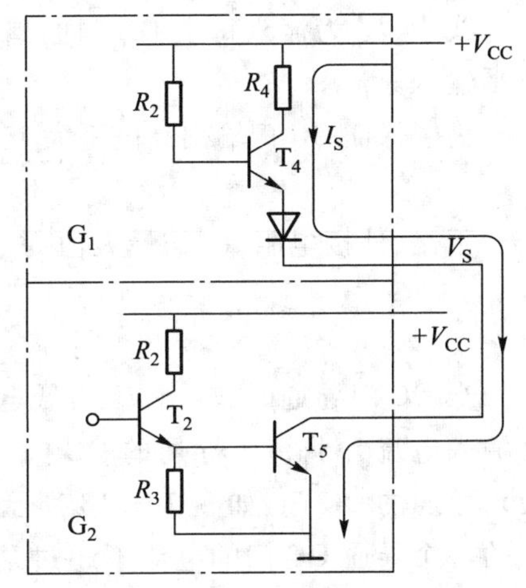

图 2.3.9 两个 TTL **与非**门输出电平不一致时并联的情况

集电极开路门是一种省去 TTL 输出级有源负载、D 和 R_4 的门电路,图 2.3.10 为 OC **与非**门电路及其逻辑符号。当 T_3 导通时,输出是低电平,截止时输出将悬空。为了使 OC 输出获得高电平,必须在 OC 门输出端与电源间外接一个电阻(称为上拉电阻)R_C,电路才能实现**与非**逻辑功能。正是由于 OC 门输出级内部没有与电源之间的通路,所以,OC 门的输出可以直接连接在一起,实现**线与**逻辑,即 $L=\overline{AB}\cdot\overline{CD}$,如图 2.3.11 所示,**线与**的概念后文会详细讲解。

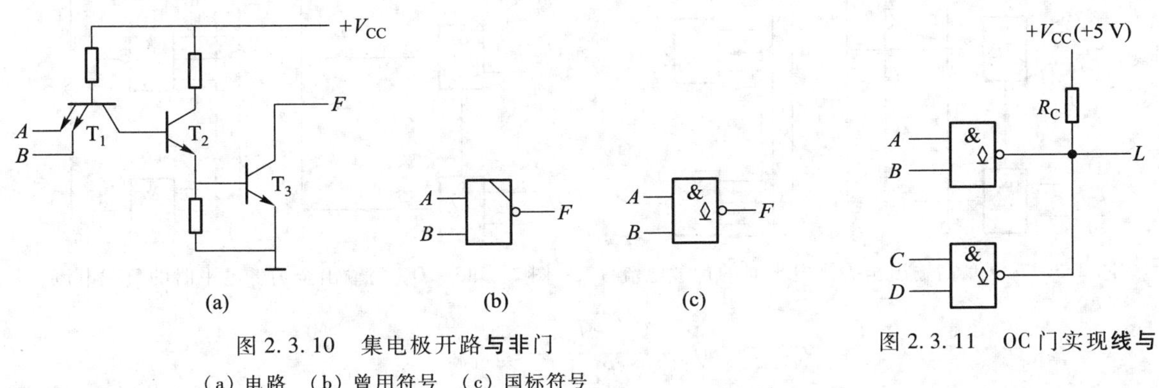

图 2.3.10 集电极开路**与非**门

(a) 电路 (b) 曾用符号 (c) 国标符号

图 2.3.11 OC 门实现**线与**

值得注意的是,OC 门上拉电阻 R_C 的大小会影响门的时延、功耗和扇出等,因此,需要电阻 R_C 的阻值和电源 V_{CC} 的数值选择得当,既要保证输出高、低电平符合要求,又要保证输出级晶体管的安全运用。

OC 门外接电阻 R_C 的大小取决于并联在一起的输出端数、所接负载数以及逻辑状态。图 2.3.12 所示为有 n 个 OC 门输出连在一起(即**线与**),其输出驱动 m 个 TTL **与非**门,m 个 TTL **与非**门的输入端数为 k。当所有 OC 门截止时,输出 u_O 为高电平。这时,流过外接电阻 R_C 的电流 I_{RC} 为

$$I_{RC}=nI_{OH}+kI_{IH}$$

式中，I_{OH}为流入每个 OC 门的漏电流，即 T_3 管的穿透电流 I_{CEO}、I_{IH}为负载门每个输入端的高电平输入电流。

为了保证 OC 门输出高电平大于 U_{OHmin}，外接电阻 R_C 之值不能选的太大。根据图 2.3.12 可得

$$V_{CC}-(nI_{OH}+kI_{IH})R_{Cmax} \geqslant U_{OHmin}$$

于是，外接电阻 R_C 的最大值为

$$R_{Cmax}=\frac{V_{CC}-U_{OHmin}}{nI_{OH}+kI_{IH}} \tag{2.3.8}$$

当 OC 门导通时，输出 u_O 为低电平，这时外接电阻 R_C 中的电流和每个负载门输入端的低电平输入电流 I_{IL}将流入导通的 OC 门。考虑最不利的情况，即仅有一个 OC 门导通时，全部电流都流入导通的 OC 门，如图 2.3.13 所示。因此，外接电阻 R_C 之值又不能选的太小，以确保流入唯一的一个导通 OC 门的电流不超过最大允许电流 I_{OLmax}，输出低电平不高于 U_{OLmax}。由图 2.3.13 可得

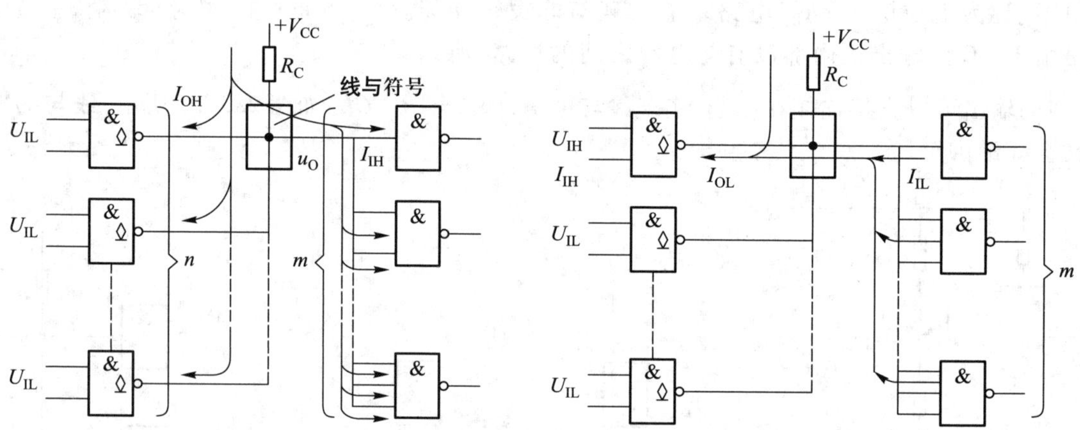

图 2.3.12 OC 门输出全为高电平时的负载电流　　图 2.3.13 OC 门输出全为低电平时的负载电流

$$mI_{IS}+\frac{V_{CC}-U_{OLmax}}{R_{Cmin}} \leqslant I_{OLmax}$$

于是，外接电阻的 R_C 的最小值为

$$R_{Cmin}=\frac{V_{CC}-U_{OLmax}}{I_{OLmax}-mI_{IS}} \tag{2.3.9}$$

最后可得选择 R_C 的原则为

$$R_{Cmin} \leqslant R_C \leqslant R_{Cmax} \tag{2.3.10}$$

通常为了减少负载电容的影响，R_C 应选取接近 R_{Cmin}的标称值为宜。

集电极开路门的外接电源 V_{CC}的值可以在不超过 T_3 的击穿电压范围内自由选择。因此，这种结构适合于制作驱动高电压、大电流的门电路。这类门电路称为驱动器。

由于 OC 门在使用时，输出端可以并联在一起。所以，只要其中一个 OC 门输出为低电平，并

联后的输出电平 u_O 就是低电平；只有当所有 OC 门输出都是高电平时 u_O 才为高电平。显然，这是**与**逻辑关系。因此，人们把这种输出端并联的连接方式称为**线与**。并用图 2.3.11 中所示的符号表示。

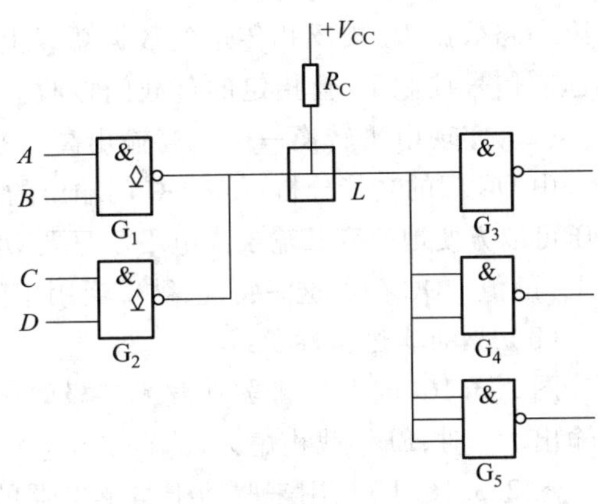

图 2.3.14　例 2.3.1 的电路

［**例 2.3.1**］　如图 2.3.14 所示电路中，G_1、G_2 为 OC 门，输出管截止时的漏电流 $I_{OH}=200\mu A$，输出管导通时最大允许灌入电流 $I_{OLmax}=16\ mA$；G_3、G_4、G_5 为 CT1000 系列**与非**门，它们的输入低电平电流 $I_{IL}\leqslant 1.6\ mA$，高电平输入电流 $I_{IH}\leqslant 40\ \mu A$。当 $V_{CC}=5\ V$ 时，要求输出高电平 $U_{OH}\geqslant 2.4\ V$，低电平 $U_{OL}\leqslant 0.4\ V$。试选择外接电阻 R_C 的阻值，并写出输出 L 的逻辑表达式。

［**解**］　由式(2.3.8)可得

$$R_C\leqslant\frac{V_{CC}-U_{OHmin}}{nI_{OH}+kI_{IH}}=\frac{5-2.4}{2\times 0.2+6\times 0.04}\ k\Omega\approx 4.06\ k\Omega$$

再由式(2.3.9)可得

$$R_C\geqslant\frac{V_{CC}-U_{OLmax}}{I_{OLmax}-mI_{IL}}=\frac{5-0.4}{16-3\times 1.6}\ k\Omega=0.41\ k\Omega$$

根据式(2.3.10)可知：$0.41\ k\Omega\leqslant R_C\leqslant 4.06\ k\Omega$，故可选

$$R_C=2\ k\Omega$$

由图可见，输出 L 与各 OC 门输出之间为**线与**关系。因此，L 的逻辑表达式为

$$L=\overline{AB}\cdot\overline{CD}$$

OC 门的应用

(1) 实现多路信号在总线(母线)上的分时传输

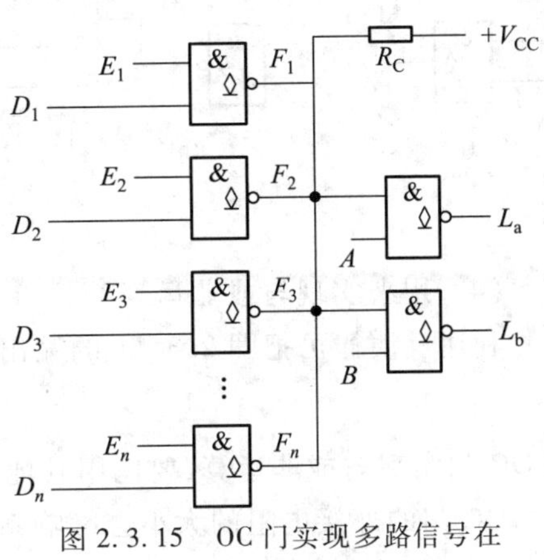

图 2.3.15　OC 门实现多路信号在总线上的分时传输

如图 2.3.15 所示，图中 $D_1,D_2,\cdots,D_n$ 是需要传送的数据，$E_1,E_2,\cdots,E_n$ 是各个 OC 门的选通信号。在任何时刻，只允许一个 OC 门被选通，以便保证只有一路数据被传送到总线上；否则，会使多路数据以**线与**后的结果传送到总线上。若 $E_1=\mathbf{1}$，$E_2=E_3=\cdots=E_n=\mathbf{0}$ 时，$F_1=\overline{D}_1$，$F_2=F_3=\cdots=F_n=\mathbf{1}$，则传送到总线上的数据 F 为

$$F=F_1\cdot F_2\cdot F_3\cdot\cdots\cdot F_n=\overline{D}_1\cdot\mathbf{1}\cdot\mathbf{1}\cdot\cdots\cdot\mathbf{1}=\overline{D}_1$$

即第一路数据 D_1 被反相传送到数据总线上。总线上的数据可以同时被所有的负载门接收，也可在选通信号控制下，让指定的负载门接收。

(2) 实现电平转换——抬高输出高电平

由 OC 门的功能分析可知，OC 门输出的低电平 $U_{OL}\approx0.3$ V，高电平 $U_{OH}\approx V_{CC}$。所以，改变电源电压可以方便地改变其输出高电平。只要 OC 门输出管的 $U_{(BR)CEO}$ 大于 V_{CC}，即可把输出高电平抬高到 V_{CC} 的值。OC 门的这一特性，被广泛用于数字系统的接口电路，实现前级和后级的电平匹配。

(3) 驱动非逻辑性负载

图 2.3.16(a)是用来驱动发光二极管(LED)的。当 OC 门输出 U_{OL} 时，LED 导通发光；当 OC 门输出 U_{OH} 时，LED 截止熄灭。

图 2.3.16(b)是用来驱动干簧继电器的。二极管 D 保护 OC 门的输出管不被击穿。工作过程如下：OC 门输出 U_{OL} 时，有较大的电流经继电器线圈流入 OC 门，干簧管被吸合，D 相当于开路，不影响电路工作。当 OC 门输出 U_{OH} 时，OC 门的输出管截止，流过线圈的电流突然减小为 I_{CEO}，干簧管断开。此时若无 D，则线圈中的感应电动势与 V_{CC} 同向串联后，加到 OC 门的集电极和发射极之间，会使其集电结击穿。接入 D 后，与 V_{CC} 极性相同的感应电动势使 D 导通，感应电动势大大减小，OC 门的输出管就不会被击穿。

图 2.3.16(c)是用来驱动脉冲变压器的。脉冲变压器与普通变压器的工作原理相同，只是脉冲变压器可工作在更高的频率上。

图 2.3.16(d)是用来驱动电容负载的，构成锯齿波发生器。当 $u_I=U_{IL}$ 时，OC 门截止，V_{CC} 通过 R_C 对电容 C 充电，u_O 近似线性上升；当 $u_I=U_{IH}$ 时，OC 门导通，电容通过 OC 门放电，u_O 迅速下降，在电容两端形成锯齿波电压。

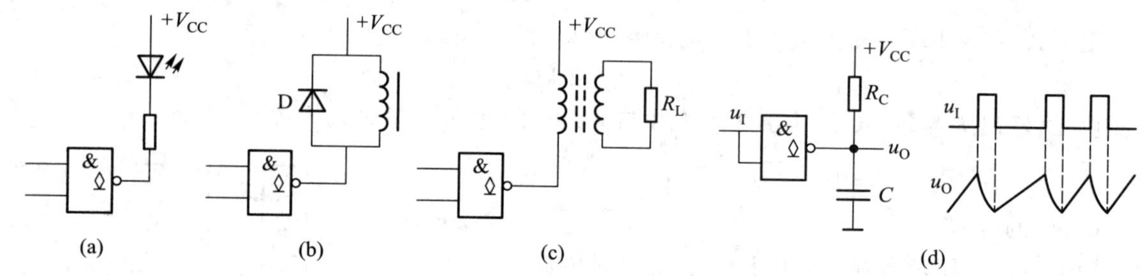

图 2.3.16　OC 门驱动非逻辑性负载

(4) 用来实现**与或非**运算

利用反演律可把图 2.3.11 的输出函数变换为

$$L=\overline{AB}\cdot\overline{CD}=\overline{AB+CD}$$

用 OC 门实现**与或非**运算，要比用其他门的成本低。

OC 门的外接电阻的大小会影响系统的开关速度，其值越大，工作速度越低。由于它只能在 R_{Cmin} 和 R_{Cmax} 之间取值，开关速度受到限制，故 OC 门只适用于开关速度不高的场合。

2. 三态逻辑门

三态逻辑(tri-state logic,TSL)门是为了适应微型计算机总线结构的需要而开发出来的一种器件。顾名思义,它的输出有三种状态:除通常的逻辑 **0** 和逻辑 **1** 外,还有第三种高阻状态。三态逻辑门可以在普通门电路的基础上增加控制电路构成,该控制电路可以使 TTL 三态逻辑门的推拉式输出级上下两个三极管都截止,使得门的输出处于悬空或高阻状态。

一种三态**与非**门的电路及逻辑符号如图 2.3.17 所示。

在图 2.3.17 (a)中,E 为控制端,也叫选通端或使能端,A 端和 B 端为信号输入端,L 端为输出端。

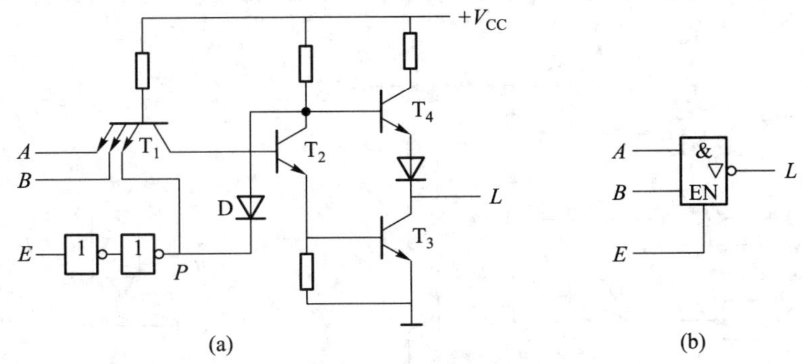

图 2.3.17　控制端高电平有效的 TS 门

(a) 电路　(b) 符号

当 $E=\mathbf{1}$(即 E 端输入高电平)时,P 点为高电平,二极管 D 以及 T_1 中与 P 相连的那个发射结截止,这时的三态门与普通的**与非**门一样,完成**与非**功能,即 $L=\overline{AB}$。这是三态门的工作状态,也叫作选通状态。

当 $E=\mathbf{0}$(即 E 端输入低电平)时,P 点为低电平,T_2 和 T_3 截止。同时,二极管 D 正偏导通,将 T_4 的基极钳为在低电平,使 T_4 也处于截止状态,从而实现了 T_3 与 T_4 同时截止,因而输出端相当于悬空或开路。这时三态门相对于负载而言呈现高阻抗,故称这种状态为高阻态或悬浮状态,也叫禁止状态。在禁止状态下,三态门与负载之间无信号联系,对负载不产生任何逻辑功能,所以禁止状态不是逻辑状态,三态门也不是三值逻辑,叫它“三态门”只是为了区别其他门的一种“方便称呼”。

图 2.3.17 (a) 电路是在 $E=\mathbf{1}$ 时为工作状态,所以称为控制端高电平有效,其符号如图 2.3.17 (b)所示,其真值表如表 2.3.2 所示,其中“×”表示为 **0** 或者 **1**。

表 2.3.2　三态门真值表

输入			输出
E	A	B	L
1	**0**	**0**	**1**
1	**0**	**1**	**1**

续表

输入			输出
E	A	B	L
1	**1**	**0**	**1**
1	**1**	**1**	**0**
0	×	×	Z(高阻)

图 2.3.18(a)电路在 $\overline{E}=\mathbf{0}$ 时为工作状态,所以称为控制端低电平有效,其符号如图 2.3.18(b)所示,读者不难推得其真值表。

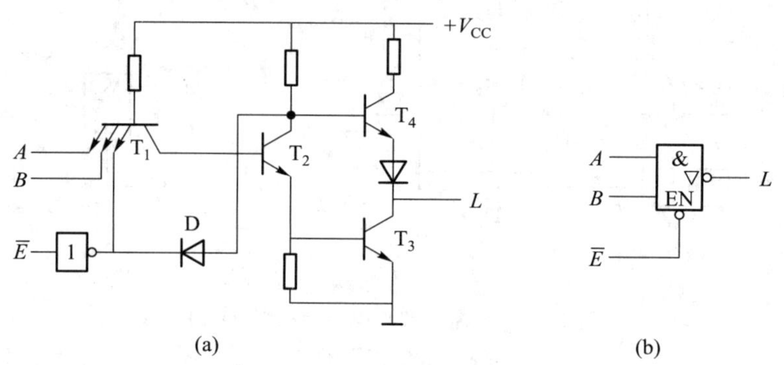

图 2.3.18 控制端低电平有效的 TS 门

(a)电路 (b)符号

三态门的应用

(1)实现总线结构

在数字系统或计算机中,为减少连线数目,希望能在同一导线上分时传递若干门电路的输出信号,这可以用三态门来实现。电路连接如图 2.3.19 所示。为了使电路能正常工作,必须使所有三态门在任何时刻只有一个门处于工作状态,而其余门都处于高阻状态。也就是说,对各个三态门采用分时控制的方法,使各三态门的控制端轮流为 **1**,而且任何时刻仅有一个控制端为 **1**,就能把各个门的输出信号轮流送到公共传输线——总线上而互不干扰,这种连接方式习惯上称为总线结构。

(2)实现数据双向传输

在数字系统或计算机中,为了节省总线数目,往往用一条总线既传输输出信息又传输输入信息。这可用三态门来实现,如图 2.3.20 所示。

当 $\overline{E}=\mathbf{1}$ 时,三态门 G_1 工作而 G_2 为高阻状态。数据 D_1 经 G_1 反相后送至总线,再从总线送入计算机中。当 $\overline{E}=\mathbf{0}$ 时,G_2 工作而 G_1 为高阻状态,计算结果通过总线,经 G_2 反相后送出,从而实现了数据双向传输。

(3)三态缓冲器

缓冲器是具有较强电流驱动能力的功率门,通常缓冲器的输出负载能力约为输入信号负载

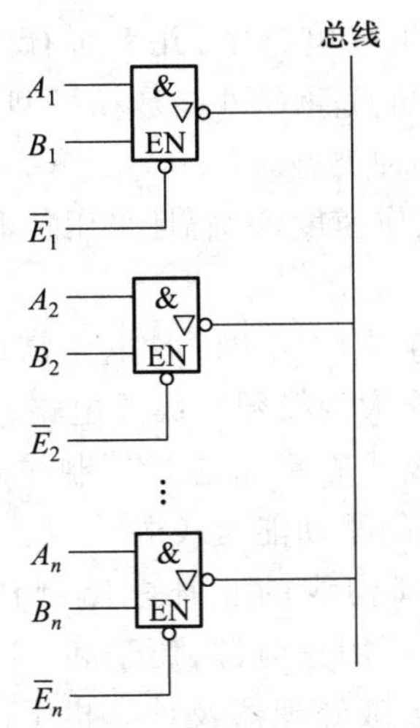

图 2.3.19　三态门实现总线结构

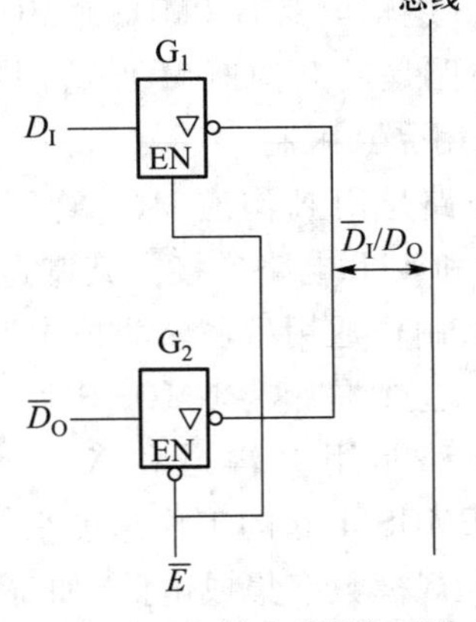

图 2.3.20　三态门实现数据双向传输

能力的 10 倍以上。标准的缓冲器具有一个输入端及一个输出端。按照输入电平与输出电平之间的关系，缓冲器可分为反相缓冲器与同相缓冲器。反相缓冲器实质上是一个功率**非**门，而同相缓冲器则是功率**与**门。

三态缓冲器比普通的缓冲器多一个控制端。当控制端所加的电平使缓冲器工作时，它与普通缓冲器的功能完全相同；而当控制端所加电平使缓冲器处于高阻状态时，则禁止缓冲器工作。图 2.3.21 给出了四种不同类型的三态缓冲器。图(a)、(b)、(c)、(d)为我国规定符号。图(a′)、(b′)、(c′)、(d′)则为国外书刊中相应的符号。

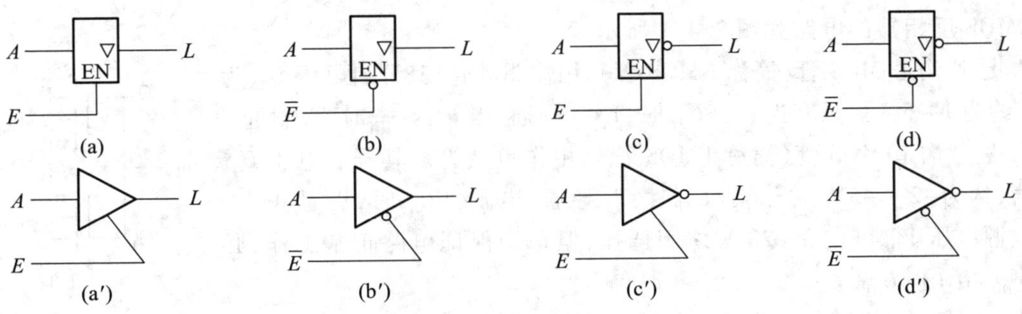

图 2.3.21　三态缓冲器的四种类型

2.4　CMOS 集成门电路

MOS 门是用绝缘栅场效应管制作的逻辑门。在半导体芯片上制作一个 MOS 管要比制作一个电阻容易，而且所占的芯片面积也小。所以，在 MOS 集成电路中，几乎所有的电阻都用 MOS 管代替，这种 MOS 管叫负载管。在 MOS 逻辑电路中，除负载管有可能是耗尽型外，其他 MOS 管均为增强型。MOS 逻辑电路有 PMOS、NMOS 和 CMOS 三种类型。

PMOS 逻辑电路是用 P 沟道 MOS 管制作的。由于工作速度低，而且采用负电源，不便和 TTL 电路连接，故其应用受到限制。

NMOS 逻辑电路是用 N 沟道 MOS 管制作的。其工作速度比 PMOS 电路高，集成度高，而且采用正电源，便于和 TTL 电路连接。其制造工艺适宜制作大规模数字集成电路，如存储器和微处理器等。但不适宜制作通用型逻辑集成电路（这种电路要求在一个芯片上制作若干不同类型的逻辑门和触发器），主要是因为 NMOS 电路对电容性负载的驱动能力较弱。

CMOS 逻辑电路是用 P 沟道和 N 沟道两种 MOS 管构成的互补电路制作的。和 PMOS、NMOS 电路相比，CMOS 电路的工作速度高，功耗小，并且可用正电源，便于和 TTL 电路连接。所以它既适宜制作大规模数字集成电路，如寄存器、存储器、微处理器及计算机中的常用接口电路等，又适宜制作大规模通用型逻辑电路，如可编程逻辑器件等。

MOS 门的各项指标的定义和 TTL 门的相同，只是数值有所差异。

对于 NMOS 和 CMOS 门，若电源电压为 V_{DD} 时，$U_{OH}\approx V_{DD}$，$U_{OL}\approx 0$；$U_{IH}\approx V_{DD}$，$U_{IL}\approx 0$。由于 V_{DD} 的取值在 3～20V 之间，故输入电平摆幅和输出电平摆幅都很大，所以抗干扰能力强。若把 CMOS 改用双电源（$\pm V_{DD}$ 或 $+V_{DD}$ 和 $-V_{SS}$）供电，则高低电平的摆幅更大，噪声容限更大。

由于各种 MOS 门的工作原理类似，所以下面只讨论应用日益广泛的 CMOS 门。

2.4.1 CMOS 逻辑电路

1. CMOS 反相门（CMOS 非门）

CMOS 反相器的电路如图 2.4.1 所示。

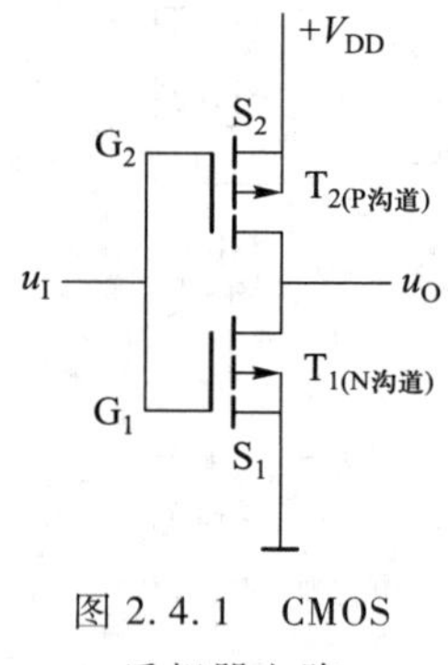

图 2.4.1 CMOS 反相器电路

T_1 是 N 沟道 MOS 管（简称 NMOS 管），用作驱动管，其开启电压 U_{TN} 为正值，约为 1～5 V。只有当 $u_{GS}>U_{TN}$ 时，T_1 才导通；当 $u_{GS}<U_{TN}$ 时，T_1 截止。

T_2 是 P 沟道 MOS 管（简称 PMOS 管），用作负载管。其开启电压 U_{TP} 是负值，约为 -2～-5V。当 $u_{GS}<U_{TP}$ 时，T_2 导通；当 $u_{GS}>U_{TP}$ 时，T_2 截止。

电源电压 V_{DD} 可在 3～20 V 之间选择，但是为保证电路正常工作，必须使 $V_{DD}>U_{TN}+|U_{TP}|$。

当 $u_I=U_{IL}=0V$ 时，$u_{GS1}=0V<U_{TN}$，因此 T_1 截止，而此时 $u_{GS2}=-V_{DD}<U_{TP}$，故 T_2 导通。所以，$u_O=U_{OH}\approx V_{DD}$，即输出高电平。

当 $u_I=U_{IH}=V_{DD}$ 时，$u_{GS1}=V_{DD}>U_{TN}$，故 T_1 导通，而此时 $u_{GS2}=0V>U_{TP}$，因此 T_2 截止。所以，$u_O=U_{OL}\approx 0V$，即输出低电平。

可见该电路实现了非逻辑功能。

该电路在静态（$u_O=U_{OH}$ 或 $u_O=U_{OL}$）条件下，不论输出高电平还是输出低电平，T_1 和 T_2 中总有一个截止，并且截止时阻抗极高，因此流过 T_1 和 T_2 的静态电流很小，故该电路的静态功耗非常低，这是 CMOS 电路共有的优点。

2. CMOS **与非**门

图 2.4.2 所示为二输入 CMOS **与非**门电路。其中 T_{N1} 和 T_{N2} 是两个串联的 NMOS 驱动管（相当于两个串联开关），T_{P1} 和 T_{P2} 是两个并联的 PMOS 负载管。T_{N1} 和 T_{P1} 的栅极相连作为一个输入端，而 T_{N2} 和 T_{P2} 的栅极相连作为另一个输入端。L 为其输出端。

当 $A=B=\mathbf{1}$ 时，T_{N1} 和 T_{N2} 导通，同时，T_{P1} 和 T_{P2} 截止，输出 $L=\mathbf{0}$；

当 $A=B=\mathbf{0}$ 时，T_{N1} 和 T_{N2} 截止，同时，T_{P1} 和 T_{P2} 导通，输出 $L=\mathbf{1}$；

当 A、B 取值不同时，驱动管 T_{N1} 和 T_{N2} 中总有一个截止，而负载管 T_{P1} 和 T_{P2} 中总有一个导通，输出 $L=1$。

综上分析，该电路实现了“一低必高、全高才低”的**与非**逻辑功能，即

$$L=\overline{AB}$$

它的符号图与 TTL **与非**门的符号图一致。

CMOS **与非**门输出低电平为所有串联驱动管的导通压降之和。因此，输入端数目越多串联的驱动管越多，输出低电平 U_{OL} 就越高。所以，**与非**门的输入端数一般不宜超过 4 个。

3. CMOS **或非**门

图 2.4.3 所示为二输入 CMOS **或非**门电路。图中 T_{N1} 和 T_{N2} 并联作为驱动管（相当于并联开关），T_{P1} 和 T_{P2} 串联作为负载管，T_{N1} 和 T_{P1} 的栅极连接作为一个输入端、T_{N2} 和 T_{P2} 的栅极连接作为另一个输入端。由驱动管的漏极输出。

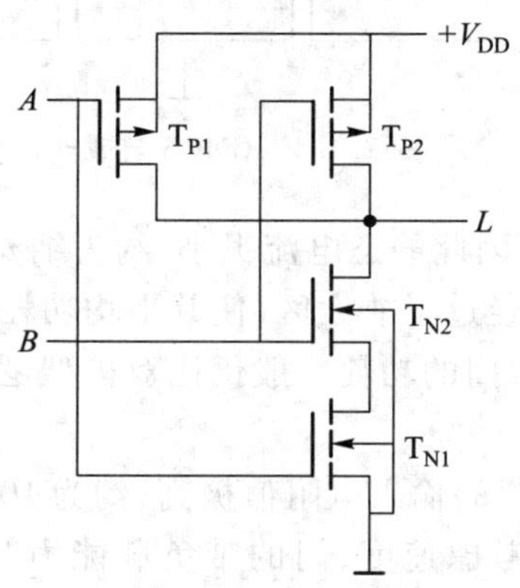

图 2.4.2　CMOS 与非门电路

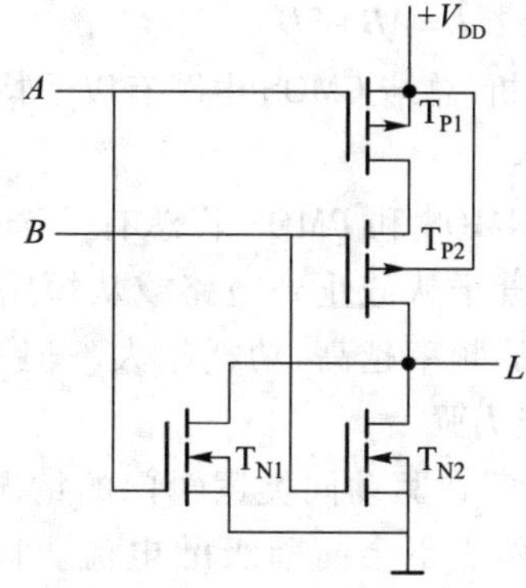

图 2.4.3　CMOS 或非门电路

当 $A=B=\mathbf{0}$ 时，T_{N1} 和 T_{N2} 截止，同时 T_{P1} 和 T_{P2} 导通，输出 $L=\mathbf{1}$；

当 $A=B=\mathbf{1}$ 时，T_{N1} 和 T_{N2} 导通，同时 T_{P1} 和 T_{P2} 截止，输出 $L=\mathbf{0}$；

当 A、B 取值不同时，T_{N1} 和 T_{N2} 中总有一个管导通，同时 T_{P1} 和 T_{P2} 中总有一个管截止，输出 $L=\mathbf{0}$。

综上所述，该电路实现了“一高必低、全低才高”的**或非**功能，即

$$L=\overline{A+B}$$

其符号图与 TTL **或非**门的一致。

CMOS **或非**门电路中,负载管是串联的,当输入端数增多时,串联负载管随之增多,从而使负载电阻增加,引起输出高电平下降。因此,CMOS **或非**门的输入端数目一般也不宜超过 4 个。

通过上述对 CMOS **非**门、**与非**门和**或非**门电路的分析,不难发现,CMOS 电路的结构特点及其和逻辑功能之间的关系:驱动管串联,与其相应的负载管并联,输出与输入的关系为逻辑**与**;驱动管并联,与其相应的负载管串联,输出、输入的关系为逻辑**或**;由互补管栅极输入、驱动管漏极输出时,输出、输入的关系为逻辑**非**。根据上述规律,就可迅速分析、判断出各种复合逻辑门的逻辑功能。

4. CMOS **与或非**门

在图 2.4.4 所示电路中,A、B 与 C、D 分别为两组输入端,L 为输出端,T_{N1} ~ T_{N4} 为驱动管,T_{P1} ~ T_{P4} 为负载管。其中,T_{N1} 和 T_{N2} 是一组串联驱动管,它们的负载管 T_{P1} 和 T_{P2} 并联,因此,其逻辑关系为 AB;同理,另一组驱动管 T_{N3} 和 T_{N4} 串联,相应的负载管 T_{P3} 和 T_{P4} 并联,可得 CD 逻辑关系。两组串联驱动管 T_{N1}、T_{N2} 和 T_{N3}、T_{N4} 又并联,两组负载管 T_{P1}、T_{P2} 和 T_{P3}、T_{P4} 并联,实现的逻辑关系为 $AB+CD$。最后,电路由驱动管的漏极输出。故输出与输入的逻辑关系为

$$L=\overline{AB+CD}$$

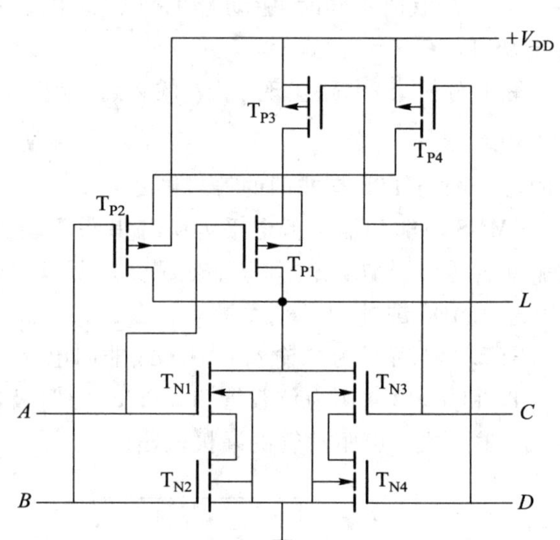

图 2.4.4 CMOS **与或非**门电路

根据以上分析,总结 CMOS 电路有以下特点:

(1) 功耗小

在静态时,NMOS 和 PMOS 管总有一个是截止的,因此静态电流很小,约为纳安(10^{-9} A)数量级。在动态时,管子从截止到短路或从短路到截止都经过了放大区,使其平均功耗显著地比静态时高,而且变换的频率越高,功耗越大。但 CMOS 逻辑门的功耗一般仍比双极型逻辑门功耗小。

(2) 扇出能力强

CMOS 逻辑门在驱动同类逻辑门的情况下,负载门的输入电阻值极高,约为 10^{15} Ω,几乎不从前级取电流,显然也不会向前级灌电流。因此,若不考虑速度,门的带负载能力几乎是无限的。但实际上,由于 MOS 管存在着栅极电容,当所带负载门增多时,前级门驱动的总负载电容也必将随之按比例增大,使逻辑门的负载几乎表现为电容性负载。过大的负载电容将增加门的传输时延,降低开关速度。因此,逻辑门的扇出能力实际上受到了负载电容的限制。CMOS 门的扇出系数一般取 50,也就是说,可以带 50 个同类门。CMOS 门的扇出系数显然比 TTL 逻辑强大。

(3) 电源电压范围宽

CMOS 集成电路通常使用的电源电压与 TTL 集成电路一样为 5 V。但多数 CMOS 芯片可在一个很宽的电源范围正常工作(典型值为 3 ~ 15 V),而更为先进的设计采用更低的电源供电。

电源电压低对于减小功耗和由功耗引起的散热都是十分有利的，它使得使用电池工作的系统工作时间更长。

（4）噪声容限大

CMOS 电路的阈值电压一般是电源电压的一半，其高电平和低电平噪声容限范围大，抗干扰能力强。

由于以上 CMOS 的一些特点和半导体制造工艺的改进，使 CMOS 在工作速度上也与 TTL 电路不相上下，成本和价格不断降低。因此，CMOS 是目前用于设计高密度集成电路的主要技术，它构成了现代集成电路设计的基础。

2.4.2 CMOS 传输门

传输门（transmission gate，TG）是一个理想的双向开关，既可传输模拟信号，也可传输数字信号。CMOS 传输门由一个 P 沟道和一个 N 沟道增强型 MOSFET 并联而成，如图 2.4.5（a）所示，图（b）是符号。T_P 和 T_N 是结构对称的器件，它们的漏极和源极是可互换的。假设 T_P 和 T_N 的开启电压 $|U_P|=|U_N|=2$ V，$V_{DD}=10$ V，输入信号 u_I 在 0 ~ 10 V 之间变化。两管的栅极由互补信号 C 和 $\overline{C}$ 来控制。

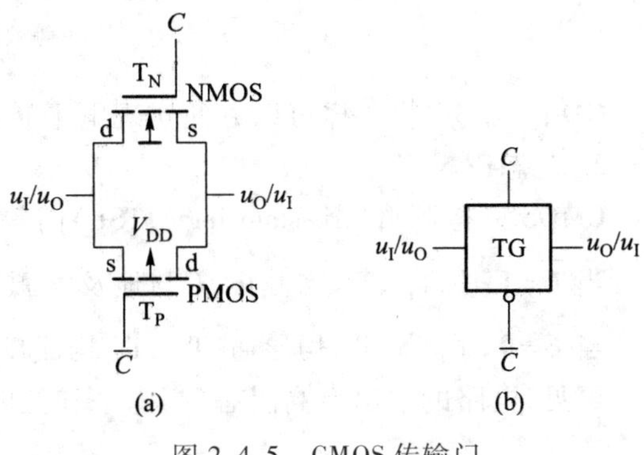

图 2.4.5 CMOS 传输门

（a）电路 （b）符号

当 C 接低电平 0 V 时，u_I 取 0 ~ 10 V 范围内的任何值，T_N 均不导通。同时 $\overline{C}$ 端为 10 V，T_P 也不导通。可见，当 C 接低电平时，传输门是断开的。

当 C 接高电平 10 V 时，u_I 在 0 ~ 8 V 范围内变化，T_N 导通，当 u_I 在 2 ~ 10 V 范围内变化时，T_P 将导通。

由以上分析可知，当 C 接高电平时，u_I 在 0 ~ V_{DD}之间变化时，T_P 与 T_N 始终有一个导通，即传输门始终是导通的，导通电阻为数百欧。另外，由于两个管子的漏极和源极是可互换的，因此，传输门是双向的，输入和输出可以互换，双向传输。与集成门一样，一个芯片中一般会集成多个传输门，比如，CD4066 中包含 4 个传输门构成集成模拟开关。

2.4.3 CMOS 漏极开路门和三态逻辑门

CMOS 漏极开路（open drain，OD）门和 CMOS 三态逻辑门的符号及应用与 TTL 集电极开路门和三态门相同。

1. 漏极开路门

CMOS 漏极开路门的等效电路和符号如图 2.4.6 所示，结构与 OC 门类似。其特点是输出

MOS 管的漏极与电源是断开的。在工作时，必须外接上拉电阻 R_D 到电源 V_{DD} 电路才能工作，如图 2.4.6 中的虚线部分，这样，电路才实现了 $L=\overline{AB}$。

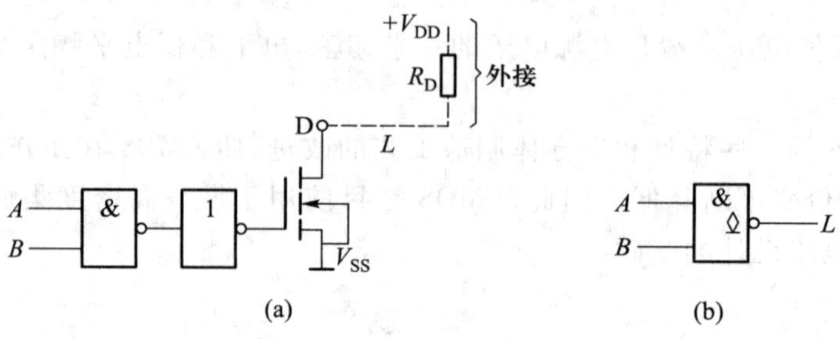

图 2.4.6　CMOS 漏极开路门

(a) 等效电路　(b) 符号

OD 门与 OC 门一样可以方便实现电平转换和**线与**功能。

2. 三态逻辑门

CMOS 三态逻辑(tri-state logic，TSL)门等效电路和符号如图 2.4.7 所示。

当 $\overline{E}=\mathbf{1}$ 时，T_{P2}、T_{N2} 均截止，L 与地及电源都断开了，输出端呈现为高阻态。

当 $\overline{E}=\mathbf{0}$ 时，T_{P2}、T_{N2} 均导通，T_{P1}、T_{N1} 构成反相器。

可见，电路的输出有高阻态、高电平和低电平 3 种状态，构成了 CMOS 三态逻辑门。

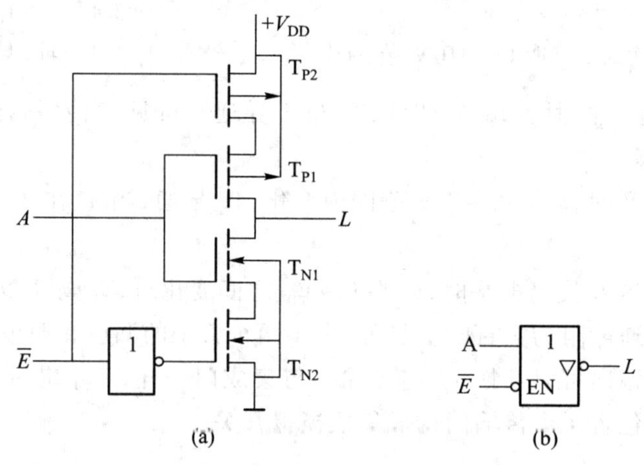

图 2.4.7　CMOS 三态逻辑门

(a) 等效电路　(b) 符号

2.4.4　双极型-CMOS 集成电路

CMOS 中的元件都是场效应管，属于电压驱动型的芯片，即只需要电压而不需要电流来传递信号，功耗低。TTL 的组成主要是二极管和晶体管，而晶体管是电流驱动型的元件，消耗的电流大，功耗大，但驱动能力强。

双极型-CMOS（binary polar CMOS，BiCMOS）集成电路是结合了 CMOS 的低功耗和 TTL 的高速以及驱动能力强的特点，得到广泛应用。

BiCMOS 的逻辑部分采用 CMOS 结构，输出部分采用双极型晶体管，图 2.4.8 是 BiCMOS 反相器电路。

当 $u_I=U_{IH}$时，T_2、T_3、T_6 导通，T_1、T_4、T_5 截止，输出 $u_O=U_{OL}$。当 $u_I=U_{IL}$时，T_1、T_4、T_5 导通，T_2、T_3、T_6 截止，输出 $u_O=U_{OH}$。由于 T_5、T_6 导通内阻很小，从而减小了传输延迟时间，目前 BiCMOS 反相器传输延迟时间可以减小到 1 ns 以下。

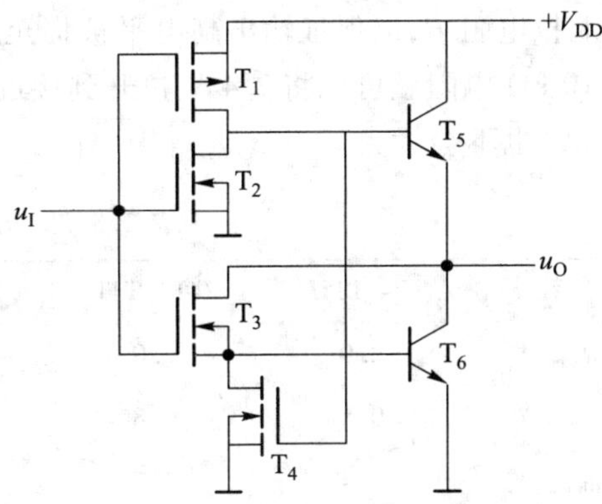

图 2.4.8　BiCMOS 反相器

当输出端接有同类 BiCMOS 门电路时，输出级能提供足够大的电流为电容性负载充电。同理，已充电的电容负载也能迅速地通过 T_6 放电。电路中，T_5、T_6 的基区存储电荷亦可通过 T_2、T_4 释放，以加快电路的开关速度。

2.5　TTL 和 CMOS 集成门接口问题及使用注意事项

通常在设计电路时，需要注意 TTL 和 CMOS 系列之间的接口（连接）问题，两者连接必须清楚作为驱动门输出电平是否在负载门认可的输入电平范围之内。还应该清楚驱动门的输出电流是否足以满足负载门的需求。另外，使用集成门时，多余输入端如何处理，以及输入端接电阻对门特性的影响等问题将在这一小节介绍。

2.5.1　TTL 与 CMOS 系列之间的接口问题

在数字电路或系统的设计中，往往由于工作速度或者功耗指标等要求，需要采用多种逻辑器件混合使用，例如，TTL 和 CMOS 器件同时使用。无论是用 TTL 电路驱动 CMOS 电路，还是用 CMOS 电路驱动 TTL 电路，由于每种器件的电压和电流参数各不相同，因而需要考虑两者之间是否能完全兼容，若不能兼容则要采用接口电路。一般需要考虑的就是电平是否兼容以及带负载能力两方面。

1. TTL 驱动 CMOS

如果 CMOS 门电路的电源电压 V_{DD}等于 5 V，根据表 2.5.1 中 TTL 和 CMOS 的极限参数可知，要用 74 TTL 系列电路驱动 74HC 系列 CMOS 门电路，TTL 带 CMOS 负载能力是非常强大的，而且 TTL 低电平输出也在 CMOS 输入认可的低电平范围之内。但 74 TTL 的输出高电平的最小值是 2.4 V,而 74HC CMOS 认可的输入高电平最小值是 3.5 V,因此,必须设法将 TTL 电路输出的高电平提升到 3.5 V 以上。最简单的解决办法是在 TTL 电路的输出端与 CMOS 门的电源之间接入上拉电阻 R,以保证输出高电平被提至 V_{DD},R 的选择与 OC 门的外接电阻选择方法一样。一般接 10 kΩ 电阻就可以将 2.4 V 拉升到接近 5 V,而且对 TTL 输出低电平时的灌电流(5 V/10 kΩ = 0.5 mA)也不会太大。

表 2.5.1 TTL 和 CMOS 的极限参数

参数	74 TTL	74LS TTL	74ALS TTL	4000B CMOS	74HC CMOS	74HCT CMOS
U_{IHmin}/V	2.0	2.0	2.0	3.33	3.5	2.0
U_{ILmax}/V	0.8	0.8	0.8	1.67	1.0	0.8
U_{OHmin}/V	2.4	2.7	2.7	4.95	4.9	4.9
U_{OLmax}/V	0.4	0.4	0.4	0.05	0.1	0.1
I_{IHmax}/μA	40	20	20	1	1	1
I_{ILmax}/μA	-1 600	-400	-100	-1	-1	-1
I_{OHmax}/mA	-0.4	-0.4	-0.4	-0.51	-4	-4
I_{OLmax}/mA	16	8	4	0.51	4	4

注:表中所有数据均在电源 5 V 条件下得到。电流参数中的"-"表示电流从门流出。

2. CMOS 驱动 TTL

由表 2.5.1 可见,如果用 74HC 系列 CMOS 电路驱动 74 TTL 电路,CMOS 的输出高低电平极限值完全在 TTL 输入电平范围之内。但由于 74HC CMOS 输出低电平的 I_{OLmax} = 4 mA,74TTL 的输入低电平的 I_{ILmax} = -1.6 mA,所以 74HC CMOS 最多可以带动 2 个 TTL 标准系列门,CMOS 的带负载能力较差。

由表 2.5.1 可见,4000B CMOS 低电平输出时还不足以驱动一个 TTL 逻辑门,其实许多的 4000B 系列都存在低电压输出驱动电流不足的问题。有两个特殊的门可以缓解这一问题,缓冲器 4050 和反相缓冲器 4049 是专门设计成能够提供高的输出电流的 CMOS 器件,其 I_{OLmax} = 4 mA,I_{OHmax} = -0.9 mA,用其中之一接在 4000B CMOS 和 TTL 门之间,则足以驱动 2 个 74 TTL 负载。也可以将同一封装内的 2 个 CMOS 门电路并联使用,提高驱动负载能力。

任一 TTL 和 CMOS 接口时,对于每一种情况,都需参考器件数据手册检查是否存在上述问题。

2.5.2 逻辑门电路使用中的几个实际问题

1. TTL 门输入端负载特性

在 TTL 门的任一输入端接一负载电阻 R,R 的大小不同会影响门的工作状态,现用图 2.5.1 所示的**与非**门为例来说明。

当 R 从零开始逐渐增加，则 $u_{I}\left(i_{R}R=\frac{V_{CC}-0.7}{R+R_{1}}R\right)$ 和 u_{B1}随之增加，在 u_{I} 达到 1.4 V 以前，T_2 和 T_3 一直处于截止状态，当 $u_{I}\approx1.4$ V 时，T_2 和 T_3 导通，输出变为低电平，再进一步增加 R，由于 u_{B1} 被钳制在 2.1 V，u_{I} 基本上维持在 1.4 V 不变，这时 i_R 将随 R 的增加而相应减小。图 2.5.2 示出了 7420 TTL **与非**门在输出端空载情况下，实测的 u_I-R 和 u_O-R 关系曲线，其中 u_O 为门的输出。

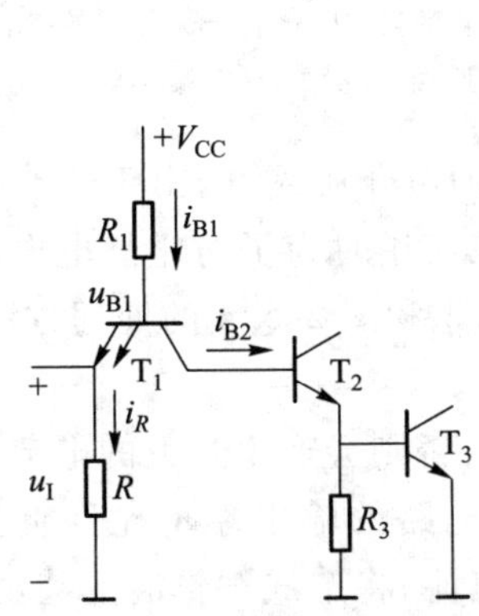

图 2.5.1　TTL 门的输入端接电阻的情况

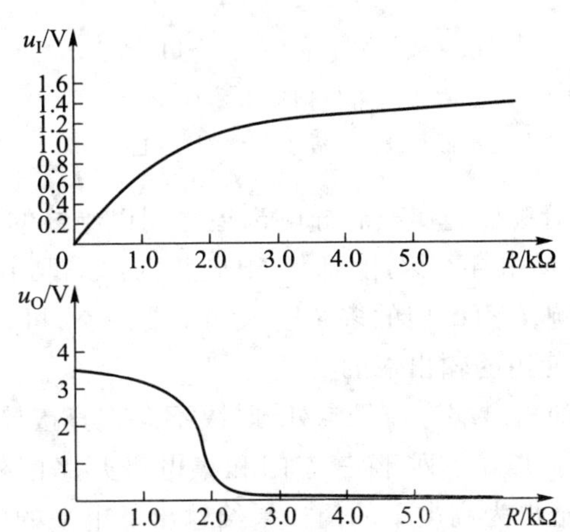

图 2.5.2　7420 TTL **与非**门的 u_I-R 和 u_O-R 曲线

将 u_O-R 曲线中使输出为低电平的输入电阻的最小值称为"开门电阻"（此时输出级的 T_3 开通），记为 R_{ON}，典型值为 2 kΩ。同理，把保证输出为高电平的输入电阻的最大值称为"关门电阻"，记为 R_{OFF}，典型值为 0.9kΩ。显然，TTL **与非**门的输入端串接的电阻 $R\geqslant R_{ON}$时，该端相当于高电平，**与非**门输出为低电平；而 $R\leqslant R_{OFF}$时，该端相当于低电平，**与非**门输出为高电平。

以上说明，当在 TTL **与非**门的输入端接一电阻 R 时，电阻值的大小会影响门的工作状态。适当选择电阻值，可使门工作在导通或截止状态。

对于 CMOS 逻辑门，由于其输入电阻非常高，输入电流几乎为 0。因此，CMOS 输入端接电阻 R 到地时，输入端电压几乎不随 R 变化，输入端电压近似为 0。

2. 不使用的输入端的处理

当使用 TTL **与非**门时，经常会遇到输入端数有余而不被使用的情况。那么，应当如何对待这些输入端呢？对于**与**逻辑，似乎完全可以任其呈悬空状态，由上述分析可见，这样并不会影响**与**的逻辑功能。但是要注意，此时悬空端引脚的电平接近 1.4 V，很易受外界的干扰信号。因此，通常更好的做法是：或者将不使用的输入端固定在一高电平上，比如接至电源的正端，如图 2.5.3(a)所示；或者将它们与信号输入端并联在一起，如图 2.5.3(b)所示。考虑到实际上存在着接线的虚焊、脱焊等可能因素而造成某输入端开路，为了保证逻辑的可靠性，通常宜采用后一种接法，但是用这种接法将影响前级的扇出。使用 TTL **或非**逻辑时，对于不使用的输入端应采用如图 2.5.4 所示的接法。

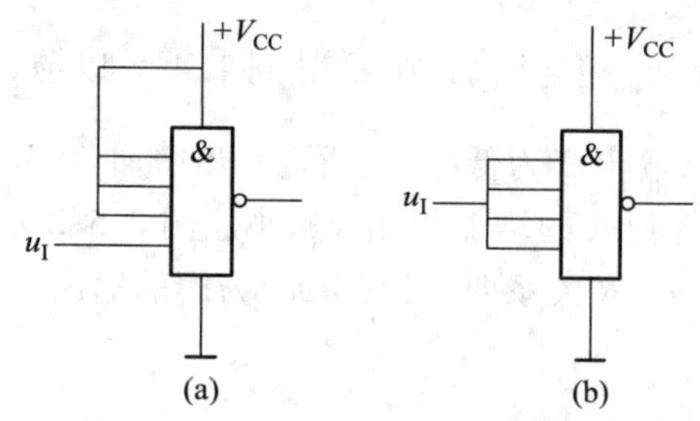

图 2.5.3　与非门不使用输入端的接法
（a）接至电源　（b）与信号输入端接一起

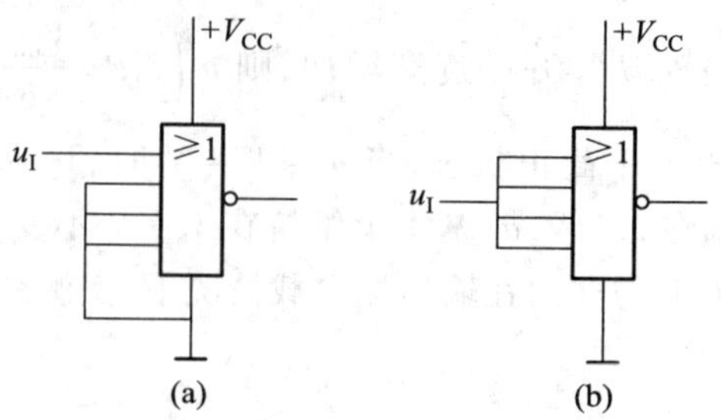

图 2.5.4　或非门不使用输入端的接法
（a）接至地端　（b）与信号输入端接一起

MOS 管栅极金属板和导电沟道之间以绝缘的二氧化硅（SiO_2）介质隔开，由于绝缘介质非常薄，绝缘层易击穿。因此，即使 MOS 管内部采取了保护措施，在使用时为了防止静电电压对输入端造成影响，CMOS 门的多余输入端不能悬空，可以采用图 2.5.3 和图 2.5.4 的处理方法。

3. 不使用的输出端的处理

多余的输出端应该悬空处理，决不允许直接接到 V_{DD}或 V_{SS}，否则会产生过大的电流而使器件损坏。对于 TTL 系列，除三态门和集电极开路门外，TTL 集成电路的输出端不允许直接接在一起，否则，输出为高电平的门如果给输出低电平的门灌入较大电流，将造成逻辑混乱甚至损坏门。

不同逻辑功能的 CMOS 电路的输出端也不能直接连到一起，否则导通的 P 沟道 MOS 场效应管和导通的 N 沟道 MOS 场效应管形成低阻通路，造成电源短路而引起器件损坏。

逻辑功能相同的门电路，它们的输入端并联时，输出端可以并联。

4. 尖峰电流的影响

由于 TTL 门输出为 **1** 和 **0** 时，内部管子的工作状态不同，因此从电源 V_{CC}供给 TTL 门电路的电流 I_{EL}和 I_{EH}是不同的，I_{EL}和 I_{EH}分别为输出等于 **0** 和 **1** 时的电源电流，$I_{EL}>I_{EH}$。设输出电平如图 2.5.5(a)所示，则理论上电源电流的波形将如图(b)所示，而实际的电流如图(c)所示，它具有很短暂的、但幅值大的尖峰电流，特别是在输出电平由 U_{OL}转变到 U_{OH}的时刻更为突出。这种尖峰电流可能干扰整个数字系统的正常工作。具体的电源电流波形随所用组件的类型和输出端所接的电容负载而异。实验表明，对于一般的**与非**门，电源电流的尖峰有时可达 40 mA 左右。

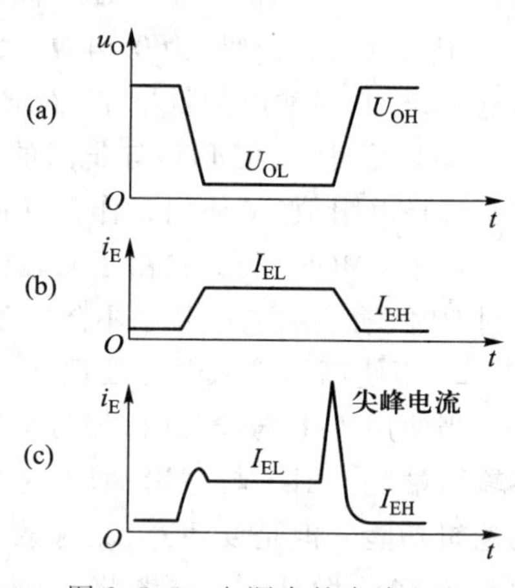

图 2.5.5　电源中的尖峰电流

尖峰电流的存在给逻辑系统带来不良的影响。门电路产生的尖峰电流将在电源内阻抗上产生压降，使公共电源的电压跳动而形成一干扰源，结果使门的输出中叠加有干扰脉冲，这种干扰通过电源内阻所造成的门电路间相互影响，严重时会导致逻辑上的错误。此外，尖峰电流还将使电源的平均电流增加，在信号频率较高的情况下，将显著增加门的平均功耗。为此，必须设法减小这些电流并抑制它们的影响。常用的办法是在靠近门电路的电源与地之间接一滤波电容。

*2.6 用 VHDL 描述门电路

2.6.1 行为和结构描述

要描述数字系统的行为，必然要涉及并行关系和顺序关系，VHDL 通过进程（PROCESS）来解决这个矛盾。VHDL 在两个层次上定义了数字系统的行为：顺序（sequential）层和并发（concurrent）层。顺序层就是在每一个进程中用顺序语句规定它一步一步的行为；并发层就是定义这些进程互相的关系，特别是它们之间的信息传递问题。进程就是 VHDL 中最主要的并发语句，是联系时序层和并发层的一种纽带。并发层使 VHDL 可以在同一模拟时间运行许多不同的进程。

1. 进程

进程（PROCESS）作为行为描述构造体中的一部分，它用时序语句描述了硬件的行为。进程本身作为一种并发语句，用来定义本进程的作用范围，描述了本进程被激活后要执行的行为。进程内部可以使用变量。进程句法的一般形式为：

```
[进程名] PROCESS [敏感信号表]
  变量说明语句;
BEGIN
  顺序说明语句;
END PROCESS [进程名];
```

进程（PROCESS）中的关键词有 PROCESS、BEGIN、WAIT、UNTIL、WAIT FOR 和 END PROCESS 等，其中 PROCESS 和 END PROCESS 不能省略，其他可根据需要使用。敏感信号表中可以有一个或多个信号。敏感信号表也可省略，但这时进程需要用其他形式的敏感信号 wait until 或 wait for 来激励，当满足 wait until 或 wait for 后的条件表达式或时间表达式，本进程即可被激活。说明（declaration）段定义了进程所需要的局部数据环境；顺序描述段中的语句用来定义进程的行为，其中可以包括 wait until 或 wait for 这样的条件激励语句。进程中没有用于结构描述的元件。

进程是用来定义某一特定的行为，一旦它的敏感信号表中的敏感信号之一发生变化时，该特定的动作就得以执行。进程读取输入信号，结果表现为输出信号，它们又可以作为其他进程的输入信号。每当进程的一个敏感信号接收到新值时，这个进程定义的行为就被执行一次。一个正在执行的进程称为激活（active）状态，否则称为被挂起（suspended）。每一个进程在给定时间都可能激活，所有激活的进程都并发地执行。

2. 并发行为

用硬件描述语言 VHDL 所设计的电子系统实际工作时是并行操作，所以系统中的元件在模拟时间上应该同时运行。并发语句就是用来表示这种并发行为的。VHDL 语言中电路描述部分

(ARCHITECTURE)中的语句都是并行的,在字面上的顺序并不代表它们的执行顺序。

[例 2.6.1]　两个功能完全等价的结构体:

```
ENTITY exe IS
  PORT (a,b:IN bit ;
    c,d:OUT bit);
END exe;
ARCHITECTURE exe_arc1 OF exe IS
  BEGIN
    c <= a AND b;
    d <= NOT a OR b;
END exe_arc1;
ARCHITECTURE exe_arc2 OF exe IS
  BEGIN
    d <= NOT a OR b;
    c <= a AND b;
END exe_arc2;
```

3. VHDL 的行为描述

行为描述是一种抽象的描述,它不具体对应电路的实现,是用算法来对单元的功能进行描述。

[例 2.6.2]　加法器的行为描述:

```
LIBRARY ieee;
USE ieee.std_logic_1164.all;
USE ieee.std_logic_arith.all;
ENTITY adder IS
  PORT (op1, op2: IN UNSIGNED(7 DOWNTO 0);
            result: OUT INTEGER);
END adder;
ARCHITECTURE maxpld OF adder IS
  BEGIN
    result <= CONV_INTEGER(op1+op2);
END maxpld;
```

上面 VHDL 程序中 result<=CONV_INTEGER(op1+op2)是用函数将 op1+op2 的数据类型由无符号数转换成整数。

4. VHDL 的结构描述

要描述一个设计单元的硬件结构,就是要描述它由哪些元件组成,以及它们之间的连接关系。结构描述比行为描述更为具体化,它的基本单元是"调用元件语句",这些元件通常是放在库里的已编译好的低层设计单元,在进行顶层设计时调用。

可以看出,VHDL 的结构描述类似于画逻辑电路原理图,是比较容易掌握的。详细过程在下一小节用例子来说明。

2.6.2 用 VHDL 描述门电路举例

用 VHDL 语言来描述基本门电路十分方便,既可以用行为描述也可以用结构描述。下面分别举例。

[例 **2.6.3**] **与非门的 VHDL 描述:**

```
ENTITY nandgate IS
  PORT (A, B : IN BIT;
            Z : OUT BIT);
END nandgate;
ARCHITECTURE behave OF nandgate IS
  BEGIN
  nand_func: PROCESS (A,B)
  BEGIN
    IF (A='1' and B='1') THEN
      Z<='0';
    ELSE
      Z<='1';
    END IF;
  END PROCESS nand_func;
END behave;
```

下面是一个数字比较器(同或门)的 VHDL 结构描述,它是调用异或门 XR2 和反相器 INV 来实现的。

[例 **2.6.4**] 比较器的结构描述:

```
ENTITY compare IS
  PORT (a,b: IN BIT; c: OUT BIT);
END compare;
ARCHITECTURE struct OF compare IS
    SIGNAL i: BIT;
    COMPONENT xr2 PORT (x, y:IN BIT; z:OUT BIT);
    END COMPONENT;
    COMPONENT inv PORT ( x:IN BIT;z:OUT BIT);
    END COMPONENT;
```

```
    BEGIN
    U0:xr2 PORT MAP (a, b, i);
    U1:inv PORT MAP (i, c);
END struct;
```

本例对应的结构框图如图 2.6.1 所示。

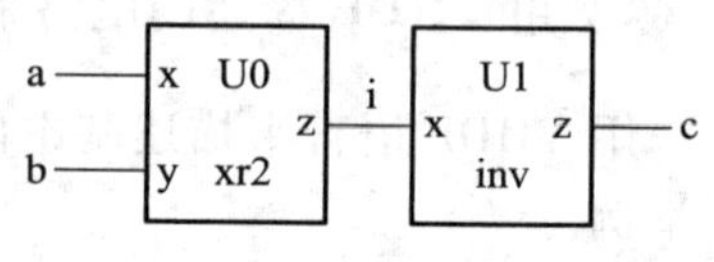

图 2.6.1 比较器 compare 结构框图

硬件的基本结构是元件、端口和信号。上例中共有两个元件:**异或**门 XR2 和反相器 INV。XR2 有两个输入 a、b 和一个输出 i,INV 有一个输入 i 和一个输出 c,信号 i 将两个元件连接在一起。名字 struct 是任意的,构造体中又定义了局部信号 i,其类型为 BIT。后面的两个元件说明是必需的。当然,也可以把元件说明放在一个集合包中说明,以避免使用时频繁说明。两个元件生成的名字为 U1 和 U2,PORT MAP 指出了要用到的信号连接关系。END 位于构造体末尾,回应了构造体的名字 struct。例中没有指明库名,这表明将在库 work 中取 xr2 和 inv 的实体。在 QUARTUSⅡ中,应把 xr2 和 inv 的 VHDL 程序放到一个子目录下。

本章小结

本章讲解了三极管和 MOS 管的开关特性及其应用。介绍了集成电路概念与 TTL 和 CMOS 数字逻辑系列。讨论了 TTL **与非**门的内部结构及工作原理。从集成逻辑门的外部特性和有关参数出发,以 TTL 门为重点,介绍了门电路的各项性能指标。

介绍了 CMOS 系列门的结构特点、OD 门、TSL 门和 BiCMOS 集成电路。

最后总结了使用门的一些注意事项。比如,TTL 和 CMOS 系列之间的接口问题,必须清楚作为驱动门系列的输出电平是否在负载门系列认可的输入电平范围之内。还应该清楚驱动门的输出电流是否足以满足负载门的需求。给出了集成门多余输入端和输出端的处理方法等。

思考题和习题

思考题

2.1 总结对比 TTL 与 CMOS 技术参数,说明 CMOS 系列具有哪些优点。

2.2 CMOS 门电路的电源电压是否固定为+5 V?

2.3 为什么 CMOS 门电路具有低功耗的特点?

2.4 CMOS 门电路是否具有与 TTL 门电路一样的输入负载特性?为什么?

2.5 为什么 CMOS 门电路的工作速度较 TTL 门电路低?

2.6 为什么 CMOS 门电路需要在输入和输出端加缓冲器?

2.7 CMOS 传输门的功能是什么?有何应用?

2.8 CMOS 电路使用时应注意什么?

习题

2.1 图题 2.1 电路中的二极管均为理想二极管,各二极管的状态(导通或截止)和输出电压 U_O 的大小分别为

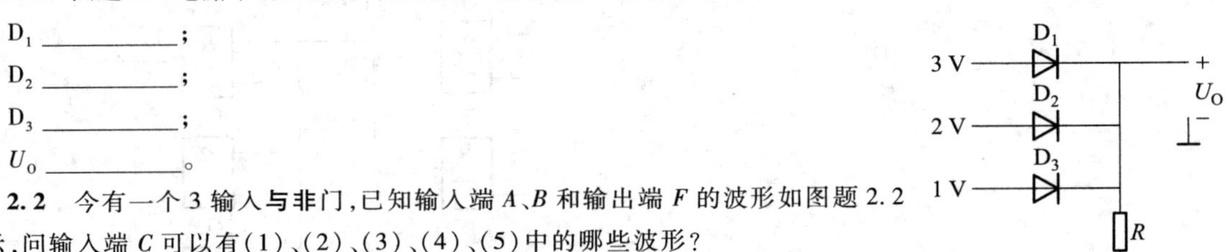

D_1 ________;

D_2 ________;

D_3 ________;

U_O ________。

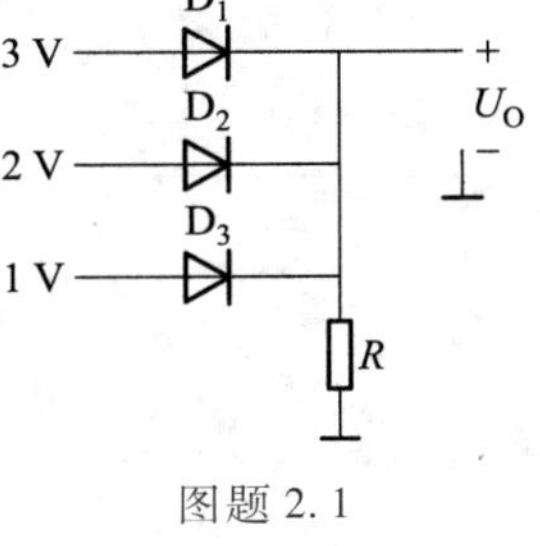

图题 2.1

2.2 今有一个 3 输入**与非**门,已知输入端 A、B 和输出端 F 的波形如图题 2.2 所示,问输入端 C 可以有(1)、(2)、(3)、(4)、(5)中的哪些波形?

2.3 有一逻辑系统如图题 2.3 所示,它的输入波形如图中所示。假设门传输时间可以忽视,问输出波形为(1)、(2)、(3)、(4)中的哪一种?

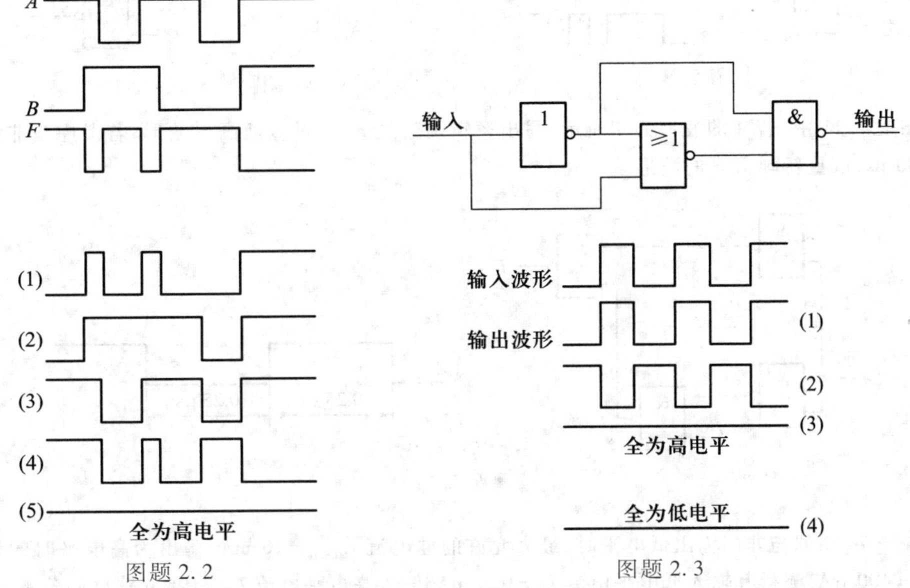

图题 2.2

图题 2.3

2.4 若 TTL **与非**门的输入电压为 2.2 V,确定该输入属于(1)逻辑 **0**;(2)逻辑 **1**;(3)输入位于过渡区,输出不确定,为禁止状态。

2.5 若 TTL **与非**门的输出电压为 2.2 V,确定该输出属于(1)逻辑 **0**;(2)逻辑 **1**;(3)不确定的禁止状态。

2.6 利用网络资源,查找 7432 和 7421IC 的数据手册,说明分别是什么逻辑器件,内部分别有几个独立器件,7421 是多少引脚的封装,是否有未使用的引脚。

2.7 标准 TTL 门电路的电源电压一般为(1)12 V;(2)6 V;(3)5 V;(4)−5 V。

2.8 某一标准 TTL **与非**门的低电平输出电压为 0.1 V,则该输出所能承受的最大噪声电压为(1)0.4 V;(2)0.3 V;(3)0.7 V;(4)0.2 V。

2.9 画出图题 2.9 中**异或**门的输出波形。

2.10 图题 2.10 中,G_1、G_2 是两个集电极开路**与非**门,接成**线与**形式,每个门在输出低电平时允许灌入的最大电流为 $I_{OLmax}=13\text{mA}$,输出高电平时的输出电流 $I_{OH}<25\ \mu A$。G_3、G_4、G_5、G_6 是四个 TTL **与非**门,它们的输入低电平电流 $I_{IL}=1.6\ \text{mA}$,输入高电平电流 $I_{IH}<50\ \mu A$,$V_{CC}=5\ V$。试计算外接负载 R_C 的取值范围 R_{Cmax} 及 R_{Cmin}。

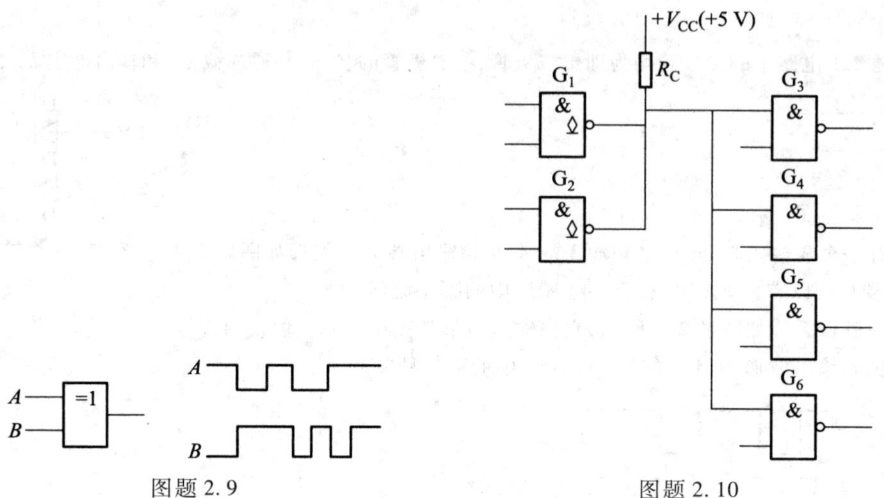

图题 2.9　　　　　　图题 2.10

2.11　图题 2.11 中，若 A 的波形如图所示，写出逻辑函数式 F，并对应地画出波形；若考虑**与非**门的平均传输时延 $t_{pd}=50$ ns，试重新画出 F 的波形。

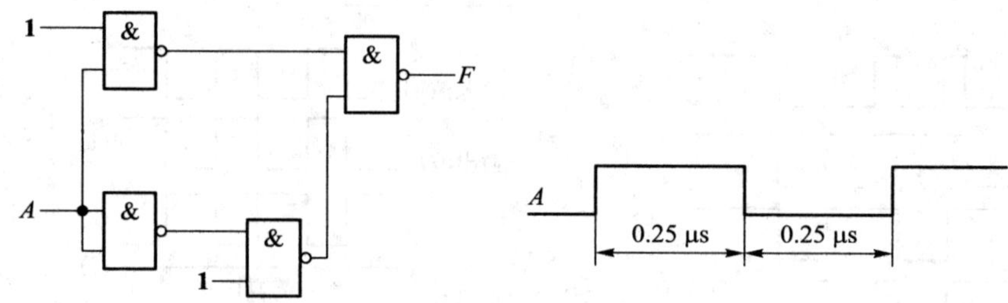

图题 2.11

2.12　某一 74 系列**与非**门输出低电平时，最大允许的灌电流 $I_{OLmax}=16$ mA，输出为高电平时的最大允许输出电流 $I_{OHmax}=400$ μA，测得其输入低电平电流 $I_{IL}=0.8$ mA，输入高电平电流 $I_{IH}=1.5$ μA，试问若不考虑裕量，此门的实际扇出为多少？

2.13　在图题 2.13 TTL 门中，能实现给定逻辑功能 $Y=\overline{A}$ 的电路是哪个？

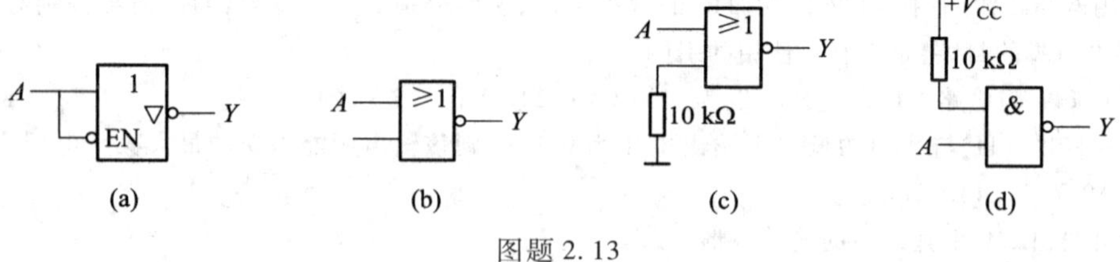

图题 2.13

2.14　设计一个发光二极管（LED）驱动电路，设 LED 的参数为 $u_F=2.2$ V，$I_D=10$ mA；若 $V_{CC}=5$ V，当 LED 发亮时，电路的输出为低电平。试选用集成门电路的型号，并画出电路图。

2.15 逻辑电路如图题 2.15 所示，试写出其输出表达式。

2.16 在图题 2.16 所示电路中，G_1 是三态输出门，G_2是普通 TTL 与非门。试回答：当控制信号 C 为低电平，开关 S 闭合和断开时，三态门的输出电位各是多少？当控制信号 C 为高电平，开关 S 闭合和断开时，三态门的输出电位又是多少？

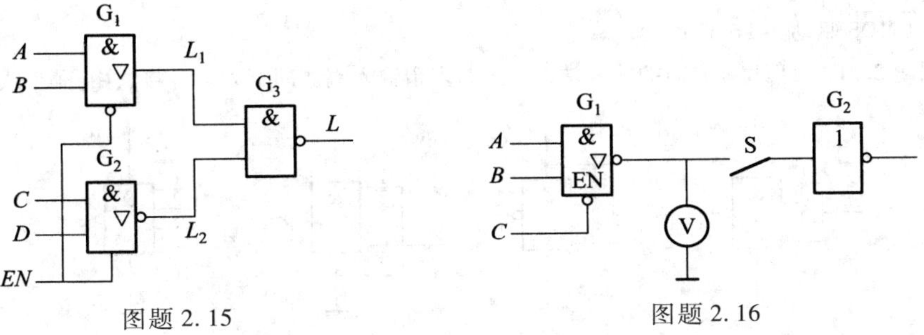

图题 2.15　　图题 2.16

2.17 分析图题 2.17 中各电路逻辑功能。

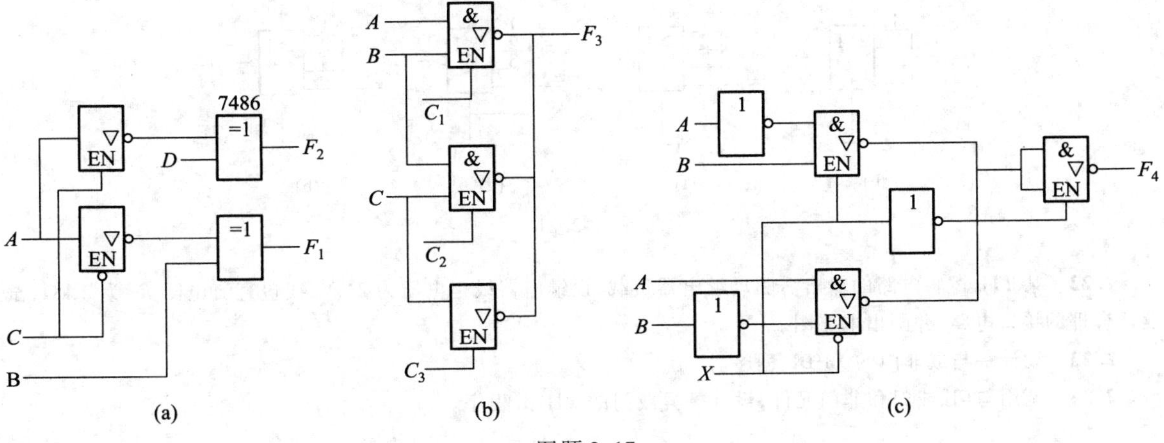

(a)　(b)　(c)

图题 2.17

2.18 在图题 2.18(a)、(b)所示电路中，都是用 74 系列门电路驱动发光二极管，若要求 u_I 为高电平时发光二极管 LED 导通并发光，且发光二极管的导通电流为 10 mA，试说明应选用哪一个电路。

2.19 参考表 2.5.1 确定：

(1) 单个 74HCT CMOS 门可以驱动几个 74LS TTL 负载；

(2) 单个 74LS TTL 门可以驱动几个 74HCT CMOS 负载。

2.20 参考表 2.5.1，问下面哪一种接口（驱动门到负载门）需要接上拉电阻？为什么？上拉取值电阻应该注意什么？哪一种接口驱动会有问题？如何解决？

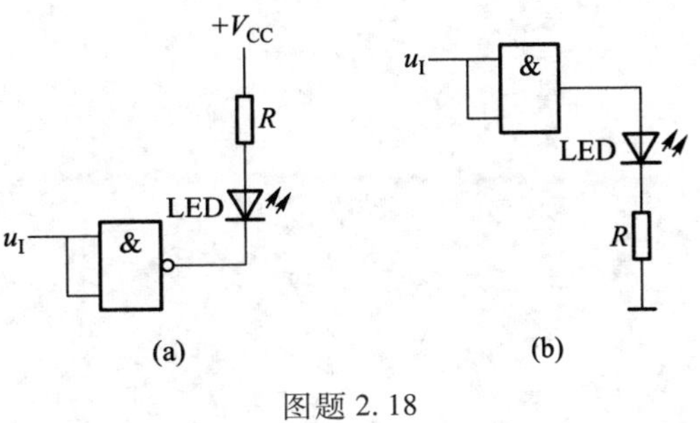

(a)　(b)

图题 2.18

（1）74 TTL 驱动 74ALS TTL；

（2）74 HC CMOS 驱动 74 TTL；

（3）74 TTL 驱动 74HC CMOS；

（4）74LS TTL 驱动 74HCT CMOS；

（5）74 TTL 驱动 4000B CMOS；

（6）4000B CMOS 驱动 74LS TTL。

2.21 在图题 2.21 中，TTL 集成门的输入端 1、2、3 为多余输入端。问下列八种接法中，哪个或哪些是正确的？

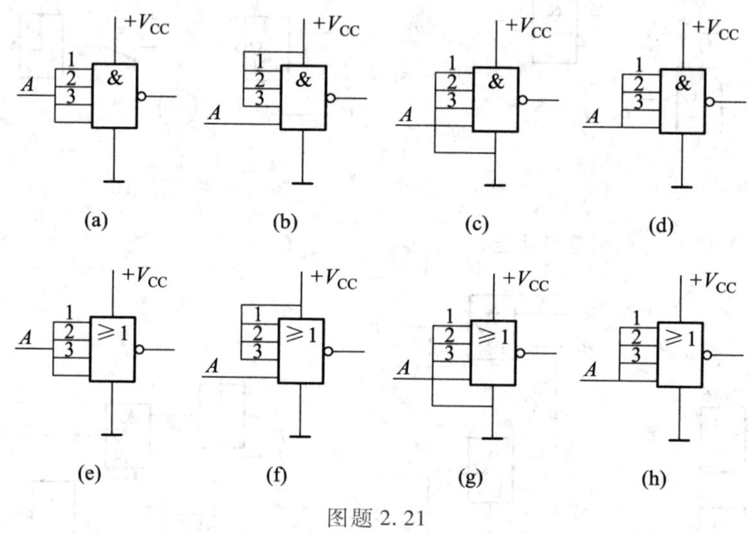

图题 2.21

2.22 某 TTL 逻辑电路的输出需驱动继电器负载，设继电器线包电压为 24 V，线包直流电阻 R_x 为 2 kΩ，试设计合理的接口电路，并画出电路图。

2.23 设计一**与或非**门的 VHDL 程序。

2.24 调用**与**门、**或**门和**非**门元件，设计一**异或**门的 VHDL 程序。

3

组合逻辑电路的分析和设计

【内容提要】

本章重点学习组合逻辑电路的分析和设计方法。首先讨论基于门级组合电路的分析和设计方法。然后介绍译码器和编码器、多路选择器和多路分配器、加法器和比较器等一些具有特定逻辑功能的常用中规模集成电路(MSI)。在掌握了这些 MSI 原理、功能和使用方法的基础上,介绍基于 MSI 组合电路的功能块分析和设计方法。最后简单说明竞争冒险现象及消除的常用方法。

3.1 组合逻辑电路

数字电路可分为组合逻辑电路和时序逻辑电路,简称为组合电路和时序电路。在比较复杂的数字系统中,通常既包含组合电路,又包含时序电路。本章重点讨论组合电路的分析和设计方法。

所谓组合逻辑电路是指:在任何时刻,逻辑电路的输出状态只取决于电路各输入状态的组合,而与电路原来的状态无关。组合逻辑电路的基本单元是各种逻辑门,它们输出与输入之间没有反馈连线,电路中没有记忆功能的单元电路。因此,组合电路的功能可以由一组逻辑函数确定。

组合电路一般由输入变量、逻辑门或者基于逻辑门的集成器件以及输出变量组成,组合电路可以用图 3.1.1 的框图表示。图中 A_1、A_2、…、A_n 表示输入逻辑变量,L_1、L_2、…、L_m 表示输出逻辑变量。输出与输入之间的逻辑关系可以用下列一组函数式来表示

$$\begin{aligned} L_1 &= f_1(A_1, A_2, \cdots, A_n) \\ L_2 &= f_2(A_1, A_2, \cdots, A_n) \\ &\vdots \\ L_m &= f_m(A_1, A_2, \cdots, A_n) \end{aligned} \tag{3.1.1}$$

组合逻辑电路可以有多个输入端和多个输出端。其中每个输出变量可以是全部或部分输入变量的逻辑函数。n 个输入变量有 2^n 种输入组合,对于每一种组合,每个输出只有一个输出值与其对应。

图 3.1.1 组合逻辑电路框图

对于图 3.1.1 中方框内组合逻辑电路的逻辑功能,除了用逻辑函数描述它外,还可以用逻辑电路图、真值表或硬件描述语言描述它。

通常遇到的逻辑电路问题一般可分为两类,一类称为逻辑电路的分析,另一类称为逻辑电路的设计。所谓分析是根据已知的逻辑电路图分析电路所实现的逻辑功能,而设计则是根据逻辑问题得出能够实现该功能的逻辑电路。

在满足逻辑功能的前提下,传统逻辑电路设计中的重要步骤是化简逻辑函数表达式,以便用最简单的电路来实现逻辑设计。所谓电路最简单,是指所用中小规模集成电路的种类、个数最少和输入端数最少。如果用中大规模集成电路或高密度可编程逻辑器件实现逻辑设计,则不一定要将逻辑函数化为最简逻辑表达式。

由于实践中遇到的逻辑问题层出不穷,为之而设计的逻辑电路也不胜枚举,其中有些逻辑电路经常大量地出现在各种数字系统中。为使用方便,这些逻辑电路已被制成了各种规格的标准化集成器件并得到广泛的应用,例如本章后面介绍的编码器、译码器、多路数据选择器和数字运算电路等中规模集成电路(MSI)。这些器件具有特定的逻辑功能,通常用符号图、功能表、逻辑表达式描述其逻辑功能。与集成芯片引脚图不同,符号图一般只标出输入、输出端,而不标注电源和接地引脚。为方便使用,本教材中一些常用集成电路符号图上标出了信号对应的引脚号。功能表是描述中规模集成器件功能的一种表格,与真值表类似,但是功能表中输入变量取值一般不是所有输入取值的列表,功能表给出了输入端、控制信号与输出变量的逻辑关系。

对于较为复杂的逻辑电路,可以由一片或多片 MSI 构成。在下面学习常用 MSI 时,要注重器件的逻辑功能、工作原理和使用方法,以便更好地分析与设计基于 MSI 的组合电路。

在进行逻辑电路设计时,需要正确选择器件。从集成度而言,可选择小、中和大规模集成器件或后续将要介绍的可编程逻辑器件;从工艺上讲,可用双极型 TTL 或单极型 MOS 集成器件。总之既要考虑用最少的器件来实现逻辑设计,又要综合考虑功耗、速度、负载能力以及价格等因素。

3.2 门级组合逻辑电路的分析和设计

3.2.1 分析方法

组合逻辑电路的分析就是确定组合逻辑电路实现的逻辑函数,它开始于一个给定的逻辑图,结束于一组布尔函数、真值表和电路功能的描述。

分析的第一步就是要确认给定的电路是组合逻辑电路而非时序逻辑电路。组合逻辑电路图只有逻辑门或者组合 MSI,并没有反馈线或存储单元。

一旦确认是门级组合逻辑电路,可以按图 3.2.1 所示的流程图进行分析。

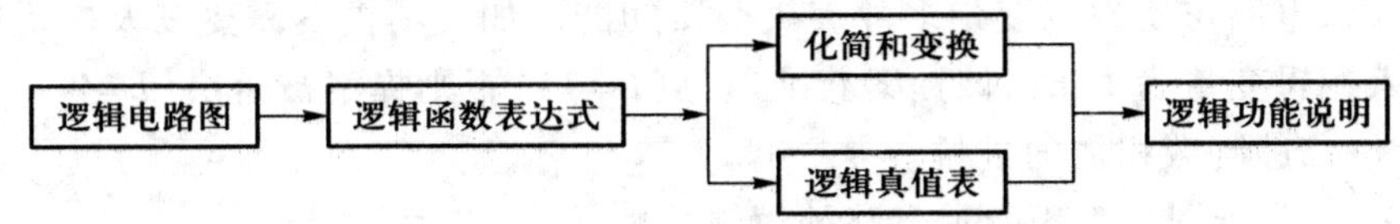

图 3.2.1　门级组合逻辑电路分析方法流程图

根据流程图 3.2.1 写出分析步骤如下:

(1) 写出逻辑函数表达式

首先根据逻辑电路图,从输入到输出(或从输出到输入)逐级写出电路的逻辑函数表达式。

(2) 进行逻辑化简和变换或写出逻辑真值表

如有必要,将所得到的逻辑函数进行化简和变换或列出逻辑真值表。若步骤(1)中写出的逻辑函数表达式比较简单,可省略步骤(2)。

(3) 分析和说明电路的逻辑功能

根据真值表或逻辑函数表达式说明电路的逻辑功能。

下面举例说明门级组合逻辑电路的分析方法。

[例 **3.2.1**]　试分析图 3.2.2 所示电路的逻辑功能。

[解]　(1) 写出逻辑函数表达式

若电路较复杂时,可适当设置中间变量,如图 3.2.2 中的 L_1、L_2 和 L_3。从输入到输出逐级写出电路的逻辑函数表达式,由图可得

$$L_1=\overline{CB}\qquad L_2=\overline{BA}\qquad L_3=\overline{AC}$$

$$L=\overline{L_1\cdot L_2\cdot L_3}=\overline{\overline{CB}\cdot\overline{BA}\cdot\overline{AC}}$$

(2) 将逻辑函数表达式变换如下

$$L=CB+BA+AC$$

列出逻辑函数表达式的真值表见表 3.2.1。

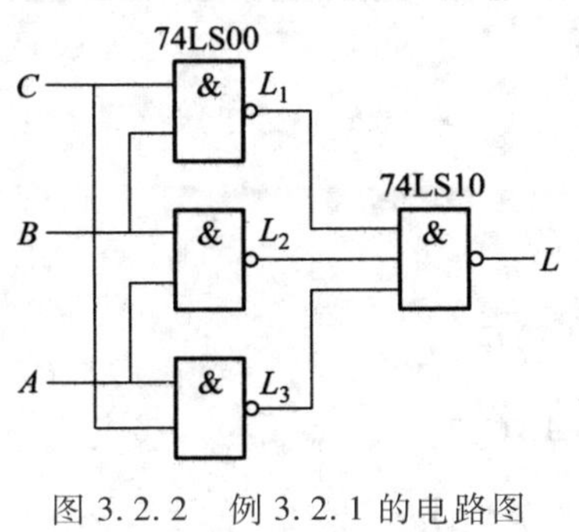

图 3.2.2　例 3.2.1 的电路图

表 **3.2.1**　例 **3.2.1** 的真值表

输入	输出
CBA	*L*
000	**0**
001	**0**
010	**0**
011	**1**
100	**0**
101	**1**
110	**1**
111	**1**

（3）分析逻辑功能

由表 3.2.1 可见，当输入变量 A、B 和 C 中有两个或两个以上取值为 **1** 时，输出函数 $L=\mathbf{1}$；否则 $L=\mathbf{0}$。因此，该电路可实现三变量多数表决逻辑功能。如一项提案需要三人投票通过，当多人投赞成票（输入逻辑变量为 **1**）时，该提案获准通过（$L=\mathbf{1}$），否则提案被否决（$L=\mathbf{0}$）。该电路还可以实现三个 1 位二进制数相加的进位。

［例 **3.2.2**］　分析图 3.2.3 所示电路的逻辑功能。

［解］　列出该电路的输出逻辑函数表达式：

$$F_1=\overline{\overline{A\,\overline{B}}}=A\overline{B}$$

$$F_2=\overline{A+\overline{B}}=\overline{A}\,B$$

由表达式可知，当 $A=\mathbf{1}$ 与 $B=\mathbf{0}$ 时，$F_1=\mathbf{1}$；当 $A=\mathbf{0}$ 与 $B=\mathbf{1}$ 时，$F_2=\mathbf{1}$。若将 F_1 和 F_2 的值综合起来考虑，则可推得该电路的逻辑功能如下：当 $A>B$ 时，$F_1F_2=\mathbf{10}$；当 $A<B$ 时，$F_1F_2=\mathbf{01}$；当 $A=B$ 时，$F_1F_2=\mathbf{00}$。因此，根据 F_1F_2 之值，可判断 A、B 之间的关系，是 A 大于 B，A 小于 B，还是 A 等于 B。F_1F_2 不可能等于 **11**。

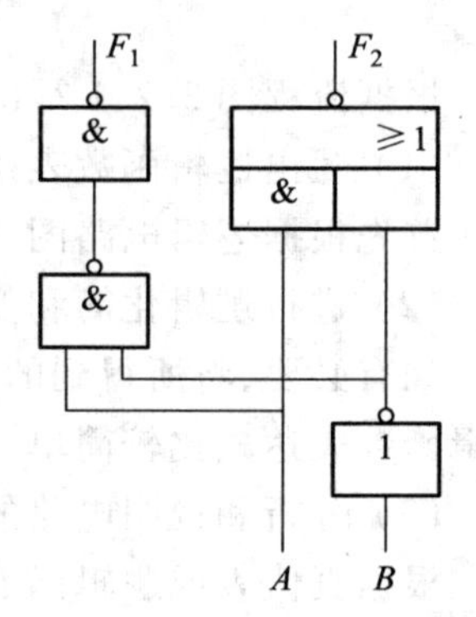

图 3.2.3　例 3.2.2 逻辑电路图

［例 **3.2.3**］　分析图 3.2.4 所示电路。

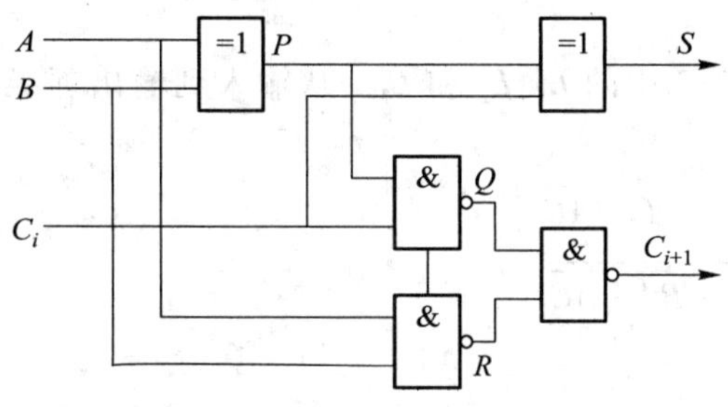

图 3.2.4　例 3.2.3 电路图

表 **3.2.2**　例 **3.2.3** 真值表

ABC_i	S	C_{i+1}
000	**0**	**0**
001	**1**	**0**
010	**1**	**0**
011	**0**	**1**
100	**1**	**0**
101	**0**	**1**
110	**0**	**1**
111	**1**	**1**

［解］　由图可得

$$P=A\oplus B=A\overline{B}+\overline{A}B$$

$$\begin{aligned}S&=P\oplus C_i=(A\overline{B}+\overline{A}B)\oplus C_i\\&=\overline{(A\overline{B}+\overline{A}B)}C_i+(A\overline{B}+\overline{A}B)\overline{C_i}\\&=ABC_i+\overline{A}\,\overline{B}C_i+A\overline{B}\,\overline{C_i}+\overline{A}B\overline{C_i}\end{aligned}$$

$$Q=\overline{PC_i}=\overline{(\overline{A}B+A\overline{B})C_i}\qquad R=\overline{AB}$$

$$C_{i+1}=\overline{QR}=\overline{\overline{(\bar{A}B+A\bar{B})C_i}\cdot\overline{AB}}$$

$$=(\bar{A}B+A\bar{B})C_i+AB$$

$$=\bar{A}BC_i+A\bar{B}C_i+AB$$

由 S 及 C_{i+1} 的表达式列出真值表如表 3.2.2 所示。由真值表可看出这是两个一位二进制的加法电路。A 为被加数,B 为加数,C_i 为低位向本位的进位位。S 为三位相加的本位和,C_{i+1} 是本位向高位的进位位。该电路又称为全加器。

3.2.2 设计方法

门级组合逻辑电路基本设计可按如图 3.2.5 所示的流程进行。

图 3.2.5 门级组合逻辑电路基本设计流程图

根据流程图 3.2.5 写出设计步骤如下:

(1) 列真值表

实际的逻辑问题,通常是一段文字说明或者是数据记录或者逻辑框图,称之为逻辑命题。首先根据逻辑命题选取输入逻辑变量和输出逻辑变量。一般把引起事件的原因作为输入变量,把事件的结果作为输出变量。然后用二值逻辑的 **0** 和 **1** 分别代表输入和输出逻辑变量的两种不同状态,称为逻辑赋值。进而根据实际逻辑问题的因果关系列出真值表。

(2) 写出逻辑函数表达式

由真值表写出逻辑函数表达式。

(3) 对逻辑函数表达式进行化简和变换

根据选用的逻辑门的类型,将函数表达式化简或变换为最简式。选用的逻辑门不同,化简的形式也不同。

(4) 画出逻辑电路图

根据化简后的逻辑函数表达式,画出门级逻辑电路图。

在实际数字电路设计中,还需选择器件型号。

由上述步骤可见,逻辑变量赋值不同或逻辑器件选择不同,电路设计的结果都将有所不同。下面举例说明门级电路设计方法。

[例 **3.2.4**] 为燃油蒸汽锅炉设计一个过热报警装置。要求用三个数字传感器分别监视燃油喷嘴的开关状态、锅炉中的水温和压力是否超标。当喷嘴打开且压力或水温过高时,应发出报警信号。

[解] (1) 列真值表

将喷嘴开关、锅炉水温和压力作为输入逻辑变量,分别用 C、B 和 A 表示。C 为 **1** 表示喷嘴打开,C 为 **0** 表示喷嘴关闭;B 和 A 为 **1** 表示温度和压力过高,为 **0** 表示温度和压力正常。报警信号作为输出变量,用 L 表示。L 为 **0** 表示正常,L 为 **1** 报警。根据题意,列真值表如表 3.2.3 所示。

表 3.2.3　例 3.2.4 真值表

输入			输出	输入			输出
C	B	A	L	C	B	A	L
0	0	0	0	1	0	0	0
0	0	1	0	1	0	1	1
0	1	0	0	1	1	0	1
0	1	1	0	1	1	1	1

(2) 写出逻辑函数表达式

$$L=C\overline{B}A+CB\overline{A}+CBA$$

(3) 将逻辑函数化简为最简**与或**表达式

$$L=CB+CA \tag{3.2.1}$$

也可将上式变换为**与非-与非**表达式

$$L=\overline{\overline{CB+CA}}=\overline{\overline{CB}\cdot\overline{CA}} \tag{3.2.2}$$

(4) 画逻辑电路图

若用集成门电路直接实现式(3.2.1)表示的**与或**表达式,至少需要**与**门和**或**门两种类型的门电路,逻辑电路图如图 3.2.6(a)所示;若用门实现式(3.2.2)表示的**与非**表达式,则用一片四 2 输入**与非**门 74LS00 即可,如图 3.2.6(b)所示。从原理设计的角度来看,图 3.2.6(a)中的逻辑图已是最简电路,但从工程设计的角度来考虑,图 3.2.6(b)电路才是使用门电路类型最少、集成电路个数最少和外部连线最少的最简设计。

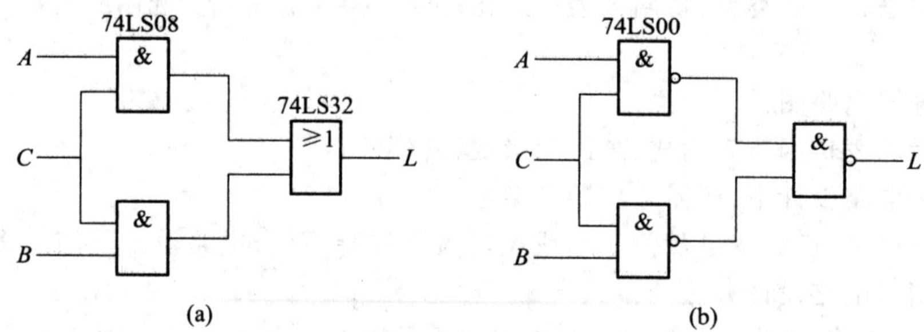

图 3.2.6　例 3.2.4 的逻辑电路图

(a) 用**与**门和**或**门实现　(b) 用**与非**门实现

[例 3.2.5]　设计一个组合电路,将 8421BCD 码变换为余 3 代码。

[解]　这是一个码制变换问题。由于均是 BCD 码,故输入输出均为四个端点,其电路框图如图 3.2.7 所示。按两种码的编码关系,得真值表如表 3.2.4 所示。

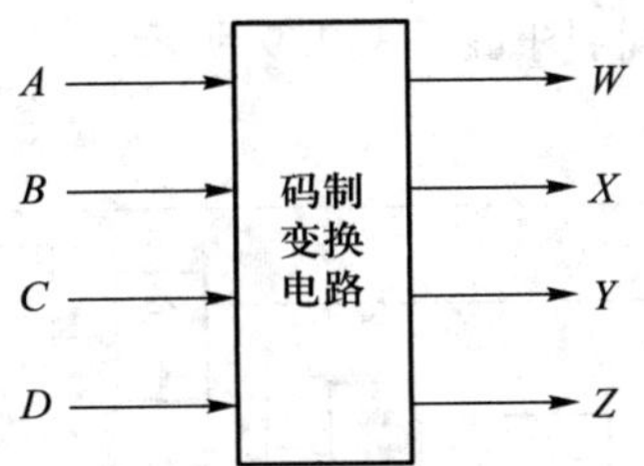

图 3.2.7　码制变换电路框图

表 3.2.4　8421BCD 码变换为余 3 代码的真值表

十进制数	8421BCD 码				余 3 代码				十进制数	8421BCD 码				余 3 代码			
	A	*B*	*C*	*D*	*W*	*X*	*Y*	*Z*		*A*	*B*	*C*	*D*	*W*	*X*	*Y*	*Z*
0	**0**	**0**	**0**	**0**	**0**	**0**	**1**	**1**	8	**1**	**0**	**0**	**0**	**1**	**0**	**1**	**1**
1	**0**	**0**	**0**	**1**	**0**	**1**	**0**	**0**	9	**1**	**0**	**0**	**1**	**1**	**1**	**0**	**0**
2	**0**	**0**	**1**	**0**	**0**	**1**	**0**	**1**	10	**1**	**0**	**1**	**0**	×	×	×	×
3	**0**	**0**	**1**	**1**	**0**	**1**	**1**	**0**	11	**1**	**0**	**1**	**1**	×	×	×	×
4	**0**	**1**	**0**	**0**	**0**	**1**	**1**	**1**	12	**1**	**1**	**0**	**0**	×	×	×	×
5	**0**	**1**	**0**	**1**	**1**	**0**	**0**	**0**	13	**1**	**1**	**0**	**1**	×	×	×	×
6	**0**	**1**	**1**	**0**	**1**	**0**	**0**	**1**	14	**1**	**1**	**1**	**0**	×	×	×	×
7	**0**	**1**	**1**	**1**	**1**	**0**	**1**	**0**	15	**1**	**1**	**1**	**1**	×	×	×	×

由于 8421BCD 码不会出现 **1010～1111** 这六种状态，故当输入出现这六种状态时，输出视为无关项。化简过程如图 3.2.8 所示。

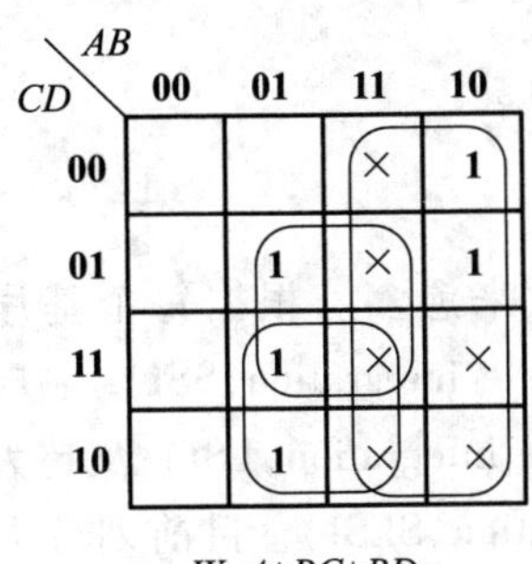

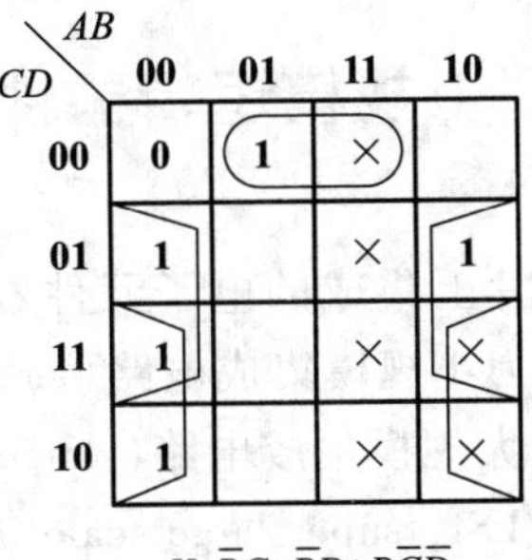

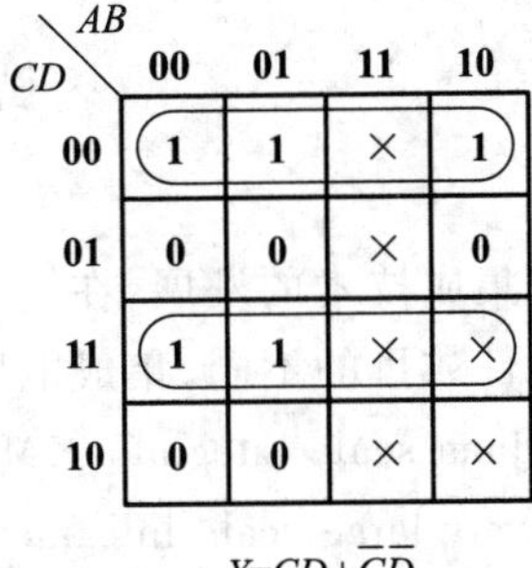

图 3.2.8　例 3.2.5 化简过程

化简函数为

$$W=A+BC+BD=\overline{\overline{A}\cdot\overline{BC}\cdot\overline{BD}}=\overline{\overline{A}\cdot\overline{B\,\overline{\overline{C}\,\overline{D}}}}$$

$$X=\overline{B}C+\overline{B}D+B\overline{C}\,\overline{D}=\overline{B}(C+D)+B\overline{C}\,\overline{D}=\overline{B}\,\overline{\overline{C}\,\overline{D}}+B\overline{C}\,\overline{D}=B\oplus\overline{\overline{C}\,\overline{D}}$$

$$Y=CD+\overline{C}\,\overline{D}=\overline{C}\oplus D$$

由真值表可以看出 $Z=\overline{D}$，不需化简。

根据化简函数得变换电路的逻辑图如图 3.2.9 所示。

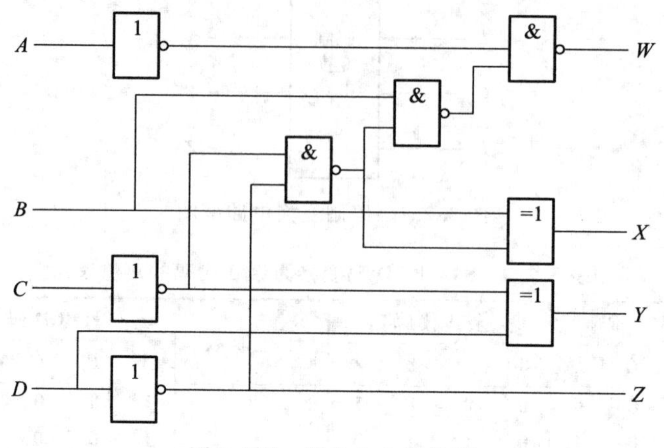

图 3.2.9　例 3.2.5 逻辑图

码制变换电路种类很多,除了上例所讲的外,诸如余 3 代码变换为 8421BCD 码,二进制与循环码的互换等,其方法和思路与例 3.2.5 相似。

门级组合电路通常用于较为简单的电路设计。复杂数字系统可能是由成百万逻辑门构成的非常复杂的数字系统,大型复杂数字系统的设计大多采用层次式设计方法,即将复杂数字系统分解为实现一定功能的各逻辑部件,各种逻辑部件是复杂数字系统的基本组成部件。下面将介绍几种常用逻辑功能器件。

3.3　中规模逻辑器件简介

随着集成技术的发展,在一个基片上集成的电子元件数目愈来愈多。根据每个基片上包含电子元器件数目的不同,集成电路分为小规模集成电路(small scale integration,SSI)、中规模集成电路(medium scale integration,MSI)、大规模集成电路(large scale integration,LSI)及超大规模集成电路(very large scale integration,VLSI;super large scale integration,SLSI)。目前划分大、中、小规模集成电路的标准大致如表 3.3.1 所示。

表 3.3.1　集成电路的划分

种类＼规模	SSI	MSI	LSI	VLSI	SLSI
双极性数字电路	10 门/片以下	10～100 门/片	100～1000 门/片	1000～10 000 门/片	10 000 门/片以上
MOS-FET	100 元件/片以下	100～1000 元件/片	1000～10 000 元件/片	10 000～100 000 元件/片	100 000 元件/片以上

续表

种类 \ 规模	SSI	MSI	LSI	VLSI	SLSI
模拟电路	50 元件/片以下	50～100 元件/片			
存储器		256 位/片以下			

由于 MSI、LSI 电路的出现，使单个芯片的功能大大提高。一般地说，在 SSI 中仅仅是器件的集成；在 MSI 中则是逻辑部件的集成，这类器件能完成一定的逻辑功能；而 LSI 和 VLSI、SLSI 则是数字子系统或整个数字系统的集成。

前面讨论的组合电路设计方法，多数是以 SSI 器件为基础。目前在数字系统中均广泛地采用以 LSI 及 MSI 为基础，辅以一些 SSI。在设计过程中主要是理解和分析清楚设计要求，选择合适的 LSI 或 MSI 器件，辅以一些 SSI 器件将它们组成符合设计要求的电路。采用 MSI 器件为基础的设计，主要考虑的是所设计的电路能否满足功能要求、可靠性要求及价格要求，尽量减少集成器件数（而不是门数）。

目前 LSI 及 MSI 产品主要有两大系列：TTL 逻辑系列及 MOS 逻辑系列（ECL 系列仅在少数超高速电路中应用）。TTL 系列用得较广泛，目前 MOS 工艺不断进展，其器件速度也已逐步赶上 TTL 系列，由于它功耗低、价格低，目前已应用得很广泛。从逻辑设计的方法上，应用哪一系列并无大的差别，本节仍以 MSI、TTL 器件为例，讨论它的逻辑特性及应用。

MSI 和 LSI 的应用，使数字设备的设计过程大为简化，改变了用 SSI 进行设计的传统方法。在有了系统框图及逻辑功能描述后，即可合理地选择模块（即选择适当的 MSI 和 LSI），再用传统的方法设计其他辅助连接电路。可以对多种方案进行比较，最后以使用集成电路块的总数最少作为技术、经济的最佳指标。运用 MSI 和 LSI 来设计数字系统，还没有一种简单的可适用于任何情况的统一规范可循，故设计的方法可以是多种多样的。设计的好坏关键在于对 MSI 和 LSI 功能的了解程度的多少。

正由于 MSI 和 LSI 设计数字系统具有上述的优点，所以，人们已不再单纯地用 SSI 电路来组成复杂的数字系统，而是更多地考虑使用 MSI 和 LSI 组成相应的数字系统。

常用的中规模逻辑器件品种较多，主要有全加器、译码器、编码器、多路选择器、多路分配器、数据比较器和奇偶检验电路等。

一般来说，数字部件具有输入和输出端，有些数字部件包括一些控制信号端口，这些控制端口不是数据流的一部分，但它是控制 MSI 是否工作的一类重要信号。符号图很清晰地显示了输入（包含控制端口）和输出端口。在本教材中，符号图框内所有输入输出信号均用正体字母标注，且为正逻辑。框外输入端的小圆圈表示输入信号低电平（逻辑 **0**）有效，而输出端的小圆圈表示反码输出，并在框外对应的自定义输入和输出变量上加“-”号表示低电平有效，符号图外的变量都用斜体字母表示，外部自定义变量一般是在应用 MSI 的电路中标出，如图 3.4.3(a) 所示。通常单纯的符号图无需写出框外的变量，如图 3.4.1 所示，图中的数字代表信号对应的引脚数。

3.4 译码器和编码器

3.4.1 译码器

数字系统中的信息是用二进制编码来表示，译码是把一些二进制码、8421BCD码或十六进制码转换为可识别的数字或特征信号。具有译码功能的MSI芯片称为译码器(decoder)，译码器是一种常用的组合功能电路，有许多不同型号的集成译码器。

具体来说，译码器是将来自 n 个输入线的二进制信息转换为最多达 2^n 个输出线的组合电路，这种译码器被称为 n 线-2^n 线译码器，比如，74LS138为3线-8线译码器。译码输入不限于自然二进制码，还可输入其他码，如8421BCD码和十六进制等，比如，7442为4线-10线的BCD译码器，74LS154为4线-16线的十六进制译码器。如果译码器只有一个输出为有效电平，其余输出为相反电平，这种译码电路称为“唯一”地址译码电路，也称为基本译码器，常用于计算机中对存储器地址的译码；另外，也可以有多个输出有效电平，比如，7447七段显示译码器。

下面具体介绍3线-8线译码器和7447七段显示译码器。

1. 3线-8线译码器

74LS138是最常用的集成译码器之一，74LS138的符号图如图3.4.1所示。74LS138有3个译码输入端 A_2、A_1 和 A_0，8个输出端 $Y_0 \sim Y_7$，因此又称为3线-8线译码器，它有 ST_A、ST_B 和 ST_C 三个控制输入端(使能控制端)，以增加使用灵活性。

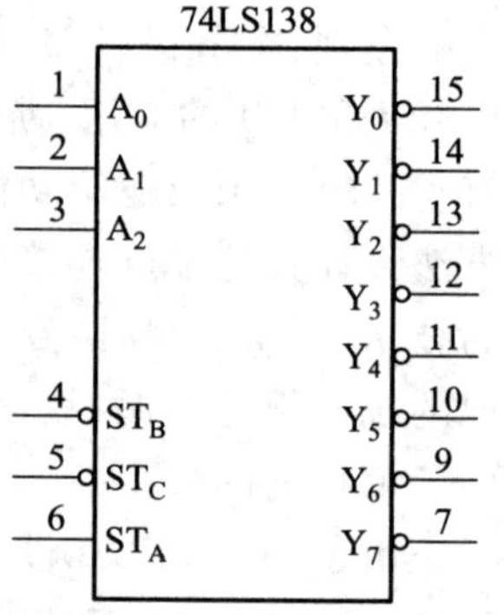

图3.4.1 74LS138的符号图

图3.4.2是74LS138译码器内部电路，由内部电路很容易理解其功能表。一般情况下，由功能表就可以了解芯片的全部功能。因此，后续MSI器件不再给出内部逻辑图。对个别有疑问的芯片可以下载数据手册查看详细资料。

由表3.4.1可见，74LS138的输出信号 $\overline{Y_0} \sim \overline{Y_7}$ 分别对应着二进制码 $A_2A_1A_0$ 的所有最小项的非，因此，该译码器又称为最小项唯一译码器。由表3.4.1可以得到译码器每个输出端的逻辑函数式为

$$\begin{aligned}
&\overline{Y_0}=\overline{\overline{A_2}\,\overline{A_1}\,\overline{A_0}}=\overline{m_0} \qquad &\overline{Y_1}=\overline{\overline{A_2}\,\overline{A_1}A_0}=\overline{m_1}\\
&\overline{Y_2}=\overline{\overline{A_2}A_1\overline{A_0}}=\overline{m_2} \qquad &\overline{Y_3}=\overline{\overline{A_2}A_1A_0}=\overline{m_3}\\
&\overline{Y_4}=\overline{A_2\overline{A_1}\,\overline{A_0}}=\overline{m_4} \qquad &\overline{Y_5}=\overline{A_2\overline{A_1}A_0}=\overline{m_5}\\
&\overline{Y_6}=\overline{A_2A_1\overline{A_0}}=\overline{m_6} \qquad &\overline{Y_7}=\overline{A_2A_1A_0}=\overline{m_7}
\end{aligned} \tag{3.4.1}$$

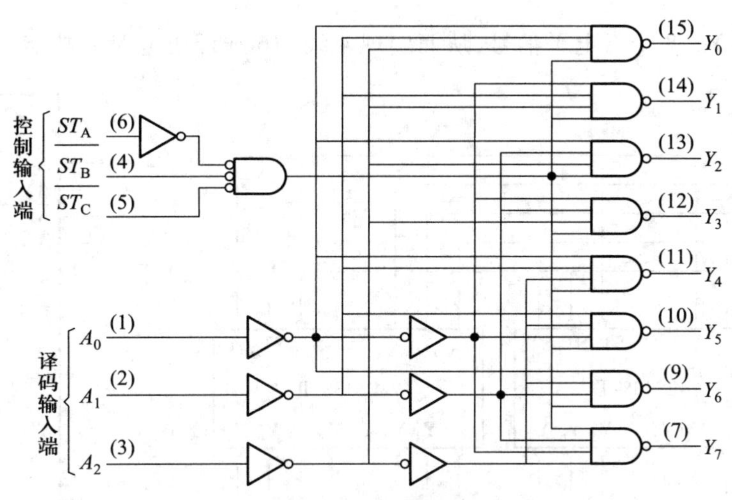

图 3.4.2　74LS138 译码器内部电路

表 3.4.1　3 线-8 线译码器 74LS138 的功能表

控制输入		译码输入			输　出							
ST_A	$\overline{ST_B}+\overline{ST_C}$	A_2	A_1	A_0	$\overline{Y_0}$	$\overline{Y_1}$	$\overline{Y_2}$	$\overline{Y_3}$	$\overline{Y_4}$	$\overline{Y_5}$	$\overline{Y_6}$	$\overline{Y_7}$
×	**1**	×	×	×	**1**	**1**	**1**	**1**	**1**	**1**	**1**	**1**
0	×	×	×	×	**1**	**1**	**1**	**1**	**1**	**1**	**1**	**1**
1	**0**	**0**	**0**	**0**	**0**	**1**	**1**	**1**	**1**	**1**	**1**	**1**
1	**0**	**0**	**0**	**1**	**1**	**0**	**1**	**1**	**1**	**1**	**1**	**1**
1	**0**	**0**	**1**	**0**	**1**	**1**	**0**	**1**	**1**	**1**	**1**	**1**
1	**0**	**0**	**1**	**1**	**1**	**1**	**1**	**0**	**1**	**1**	**1**	**1**
1	**0**	**1**	**0**	**0**	**1**	**1**	**1**	**1**	**0**	**1**	**1**	**1**
1	**0**	**1**	**0**	**1**	**1**	**1**	**1**	**1**	**1**	**0**	**1**	**1**
1	**0**	**1**	**1**	**0**	**1**	**1**	**1**	**1**	**1**	**1**	**0**	**1**
1	**0**	**1**	**1**	**1**	**1**	**1**	**1**	**1**	**1**	**1**	**1**	**0**

2. 译码器的扩展和应用

74LS138 的 3 个控制端为译码器的扩展及灵活应用提供了方便。例如用两片 74LS138 按图 3.4.3(a)连接,可方便地扩展成如图 3.4.3(b)所示的 4 线-16 线译码器。

图 3.4.3(b)中将两片 74LS138 的 3 个输入端 A_2、A_1、A_0 分别连接,作为 4 线-16 线译码电路的输入 A_2、A_1、A_0,将第一片的 ST_C 端和第二片的 ST_A 端与 A_3 连接,其余控制端按图接有效电平。当输入$\overline{ST}$=**1** 时,两片 74LS138 均被禁止;当$\overline{ST}$=**0** 时,哪片 74LS138 工作取决于 A_3 的值。A_3=**0** 时,第Ⅰ片 74LS138 工作,将 $A_3A_2A_1A_0$ 对应的 **0000**~**0111** 这 8 个二进制代码分别译为$\overline{Y_0}$~$\overline{Y_7}$ 8 个低电平信号;当 A_3=**1** 时,第Ⅱ片 74LS138 工作,将 $A_3A_2A_1A_0$ 对应的 **1000**~**1111** 这 8 个二进制

代码分别译为$\overline{Y_8} \sim \overline{Y_{15}}$ 8 个低电平信号，从而实现 4 线-16 线译码电路的功能。

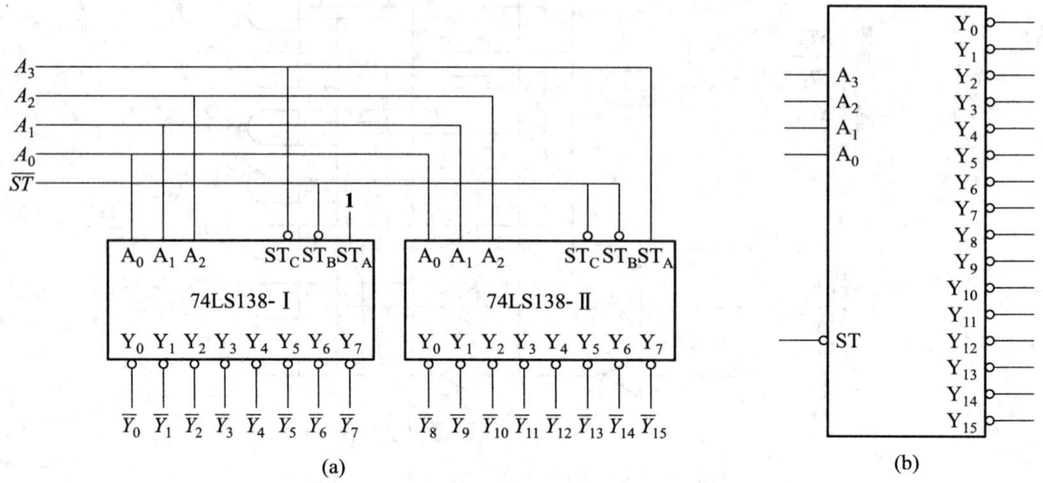

图 3.4.3　3 线-8 线译码器扩展为 4 线-16 线译码器

（a）用 3 线-8 线译码器扩展图　（b）4 线-16 线译码器符号图

7442 是 4 线-10 线译码器，也称为 BCD 译码器，74LS138 也称为 8 选 1 的八进制译码器，74LS154 为 16 选 1 的十六进制译码器。也有常用的 4 线-16 线译码器，如 CD4514B、CD4515B 等。

最小项唯一译码器的基本应用是作为地址译码器。另外，由于译码器的每个输出端对应着地址输入变量的一个最小项，而任何逻辑函数都可表示为最小项之和的形式，因此，可用这类译码器再辅以适当的 SSI 门电路可以实现任何组合逻辑函数。

［例 **3.4.1**］　用译码器实现函数 $F=\sum m(1,4,6,7)$。

［解］　该函数为 3 输入变量，设为 x、y、z，因此可用 3 线-8 线译码器 74LS138 实现。

$$\begin{aligned}F&=\sum m(1,4,6,7)\\&=m_1+m_4+m_6+m_7\\&=\overline{\overline{m_1+m_4+m_6+m_7}}\\&=\overline{\overline{m}_1\cdot\overline{m}_4\cdot\overline{m}_6\cdot\overline{m}_7}\end{aligned}$$

按上式得到的逻辑图如图 3.4.4 所示。

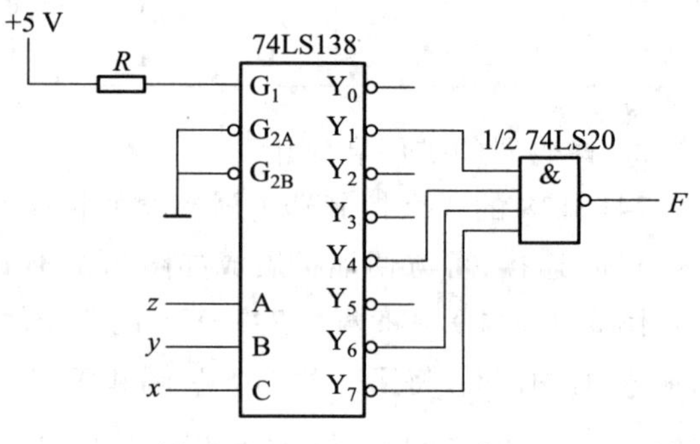

图 3.4.4　用 74LS138 实现 $F=\sum m(1,4,6,7)$ 逻辑图

［例 **3.4.2**］　设计一个一位全加器。

［解］　设一位全加器的三个输入端分别为被加数输入 A_i，加数输入 B_i，低位向本位的进位输入 C_{i-1}；输出为 S_i，本位进位输出为 C_i，则此一位全加器的真值表如表 3.4.2 所示。由真值表得到：

$$S_i=\sum m(1,2,4,7)$$

$$C_i = \sum m(3,5,6,7)$$

表 3.4.2　一位全加器真值表

C_{i-1}	A_i	B_i	S_i	C_i
0	0	0	0	0
0	0	1	1	0
0	1	0	1	0
0	1	1	0	1
1	0	0	1	0
1	0	1	0	1
1	1	0	0	1
1	1	1	1	1

用一片 74LS138 的 3 线-8 线译码器及一片 74LS20 双**与非**门组成的一位全加器电路如图 3.4.5 所示。

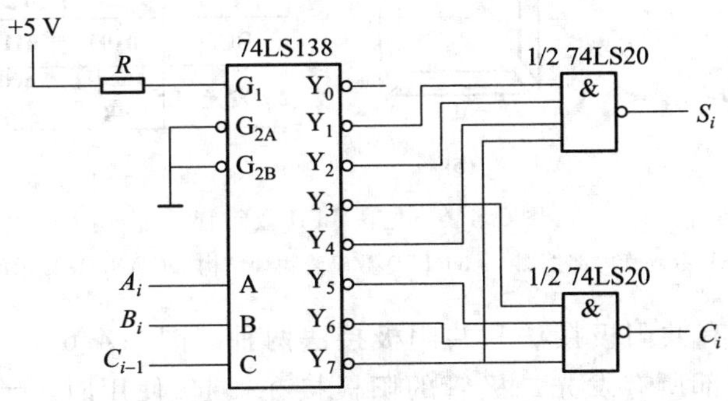

图 3.4.5　一位全加器电路

从例 3.4.2 可见，译码器也可用于实现多输出函数。

在逻辑函数的最小项表达式中，当最小项的数目小于等于 4 时，采用译码器实现是很方便的；当最小项数大于 4 时，由于没有输入端数大于 4 的 SSI **与非**门，因此需设计多输入端的**与非**门，这将增加输出门的级数，采用译码器实现是不妥当的。因为随着译码器输入变量的增加，其最小项数及输出端数呈指数形式趋势增加，且需多个译码器级联，这在速度和成本上均难以接受。这一缺陷限制了它在逻辑函数实现方面的应用，但译码器加上**或**门可实现任意函数的这一设计思想，被推广到可编程逻辑器件（programmable logic device，PLD）的应用中，使得设计者简单地列出所希望的**与**项，不但可实现多个输入变量的最小项表达式，还可以实现任意的**与或**式。

3.4.2 BCD-七段显示译码器

数字系统中使用的是二进制数,但在数字测量仪表和各种显示系统中,为了便于表示测量和运算的结果以及对系统的运行情况进行监测,常需将数字量用人们习惯的十进制字符直观地显示出来,这就要靠专门的译码电路把二进制数译成十进制码,通过驱动电路由数码显示器显示出来。在中规模集成电路中,常把译码和驱动电路集于一体,用来驱动数码管。

1. 七段数码管的结构及工作原理

七段数码管(也称为七段 LED 数码管)如图 3.4.6(a)和(b)所示,它由七个离散的发光二极管集成在一起排列成 8 字形成,用于显示十进制数字,BCD 码和发光段之间的对应关系如图 3.4.6(c)所示。多数数码管加一个小数点变成 8 个 LED 集成在一起。

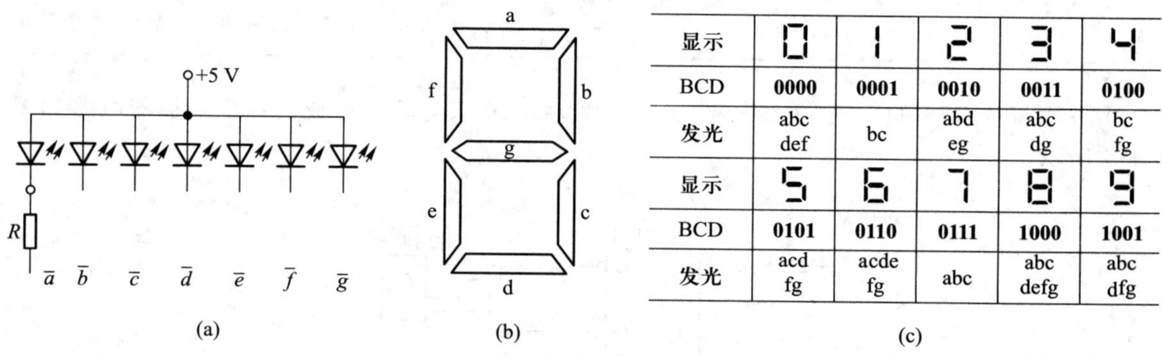

显示	0	1	2	3	4
BCD	0000	0001	0010	0011	0100
发光	abc def	bc	abd eg	abc dg	bc fg
显示	5	6	7	8	9
BCD	0101	0110	0111	1000	1001
发光	acd fg	acde fg	abc	abc defg	abc dfg

(c)

图 3.4.6 七段 LED 数码管

(a) 共阳极 LED 数码管内部框图 (b) LED 数码管物理结构 (c) BCD 显示的对应段列表

LED 数码管的内部有共阳极接法和共阴极接法两种。图 3.4.6(a)为共阳极接法,即内部所有发光二极管的阳极接在一起,使用时共阳极端(COM)接正电源。当某段二极管的阴极经过限流电阻 R 接低电平时,该段亮;若接高电平,该段灭。共阴极接法的数码管则是阴极共同接地,阳极经限流电阻接高电平。

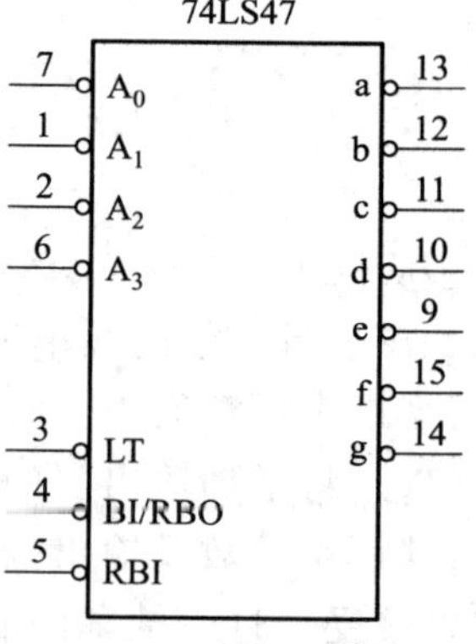

图 3.4.7 74LS47 符号图

由此可见,当选用共阳极 LED 数码管时,应使用低电平有效的七段译码器驱动(如 7446、7447);当选用共阴极 LED 数码管时,应使用高电平有效的七段译码器驱动(如 7448、7449)。通常 1 in(英寸)以上数码管的每个发光段由多个二极管组成,需要较大的驱动电压和电流,由于 TTL 集成电路的低电平驱动能力比高电平驱动能力大得多,所以常用低电平有效 OC 门输出的七段译码器来驱动。

2. BCD-七段译码器

不像基本译码器只有一个有效译码输出信号,BCD 七段译码器 74LS47 的输入是 4 位码,对应的输出是 7 位码,且可能是多位有效。严格地说,称之为代码变换器更为确切,但习惯上仍称之为 BCD-七段显示译码器。74LS47 的符号如图 3.4.7 所示，功能表如表 3.4.3 所示。由表可以看出，该电路的输入 $A_3A_2A_1A_0$ 是 4 位 BCD 码，输出是七段反码$\overline{a}\sim\overline{g}$。表中某一位输出为 **0** 表示将数码管对应段点亮，为 **1** 表示对应段熄灭。

表 3.4.3　74LS47 功能表

十进制数字或功能	输入							输出							显示字形
	$\overline{LT}$	$\overline{RBI}$	A_3	A_2	A_1	A_0	$\overline{BI}/\overline{RBO}$	$\overline{a}$	$\overline{b}$	$\overline{c}$	$\overline{d}$	$\overline{e}$	$\overline{f}$	$\overline{g}$	
0	1	1	0	0	0	0	1	0	0	0	0	0	0	1	0
1	1	×	0	0	0	1	1	1	0	0	1	1	1	1	1
2	1	×	0	0	1	0	1	0	0	1	0	0	1	0	2
3	1	×	0	0	1	1	1	0	0	0	0	1	1	0	3
4	1	×	0	1	0	0	1	1	0	0	1	1	0	0	4
5	1	×	0	1	0	1	1	0	1	0	0	1	0	0	5
6	1	×	0	1	1	0	1	1	1	0	0	0	0	0	6
7	1	×	0	1	1	1	1	0	0	0	1	1	1	1	7
8	1	×	1	0	0	0	1	0	0	0	0	0	0	0	8
9	1	×	1	0	0	1	1	0	0	0	1	1	0	0	9
10	1	×	1	0	1	0	1	1	1	1	0	0	1	0	
11	1	×	1	0	1	1	1	1	1	0	0	1	1	0	
12	1	×	1	1	0	0	1	1	0	1	1	1	0	0	
13	1	×	1	1	0	1	1	0	1	1	0	1	0	0	
14	1	×	1	1	1	0	1	1	1	1	0	0	0	0	
15	1	×	1	1	1	1	1	1	1	1	1	1	1	1	熄灭
$\overline{BI}$	×	×	×	×	×	×	0	1	1	1	1	1	1	1	熄灭
$\overline{RBI}$	1	0	0	0	0	0	0	1	1	1	1	1	1	1	灭零
$\overline{LT}$	0	×	×	×	×	×	1	0	0	0	0	0	0	0	试灯

$\overline{LT}=\mathbf{0}$ 时，不论$\overline{RBI}$和 $A_3A_2A_1A_0$ 输入为何值，数码管的七段全亮，工作时应置$\overline{LT}=\mathbf{1}$。$\overline{RBI}$是灭零输入，用来熄灭不需要显示的 **0**。$\overline{BI}$是熄灭信号输入，可控制数码管是否显示。$\overline{RBO}$是灭零输出。$\overline{RBO}$和$\overline{BI}$在芯片内部是连在一起的，共用一根引脚。当$\overline{LT}=\mathbf{1}$，$\overline{RBI}=\mathbf{0}$，且 $A_3A_2A_1A_0=\mathbf{0000}$

时，数码管不显示，$\overline{BI}/\overline{RBO}$输出为**0**。多位数显示电路中，在显示数据小数点左边，将高位的 *BI*/*RBO* 端与相邻低位的 *RBI* 端相连，最高位 *RBI* 端接地；在小数点右边将低位的 *BI*/*RBO* 端接到相邻高位的 *RBI* 端上，最低位的 *RBI* 端接地。这样，可将有效数字前后的零灭掉。具体电路这里不再赘述。

常用的 BCD-七段显示译码器还有 7446、7448、74347 和 CD4056B 等。

3.4.3 编码器

编码器是实现译码器相反功能的数字部件，编码器有 2^n（或少于 2^n）个输入线和 n 个输出线，输出线产生对应于输入信号的二进制码或 BCD 码（或者对应的反码）。具有编码功能的电路称为编码电路，而相应的 MSI 器件称为编码器（encoder）。按照被编码对象的不同特点和编码要求，输入线有优先级的编码器称为优先编码器，编码输出为 8421BCD 码，则称为 8421BCD 编码器。

优先编码器对输入信号安排了优先编码顺序，允许同时输入多路编码信号，但编码电路只对其中优先权最高的一个输入信号进行编码，所以不会出现编码混乱。这种编码器广泛应用于计算机系统中的中断请求和数字控制的排队逻辑电路中。

图 3.4.8 是典型的 10 线-4 线优先编码器 74LS147 的符号图。表 3.4.4 是优先编码器的功能表。

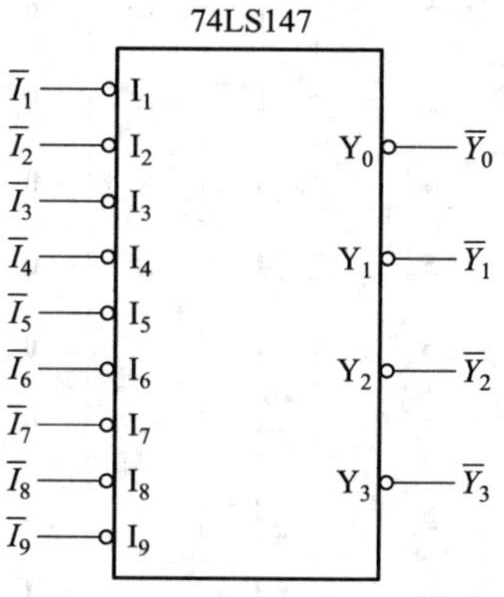

图 3.4.8 74LS147 符号图

由表 3.4.4 可以看出，输入是 10 路（$\overline{I_0} \sim \overline{I_9}$，$\overline{I_0}$隐含其中）被编对象，允许有几个输入端送入编码信号同时低电平有效。其中，$\overline{I_9}$优先权最高，$\overline{I_8} \sim \overline{I_1}$依次降低，$\overline{I_0}$优先权最低。当$\overline{I_9}=\mathbf{0}$ 时，无论其他输入是否有效（表中以×表示），输出只给出$\overline{I_9}$反码形式的编码，即 **0110**。当$\overline{I_9}=\mathbf{1}$，$\overline{I_8}=\mathbf{0}$ 时，无论其他输入端有无信号，只对$\overline{I_8}$编码，输出其反码形式$\overline{Y_3}\,\overline{Y_2}\,\overline{Y_1}\,\overline{Y_0}=$ **0111**，……，当所有输入端都为 **1** 时，对$\overline{I_0}$进行编码，输出其反码$\overline{Y_3}\,\overline{Y_2}\,\overline{Y_1}\,\overline{Y_0}=\mathbf{1111}$。该器件为 10 线-4 线反码形式输出的 BCD 码优先编码器。

表 3.4.4 10 线-4 线优先编码器的功能表

输入									输出			
$\overline{I_1}$	$\overline{I_2}$	$\overline{I_3}$	$\overline{I_4}$	$\overline{I_5}$	$\overline{I_6}$	$\overline{I_7}$	$\overline{I_8}$	$\overline{I_9}$	$\overline{Y_3}$	$\overline{Y_2}$	$\overline{Y_1}$	$\overline{Y_0}$
×	×	×	×	×	×	×	×	**0**	**0**	**1**	**1**	**0**
×	×	×	×	×	×	×	**0**	**1**	**0**	**1**	**1**	**1**
×	×	×	×	×	×	**0**	**1**	**1**	**1**	**0**	**0**	**0**
×	×	×	×	×	**0**	**1**	**1**	**1**	**1**	**0**	**0**	**1**
×	×	×	×	**0**	**1**	**1**	**1**	**1**	**1**	**0**	**1**	**0**
×	×	×	**0**	**1**	**1**	**1**	**1**	**1**	**1**	**0**	**1**	**1**

续表

输入									输出			
$\overline{I_1}$	$\overline{I_2}$	$\overline{I_3}$	$\overline{I_4}$	$\overline{I_5}$	$\overline{I_6}$	$\overline{I_7}$	$\overline{I_8}$	$\overline{I_9}$	$\overline{Y_3}$	$\overline{Y_2}$	$\overline{Y_1}$	$\overline{Y_0}$
×	×	**0**	**1**	**1**	**1**	**1**	**1**	**1**	**1**	**1**	**0**	**0**
×	**0**	**1**	**1**	**1**	**1**	**1**	**1**	**1**	**1**	**1**	**0**	**1**
0	**1**	**1**	**1**	**1**	**1**	**1**	**1**	**1**	**1**	**1**	**1**	**0**
1	**1**	**1**	**1**	**1**	**1**	**1**	**1**	**1**	**1**	**1**	**1**	**1**

常用的 10 线-4 线 BCD 优先编码器中规模集成产品还有 CD40147B 等。

常用的 8 线-3 线二进制优先编码器有 74148 和 CD4532B 等。

3.5 多路选择器和多路分配器

3.5.1 多路选择器

在数字系统中，有时需要将多路数字信号分时地从一条通道传送，完成这一功能的电路称为多路选择器（multiplexer，MUX）或者数据选择器。MUX 是从多路输入线中选择其中的一路到输出线上的一种组合电路，特定输入线的选择是由一组通道或地址选择线来控制的。通常，数据选择器有 2^n 个输入线、n 个地址选择线和 1 个输出线，因此，称为 2^n 选 1 数据选择器。

1. 数据选择器功能描述

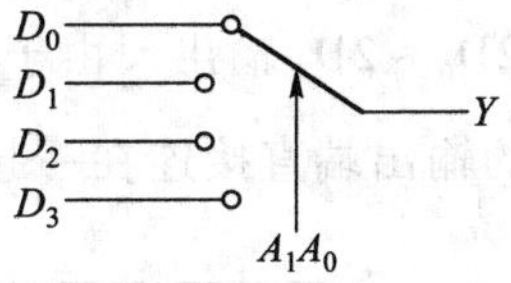

图 3.5.1 为一个 4 选 1 数据选择器，$D_0 \sim D_3$ 为 4 路数据输入，A_1A_0 为通道或地址选择，Y 为数据输出，A_1A_0 为 **00**、**01**、**10**、**11** 时分别选择 D_0、D_1、D_2、D_3 由 Y 输出。

图 3.5.1 4 选 1 数据选择器示意图

图 3.5.2 为中规模双 4 选 1 数据选择器 74LS253 符号图。它由两个完全相同的 4 选 1 数据选择器构成，$1D_0 \sim 1D_3$、$2D_0 \sim 2D_3$ 是两组独立的数据输入端；$1Y$、$2Y$ 分别为两组数据选择器的输出端；$1EN$ 和 $2EN$ 分别是两路选通输入端，选通信号 $\overline{EN}=\mathbf{1}$ 时，选择器被禁止，无论输入 A_1A_0 为何取值，输出均为高阻状态（用 Z 表示）；选通信号 $\overline{EN}=\mathbf{0}$ 时，选择器把与 A_1A_0 相应的一路数据选送到输出端。表 3.5.1 是 74LS253 的功能表。由表可知，当选通信号 $\overline{EN}$ 有效时，输出可表示为

$$Y=D_0\overline{A_1}\,\overline{A_0}+D_1\overline{A_1}A_0+D_2A_1\overline{A_0}+D_3A_1A_0 \tag{3.5.1}$$

显然，n 个地址输入端可选择 2^n 路输入数据，它的逻辑表达式可表示为

$$Y=\sum_{i=0}^{2^n-1} m_iD_i \tag{3.5.2}$$

其中,n 为地址端个数,m_i 是地址选择的最小项,D_i 表示对应的输入数据。

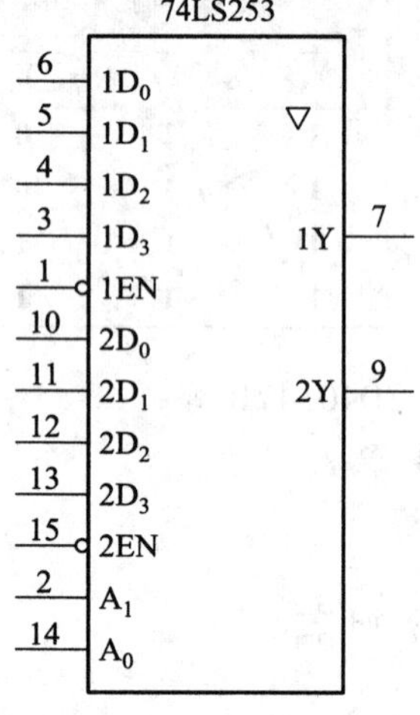

图 3.5.2 74LS253 符号图

表 3.5.1 74LS253 功能表

输入				输出
选通	地址		数据	
$\overline{EN}$	A_1	A_0	D_i	Y
1	×	×	×	(Z)
0	**0**	**0**	$D_0 \sim D_3$	D_0
0	**0**	**1**	$D_0 \sim D_3$	D_1
0	**1**	**0**	$D_0 \sim D_3$	D_2
0	**1**	**1**	$D_0 \sim D_3$	D_3

2. 数据选择器的扩展

如果需要选择的数据通道较多时,可以选用 8 选 1 或 16 选 1 数据选择器,也可以把几个数据选择器连接起来扩展数据输入端数。

例如用一片 74LS253 和若干门电路,可将双 4 选 1 数据选择器扩展为一个 8 选 1 的数据选择器。一个 8 选 1 数据选择器的逻辑符号如图 3.5.3 所示,图 3.5.4 是由 74LS253 扩展的电路,由图 3.5.4 可知,当 $A_2A_1A_0$ 为 **000~011** 时,选通 $1D_0 \sim 1D_3$ 输出,而当 $A_2A_1A_0$ 为 **100~111** 时,选通 $2D_0 \sim 2D_3$ 输出。由于 74LS253 未选通的数据选择器输出端为高阻,因此可以将两个数据选择器的输出端直接连在一起,得到 8 选 1 的一个输出 Y,Y 经过非门可以得到一个互补输出 $\overline{Y}$。

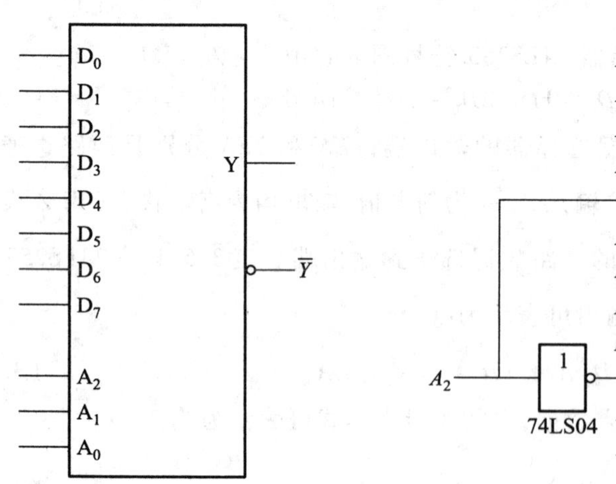

图 3.5.3 8 选 1 数据选择器逻辑符号

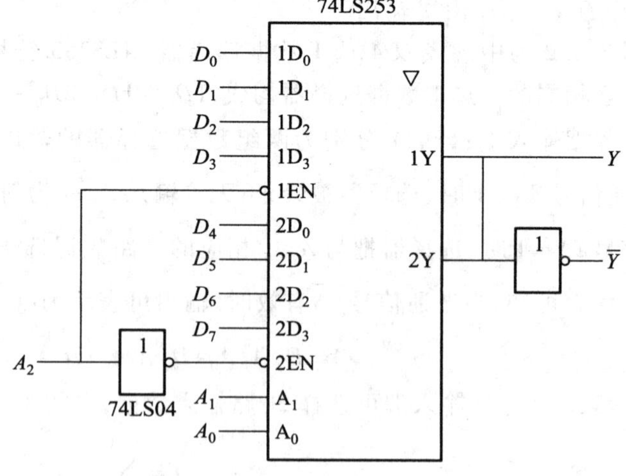

图 3.5.4 74LS253 扩展为 8 选 1 数据选择器

使用多个数据选择器进行扩展时，一定要注意多个数据选择器输出端的连接方法。当使用三态数据选择器扩展时，多个数据选择器的输出可以像图 3.5.4 所示直接连接在一起，构成扩展的 1 个输出信号端；当使用的数据选择器不是三态输出，就需要由功能表了解具体数据选择器器件未选通时输出是逻辑 **1** 还是逻辑 **0**，当未选通数据选择器输出为逻辑 **0**，一般要用**或**门或者**或非**门构成扩展的 1 个输出信号端；当未选通数据选择器输出为逻辑 **1**，一般要用**与**门或者**与非**门构成扩展的 1 个输出信号端。例如，图 3.5.5 是用两块 8 选 1 数据选择器 74LS151 构成 16 选 1 数据选择器的接线图。由 74LS151 数据手册中功能表可知，其选通信号无效时，输出 Y 为逻辑 **0**，因此，扩展的输出端需要一个**或**门构成 16 选 1 的输出。图 3.5.5 中 $D_0 \sim D_{15}$ 为 16 路数据输入，$A_3A_2A_1A_0$ 为 4 位地址输入，高位地址码 A_3 选出有效的数据选择器，低位地址码 $A_2A_1A_0$ 选出 $D_0 \sim D_7$ 或 $D_8 \sim D_{15}$ 数据中的一路通过**或**门送到输出端。这样，对应于地址码 $A_3A_2A_1A_0$ 的十六种组合，可分别将 16 路数据 $D_0 \sim D_{15}$ 选送到数据选择器的输出端 Y。

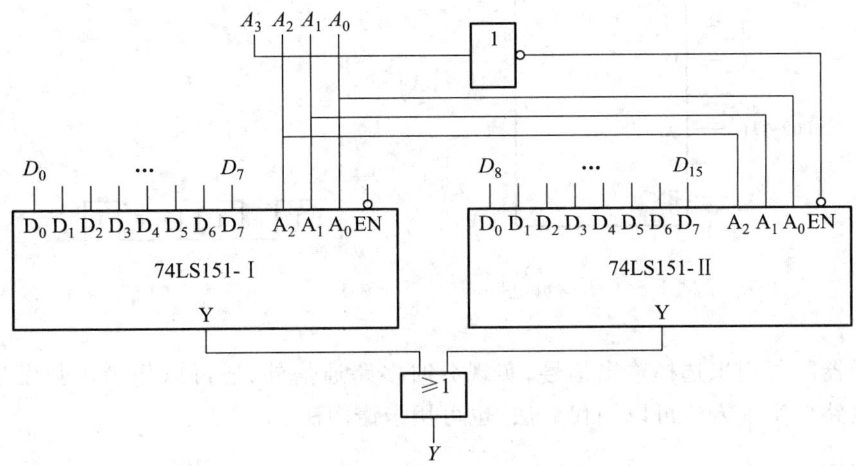

图 3.5.5　扩展的 16 选 1 数据选择器

常用的双 4 选 1 数据选择器的型号有 74LS253、74153 和 MC14539B 等；常用的 8 选 1 数据选择器有 TTL 系列的 74LS151、74152、74251 和 CMOS 系列的 CD4512B、74HC151 等；常用的 16 选 1 数据选择器有 74LS150、74850 和 74851 等。

3. 数据选择器的应用

由多路选择电路的功能可知，数据选择器可将一组并行输入数据转换为串行输出。又由于数据选择器的每一个数据输入端对应一个地址变量的最小项，因此可方便地实现单输出逻辑函数。下面举例说明。

［例 **3.5.1**］　试分析图 3.5.6 的逻辑功能。

［解］　图中 74LS151 的 8 个数据端 $D_0 \sim D_7$ 接 8 位并行数据，L 为数据输出，使能信号 $\overline{EN}=$

0,$A_2A_1A_0$ 送入 3 位地址码。

当地址码 $A_2A_1A_0$ 由 **000～111** 变化时,8 位并行输入数据依次传送到输出端,被转换为串行数据输出。

如果输入数据 $D_0 \sim D_7$ 固定为 **11011001**,$A_2A_1A_0$ 由 **000～111** 循环变化,在输出可得到周期变化的串行数据,波形如图 3.5.7 所示。该电路实现了一个序列发生器。

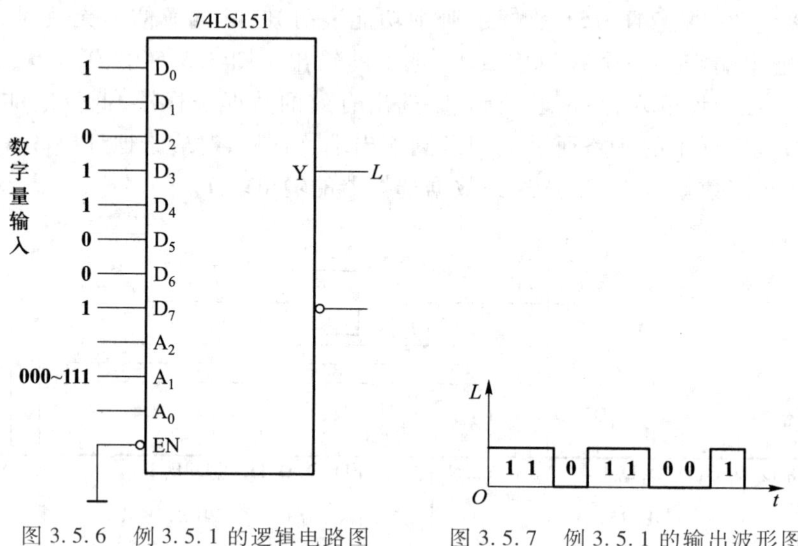

图 3.5.6　例 3.5.1 的逻辑电路图　　图 3.5.7　例 3.5.1 的输出波形图

数据选择器除了用来选择输出信号,实现分时多路通信外,还可以作为函数发生器,用来实现组合逻辑电路。实现方法可以用代数法,也可用卡诺图法。

(1) 代数法

由上述 4 选 1 数据选择器的输出公式

$$F = \overline{A}_1 \overline{A}_0 D_0 + \overline{A}_1 A_0 D_1 + A_1 \overline{A}_0 D_2 + A_1 A_0 D_3$$

$$= \sum_{i=0}^{3} D_i \cdot m_i \quad (m_i \text{ 为 } A_1 、A_0 \text{ 组成的最小项})$$

可以看出,对于 A_1A_0 的每一种组合都对应一个输入 D_i。如果使输入 D_i 的值与 A_1A_0 的每一种组合的取值(**0** 或 **1**)相等,则这个 4 选 1 数据选择器正好实现逻辑函数 $F=f(A_1A_0)$。如数据输入端接入逻辑变量,则可扩大数据选择器实现逻辑函数的变量范围。这样,用多路选择器来实现逻辑函数时,我们所要做的工作是:选择控制变量即地址变量 A_i,确定加至每个数据输入端 D_i 的值(可为常量、变量、布尔函数)。下面通过例子说明具体设计方法。

[例 **3.5.2**]　用 4 选 1 数据选择器实现二变量**异或**表达式。

[解]　二变量**异或**表达式为

$$L=A_1\overline{A}_0+\overline{A}_1A_0$$

其真值表如表 3.5.2 所示。为便于比较,将 4 选 1 数据选择器的功能也列于表 3.5.2 中。在表中可看出,只要让 $D_0=\mathbf{0}$, $D_1=\mathbf{1}$, $D_2=\mathbf{1}$, $D_3=\mathbf{0}$,即可实现**异或**逻辑。其连接图如图 3.5.8 所示。

表 3.5.2 真 值 表

A_1	A_0	L	D_i
0	**0**	**0**	D_0
0	**1**	**1**	D_1
1	**0**	**1**	D_2
1	**1**	**0**	D_3

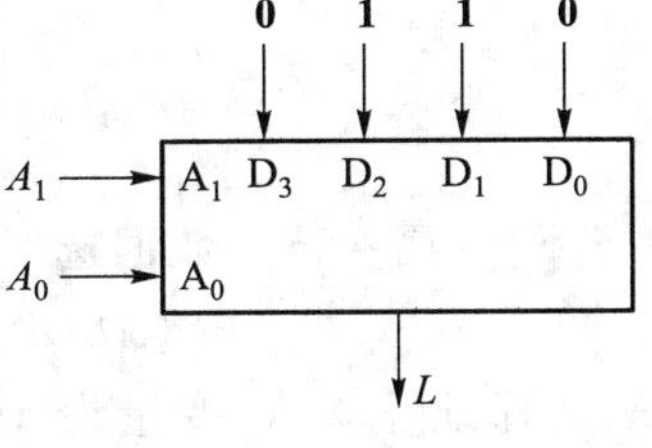

图 3.5.8 例 3.5.2 图

[例 **3.5.3**] 试用数据选择器实现下面的逻辑函数:

$$L=AB+B\overline{C}+\overline{A}\,\overline{B}\,\overline{C}+A\overline{B}C$$

[解] 由于本题要求实现一个 3 输入变量的逻辑函数,将原函数 L 写成最小项之和的形式,则有

$$L=\overline{C}\,\overline{B}\,\overline{A}+\overline{C}B\overline{A}+\overline{C}BA+C\overline{B}A+CBA=\sum m(0,2,3,5,7)$$

与 8 选 1 数据选择器的逻辑功能表达式相比较

$$Y=\sum_{i=0}^{7}m_iD_i$$

令 $CBA=A_2A_1A_0$, $L=Y$,当上式中 $D_1=D_4=D_6=\mathbf{0}$; $D_0=D_2=D_3=D_5=D_7=\mathbf{1}$ 时,即可实现 L 的逻辑函数。这种将逻辑函数式与功能电路表达式相比较的方法称为逻辑对照法,此法常用于中规模集成电路逻辑设计中。

逻辑电路连接如图 3.5.9 所示,本例选用 8 选 1 数据选择器 74LS151,将地址输入端 $A_2A_1A_0$ 接逻辑变量 CBA,数据端 D_1、D_4、D_6 接低电平 **0**, D_0、D_2、D_3、D_5、D_7 接高电平 **1**,数据选择器输出就实现了命题要求的逻辑函数 L。

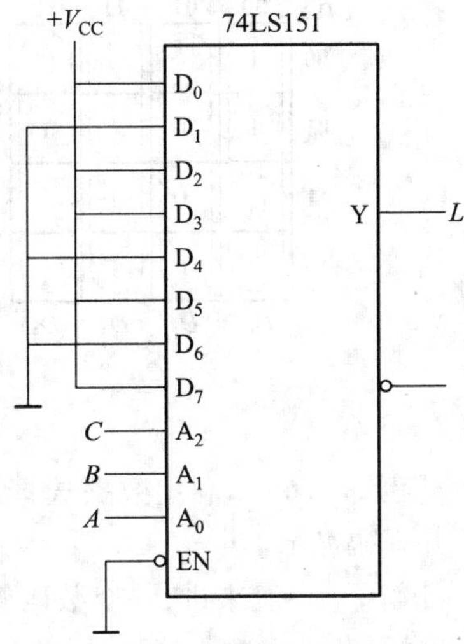

图 3.5.9 例 3.5.3 的逻辑电路图

(2) 卡诺图法

此法比较直观、简便,其具体方法是:首先选定地址变量,然后在卡诺图上确定地址变量控制范围,即输入数据区,最后由数据区确定每一数据输入端的连接。

[例 **3.5.4**] 用数据选择器实现三变量多数表决器。

[解] 由真值表得卡诺图如图 3.5.10 所示。选定 A_2A_1 为地址变量,在控制范围内求得 D_i,即: $D_0=\mathbf{0}$, $D_1=A_0$, $D_2=A_0$, $D_3=\mathbf{1}$。结果与代数法所得结果相同。

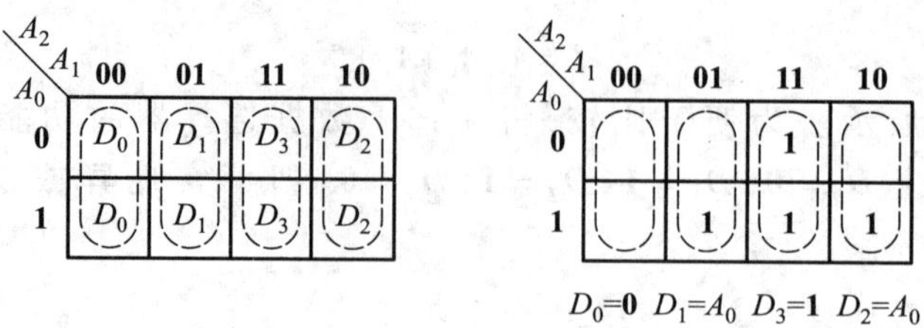

图 3.5.10 用卡诺图确定例 3.5.4D_i 端

［例 **3.5.5**］ 用4选1数据选择器实现如下逻辑函数：

$$F(ABCD)=\sum(0,1,5,6,7,9,10,14,15)$$

［解］ 选择地址 A_1A_0 变量为 AB，则变量 CD 将反映在数据输入端，如图 3.5.11 所示。

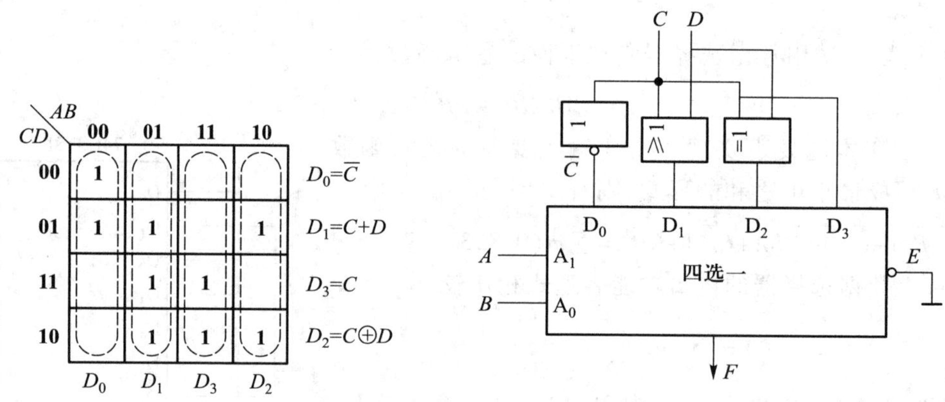

图 3.5.11 用卡诺图设计例 3.5.5

［例 **3.5.6**］ 利用数据选择器实现分时传输。要求用数据选择器分时传送四位 8421BCD 码，并译码显示。

［解］ 一般来讲，一个数码管需要一个七段译码显示器。我们利用数据选择器组成动态显示，这样，若干个数码管可共用一片七段译码显示器。

用四片 4 选 1，4 位 8421BCD 连接如下：个位全送至数据选择器的 D_0 位，十位送 D_1，百位送 D_2，千位送 D_3。当地址码为 **00** 时，数据选择器传送的是 8421BCD 的个位。当地址码为 **01**、**10**、**11** 时分别传送十位、百位、千位。经译码后就分别得到个位、十位、百位、千位的七段码。哪一个数码管亮，受地址码经 2 线-4 线译码器的输出控制。当 $A_1A_0=\mathbf{00}$ 时，$\overline{Y}_0=\mathbf{0}$，则个位数码管亮。其他依次类推为十位、百位、千位数码管亮。逻辑图如图 3.5.12 所示。

如当 $A_1A_0=\mathbf{00}$ 时，$DCBA=\mathbf{1001}$，译码器 $\overline{Y}_0=\mathbf{0}$，则个位显示 9。同理，当 $A_1A_0=\mathbf{01}$ 时，$DCBA=\mathbf{0111}$，$\overline{Y}_1=\mathbf{0}$，十位显示 7。$A_1A_0=\mathbf{10}$ 时，$DCBA=\mathbf{0000}$，$\overline{Y}_2=\mathbf{0}$，百位显示 0。$A_1A_0=\mathbf{11}$

时，$DCBA = \mathbf{0011}$，$\overline{Y}_3 = \mathbf{0}$，千位显示 3。只要地址变量变化周期大于 25 次/秒，人的眼睛就无明显闪烁感。

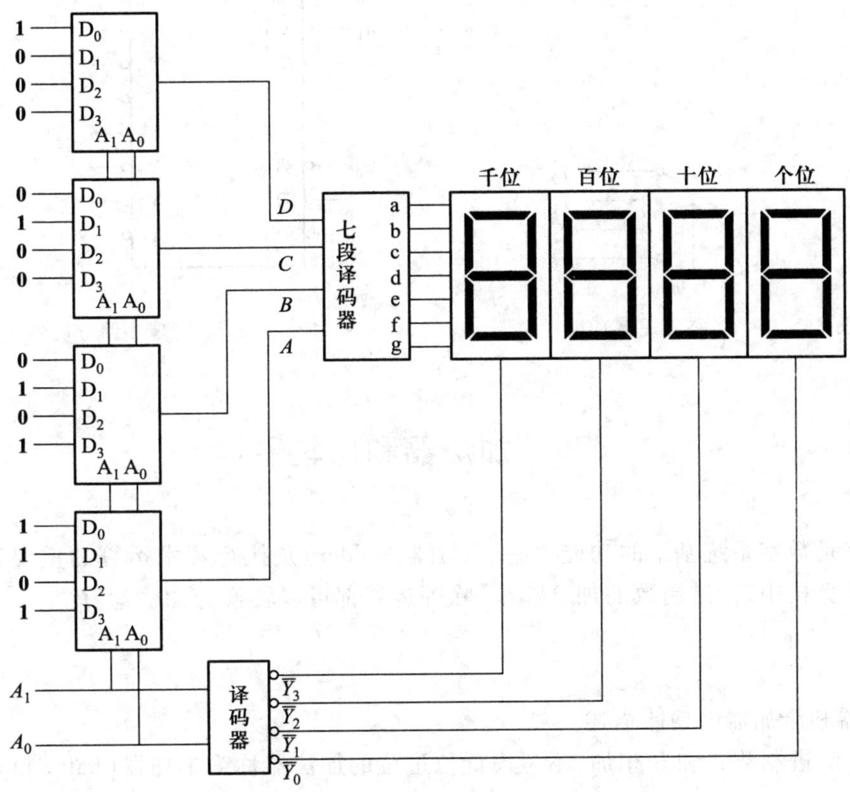

图 3.5.12　用数据选择器分时传输组成动态译码

3.5.2　多路分配器

与多路选择器相反，多路分配器（demultiplexer，DMUX），也称数据分配器，是将一条通道上的数字信号分时送到不同的数据通道上，图 3.5.13 为多路分配器功能示意图，其中，A_1A_0 数据分配地址选择输入。

多路分配器可以用译码器来实现，由译码器实现多路分配器功能时，通常将译码器的译码输入作为分配器的地址选择输入，将译码器的其中一个使能端作为一路数据输入端。图 3.5.14 是用 3 线-8 线译码器 74LS138 构成的 8 线输出多路分配器，图中将一路的数据输入 D_0 由控制输入 ST_A 输入，ST_B 和 ST_C 端接低电平，把译码输入端 $A_2A_1A_0$ 作为数据分配地址 $A_2A_1A_0$ 输入。$A_2A_1A_0$ 的不同组合，输入数据 D_0 被分配到了$\overline{Y_0} \sim \overline{Y_7}$相应的反码输出端。比如，$A_2A_1A_0 = \mathbf{000}$ 时，

由 Y_0 反码输出数据。

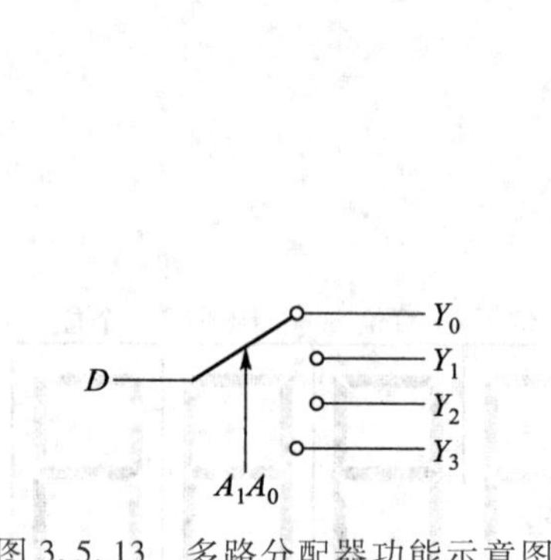

图 3.5.13 多路分配器功能示意图

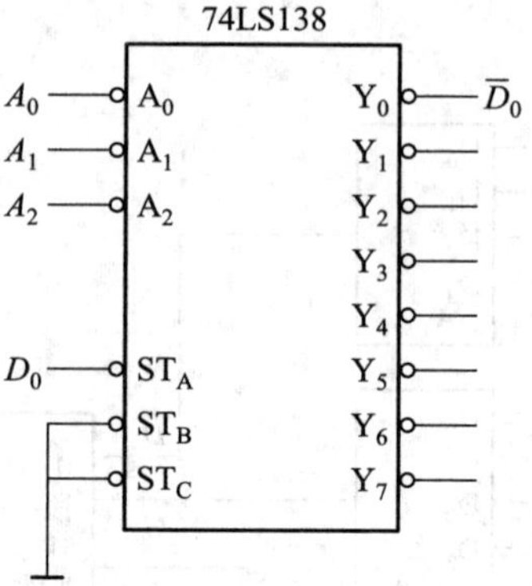

图 3.5.14 74LS138 实现多路分配器

3.6 加法器和比较器

数字运算是数字系统基本的功能之一，加法器(adder)是执行算术运算的重要逻辑部件，在数字系统和计算机中，二进制数的加、减、乘、除等运算都可以转换为加法运算。

3.6.1 加法器

1. 半加器和全加器的功能描述

两个 1 位二进制数 A 和 B 相加，不考虑低位进位的加法器称为半加器(half adder，HA)，符号图见图 3.6.1(a)，S 表示和(sum)，C_O 表示进位(carry)。其真值表如表 3.6.1 所示，由表可以直接写出 S 和 C_O 函数式为

$$\begin{aligned} S &= A \oplus B \\ C_O &= AB \end{aligned} \tag{3.6.1}$$

两个 1 位二进制数 A、B 相加时，考虑到相邻低位的进位 C_I 的加法器称为全加器(full adder，FA)，全加器符号如图 3.6.1(b)所示。表 3.6.2 是全加器的真值表。由表可写出 S 和 C_O 的逻辑表达式，并整理如下

$$\begin{aligned} S &= \overline{A}\,\overline{B}C_I + \overline{A}B\,\overline{C_I} + A\overline{B}\,\overline{C_I} + ABC_I \\ &= A \oplus B \oplus C_I \\ C_O &= \overline{A}BC_I + A\overline{B}C_I + AB\overline{C_I} + ABC_I \\ &= (A \oplus B)C_I + AB \end{aligned} \tag{3.6.2}$$

表 3.6.1　半加器真值表

输　入		输　出	
A	B	S	C_O
0	0	0	0
0	1	1	0
1	0	1	0
1	1	0	1

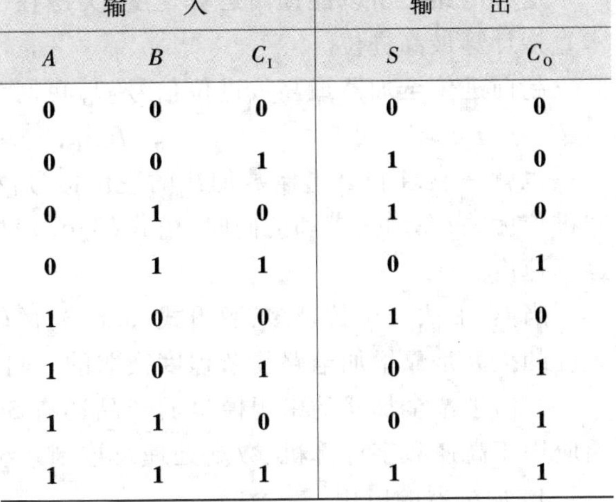

表 3.6.2　全加器真值表

输　入			输　出	
A	B	C_I	S	C_O
0	0	0	0	0
0	0	1	1	0
0	1	0	1	0
0	1	1	0	1
1	0	0	1	0
1	0	1	0	1
1	1	0	0	1
1	1	1	1	1

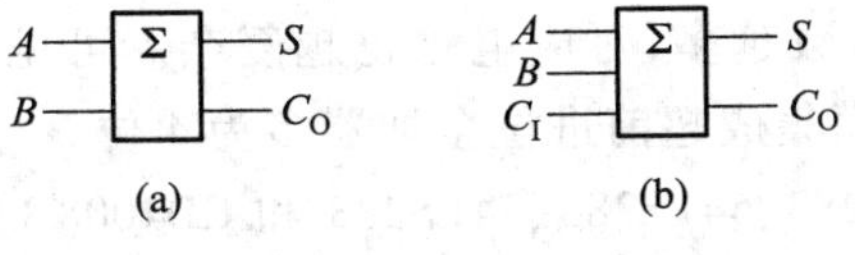

图 3.6.1　1 位二进制加法器符号
（a）半加器符号图　（b）全加器符号图

将 n 个全加器级联，将低位进位输出端接到相邻高位的进位输入端，可实现两个 n 位二进制数相加的电路。如图 3.6.2 所示，$S_{n-1}S_{n-2}\cdots S_1S_0$ 为和输出，C_{n-1} 为进位输出，可用于进一步扩展。

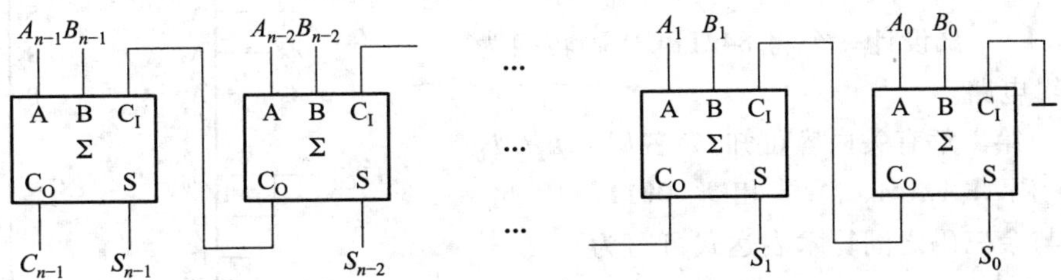

图 3.6.2　串行进位加法器逻辑电路

图 3.6.2 中电路高位相加的结果只有等到低位进位产生后才能建立起来，因此，把这种结构的电路称为串行进位加法器或行波加法器。

串行进位加法器的缺点是运算速度慢，执行一次 n 位数相加的加法运算，需要经过 n 级全加器的传输延迟，才能得到稳定可靠的运算结果。但它具有电路结构简单的优点，在运算速度要求不高的场合仍得到应用。

2. 超前进位全加器

为了提高运算速度，通常使用超前进位全加器。图 3.6.3 为中规模 4 位二进制超前进位全加器 74LS283 的符号图。其中 $A_0 \sim A_3$、$B_0 \sim B_3$ 分别为 4 位加数和被加数输入端，$S_0 \sim S_3$ 为 4 位和输出端，C_I 为进

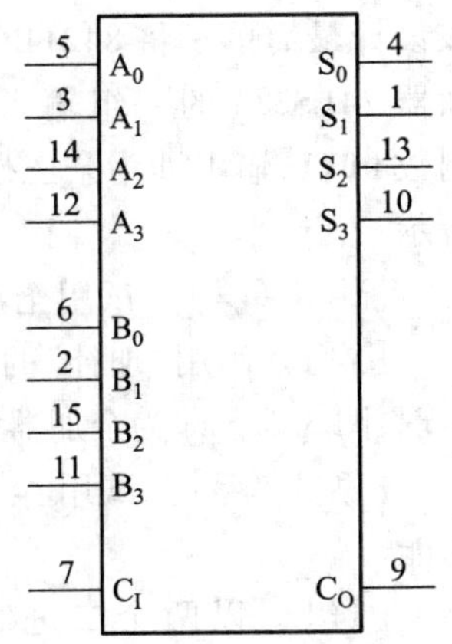

图 3.6.3　74LS283 的符号图

位输入端，C_O 为进位输出端。

这种电路之所以能提高运算速度，关键在于进位信号不再是逐级传递，而是采用超前进位技术直接计算最高进位。

超前进位全加器最高位进位信号 C_O 可写为如下表达式

$$C_O = f(A_0, \cdots, A_3, B_0, \cdots, B_3, C_I) \tag{3.6.3}$$

也就是说，4 位二进制数加法的进位信号仅由加数、被加数和最低位进位信号 C_I 决定，与中间进位无关，在加法求和的同时，由式(3.6.3)构成的电路也同时进行 C_O 的运算，有效地提高了运算速度。

当然，加法器位数越多，逻辑式(3.6.3)的输入变量数越多，对应电路也越复杂。可见，运算速度的提高是靠增加电路复杂程度换取的。目前中规模集成超前进位全加器多为 4 位。

超前进位全加器的中规模集成产品还有 54283、74283、54LS283、74LS283 和 CD4008B 等，广泛应用于高速数字计算机、数据处理及控制系统中。

3. 加法器的应用

加法器除可构成加法运算电路外，还可构成减法器、乘法器和除法器等多种运算电路。这里不再一一讲述。在逻辑设计中，加法器的作用有限，但要实现输出恰好等于输入代码加上某一常数或某一组代码时，用加法器往往得到非常简单的设计结果。

[**例 3.6.1**] 试设计一个将 8421BCD 码转换为余三码的逻辑电路。

[解] 由第 1 章有关内容可知，余三码 $L_3L_2L_1L_0$ 与 8421BCD 码 $A_3A_2A_1A_0$ 总是相差 **0011**。因此，8421BCD 码与余三码之间算术表达式可写为

$$L_3L_2L_1L_0 = A_3A_2A_1A_0 + \mathbf{0011}$$

由于输出与输入仅差一个常数，用加法器实现该设计最简单。将 8421BCD 码连接到 4 位二进制全加器 74LS283 的一组输入端，另一组输入端接二进制数 **0011**，输出即为余三码。画逻辑电路如图 3.6.4 所示。

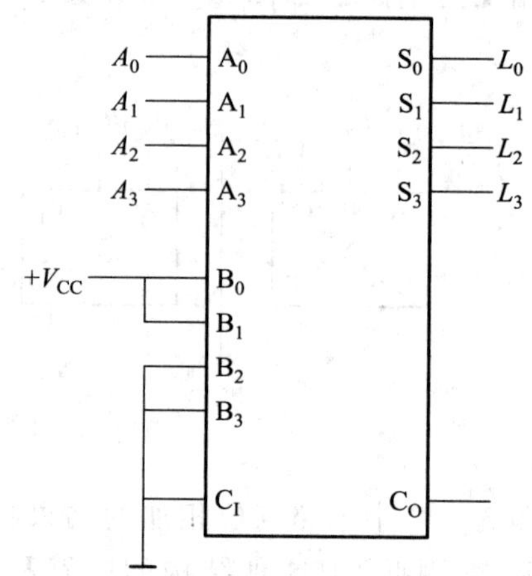

图 3.6.4　例 3.6.1 的电路逻辑图

[**例 3.6.2**] 试用全加器构成二进制减法器。

[解] 利用“加补”的概念，即可将减法用加法来实现，图 3.6.5 即为全加器完成减法功能的电路。

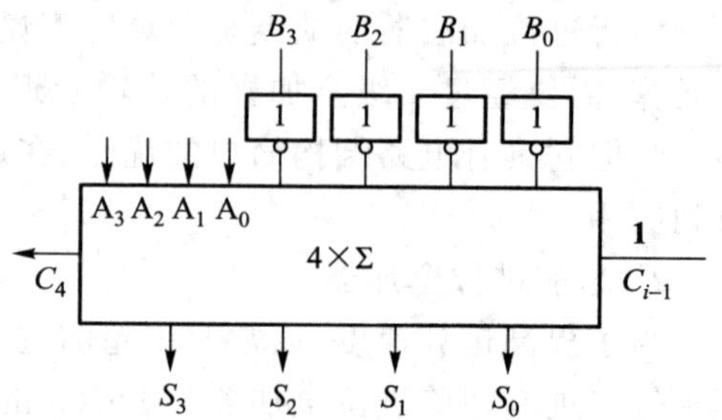

图 3.6.5　全加器实现二进制减法电路

[**例 3.6.3**] 试用全加器完成二进制的乘法功能。

[解] 以两个二进制数相乘为例。乘法算式如下：

$A = A_1A_0 \qquad B = B_1B_0$

$P = (A_1A_0) \times (B_1B_0)$

$$
\begin{array}{rrrr}
 & & A_1 & A_0 \\
\times & & B_1 & B_0 \\
\hline
 & & A_1B_0 & A_0B_0 \\
+ & A_1B_1 & A_0B_1 & \\
\hline
P_3 & P_2 & P_1 & P_0
\end{array}
$$

$P_0 = A_0B_0$

$P_1 = A_1B_0 + A_0B_1$

$P_2 = A_1B_1 + C_1$

C_1 为 $A_1B_0+A_0B_1$ 的进位位，$P_3 = C_2$，C_2 为 $A_1B_1+C_1$ 的进位位，按上述 P_0、P_1、P_2、P_3 的关系可构成图 3.6.6。

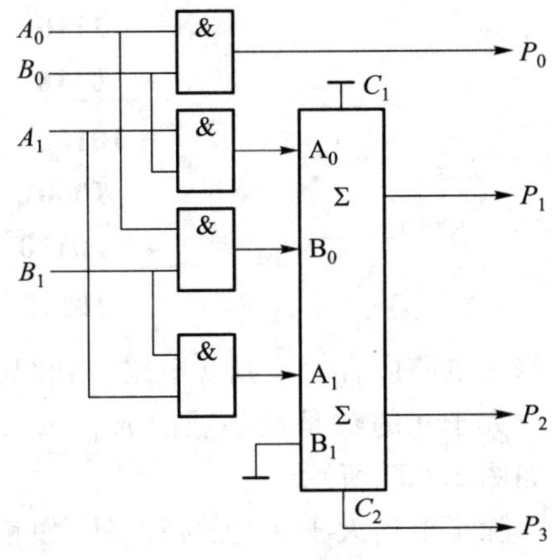

图 3.6.6　利用全加器实现二进制的乘法运算

［例 **3.6.4**］　试用 4 位全加器构成一位 8421BCD 码的加法电路。

［解］　两个 8421BCD 码相加，其和仍应为 8421BCD 码，如不是 8421BCD 码则结果错误。如

$$
\begin{array}{r} 4 \\ +\ \ 3 \\ \hline 7 \end{array} \quad \rightarrow \quad \begin{array}{r} \mathbf{0100} \\ +\ \ \mathbf{0011} \\ \hline \mathbf{0111} \end{array}
$$

(**0111**)是 8421BCD 码的 7，结果正确。

$$
\begin{array}{r} 8 \\ +\ \ 6 \\ \hline 14 \end{array} \quad \rightarrow \quad \begin{array}{r} \mathbf{1000} \\ +\ \ \mathbf{0110} \\ \hline \mathbf{1110} \end{array}
$$

(**1110**)不是 8421BCD 码，结果错误。

$$
\begin{array}{r} 8 \\ +\ \ 9 \\ \hline 17 \end{array} \quad \rightarrow \quad \begin{array}{r} \mathbf{1000} \\ +\ \ \mathbf{1001} \\ \hline \mathbf{10001} \end{array}
$$

(**10001**)不是 8421BCD 码，结果错误。

产生错误的原因是 8421BCD 码为十进制，逢十进一，而四位二进制是逢十六进一，二者进位关系不同，当和数大于 9 时，8421BCD 应产生进位，而十六进制还不可能产生进位。为此，应对结果进行修正。当运算结果小于等于 9 时，不需修正或加 **0**，但当结果大于 9 时，应修正让其产生一个进位，加 **0110** 即可。如上述后两种情况：

$$\begin{array}{r} 1110 \\ +\ 0110 \\ \hline 10100 \end{array}$$ 两位 8421BCD 码，正好是 14

$$\begin{array}{r} 10001 \\ +\ 0110 \\ \hline 10111 \end{array}$$ 两位 8421BCD 码，正好是 17

故修正电路应含一个判 9 电路，当和数大于 9 时对结果加 **0110**，小于等于 9 时加 **0000**。

大于 9 的数是最小项的 m_{10}、m_{11}、m_{12}、m_{13}、m_{14}、m_{15}，其关系如图 3.6.7 所示。

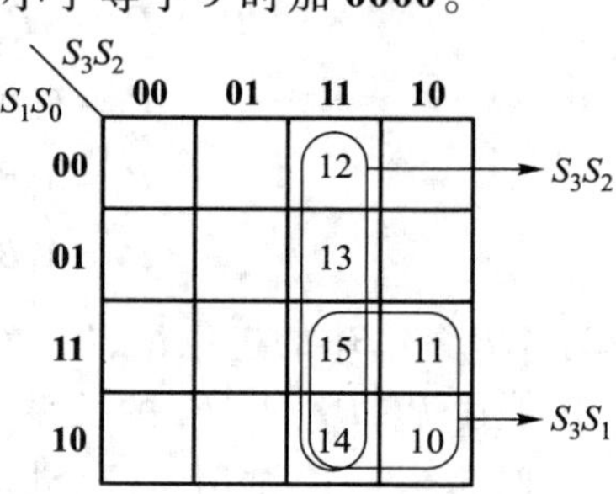

图 3.6.7 大于 9 的化简

除了上述大于 9 时的情况外，如相加结果产生了进位位，其结果必定大于 9，所以大于 9 的条件为

$$F=C_4+S_3S_2+S_3S_1=\overline{\overline{C_4}\cdot\overline{S_3S_2}\cdot\overline{S_3S_1}}$$

由此得到具有修正电路的 8421BCD 码加法电路，如图 3.6.8 所示。

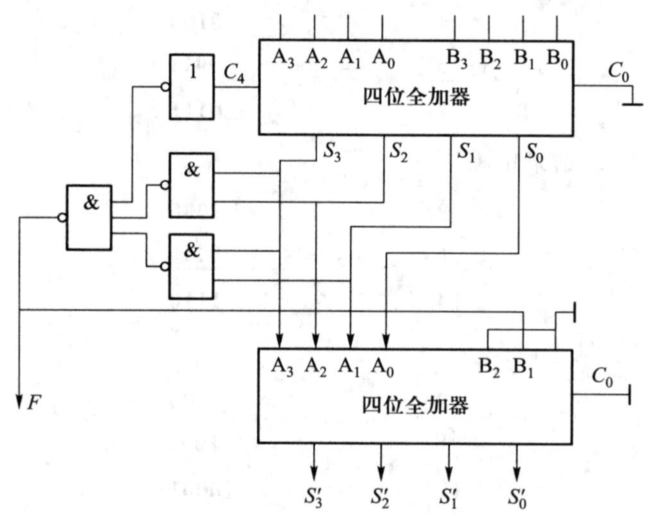

图 3.6.8 具有修正电路的 8421BCD 码加法电路

3.6.2 数值比较器

在数字系统和计算机中，经常需要比较两个数的大小或是否相等，完成这一功能的逻辑电路称为数值比较电路，相应的器件称为数值比较器（digital comparator）。为讨论方便，我们用自然二进制码相比较来说明数值比较器的工作原理。

1. 4 位数值比较器功能描述

4 位数值比较器 CC14585 的符号如图 3.6.9 所示，其中，$A_3 \sim A_0$、$B_3 \sim B_0$ 是相比较的两组 4 位二进制数的输入，$Y_{A<B}$、$Y_{A=B}$、$Y_{A>B}$ 是比较结果输出，$I_{A<B}$、$I_{A=B}$、$I_{A>B}$ 是级联输入。

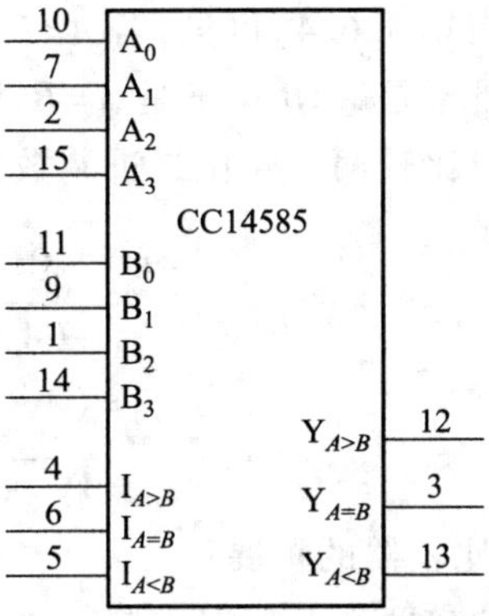

两个多位数相比较时，应该从高位到低位逐位比较。如最高位不相等，则可立即判断两个数值的大小；如果最高位相等，则需比较次高位，依此类推，直到最低位。

其逻辑功能如表 3.6.3 所示。

图 3.6.9　CC14585 的符号图

表 3.6.3　4 位数值比较器逻辑功能表

比较输入				级联输入			输出		
A_3B_3	A_2B_2	A_1B_1	A_0B_0	$I_{A<B}$	$I_{A=B}$	$I_{A>B}$	$Y_{A<B}$	$Y_{A=B}$	$Y_{A>B}$
$A_3<B_3$	×	×	×	×	×	×	**1**	**0**	**0**
$A_3=B_3$	$A_2<B_2$	×	×	×	×	×	**1**	**0**	**0**
$A_3=B_3$	$A_2=B_2$	$A_1<B_1$	×	×	×	×	**1**	**0**	**0**
$A_3=B_3$	$A_2=B_2$	$A_1=B_1$	$A_0<B_0$	×	×	×	**1**	**0**	**0**
$A_3=B_3$	$A_2=B_2$	$A_1=B_1$	$A_0=B_0$	**1**	×	×	**1**	**0**	**0**
$A_3=B_3$	$A_2=B_2$	$A_1=B_1$	$A_0=B_0$	**0**	**1**	×	**0**	**1**	**0**
$A_3=B_3$	$A_2=B_2$	$A_1=B_1$	$A_0=B_0$	**0**	**0**	**1**	**0**	**0**	**1**
$A_3>B_3$	×	×	×	×	×	**1**	**0**	**0**	**1**
$A_3=B_3$	$A_2>B_2$	×	×	×	×	**1**	**0**	**0**	**1**
$A_3=B_3$	$A_2=B_2$	$A_1>B_1$	×	×	×	**1**	**0**	**0**	**1**
$A_3=B_3$	$A_2=B_2$	$A_1=B_1$	$A_0>B_0$	×	×	**1**	**0**	**0**	**1**

4 位数值比较器输出逻辑表达式为

$$
\begin{aligned}
Y_{A<B} &= \bar{A}_3B_3+(A_3\odot B_3)\bar{A}_2B_2+(A_3\odot B_3)(A_2\odot B_2)\bar{A}_1B_1 \\
&\quad +(A_3\odot B_3)(A_2\odot B_2)(A_1\odot B_1)\bar{A}_0B_0 \\
&\quad +(A_3\odot B_3)(A_2\odot B_2)(A_1\odot B_1)(A_0\odot B_0)I_{A<B} \\
Y_{A=B} &= (A_3\odot B_3)(A_2\odot B_2)(A_1\odot B_1)(A_0\odot B_0)I_{A=B} \\
Y_{A>B} &= \overline{Y_{A<B}+Y_{A=B}+\bar{I}_{A>B}}
\end{aligned}
\tag{3.6.4}
$$

CC14585 的内部电路决定 $I_{A<B}$ 的优先级最高，$I_{A=B}$ 的优先级次之，$I_{A>B}$ 的优先级最低。由表

3.6.3 和式(3.6.4)可见,若 $A<B$,则 $Y_{A<B}=\mathbf{1}$;若 $A=B$,则由级联输入决定本级的输出;若本级比较结果既不是 $A<B$ 又不是 $A=B$,则必有 $A>B$,要使 $Y_{A>B}=\mathbf{1}$,级联输入 $I_{A>B}$应接高电平。

若只比较两个 4 位二进制数,可令扩展端 $I_{A<B}=\mathbf{0}$,$I_{A=B}=I_{A>B}=\mathbf{1}$,这时式(3.6.4)即为

$$
\begin{aligned}
Y_{A<B} &= \overline{A}_3B_3+(A_3\odot B_3)\overline{A}_2B_2+(A_3\odot B_3)(A_2\odot B_2)\overline{A}_1B_1 \\
&\quad +(A_3\odot B_3)(A_2\odot B_2)(A_1\odot B_1)\overline{A}_0B_0 \\
Y_{A=B} &= (A_3\odot B_3)(A_2\odot B_2)(A_1\odot B_1)(A_0\odot B_0) \\
Y_{A>B} &= \overline{Y_{A<B}+Y_{A=B}}
\end{aligned}
\tag{3.6.5}
$$

2. 比较器的扩展

若比较两个 8 位二进制数,可用 8 位数值比较器,也可用两片 4 位数值比较器 CC14585 接成图 3.6.10 的电路。其中低位芯片的扩展端与单片使用时接法相同,即 $I_{A<B}=\mathbf{0}$,$I_{A=B}=I_{A>B}=\mathbf{1}$,其输出 $Y_{A<B}$、$Y_{A=B}$接到高位芯片的 $I_{A<B}$、$I_{A=B}$,并使高位的比较器 $I_{A>B}=\mathbf{1}$,当高位比较器的输入信号 $A_7=B_7$、$A_6=B_6$、$A_5=B_5$、$A_4=B_4$时,输出由低位的比较器比较结果决定,因此,高位比较器 $Y_{A<B}$、$Y_{A=B}$、$Y_{A>B}$是 8 位数的比较结果。图 3.6.10 电路的连接方式称为级联方式,显然级数越多,比较速度越慢。

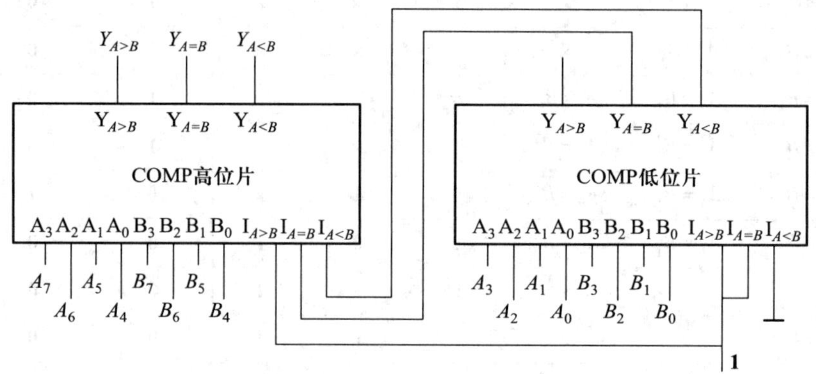

图 3.6.10 8 位二进制数比较电路连线图

若比较两个 6 位数的大小,可将 A_7、A_6、B_7、B_6 全接高电平或低电平;也可将 8 对输入端中任意两对 A_i、B_i 和 A_j、B_j 闲置不用,而不影响比较结果。

中规模集成 4 位数值比较器常用的型号还有 CD4063B、5485/7485、54S85/74S85、54LS85/74LS85;8 位数值比较器有 74LS885 等。

3. 比较器的应用

比较电路用于实现逻辑设计非常有限,不如译码电路和多路选择电路灵活方便。但在某些特殊情况下(如需要与二进制数码比较)却特别简单,可以大大简化电路设计。

下面将上述几种常用功能电路作一小结:

① 常用功能电路不论内部结构如何,都具有特定的逻辑功能,这些功能电路已制成各种中

规模集成器件。

② 常用功能电路的逻辑功能可用符号图、逻辑功能表、逻辑函数表达式及 VHDL 语言描述。集成器件手册通常给出常用中规模集成电路的引脚图、逻辑功能表。要通过逻辑功能表了解器件的逻辑功能,必要时可以进一步查阅逻辑函数式和内部电路图。

③ 使用器件时,须注意控制端的作用和连接。在正常工作时,一定要使器件处于选通状态。在需要器件扩展时,要充分利用控制端。

④ 需注意的是,相同功能的电路其控制端电平可有所不同;其输入和输出的有效电平可以不同;未被选通时输出端的状态可有所不同。

3.7 基于 MSI 组合逻辑电路的分析

前面几个小节介绍了几种不同功能的中规模组合集成器件,主要给出了 MSI 的符号和功能表,基本可以说明 MSI 器件的逻辑功能。集成器件手册通常给出 MSI 的功能描述、引脚图、功能表、MSI 内部电路图、电气特性和物理尺寸等更为详细的信息。必要时可以进一步查阅器件数据手册掌握器件各个细节。

使用 MSI 器件时,特别要注意控制端的作用和连接。要使 MSI 正常工作时,一定保证器件的控制端全部有效。在器件扩展时,要充分利用控制端。另外,需要注意的是,同一功能的 MSI 器件(如 MUX),不同型号的 MSI,其控制端多少及有效电平可能有所不同;控制信号使器件禁止工作时,其输出端的状态也可能有所不同。

在设计复杂的电路中,往往使用 MSI 器件使电路简化,本节和下一节介绍基于 MSI 组合逻辑电路的分析和设计。由于 MSI 器件的多样性和复杂性,前面介绍的门级电路的分析和设计方法显然已无能为力。基于 MSI 的电路分析和设计,需要非常熟练地掌握各种 MSI 器件的功能和使用方法。对于电路包含多个 MSI 的较为复杂的电路,本节提出功能块级的电路分析,即将复杂电路按功能块进行划分,逐块分析其电路功能,最后总结出整个电路的功能。

3.7.1 分析步骤

图 3.7.1 给出了基于 MSI 的组合逻辑电路的分析流程。下面对每一过程进行详细说明。

(1) 划分功能块

首先根据电路的复杂程度和器件类型,视情形将电路划分为一个或多个逻辑功能块。功能块内部,可以是单片或多片 MSI 芯片构成的组合电路。分成几个功能块和怎样划分功能块,这取决于对常用功能电路的熟悉程度和经验。画出功能块电路框图有助于进一步的分析。

图 3.7.1 基于 MSI 的组合逻辑电路分析流程图

（2）分析各功能块的逻辑功能

利用前面学过的常用功能电路的知识，分析各功能块逻辑功能。如有必要，可写出每个功能块的逻辑函数式或逻辑功能表。

（3）分析整个逻辑电路的功能

在对各功能块电路分析的基础上，最后对整个电路进行整体功能的分析。如有必要，可以写出输入与输出的逻辑函数表达式或功能表。

当然，如果电路仅包含一个 MSI 器件，就不必分块，直接分析即可。

3.7.2 分析举例

［例 **3.7.1**］ 如图 3.7.2 是由双 4 选 1 数据选择器 74LS153 与若干个门组成的电路，试分析输出 Z 与输入 X_3、X_2、X_1 和 X_0 之间的逻辑关系。

［解］ 本题的逻辑电路比较简单，只包含一个 MSI 器件，直接分析电路的功能。

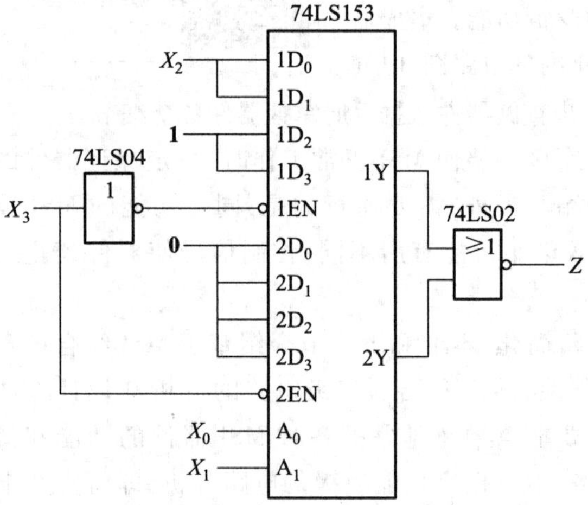

图 3.7.2 例 3.7.1 电路图

表 3.7.1 例 3.7.1 功能表

X_3	X_2	X_1	X_0	Z
0	×	×	×	**1**
1	**0**	**0**	**0**	**1**
1	**0**	**0**	**1**	**1**
1	**0**	**1**	**0**	**0**
1	**0**	**1**	**1**	**0**
1	**1**	**0**	**0**	**0**
1	**1**	**0**	**1**	**0**
1	**1**	**1**	**0**	**0**
1	**1**	**1**	**1**	**0**

通过查 74LS153 的功能表可知，74LS153 是双 4 选 1 的数据选择器，使能端无效时，74LS153 的输出 Y 是逻辑 **0**。当 $X_3=\mathbf{0}$ 时，数据选择器 2 被使能，数据选择器 1 被禁止，数据选择器 2 的 4 个数据端全为逻辑 **0**，因此，$Z=\overline{1Y+2Y}=\mathbf{1}$；当 $X_3=\mathbf{1}$ 时，数据选择器 2 被禁止，数据选择器 1 被使能，由数据选择器 1 的 4 个数据端输入情况，可列整体电路功能如表 3.7.1 所示。

分析可知，当 $X_3X_2X_1X_0$ 为 8421BCD 码时，输出为 **1**，否则，输出为 **0**，可见本电路实现一个检测 8421BCD 码的功能电路。

［例 **3.7.2**］ 图 3.7.3 电路是由一片 4 位二进制超前进位全加器 74LS283、数值比较器 CC14585 与七段显示译码电路 74LS47 及显示块 LED 组成的电路，试分析该电路的逻辑功能。

［解］ （1）划分功能块

将电路分为三个功能块：①加法运算电路及比较器；②译码电路；③显示电路。由于本题图中各功能块逻辑功能比较明显，可以不必重画功能框图。

（2）分析各功能块的逻辑功能

① 由前可知，74LS283 是 4 位二进制加法器，输出 $S_3 \sim S_0$ 是 $A_3 \sim A_0$ 与 $B_3 \sim B_0$ 的和；当 $S_3S_2S_1S_0<\mathbf{1010}$ 时，比较电路输出 $Y_{A<B}=\mathbf{1}$。

② 74LS47 是 BCD-七段译码器，输出低电平有效，可以直接驱动七段共阳数码管。

③ LED 数码管，可显示十进制数 0～9。电阻 R 用来限制各段通过的电流。

（3）分析整个电路的逻辑功能

由上述分析可知，该电路实现 4 位二进制加法，数码管可以显示和为 8421BCD 的相加结果，当 $S_3S_2S_1S_0>\mathbf{1001}$ 时，数码管不显示。

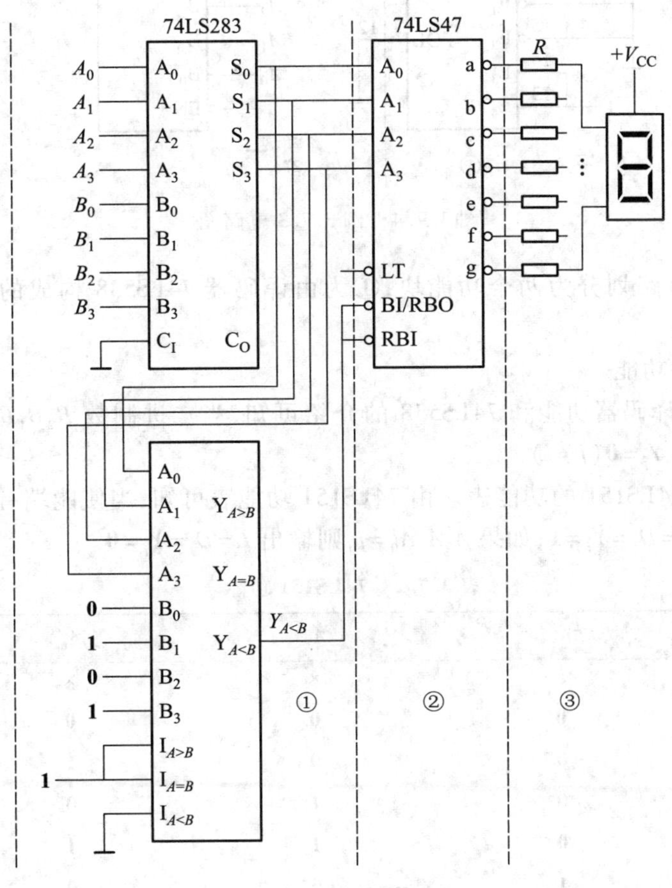

图 3.7.3　例 3.7.2 电路图

［例 3.7.3］　图 3.7.4 是由 3 线-8 线译码器 74LS538 和 8 选 1 数据选择器 74LS151 组成的电路。74LS538 的 POL 端接地表示输出为高有效，接高电平则输出与 74LS138 一样，为低电平有

效。使能端无效时，输出为高阻状态。试分析整个电路的功能。

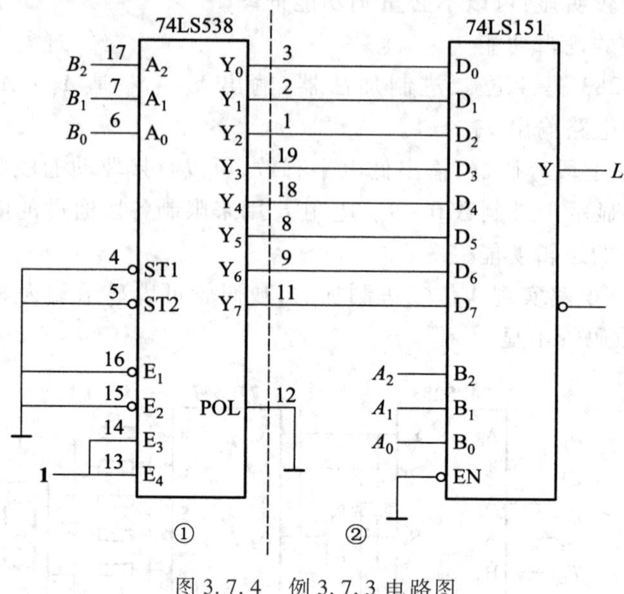

图 3.7.4　例 3.7.3 电路图

［解］（1）将电路划分为两个功能块，①为由译码器 74LS538 构成的部分；②为 74LS151 部分。

（2）分析功能块功能。

① 由 3 线-8 线译码器功能和 74LS538 的介绍可知，当二进制数 $B_2B_1B_0=i$ 时，对应的输出端 $Y_i=\mathbf{1}$，其余输出端 $Y_j=\mathbf{0}(j\neq i)$。

② 表 3.7.2 为 74LS151 的功能表。由 74LS151 功能表可知，当使能端有效时，如果 $A_2A_1A_0=B_2B_1B_0=i$ 时，输出 $L=D_i=Y_i=\mathbf{1}$；如果 $A_2A_1A_0=j$，则输出 $L=D_j=Y_j=\mathbf{0}$。

表 3.7.2　74LS151 功能表

$\overline{EN}$	A_2	A_1	A_0	Y
1	×	×	×	**0**
0	**0**	**0**	**0**	D_0
0	**0**	**0**	**1**	D_1
0	**0**	**1**	**0**	D_2
0	**0**	**1**	**1**	D_3
0	**1**	**0**	**0**	D_4
0	**1**	**0**	**1**	D_5
0	**1**	**1**	**0**	D_6
0	**1**	**1**	**1**	D_7

(3) 整个电路的功能关系。

由以上分析可见,只有当 $B_2B_1B_0=A_2A_1A_0=i$ 时,$L=D_i=Y_i=\mathbf{1}$。若 $A_2A_1A_0=j$ 不等于 $B_2B_1B_0$ 时,则 $L=D_j=Y_j=\mathbf{0}$。

此电路完成两个 3 位二进制数的比较功能,当 $B_2B_1B_0=A_2A_1A_0$,输出 $L=\mathbf{1}$,否则 $L=\mathbf{0}$。

3.8 基于 MSI 组合逻辑电路的设计

中规模集成器件因具有体积小、功耗低、速度高及抗干扰能力强等一系列优点而得到了广泛的应用。在较复杂的数字逻辑电路设计中,以常用中规模集成器件取代门级组合电路设计中的基本单元,可以使设计过程大为简化,设计的电路工作更加可靠。这种基于 MSI 功能块级的组合逻辑电路的设计方法已成为工程技术人员必须掌握的一种非常重要的基本技能。

3.8.1 设计步骤

由于 MSI 功能电路的设计灵活多样,根据设计者的经验和思维方式而有所不同,因此,没有固定方法可言,图 3.8.1 所示的设计流程仅供参考。

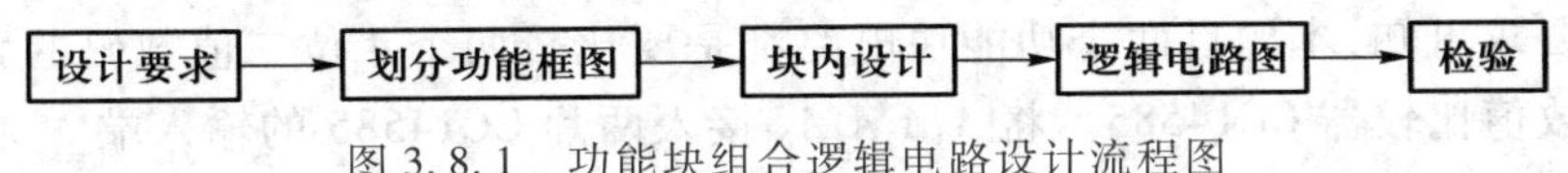

图 3.8.1 功能块组合逻辑电路设计流程图

(1) 划分功能框图

首先根据逻辑问题确定输入输出逻辑变量并赋予逻辑值,然后视设计要求将总体逻辑设计分为若干子功能,每一子功能由一个功能块电路来实现。

(2) 设计功能块电路

选择常用的中小规模集成芯片,设计各功能块内部的逻辑电路或编写 VHDL 程序。

由于同一个 MSI 芯片可实现不同的逻辑功能,而一个功能块电路又可用不同的芯片实现,因此,不同的功能块划分和不同的 MSI 芯片选择,获得的逻辑设计繁简程度将有所不同。用 VHDL 编制的程序,也会因人而异。

不同器件都各具特点,如译码电路除具有译码功能外,还可实现多输出逻辑功能以及作为多路分配器使用;多路选择器可实现单输出逻辑功能电路等;加法器和比较器在逻辑设计方面应用有限,但在某些情况下可使设计最为简单。精心地设计每个功能块电路及编写每段程序,将使整体电路设计简洁、逻辑清晰。

(3) 画出整个逻辑电路图

各功能块内部电路设计完成后,将各块逻辑电路相互连接,画出整个逻辑电路图或编写 VHDL 程序。

（4）验证逻辑设计

由于功能块设计逻辑电路方法的灵活性和复杂性，完成设计后还必须仔细验证逻辑设计是否满足设计要求。如用计算机辅助设计，还可进行计算机模拟和仿真，及早地发现并改正设计中出现的逻辑错误。

3.8.2 设计举例

下面举例说明功能块逻辑电路设计的过程。

［例 **3.8.1**］ 试设计一个检测 8421BCD 码并将其进行四舍五入的电路。

［解］ （1）划分功能框图。

根据题目要求，将逻辑问题划分为两个功能块电路，一块的功能是检测 BCD 码，输出是 L_1；另一块的功能是进行四舍五入，输出是 L_2。功能框图如图 3.8.2 所示。将 4 位 8421BCD 码 $A_3A_2A_1A_0$ 作为输入，当 $A_3A_2A_1A_0 \leqslant \mathbf{1001}$ 时，BCD 码检测输出 $L_1=\mathbf{0}$；当$A_3A_2A_1A_0>\mathbf{1001}$ 时，$L_1=\mathbf{1}$。又当 $A_3A_2A_1A_0 \leqslant \mathbf{0100}$ 时，四舍五入输出 $L_2=\mathbf{0}$；当 $A_3A_2A_1A_0>\mathbf{0100}$ 时，$L_2=\mathbf{1}$。

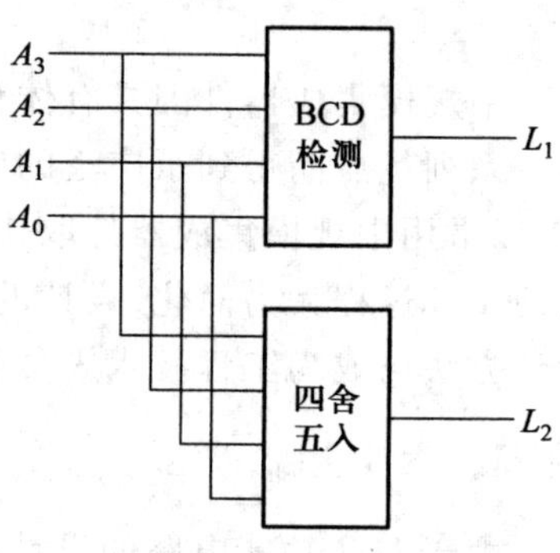

图 3.8.2 例 3.8.1 的功能框图

（2）设计功能块内部电路。

分析设计要求可知，本题目两个功能块电路都是要比较两个 4 位二值数码的大小，故可以选用中规模 4 位数值比较器 CC14585。将 $A_3A_2A_1A_0$ 接入两片 CC14585 的输入端 $\mathrm{A_3A_2A_1A_0}$，另一组输入端 $\mathrm{B_3B_2B_1B_0}$ 分别接 **1001** 和 **0100**；将比较器Ⅰ的输出端 $\mathrm{Y}_{A>B}$作为 BCD 码检测输出端 L_1；比较器Ⅱ的输出端 $\mathrm{Y}_{A>B}$作为四舍五入输出端 L_2，即可实现设计要求。

（3）画出逻辑电路图如图 3.8.3 所示。

（4）对图 3.8.3 再进行分析，显然可以满足命题要求。

本例也可用中规模加法器实现，加法器用作比较功能的电路如图 3.8.4 所示。工作原理请读者自行分析。

例 3.8.1 的逻辑功能用 MUX 也可实现，但不如选用比较器实现电路方便。

［例 **3.8.2**］ 试用 4 个全加器和少量的门电路设计一个 4 位二进制加减法（$A_3A_2A_1A_0-B_3B_2B_1B_0$）或（$A_3A_2A_1A_0+B_3B_2B_1B_0$）逻辑电路。

［解］ 二进制加法可由 4 个全加器级联直接完成，二进制减法可转换为补码相加实现，即 $X-Y=[X]_{补}+[-Y]_{补}$。

（1）划分功能框图。

了解了数字系统补码的概念后，对本例的命题需要分两块进行设计，其中一块是求 Y 的补码，另一块进行加法运算。

（2）设计功能块内部电路。

Y 的补码是其反码加 **1**，Y 的反码可以用**异或**门实现（$\mathbf{1}\oplus A=\overline{A}$），得到反码后利用 4 位二进制

加法器实现 $X+Y$ 的反码，并使最低位进位位为 **1**。

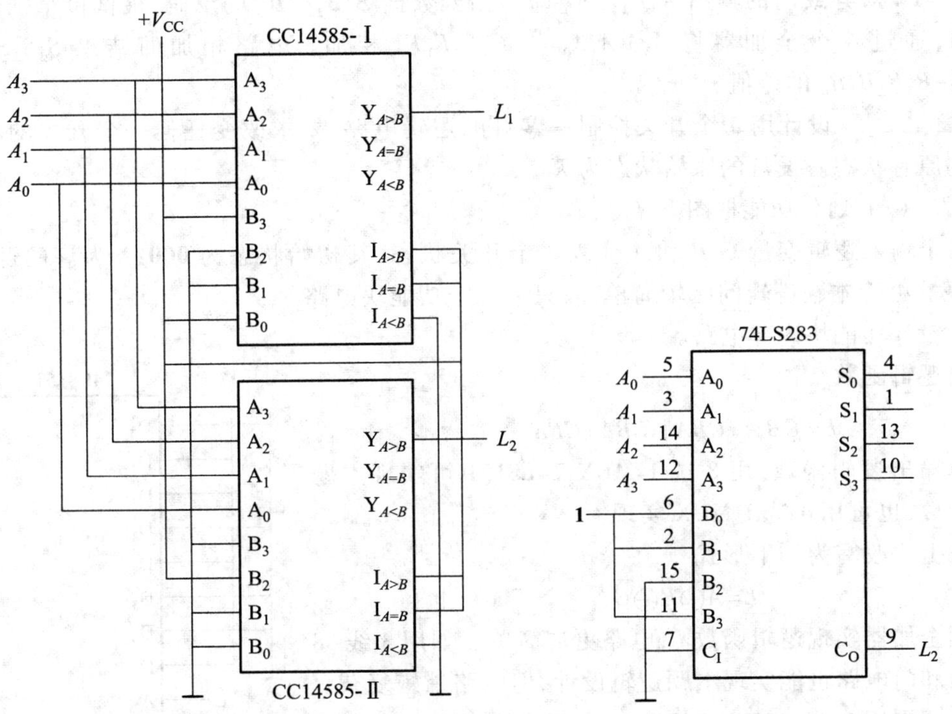

图 3.8.3　例 3.8.1 的逻辑电路图　　　图 3.8.4　用加法器实现四舍五入的电路图

（3）画出满足题目要求的电路如图 3.8.5 所示。

图 3.8.5 中**异或**门的其中一个输入端接一个控制信号 C，当 $C=\mathbf{1}$ 时，电路实现减法，而当 $C=\mathbf{0}$ 时，电路成为一个加法器。即同一个电路，控制信号 C 取值不同可以完成加法和减法操作。

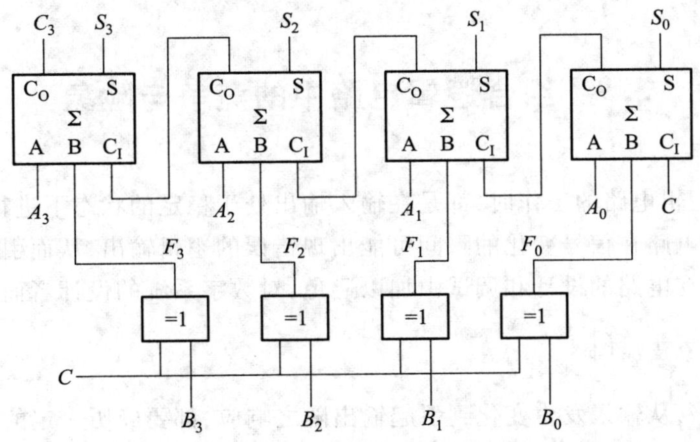

图 3.8.5　例 3.8.2 的功能块电路框图

（4）验证设计。

当 $C=\mathbf{1}$ 时，**异或**门的输出 $F_3F_2F_1F_0$ 即为输入数据 $B_3B_2B_1B_0$ 的反码，最低位全加器的低位进位为 **1**，通过 4 个全加器将 $A_3A_2A_1A_0$ 与 $F_3F_2F_1F_0$ 相加。电路相加的结果 $S_3S_2S_1S_0$ 即为 $A_3A_2A_1A_0-B_3B_2B_1B_0$ 的差值。

［例 **3.8.3**］ 设计用 3 个开关控制一盏灯的逻辑电路，要求改变任何一个开关的状态都能改变灯的原有状态。设灯的原始状态为灭。

［解］ （1）划分功能框图。

设 3 个输入逻辑变量 C、B 和 A 代表 3 个开关状态，其初始状态为 **000**；L 为灯的逻辑状态，$L=\mathbf{1}$ 灯亮。由于本题逻辑问题较简单，故只需一个功能块电路。

（2）设计功能块内部电路。

写出逻辑函数

$$L=\overline{C}\,\overline{B}A+\overline{C}B\overline{A}+C\overline{B}\,\overline{A}+CBA$$

对单输出逻辑函数，用 8 选 1 MUX 74LS151 可实现本题的逻辑函数，也可用 4 选 1 MUX 实现。

如将上式改写为如下形式

$$L=A\oplus B\oplus C$$

则用全加器实现逻辑函数 L，电路更加简单。如用 3 线–8 线译码器和门电路也能实现本题逻辑设计，但电路稍嫌复杂。

（3）画出用 8 选 1 MUX 74LS151 实现本题目的逻辑设计电路如图 3.8.6 所示。

（4）略。

本例说明，同一功能的电路可用不同的集成器件实现，合理地选择器件可使设计简化。

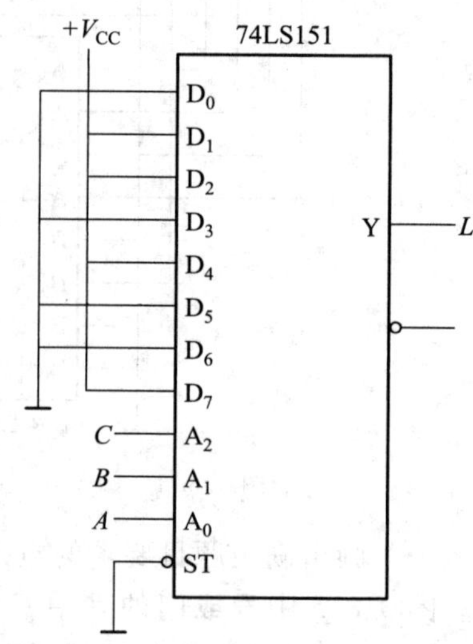

图 3.8.6　例 3.8.3 的逻辑设计电路

3.9　组合逻辑电路中的竞争与险象

前面讨论组合逻辑电路的工作时，都是在输入输出处于稳定的状态下进行的。实际上，由于电路的延迟，使逻辑电路在信号变化的瞬间可能出现错误的逻辑输出，从而引起逻辑混乱。了解这种现象的原因，并在电路的设计和调试中加以避免，对数字系统的设计者而言是非常必要的。

3.9.1　竞争冒险现象及原因

任何实际的电路，从输入发生变化到引起输出随之响应，都要经历一定的延迟时间。以最简单的**非**门为例，当输入信号 A 由 **0** 跳变到 **1** 时，经过一段延迟 t_{pd1} 后，输出 $\overline{A}$ 才由 **1** 变到 **0**，同样，当

A 从 **1** 跃变到 **0** 时，$\overline{A}$也要经过一定的延迟 t_{pd2} 才从 **0** 变为 **1**，如图 3.9.1 所示。通常这两种延迟时间并不相等，为讨论方便，这里以它们的平均值 t_{pd} 作为延迟时间。

如果把输入信号 A 及互补信号 $\overline{A}$ 都加到图 3.9.1(a)所示的**与**门电路输入端，根据逻辑代数基本定理，输出 $L=A\overline{A}$ 应该始终为 **0**，但是在 t_{pd} 时间内，出现 A 和$\overline{A}$同时为 **1** 的情况，因此，在门电路的输出端产生了瞬间为高电平的尖峰脉冲，或称为电压毛刺，如图 3.9.1(b)中波形所示。

同样，如果信号 A 和 $\overline{A}$ 都加到图 3.9.2(a)所示的**或**门电路的输入端，则输出 $L=A+\overline{A}$，应始终为 **1**。但是，在 t_{pd} 极短的时间内出现 A 和 $\overline{A}$ 同时为 **0** 的情况，在**或**门电路的输出端产生了瞬间为低电平的尖峰脉冲，如图 3.9.2(b)所示。

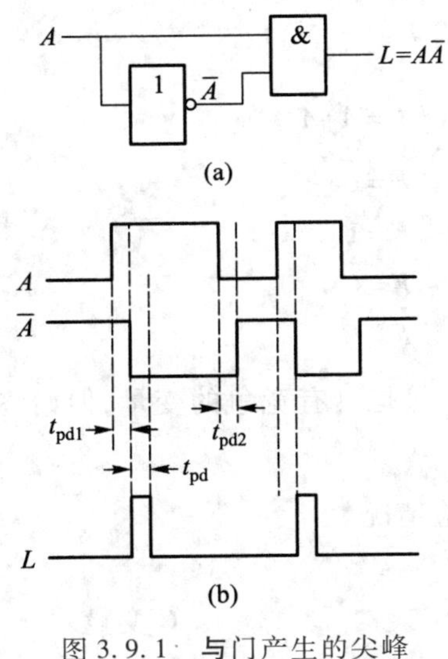

图 3.9.1　与门产生的尖峰

(a) 与门电路　(b) 尖峰波形

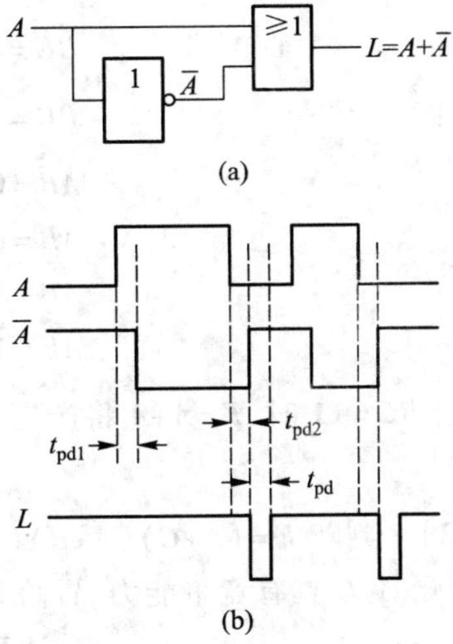

图 3.9.2　或门产生的尖峰

(a) 或门电路　(b) 尖峰波形

信号经不同路径传输到输出级的延迟时间有差异称为竞争。由于竞争可能使逻辑电路产生尖峰脉冲的现象称为冒险现象，简称为险象或冒险。应当指出，竞争并不一定都会产生险象。如图 3.9.1 **与**门电路在 t_{pd2}时差和图 3.9.2 **或**门电路在 t_{pd1} 时的延时，输出仍符合门电路稳态时的逻辑关系。

图 3.9.1(b)中的高电平险象又称为 **1** 冒险；图 3.9.2(b)中的低电平险象称为 **0** 冒险。这些冒险均违背了门电路在稳态时的逻辑关系。如果用存在险象的电路驱动对尖峰脉冲敏感的电路（如后面章节将介绍的触发器），将会引起电路的误动作。因此，在设计电路时应及早发现并消除。

3.9.2　险象的识别和消除方法

1. 险象的识别

当逻辑电路的输出表达式在一定的输入取值下可化为 $L=X\,\overline{X}$或 $L=X+\overline{X}$的形式时，则 X 发生变化时将可能引起险象。下面介绍几种常用的判别方法。

(1) 代数法

代数法是通过电路的逻辑表达式来检查电路中是否存在险象的方法。对于 n 个变量的逻辑表达式 $L=f(X_1,X_2,\cdots,X_n)$,当任选其中 $n-1$ 个输入变量之值为 **0** 或 **1**,使表达式仅为某一单变量 X 的函数,并可写为 $L=X\overline{X}$或 $L=X+\overline{X}$的形式时,可判定险象存在。

[例 3.9.1] 判断 $F=AC+\overline{A}B+\overline{A}\,\overline{C}$是否存在冒险现象。

[解] 由函数可看出变量 A 和 C 具有竞争能力,且有

$$BC=\mathbf{00}\qquad F=\overline{A}$$
$$BC=\mathbf{01}\qquad F=A$$
$$BC=\mathbf{10}\qquad F=\overline{A}$$
$$BC=\mathbf{11}\qquad F=A+\overline{A}$$
$$AB=\mathbf{00}\qquad F=\overline{C}$$
$$AB=\mathbf{01}\qquad F=\mathbf{1}$$
$$AB=\mathbf{10}\qquad F=C$$
$$AB=\mathbf{11}\qquad F=C$$

由上可看出,当 $BC=\mathbf{11}$ 时,$F=A+\overline{A}$ 将产生 **1** 冒险,C 虽然是具有竞争的变量,但始终不会产生冒险现象。

[例 3.9.2] 判断 $F=(A+C)(\overline{A}+B)(B+\overline{C})$的冒险情况。

[解] 变量 A、C 具有竞争能力,冒险判别如下:

	A 变量		C 变量
$BC=\mathbf{00}$	$F=A\overline{A}$	$AB=\mathbf{00}$	$F=C\overline{C}$
$BC=\mathbf{01}$	$F=\mathbf{0}$	$AB=\mathbf{01}$	$F=C$
$BC=\mathbf{10}$	$F=A$	$AB=\mathbf{10}$	$F=\mathbf{0}$
$BC=\mathbf{11}$	$F=\mathbf{1}$	$AB=\mathbf{11}$	$F=\mathbf{1}$

由上可看出,当 $B=C=\mathbf{0}$ 和 $A=B=\mathbf{0}$ 时将产生 **0** 冒险。

(2) 卡诺图法

用卡诺图检查电路是否存在险象比代数法更为直观和方便。具体步骤是,首先画出函数的卡诺图,然后画出函数表达式中各项所对应的圈,观察卡诺图是否存在某两个圈“相切”的现象。若存在相切的情况,则说明对应电路可能产生险象。

将上述例题用卡诺图表示出来,可看出,卡诺圈相切处将会发生冒险,如图 3.9.3 所示。$\overline{A}B$ 和 AC 两个卡诺圈相切处 $B=C=\mathbf{1}$,当 A 变化时将产生冒险,与代数法结论一致。$(A+C)$和$(\overline{A}+B)$两个卡诺圈相切处 $B=C=\mathbf{0}$,当 A 变化时将产生冒险。

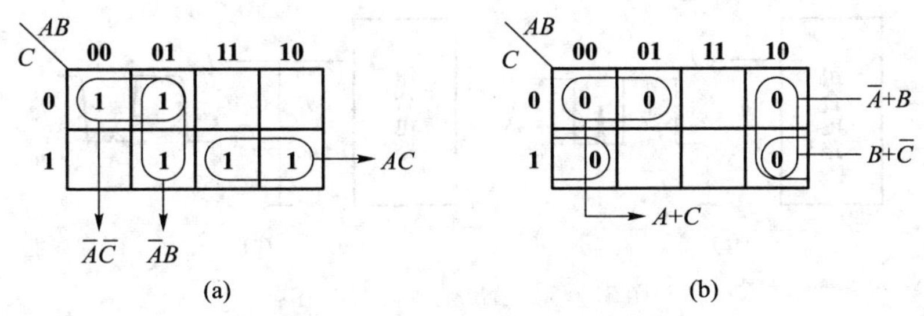

图 3.9.3　用卡诺图判别冒险

上述判断方法虽然简单,但局限性太大。实际的逻辑电路通常有多个输入变量,且多数情况下存在两个以上输入变量同时改变状态的可能性。采用计算机辅助分析的手段,可从原理上检查复杂数字电路的竞争冒险现象,目前已有成熟的软件可供使用。但由于用计算机软件模拟数字电路时,只能采用标准化的典型参数,有时还要做一定近似,所得结果与实际电路的工作状态不尽相同。因此,最终要通过实验的方法才能确定有无险象。另一种办法是,在电路的输入端上加入信号所有可能的组合状态,用逻辑分析仪或示波器捕捉输出端可能产生的险象。

2. 险象的消除

电路设计中应尽量避免人为原因造成的险象。但由于器件的多样性和电路的复杂性,使产生险象的具体原因极为复杂。下面介绍几种常用的消除险象的方法。

(1) 修改逻辑设计

用代数法改变逻辑表达式。设某电路输出的逻辑式为 $L=AB+\overline{A}C$,当 $B=C=\mathbf{1}$ 时,$L=A+\overline{A}$,A 改变状态将存在险象。若将其写为 $L=AB+\overline{A}C+BC$,则 $B=C=\mathbf{1}$ 时,无论 A 如何改变,输出始终保持 $L=\mathbf{1}$,从而消除险象。BC 是 L 的冗余项。这种修改逻辑设计的方法称为增加冗余项法。此方法适用范围是有限的。

(2) 引入选通脉冲

根据上面的分析,组合电路中的险象是由于输入信号变化存在时延而引起的,因此,可在电路中引入选通脉冲,使电路在输入信号变化瞬间,处于禁止状态。如图 3.9.4 所示,当输入信号 X 跃变时,选通脉冲 P 使电路处于禁止状态;当输入稳定后,电路在 P 作用下输出稳定结果,避免了险象。但输出信号与选通脉冲宽度相同。此方法需要电路提供同步的脉冲信号,在中、大规模集成电路中已得到广泛应用。

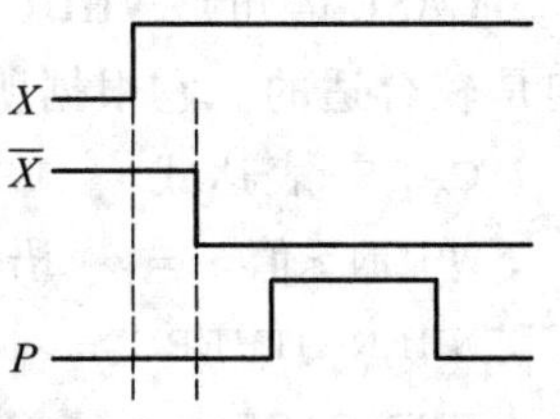

图 3.9.4　选通脉冲的作用

(3) 输出端接滤波电容

由于险象产生的尖峰脉冲一般都很窄(通常在几十纳秒以内),所以在输出端加一滤波电容 C_F,可有效地将尖峰脉冲幅度削弱至门电路的阈值电压以下。C_F 取值越大,滤波效果越好,但却会使正常输出信号前后沿变坏。在 TTL 电路中,C_F 的数值通常在几十至几百皮法范围内。图 3.9.5(a)、(b)分别是未加电容和加电容后的输出波形。

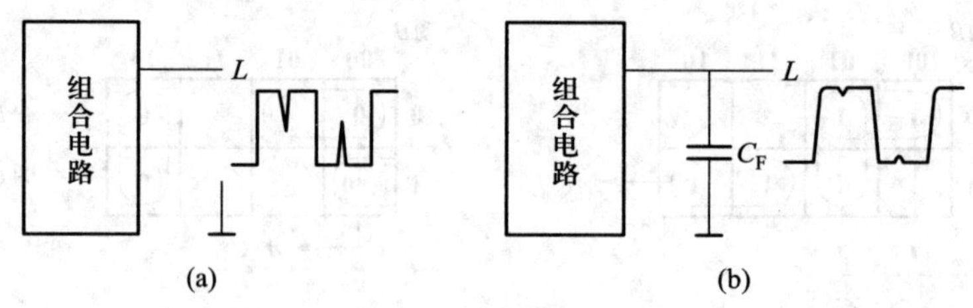

图 3.9.5　输出端接滤波电容

(a) 未加滤波电容的输出　(b) 加滤波电容后的输出

比较上述三种方法不难看出,修改逻辑设计的方法,如能运用得当,有时可收到令人满意的效果;而对引入选通脉冲的方法,必须设法得到一个与输入信号同步的选通脉冲,并对这个脉冲的宽度及作用时间均有严格要求,增加了电路的复杂性;接滤波电容的方法简单易行,但使输出波形边沿变差,因此只适用于对输出波形的前后沿无严格要求的场合。各种方法的选择视情况而定。

另外,还可采用可靠性编码(如格雷码)等方法避免险象。

3.10　VHDL 描述组合逻辑电路

3.10.1　用 VHDL 描述常用组合逻辑电路

用 VHDL 可以方便地描述常用组合逻辑功能电路,例如译码器、多路选择器和加法器等。一般用进程中的 IF、CASE、FOR、WHILE、LOOP 等语句来描述这些电路的逻辑功能。例如 3 线-8 线译码电路的 VHDL 程序可以用 CASE 语句来描述。

CASE 语句是 VHDL 提供的一种控制语句,当单个表达式的值在多个项中选择时,用这种语句是较合适的。它根据所给表达式的值,选择“=>”后面的执行语句。CASE 语句的基本形式为

```
CASE<表达式>  IS
WHEN <值> => <语句> ;
WHEN OTHERS => <语句> ;
END CASE;
```

[例 3.10.1]　3 线-8 线译码电路的 VHDL 程序

```
LIBRARY IEEE;
USE IEEE.std_logic_1164.all;
ENTITY decoder3_8 IS
  PORT
    (
```

```
    A2 , A1 , A0 , STA,STB,STC : IN STD_LOGIC;
       Y                       : OUT STD_LOGIC_VECTOR(7 DOWNTO 0)
    );
END decoder3_8;
ARCHITECTURE rt1 OF decoder3_8 IS
SIGNAL indate: STD_LOGIC_VECTOR(2 DOWNTO 0);
BEGIN
indate <= A2 & A1 & A0;
PROCESS(indate, STA,STB,STC)
BEGIN
    IF (STA='1' AND STB='0' AND STC='0') THEN
      CASE indate IS
          WHEN "000" => Y <= "11111110";
          WHEN "001" => Y <= "11111101";
          WHEN "010" => Y <= "11111011";
          WHEN "011" => Y <= "11110111";
          WHEN "100" => Y <= "11101111";
          WHEN "101" => Y <= "11011111";
          WHEN "110" => Y <= "10111111";
          WHEN "111" => Y <= "01111111";
          WHEN OTHERS => Y <= "11111111";
      END CASE;
      ELSE
          Y <= "11111111";
      END IF;
END PROCESS;
END rt1;
```

[例 3.10.2]　4 选 1 多路选择器的 VHDL 程序

```
ENTITY selsig IS
PORT
   (
   d0, d1, d2, d3 : IN BIT;
   address        : IN INTEGER RANGE 0 TO 3;
      y           : OUT BIT
   );
```

```
END selsig;
  ARCHITECTURE maxpld OF selsig IS
  BEGIN
  WITH address SELECT
    y <= d0 WHEN 0;
         d1 WHEN 1;
         d2 WHEN 2;
         d3 WHEN 3;
END maxpld;
```

[例 **3.10.3**] **8 位二进制加法器的 VHDL 程序**

```
ENTITY add IS
  PORT(a,b: IN INTEGER RANGE 0 TO 7 ;
        z : OUT INTEGER RANGE 0 TO 15 );
END add;
ARCHITECTURE arithmetic OF add IS
BEGIN
  z <= a + b ;
END arithmetic;
```

3.10.2 用 VHDL 描述一般组合逻辑电路

[例 **3.10.4**] **记录一个字节中 1 的个数的 VHDL 程序**

```
LIBRARY IEEE;
USE IEEE.std_logic_1164.all;
ENTITY proc IS
PORT
(d  : IN BIT_VECTOR (2 DOWNTO 0);
 q  : OUT INTEGER RANGE 0 TO 3);
END proc;
ARCHITECTURE maxpld OF proc IS
BEGIN
PROCESS (d)
VARIABLE num_bits : INTEGER;
BEGIN
    num_bits := 0;
    FOR i IN d'RANGE LOOP
```

```
    IF d(i) = '1' THEN
        num_bits := num_bits + 1;
    END IF;
    END LOOP;
  q <= num_bits;
END PROCESS;
END maxpld;
```

本章小结

本章讲述了组合逻辑电路的特点，介绍了门级组合电路的分析和设计方法，介绍了编码器、译码器、数据选择器、加法器和比较器等中规模集成器件及相应的功能电路。特别提出了组合逻辑电路的功能块分析方法和设计方法。最后简单介绍了组合逻辑电路中的竞争冒险现象及消除方法。

重点介绍了基于 MSI 的组合电路分析和设计。强调灵活地运用 MSI 的控制端可充分地发挥器件的应用潜力，从而设计出更多功能的组合逻辑电路。尽管 MSI 逻辑电路在结构上千差万别，但了解了 MSI 的基本功能和应用，采用功能块分析方法和设计方法，多么复杂的问题都会迎刃而解。

掌握了电路分析的一般方法，就可以识别给定电路的逻辑功能；掌握了电路设计的一般方法，就可以根据给定的逻辑要求设计出相应的逻辑电路。因此，学习本章内容时应将重点放在功能块组合电路的分析方法和设计方法上。

思考题和习题

思考题

3.1 组合逻辑电路有什么特点？

3.2 什么是编码？编码电路的作用是什么？

3.3 优先编码器有何特点？

3.4 什么是译码？译码电路的作用是什么？

3.5 在 MSI 器件中控制端有什么作用？

3.6 中规模集成译码器 74LS138，若 ST_A 引脚从根部折断，该器件是否能用？为什么？若 ST_B、ST_C 从根部折断，该器件还能用否？为什么？

3.7 用 74LS138 译码器构成 4 线-16 线译码电路，需多少块 74LS138 译码器？它们之间如何连接？

3.8 如实现 6 线-64 线译码电路，需多少块 4 线-16 线译码器？

3.9 若已有现成的 BCD-七段译码器，选用七段显示器 LED 时应注意什么？

3.10 若有共阳极 LED 数码管，应选用何种输出电平的显示译码电路？

3.11 数据选择电路的基本功能是什么？

3.12 数据分配电路的基本作用是什么？

3.13 全加器与半加器有何区别？

3.14 串行进位加法器与超前进位全加器各有什么特点？

3.15 用 MSI 设计组合逻辑电路有什么优点？

3.16 简述用译码器或 MUX 实现组合逻辑电路的不同之处。

3.17 什么叫竞争冒险？

3.18 竞争冒险产生的原因是什么？有哪两种险象？

3.19 根据什么判断简单电路中的险象存在？

3.20 常用消除竞争冒险现象的方法有哪些？

习题

3.1 图题 3.1 所示电路，当 $M=\mathbf{0}$ 时实现何种功能？当 $M=\mathbf{1}$ 时又实现何种功能？请说明其工作原理。

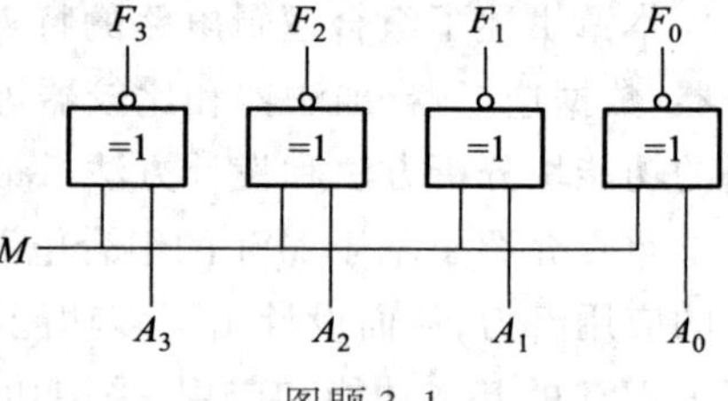

图题 3.1

3.2 图题 3.2 所示电路为多功能函数发生器，共有 16 种逻辑功能。A、B 为输入变量，$E_3E_2E_1E_0$ 为功能控制端。

（1）试写出 Y 的表达式（不需化简）；

（2）列表给出 $E_3E_2E_1E_0$ 取值为 **0000** 到 **0111** 时的电路功能（Y 的表达式）；

（3）若 OC 门输出高电平大于 3 V，且每个门漏电流 $I_{OH}=100\ \mu A$；输出低电平小于 0.3 V，且最大灌电流 $I_{OL}=8\ mA$，设输出驱动两个 TTL 门，且各 TTL 门的输入端数为 **1**，（TTL 门的高电平输入电流 $I_{IH}=20\ \mu A$，输入短路电流 $I_{IS}=0.4\ mA$），试问 R 的取值范围是多少？

3.3 设计一个代码转换器，要求将 3 位步进码转换成二进制码。编码如表题 3.3 所示。

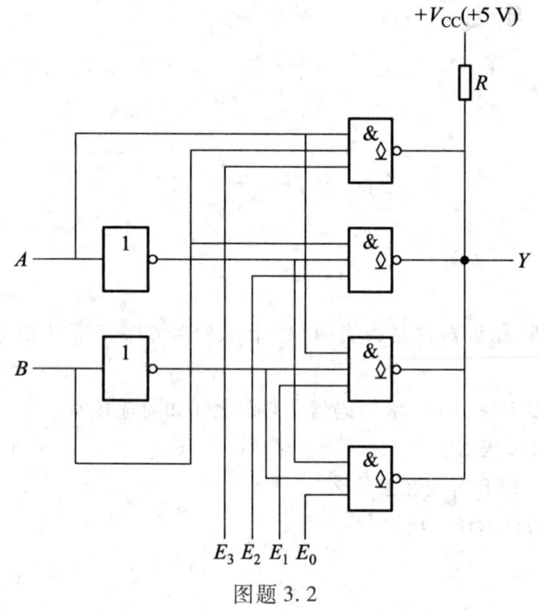

图题 3.2

表题 3.3

输入			输出		
C	B	A	Z_3	Z_2	Z_1
0	**0**	**0**	**0**	**0**	**0**
1	**0**	**0**	**0**	**0**	**1**
1	**1**	**0**	**0**	**1**	**0**
1	**1**	**1**	**0**	**1**	**1**
0	**1**	**1**	**1**	**0**	**0**
0	**0**	**1**	**1**	**0**	**1**

3.4 用**与非**门设计一多数表决电路。要求 A、B、C 三人中 A 具有一票否决权，即只要 A 不同意，即使多数人同意也不能通过。要求列出真值表、化简逻辑函数，并画出电路图。

3.5 设计一交通灯故障检测电路。要求 R、G、Y 三个灯有且只有一个灯亮，输出 $L=\mathbf{0}$；无灯亮或有两灯以上亮均为故障，输出 $L=\mathbf{1}$。要求列出逻辑真值表，如用**非**门和**与非**门设计电路，试将逻辑函数化简，并给出所用 74 系列器件的型号。

3.6 一热水器如图题 3.6 所示，图中虚线表示水位；A、B、C 电极被水浸没时会有信号输出。水面在 C、B 间时为正常状态，绿灯 G 亮；水面在 B、A 间或在 C 以上时，为异常状态，黄灯 Y 亮；水面在 A 以下时，为危险状态，红灯 R 亮。试用 SSI 器件设计实现该逻辑功能的电路。

3.7 试用 3 线-8 线译码器和若干门电路实现 3.6 题的逻辑设计。要求选择逻辑器件的型号，画出电路连接图。

3.8 用译码器 74LS47 驱动七段数码管时，发现数码管只显示 1、3、5、7、9。试分析故障可能在哪里？

3.9 试分析图题 3.9，写出 Y 的逻辑表达式，当 DC 为 **00** ~ **11** 时，说明电路的功能。（读者自行查找 74LS153 的数据手册，了解其逻辑功能）

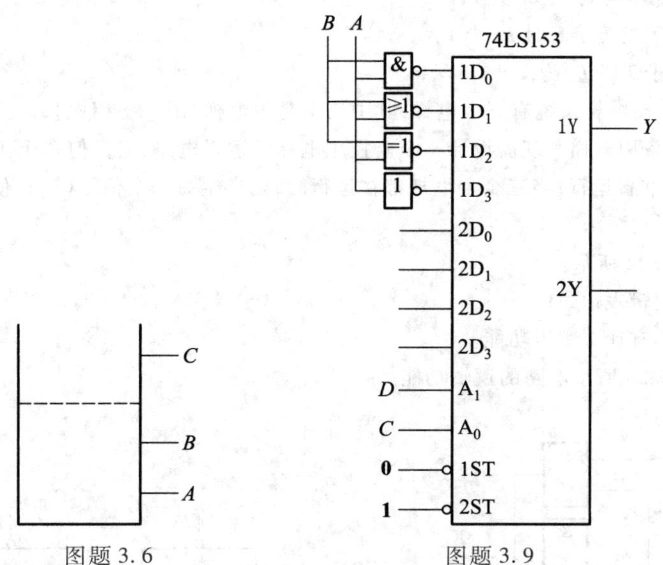

图题 3.6　　图题 3.9

3.10 试用一片 3 线-8 线译码器（输出为低电平有效）和一个**与非**门设计一个 3 位数 $X_2X_1X_0$ 奇偶校验器。要求当输入信号为偶数个 **1** 时（含 0 个 **1**），输出信号 F 为 **1**，否则为 **0**。

3.11 将双 4 选 1 数据选择器 74LS253 扩展为 8 选 1 数据选择器，并实现逻辑函数 $F=AB+B\overline{C}+\overline{A}C$。画逻辑电路图，令 CBA 对应着 $A_2A_1A_0$。

3.12 试用 74LS138 译码器构成 8 线输出数据分配器，要求将一路数据 D，分时通过 8 个通道原码输出。

3.13 画出用半加器构成全加器的逻辑电路图。

3.14 试选择 MSI 器件，设计一个将余三码转换成 BCD 码的电路。

3.15 试用 3 线-8 线译码器 74LS138 和若干**与非**门设计一个 1 位全加器。

3.16 用数值比较器或加法器设计如下功能的电路：当输入为 4 位二进制数 N，$N\geq\mathbf{10}$ 时，输出 $L=\mathbf{1}$，其余情况下 $L=\mathbf{0}$。

3.17 选择 MSI 器件，设计一个 4 位奇偶逻辑校验判断电路，当输入为奇数个 **1** 时，输出为 **1**；否则输出为 **0**。

3.18 已知函数

$$F(D,C,B,A)=\sum m(2,5,7,8,10,12,15)$$

试用以下功能组件实现该逻辑函数。（自行选择器件型号，可增加少量门电路）。

(1) 8 选 1 或 16 选 1 数据选择器；

(2) 3 线-8 线译码器或 4 线-16 线译码器。

3.19 试选择如下器件设计一个逻辑电路，当 $X_2X_1X_0>5$ 时，电路输出为 **1**，否则输出为 **0**。

(1) 比较器；

(2) 加法器；

(3) MUX；

(4) 3 线-8 线译码器。

3.20 设计一个多输出逻辑组合电路，其输入为 8421BCD 码，其输出定义为

(1) L_1：输入数值能被 4 整除时 L_1 为 **1**；

(2) L_2：输入数值大于或等于 5 时 L_2 为 **1**；

(3) L_3：输入数值小于 7 时 L_3 为 **1**。

3.21 某建筑物的自动电梯系统有五个电梯，其中三个是主电梯，两个备用电梯。当上下人员拥挤，主电梯全被占用时，才允许使用备用电梯。现需设计一个监控主电梯的逻辑电路，当任何两个主电梯运行时，产生一个信号（L_1），通知备用电梯准备运行；当三个主电梯都在运行时，则产生另一个信号（L_2），使备用电梯主电源接通，处于可运行状态。

3.22 电路如图题 3.22 所示。

(1) 写出输出 L 的逻辑表达式；

(2) 分析整个电路具有什么逻辑功能。

3.23 试分析图题 3.23 所示电路的逻辑功能。

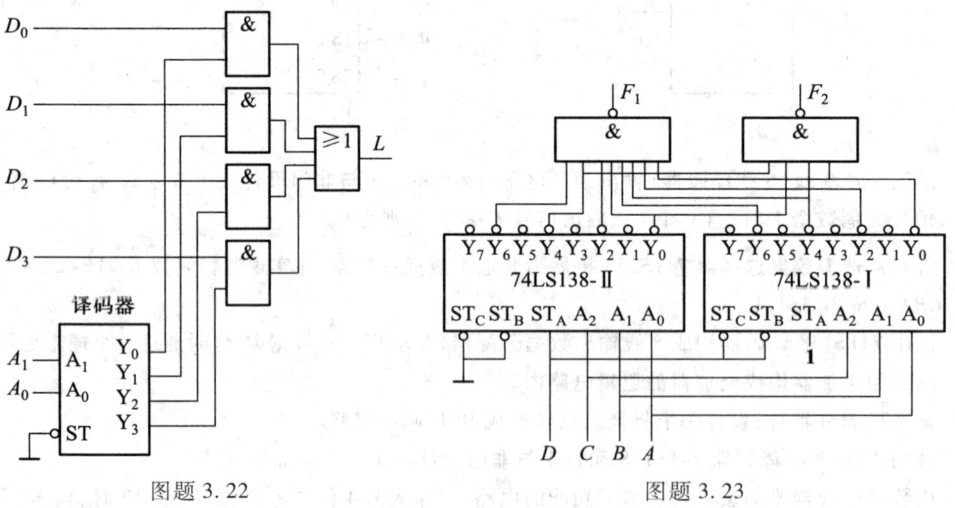

图题 3.22　　图题 3.23

3.24 电路如图题 3.24 所示。

(1) 写出输出 L_0、L_1、L_2 的逻辑表达式；

(2) 分析整个电路具有什么逻辑功能。

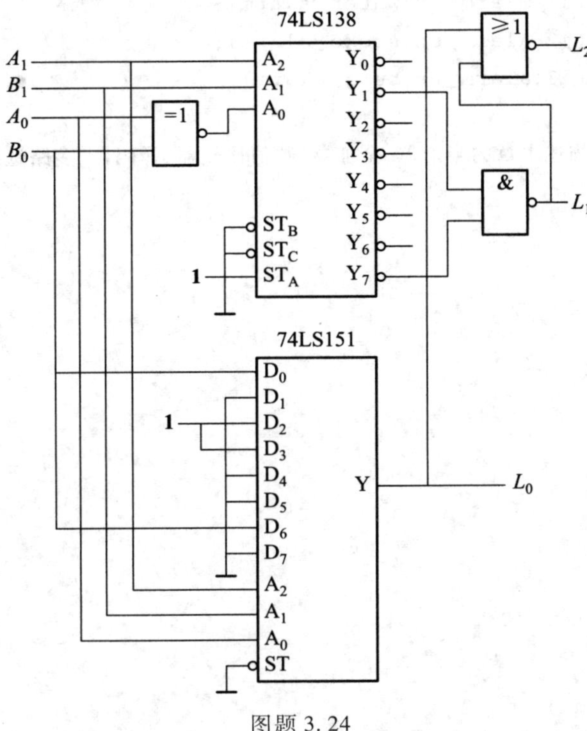

图题 3.24

3.25 分析下面的 VHDL 程序，说明电路的功能并画出逻辑电路图。

```
LIBRARY ieee;
USE ieee.std_logic_1164.all;
ENTITY alarm IS
PORT( smoke, door, water:IN STA_LOGIC;
      alarm_en        :IN STA_LOGIC;
      fire_alarm, burg_alarm, water_alarm:OUT STA_LOGIC );
END alarm ;
ARCHITECTURE alarm_arc OF alarm IS
  SIGNAL i1, i2, i3:BIT;
COMPONENT nor2 PORT(x,y:in Bit;z:OUT BIT);
END COMPONENT;
COMPONENT INV PORT(x:in Bit;z:OUT BIT);
END COMPONENT;
  BEGIN
```

```
  U0:INV PORT MAP (water,I1);
  U1:INV PORT MAP (smoke,I2);
  U2:INV PORT MAP (door,I3);
  U3:NOR2 PORT MAP (i1,alarm_en,water_alarm);
  U4:NOR2 PORT MAP (i2,alarm_en,smoke_alarm);
  U5:NOR2 PORT MAP (i3,alarm_en,burg_alarm);
END alarm_arc;
```

3.26 试用 VHDL 语言描述本章的半加器、全加器、数值比较器、译码器、多路选择器等器件的逻辑功能。

4

锁存器与触发器

【内容提要】

本章学习时序逻辑电路的基本逻辑单元——锁存器和触发器。首先介绍基本锁存器的组成工作原理及工作方式，然后介绍几种典型集成触发器的电路结构、工作原理及其脉冲特性。最后介绍触发器的逻辑功能及转换。

4.1 基本概念

在数字电路和计算机中，常常需要具有记忆/存储功能的逻辑电路来保存计算值或运算结果。这种单元电路具有两个稳定状态，能够存储一位二值信息，是时序逻辑电路的基本单元电路。这种基本存储单元电路具有以下基本特点：

① 具有两个稳定状态，分别用来表示存储的二进制数码 **0** 或 **1**。它们可以长期地稳定在某一个稳定状态，即长期地保持所记忆的信息；

② 在适当的输入和触发信号作用下，电路可从一种稳定状态转变为另一种稳定状态；当触发信号消失后，电路能够保持现有状态不变。

锁存器(latch)和触发器(flip-flop,FF)都是基本存储单元电路，它们都具有保存1位二值量的功能。锁存器与触发器的区别为：锁存器是利用电平控制数据的输入，它包括不带控制信号的锁存器(其输入电平直接影响输出)和带控制信号的锁存器(仅当控制信号输入有效时，其输入电平才影响输出)。触发器则是利用脉冲边沿控制数据的输入。

根据电路结构的不同，锁存器可分为基本锁存器、时钟控制锁存器；触发器可分为主从触发器、边沿触发器等。

触发器根据控制方式不同，即信号的输入方式以及触发器状态随输入信号变化的规律不同，触发器可分为主从触发器和边沿触发器。

根据逻辑功能的不同，触发器又可分为 *D* 触发器、*JK* 触发器、*T* 触发器和 *RS* 触发器等几种类型。通过外接简单的组合电路，不同逻辑功能的触发器可以实现功能转换。

下面分别介绍各种主要的锁存器和触发器。

4.2 锁 存 器

锁存器是一种对输入信号电平敏感的存储单元电路。

4.2.1 基本 *RS* 锁存器

基本 *RS* 锁存器是电路结构最简单的锁存器，其他类型的锁存器和触发器都是在此基础上发展而来的。

1. 电路结构

基本 *RS* 锁存器可由不同逻辑门构成。图 4.2.1(a)是用两个**与非**门交叉反馈构成的基本 *RS* 锁存器，其中一个**与非**门的一个输入与另一个**与非**门的输出连接。锁存器有两个互补的输出 Q 和$\overline{Q}$。常用 Q 的逻辑电平表示锁存器的状态，称锁存器 $Q=\mathbf{1}$、$\overline{Q}=\mathbf{0}$ 的状态为 **1** 状态；称锁存器 $Q=\mathbf{0}$、$\overline{Q}=\mathbf{1}$ 的状态为 **0** 状态。锁存器的两个输入信号标为$\overline{R}$和$\overline{S}$，R 和 S 端的小圆圈表示输入信号为低电平有效，即仅当低电平信号作用于适当的输入端时，锁存器的状态才会变化。*RS* 锁存器符号如图 4.2.1(b)、(c)所示。

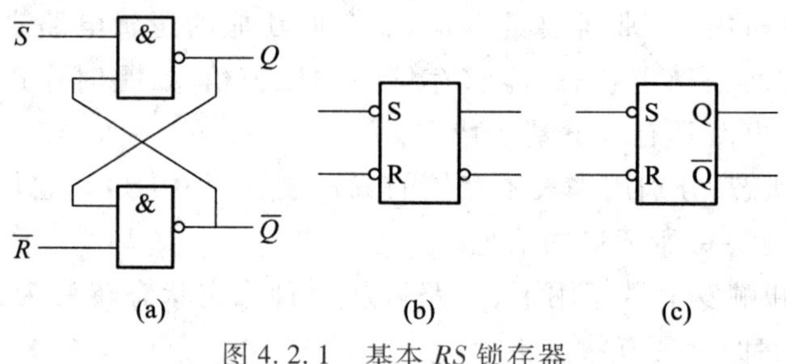

图 4.2.1　基本 *RS* 锁存器

(a) 逻辑电路　(b) 国标符号　(c) 国际流行符号

由图 4.2.1(a)及**与非**门的逻辑关系可知：

当$\overline{S}=\mathbf{0}$，$\overline{R}=\mathbf{1}$ 时，锁存器处于置位状态，不管锁存器原来处在什么状态，Q 一定翻转为 **1**；

当$\overline{S}=\mathbf{1}$，$\overline{R}=\mathbf{0}$ 时，锁存器处于复位状态，不管锁存器原来处在什么状态，Q 一定翻转为 **0**；

当$\overline{S}=\mathbf{1}$，$\overline{R}=\mathbf{1}$ 时，锁存器的状态保持不变，即锁存器处于存储状态。

当$\overline{R}=\mathbf{0}$，$\overline{S}=\mathbf{0}$ 时，锁存器两个输出都为 **1**，不再是互补关系，且在低电平输入信号同时消失后，触发器的状态无法确定。因此，在正常工作时，不允许输入信号$\overline{R}$和$\overline{S}$同时为**0**，即要求遵守$\overline{R}+\overline{S}=1$的约束条件。

根据以上分析可知，当$\overline{S}=0$时，$Q=1$，所以称$\overline{S}$为置**1**或置位(set)信号；当$\overline{R}=0$时，$Q=0$，所以称$\overline{R}$为清**0**或复位(reset)信号。

由于基本*RS*锁存器的输入信号直接控制其输出状态，其触发方式为直接触发方式，故又称它为直接置位复位锁存器。

表4.2.1是基本*RS*锁存器的功能表，它描述了锁存器的输出与输入的逻辑关系。

基本*RS*锁存器的工作波形如图4.2.2所示。工作波形图也称为时序图，它反映了锁存器的输入信号$\overline{R}$、$\overline{S}$与锁存器输出Q之间的对应关系。

表4.2.1　基本*RS*锁存器的功能表

$\overline{S}$	$\overline{R}$	Q	$\overline{Q}$	说　明
0	**0**	**1**	**1**	不允许
0	**1**	**1**	**0**	置**1**
1	**0**	**0**	**1**	清**0**
1	**1**	Q	$\overline{Q}$	保持

2. 基本*RS*锁存器的脉冲工作特性

设基本*RS*锁存器的初始状态为**0**，欲使锁存器置**1**，应使$\overline{R}$信号保持**1**状态，$\overline{S}$信号加负脉冲。图4.2.3表示锁存器在$\overline{S}$负脉冲的作用下翻转过程的波形图，图中t_{pd}为门的传输延迟时间。由图可知，只要$\overline{S}$负脉冲的宽度t_W大于$2t_{pd}$，锁存器就能建立起稳定的新状态。故要求$\overline{R}$和$\overline{S}$有效信号宽度$t_W>2t_{pd}$。

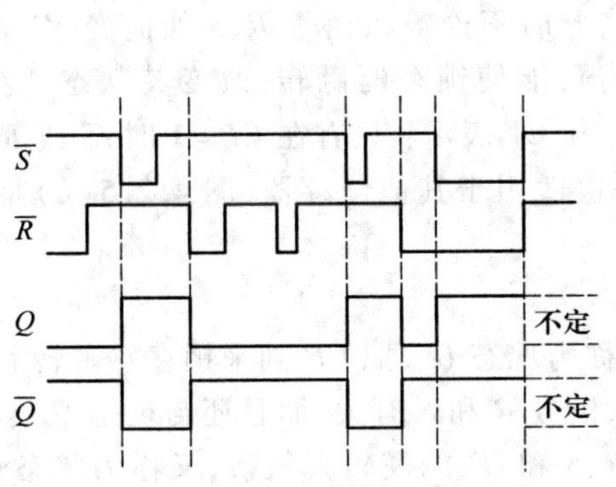

图4.2.2　基本*RS*锁存器的工作波形

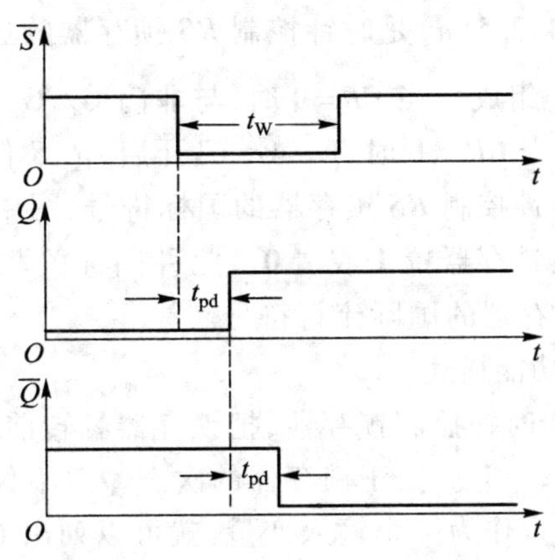

图4.2.3　锁存器置**1**的触发波形

3. 基本 *RS* 锁存器的应用

基本 *RS* 锁存器可用于防抖动开关,电路原理图如图 4.2.4(a)所示。开关 S 在闭合的瞬间会产生多次抖动,使 A、B 两点的电位 u_A、u_B 发生跳变,这种抖动在电路中一般是不允许的。为消除抖动,可以接入一个基本 *RS* 锁存器,将锁存器的 Q、$\overline{Q}$作为开关状态输出。由锁存器特性可知,此时输出可避免反跳现象。其波形如图 4.2.4(b)所示。

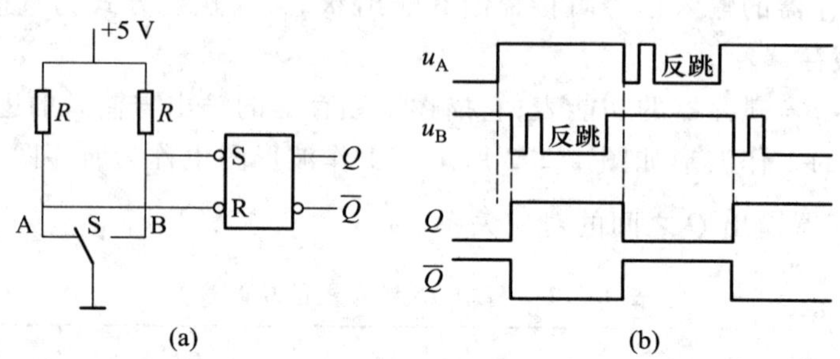

图 4.2.4　防抖动开关

(a) 电路原理图　(b) 开关反跳现象及改善后的波形图

4.2.2　时钟控制 *RS* 锁存器

基本 *RS* 锁存器的清 **0**、置 **1** 信号一出现,锁存器的输出状态就按其功能表发生变化。在实际应用中,往往要求锁存器在一个控制信号作用下按节拍反映某一时刻的输入信号状态。这种控制信号像时钟一样控制锁存器的翻转时刻,故称为时钟(clock)信号或时钟脉冲(clock pulse, CP)。具有 *CP* 输入的锁存器称为时钟控制锁存器或时钟锁存器。它们的特点是:只有在时钟信号 *CP* 高电平期间,锁存器才能根据输入信号翻转;时钟信号低电平期间,输入信号不起作用,锁存器状态保持不变。

1. 电路结构及工作原理

图 4.2.5(a)是时钟控制 *RS* 锁存器的逻辑电路,该电路由基本 *RS* 锁存器和两个时钟控制门 G_1 和 G_2 组成。当 $CP=\mathbf{0}$ 时,**与非**门 G_1、G_2 被封锁,此时不论输入信号 R、S 如何变化,Q、$\overline{Q}$都不变;只有当 $CP=\mathbf{1}$ 时,G_1、G_2 门开启,R、S 信号才有可能使锁存器翻转,改变其状态。图 4.2.5(b)是时钟控制 *RS* 锁存器的国标符号,图中 1S、1R 和 C1 表示:只有在 $CP=\mathbf{1}$ 时,S 或 R 输入为 **1** 才能使锁存器置 **1** 或清 **0**。此种国标关联标注法也适用于其他锁存器;图 4.2.5(c)是时钟控制 *RS* 锁存器的国际流行符号。

2. 功能描述

对于时钟控制锁存器,把锁存器翻转前的状态称为现态 Q^n,把 *CP* 到来锁存器翻转后的状态称为次态 Q^{n+1}。由于锁存器的次态 Q^{n+1}不仅与输入信号 R 和 S 有关,而且还与现态 Q^n 有关。如果将 Q^n 也作为一个输入变量,就可以列出 Q^{n+1}与 R、S 和 Q^n 的逻辑真值表,又称为状态转换表。表 4.2.2 是时钟控制 *RS* 锁存器的状态转换表,其中×表示任意值(**0** 或 **1**),$\mathbf{1}^*$ 表示不允许的 **1** 状态，在卡诺图中作为无关项处理。

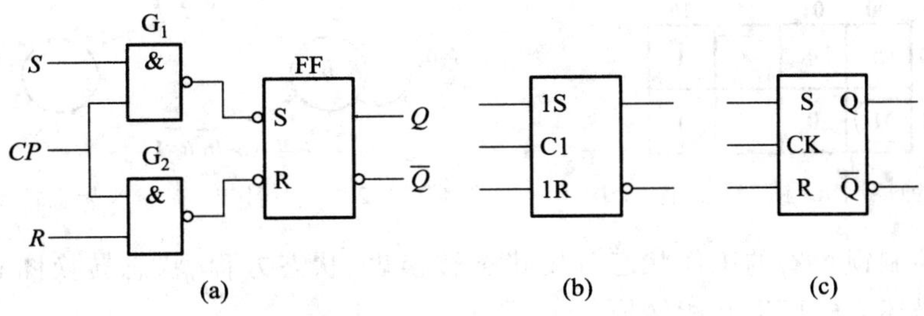

图 4.2.5　时钟控制 *RS* 锁存器

(a) 逻辑电路　(b) 国标符号　(c) 国际流行符号

表 4.2.2　时钟 *RS* 锁存器的状态转换表

CP	S	R	Q^n	Q^{n+1}	说　明
0	×	×			保持状态不变
1 1	0 0	0 0	0 1	0 1	$Q^{n+1}=Q^n$
1 1	0 0	1 1	0 1	0 0	$Q^{n+1}=0$
1 1	1 1	0 0	0 1	1 1	$Q^{n+1}=1$
1 1	1 1	1 1	0 1	1* 1*	不允许状态

由表 4.2.2 中 Q^{n+1}、R、S 和 Q^n 的逻辑关系，可以画出时钟控制 *RS* 锁存器的次态卡诺图如图 4.2.6 所示。

由次态卡诺图化简，可得出锁存器次态 Q^{n+1} 的逻辑表达式，也称为次态方程或特征方程，此方程可以反映锁存器次态与输入信号和现态之间的逻辑关系。

$$\begin{cases} Q^{n+1}=S+\overline{R}Q^n \\ R\cdot S=0\text{（约束条件）} \end{cases} \tag{4.2.1}$$

用状态转换图也可以形象地说明时钟控制锁存器状态转换的方向及条件。根据表 4.2.2 画出 *RS* 锁存器的状态转换图如图 4.2.7 所示。图中两个圆圈中的 **0** 和 **1** 分别表示锁存器的两个稳定状态，用箭头表示状态转换的方向，箭头旁注明 *R* 和 *S* 的值表示转换要求的输入条件。

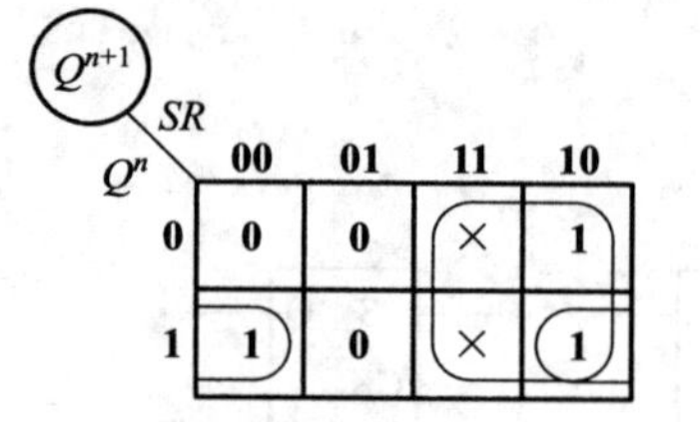

图 4.2.6　时钟控制 *RS* 锁存器次态卡诺图

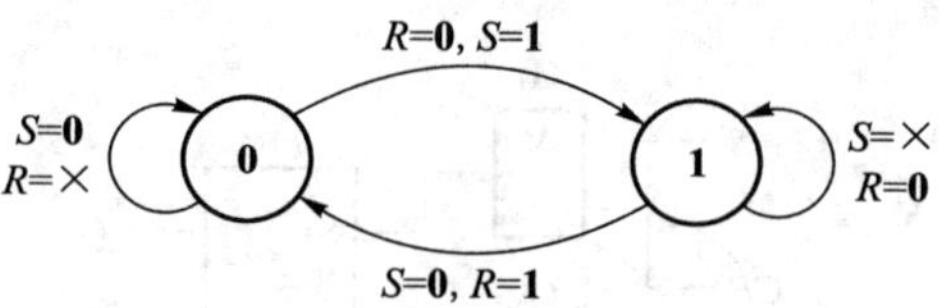

图 4.2.7　时钟 *RS* 锁存器状态转换图

这样，时钟控制锁存器的工作状态可用状态转换表、状态方程、状态转换图和工作波形图等方法描述，各种描述方式可以互相转换。

4.2.3　时钟控制 *D* 锁存器

由于 *RS* 锁存器要求输入信号满足式(4.2.1)中的约束条件，使应用受到一定限制。如果在 *RS* 锁存器的输入增加一个**非**门，如图 4.2.8(a)所示，约束条件 $R \cdot S = \mathbf{0}$ 就可以自动满足。这种锁存器称为时钟控制 *D* 锁存器，符号见图 4.2.8(b)、(c)。

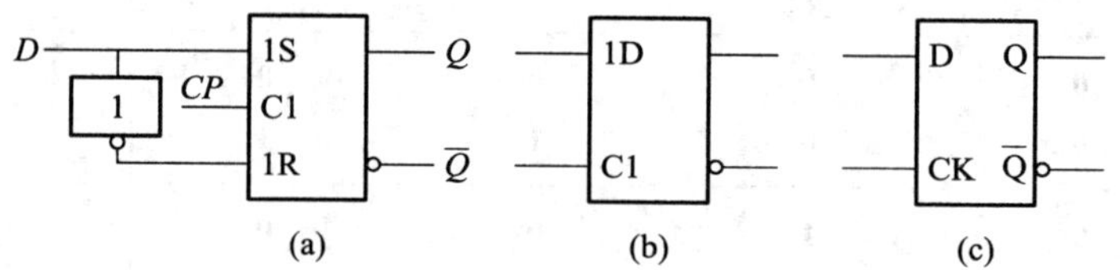

图 4.2.8　时钟控制 *D* 锁存器

(a) 逻辑电路　(b) 国标符号　(c) 国际流行符号

时钟控制 *D* 锁存器的状态转换表如表 4.2.3 所示。

表 4.2.3　时钟控制 *D* 锁存器的状态转换表

CP	*D*	Q^n	Q^{n+1}	说　明
0	×			状态不变
1	**0**	**0**	**0**	清 **0**
1	**0**	**1**	**0**	
1	**1**	**0**	**1**	置 **1**
1	**1**	**1**	**1**	

D 锁存器的特性方程为

$$Q^{n+1} = D \tag{4.2.2}$$

当 $CP = \mathbf{0}$ 时，*D* 锁存器的状态不变；当 $CP = \mathbf{1}$ 时，*D* 锁存器的次态 Q^{n+1} 随输入 *D* 的状态而定。显然，*D* 锁存器适用于锁存一位数据的场合，因此称为数据锁存器。*D* 锁存器的工作波形见

图 4.2.9。通常在工作波形图上先画出时钟 CP 的波形和输入信号 D,再根据它们画出触发器状态的高低电平。由波形图可见,只有当 $CP=\mathbf{1}$ 时,锁存器的状态才随输入信号 D 而改变;$CP=\mathbf{0}$ 时,锁存器状态保持不变。

8 位 D 锁存器 74LS373 的逻辑示意图如图 4.2.10 所示。其中控制信号 G 作为 D 锁存器的 CP 信号,D 为数据信号。当 G 为高电平期间,8 个 D 锁存器的输出与输入数据 $1D$ ~ $8D$ 一致(称"透明"状态),当 G 变为低电平后,触发器状态保持不变,从而达到了锁存数据的目的。输出控制信号 $\overline{OE}$ 为低电平时,锁存器的数据通过三态门输出;$\overline{OE}$ 为高电平时,锁存器的输出为高阻。74LS373 的功能表如表 4.2.4 所示。

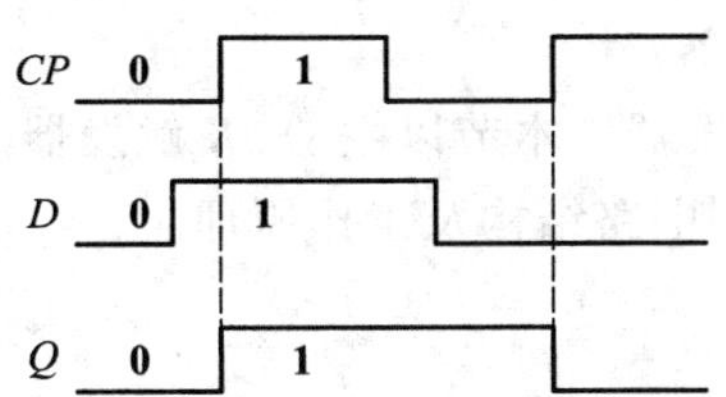

图 4.2.9 D 锁存器的工作波形

表 4.2.4 74LS373 功能表

$\overline{OE}$	G	D	Q
0	**1**	**1**	**1**
0	**1**	**0**	**0**
0	**0**	×	Q^n
1	×	×	(Z)

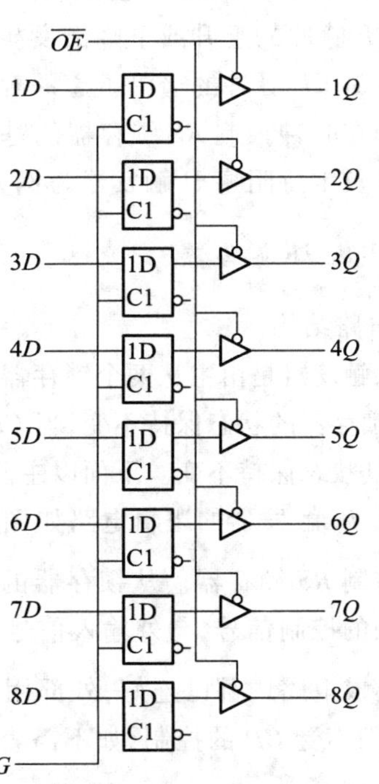

图 4.2.10 74LS373 的逻辑示意图

4.2.4 时钟控制锁存器的触发方式及存在问题

上述时钟控制锁存器在 $CP=\mathbf{1}$ 期间,输入信号都能影响锁存器的输出状态,这种触发方式称为电平触发方式。如果在一个 CP 脉冲高电平期间,输入信号发生多次变化,锁存器就有可能发生多次翻转,下面看一个例子。

[例 **4.2.1**] 在图 4.2.5 所示的时钟控制 RS 锁存器中,若已知 CP、R、S 的波形如图 4.2.11 所示,试画出 Q 的波形

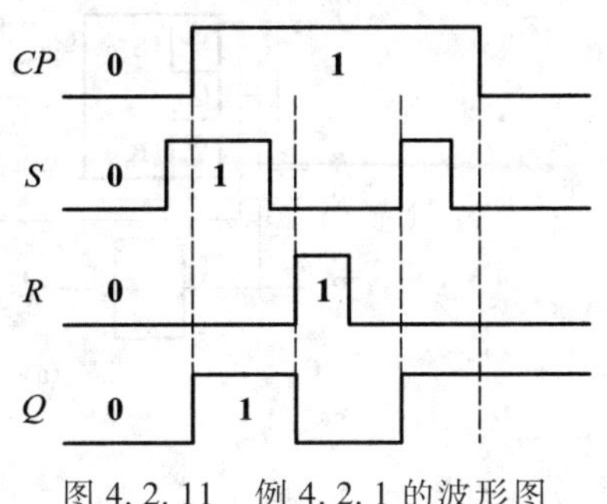

图 4.2.11 例 4.2.1 的波形图

（假设触发器的初始状态为**0**）。

［解］ $CP=\mathbf{0}$ 时，锁存器保持原状态 $Q=\mathbf{0}$；$CP=\mathbf{1}$ 时，锁存器 Q 的状态随输入信号 R 和 S 发生变化，其波形如图 4.2.11 所示。可见，在一个 *CP* 脉冲期间，锁存器发生了三次翻转。

4.3 触发器的结构和工作原理

锁存器的多次翻转降低了工作的可靠性，也使有些基于存储单元电路的时序逻辑功能设计无法实现。为了保证数字电路稳定可靠地工作和实现这些逻辑功能，一般要求存储单元电路的状态在 *CP* 脉冲的上升或下降沿发生变化，这样就可以保证存储单元电路在一个时钟只能动作一次。只对 *CP* 脉冲的边沿敏感的存储单元电路称为触发器。

人们在时钟控制 *RS* 锁存器的基础上设计出了各种触发器。本节以主从 *JK* 触发器、边沿 *JK* 触发器以及维持阻塞 *D* 触发器为例介绍构成触发器的不同电路结构及工作原理。

4.3.1 主从 *JK* 触发器

1. 电路结构

主从触发器是由主从两个锁存器构成。在 *CP* 脉冲高电平到来时，主锁存器随输入信号改变状态，而从锁存器的状态保持不变；当 *CP* 脉冲低电平到来时，从锁存器接受主锁存器状态，主锁存器被封锁，其状态保持不变。下面以主从 *JK* 触发器为例说明这类触发器的电路结构和工作方式。

主从 *JK* 触发器的逻辑电路如图 4.3.1(a)所示，左边为主锁存器，右边为从锁存器，两者都是时钟控制 *RS* 锁存器。从锁存器的输出 Q_B、$\overline{Q}_B$ 分别引出两条反馈线接到主锁存器的输入端，作为附加的控制信号，与外输入信号 J、K 是**与**的关系，由此构成了主从 *JK* 触发器。通常这对反馈线在集成电路内部已连好，外部用 J 和 K 表示触发器的输入信号；$\overline{S}$ 和 $\overline{R}$ 表示异步置**1**和清**0**信号，它们不受 *CP* 的控制，如不需直接置**1**和清**0**时，这两个信号应接高电平。电路符号如图 4.3.1(b)、(c)所示。

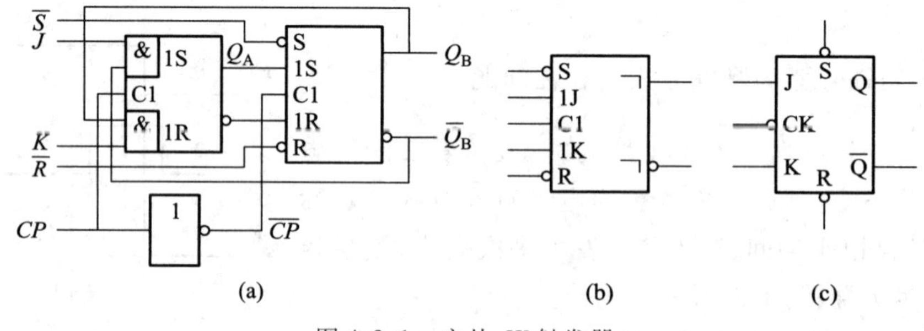

图 4.3.1 主从 *JK* 触发器

(a) 逻辑电路 (b) 国标符号 (c) 国际流行符号

2. 逻辑功能分析

由图可知,当 $CP=\mathbf{1}$,$\overline{CP}=\mathbf{0}$ 时,主锁存器的状态由 J 和 K 输入信号决定,在此期间,从锁存器被$\overline{CP}$封锁,状态保持不变(锁定)。

当 $CP=\mathbf{0}$,$\overline{CP}=\mathbf{1}$ 时,J 和 K 的信号变化对主锁存器不起作用,主锁存器的状态保持不变,从锁存器的状态与主锁存器的状态一致。整个触发器的翻转分两步完成,最后的输出 $Q(Q_B)$是由 $CP=\mathbf{0}$ 到来时主锁存器的状态确定的,从而克服了锁存器的多次翻转。图 4.3.1(b)的国标符号中,框内"¬"号表示延迟输出,即触发器输出状态在 CP 脉冲的下降沿才改变。

根据时钟控制 RS 锁存器的状态转换表,可推出 JK 触发器当 $J=K=\mathbf{0}$ 时,$Q^{n+1}=Q^n$,触发器处于保持状态;当 $J=\mathbf{0}$,$K=\mathbf{1}$ 时,$Q^{n+1}=\mathbf{0}$;当 $J=\mathbf{1}$,$K=\mathbf{0}$ 时,$Q^{n+1}=\mathbf{1}$;当 $J=K=\mathbf{1}$ 时,$Q^{n+1}=\overline{Q^n}$,触发器具有一位二进制计数器的功能。

主从 JK 触发器工作波形如图 4.3.2 所示,在 $t_1\sim t_2$ 期间,$CP=\mathbf{1}$,主锁存器 Q_A 的状态随输入信号 J 和 K 而变化,但此时从锁存器 Q_B 状态不变;在 t_2 时刻,CP 下降沿到来时,从锁存器 Q_B 的状态随主锁存器 Q_A 的状态而变,翻转为高电平。在 $t_2\sim t_3$ 期间,虽然 J 和 K 波形仍有变化,但主锁存器被封锁,其状态不会改变。在 t_3 时刻,$CP=\mathbf{1}$,此时 Q_A 的状态又随 JK 信号而变化,但此时 Q_B 被封锁,状态不变。由此可知,在 CP 脉冲的一个周期,主从触发器的输出 Q 只会翻转一次。

主从触发器虽然防止了多次翻转现象,但在 $CP=\mathbf{1}$ 期间主锁存器都可接受输入信号。由于 Q 和 $\overline{Q}$ 都接回到输入控制门上,所以在 $Q^n=\mathbf{0}$ 时,主锁存器只能接受置 **1** 输入信号;在 $Q^n=\mathbf{1}$ 时,主锁存器只能接受清 **0** 输入信号。结果在 $CP=\mathbf{1}$ 期间,主锁存器只能翻转一次,即主从 JK 触发器具有所谓的"一次翻转"特性。因此,在使用主从 JK 触发器时必须注意:只有在 $CP=\mathbf{1}$ 的全部时间内,输入信号始终未变的条件下,用 CP 下降沿到达时的输入信号决定触发器次态才是正确的。

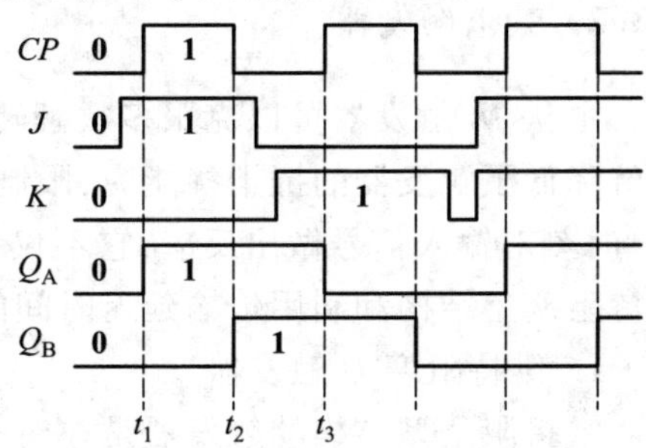

图 4.3.2 主从 JK 触发器波形图

[例 **4.3.1**] 在图 4.3.3 中,给出主从 JK 触发器的输入信号 CP、J、K 的波形,试画出与之对应的输出 Q 的波形。设触发器的初始状态为 **0**。

[解] 由图 4.3.3 可见,第一个 CP 高电平期间,输入信号始终为 $J=\mathbf{1}$,$K=\mathbf{0}$,因此,CP 下降沿到达后触发器被置 **1**。第二个 CP 下降沿到来时,$J=K=\mathbf{0}$,如对照 JK 触发器功能表,触发器应保持原状态高电平不变。但由于在 CP 的高电平期间,出现过短暂的 $J=\mathbf{0}$,$K=\mathbf{1}$ 状态,使主锁存器被清 **0**。因此,从锁存器在 CP 下降沿翻转为 **0**。第三个 CP 下降沿到达时 $J=\mathbf{0}$,$K=\mathbf{1}$。如按 J、K 此时的输入状态决定触发器的次态,则应有 $Q^{n+1}=\mathbf{0}$。但由于 CP 高电平期间曾出现过 $J=K=\mathbf{1}$ 的状态,主锁存器已被置 **1**,而由于 $Q^n=\mathbf{0}$,清 **0** 信号不起作用,所以 CP 下降沿到达后从锁存器被置 **1**。第四个 CP 高电平期间,$J=K=\mathbf{0}$,故主锁存器保持 **1** 不变,所以,CP 下降沿到来时,触发器仍为 **1**。综上所述,画出输出 Q 的波形如图 4.3.4 所示。

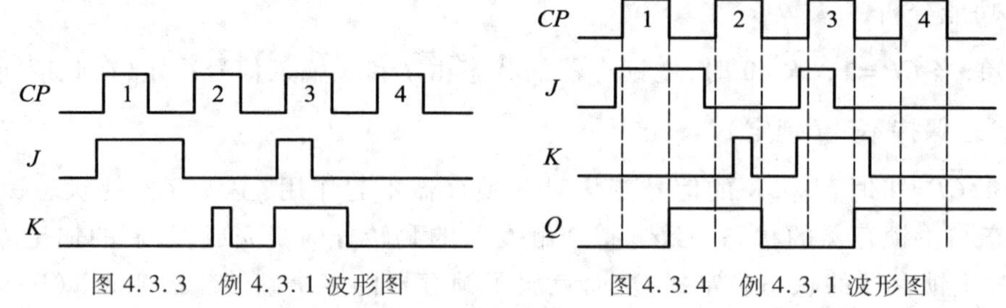

图 4.3.3 例 4.3.1 波形图　　图 4.3.4 例 4.3.1 波形图

由上述分析可知，主从 *JK* 触发器的输出虽然在一个 *CP* 脉冲期间只翻转一次，但要求在 $CP=\mathbf{1}$ 期间，*J*、*K* 输入信号不能变化，否则翻转状态将可能不符合功能要求。另外，即便 *J*、*K* 输入信号不变，外界的干扰和噪声也可能会使触发器误动作，从而导致触发器的错误状态。由此可见，主从结构的触发器抗干扰能力较差。使用时，除保持 *J*、*K* 输入信号在 $CP=\mathbf{1}$ 期间不变以外，还要求 $CP=\mathbf{1}$ 的持续时间不能太长，这对输入信号及 *CP* 时钟信号都提出了较高的要求。

主从 *JK* 触发器集成电路 7472 有三个 *J* 输入和三个 *K* 输入，它们之间分别为逻辑**与**的关系。这种具有多个控制信号输入的触发器应用起来比较灵活。其他常见的主从 *JK* 触发器产品还有 74107 和 74113 等。

4.3.2 边沿触发器

主从 *JK* 触发器可以克服多次翻转的现象，但要求在 $CP=\mathbf{1}$ 期间 *J* 和 *K* 信号不能发生变化，这就降低了触发器的抗干扰能力，限制了它的使用范围。边沿触发器只在 *CP* 的上升沿（或下降沿）时刻对输入信号做出反应，它不仅可以克服空翻现象，也能有效地提高抗干扰能力。下面以维持阻塞型结构和利用传输延迟时间的边沿触发器为例来分析这种触发器的工作原理。

1. 维持阻塞 *D* 触发器

维持阻塞型结构的触发器是在时钟脉冲上升沿触发。当触发器处于置位状态时，利用内部产生的信号维持住置位信号，同时阻塞由于输入变化产生的清 **0** 信号，从而保证了可靠的置位；而触发器处于复位状态时则维持清 **0** 信号，阻塞置 **1** 信号，以保证可靠的复位。采取维持阻塞型结构可构成各种逻辑功能的触发器，但以维持阻塞型 *D* 触发器应用较广。

（1）电路结构

图 4.3.5 为维持阻塞型 *D* 触发器逻辑电路及逻辑符号图。这种触发器由六个**与非**门组成，其中 G_1 和 G_2 构成基本 *RS* 锁存器，$G_3 \sim G_6$ 构成引导电路。为了防止多次翻转，电路中引入了置 **1** 维持线、清 **0** 维持线、置 **1** 阻塞线和清 **0** 阻塞线。$\overline{S}$、$\overline{R}$ 分别为触发器的直接置 **1** 和清 **0** 信号，低电平有效。不直接置 **1** 和清 **0** 时，$\overline{S}$、$\overline{R}$ 均应接高电平。

（2）逻辑功能分析

在 $\overline{S}=\overline{R}=\mathbf{1}$ 的情况下：

当 $CP=\mathbf{0}$ 时，因 $Q_3=Q_4=\mathbf{1}$，触发器保持状态不变。输入信号 *D* 经 G_6、G_5 传输到 Q_6、Q_5，触发

器处于等待翻转状态，一旦 CP 到来，触发器就会按 Q_5、Q_6 的状态翻转。

设 $D=\mathbf{0}$，则 $Q_6=\mathbf{1}$，在 $CP=\mathbf{0}$ 时，$Q_3=\mathbf{1}$，故 $Q_5=\mathbf{0}$。当 CP 到来后，由于 $Q_5=\mathbf{0}$，因此 Q_3 仍为 **1**，而 G_4 的三个输入信号都为 **1**，故 $Q_4=\mathbf{0}$。这样，Q_4 的状态一方面使 $\overline{Q}=\mathbf{1}$，$Q=\mathbf{0}$，触发器清 **0**，另一方面又使 G_6 门封锁。这样，即使 D 的状态发生变化，也不会再影响 G_6 的状态，于是在 CP 作用期间，Q_5、Q_6 的状态不再会变化，从而保证了触发器在 CP 作用后处于 **0** 状态。因为 G_4 输出 **0** 状态通过连线反馈到 G_6 输入，起到维持触发器为 **0** 状态的作用，故称此线为清 **0** 维持线。同理，为了维持触发器保持 **1** 状态，对应的有从 G_3 输出端反馈到 G_5 输入端的置 **1** 维持线。此时图 4.3.5(a)中的置 **1** 维持线和清 **0** 阻塞线均处于 **1** 状态，对门 G_5、G_4 不起作用。此外 G_6 输出的高电平反馈到 G_5 的输入同来自 G_3 的高电平使 G_5 的输出为 **0**，从而使门 G_3 的输出保持为 **1**，起到阻止触发器置 **1** 的作用。所以把从 G_6 到 G_5 输入端的反馈线称为置 **1** 阻塞线。

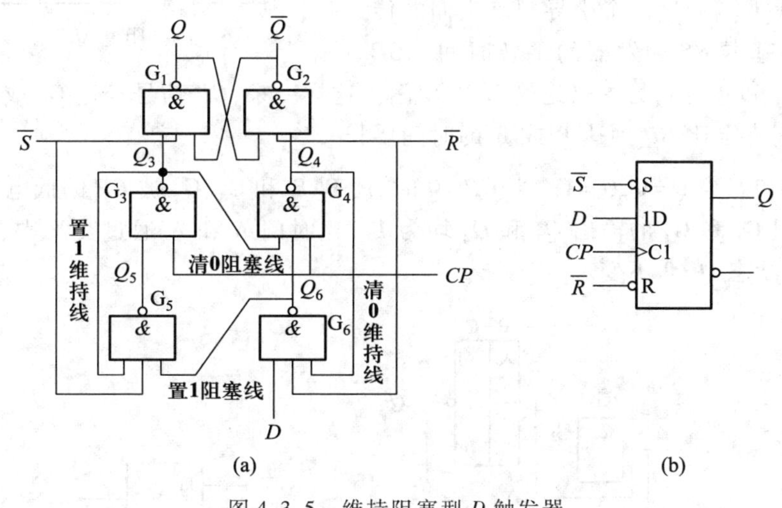

图 4.3.5　维持阻塞型 D 触发器

(a) 逻辑电路　(b) 逻辑符号

再设 $D=\mathbf{1}$，在 $CP=\mathbf{0}$ 时，$Q_3=Q_4=\mathbf{1}$，故 $Q_6=\mathbf{0}$，$Q_5=\mathbf{1}$。当 CP 到来时，由于 $Q_6=\mathbf{0}$，因此 Q_4 仍为 **1**，而 G_3 的两个输入全部为 **1**，故 $Q_3=\mathbf{0}$，它一方面使触发器置 **1**，另一方面 Q_3 的 **0** 状态使 G_5 封锁，使在 $CP=\mathbf{1}$ 期间 Q_5 保持 **1**，Q_3 保持 **0**，维持触发器处在 **1** 状态。此时从 G_3 输出的低电平通过到 G_4 输入的连线阻止了 Q_4 变成 **0**，亦即阻止 Q 清 **0**。因此，把此线称为清 **0** 阻塞线。由于 G_4 和 G_5 已经被封锁，因此，在 $CP=\mathbf{1}$ 期间内，即使 D 发生变化，也只能改变 G_6 的输出而不会影响触发器的状态。

在这种触发器中，触发器状态由 CP 从 **0** 变为 **1** 时 D 的状态决定，即 $Q^{n+1}=D$。但由于维持线和阻塞线的作用，在 CP 变成高电平的稍后时刻，即使 D 有变化，触发器 Q 和 $\overline{Q}$ 状态也不会再改变。图 4.3.6 画出维持阻塞 D 触发器在时钟脉冲 CP 和输入信号 D 作用下的输出 Q 和 $\overline{Q}$ 的波形图(图中忽略了**与非**门的传输延迟时间)。在时钟脉冲作用下，触发器的次态由 CP 上升沿到达

时的 D 的状态决定。在 t_2、t_4、t_7 时刻，D 虽有改变，但对触发器 Q 的状态却无影响，这一点是与时钟控制的 D 锁存器不同的。以上分析说明维持阻塞触发器在 CP 脉冲的上升沿触发翻转，是上升沿触发的边沿触发器。在边沿触发器中，$CP=\mathbf{0}$ 和 $CP=\mathbf{1}$ 时，信号的变化都不会影响输出 Q 的状态，因此它与前述的主从触发器相比，具有较强的抗干扰能力。

如果把这种触发器的 D 输入与输出 $\overline{Q}$ 相连，就可得到 1 位二进制计数器的功能。

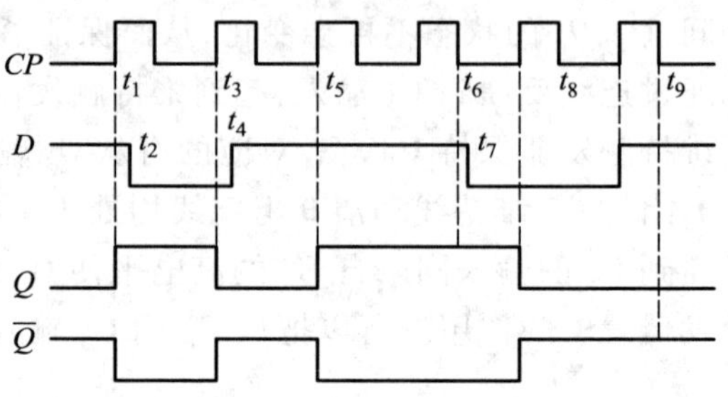

图 4.3.6　维持阻塞型 D 触发器的波形图

※2. 边沿触发 *JK* 触发器

利用传输延迟时间的负边沿 *JK* 触发器的逻辑电路和逻辑符号如图 4.3.7(a)和(b)所示。它由两部分组成：输出级是由**与或非**门组成的基本 *RS* 锁存器；输入级是 G_3 和 G_4 两个引导门。它们的传输延迟时间大于基本 *RS* 触发器的翻转时间。*CP* 信号一路送给 G_3 和 G_4 门，另一路送给 B 和 B′门。这样一来，*CP* 信号经过 G_3 或 G_4 的延迟后到达 A 或 A′的时间肯定比 *CP* 到达 B 或 B′的时间要长。

设触发器的初态为 $Q=\mathbf{0}$，$\overline{Q}=\mathbf{1}$。当 $CP=\mathbf{0}$ 时，门 B、B′和 G_3、G_4 被 *CP* 的低电平封锁，不论 J、K 为何种状态，门 G_3 和 G_4 的输出 Q_3 和 Q_4 均为 **1**。这时门 A 和 A′通过交叉耦合，维持基本 *RS* 触发器处于原有状态 $Q=\mathbf{0}$ 不变。

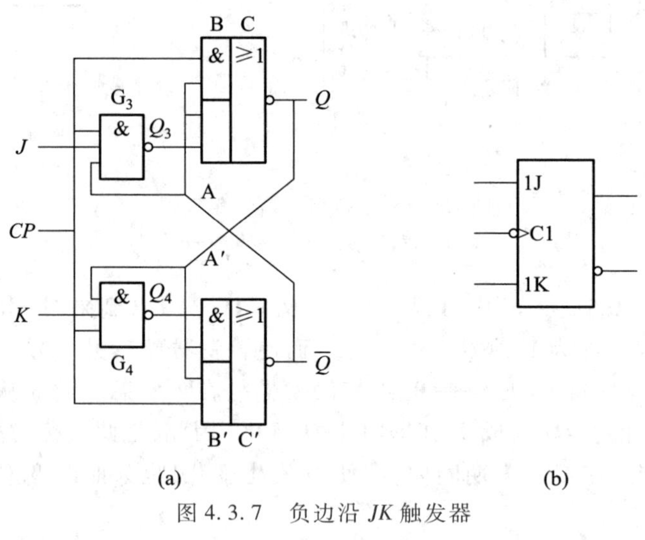

图 4.3.7　负边沿 *JK* 触发器

(a) 逻辑电路　(b) 逻辑符号

当 *CP* 由 **0** 变为 **1** 的瞬间，门 B 和 B′首先解除了封锁。基本 *RS* 触发器的状态还可以经过 B 和 B′门维持原状态不变。同时门 G_3 和 G_4 亦解除了封锁。设此时的输入信号 $J=\mathbf{1}$，$K=\mathbf{0}$，则通过门 G_3 和 G_4 的传输延迟后使 $Q_3=\mathbf{0}$，$Q_4=\mathbf{1}$。Q_3 由 **1** 变为 **0**，使门 A 的输出也变为 **0**。但由于时钟脉冲上升沿到达后 B 门先开放，$Q_3=\mathbf{0}$ 封锁 A 门则在其后，也即 B 门的输出从 **0** 变为 **1** 比 A 门的输出从 **1** 变为 **0** 要早，因此**或非**门 C 的输入不会出现全 **0**，C 门的输出仍维持 $Q=\mathbf{0}$ 不变，而 C′门的输出也就维持 $\overline{Q}=\mathbf{1}$ 不变。故在 *CP* 上升沿到达时，由 B 和 B′门维持交叉耦合，基本 *RS* 触发器保持原状态不变。

在 $CP=\mathbf{1}$ 期间解除了对门 G_3 和 G_4 的封锁。在 $J=\mathbf{1}, K=\mathbf{0}$ 和 $Q=\mathbf{0}, \overline{Q}=\mathbf{1}$ 的情况下，由图 4.3.7 可知，G_3 和 G_4 的输出分别为 $Q_3=\overline{J\overline{Q}}=\mathbf{0}$ 和 $Q_4=\overline{KQ}=\mathbf{1}$。门 A 和 A′的输出均为 **0**。可见，$CP=\mathbf{1}$ 期间触发器的状态由 B 和 B′门维持交叉耦合，不论 *J*、*K* 信号以及 Q_3 和 Q_4 如何改变，触发器都不翻转，而 *J*、*K* 的不同状态是以 Q_3 和 Q_4 的高低电平形式存储于触发器电路中的。

当 *CP* 由 **1** 变为 **0** 瞬间，由于 $CP=\mathbf{0}$ 封锁了 B 和 B′门，使其输出由 **1** 变为 **0**。同时 $CP=\mathbf{0}$ 又封锁了门 G_3 和 G_4，经过两级门的延迟，使 A 门的输出由 **0** 变为 **1**。由于 B 门的输出由 **1** 变为 **0** 比 A 门的输出由 **0** 变为 **1** 早，因此**或非**门 C 的输入出现同时为 **0** 的瞬间。在此瞬间引起 *Q* 由 **0** 变为 **1**，经耦合使 $\overline{Q}$ 由 **1** 变为 **0**，再经反馈，使这一新状态得以保持。触发器也就由原来的 **0** 状态翻转成 **1** 状态。为了保证工作可靠，要求**或非**门输入同时出现为 **0** 的瞬间应保证触发器能完成翻转。触发器翻转后的状态决定于 *CP* 下降沿到来前的 *J* 和 *K* 状态，即是负边沿触发。

这种负边沿 *JK* 触发器，除了对 *CP* 信号的要求不同外，触发器的次态 Q^{n+1} 与 *J*、*K* 和现态 Q^n 之间的关系与主从 *JK* 触发器完全相同。

4.4 触发器的脉冲工作特性

触发器的脉冲工作特性是指触发器工作时，对时钟脉冲 *CP*、输入信号（*D*、*J* 和 *K* 等）以及它们之间互相配合的要求。为了正确地使用触发器，必须了解触发器的脉冲工作特性。下面以维持阻塞 *D* 触发器及主从型 *JK* 触发器为例介绍触发器的脉冲工作特性。

4.4.1 主从 *JK* 触发器的脉冲工作特性

主从 *JK* 触发器的输入信号 *J*、*K* 与 *CP* 同时作用于触发器的输入端，因此 *J*、*K* 端信号几乎不需建立时间，但 $CP=\mathbf{1}$ 期间 *J*、*K* 信号需保持不变。$CP=\mathbf{0}$ 的时间内要保证触发器翻转达到稳定状态，因此须 $t_{WL}\geqslant 3t_{pd}$。由于主从 *JK* 触发器是电平触发，在 $CP=\mathbf{1}$ 期间抗干扰性差，为减少接收干扰的机会，宜采用窄 *CP* 脉冲。但为保证主从触发器变化稳定，又要求 $t_{WH}\geqslant 3t_{pd}$，即时钟脉冲的周期 $T=t_{WL}+t_{WH}\geqslant 6t_{pd}$。主从 *JK* 触发器的工作波形如图 4.4.1 所示。

4.4.2 维持阻塞 *D* 触发器的脉冲工作特性

由 *D* 触发器的工作特性可知，当 $CP=\mathbf{0}$ 时，电路处于保持状态，一旦 $CP=\mathbf{1}$，触发器即按 *D* 的状态翻转。因此要求 D 信号须比 CP 早些到来,这个提前时间称为输入建立时间 t_{set}。由触发器内部电路知,D 端信号到达内部输入端的时间为两级门的传输延迟时间,故 $t_{set}=2t_{pd}$。

CP 到达后须经一定的时间才能将 D 的变化传送到触发器输出端,在传输过程的一定时间内,D 信号应保持不变,否则 D 的变化会干扰触发器的动作。这段时间称为保持时间 t_h,t_h 约等于 t_{pd}。即 D 信号应在 CP 上升沿之前 $t_{set}(2t_{pd})$ 和之后 $t_h(t_{pd})$ 的时间内保持不变。图 4.4.2 为维持阻塞 D 触发器的脉冲工作特性波形图。

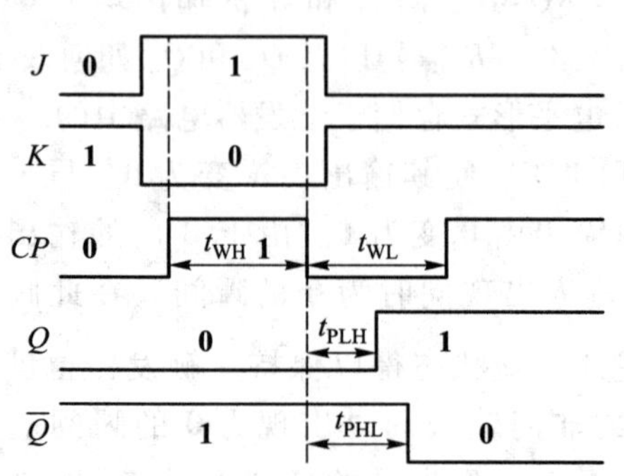

图 4.4.1 主从 JK 触发器的工作波形图

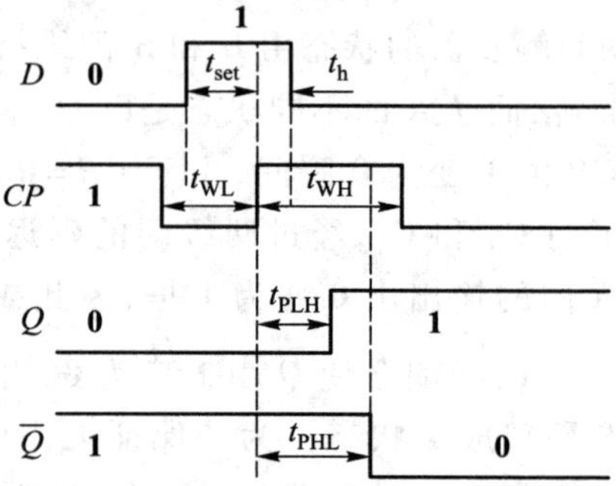

图 4.4.2 维持阻塞 D 触发器的脉冲工作特性波形图

对时钟脉冲的要求是:$CP=\mathbf{1}$ 期间要保证触发器翻转达到稳定的状态,触发器翻转达到稳定的时间 t_{PHL} 约为 $3t_{pd}$,故所需 CP 高电平时间 t_{WH} 必须保持 $t_{WH}\geqslant t_{PHL}=3t_{pd}$;而对 CP 低电平的要求是 $t_{WL}\geqslant t_{set}=2t_{pd}$。

了解触发器的脉冲工作特性,对正确使用触发器是很重要的。如使 D 触发器正常工作,要求时钟脉冲的周期 $T=t_{WL}+t_{WH}\geqslant t_{set}+t_{PHL}=5t_{pd}$,即 CP 的最高工作频率 $f_{max}=1/5t_{pd}$。若 $t_{pd}=20\text{ns}$,则 $f_{max}=10\text{MHz}$。

需要说明的是,实际集成触发器器件中,每个门的传输时间是不同的。由于内部采用了各种形式的简化电路,实际时延比标准结构门电路时延小。上面的讨论假定了所有门电路传输时延是相等的,所得结果只用于说明有关物理概念。每个集成触发器产品的动态参数要通过最后测试来确定,使用时以产品手册为准。

4.5 触发器的逻辑功能及转换

4.5.1 触发器的逻辑功能

从上一节介绍的 D 和 JK 触发器可以看出,由于不同的触发器输入的信号不同,它们的逻辑功能也不相同。通常可以将触发器按逻辑功能分为 D、JK、T 和 RS 触发器。各种不同触发器的逻辑功能可以用状态转换表、次态卡诺图、特性方程和状态转换图来表示。

1. D 触发器

上升沿触发的 D 触发器的状态转换表如表 4.5.1 所示。

表 4.5.1　D 触发器的状态转换表

CP	D	Q^n	Q^{n+1}	说　明
×	×			状态不变
↑	0	0	0	清 0
↑	0	1	0	
↑	1	0	1	置 1
↑	1	1	1	

它的次态卡诺图和状态转换图如图 4.5.1 所示。

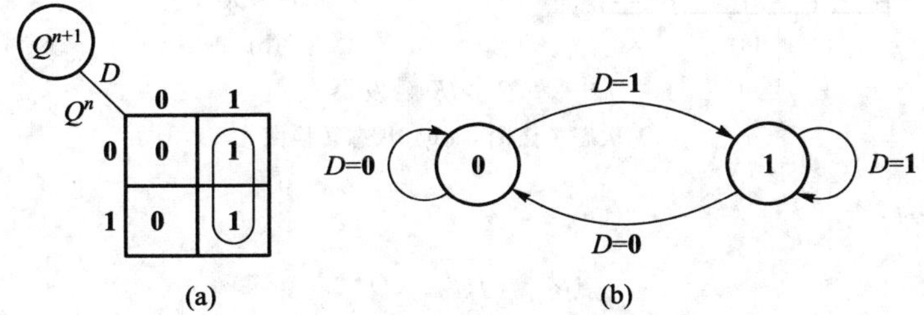

图 4.5.1　D 触发器

(a) 次态卡诺图　(b) 状态转换图

由次态卡诺图可以得出 D 触发器的特性方程为

$$Q^{n+1}=D \tag{4.5.1}$$

即 D 触发器的次态 Q^{n+1} 是由输入 D 的状态决定的。

2. JK 触发器

下降沿触发的 JK 触发器的状态转换表如表 4.5.2 所示。

表 4.5.2　JK 触发器的状态转换表

CP	J	K	Q^n	Q^{n+1}	说　明
×	×	×			状态不变
↓	0	0	0	0	$Q^{n+1}=Q^n$
	0	0	1	1	
↓	0	1	0	0	$Q^{n+1}=0$
	0	1	1	0	

续表

CP	J	K	Q^n	Q^{n+1}	说　明
↓	**1**	**0**	**0**	**1**	$Q^{n+1}=\mathbf{1}$
	1	**0**	**1**	**1**	
↓	**1**	**1**	**0**	**1**	$Q^{n+1}=\overline{Q^n}$
	1	**1**	**1**	**0**	

JK 触发器的次态卡诺图和状态转换图如图 4.5.2 所示。

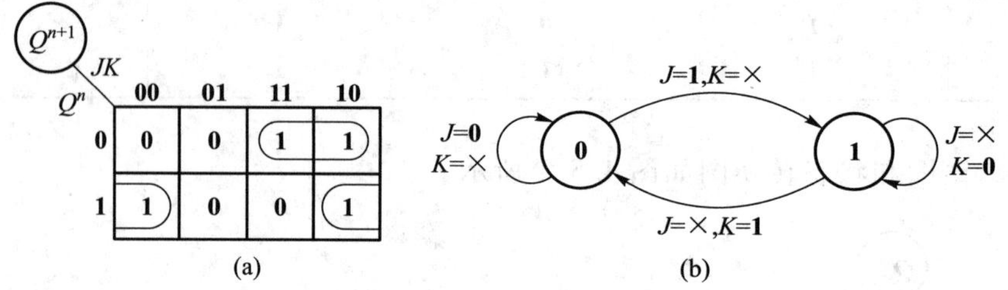

图 4.5.2　*JK* 触发器

（a）次态卡诺图　（b）状态转换图

它的特性方程为

$$Q^{n+1}=J\overline{Q^n}+\overline{K}Q^n \tag{4.5.2}$$

由状态转换表、特性方程或状态图均可看出，当 $J=\mathbf{1}$，$K=\mathbf{0}$ 时，触发器的次态将被置 **1**（$Q^{n+1}=\mathbf{1}$）；当 $J=\mathbf{0}$，$K=\mathbf{1}$ 时，触发器的次态将被清 **0**（$Q^{n+1}=\mathbf{0}$）；当 $J=K=\mathbf{0}$ 时，触发器状态保持不变（$Q^{n+1}=Q^n$）；当 $J=K=\mathbf{1}$ 时，触发器翻转（$Q^{n+1}=\overline{Q^n}$），触发器处于计数状态。在所有类型的触发器中，*JK* 触发器具有最强的逻辑功能，它能执行置 **1**、清 **0**、保持和计数四种操作，并可容易地转换为其他功能的触发器，因此，在数字电路中有较广泛的应用。

3. *T* 触发器

在某些应用中，需要对触发器的计数功能进行控制，当控制信号 $T=\mathbf{1}$ 时，每来一个 *CP* 脉冲，它的状态翻转一次；而当 $T=\mathbf{0}$ 时，则不对 *CP* 信号做出响应而保持状态不变。具备这种逻辑功能的触发器称为 *T* 触发器。*T* 触发器也是一种重要的触发器。

上升沿触发的 *T* 触发器的状态转换表如表 4.5.3 所示。

表 4.5.3　*T* 触发器的状态转换表

CP	T	Q^n	Q^{n+1}	说　明
×	×			状态不变
↑	**0**	**0**	**0**	$Q^{n+1}=Q^n$
↑	**0**	**1**	**1**	

续表

CP	T	Q^n	Q^{n+1}	说　明
↑	**1**	**0**	**1**	$Q^{n+1}=\overline{Q^n}$
↑	**1**	**1**	**0**	

它的次态卡诺图及状态转换图如图 4.5.3 所示。

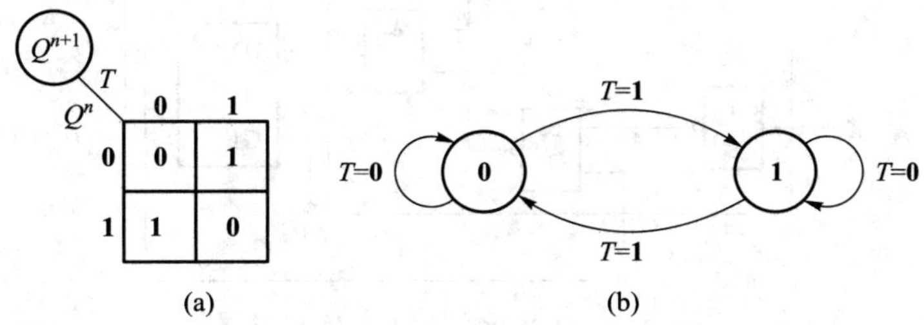

图 4.5.3　T 触发器

(a) 次态卡诺图　(b) 状态转换图

T 触发器的状态方程为

$$Q^{n+1}=T\overline{Q^n}+\overline{T}Q^n=T\oplus Q^n \tag{4.5.3}$$

由此可知，T 触发器的功能是：当 $T=\mathbf{1}$ 时处于计数状态，$Q^{n+1}=\overline{Q^n}$；$T=\mathbf{0}$ 时处于保持状态，$Q^{n+1}=Q^n$。

比较式(4.5.2)和式(4.5.3)，如果令 $J=K=T$，则两式相同。即只要将 JK 触发器的 J、K 连接在一起作为 T 输入，就可以实现 T 触发器的功能。因此，在小规模集成触发器产品中没有专门的 T 触发器。

如使 T 触发器输入信号 T 恒等于 **1**，则构成 T′触发器。它的特征方程为

$$Q^{n+1}=\overline{Q^n} \tag{4.5.4}$$

每来一个 CP 脉冲，T′触发器状态变换一次，故称其为翻转触发器或计数器。T′触发器是一位二进制计数器或二分频电路，T′触发器是 T 触发器的一种特殊使用方式。

4. RS 触发器

RS 触发器的状态转换表、次态卡诺图、特征方程及状态转换图与时钟控制 RS 锁存器相同。由于在 $S=R=\mathbf{1}$ 时这种触发器的次态不能确定，这种触发器用得较少。

4.5.2　触发器之间的转换

JK、D 和 T 触发器是目前数字集成电路中常用的触发器。如果需要一种逻辑功能的触发器，而又只有另一种逻辑功能的触发器，则可将已有的触发器适当加一些组合电路来代替。

1. D 触发器改为 JK 触发器

已知 D 触发器的特性方程为 $Q^{n+1}=D$。而 JK 触发器的特性方程为 $Q^{n+1}=J\overline{Q^n}+\overline{K}Q^n$，如果用一

个组合逻辑转换电路使 $D=J\overline{Q^n}+\overline{K}Q^n$,就能构成一个 JK 触发器。如用摩根定理将 $D=J\overline{Q^n}+\overline{K}Q^n$ 化为**与非-与非**逻辑式 $D=J\overline{Q^n}+\overline{K}Q^n=\overline{\overline{J\overline{Q^n}}\ \overline{\overline{K}Q^n}}$,转换电路可以用**与非**门实现,如图 4.5.4 所示。

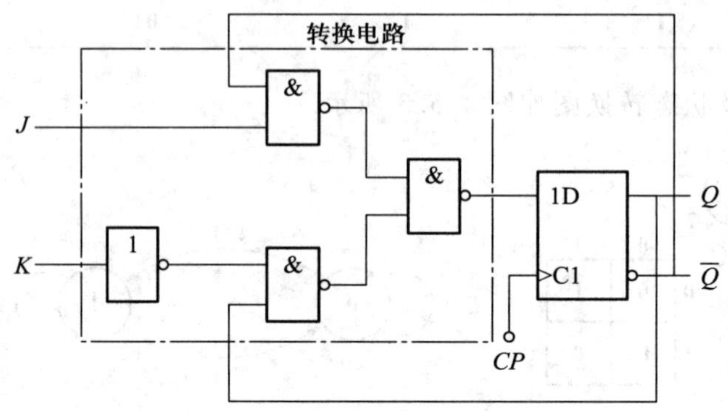

图 4.5.4　D 触发器转换为 JK 触发器

2. D 触发器转换为 T 触发器

D 触发器的特性方程为 $Q^{n+1}=D$,而 T 触发器的特性方程为 $Q^{n+1}=Q^n\oplus T$,因此可用**异或**门构成转换电路,如图 4.5.5 所示。

3. JK 触发器转换为 D 触发器

已知 JK 触发器的特性方程为 $Q^{n+1}=J\overline{Q^n}+\overline{K}Q^n$,而 D 触发器的特性方程为 $Q^{n+1}=D$,将 D 触发器的特性方程经过变换,得 $Q^{n+1}=D(Q^n+\overline{Q}^n)=DQ^n+D\overline{Q^n}$。比较两种触发器的特性方程可知,如果使 $J=D,K=\overline{D}$,即可将 JK 触发器转换成 D 触发器,如图 4.5.6 所示。

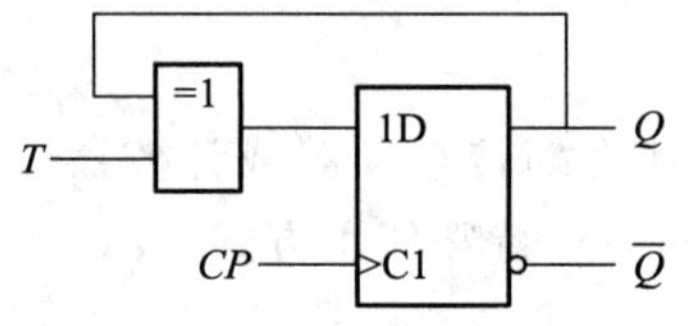

图 4.5.5　D 触发器转换为 T 触发器

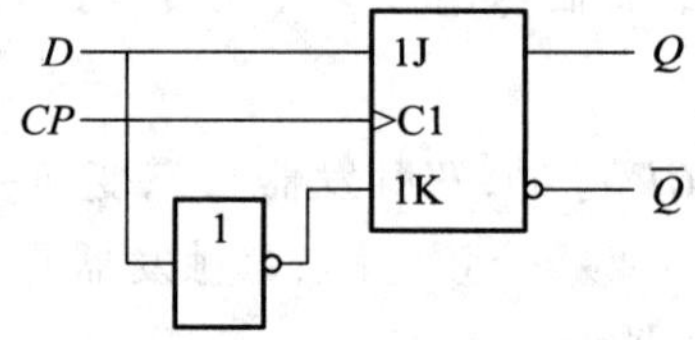

图 4.5.6　JK 触发器转换为 D 触发器

[例 **4.5.1**]　已知下降沿触发 JK 触发器的输入波形如图 4.5.7 所示,试画出 Q 的波形。设触发器的初始状态为 **0**。

[解]　由于 JK 触发器是下降沿触发,所以在每个 CP 的下降沿观察 JK 的情况。根据 JK 触发器的逻辑功能,画出 Q 的波形如图 4.5.8 所示。

[例 **4.5.2**]　已知图 4.5.9(a)所示逻辑电路的输入波形如图(b)所示,试画出 Q 的波形。设触发器的初态均为 **0**。

[解]　根据 D 触发器的逻辑功能,可画出 Q 的波形如图 4.5.10 所示。

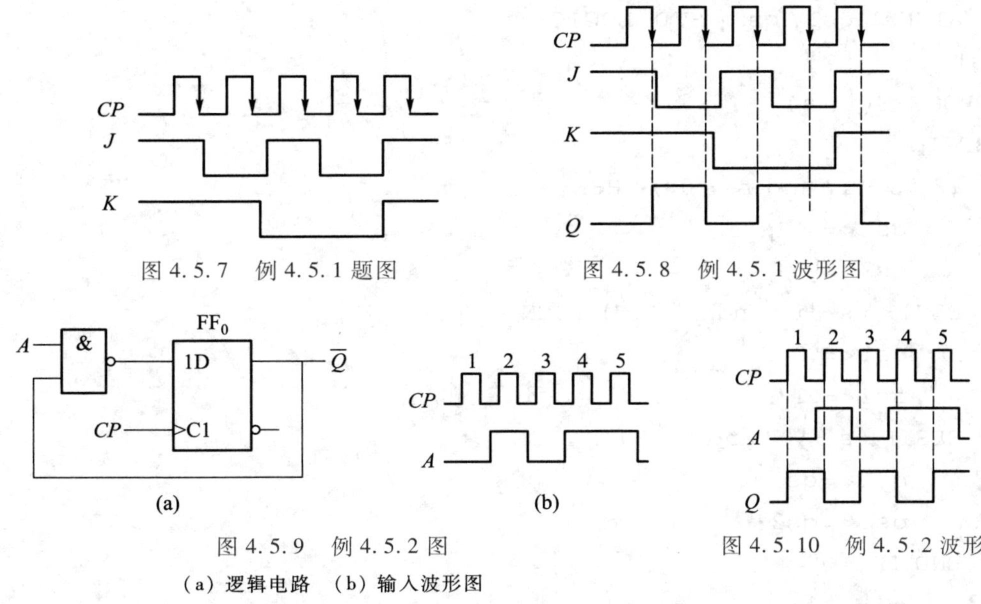

图 4.5.7　例 4.5.1 题图

图 4.5.8　例 4.5.1 波形图

图 4.5.9　例 4.5.2 图
（a）逻辑电路　（b）输入波形图

图 4.5.10　例 4.5.2 波形

4.6　触发器的 VHDL 描述

锁存器和触发器的逻辑功能用 VHDL 中的进程 PROCESS 来描述比较方便。要注意的是：在时钟控制锁存器 PROCESS 的敏化变量表里，既有时钟控制信号，也有输入信号；由于只有在时钟信号的边沿到来时，触发器的状态才会发生变化，所以 PROCESS 的敏化变量表里就不必出现输入信号。在 VHDL 中，时钟边沿可以有多种描述，例如可以 IF 语句描述 clk 上升沿。

```
IF(clk'EVENT AND clk='1') THEN
IF (RISIN_EDGE(clk)) THEN
```

下面给出基本 *RS* 锁存器和 *JK* 触发器的 VHDL 源程序。

［**例 4.6.1**］　基本 *RS* 锁存器 VHDL 描述

```
LIBRARY ieee;
USE ieee.std_logic_1164.all;
USE ieee.std_logic_unsigned.all;
ENTITY rs_reg IS
  PORT(r, s:IN STD_LOGIC;
    q, not_q: OUT STD_LOGIC);
END rs_reg;
ARCHITECTURE behav OF rs_reg IS
```

```
    SIGNAL qs1, qs2: STD_LOGIC;
BEGIN
  PROCESS(r, s)
  BEGIN
    IF (s='1' and r ='0') THEN
        qs1<='1';
        qs2<='0';
    ELSIF (s='0' and r ='1') THEN
        qs1<='0';
        qs2<='1';
    ELSIF (s ='0' and r ='0') THEN
        qs1<=qs1;
        qs2<=qs2;
    END IF;
        q<=qs1;
        not_q<=qs2;
  END PROCESS;
END behav;
```

［例 **4.6.2**］ *JK* 触发器的 VHDL 描述程序

```
LIBRARY ieee;
USE ieee.std_logic_1164.all;
ENTITY jkff IS
  PORT(pset,clr,clk,j,k: IN STD_LOGIC;
            q, qb: OUT STD_LOGIC);
END jkff;
ARCHITECTURE rtl OF jkff IS
  SIGNAL qs, qbs: STD_LOGIC;
BEGIN
  PROCESS (pset, clr, clk)
  BEGIN
    IF (pset ='0') THEN
      qs<='1';
      qbs<='0';
    ELSIF (clr='0') THEN
      qs<='0';
```

```
      qbs<='1';
    ELSIF(clk'EVENT AND clk='1') THEN
      IF (j='0') AND (k='1') THEN
        qs<='0';
        qbs<='1';
      ELSIF (j='1') AND (k='0') THEN
        qs<='1';
        qbs<='0';
      ELSIF (j='1') AND (k='1') THEN
        qs<=NOT qs;
        qbs<=NOT qbs;
      ELSIF (j='0') AND (k='0') THEN
        qs<=qs;
        qbs<=qbs;
      END IF;
    END IF;
      q<=qs;
      qb<=qbs;
  END PROCESS;
END rtl;
```

本章小结

本章介绍了锁存器和触发器的电路结构、功能特点以及描述它们状态的方法。

根据电路结构,锁存器可分为基本锁存器、时钟控制锁存器;触发器可分为主从触发器、边沿触发器等。

根据控制方式,触发器可分为基本 *RS* 触发器、时钟控制触发器、主从触发器和边沿触发器。

按逻辑功能,触发器分为 *RS* 触发器、*JK* 触发器、*D* 触发器、*T* 触发器等。

另外,按制作工艺可分为 TTL 型、CMOS 型等。

同类功能的触发器可采用不同结构的电路来实现,相同结构形式的电路又可构成不同逻辑功能的触发器,并可通过外接电路,实现功能转换。

描述触发器状态的方法有状态表、特性方程、状态转换图等,这些描述方法之间可互相转换。另外,触发器的工作波形也能反映其工作方式。

为保证触发器在动态时能可靠翻转,对触发器的脉冲工作特性也做了简单说明。

本章要求掌握不同锁存器和触发器的功能特点、触发方式,并会正确地使用它们,为进一步学习时序电路打下基础。

最后,介绍了触发器的 VHDL 描述。

思考题和习题

思考题

4.1 锁存器与触发器有何区别?

4.2 触发器有哪些类型?

4.3 为避免由于干扰引起的误触发,应选用哪种类型的触发器?

4.4 什么是建立时间?

4.5 什么是保持时间?

4.6 触发时钟脉冲的最高频率与哪些要素有关?

4.7 什么是锁存器的不定状态?如何避免不定状态的出现?

4.8 什么是锁存器的多次翻转现象?如何避免多次翻转现象?

习题

4.1 根据图题 4.1 中输入信号 $\overline{R}$、$\overline{S}$ 的波形,画出图 4.2.1 中的基本 RS 锁存器的状态变化波形。

4.2 根据图题 4.2 所给的时钟脉冲波形及输入信号 R、S 的波形,画出图 4.2.5 中时钟控制 RS 锁存器输出 Q 的波形。

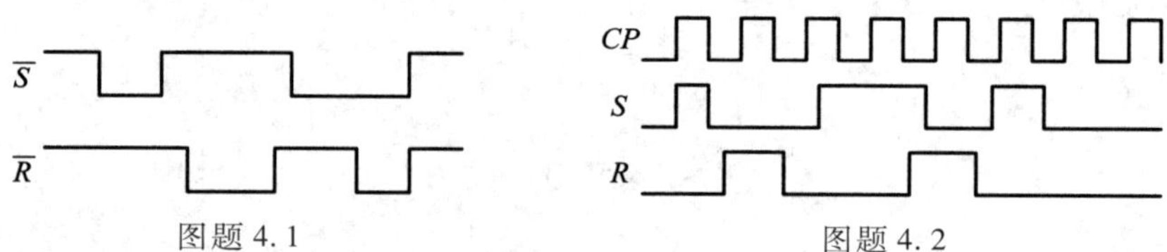

图题 4.1　　图题 4.2

4.3 主从 JK 触发器电路结构如图 4.3.1(a)所示,设初始状态为 **0**,已知 $\overline{S}=\mathbf{1}$,CP、J、K 和 $\overline{R}$ 的波形如图题 4.3 所示,试画出 Q_A、Q_B 的波形。

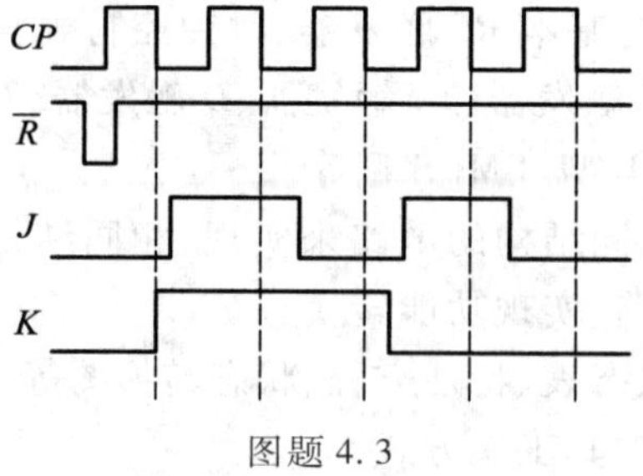

图题 4.3

4.4 图题 4.4 中各触发器的初始状态 $Q=\mathbf{0}$,试画出在触发脉冲 CP 作用下各触发器 Q 的波形。

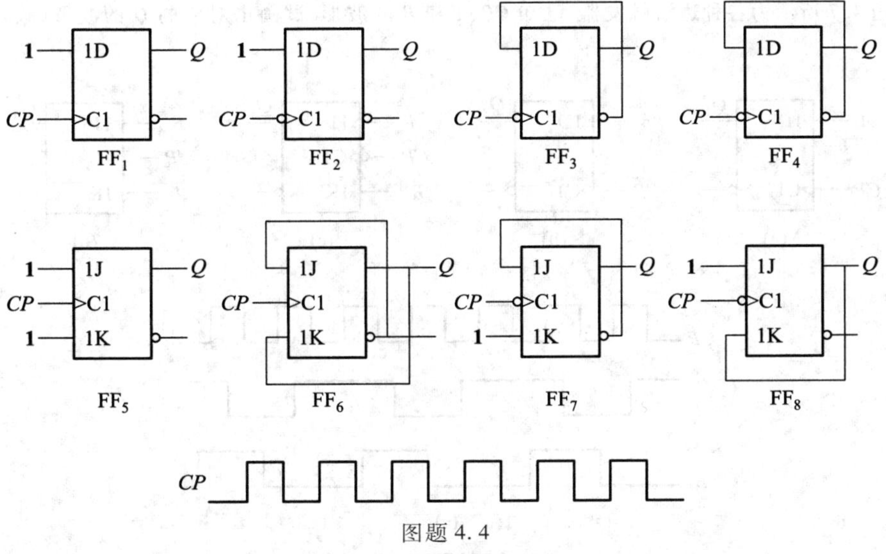

图题 4.4

4.5 D 触发器的逻辑电路和输入信号波形如图题 4.5(a)和(b)所示,设 Q 初态为 **0**,画出 Q 的波形图。

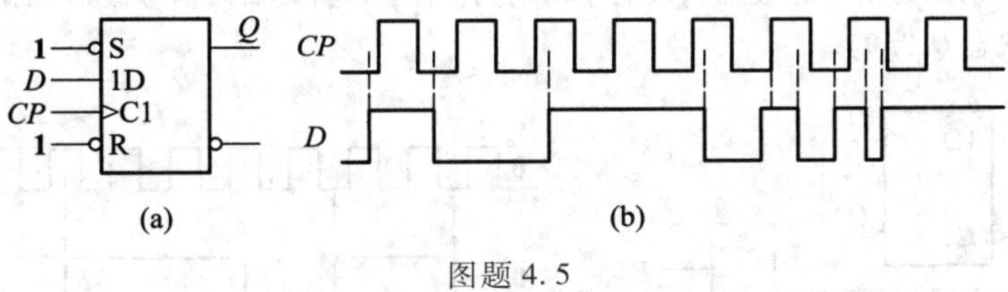

图题 4.5

4.6 分别画出图题 4.6(a)、(b)中 Q 的波形(设触发器的初始状态为 **0**)。

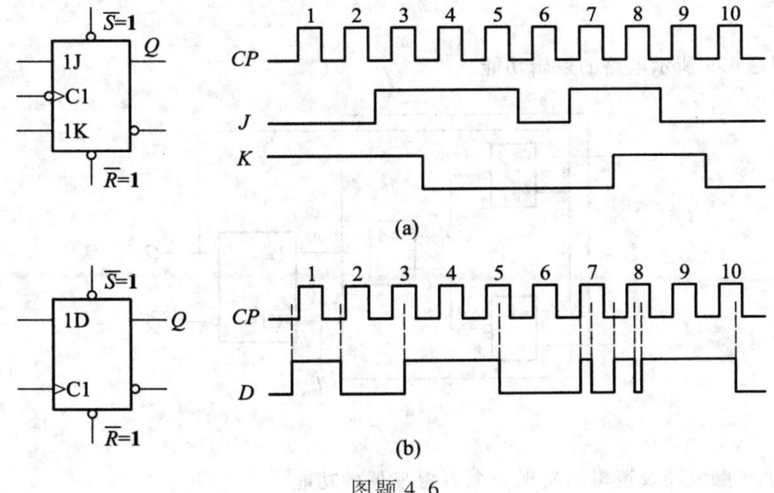

图题 4.6

4.7 图题 4.7 所示为各种边沿触发器，已知 CP、A 和 B 的波形，试画出对应的 Q 的波形（设触发器的初始状态为 **0**）。

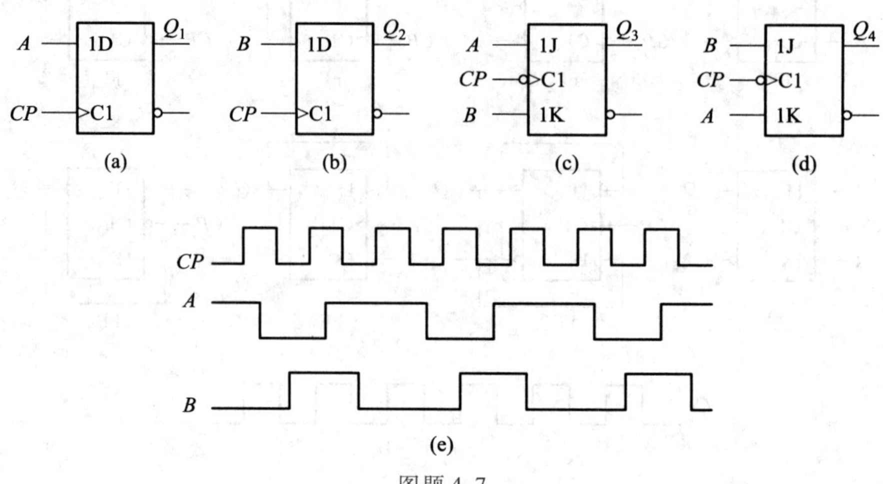

图题 4.7

4.8 图题 4.8(a)所示为由 D 触发器构成的逻辑电路。图(b)为其输入信号波形，试画出图题输出 P 的波形（设触发器的初始状态 Q 为 **0**）。

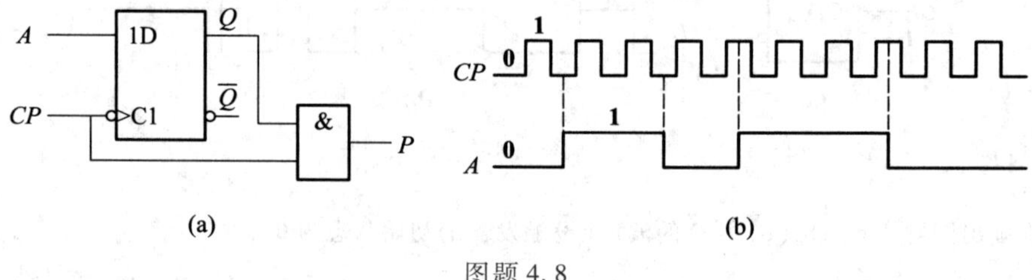

图题 4.8

4.9 试分析图题 4.9 所示电路的逻辑功能。

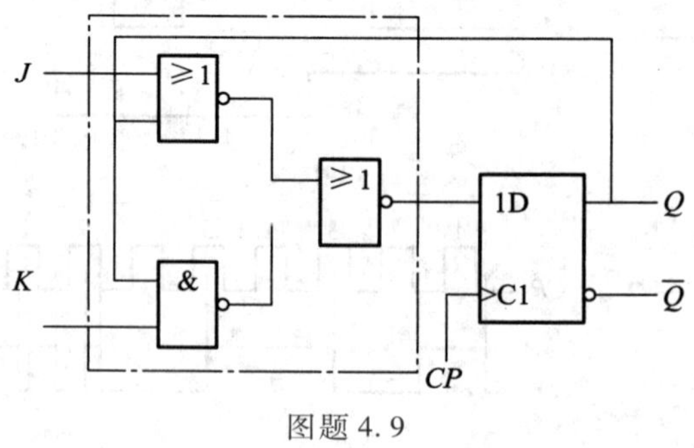

图题 4.9

4.10 试用一个 T 触发器及逻辑门实现一个 D 触发器的功能。

4.11 试用一个 D 触发器及逻辑门实现一个 T 触发器的功能。

4.12 图题 4.12(a)所示为由 D 触发器构成的逻辑电路。图(b)为其输入信号波形,试画出输出 Q 的波形(设触发器的初始状态 Q 为 **0**)。

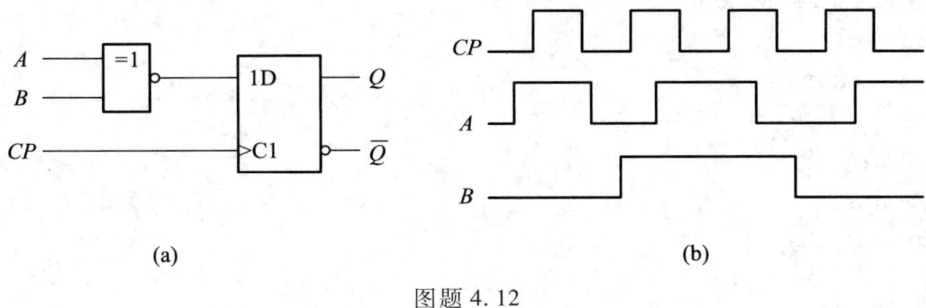

图题 4.12

4.13 试画出图题 4.13(a)电路中 Q_2 的输出波形(已知 CP_1 和 CP_2 如图题 4.13(b)所示,设触发器的初始状态为 **0**)。

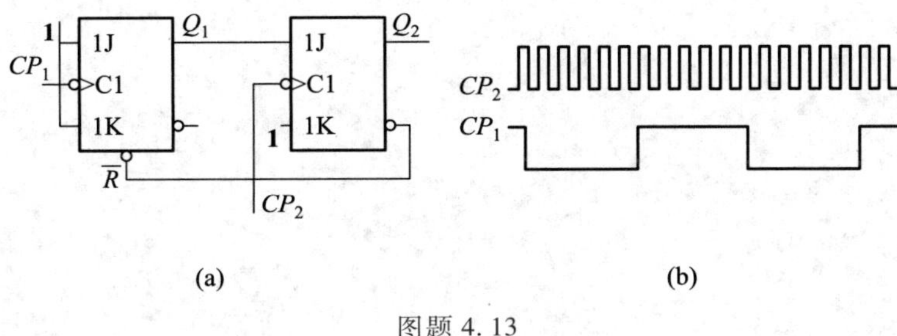

图题 4.13

4.14 试编写上升沿触发 T 触发器的 VHDL 程序。

4.15 阅读下面的 VHDL 程序,分析它描述的是哪一种触发器。

```
LIBRARY ieee;
USE ieee.std_logic_1164.all;
ENTITY dff IS
    PORT(pset,clr,clk,d:IN STD_LOGIC;
                q, qb: OUT STD_LOGIC);
END dff;
ARCHITECTURE rt2 OF dff IS
  SIGNAL qs, qbs: STD_LOGIC;
BEGIN
  PROCESS (pset, clr, clk)
  BEGIN
    IF (pset ='0') THEN
        qs<='1';
        qbs<='0';
    ELSIF (clr='0') THEN
```

```
        qs<='0';
        qbs<='1';
    ELSIF (clk'EVENT AND clk='1') THEN
        qs<=d;
        qbs<=NOT d;
    END IF;
      q<=qs;
      qb<=qbs;
  END PROCESS;
END rt2;
```

5

时序逻辑电路

【内容提要】

本章重点学习时序逻辑电路的分析和设计方法。首先简单介绍时序逻辑电路的特点、分类和表示方法，以及基于触发器时序逻辑电路的分析和设计方法，然后介绍一些常用中规模集成电路，如移位寄存器和计数器等。最后讨论基于 MSI 时序逻辑电路的分析和设计方法。

5.1 时序电路的基本概念

5.1.1 时序电路的特点

时序逻辑电路(时序电路)是指:在任何时刻，逻辑电路的输出状态不仅取决于该时刻电路的输入状态，而且与电路原来的状态有关。**即电路的输出状态与时间顺序有关，因此称为时序逻辑电路，简称时序电路。由于电路的输出状态与过去的状态有关，所以电路中必需具有“记忆”功能的器件来记住电路过去的状态，并与输入信号一起共同决定电路的输出。**时序逻辑电路的一般结构框图如图 5.1.1 所示。

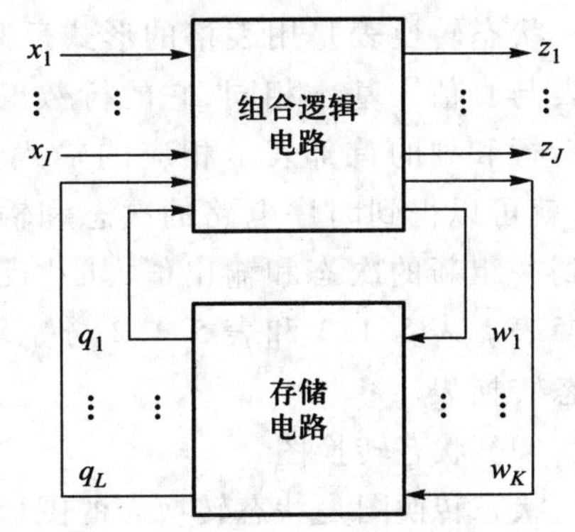

图 5.1.1　时序逻辑电路的一般结构框图

由图可见，时序逻辑电路一般由组合逻辑电路和存储电路两部分组成。图中 $X(x_1, x_2, \cdots, x_I)$ 代表外部输入信号，$Z(z_1, z_2, \cdots, z_J)$ 代表输出信号，$W(w_1, w_2, \cdots, w_K)$ 代表存储电路的输入信号，$Q(q_1, q_2, \cdots, q_L)$ 代表存储电路的输出状态。组合逻辑电路的部分输出 W 通过存储电路输出 Q 反馈到组合逻辑电路的输入，与外输入信号 X 共同决定组合逻辑电路的输出 Z。

这些信号之间的逻辑关系可以用三个向量方程来表示：

输出方程：$$Z(t_n)=F[X(t_n),Q(t_n)]$$

状态方程：$$Q(t_{n+1})=G[W(t_n),Q(t_n)]$$

驱动方程：$$W(t_n)=H[X(t_n),Q(t_n)]$$

式中 t_n 和 t_{n+1} 表示相邻的两个离散时间。由于时序电路状态一般在时钟脉冲到达时才发生变化，一般用 Q^{n+1} 表示次态 $Q(t_{n+1})$，而用 Q^n 表示现态 $Q(t_n)$。输出和驱动方程其实描述了组合逻辑电路的连接关系，所以一般可以忽略时间 t_n。

5.1.2 时序电路的分类

根据存储电路中触发器状态变化的特点，将时序电路分为两大类：同步时序电路和异步时序电路。在同步时序电路中，所有触发器的时钟都接在同一时钟信号上，它们的状态在时钟脉冲到达时同时发生变化；而在异步时序电路中，至少一个触发器的时钟没有接在同一时钟信号上，触发器状态变化由各自的时钟脉冲信号决定。

时序逻辑电路中的存储电路部分是必不可少的，而组合电路部分则随具体电路而定。许多实际的时序电路或者没有组合电路或者没有外部输入信号，但它们仍具有时序逻辑电路的基本特征。若时序逻辑电路的输出信号仅取决于存储电路的状态，则称其为 Moore 型电路。而输出不仅取决于存储电路的状态，还取决于输入变量的状态，则称其为 Mealy 型电路。

5.1.3 时序电路的状态转换表、状态转换图和时序图

虽然由状态方程、驱动方程和输出方程可以完整地描述一个时序逻辑电路的逻辑功能，但它们不能够直观地反映电路状态的转换过程。为了更清楚地表现时序逻辑电路状态和输出在时钟作用下的整个变化过程，可以用状态转换表、状态转换图和时序波形图来表示电路的逻辑功能。

(1) 状态转换表

状态转换表是用表格的形式反映时序逻辑电路现态及输入同输出及次态的关系。状态转换表与真值表基本相同，它的行数等于该电路的状态数，列数等于输入信号组合(输入状态)数。行和列的首部表示相应的输入和现态。把一组输入变量和现态代入状态方程和输出方程，就可以得到时序电路的次态和输出，把次态作为新的初态和这时的输入一起代入方程又可得到一组新的次态和输出值，如此反复进行并把它们填入状态转换表中即可得到完整的状态转换表。表 5.1.1 和表 5.1.2 分别示出了某一个特定的 Mealy 型和 Moore 型时序逻辑电路的状态转换表。

(2) 状态转换图

状态转换图是状态转换表的图形表示方式。状态转换图中的结点表示状态，连接结点的线段表示状态之间的转换，转换方向用指向达到状态的箭头来表示。引起状态转换的信号条件用

逻辑表达式或输入组合来标明，将它们放在线的上面或下面。图 5.1.2(a)和(b)分别表示出了表 5.1.1、表 5.1.2 所示的 Mealy 型电路与 Moore 型电路的状态转换图。对 Mealy 型电路，箭头旁注明当前状态时的输入变量 X 和输出变量 Z 的值，常以 X/Z 的形式来表示。对 Moore 型电路，输出变量 Z 的值只与现态有关，应以 S^n/Z 的形式放在小圆圈内。但有时也不做特别区分，也以 X/Z的形式来表示。

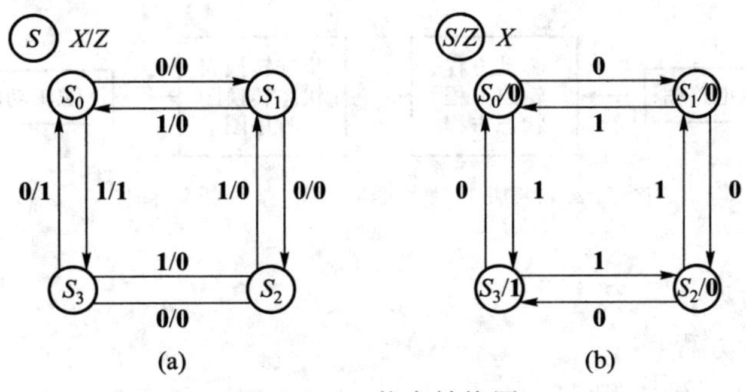

图 5.1.2　状态转换图

(a) Mealy 型状态转换图　(b) Moore 型状态转换图

表 5.1.1　Mealy 型状态转换表

S^n \ X (S^{n+1}/Z)	0	1
S_0	$S_1/0$	$S_3/1$
S_1	$S_2/0$	$S_0/0$
S_2	$S_3/0$	$S_1/0$
S_3	$S_0/1$	$S_2/0$

表 5.1.2　Moore 型状态转换表

S^n \ X (S^{n+1})	0	1	Z
S_0	S_1	S_3	0
S_1	S_2	S_0	0
S_2	S_3	S_1	0
S_3	S_0	S_2	1

(3) 时序图

时序图就是反映时序逻辑电路的输入信号、时钟信号、输出信号及电路的状态转换等在时间上的对应关系的工作波形图。

5.2　基于触发器时序电路的分析

时序逻辑电路中的基本单元是触发器。基于触发器时序逻辑电路的分析是时序逻辑电路分析的基础。

5.2.1 分析方法

分析一个基于触发器的时序电路，是根据给定的逻辑电路图，在输入及时钟作用下，找出电路的状态及输出的变化规律，从而了解其逻辑功能。图 5.2.1 是分析基于触发器时序电路的流程图。

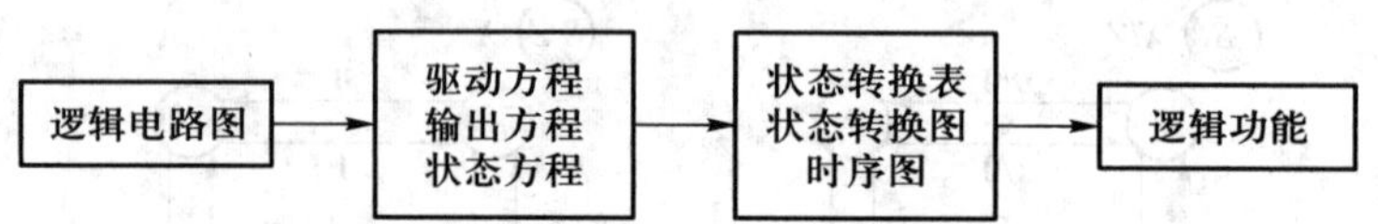

图 5.2.1 基于触发器时序电路分析流程图

分析的一般步骤为

(1) 写出三个向量方程

① 写出驱动方程及时钟方程

根据逻辑电路图，先写出各触发器的驱动方程。触发器的驱动方程是触发器输入端的逻辑函数，例如 JK 触发器的 J 和 K，D 触发器的 D 等。由于异步时序电路的存储电路结构与同步时序电路不同，异步时序电路需要另外写时钟方程，分析方法稍微复杂一些。

② 求输出方程

输出方程表达了电路的外部输出与触发器现态及外部输入之间的逻辑关系。需要特别注意的是输出 Z 与触发器的现态 Q^n 而不是次态 Q^{n+1} 有关。

③ 求状态方程

将①中得到的驱动方程代入触发器的特性方程中，得出每个触发器的状态方程。状态方程实际上是依据触发器的不同连接，具体化了的触发器的特性方程。它反映了触发器次态与现态及外部输入之间的逻辑关系。

(2) 列出状态转换表，画出状态转换图

① 状态转换表

首先应根据状态方程和输出方程画出各触发器的次态卡诺图及输出 Z 的卡诺图。由次态卡诺图可以很方便地列出状态转换表。

② 画出状态转换图

由状态转换表可以画出状态转换图。

③ 时序图

由状态转换表或状态转换图可以画出时序图，即工作波形图。

(3) 说明逻辑功能

根据状态转换表或状态转换图，通过分析，即可获得电路的逻辑功能。

5.2.2 同步时序电路的分析

下面举例说明分析基于触发器的同步时序电路的方法。

［例 **5.2.1**］ 分析如图 5.2.2 所示时序电路的逻辑功能。

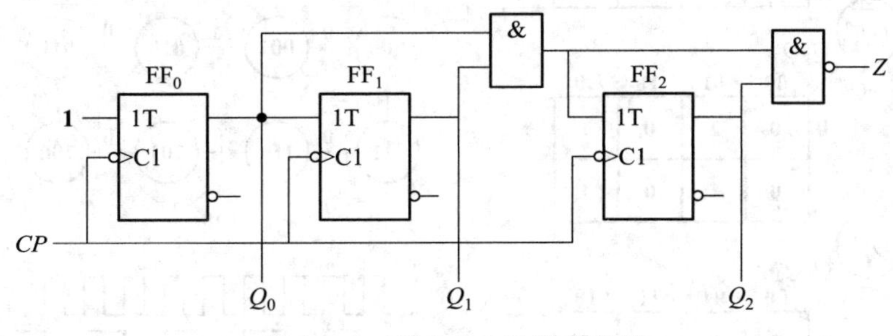

图 5.2.2 例 5.2.1 时序电路图

［解］ 这个电路的组合逻辑电路部分是两个**与**门。存储电路部分是三个 T 触发器，Z 为外部输出，三个触发器由同一时钟 CP 控制，显然是同步时序电路。分析步骤如下：

（1）写出三个向量方程。

① 写出驱动方程

$$T_0 = \mathbf{1}$$

$$T_1 = Q_0$$

$$T_2 = Q_1 Q_0$$

② 求输出方程

$$Z = Q_2^n Q_1^n Q_0^n$$

③ 求状态方程

将驱动方程带入 T 触发器的特性方程

$$Q^{n+1} = T \oplus Q^n$$

可得状态方程为

$$Q_0^{n+1} = T_0 \oplus Q_0^n = \overline{Q_0^n}$$

$$Q_1^{n+1} = T_1 \oplus Q_1^n = Q_0^n \oplus Q_1^n = Q_1^n \overline{Q_0^n} + \overline{Q_1^n} Q_0^n$$

$$Q_2^{n+1} = T_2 \oplus Q_2^n = (Q_0^n Q_1^n) \oplus Q_2^n = \overline{Q_2^n} Q_1^n Q_0^n + Q_2^n \overline{Q_0^n} + Q_2^n \overline{Q_1^n}$$

（2）列出状态转换表、画出状态转换图。

① 状态转换表

在本例的状态转换表中，输入变量为 $Q_2^n Q_1^n Q_0^n$，输出变量为 $Q_2^{n+1} Q_1^{n+1} Q_0^{n+1} Z$。次态卡诺图见图 5.2.3(a)。完整的状态转换表见表 5.2.1。

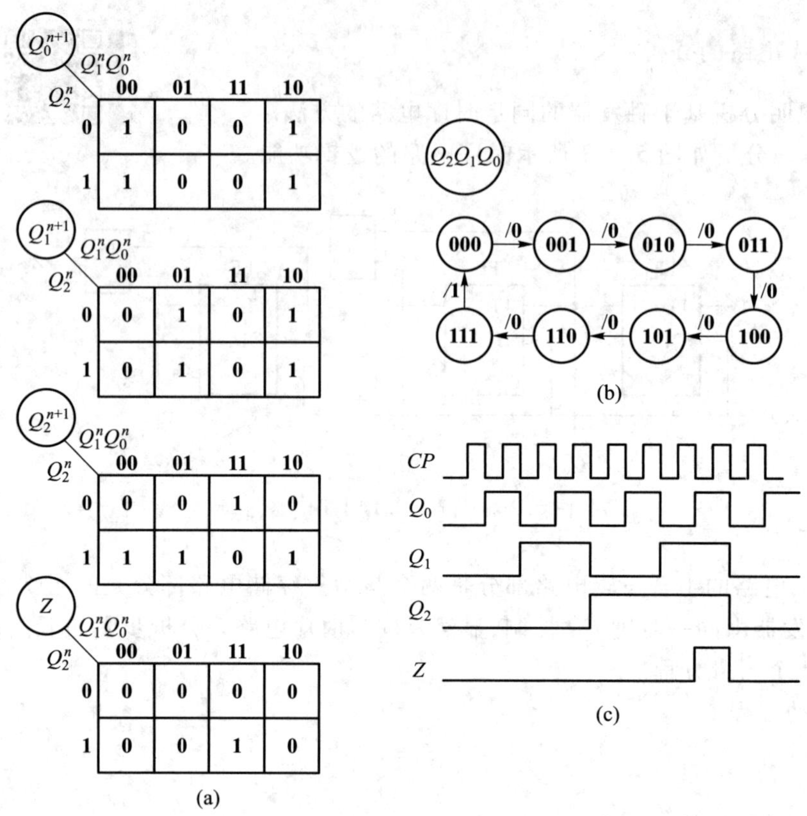

图 5.2.3　例 5.2.1 Q_0^{n+1},Q_1^{n+1},Q_2^{n+1} 的次态卡诺图、状态转换图及时序图

(a) 次态卡诺图　(b) 状态转换图　(c) 时序图

表 5.2.1　例 5.2.1 的状态转换表

Q_2^n	Q_1^n	Q_0^n	Q_2^{n+1}	Q_1^{n+1}	Q_0^{n+1}	Z
0	0	0	0	0	1	0
0	0	1	0	1	0	0
0	1	0	0	1	1	0
0	1	1	1	0	0	0
1	0	0	1	0	1	0
1	0	1	1	1	0	0
1	1	0	1	1	1	0
1	1	1	0	0	0	1

② 状态转换图

由状态转换表可以画出状态转换图见图 5.2.3(b)。本例中,三个触发器共有八个状态 **000**,

001,…,**111**。本例是 Moore 型电路,按说输出 Z 应该画在状态框内,这里采用了 Mealy 型电路的画法。但由于没有外部输入,所以 X/Z 斜线上方没有注字。

③ 时序图

画出时序图见图 5.2.3(c)。

(3) 说明电路的逻辑功能。

随着时钟信号的作用,电路的状态转换次序为从 **000** 到 **111** 按二进制数递增,即当输入八个时钟脉冲后,恢复到初态 **000**,循环周期为 8。该电路为同步八进制加法计数器。Z 可以作为进位信号。

下面总结一下这类计数器的特点。通过分析表 5.2.1 可知,最低位触发器是来一个时钟脉冲翻转一次;除最低位外,其余触发器只有在其所有低位触发器输出都为 **1** 时,才能接收计数脉冲而动作。本例中 $T_0 = \mathbf{1}$,$T_1 = Q_0$,$T_2 = Q_1Q_0$,依此类推,若由 n 个 T 触发器组成这样的计数器,第 i 位 T 触发器的控制信号 T_i 的驱动方程为

$$T_i = Q_{i-1}\cdots Q_2\ Q_1\ Q_0$$

所构成的计数器为 2^n 进制计数器。

为了简单表示时序电路的状态转换规律,有时采用态序表代替状态转换表。在态序表中,以时钟脉冲作为状态转换顺序。首先根据某一初态 S_0 得到相应的次态 S_1,再以 S_1 为现态得到新的次态 S_2。依次排列下去,直至进入到循环状态。表 5.2.2 中列出本例的态序表,电路的初态设为 **000**。

表 5.2.2 例 5.2.1 的态序表

态序	触发器状态		
CP	Q_2	Q_1	Q_0
0	**0**	**0**	**0**
1	**0**	**0**	**1**
2	**0**	**1**	**0**
3	**0**	**1**	**1**
4	**1**	**0**	**0**
5	**1**	**0**	**1**
6	**1**	**1**	**0**
7	**1**	**1**	**1**

[例 **5.2.2**] 试分析图 5.2.4 所示的时序电路的逻辑功能。

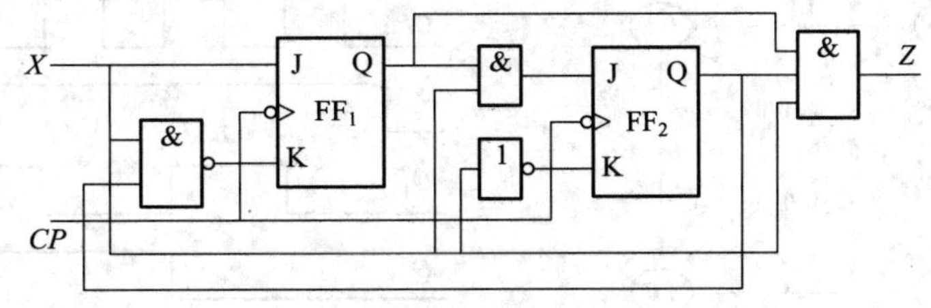

图 5.2.4 例 5.2.2 异步时序逻辑电路图

[解] (1) 写出各逻辑方程式。

输出方程

$$Z = XQ_2^nQ_1^n$$

驱动方程

$$J_1 = X, K_1 = \overline{XQ_2^n}$$

$$J_2 = XQ_1^n, K_2 = \overline{X}$$

（2）将驱动方程代入触发器的特性方程 $Q^{n+1} = J\overline{Q^n} + \overline{K}Q^n$，求出各触发器的状态方程。

$$Q_1^{n+1} = X\overline{Q_1^n} + XQ_2^nQ_1^n$$

$$Q_2^{n+1} = X\overline{Q_2^n}Q_1^n + XQ_2^n$$

（3）列状态转换表，画状态转换图和时序图。

电路的状态转换表如表 5.2.3 所示，根据状态转换表可画出电路的状态转换图如图 5.2.5 所示。若设电路的初始状态为 $Q_2^nQ_1^n = \mathbf{00}$，根据状态转换表和状态转换图，可画出在一系列 CP 脉冲作用下的时序图，如图 5.2.6 所示。

表 5.2.3 例 5.2.2 的状态转换表

X	Q_2^n	Q_1^n	Q_2^{n+1}	Q_1^{n+1}	Z
0	0	0	0	0	0
0	0	1	0	0	0
0	1	0	0	0	0
0	1	1	0	0	0
1	0	0	0	1	0
1	0	1	1	0	0
1	1	0	1	1	0
1	1	1	1	1	1

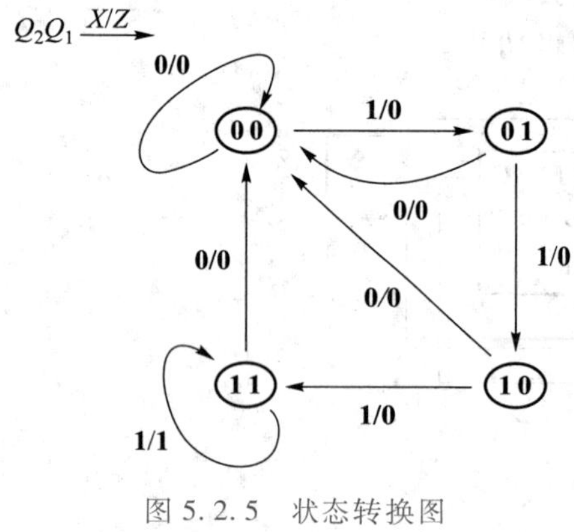

图 5.2.5 状态转换图

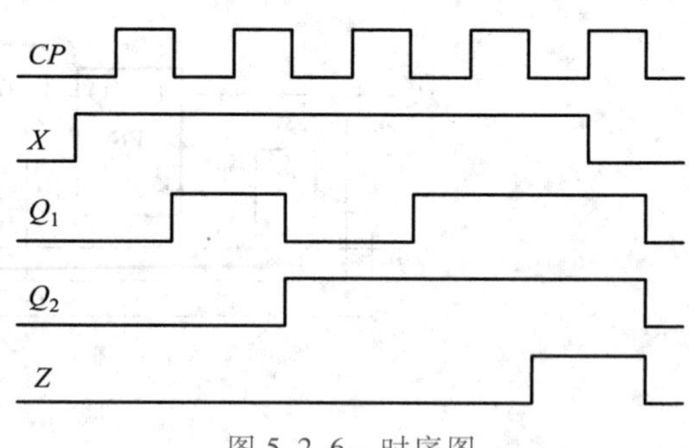

图 5.2.6 时序图

（4）逻辑功能分析。

由状态转换图看出，只要 $X = \mathbf{0}$，无论电路处于何种状态都回到 **00** 状态，且 $Z = \mathbf{0}$；在 $X = \mathbf{1}$ 以

后，只有连续输入4个或4个以上的**1**时，才使$Z=\mathbf{1}$。该电路的逻辑功能是对输入信号X进行检测，当连续输入4个或4个以上的**1**时，输出$Z=\mathbf{1}$，否则$Z=\mathbf{0}$。故该电路称作**1111**序列检测器。

5.2.3 异步时序电路的分析

异步时序电路的分析方法与同步时序电路的分析方法的共同之处在于同样需要先求出三个方程，而后做出状态转换表等。不过，需要特别注意的是，在异步时序电路中，每个触发器的时钟并不是一定接同一信号，而触发器翻转的必要条件是时钟端加合适的CP信号。所以状态方程所表示触发器的逻辑功能不是在每一个CP到来时都成立，而只是在触发器各自的时钟信号到来时，状态方程才能成立。为了体现这一点，异步时序电路的状态方程中要将时钟信号也作为一个逻辑条件，写在状态方程末尾，用(CP_i)来表示。CP_i用括号括起来表示在CP_i适当边沿状态方程成立。下面通过例子介绍异步时序电路的分析方法。

［例 **5.2.3**］ 图5.2.7为一异步时序逻辑电路图，试分析该电路的逻辑功能。

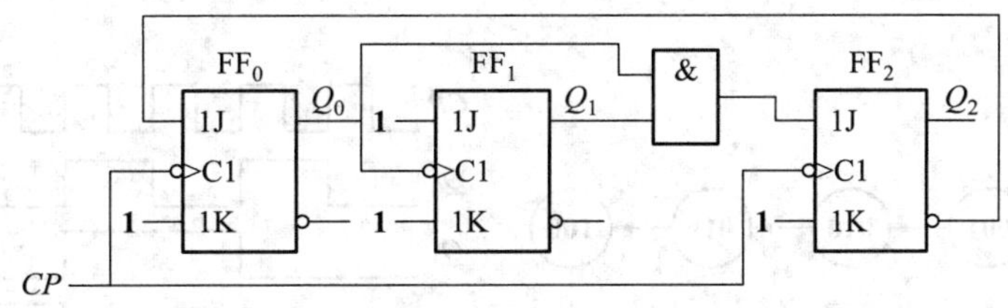

图5.2.7 例5.2.3逻辑电路图

［解］ (1) 写方程式。

① 写出触发器驱动方程和时钟方程

$$J_0=\overline{Q}_2,\quad K_0=\mathbf{1},\quad CP_0=CP$$
$$J_1=K_1=\mathbf{1},\quad CP_1=Q_0$$
$$J_2=Q_1Q_0,\quad K_2=\mathbf{1},\quad CP_2=CP$$

② 将驱动方程代入特性方程得状态方程

$$Q_0^{n+1}=\overline{Q}_2^n\,\overline{Q}_0^n\quad (CP_0)$$
$$Q_1^{n+1}=\overline{Q}_1^n\quad (CP_1)$$
$$Q_2^{n+1}=\overline{Q}_2^nQ_1^nQ_0^n\quad (CP_2)$$

(2) 根据状态方程列出状态转换表。

因为$CP_0=CP$，所以$Q_0^{n+1}=\overline{Q}_2^nQ_0^n$在每一个$CP$脉冲下降沿(用↓表示)时均成立。由此可得到表5.2.4 Q_0^{n+1}中的一列。同理$CP_2=CP$，$Q_2^{n+1}=\overline{Q}_2^nQ_1^nQ_0^n$也在每一个$CP$↓时均成立。由于$CP_1=Q_0$，只有在$Q_0$由**1**变**0**时，即表5.2.4中的第2、4、6、8行，$Q_1^{n+1}=\overline{Q}_1^n$才成立。在第1、3、5

和 7 行，Q_1 的状态保持不变，因而可得到表 5.2.4 中 Q_1^{n+1} 的一列。

表 5.2.4　例 5.2.3 的全状态转换表

Q_2^n	Q_1^n	Q_0^n	Q_2^{n+1}	Q_1^{n+1}	Q_0^{n+1}	CP_2	CP_1	CP_0
0	0	0	0	0	1	↓		↓
0	0	1	0	1	0	↓	↓	↓
0	1	0	0	1	1	↓		↓
0	1	1	1	0	0	↓	↓	↓
1	0	0	0	0	0	↓		↓
1	0	1	0	1	0	↓	↓	↓
1	1	0	0	1	0	↓		↓
1	1	1	0	0	0	↓	↓	↓

（3）画出状态转换图以及波形图如图 5.2.8 所示。从状态转换图可知，该电路是一个异步五进制加法计数器。

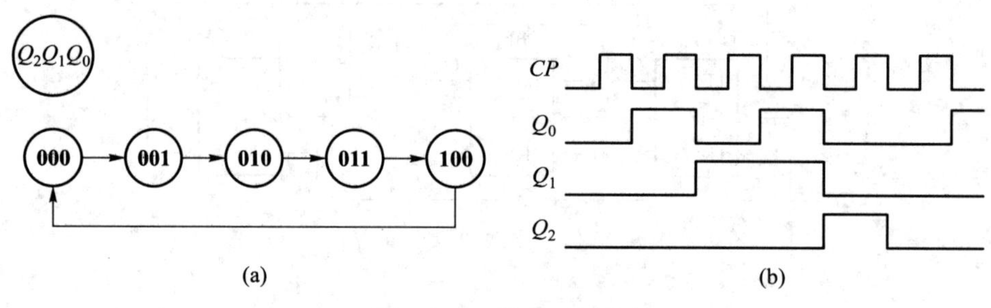

图 5.2.8　例 5.2.3 图

（a）状态转换图　（b）波形图

5.3　基于触发器时序电路的设计

■ 视频5-3
时序电路设计的步骤

5.3.1　设计步骤

时序电路的设计是分析的逆过程。要根据给出的具体逻辑问题，求出完成这一功能的逻辑电路。图 5.3.1 是基于触发器时序电路设计的流程图。

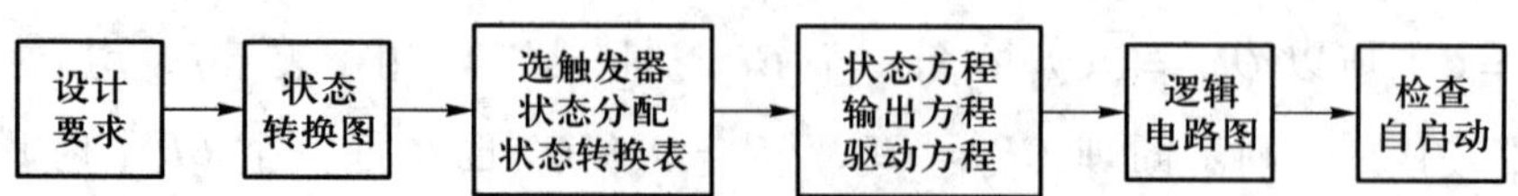

图 5.3.1　基于触发器时序电路设计流程图

(1) 画状态转换图

在把文字描述的设计要求变成状态转换图时,必须搞清要设计的电路有几个输入变量,几个输出变量,有多少信息需要存储。对每个需要记忆的信息用一个状态来表示,从而确定电路需要多少个状态。目前还没有可遵循的固定程式来画状态图,对于较复杂的逻辑问题,一般需要经过逻辑抽象,先画出原始状态转换图,再分析该转换图有无多余的状态,是否可以进行状态化简,力争获得最简状态转换图。

(2) 选择触发器,并进行状态分配

① 选触发器类型和数量

每个触发器有两个状态 **0** 和 **1**,n 个触发器能表示 2^n 个状态。如果用 N 表示该时序电路的状态数,则有

$$2^{n-1}<N\leqslant 2^n$$

② 状态分配

所谓状态分配是指对状态转换表中的每个状态 S_0、S_1、…、S_n 用二进制代码来表示的编码方式。所选代码的位数与 n 相同。状态分配不同,所得到的电路也不同。例如可选择 $S_0=\mathbf{0000}$,$S_1=\mathbf{0001}$,…,无须进行状态分配。若状态数 $N\leqslant 2^n$,多余状态可作为任意项处理。

③ 列状态转换表、画状态转换图

根据状态分配的结果可以列出状态转换表,由状态转换表可以画出状态转换图。

(3) 写出三个向量方程

① 求状态方程和输出方程

由状态转换表,画出次态卡诺图,从次态卡诺图可求得状态方程。如设计要求的输出量不是触发器的输出 Q_i,还需写出输出 Z 与触发器的现态 Q^n 相关的输出方程。

② 写出驱动方程和时钟方程

将①中得到状态方程与触发器的特性方程相比较,可求得驱动方程。对于异步时序逻辑电路还需写出时钟方程。

(4) 画逻辑电路图

根据驱动方程和输出方程,可以画出基于触发器的逻辑电路图。

(5) 检查自启动

所谓电路的自启动能力,是指电路状态处在任意态时,能否经过若干个 CP 脉冲后返回到主循环状态中。判断一个电路是否能够自启动,实际上是在某些特定状态下,对电路进行分析的过程。

同步时序电路中,时钟脉冲同时加到各触发器的时钟端,只需求出各触发器控制输入端的驱动方程。而异步时序电路的设计,除了决定各触发器控制输入端的驱动方程外,还需求出它们的时钟方程。下面先讨论同步时序电路设计方法,然后以行波计数器的设计为例,介绍异步时序电路的设计思想。

5.3.2 同步时序电路的设计

[例 **5.3.1**] 试用下降沿触发的 *JK* 触发器设计一个同步 8421 码十进制加法计数器。

[解] (1) 根据设计要求,作出状态转换图。

依题意,十进制计数器需要用十个状态来表示。十个状态循环后回到初始状态。设这十个状态为 S_0、S_1、S_2、…、S_9。状态转换图见图 5.3.2。

(2) 选择所用触发器的类型、个数以及进行状态分配。

① 选择所用触发器的类型和个数。

选择 *JK* 触发器。本例中,因为状态数 $N=10$,所以触发器个数 $n=4$。

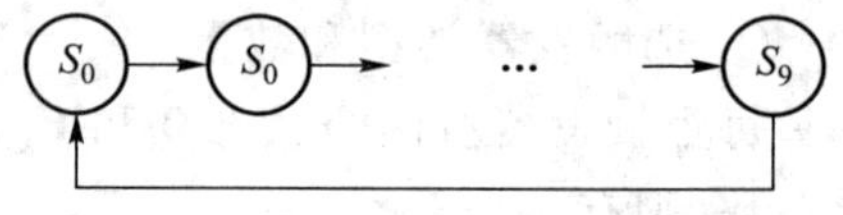

图 5.3.2 例 5.3.1 状态转换图

② 状态分配采用 8421 BCD 码。有 $S_0=\mathbf{0000}$, $S_1=\mathbf{0001}$, …, $S_9=\mathbf{1001}$。**1010**~**1111** 六个状态可作为任意项处理。

③ 根据状态分配的结果可以列出状态转换表如表 5.3.1 所示。

表 5.3.1 例 5.3.1 的状态转换表

CP	Q_3^n	Q_2^n	Q_1^n	Q_0^n	Q_3^{n+1}	Q_2^{n+1}	Q_1^{n+1}	Q_0^{n+1}
1	**0**	**0**	**0**	**0**	**0**	**0**	**0**	**1**
2	**0**	**0**	**0**	**1**	**0**	**0**	**1**	**0**
3	**0**	**0**	**1**	**0**	**0**	**0**	**1**	**1**
4	**0**	**0**	**1**	**1**	**0**	**1**	**0**	**0**
5	**0**	**1**	**0**	**0**	**0**	**1**	**0**	**1**
6	**0**	**1**	**0**	**1**	**0**	**1**	**1**	**0**
7	**0**	**1**	**1**	**0**	**0**	**1**	**1**	**1**
8	**0**	**1**	**1**	**1**	**1**	**0**	**0**	**0**
9	**1**	**0**	**0**	**0**	**1**	**0**	**0**	**1**
10	**1**	**0**	**0**	**1**	**0**	**0**	**0**	**0**

(3) 求出三个向量方程。

① 画次态卡诺图如图 5.3.3 所示。

Q_0^{n+1} $Q_3^nQ_2^n$ \ $Q_1^nQ_0^n$	**00**	**01**	**11**	**10**
00	**1**	**0**	**0**	**1**
01	**1**	**0**	**0**	**1**
11	×	×	×	×
10	**1**	**0**	×	×

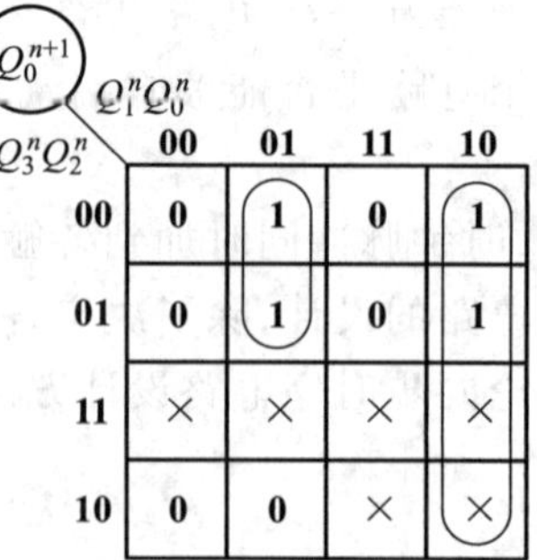

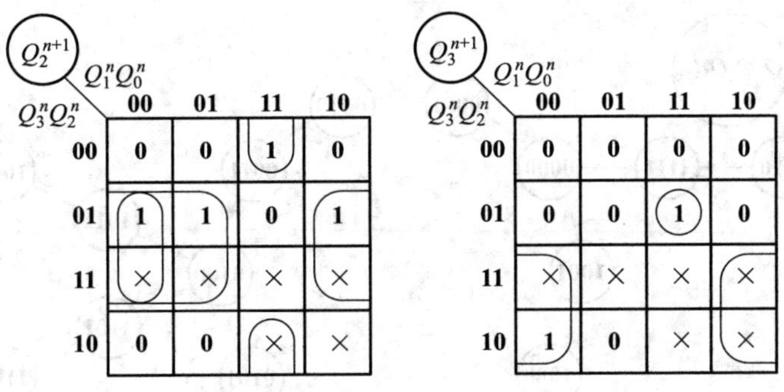

图 5.3.3　例 5.3.1 次态卡诺图

从图可得状态方程，如 FF_2 的状态方程为

$$\begin{aligned}Q_2^{n+1} &= Q_2^n\overline{Q_0^n}+Q_2^n\overline{Q_1^n}+\overline{Q_2^n}Q_1^nQ_0^n\\ &= Q_2^n(\overline{Q_1^n}+\overline{Q_0^n})+\overline{Q_2^n}Q_1^nQ_0^n\end{aligned}$$

② 与 *JK* 触发器特性方程比较可得 FF_2 的驱动方程。

$$J_2 = Q_1Q_0$$

$$K_2=\overline{\overline{Q_0^n}+\overline{Q_1^n}}=Q_1Q_0$$

同理可得其他驱动方程

$$J_3 = Q_2Q_1Q_0,\quad K_3 = Q_0$$

$$J_1=\overline{Q}_3Q_0,\quad K_1 = Q_0$$

$$J_0=\mathbf{1},\quad K_0=\mathbf{1}$$

（4）由驱动方程画出逻辑电路图，见图 5.3.4。

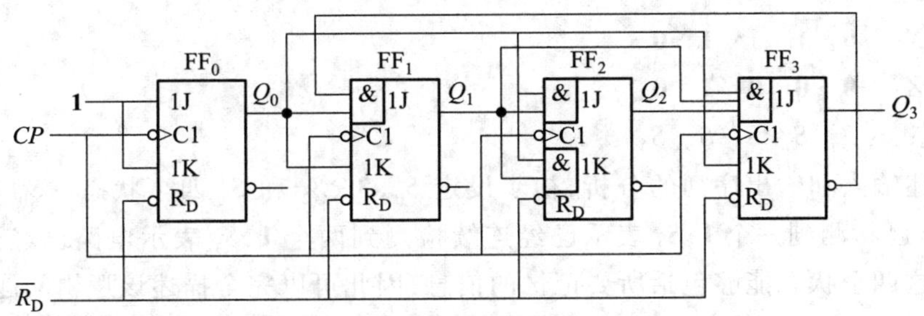

图 5.3.4　例 5.3.1 逻辑电路图

（5）检查电路的自启动能力。

由次态卡诺图可以得到电路状态为 **1010 ~ 1111** 时的次状态。例如初态为 **1010** 时，分别从 Q_0^{n+1}、Q_1^{n+1}、Q_2^{n+1} 和 Q_3^{n+1} 卡诺图上的相应方格得次态为 **1011**，**1011** 的次态又为 **0100**。同理 **1100→1101→0100**，**1110→1111→0000**。因此，可知该电路能够自启动。完整的状态转换图见图 5.3.5。

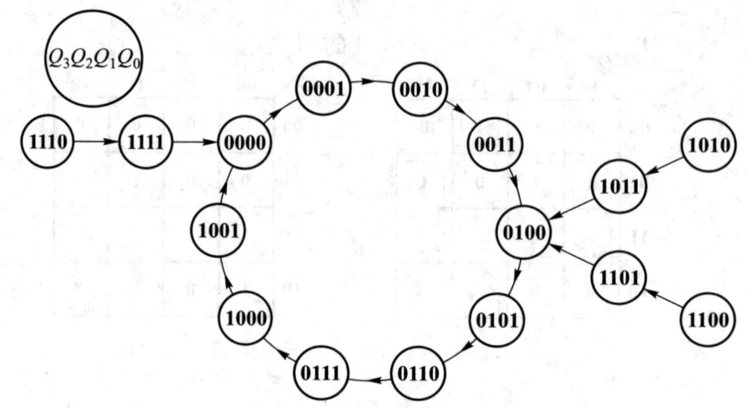

图 5.3.5　例 5.3.1 完整的状态转换图

在有些情况下，所设计的电路不能自启动。这时，一般需要修改电路设计，或者重新从状态分配这一步做起，或者修改次态卡诺图。其实，在画出次态卡诺图后就可以进行自启动检查，以避免到设计完成后再修改电路设计。

［例 **5.3.2**］　试设计 **111** 序列检测电路。该电路有一个串行输入 X 及一个输出 Z，电路在连续 3 个时钟上升沿检测到输入信号 X 都为 **1** 时，输出 Z 为 **1**，在其他情况下输出 Z 为 **0**。

［解］　按下列步骤进行设计。

（1）画状态转换图。

① 原始状态转换图

先确定电路应包含的状态个数。按照题意要求写出输入序列，然后根据输入和输出的关系，可以写出输出序列，即

时　钟 CP：　0　1　2　3　4

输入序列 X：　**0　1　1　1　0**

输出响应 Z：　**0　0　0　1　0**

状　　　态：　S_0　S_1　S_2　S_3　S_0

经过对上述输入和输出序列的分析，初步设定 S_0、S_1、S_2 和 S_3 四个状态。S_0 表示电路的初态，S_1 表示电路已检测到一个 **1**，S_2 表示已经连续检测到两个 **1**，S_3 表示电路已经连续检测到三个 **1** 的状态。这四个状态能够包括所要记忆的信息，因此可以完全描述该逻辑问题。

下面确定状态间的转换及输出。从初始状态 S_0 开始，如 $X_1=\mathbf{0}$，则电路仍应维持在状态 S_0；如 $X_1=\mathbf{1}$，则它可能是需检测序列的第一个 **1**，因而转向状态 S_1。如第二个输入 $X_2=\mathbf{0}$，则应返回状态 S_0；如 $X_2=\mathbf{1}$，则可能是需检测序列的第二个 **1**，电路由 S_1 进入 S_2。如第三个输入 $X_3=\mathbf{0}$，则它又不属于被检测序列，因此返回状态 S_0；如第三个输入 $X_3=\mathbf{1}$，则应为检测序列，输出 Z 为 **1**，同时进入状态 S_3。如第四个输入 $X_4=\mathbf{0}$，则表示该次检测的序列已结束，返回初态 S_0；如 $X_4=\mathbf{1}$，则仍为应检测序列，仍维持状态 S_3。由以上分析可以画出原始状态转换图如图 5.3.6 所示。

由原始状态转换图可以得到表 5.3.2 状态转换表。请注意电路在状态 S_2 而输入 $X=\mathbf{1}$ 时，在下一个 CP 上升沿到来（进入 S_3）前，输出 Z 应该保持 **0** 而不是 **1**，同样电路在状态 S_3 而输入 $X=\mathbf{0}$ 时，在下一个 CP 到来前输出应该保持 **1**。因此，本题的输出 Z 只与状态有关而与输入 X 无关。

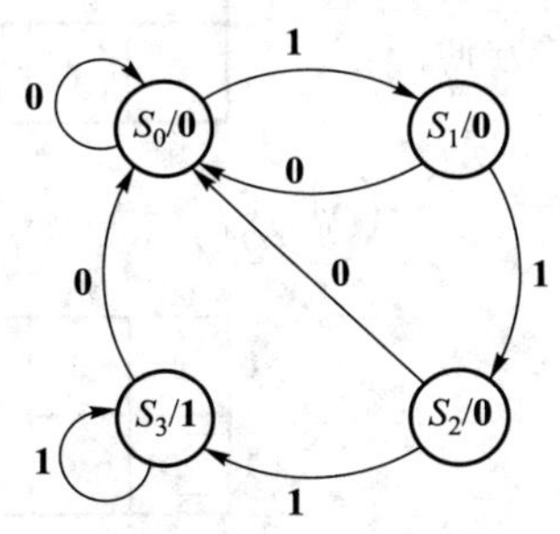

图 5.3.6 原始状态转换图

表 5.3.2 状态转换表

S \ X	0	1	Z
S_0	S_0	S_1	**0**
S_1	S_0	S_2	**0**
S_2	S_0	S_3	**0**
S_3	S_0	S_3	**1**

② 状态化简

在上面得到的状态转换表中可能包括多余状态，因此需要化简。可以利用该状态转换表，将等价的状态合并，从而得到简化的状态转换表（图）。

所谓等价状态是指两个状态在相同的输入条件下有相同的输出，并且转换到相同的新状态。两个等价状态对于任意的输入序列产生的输出序列相同。因此，它们在状态转换表中是重复的，可以合并为一个状态。

在较简单的状态表中，可以用观察法直观地找出状态的等价关系。在表 5.3.2 中，先看 S_0 和 S_1，在 $X=\mathbf{1}$ 时，S_0 和 S_1 的次态分别是 S_1 和 S_2，如果 S_1 和 S_2 等价，才能肯定 S_0 和 S_1 等价，因此还需先考察 S_1 和 S_2。S_1 与 S_2 在 $X=\mathbf{1}$ 时，次态分别是 S_2 和 S_3，S_2 和 S_3 在 $X=\mathbf{0}$ 时，次态均为 S_0，在 $X=\mathbf{1}$ 时，次态均为 S_3；S_2 和 S_3 似乎是等价状态，但由于它们输出不相同，所以并不是等价状态。说明 S_1 和 S_2 不等价，这也说明 S_0 和 S_1 不等价。同理 S_0 和 S_2 也不等价。

（2）选择所用触发器的类型、个数以及状态分配。

① 这里选用上升沿触发的 JK 触发器。本例中 $N=4$，故 $n=2$，需使用两个触发器。

② 这里选 $S_0=\mathbf{00}$，$S_1=\mathbf{01}$，$S_2=\mathbf{10}$，$S_3=\mathbf{11}$。根据状态分配结果可以列出状态转换表如表 5.3.3 所示。

表 5.3.3 状态转换表

S \ X	0	1	Z
00	**00**	**01**	**0**
01	**00**	**10**	**0**
10	**00**	**11**	**0**
11	**00**	**11**	**1**

(3) 写出三个向量方程。

① 求状态方程及输出方程

由状态转换表,可以画出次态卡诺图如图 5.3.7 所示。

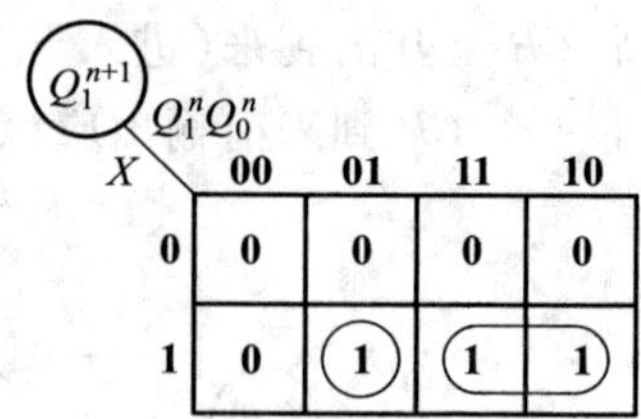

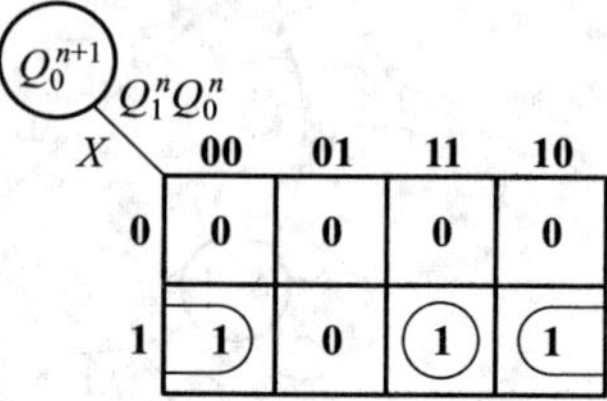

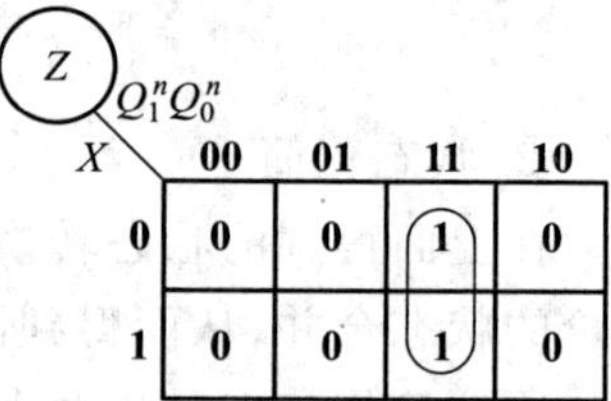

图 5.3.7 次态卡诺图

在次态卡诺图化简时,注意 $X\overline{Q_0^n}Q_1^n$ 这一项应该保留,不要化简为 XQ_1^n。因为 JK 触发器的特性方程中含有 $\overline{Q_1^n}$ 及 Q_1^n 项,为了方便比较,在状态方程中至少应保留含有 $\overline{Q_1^n}$ 及 Q_1^n 的最小项各一项。根据化简结果可得状态方程及输出方程为

$$\begin{cases} Q_1^{n+1}=XQ_0^n\overline{Q_1^n}+XQ_1^n \\ Q_0^{n+1}=X\overline{Q_0^n}+XQ_1^nQ_0^n \\ Z=Q_1^nQ_0^n \end{cases}$$

② 求出驱动方程

把每个状态方程分别与 JK 触发器特性方程 $Q^{n+1}=J\overline{Q^n}+\overline{K}Q^n$ 比较,可得 FF_1、FF_0 的驱动方程为

$$J_1=XQ_0^n \qquad K_1=\overline{X}$$

$$J_0=X \qquad K_0=\overline{XQ_1^n}$$

(4) 由驱动方程及输出方程画出逻辑电路图。如图 5.3.8 所示。

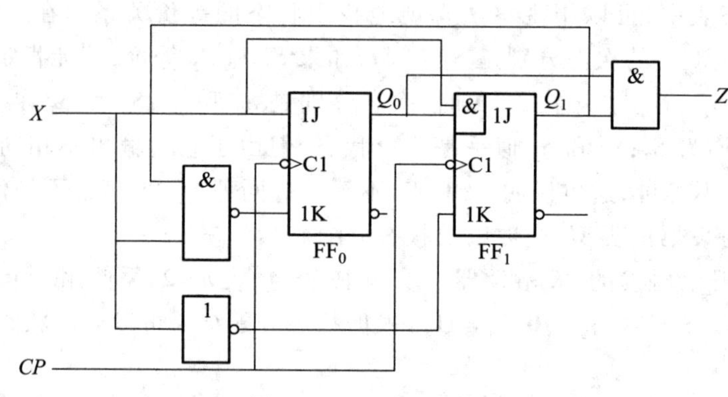

图 5.3.8 逻辑电路图

(5) 检查电路的自启动能力。

由于电路没有多余的状态,能够自启动。

视频5-5 异步时序电路的设计

5.3.3 异步时序电路的设计

异步时序电路的设计方法及步骤与同步时序电路类似,从状态转换图出发,确定驱动方程,

画出逻辑图。

［例 **5.3.3**］ 试设计异步 3 位二进制(八进制)加法计数器。

［解］ 根据设计要求,可列出态序表如表 5.3.4 所示。

分析态序表中各触发器状态转换的规律,以选择触发器的时钟信号。本题选择触发器在 CP 下降沿到达时翻转。因此根据 FF_0、FF_1、FF_2 状态变化情况,可以选择 $CP_0=CP$,$CP_1=Q_0$,$CP_2=Q_1$。

在选定时钟信号作用下,FF_0、FF_1、FF_2 均在各自的时钟信号下降时状态翻转,所以用下降沿触发的 T' 触发器组成 3 位二进制异步加法计数器电路最为简单,如图 5.3.9(a)所示。图 5.3.9(b)是其波形图。

表 **5.3.4** 例 **5.3.3** 的态序表

CP	Q_2	Q_1	Q_0
0	**0**	**0**	**0**
1	**0**	**0**	**1**
2	**0**	**1**	**0**
3	**0**	**1**	**1**
4	**1**	**0**	**0**
5	**1**	**0**	**1**
6	**1**	**1**	**0**
7	**1**	**1**	**1**

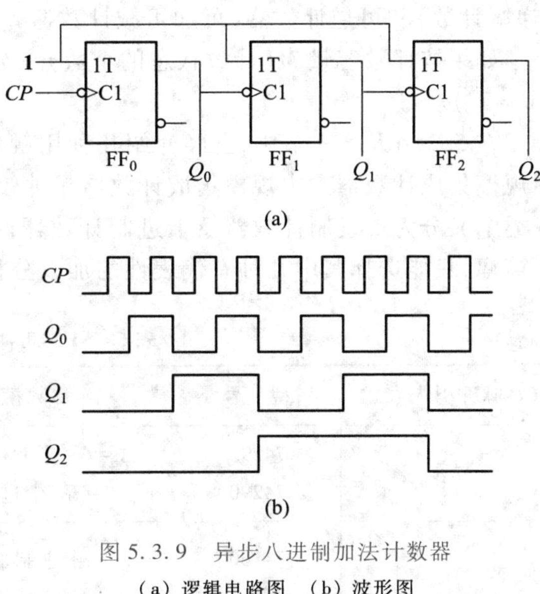

图 5.3.9 异步八进制加法计数器

(a) 逻辑电路图 (b) 波形图

对这个电路有两点补充说明。

首先,在选择各触发器时钟信号时,能否作出其他选择,如 $CP_2=Q_0$ 呢?若作出这样的选择,也能向 FF_2 提供合适的时钟边沿。不过送至 FF_2 时钟信号的↓沿增加了一倍,在第 2 和第 4 个 CP 脉冲到来后,Q_0 均提供↓沿,此时为了使 $Q_2^{n+1}=Q_2^n$,不能再用 T' 触发器,需要用其他类型的触发器,驱动方程会复杂一些。总之,选择触发器的时钟信号的标准是:需要触发器翻转时,必须有合适的边沿;触发器不能翻转时,时钟信号的变化尽可能少。

其次,总结一下这类计数器的构成规律。3 位二进制加法计数器的 $CP_0=CP$,$CP_1=Q_0$,$CP_2=Q_1$。若是 n 位计数器,除了最低位的 CP 端应接计数脉冲 CP 外,高一位的 CP 应接在相邻低位的 Q 端。即

$$CP_0=CP, \qquad CP_i=Q_{i-1} \quad (0<i\leqslant n)$$

各触发器之间前浪推后浪地逐位翻转,因此,这类计数器常称为行波计数器。

5.4 集成计数器

计数器(counter)的功能是累计输入脉冲个数。它是数字系统中使用最广泛的时序部件。几乎不存在没有计数器的系统。计数器除了计数之外,还可以用作分频、定时等等。

计数器的种类非常繁多。如果按计数器时钟脉冲输入方式来分,可以分为同步计数器(各触发器同时翻转)和异步计数器(各触发器翻转时刻不同)。

如果按计数过程中计数器输出数码规律分,可以分为加法计数器(递增计数)、减法计数器(递减计数)和可逆计数器(可加可减计数器)。

如果按计数容量 M(计数状态的个数)来分,可以分为模 2 计数器($M=2^n$)和模非 2 计数器($M\neq 2^n$)。

在 5.2 节及 5.3 节中,已经介绍几种用触发器组成的同步计数器及异步计数器。下面介绍中规模集成计数器。中规模集成计数器品种较多,主要分为同步计数器和异步计数器两大类,每一类中又分为二进制计数器及十进制计数器两类。表 5.4.1 列举了几种中规模集成计数器,限于篇幅,只能选择其中几种有代表性的加以分析和介绍。

表 5.4.1 几种中规模集成计数器

CP 脉冲引入方式	型号	计数模式	清零方式	预置数方式
异步	74293	二-八-十六进制加法	异步(高电平)	无
	74290	二-五-十进制加法	异步(高电平)	无
同步	74160	十进制加法	异步(低电平)	同步(低有效)
	74161	4 位二进制加法	异步(低电平)	同步(低有效)
	74162	十进制加法	同步(低电平)	同步(低有效)
	74163	4 位二进制加法	同步(低电平)	同步(低有效)
	74192	十进制可逆	异步(高电平)	异步(低有效)
	74193	4 位二进制可逆	异步(高电平)	异步(低有效)

集成计数器还有高速 CMOS 系列产品,如 74HC160、74HC161、…、40193。它们与表中列出的 TTL 系列相应型号的功能完全一致。

5.4.1 异步集成计数器

1. 异步二进制计数器 74293

74293 是二-八-十六进制异步二进制加法计数器。它由四个 T 触发器串接而成,内部逻辑电路如图 5.4.1(a)所示。FF_0 为 1 位二进制计数器，FF_1、FF_2 和 FF_3 组成 3 位行波计数器。它们分别以 CP_0 和 CP_1 作为计数脉冲的输入，Q_0 和 Q_1、Q_2、Q_3 分别为其输出。这也给使用者提供了较大的方便，既可以将 FF_0 与 FF_1、FF_2、FF_3 级联起来使用，组成十六进制计数器，也可单独使用，组成二进制和八进制计数器。74293 的符号如图 5.4.1(b)所示，功能表见表 5.4.2。

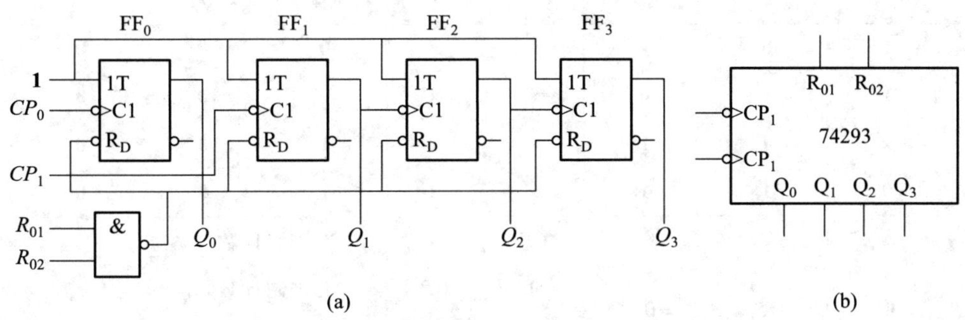

图 5.4.1 异步二进制计数器 74293

(a) 逻辑电路 (b) 符号图

由表可见：

① 当外 CP 仅送入 CP_0，而 CP_1 无输入时，仅 FF_0 工作，计数器由 Q_0 输出，电路为二进制计数器。

② 当外 CP 仅送入 CP_1，而 CP_0 无输入时，FF_1 ~ FF_3 工作，计数器由 $Q_3Q_2Q_1$ 输出，电路为八进制计数器。

③ 当外 CP 仅送入 CP_0，而 CP_1 与 Q_0 相连时，FF_0 ~ FF_3 均工作，计数器由 $Q_3Q_2Q_1Q_0$ 输出，电路为 16 进制计数器。

表 5.4.2 74293 的功能表

CP_0	CP_1	R_{01}	R_{02}	工作状态
×	×	**1**	**1**	清零
↓	**0**	×	**0**	FF_0 计数
↓	**0**	**0**	×	FF_0 计数
0	↓	×	**0**	FF_1 ~ FF_3 计数
0	↓	**0**	×	FF_1 ~ FF_3 计数

从图 5.4.1 和表 5.4.2 可看出，74293 在时钟脉冲 CP 的下降沿触发；它设有两个复位端 R_{01} 和 R_{02}，当它们全为 **1** 时，计数器异步清零，为其他状态时，74293 工作在计数状态。

2. 异步二进制计数器 74290

74290 是二-五-十进制异步加法计数器，它由四个 JK 触发器组成。74290 的符号如图 5.4.2 所示，功能表见表 5.4.3。

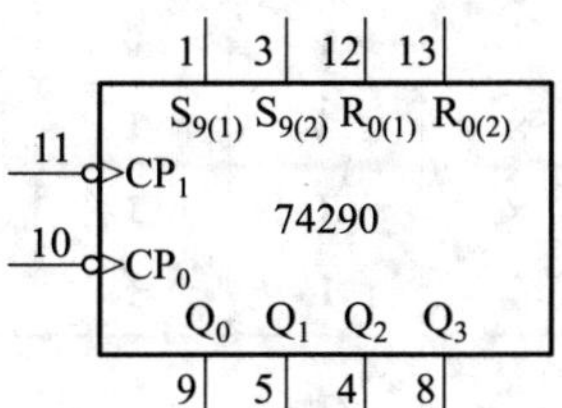

图 5.4.2 74290 符号图

① 当外 CP 仅送入 CP_0，由 Q_0 输出，电路为二进制计数器。

② 当外 CP 仅送入 CP_1，由 $Q_3Q_2Q_1$ 输出，电路为五进制计数器。

③ 当外 CP 送入 CP_0，Q_0 接至 CP_1，则构成 2×5 十进制计数器，$Q_3Q_2Q_1Q_0$ 输出 8421 BCD 码。

④ 当外 CP 仅送入 CP_1，CP_0 接至 Q_3，则构成 5×2 十进制计数器，$Q_0Q_3Q_2Q_1$ 输出是 5421 BCD 码。

表 5.4.3　74290 的功能表

输入						输出			
$R_{0(1)}$	$R_{0(2)}$	$S_{9(1)}$	$S_{9(2)}$	CP_0	CP_1	Q_3	Q_2	Q_1	Q_0
1	**1**	**0**	×	×	×	**0**	**0**	**0**	**0**
1	**1**	×	**0**	×	×	**0**	**0**	**0**	**0**
0	×	**1**	**1**	×	×	**1**	**0**	**0**	**1**
×	**0**	**1**	**1**	×	×	**1**	**0**	**0**	**1**
$R_{0(1)}R_{0(2)}=\mathbf{0}$		$S_{9(1)}S_{9(2)}=\mathbf{0}$		CP	**0**	二进制计数			
				0	CP	五进制计数			
				CP	Q_0	8421 码十进制计数			
				Q_3	CP	5421 码十进制计数			

5.4.2　同步集成计数器

1. 同步二进制计数器 74161

74161 是同步二进制可预置加法集成计数器，它的功能表如表 5.4.4 所示，符号图如图 5.4.3 所示。74161 计数翻转是在时钟信号的上升沿完成的，$\overline{CR}$ 是异步清零端，CT_P、CT_T 是使能控制端，$\overline{LD}$ 置数端，$D_0D_1D_2D_3$ 是四个数据输入端，CO 是进位输出端。74161 有清零、置数、保持及计数功能。下面根据功能表及符号图进一步说明其各项功能。

表 5.4.4　74161 的功能表

CP	$\overline{CR}$	$\overline{LD}$	CT_P	CT_T	工作状态
×	**0**	×	×	×	清零
↑	**1**	**0**	×	×	预置数
×	**1**	**1**	**0**	×	保持
×	**1**	**1**	×	**0**	保持
↑	**1**	**1**	**1**	**1**	计数

图 5.4.3　74161 符号图

① 异步清零：当 $\overline{CR}=\mathbf{0}$ 时，其他输入任意，可以使计数器立即清零；

② 同步预置：当 $\overline{CR}=\mathbf{1}$，且数据输入 $D_3D_2D_1D_0=DCBA$ 时，若置数控制信号 $\overline{LD}=\mathbf{0}$，在时钟信

号 CP 的上升沿到来时，完成置数操作，使 $Q_3Q_2Q_1Q_0=DCBA$。使能控制信号 CT_P、CT_T 的状态不影响置数操作；

③ 保持：当 $\overline{CR}=\overline{LD}=\mathbf{1}$，即既不清零也不预置时，若使能控制信号 CT_P（或者 CT_T）为 **0**，都能使计数器各 Q 端的状态保持不变；

④ 计数：当 $\overline{CR}=\overline{LD}=\mathbf{1}$，$CT_P=CT_T=\mathbf{1}$ 时，在时钟脉冲 CP 的上升沿到来时，计数器进行计数，Q 端的状态按自然态序变化。

CO 是进位输出信号，$CO=Q_3Q_2Q_1Q_0CT_T$，当 $Q_3\sim Q_0$ 及 CT_T 均为 **1** 时，$CO=\mathbf{1}$，产生正进位脉冲。

与 74161 相似的还有同步十进制可预置加法计数器 74160，各输入、输出端子功能与 74161 相同，其功能表及符号图也与 74161 的一致，这里不再列出。与 74161 不同的是 74160 为十进制计数器，故它的进位输出方程为 $CO=Q_3Q_0CT_T$。

2. 同步二进制计数器 74163

74163 为 4 位二进制加法计数器，其功能表和符号图分别如表 5.4.5 和图 5.4.4 所示。计数器在时钟脉冲 CP 的上升沿触发翻转。$\overline{CR}$ 是清零端，CT_P、CT_T 是使能端，$\overline{LD}$ 是置数控制端，$D_0D_1D_2D_3$ 是 4 位数据输入端，CO 是进位输出端。74163 是全同步式集成计数器，除 $\overline{CR}$ 为同步清零外，其余功能与 74161 完全相同，这里不再赘述。

表 5.4.5　74163 的功能表

CP	$\overline{CR}$	$\overline{LD}$	CT_P	CT_T	工作状态
↑	**0**	×	×	×	清零
↑	**1**	**0**	×	×	预置数
×	**1**	**1**	**0**	×	保持
×	**1**	**1**	×	**0**	保持
↑	**1**	**1**	**1**	**1**	计数

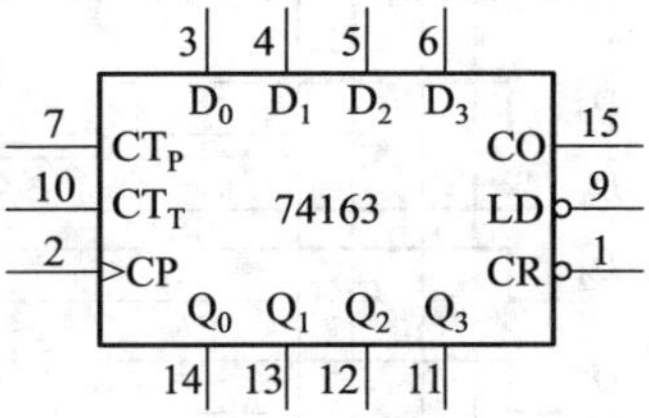

图 5.4.4　74163 的符号图

74162 也为全同步式集成计数器。与 74163 唯一不同之处是 74162 为十进制加法计数器。其功能表、符号图与 74163 完全相同。

3. 同步可逆集成计数器 74193

74193 是双时钟输入 4 位二进制同步可逆计数器，其符号图见图 5.4.5，功能表见表 5.4.6。CP_U 是加法计数时钟信号输入端，CP_D 是减法计数时钟信号输入端，CR 是清零端，$\overline{LD}$ 是置数端；$\overline{CO}$ 是加法进位信号输出端，$\overline{BO}$ 为减法借位信号输出端。

74193 的主要功能是能做可逆计数。它的各项功能作如下说明：

① 当 $CR=\mathbf{0}$，$CP_D=\mathbf{1}$ 时，时钟信号应引入 CP_U，74193 作加法计数。加法计数进位输出 $\overline{CO}=$

$\overline{Q_3Q_2Q_1Q_0\ \overline{CP_U}}$，计数器输出 **1111** 状态，且 CP_U 为低电平时，$\overline{CO}$ 输出一个负脉冲；

表 5.4.6　74193 的功能表

CP_U	CP_D	CR	$\overline{LD}$	工作状态
×	×	**1**	×	清零
×	×	**0**	**0**	预置数
↑	**1**	**0**	**1**	加法计数
1	↑	**0**	**1**	减法计数

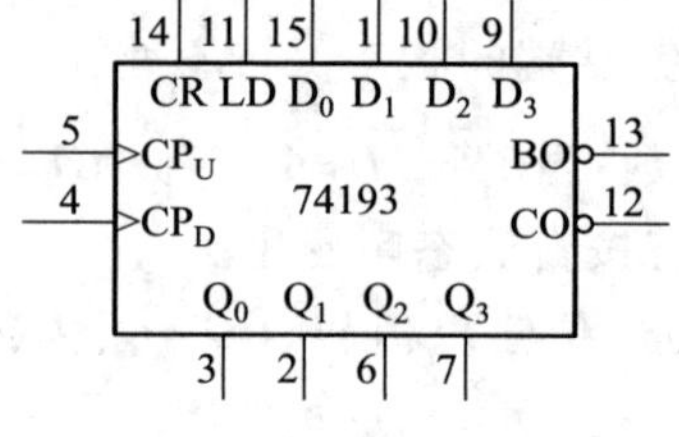

图 5.4.5　74193 的符号图

② 当 $CR=\mathbf{0}$，$CP_U=\mathbf{1}$ 时，时钟信号应引入 CP_D，74193 作减法计数。减法计数借位输出 $\overline{BO}=\overline{\overline{Q_3}\ \overline{Q_2}\ \overline{Q_1}\ \overline{Q_0}\ \overline{CP_D}}$，当计数器输出 **0000** 状态，且 CP_D 为低电平时，$\overline{BO}$输出一个负脉冲信号。

③ 74193 的预置数是利用片内每个触发器的直接清零信号$\overline{R_D}$和直接置位信号$\overline{S_D}$来实现，当 $\overline{LD}=\mathbf{0}$ 时，将 $D_3D_2D_1D_0$ 立即置入计数器中，使 $Q_3Q_2Q_1Q_0=D_3D_2D_1D_0$，是异步送数，与 CP 无关。

④ 当 $CR=\mathbf{1}$ 时，74193 立即异步清零，与其他输入端的状态无关。

图 5.4.6 所示波形进一步展示了 74193 的功能。

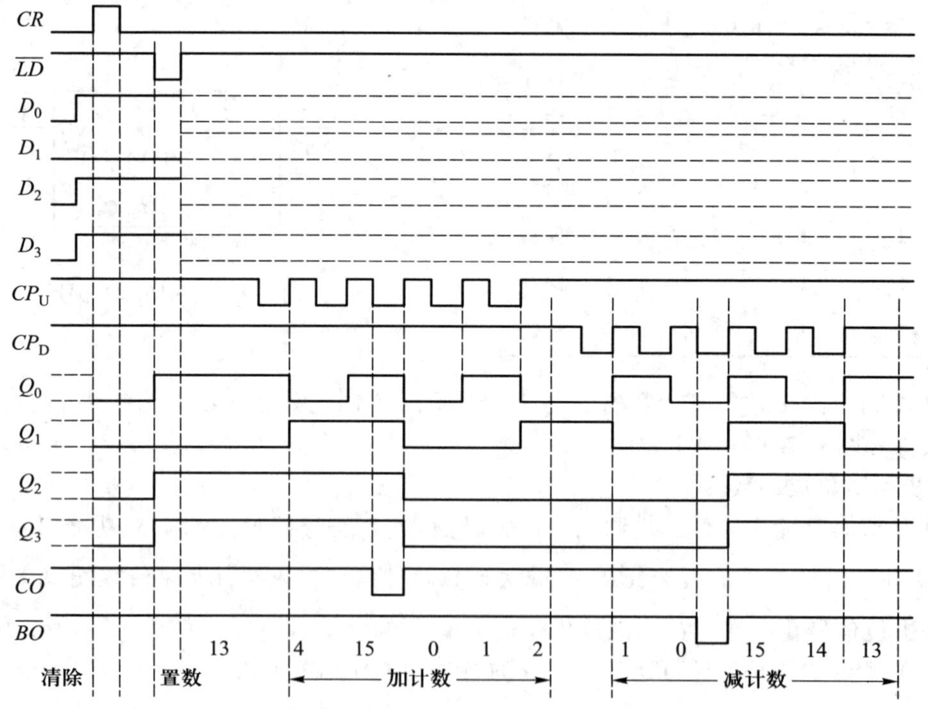

图 5.4.6　74193 的波形图

4. 多片集成计数器的级联方法

前面介绍的各种集成计数器多是四位的，只能实现 $M\leqslant 16$ 的计数，在实际应用中，经常会遇到多片集成计数器的级联使用的情况。计数器的级联方式有同步级联和异步级联两种。下面以 74161 为例，介绍集成计数器的级联方法。

在图 5.4.7(a)中，将两片 74161 的 CP 相连，并将低位片的 CO 与高位片的 CT_T 和 CT_P 端相连。低位片在 CP 作用下进行正常计数，当 $Q_3Q_2Q_1Q_0$ 计到 **1111** 时，低位片的 CO 变到 **1**，使高位片的 CT_T 和 CT_P 信号为 **1**，这样，高位片在下一个 CP 到来时才能进行"加 **1**"计数。显然，它们是同步级联的二百五十六进制计数器。更多片计数器的同步级联可以照此连接。

图 5.4.7(b)是以异步级联方式连接的二百五十六进制异步计数器。其中低位片的进位输出信号 CO(或 Q_3)经非门反相后作为高位片的 CP 计数脉冲，当低位片 $Q_3Q_2Q_1Q_0$ 由 **1111** 变成 **0000** 时，其 CO(或 Q_3)由 **1** 变为 **0**，高位片的 CP 由 **0** 变为 **1**，高位片才能进行"加 **1**"计数。其他情况下，片Ⅱ都将保持原有状态不变。

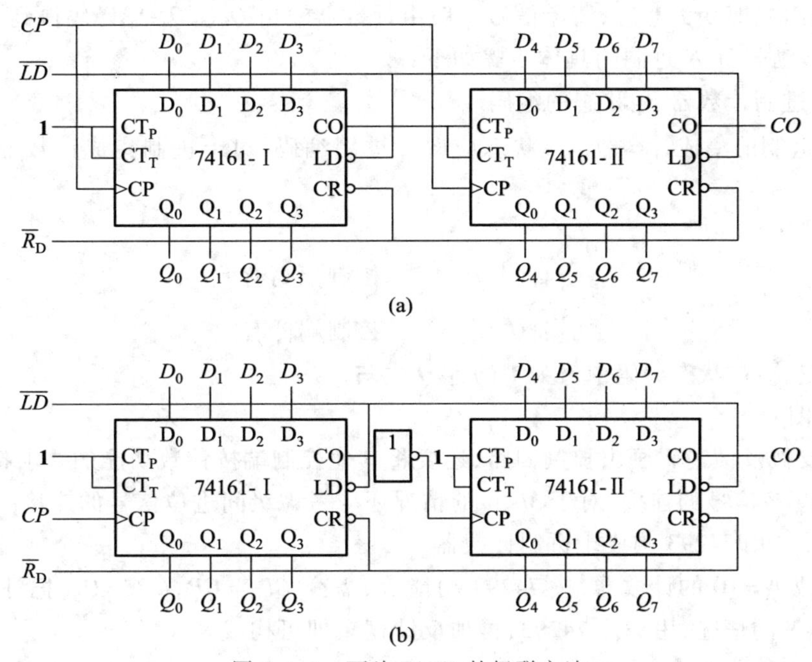

图 5.4.7　两片 74161 的级联方法

(a) 同步级联方式　(b) 异步级联方式

5.4.3　任意进制计数器的构成

中规模集成计数器由于其体积小，功耗低，可靠性高等优点，而获得了广泛的应用。但出于成本方面的考虑，集成计数器的定型产品追求大的批量。因而，目前市售集成计数器产品，在计数体制方面，只做成应用较广的十进制、十六进制、7 位二进制、12 位二进制、14 位二进制等几种产品。在需要其他任意进制计数器时，只能在现有中规模集成计数器基础上，经过外电路的不同连接来实现。

前面介绍了几种中规模集成计数器。为了不与计数器的同步、异步混淆，把控制端异步作用（如异步清零、异步置数——立即作用，与 *CP* 无关）改称为异步操作，把控制端同步作用（如同步清零、同步置数——*CP* 有效时才起作用）改称为同步操作。

现以 *M* 表示已有中规模集成计数器的进制（或模值），以 *N* 表示待实现计数器的进制，介绍实现 *N* 进制计数器的方法。若 $M \geqslant N$，只需一片集成计数器；如果 $M<N$，则需多片集成计数器实现。

1. 控制端异步操作

(1) 反馈清零法

几乎所有的集成计数器都设有清零输入端，不过有同步和异步清零之分。对于具有异步清零输入的计数器而言，在计数过程中，不管计数器处于何种状态，只要在清零输入端加入清零信号，计数器的输出立即变为 **0** 态，清零信号一般由计数器输出 $Q_3Q_2Q_1Q_0$ 译码得到。

用反馈清零法设计 *N* 进制的具体步骤如下：

① 写出 *N* 进制计数器 S_n 状态的编码

对满足 2^i 进制的集成计数器，S_n 状态应取二进制编码；对十进制集成计数器，S_n 状态应取 8421 BCD 码。

② 求反馈逻辑

$$F=\begin{cases}\prod Q^1 & \text{控制端高有效}\\ \overline{\prod Q^1} & \text{控制端低有效}\end{cases}$$

$\prod Q^1$——是指 S_n 状态编码中值为 **1** 的各 *Q* 之与。

③ 画逻辑图

这里不仅要按反馈逻辑画出控制回路，还要将其他控制端按计数功能的要求接到规定电平。此外，还应考虑 *CP* 信号的连接，对于 $M<N$ 的情况还应考虑级间进位信号的连接。

［例 **5.4.1**］ 用 74293 构成十进制计数器。

［解］ 构成 $N=10$ 的计数器，按 74293 功能表，需令 $CP_0=CP$，$CP_1=Q_0$，把计数器接成 $M=16$。这属于 $M>N$ 的情况，用一片 74293，再加反馈逻辑即可构成。

① 写出 *N* 进制计数器 S_n 状态的二进制编码。

$$N=10,\quad S_n=\mathbf{1010}$$

② 求反馈逻辑。

$$F=R_{01}R_{02}=\prod Q^1=Q_3Q_1$$

③ 画逻辑图，如图 5.4.8(a)所示。

为了进一步说明反馈清零法设计的计数器的工作情况，图 5.4.8(b)给出了 74293 构成十进制计数器的工作波形图。由图可见，计数器的循环状态为 **0000**～**1001** 十种状态，每一种状态持

续时间为一个 CP 周期。由图还可以看出 **1010** 是瞬态，其持续时间仅为一级与非门和一级触发器的延迟(几十 ns)，非常短暂，故不将其作为计数循环的有效状态。列计数态序表，画状态图和工作波形图时，可不将其列入。

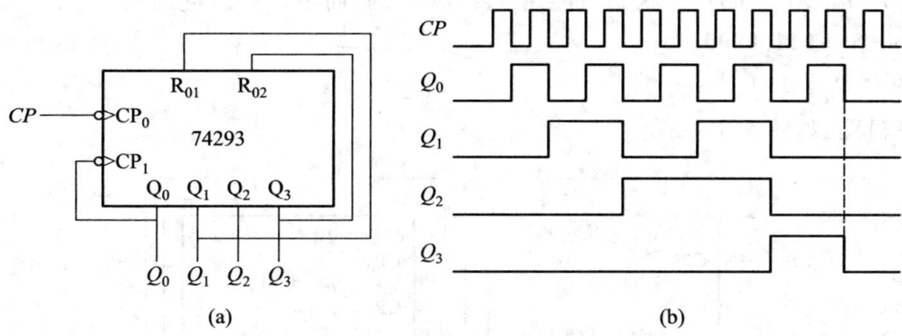

图 5.4.8 74293 构成十进制计数器

(a) 逻辑电路图 (b) 波形图

[例 **5.4.2**] 用 74290 设计六进制计数器，画出状态循环图。

[解] 74290 为二-五-十进制计数器，实现六进制计数器，首先应按功能表，将其转换为 **10** 进制($CP_0=CP$, $CP_1=Q_0$)，因 $M>N$，仅用一片 74290 即可实现，具体步骤如下：

① $N=6$, $S_n=\mathbf{0110}$。

② $F=R_{0(1)}R_{0(2)}=\prod Q^1=Q_2Q_1$。

③ 画逻辑图如图 5.4.9(a)所示，状态图如图(b)所示。

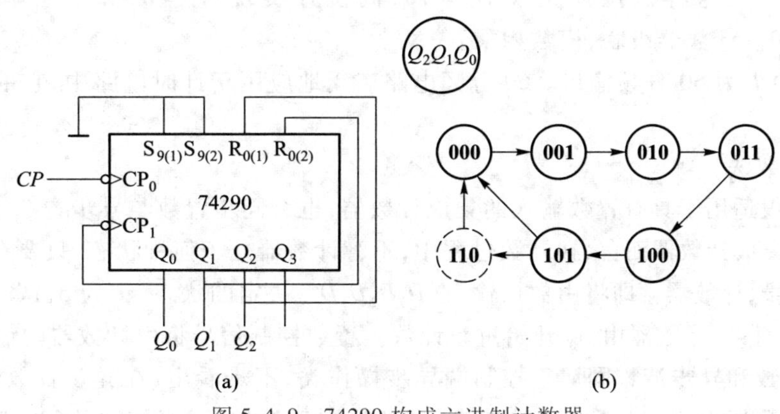

图 5.4.9 74290 构成六进制计数器

(a) 逻辑图 (b) 状态图

[例 **5.4.3**] 用 74290 构成 60 分频电路。

[解] 数字电路中，分频电路与计数电路的区别仅仅在于其输出形式不同，计数电路将所有 Q 状态作为一组代码输出，而分频电路一般仅有一个输出端(由某一 Q 端输出或若干 Q 端的

组合),作为与 CP 成某种特定关系的脉冲序列。因此,本例可按六十进制计数器设计,而仅由最高位 Q 端输出。

因为单片 74290 所能实现的最大计数模数 $M=10$,要构成 $N=60$ 进制计数器,$M<N<M\times M=100$, 故需 2 片 74290。而且 S_n 状态只能用 8421BCD 码,而不能用二进制码。

① $N=60, S_n=\mathbf{01100000}$。

② $F=R_{0(1)}R_{0(2)}=\prod Q^1=Q_6Q_5$。

③ 画逻辑图,如图 5.4.10 所示。

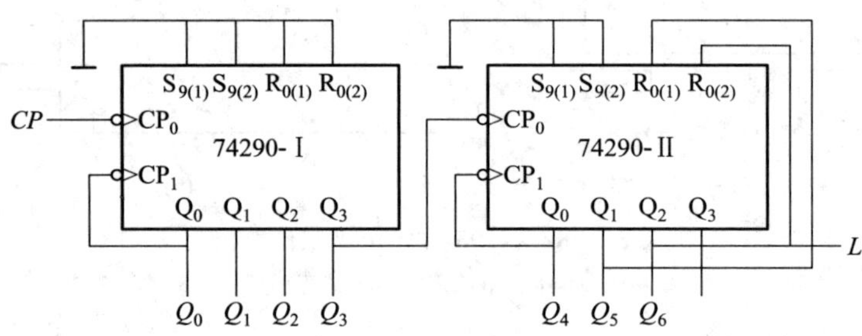

图 5.4.10 74290 构成六十分频电路

值得注意的是:将低位片的最高位 Q_3 作为高位片的 CP_0 信号。不难理解,图 5.4.10 的低位片执行十进制计数,其计数循环为 **0000** ~ **1001**。当第 10 个 CP 脉冲到来时,低位片自然归零,其 Q_3 由 **1** 到 **0** 的变化正好作为高位片的有效 CP 脉冲,触发高位片翻转加 **1**。逻辑图中反馈逻辑仅接到高位片的复位端 $R_{0(1)}$、$R_{0(2)}$,而将高位片的置 9 端 $S_{9(1)}$、$S_{9(2)}$ 和低位片的 $S_{9(1)}$、$S_{9(2)}$、$R_{0(1)}$ 及 $R_{0(2)}$ 直接接低电平,这样低位片实现 $N_0=10$,高位片实现 $N_1=6$,高低位串接后实现 $N=N_1\times N_0=6\times10=60$。计数器级联,模数相乘。

图 5.4.10 中 L 为 60 分频输出。60 分频电路广泛地应用于计时电路中,它的输出可以作为分信号和小时信号。

(2) 反馈置数法

反馈置数法仅适用于具有置数输入的集成计数器,也有同步置数与异步置数之分。对于具有异步置数输入的集成计数器而言,在计数过程中,不管计数器处于何种状态,只要在其置数输入端加入置数控制信号,计数器立即将由数据输入($D_3D_2D_1D_0$)决定的状态(记为 S_0)置于计数器中,置数控制信号随之消失,计数器由 S_0 开始重新计数。置数控制信号将由计数器的输出得到。

由于异步置数和异步清零同属于控制端异步操作类,不难看出,在异步置数输入有效时,若置入计数器中的数据 $D_3D_2D_1D_0=\mathbf{0000}$,即 $S_0=\mathbf{0000}$,则反馈置数法设计任意进制计数器的步骤均与反馈清零法相同。若 $S_0\neq\mathbf{0000}$,则将反馈清零法设计步骤①稍加修改即可。下面举例加以说明。

[例 **5.4.4**] 试用 74193 设计十进制加法计数器,设计数器的起始状态为 **0011**。

[解] ① 求 S_n 状态的二进制编码。

$$S_n = S_0 + [\mathrm{N}]_B = \mathbf{0011} + \mathbf{1010} = \mathbf{1101}$$

② 求反馈逻辑。

$$\overline{LD} = \overline{\prod Q^1} = \overline{Q_3 Q_2 Q_0}$$

③ 画逻辑图，如图 5.4.11 所示。

由功能表中加法计数功能可见，未用的功能端信号 CR 应置于 **0**，而 CP_D 应置于 **1**。

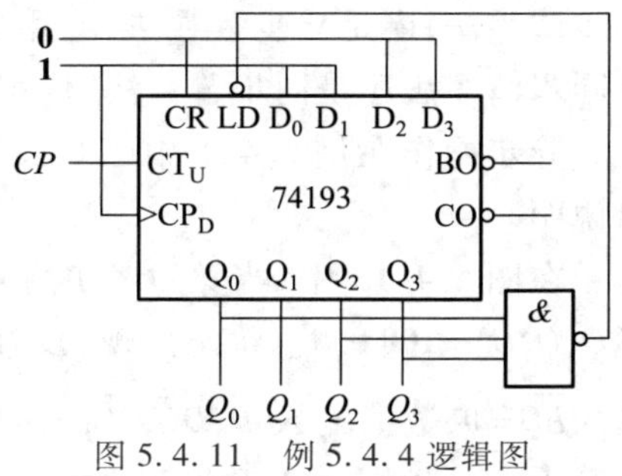

图 5.4.11　例 5.4.4 逻辑图

2. 控制端同步操作

集成计数器也有控制端为同步清零（如 74163 等）或同步置数（如 74161 等）的产品。在计数过程中，不管计数器处于哪种状态，只要在控制端加入有效的控制信号，待 CP 有效沿到来时，使计数器清 **0** 或置数，也就是说，其控制功能要借助于 CP 脉冲来实现，称这种控制方式为同步操作。

只需将异步置数的设计步骤稍加修改，即可得到初态 S_0 给定时，同步置数实现 N 进制的设计步骤，下面举例说明。

［例 **5.4.5**］　用 74161 和 74163 分别设计一个十进制加法计数器，要求初始状态为 **0000**。

［解］　74161 为四位二进制加法计数器，设计中宜采用二进制编码。由题设可知，欲求计数器的初态 $S_0 = \mathbf{0}$。具体设计步骤如下：

① 写出 N 进制计数器 S_{n-1} 状态的二进制编码。

$$S_{n-1} = S_0 + [N-1]_B = \mathbf{0000} + \mathbf{1001} = \mathbf{1001}$$

② 求反馈逻辑。

$$\overline{LD} = \overline{Q_3 Q_0}$$

③ 画逻辑图。

除了按照反馈逻辑和 S_0 状态进行必要的连接外，还要按 74161 的功能表中的计数功能，将 CT_T、CT_P 接逻辑 **1**。画出逻辑图如图 5.4.12(a) 所示。

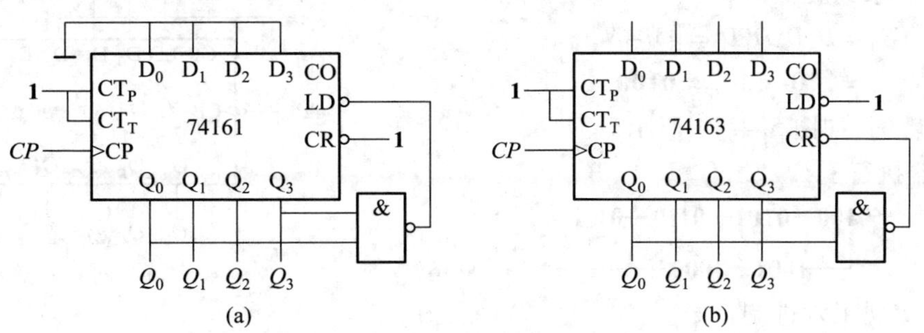

图 5.4.12　十进制加法计数器逻辑图

(a) 74161 构成　(b) 74163 构成

因为置 **0** 法设计的计数器总是从初态 **0000** 开始计数，把 74163 反馈逻辑改为 $\overline{CR}=F$，即可得到同步置 **0** 法设计的十进制加法计数器，如图 5.4.12(b)所示。

图 5.4.12(a)、(b)两个计数器均在 **0000** ~ **1001** 之间循环计数。

现将异步操作和同步操作设计 N 进制计数器的方法进行比较。在异步操作条件下，无论是异步清零法，还是异步置数法，均用 S_n 状态反馈，且 S_n 状态为瞬态；而在同步操作条件下，无论是同步清零法还是同步置数法，均用 S_{n-1} 状态反馈，无瞬态，S_{n-1} 为有效计数状态。

异步操作在例 5.4.1 中已画波形图说明，现再画出同步操作实现十进制计数器的波形图加以说明。

在图 5.4.13 中，当第 9 个时钟脉冲上升沿到来后，$Q_3Q_2Q_1Q_0=\mathbf{1001}$，$S_{n-1}$ 状态出现，反馈逻辑满足，置数控制输入 $\overline{LD}=\mathbf{0}$，数据输入 $D_3D_2D_1D_0=\mathbf{0000}$ 早已准备就绪，等到第 10 个 CP 脉冲上升沿到来时，才将数据置入计数器，使 $Q_3Q_2Q_1Q_0=D_3D_2D_1D_0=\mathbf{0000}$，此时置数控制输入信号失效，计数器做好下一循环计数的准备。由此可见，反馈态 $S_{n-1}=\mathbf{1001}$ 与其他有效计数状态一样持续一个 CP 周期，故无瞬态。一般选用同步操作实现反馈控制构成的 N 进制计数器，可靠性较高。

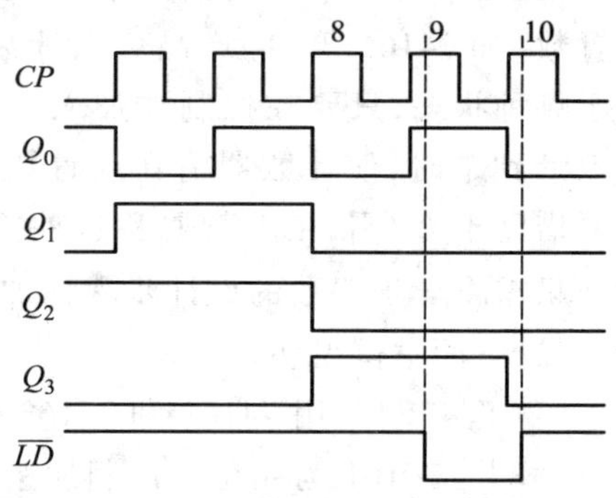

图 5.4.13　同步操作波形图

有时为了简化这类设计，常用进位输出信号 CO 实现反馈置数。当计数器由 $S_0=\mathbf{0}$ 开始计数，CO 有进位信号输出时，集成计数器一定实现了自身的 M 进制。当 M 已知时，其末态 $S_{n-1}=M-1$ 也随之而定。一个给定了末态，即反馈态 S_{n-1}，要求实现 N 进制的设计，实质上是反过来求初态 S_0，即预置数的问题。

现在来确定集成计数器的模 M 待实现计数器 N 及其初态 S_0 之间的关系。由 $S_{n-1}=S_0+[N-1]$ 得 $S_0=S_{n-1}+1-N$，即 $S_0=M-N$。下面举例说明。

[**例 5.4.6**]　试用 74160 的 CO 端反馈，实现六进制计数器。

[**解**]　① 求预置数。

$$S_0=D_3D_2D_1D_0=[M-N]_{\text{BCD}}$$
$$=[10-6]_{\text{BCD}}=\mathbf{0100}$$

② 画逻辑图，如图 5.4.14 所示。

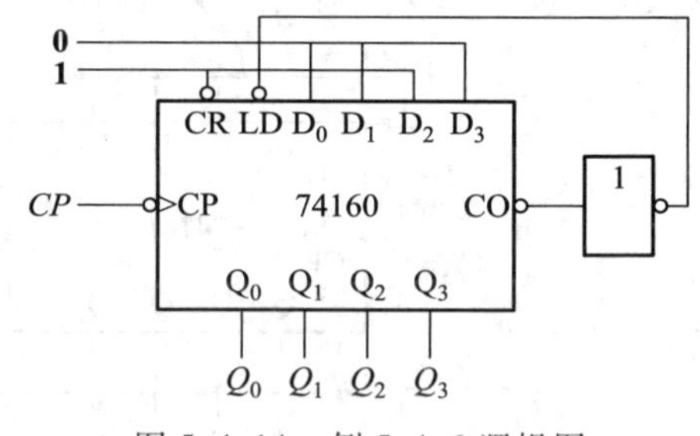

图 5.4.14　例 5.4.6 逻辑图

该计数器执行

0100→**0101**→**0110**→**0111**

↑　　　　　　　　　　　　↓

└─**1001**←**1000**←─┘

的计数循环，实现了六进制计数。

由于预置数 **0100** 是计数循环中的最小数，这种设计方法也称为置最小数法。

5.5 寄 存 器

寄存器是数字系统中用来存储二进制数据的逻辑器件,如计算机中的通用寄存器、指令码寄存器、地址寄存器和输入输出寄存器等。寄存器主要由具有公共时钟输入的多个 D 触发器组成,待存入的数据在统一的时钟脉冲控制下存入寄存器中。

寄存器按主要的逻辑功能可分为并行寄存器、串行寄存器及串并行寄存器。并行寄存器没有移位功能,通常简称为寄存器。寄存器能实现对数据的清除、接受、保存和输出功能。移位寄存器除了寄存器的上述功能外,还具有数据移位功能。

5.5.1 寄存器

寄存器具有将数据并行输入、保存及在适当时刻并行输出的功能。图 5.5.1 是一个由 4 个 D 触发器组成的 4 位寄存器逻辑图。CP 为公共时钟脉冲,D_0 ~ D_3 为 4 位数据输入,Q_0 ~ Q_3 为 4 位数据输出,$\overline{R}$为清零信号。

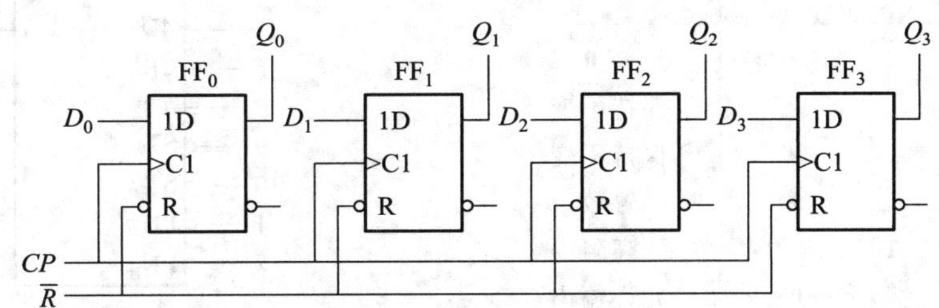

图 5.5.1　4 位寄存器逻辑图

先将要存入的 4 位数据送到相应的数据输入端,在 CP 脉冲上升沿到达后,则 $Q^{n+1}=D$,数据便存入了寄存器,一直保存到下一个 CP 脉冲上升沿到达时。该电路的数据输出端未加控制电路,寄存的数据可以直接得到;若加入输出控制门电路后,则需要等到输出允许信号有效后,才能输出寄存的数据。这种将数据同时存入又同时取出的方式称为并入并出方式。

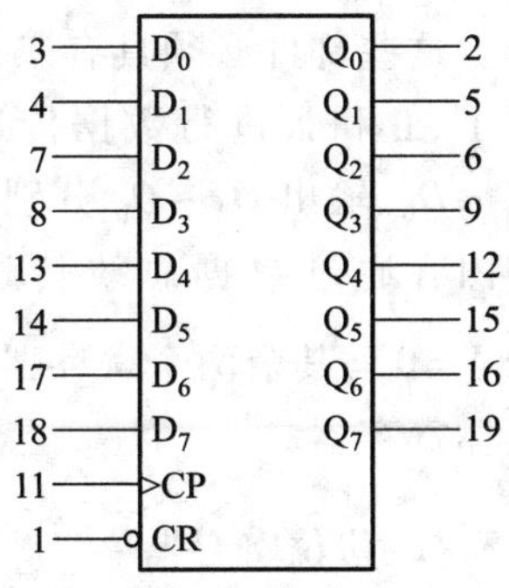

图 5.5.2　74273 符号图

图 5.5.2 是中规模集成 8 位上升沿 D 寄存器 74273 的符号图,其内部是 8 个 D 触发器。D_7 ~ D_0 为输入端,Q_7 ~ Q_0 为输出端,CP 是公共时钟脉冲端,控制 8 个触发器同步工作,$\overline{CR}$ 为公共清零端。

该寄存器为 8 位并行输入/并行输出寄存器,其功能表如表 5.5.1 所示。

表 5.5.1 74273 的功能表

$\overline{CR}$	CP	D_i	Q_i^{n+1}	工作状态
0	×	×	**0**	清 **0**
1	↑	**0**	**0**	存 **0**
1	↑	**1**	**1**	存 **1**

另一种常用的寄存器是三态寄存器。如4位三态并行输入并行输出寄存器74173,其内部是4个上升沿触发的 D 触发器,它们均由三态门输出,符号见图5.5.3,功能表见表5.5.2。由表可知,CR 是异步清零输入;$\overline{EN}_A$ 和 $\overline{EN}_B$ 是输出使能,当 $\overline{EN}_A+\overline{EN}_B=\mathbf{1}$ 时,输出为高阻状态(Z),但对置数功能无影响,$\overline{EN}_A+\overline{EN}_B=\mathbf{0}$ 时,寄存器输出内部保存的数据,即 $Q_0=D_0$、$Q_1=D_1$、$Q_2=D_2$、$Q_3=D_3$;$\overline{ST}_A$ 和 $\overline{ST}_B$ 是输入控制,当 $\overline{ST}_A+\overline{ST}_B=\mathbf{0}$ 时,时钟脉冲 CP 上升沿到来,允许数据 $D_0\sim D_3$ 置入寄存器中,当 $\overline{ST}_A+\overline{ST}_B=\mathbf{1}$ 时,无论 CP 如何变化,寄存器状态保持不变。

表 5.5.2 74173 的功能表

CR	CP	$\overline{ST}_A+\overline{ST}_B$	$\overline{EN}_A+\overline{EN}_B$	工作状态
1	×	×	×	清 **0**
0	**0**	×	×	保持不变
0	↑	**1**	×	保持不变
0	×	×	**1**	置数
0	↑	**0**	×	高阻
0	×	×	**0**	允许输出

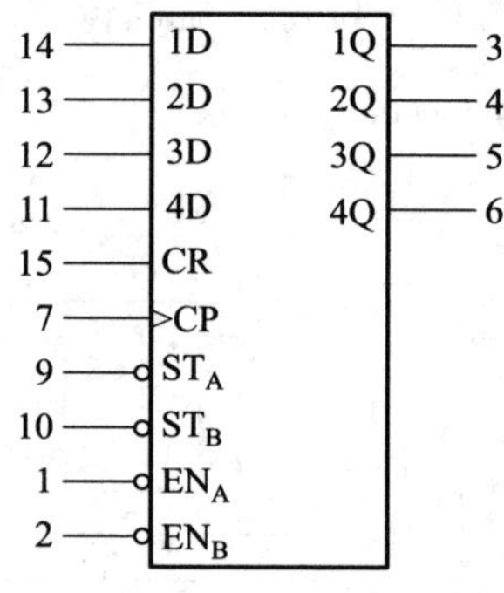

图 5.5.3 74173 符号图

在数字系统和计算机中,不同部件的数据输入和输出一般是通过公共数据总线(data bus)传送。这些部件必须具有三态输出或者通过三态缓冲器接到总线。图5.5.4是用三片74173寄存器Ⅰ、Ⅱ和Ⅲ进行数据传送的电路连接图。图中,$DB_3\sim DB_0$ 是4位数据总线,寄存器的输入 $D_3\sim D_0$、输出 $Q_3\sim Q_0$ 分别与相应的数据总线相连。在寄存器使能信号控制下,可将任一寄存器的内容通过数据总线传送到另一寄存器中去。在任一时刻,只能有一个寄存器输出使能($\overline{EN}=\mathbf{0}$),其余两个寄存器的输出必须处于高阻态(令 $\overline{EN}=\mathbf{1}$)。否则总线上电位将不确定,可能损坏寄存器。

5.5.2 移位寄存器

移位寄存器(shift register)除了具有寄存数码的功能之外,还具有将数码移位的功能。在移位操作时,每来一个 CP 脉冲,寄存器里存放的数码依次向左或向右移动1位。移位寄存器是数字系统和计算机中的一个重要部件。例如计算机作乘法运算时,需要将部分积左移。又如在主机与外部设备之间传送数据，需要将串行数据转换成并行数据，或者将并行数据转换成串行数据，这些都要对数据进行移位。

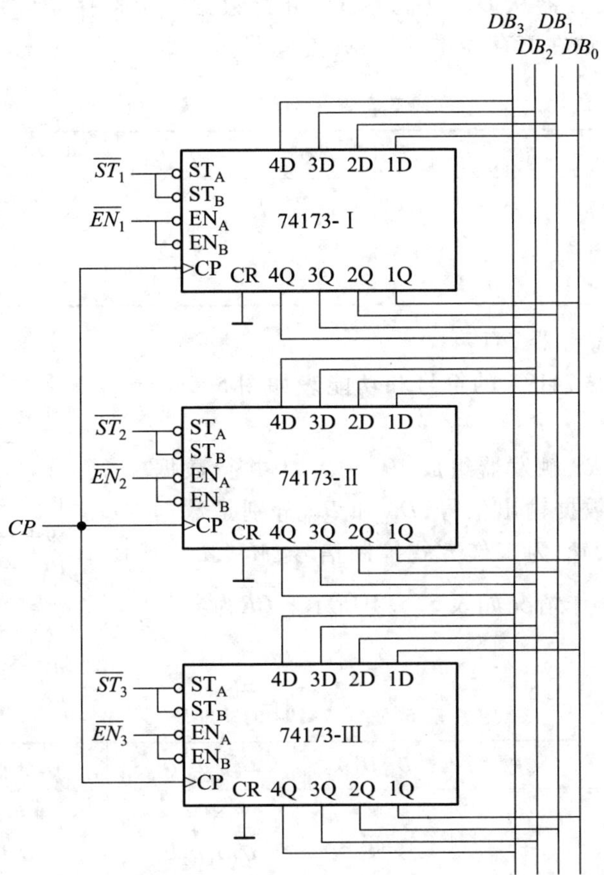

图 5.5.4 多个寄存器与数据总线的连接电路

移位寄存器按移位方式分类，可分为单向移位寄存器和双向移位寄存器。其中单向移位寄存器具有向左或向右移位的功能，双向移位寄存器则兼有左移和右移的功能。

移位寄存器的工作方式主要有：串行输入并行输出、串行输入串行输出、并行输入并行输出和并行输入串行输出。

1. 集成移位寄存器

(1) 8 位单向移位寄存器 74164

74164 是一个串行输入、并行输出的 8 位单向移位寄存器，符号见图 5.5.5。$\overline{CR}$ 是异步清 **0** 端；D_{SA}、D_{SB} 是串行数据输入端，在时钟脉冲 CP 到来时，D_0 的值取决于 D_{SA}、D_{SB} 的状态。逻辑功能见表

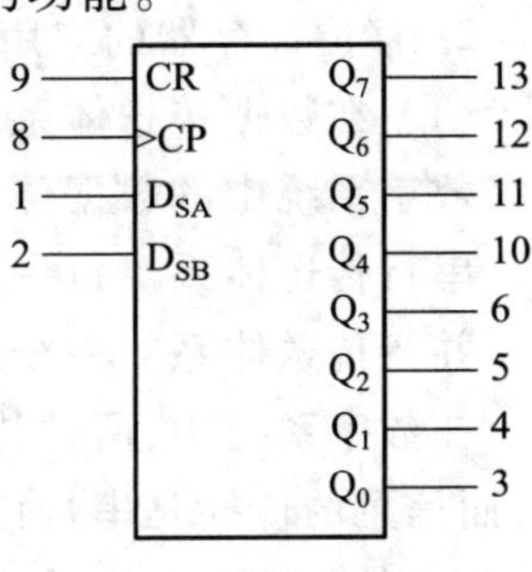

图 5.5.5 74164 的符号图

5.5.3，表中 $D_0=D_{SA}D_{SB}$。由表可知，当 $D_0=\mathbf{0}$ 时，每来一个 CP 脉冲 $Q_0=\mathbf{0}$，当 $D_0=\mathbf{1}$ 时，每来一个脉冲，$Q_0=\mathbf{1}$，同时在 CP 上升沿，数据向高位数右移 1 位。8 个时钟脉冲过后，串行输入的 8 位数据全部移入寄存器中，寄存器从 $Q_7 \sim Q_0$ 端输出并行数据。该寄存器可将一个时间排列的数据（时间码）转换成一个存放在寄存器中的信息（空间码）。

表 5.5.3　74164 功能表

$\overline{CR}$	CP	D_0	Q_0	Q_1	…	Q_7
0	×	×	**0**	**0**	…	**0**
1	↑	**0**	**0**	Q_0	…	Q_6
1	↑	**1**	**1**	Q_0	…	Q_6

（2）4 位双向移位寄存器 74194

4 位双向移位寄存器 74194 的符号和功能表如图 5.5.6 和表 5.5.4 所示。

74194 由 4 个主从 RS 触发器组成，$D_0 \sim D_3$ 为并行数据输入信号，$Q_0 \sim Q_3$ 为并行数据输出信号，D_{SL} 和 D_{SR} 分别是数据左移和右移输入信号，M_1、M_0 为工作方式控制信号，M_1、M_0 不同组合时，移位寄存器的工作情况如表 5.5.4 所示。$\overline{CR}$ 为异步清零输入。

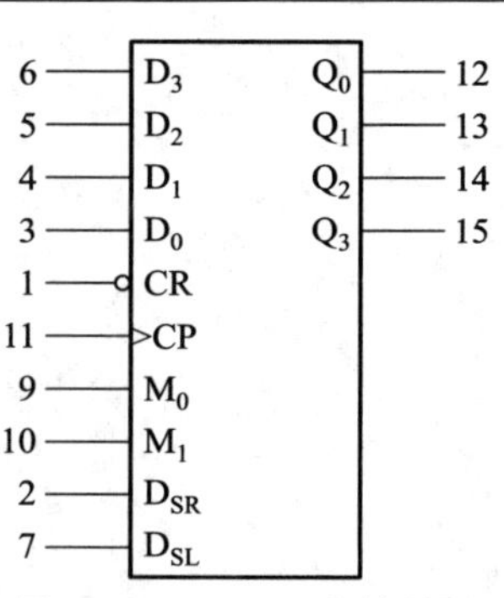

图 5.5.6　74194 的符号图

表 5.5.4　74194 的功能表

$\overline{CR}$	M_1M_0	CP	$D_{SL}D_{SR}$	$D_0D_1D_2D_3$	$Q_0Q_1Q_2Q_3$	工作状态
0	××	×	× ×	× × × ×	**0 0 0 0**	清 **0**
1	**1 1**	↑	× ×	$D_0D_1D_2D_3$	$D_0D_1D_2D_3$	置数
1	**0 1**	↑	× D_{SR}	× × × ×	$D_{SR}Q_0^nQ_1^nQ_2^n$	右移
1	**1 0**	↑	D_{SL}×	× × × ×	$Q_1^nQ_2^nQ_3^nD_{SL}$	左移
1	**0 0**	×	× ×	× × × ×	$Q_0Q_1Q_2Q_3$	保持

2. 移位寄存器的应用

（1）在数据传送体系转换中的应用

数字系统中的数据传送体系有两种，即串行传送体系和并行传送体系。

串行传送体系。每一节拍只传送一位信息，N 位数据需 N 个节拍才能传送出去。

并行传送体系。一个节拍同时传送 N 位数据。

在数字系统中，两种传送体系均存在，如计算机主机对信息的处理和加工是并行传送数据的，而信息的传播是串行传送数据的，因此存在两种数据传送体系的转换。

① 串行转换为并行。其转换示意图如图 5.5.7 所示。以 4 位为例，如串行输入数为 **1011**，

第 1 个 CP 移进 **1**,第 2 个 CP 移进 **11**,第 3 个 CP 移进 **011**,第 4 个 CP 移进 **1011**,此时刻可同时输出即并行输出 **1011**。

② 并行转换为串行。其转换示意图如图 5.5.8 所示,仍以 4 位为例,如在第 1 个 CP 作用下并行输入数为 **1011**,此时从 Q_3 输出,串行输出为 **1**;在第 2 个 CP 作用下,移位寄存器的数为 **0101**,串行输出第 2 个 **1**;在第 3 个 CP 作用下,移位寄存器的数为 **0010**,串行输出为 **0**;在第 4 个 CP 作用下,移位寄存器的数为 **0001**,串行输出为 **1**,即从 Q_3 将并行数变为串行数输出。

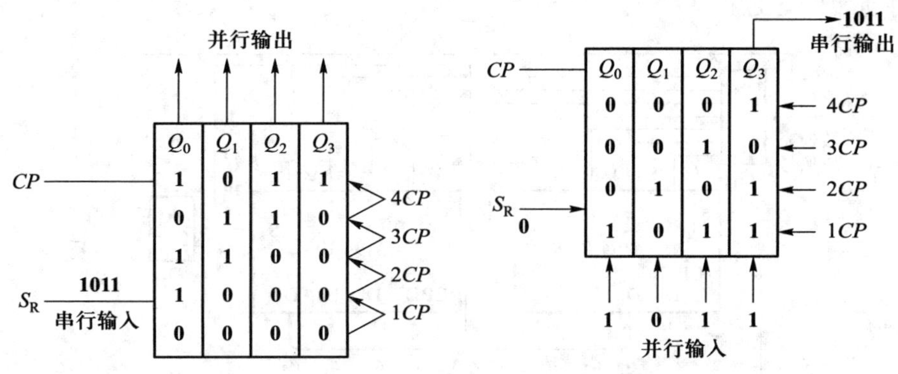

图 5.5.7　串行转换为并行示意图　　　图 5.5.8　并行转换为串行示意图

［例 **5.5.1**］　用 74194 组成 7 位串行输入转换为并行输出的电路。

［解］　转换电路如图 5.5.9 所示。具体过程是:串行数据 $d_6 \cdots d_0$ 从 S_R 端输入(低位 d_0 先入),并行数据从 $Q_1 \sim Q_7$ 输出,表示转换结束的标志码 **0** 加在第 **I** 片的 D_0 端,其他并行输入端接 **1**。清 **0** 启动后,$Q_8 = \mathbf{0}$,因此 $S_1S_0 = \mathbf{11}$,第 1 个 CP 使 74194 完成预置操作,将并行输入的数据 **01111111** 送入 $Q_1 \sim Q_8$。此时由于 $Q_8 = \mathbf{1}$,$S_1S_0 = \mathbf{01}$,故以后的 CP 均实现右移操作,经过 7 次右移后,7 位串行码全部移入移位寄存器。此时 $Q_1 \sim Q_7 = d_6 \sim d_0$,且转换结束标志码已到达 Q_8,表示转换结束,此刻可读出并行数据。由于 $Q_8 = \mathbf{0}$,S_1S_0 再次等于 **11**,因此第 9 个 CP 使移位寄存器再次预置数,并重复上述过程。

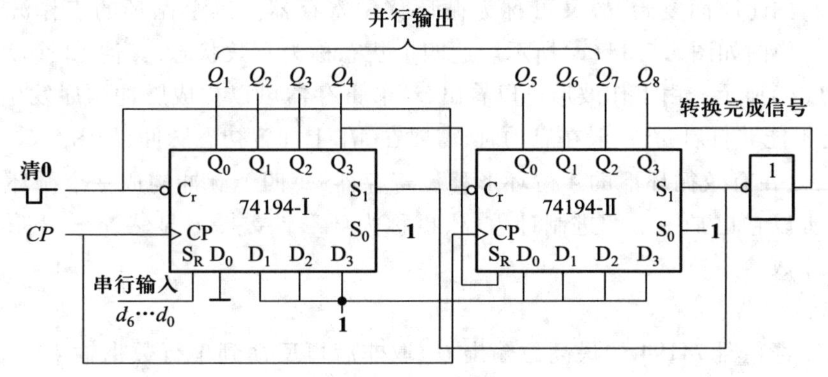

图 5.5.9　7 位串行输入→并行输出转换电路

[例 **5.5.2**]　用 74194 组成 7 位并行输入转换为串行输出的电路。

[解]　图 5.5.10 是转换电路。

工作时首先使启动信号 $S_T = \mathbf{0}$，则两片 74194 的 $S_1S_0 = \mathbf{11}$，第 1 个 CP 来到后执行送数操作，$Q_0 \sim Q_7 = \mathbf{0}d_1d_2d_3d_4d_5d_6d_7$，且 G_2 输出为 **1**。启动后 $S_T = \mathbf{1}$，G_2 输出为 **0**，$S_1S_0 = \mathbf{01}$，移位寄存器执行右移操作，经过 7 次右移后 $Q_0Q_1Q_2 \sim Q_7 = \mathbf{11111110}$，7 位并入代码 $d_1 \sim d_7$ 全部从 Q_7 串行输出。此时由于 $Q_0 \sim Q_6$ 全为 **1**，G_1 输出为 **0**（表示转换结束），使 $S_1S_0 = \mathbf{11}$，第 9 个 CP 后，移位寄存器又重新置数，并重复上述过程。

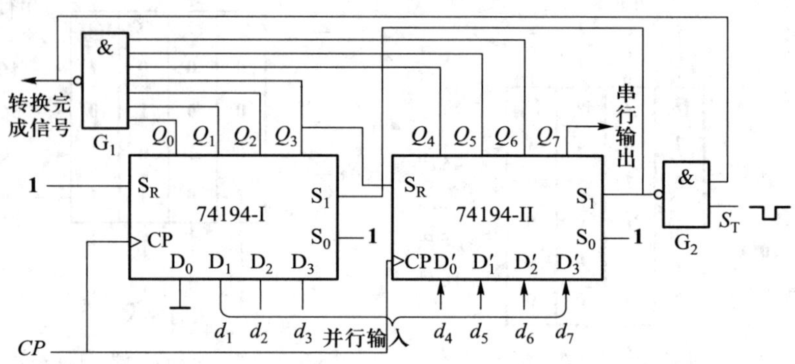

图 5.5.10　7 位并行输入转换为串行输出转换电路

(2) 组成移位型计数器

所谓移位型计数器，就是以移位寄存器为主体构成的同步计数器。移位型计数器中有两种常用计数器，即环型计数器和扭环型计数器。

① 环形计数器

将移位寄存器 74194 的输出 Q_3 直接反馈到串行数据输入 D_{SR}，使寄存器工作在右移状态，就可构成 4 位环形寄存器，如图 5.5.11(a)所示。这种寄存器能够把寄存的数码循环右移。例如，原寄存器 $Q_0 \sim Q_3$ 寄存的数码为 **1000**，在时钟脉冲作用下，寄存器中的数码依次变为 **0100**、**0010**、**0001**，然后又回到 **1000**。如此周而复始，故又可称为循环移位寄存器。以上循环的工作波形如图 5.5.11(b)所示，状态转换图如图 5.5.11(c)所示。这四个状态称为有效状态，其他 12 个状态都是无效状态，如图 5.5.11(d)所示。由工作波形可以看出，环形寄存器可以构成脉冲顺序发生器。这个电路非常简单，但是不能够自启动，一般在启动时，需要在 M_1 上加置初态脉冲，如图 5.5.11(a)所示。

可以看出，处在有效循环下的 4 位环形移位寄存器，每四个脉冲构成一个循环，在 Q_3 可以输出一个脉冲。所以它也是一个四进制计数器，也称为**环形计数器**。显然，n 位环形移位寄存器可以构成 n 进制计数器。

② 扭环形计数器

如果将移位寄存器 74194 的最高位输出 Q_3 取**非**后再反馈到串行数据输入 D_{SR}，如图 5.5.12(a)所示，就可构成 4 位扭环形寄存器。如果它的初态是 **0000**，则在时钟脉冲作用下，寄存器中

的数码依次变为 **1000**、**1100**……然后又回到 **0000**。它的 8 个有效循环的工作波形如图 5.5.12(b)所示,状态转换图如图 5.5.12(c)所示。其余 8 个是无效循环,如图 5.5.12(d)所示。

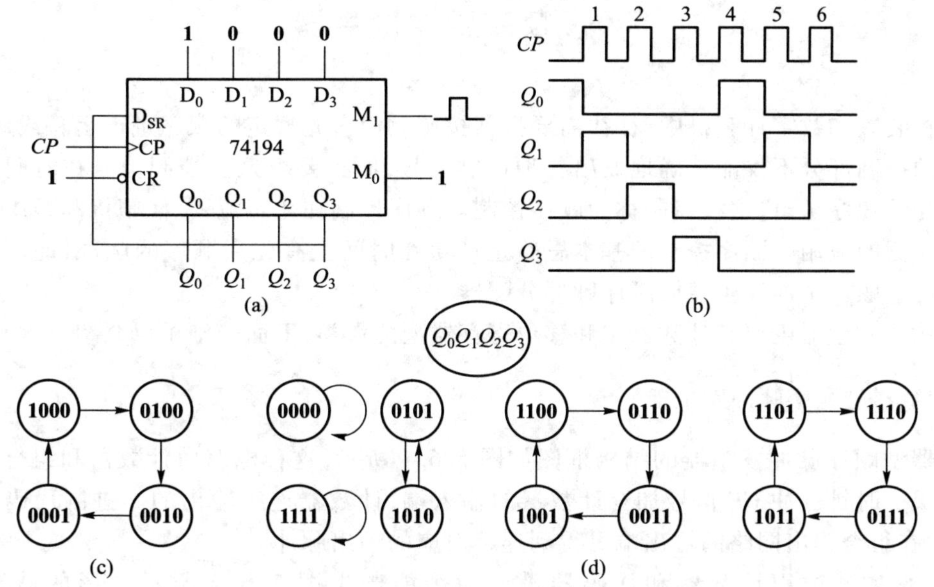

图 5.5.11　4 位环形计数器

(a) 逻辑电路图　(b) 工作波形图　(c) 有效循环　(d) 无效循环

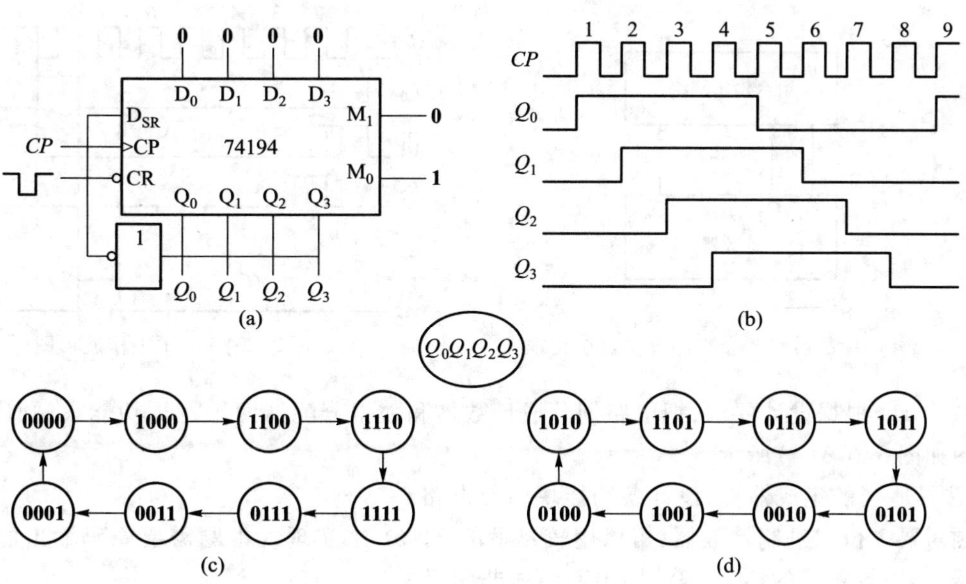

图 5.5.12　4 位扭环形计数器

(a) 逻辑电路图　(b) 工作波形图　(c) 有效循环　(d) 无效循环

显然，n 位扭环形寄存器可以构成 $2n$ 进制计数器。

5.6 顺序脉冲发生器

在数控装置和数字计算机中，往往需要机器按照人们事先规定的顺序进行运算或动作，这就要求机器的控制部分不仅能正确地发出各种控制信号，而且要求这些控制信号在时间上严格按照一定的先后顺序送出，这种控制称为顺序控制。顺序控制在化工流程、注塑机和纺织机械等控制中有着广泛的应用。顺序控制的基本思路是产生在时间上有先后顺序的脉冲，能产生这种脉冲的电路称为顺序脉冲发生器或顺序脉冲分配器。

顺序脉冲发生器主要有计数器型和移位寄存器型两大类，下面分别予以介绍。

5.6.1 计数器型顺序脉冲发生器

计数器型顺序脉冲发生器的结构框图如图 5.6.1 所示，这种电路由计数器和组合输出网络两部分组成。时钟脉冲 *CP* 信号加至计数器的输入端，计数器连续输出的二进制代码加到组合输出网络，在组合输出网络的输出端可得到连续对应的输出脉冲。

[**例 5.6.1**] 试用计数器和译码器设计一个能产生图 5.6.2 所示波形的脉冲顺序发生器。

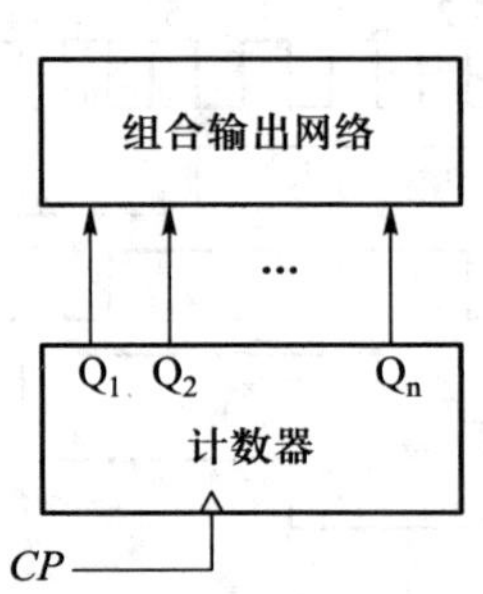

图 5.6.1 计数器型顺序脉冲发生器结构框图

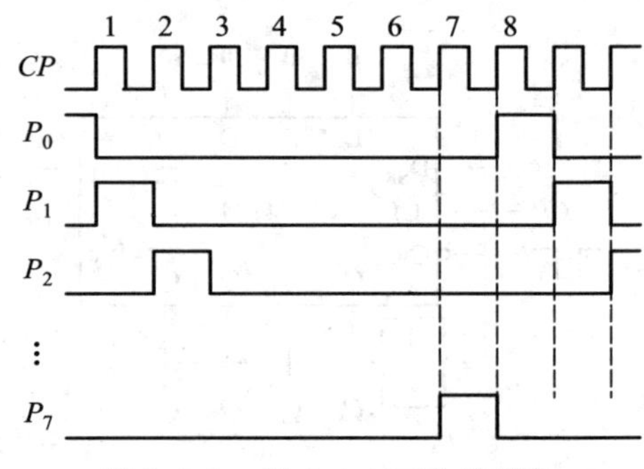

图 5.6.2 例 5.6.1 工作波形图

[解] ① 根据设计要求，把电路划分成计数器和数据分配器两个逻辑功能块，画出功能块电路框图如图 5.6.3(a)所示。

② 选择适当的集成器件，设计各功能块内部电路。

本题需要 3 位二进制计数器，可以用较熟悉的 74161 来实现。本题需要原码输出的 3 线-8 线译码器，如用较熟悉的 74LS138，输出需要加非门反相。

③ 画出逻辑电路图如图 5.6.3(b)所示。

在理论上，同步计数器中各触发器是同时翻转的，但实际上由于触发器本身延迟时间的差异，各触发器翻转时刻不可能完全一致，因此同步计数器型顺序脉冲分配器的输出端可能会出现干扰脉冲。消除这种尖峰脉冲的一种方法是利用译码器 74LS138 的使能端。例如可将时钟脉冲 CP 延迟 t_D 时间后加在 ST_A 端作为选通信号。

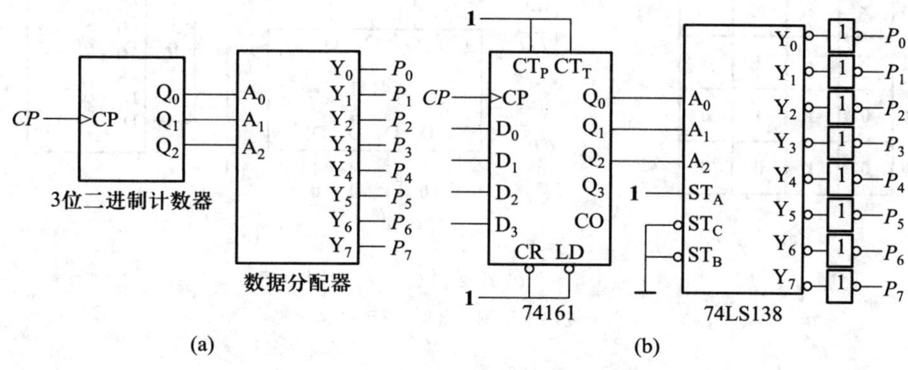

图 5.6.3 计数器型顺序脉冲发生器
(a) 功能框图 (b) 电路图

[例 5.6.2] 设计 **1101000101** 序列信号发生器。

[解] 由于给定序列长度 $P=\mathbf{10}$，故先用 74161 设计一个模 10 的计数器，利用 74161 的预置端 $\overline{LD}$，用后 10 个状态，即 **0110～1111**。令该 10 个状态中每一个状态的输出符合给定序列的要求，列出其真值表如表 5.6.1 所示，对应的输出卡诺图如图 5.6.4(a)所示。采用 8 选 1 数据选择器实现，电路如图 5.6.4(b)所示。

表 5.6.1 真 值 表

CP	Q_3	Q_2	Q_1	Q_0	F
1	**0**	**1**	**1**	**0**	**1**
2	**0**	**1**	**1**	**1**	**1**
3	**1**	**0**	**0**	**0**	**0**
4	**1**	**0**	**0**	**1**	**1**
5	**1**	**0**	**1**	**0**	**0**
6	**1**	**0**	**1**	**1**	**0**
7	**1**	**1**	**0**	**0**	**0**
8	**1**	**1**	**0**	**1**	**1**
9	**1**	**1**	**1**	**0**	**0**
10	**1**	**1**	**1**	**1**	**1**

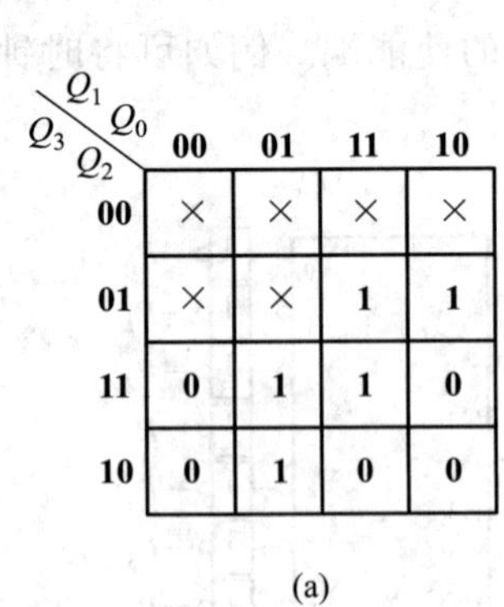

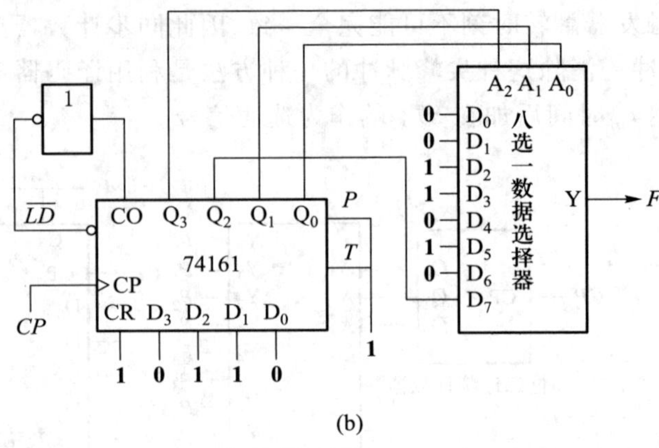

图 5.6.4　例 5.6.2 设计过程及逻辑图

（a）输出卡诺图　（b）逻辑电路图

5.6.2　移位寄存器型时序脉冲发生器

利用移位寄存器可设计时序脉冲发生电路。图 5.6.5 是由一个 4 位移位寄存器及一个次态译码电路组成的时序脉冲发生电路，可以产生任意次序的 4 位二进制码。次态译码器的作用是根据寄存器现态输出决定其次态输出。次态译码电路的输入取自移位寄存器的输出 $Q_3Q_2Q_1Q_0$，次态译码电路的输出作为串行输入数据 D_{SR} 和 D_{SL}，并且通过 M_1M_0 控制寄存器的移位和工作状态。通过改变次态译码电路就可以改变脉冲序列。下面通过一个例子说明次态译码电路的设计。

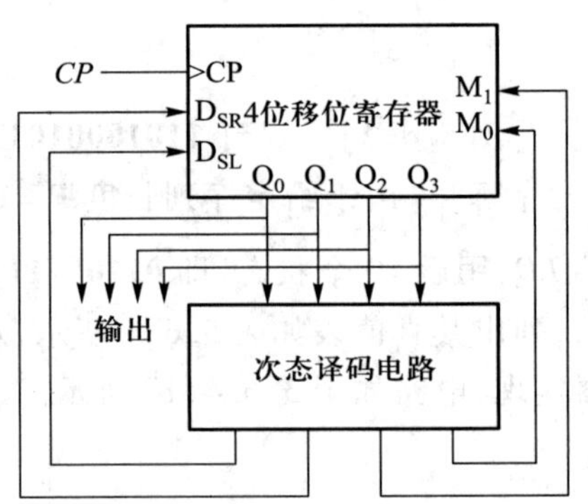

图 5.6.5　时序脉冲发生器框图

［例 **5.6.3**］　试设计一时序电路，可产生表 5.6.2 所示的脉冲序列。

表 5.6.2　态　序　表

CP	$Q_0Q_1Q_2Q_3$	CP	$Q_0Q_1Q_2Q_3$
0	**1000**	4	**0111**
1	**1100**	5	**0011**
2	**1110**	6	**0001**
3	**1111**		

［解］　① 根据设计要求，把电路划分成移位寄存器和次态译码电路两个逻辑功能块，功能框图如图 5.6.5 所示。

② 选择适当的集成器件，设计各功能块内部的电路。

移位寄存器可以选择熟悉的74194，本题的关键是设计次态译码电路。分析表5.6.2，只要将D_{SR}根据需要清**0**或置**1**，将数据右移，即可获得给定脉冲序列。因此应令$M_1M_0=\mathbf{01}$，把移位寄存器置为右移工作方式。由此可列出译码电路的真值表5.6.3。

画出D_{SR}的卡诺图，如图5.6.6所示，化简后得$D_{SR}=\overline{Q}_2+\overline{Q}_3=\overline{Q_2Q_3}$。

表5.6.3 真 值 表

CP	Q_0	Q_1	Q_2	Q_3	D_{SR}
0	**1**	**0**	**0**	**0**	**1**
1	**1**	**1**	**0**	**0**	**1**
2	**1**	**1**	**1**	**0**	**1**
3	**1**	**1**	**1**	**1**	**0**
4	**0**	**1**	**1**	**1**	**0**
5	**0**	**0**	**1**	**1**	**0**
6	**0**	**0**	**0**	**1**	**1**

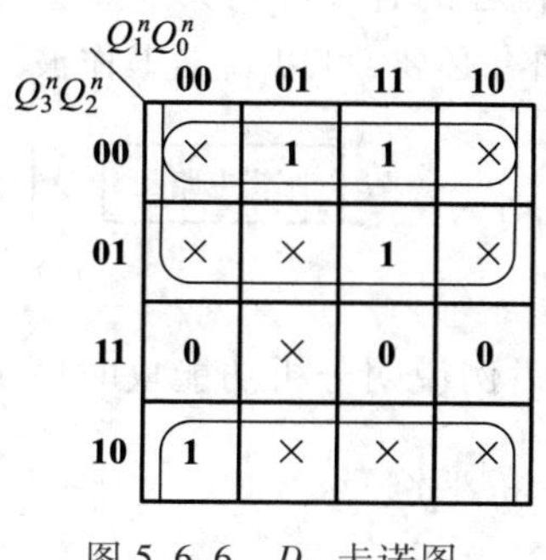

图5.6.6 D_{SR}卡诺图

③ 画出逻辑电路图以及工作波形图如图5.6.7所示。

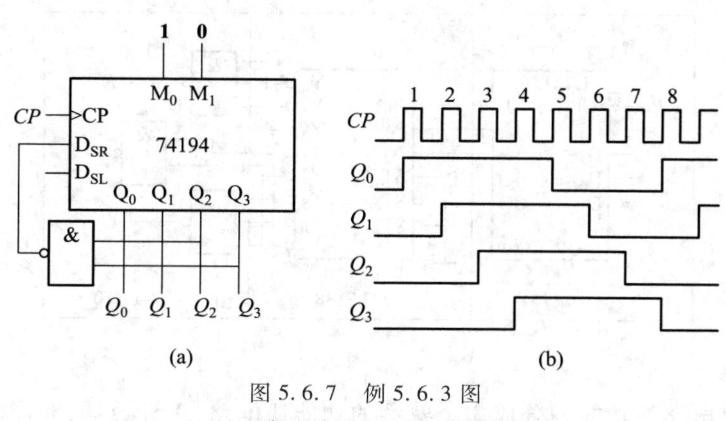

图5.6.7 例5.6.3图

（a）逻辑电路图 （b）工作波形图

5.7 基于MSI时序逻辑电路的分析

5.7.1 分析步骤

前面两节学习的计数器、分频器、移位寄存器和序列发生器等都是常用的时序逻辑功能电路，它们一般是由MSI器件组成。为了便于分析基于这些MSI器件的时序逻辑电路，可以在电路图上划分若干功能块，即把原电路改画成功能框图，也称功能块时序逻辑电路图。对于功能块时序逻辑电路的分析与功能块组合电路分析流程图类似，只不过划分的功能块既有组合逻辑功能块，也有时序逻辑功能块。

为了下面举例方便，把分析流程再画一次，如图 5.7.1 所示。不过现在改称它为功能块时序逻辑电路分析流程图。

分析流程的各步骤与第 3 章基本相同，这里就不再重复。最后对整个电路进行整体功能的分析时，如有必要，可以画出工作波形图。

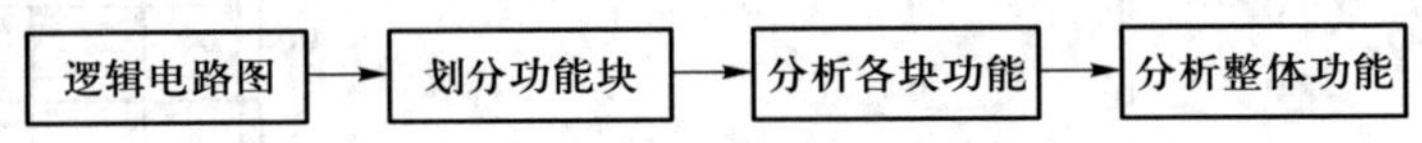

图 5.7.1　功能块时序逻辑电路分析流程图

下面举例说明分析功能块时序逻辑电路的方法。

5.7.2　分析举例

[例 **5.7.1**]　分析图 5.7.2 所示电路的逻辑功能。设输出逻辑变量 R、Y、G 分别为红、黄和绿灯的控制信号，时钟脉冲 CP 的周期为 10s。

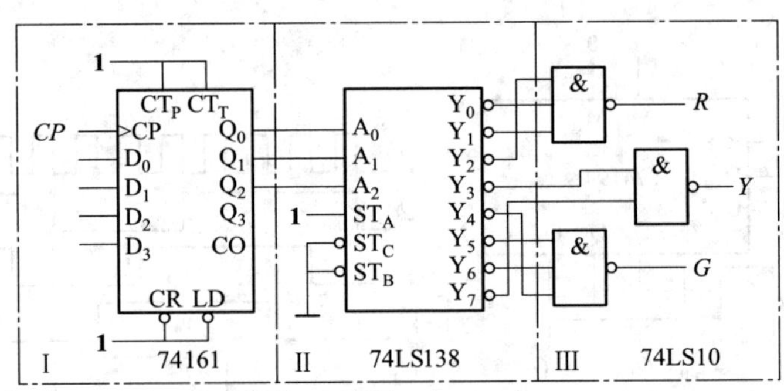

图 5.7.2　例 5.7.1 图

[解]　(1) 将电路按功能划分成 3 个熟悉的功能块电路，Ⅰ计数器，Ⅱ译码器，Ⅲ门电路。

(2) 分析各功能块电路的逻辑功能。

① 电路Ⅰ是一片 74161，它是同步 4 位二进制计数器，无任何反馈连接，只用到低 3 位输出，显然构成了一个 8 进制计数器。

② 电路Ⅱ是由一片 3 线-8 线译码器构成的数据分配器，它把由 ST_A 输入的高电平取非后，依次分配到输出端。

③ 3 个门电路构成输出译码电路，只要**与非**门的输入有一个是低电平，输出就是高电平。

(3) 分析总体逻辑功能。

根据各功能块逻辑功能的分析，分析电路的工作原理如下：在 CP 作用下，计数器循环计数，输出信号 R 持续 30s，Y 持续 10s，G 持续 30s，Y 持续 10s，周而复始。

分析结果：电路为交通灯控制电路。

［例 **5.7.2**］ 分析图 5.7.3 所示电路的逻辑功能。

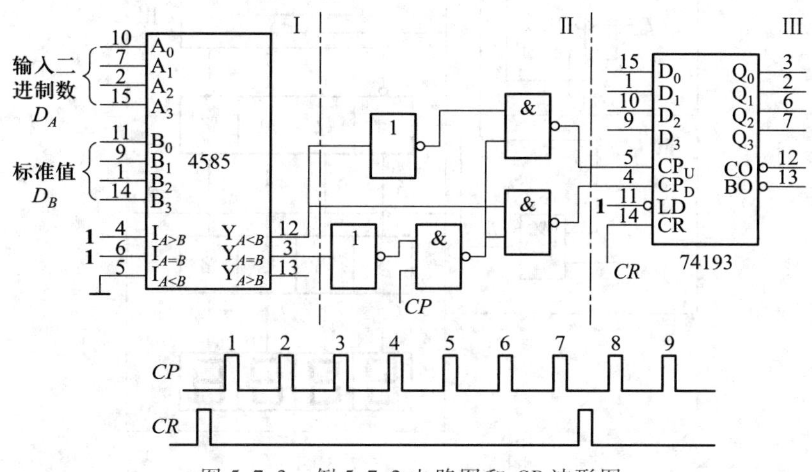

图 5.7.3 例 5.7.2 电路图和 CR 波形图

［解］ (1) 将电路按功能划分成 3 个熟悉的功能块电路，Ⅰ是一比较器，Ⅱ是门级组合电路，Ⅲ是双向计数器。

(2) 分析各功能块电路的逻辑功能。

① 电路Ⅰ是 4 位二进制比较器，它把输入数字量 D_A 与标准值 D_B 比较，输出比较结果。若 $D_A>D_B$，则 $Y_{A<B}=\mathbf{0}$；若 $D_A<D_B$，则 $Y_{A<B}=\mathbf{1}$；若 $D_A=D_B$，则 $Y_{A=B}=\mathbf{1}$。

② 电路Ⅱ是时钟输入控制电路。若 $Y_{A<B}=\mathbf{0}$，CP 送到 74193 的 CP_U，计数器可以进行加法计数；若 $Y_{A<B}=\mathbf{1}$，CP 送到 74193 的 CP_D，计数器可以进行减法计数；若 $Y_{A=B}=\mathbf{1}$，CP 被封锁，计数器停止计数。

③ 双时钟双向计数器 74193 可以进行可逆计数。

(3) 分析电路的总体逻辑功能。

根据各功能块逻辑功能的分析，电路工作原理如下：设在 CR 作用下，计数器起始状态为 **0000**。以后，在每一个 CP 脉冲到来时，若 $Y_{A<B}=\mathbf{0}$，计数器加 **1**；若 $D_A<D_B$，则 $Y_{A<B}=\mathbf{1}$，计数器减 **1**；若 $D_A=D_B$，则 $Y_{A=B}=\mathbf{1}$，时钟信号被封锁，计数器处于保持状态。

分析结果：该电路是数字误差检测电路。可以在规定的时间内，检测输入二进制数码与标准值的正负误差是否在规定的范围内。例如需要在一段时间内若干次测量恒温室的温度误差是否在规定的范围内。若从计数器清零开始到 7 个时钟脉冲过后，一直有 $D_A>D_B$，则计数器输出 $Q_3Q_2Q_1Q_0$ 为 **0111**，反之，若一直有 $D_A<D_B$，则计数器输出为 **1001**。7 个脉冲过后，CR 信号使计数器清零，准备下一次比较。正常值应大于 **1001** 或小于 **0111**。

［例 **5.7.3**］ 分析图 5.7.4 所示电路框图的逻辑功能。并画出 CP、f_X、Q、f_C 和 $\overline{R_D}$ 波形图。已知时钟脉冲的频率 f_{CP} 为 1Hz，f_X 是待测脉冲的频率。

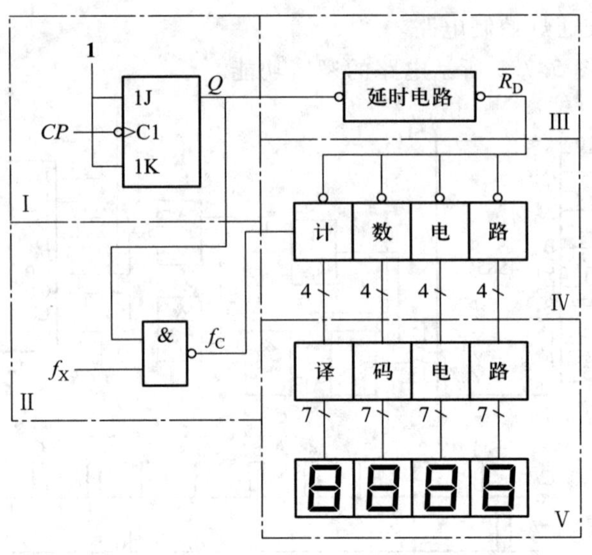

图 5.7.4 例 5.7.3 图

[解] (1) 该电路已是功能框图。

(2) 分析各逻辑框的功能。

Ⅰ 框中为 JK 触发器构成的二分频电路,它的作用是输出一个高低电平各为 1s 的采样脉冲。

Ⅱ 框中为**与非**门构成的控制门电路,**与非**门的一个输入端为未知频率信号 f_X,另一个输入端为采样脉冲。它控制送入计数器脉冲的持续时间为 1s。

Ⅲ 框中为延时电路,利用 Q 端脉冲下降沿产生一个延时清零信号。

Ⅳ 框中为 4 个 BCD 计数器级联构成 **10000** 进制计数电路。

Ⅴ 框中是已经熟悉的 4 组 BCD-七段译码显示电路,用来显示测量结果。

(3) 分析总体逻辑功能。

根据各功能块逻辑功能的分析,电路工作原理如下:在 Q 高电平期间,计数器对未知频率脉冲信号进行为时 1s 的计数,Q 变成低电平后,计数器停止计数,计数器计数结果是在采样间隔内 f_X 的脉冲个数,亦即是脉冲波形频率的直接测量值。通过 BCD-七段译码显示电路在数码管上显示出来,显示约 1s 后,延时清零信号将计数器清零,准备下阶段计数,如此周而复始。

分析结果:电路为简易频率计电路。频率计是测量和显示一个脉冲信号频率的电路。各点的工作波形如图 5.7.5 所示。

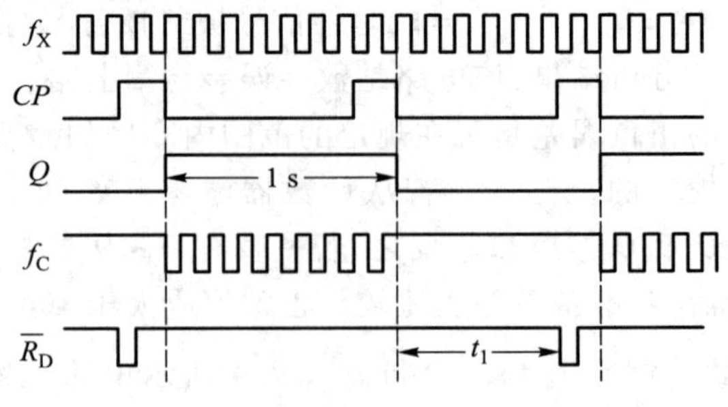

图 5.7.5 例 5.7.3 的工作波形图

5.8　基于 MSI 时序逻辑电路的设计

时序逻辑电路功能块设计流程的各步骤与第 3 章组合逻辑电路功能块设计流程基本相同，不过可以使用的功能块既有组合逻辑功能块，也有时序逻辑功能块。这里就不再重复。

［例 5.8.1］　试用同步二进制计数器 74161 和 4 位数值比较器 CC14585 设计一个可变进制计数器，要求计数器的模数由控制信号 $C_3C_2C_1C_0$ 决定。

［解］　(1) 分析设计要求

由于 74161 为 4 位二进制计数器，利用 CC14585 4 位数值比较器设计一个反馈清零电路，即可以实现二～十五进制计数器。将计数器的输出 $Q_3Q_2Q_1Q_0$ 和控制信号 $C_3C_2C_1C_0$ 分别作为比较器的两组输入信号，利用比较器的相同输出信号 $\overline{Y}_{A=B}$ 作为计数器的复位信号，即可实现可变进制计数器。

(2) 电路实现

根据以上分析，画出可变进制计数器的电路如图 5.8.1 所示。当 $C_3C_2C_1C_0$ = **0010** 到 **1111**，对应计数器的模数从 2 到 15。

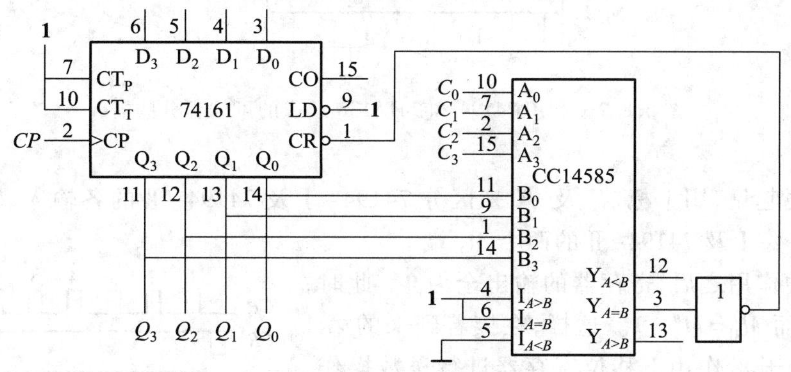

图 5.8.1　例 5.8.1 的逻辑电路图

［例 5.8.2］　在数字系统设计中，常常需要不同频率的时钟信号，而通常的方法是对系统时钟 *CP* 进行分频而获得。前述的各种计数器均可作为分频器，但分频比是不可变的。利用移位寄存器和译码器可以组成可编程分频器。试用移位寄存器 74194 和译码器 74LS138 组成一个可编程的分频器。

［解］　由于译码器的一组输出中，只有一个输出端的信号不同，因此，根据移位寄存器和译码器的工作原理，如果将译码器的输出接移位寄存器的置数端，分频输出信号接移位寄存器的工作方式选择端，移位寄存器工作在右移(或左移)方式，先置数再移位，反复循环。那么在输出端即可得到频率可变的分频信号，且信号的频率与译码器的地址有关。当译码器的地址码为 *N*

时,即可在移位寄存器的输出端得到 $N+1$ 分频的输出脉冲。利用 74194 和 74LS138 组成的可编程分频器如图 5.8.2 所示。

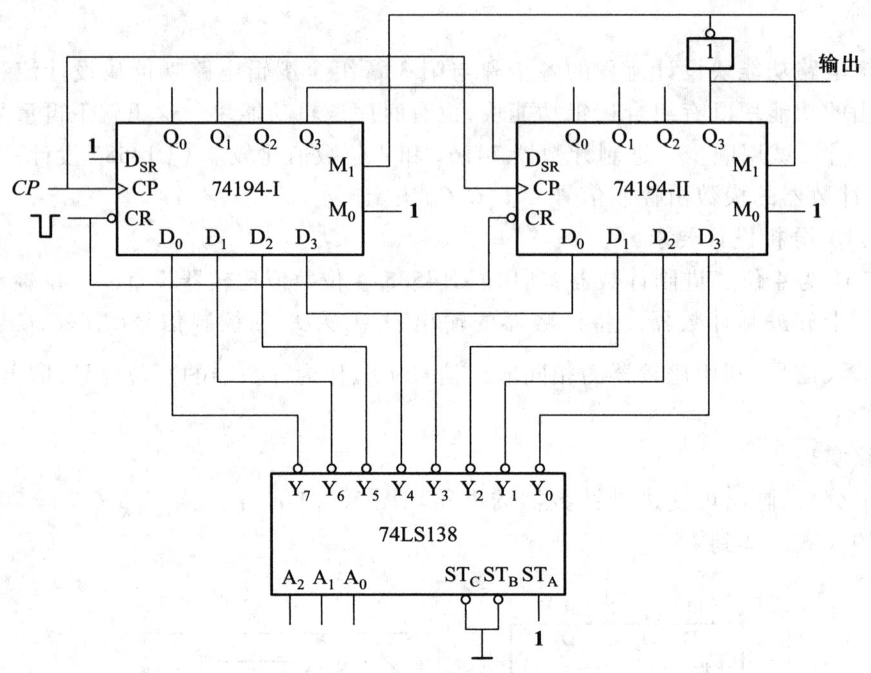

图 5.8.2　利用 74194 和 74LS138 组成的可编程分频器

为分析方便起见,用上标“′”及“″”来区分 74194－Ⅰ及 74194－Ⅱ的各输入、输出端,如 M'_1、M''_1 分别为 74194－Ⅰ及 74194－Ⅱ的两个 M_1 端。

在清零脉冲作用之后,寄存器的输出全为 **0**。此时,由于 $Q''_3=0$,从而 $M'_1=M''_1=\mathbf{1}$。这样,在接着到来的第 1 个计数脉冲的上升沿作用下移位寄存器进行送数操作。如果译码器的地址输入端 $A_2A_1A_0=\mathbf{110}$,则译码器的第 6 个输出端为 **0**,其余均为 **1**。送数操作的结果是使两片移位寄存器的状态成为 **10111111**。与此同时,M'_1、M''_1又变为 **0**。这样从第 2 个计数脉冲开始,74194 进行右移操作。当第 7 个计数脉冲到来后,移位寄存器的状态为 **11111110**,在第 8 个计数脉冲到来时两片 74194 又进行送数操作,在输出端得到的是一个七分频信号。电路的工作波形如图 5.8.3 所示。

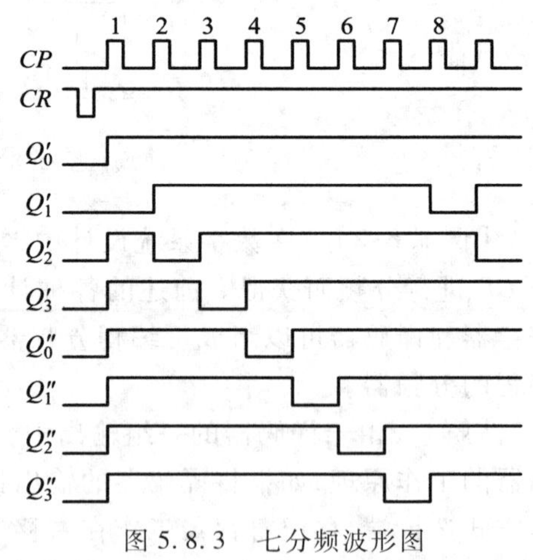

图 5.8.3　七分频波形图

5.9 用 VHDL 描述时序逻辑电路

5.9.1 计数器的 VHDL 语言描述

下面给出十进制计数器的 VHDL 程序。

```
LIBRARY IEEE;
USE IEEE.STD_LOGIC_1164.ALL;
USE IEEE.STD_LOGIC_UNSIGNED.ALL;
ENTITY Counter10 IS
  PORT (clk : in STD_LOGIC;
        Q : out STD_LOGIC_VECTOR(3 downto 0)
        );
END Counter10;
ARCHITECTURE Counter10_Body of Counter10 IS
SIGNAL Count : STD_LOGIC_VECTOR(3 downto 0);
BEGIN
  Counter10_Proc: process(clk)
    BEGIN
      IF clk'event and clk ='1'then
        IF Count<"1001" then
          Count<=Count+1;
        ELSE
          Count<="0000";
            END IF;
        END IF;
END process;
Q<= Count;
END Counter10_Body;
```

5.9.2 信号发生器的 VHDL 语言描述

下面给出序列信号发生器的 VHDL 程序。

```
LIBRARY IEEE;
USE IEEE.STD_LOGIC_1164.ALL;
```

```
ENTITY seq IS
    PORT (
          start : IN STD_LOGIC;
          clk : IN STD_LOGIC;
          data_out : OUT STD_LOGIC_vector(5 DOWNTO 0)
          );
END seq;
ARCHITECTURE Behavioral of seq IS
SIGNAL TEMP_data_out : STD_LOGIC_vector(5 DOWNTO 0);
BEGIN
PROCESS(clk)
BEGIN
IF (clk'event and clk=1'THEN
    IF start='1'THEN
      TEMP_data_out(1) <= TEMP_data_out(0);
      TEMP_data_out(2) <= TEMP_data_out(1);
      TEMP_data_out(3) <= TEMP_data_out(2);
      TEMP_data_out(4) <= TEMP_data_out(3);
      TEMP_data_out(5) <= TEMP_data_out(4);
      TEMP_data_out(0) <= TEMP_data_out(5);
    ELSE
      TEMP_data_out<="000000";
    END IF ;
END IF ;
END PROCESS;
data_out <= TEMP_data_out;
END Behavioral;
```

本章小结

本章介绍了时序逻辑电路的特点及其分析和设计方法，并介绍了数字系统中常用的几种时序电路及几种中规模集成电路产品。主要应了解和掌握下列几点：

时序电路通常由一些触发器（构成存储电路）和组合逻辑电路组成，时钟脉冲作用之前组合电路的状态和存储电路的状态决定了该时钟脉冲作用后电路的输出状态。因此在时序电路中，输出不仅取决于现在的输入，而且与输入的历史情况有关。电路状态依确定的时间顺序而定，而时间顺序则以时钟脉冲为基准。

时序电路按工作方式可分为同步时序电路和异步时序电路。本章分别介绍了它们的分析和设计方法,并且介绍了它们的区别和各自的优缺点,应掌握这些方法。

具体的时序电路种类繁多。本章介绍的是几种常用的、最基本的时序电路,如寄存器,移位寄存器,计数器,顺序脉冲发生器等。这几种电路基本上都有对应的 MSI 产品,应掌握这些电路的逻辑功能。

MSI 器件由于其功能强,易扩展,在现代数字系统设计中获得了广泛的应用。必须掌握用 MSI 实现简单逻辑设计以及由 MSI 组成的简单系统功能的分析。

思考题和习题

思考题

5.1 同步时序电路和异步时序电路有何区别?

5.2 Moore 型和 Mealy 型时序电路有何区别?

5.3 基于触发器时序电路设计中,如何选择触发器的个数?

5.4 同步计数器 74161 可以异步级联吗?

5.5 设计计数器时应该尽量采用同步操作还是异步操作?

5.6 对于不能自启动的计数器,应该采取什么办法使其可以自启动?

习题

5.1 一同步时序电路如图题 5.1 所示,设各触发器的初始状态均为 **0** 态。

(1) 作出电路的状态转换表;

(2) 画出电路的状态图;

(3) 画出 CP 作用下各 Q 的波形图;

(4) 说明电路的逻辑功能。

5.2 由 JK 触发器构成的电路如图题 5.2 所示。

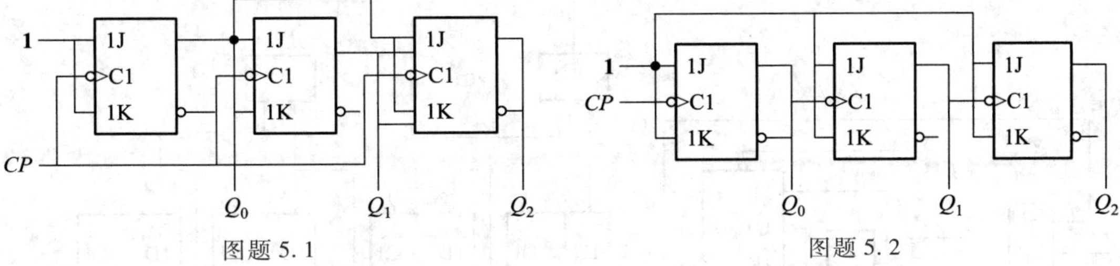

图题 5.1　　图题 5.2

(1) 若以 $Q_2Q_1Q_0$ 作为输出,该电路实现何种功能?

(2) 若仅由 Q_2 输出,它又为何种功能?

5.3 试分析图题 5.3 所示电路的逻辑功能。

5.4 试求图题 5.4 所示时序电路的状态转换真值表和状态转换图，并分别说明 $X=\mathbf{0}$ 及 $X=\mathbf{1}$ 时电路的逻辑功能。

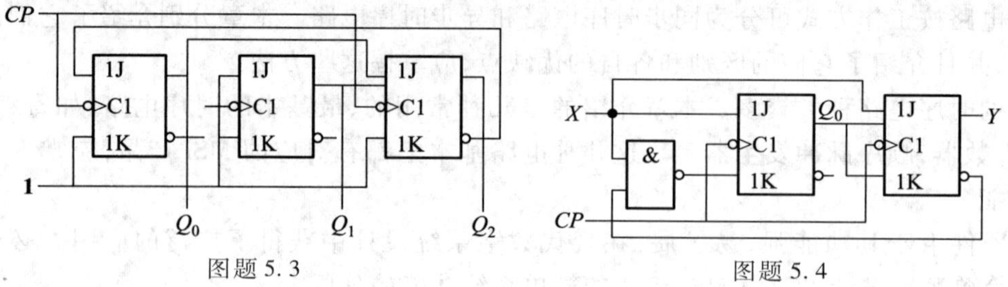

图题 5.3　　　　图题 5.4

5.5 试分析图题 5.5 所示的异步时序电路。

(1) 画出 $M=\mathbf{1}$, $N=\mathbf{0}$ 时的状态图；

(2) 画出 $M=\mathbf{0}$, $N=\mathbf{1}$ 时的状态图；

(3) 说明该电路的逻辑功能。

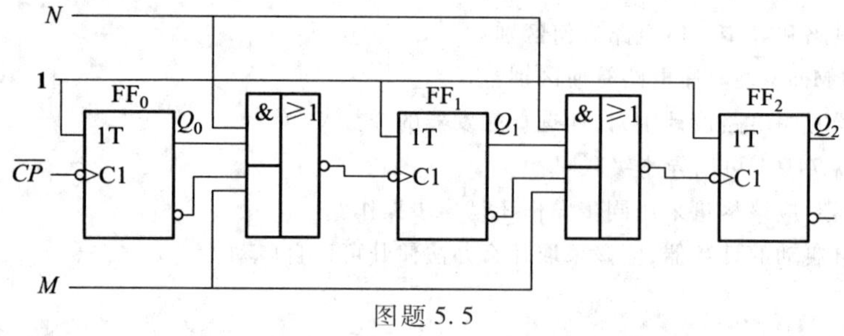

图题 5.5

5.6 已知图题 5.6 是一个串行奇校验器。开始时，首先由 $\overline{R}_D$ 信号使触发器清 **0**。此后，由 X 串行地输入要校验的 n 位二进制数。当输入完毕后，便可根据触发器的状态确定该 n 位二进制数中 **1** 的个数是否为奇数。试举例说明其工作原理，并画出波形图。

5.7 已知图题 5.7 是一个二进制序列检测器，它能根据输出 Z 的值判别输入 X 是否为所需的二进制序列。该二进制序列在 CP 脉冲同步下输入触发器 $D_1D_2D_3D_4$。设电路的初态为 **1001**，并假定 $Z=\mathbf{0}$ 为识别标志，试确定该检测器所能检测的二进制序列。

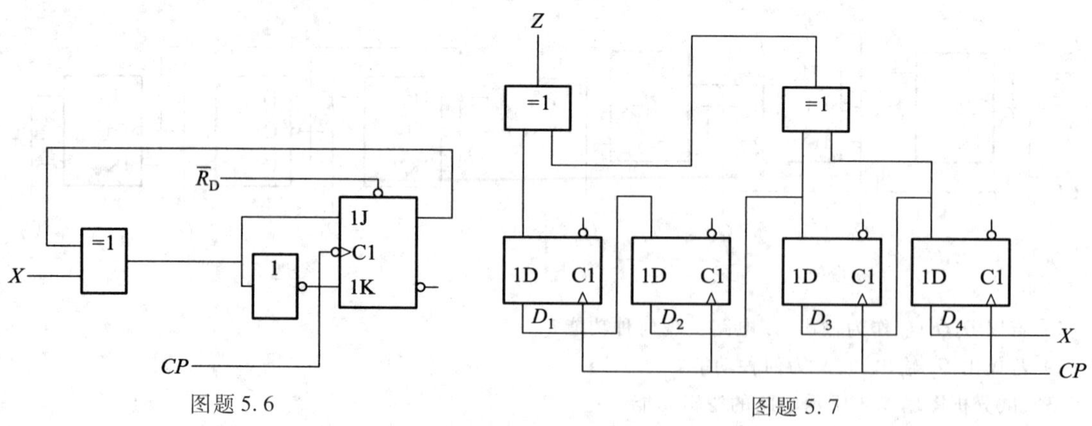

图题 5.6　　　　图题 5.7

5.8 用 *JK* 触发器设计一串行序列检测器，当检测到 **110** 序列时，电路输出为 **1**。

5.9 分析图题 5.9 所示电路，说明当开关 *A*、*B*、*C* 均断开时，电路的逻辑功能；当 *A*、*B*、*C* 分别闭合时，电路又分别具有何种功能？

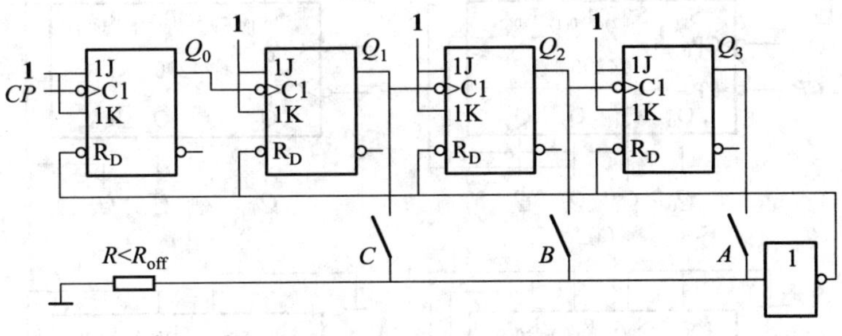

图题 5.9

5.10 用 *JK* 触发器设计图题 5.10 所示功能的逻辑电路。

5.11 用 *JK* 触发器设计图题 5.11 所示两相脉冲发生电路。

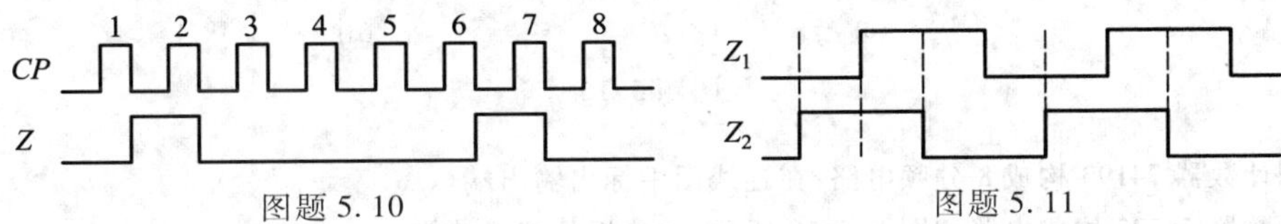

图题 5.10　　图题 5.11

5.12 一个同步时序电路如图题 5.12 所示。设触发器的初态 $Q_1=Q_0=\mathbf{0}$。

（1）画出 Q_0、Q_1 和 F 相对于 CP 的波形；

（2）从 F 与 CP 的关系看，该电路实现何种功能？

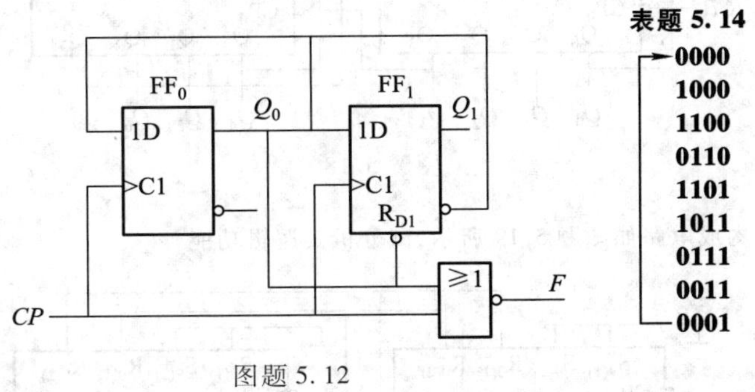

图题 5.12

表题 5.14

0000
1000
1100
0110
1101
1011
0111
0011
0001

5.13 用双向移位寄存器 74194 构成 6 位扭环计数器。

5.14 利用移位寄存器 74194 及必要的电路设计产生表题 5.14 所示脉冲序列的电路。

5.15 用 74293 及其他必要的电路组成六十进制计数器，画出电路连接图。

5.16 图题 5.16 为由 74290 构成的计数电路。

（1）分析它们各为几进制计数器；

（2）试用计数器 74160 实现(1)中的计数器；

（3）试用计数器 74161 及必要的门电路实现十三进制及一百进制计数器。

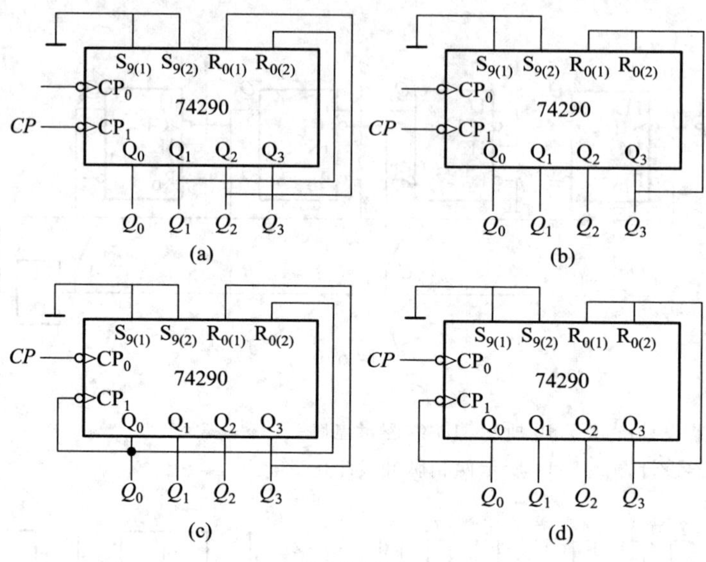

图题 5. 16

5. 17 用计数器 74193 构成 8 分频电路，在连线图中标出输出端。

5. 18 计数器 74293 构成电路如图题 5. 18 所示，试分析其逻辑功能。

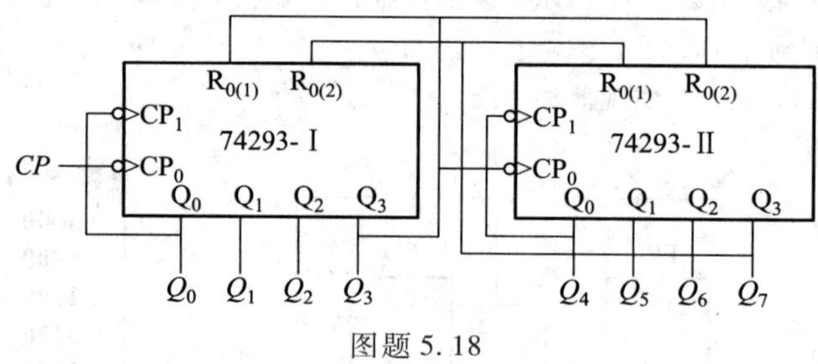

图题 5. 18

5. 19 计数器 74290 构成电路如图题 5. 19 所示，试分析其逻辑功能。

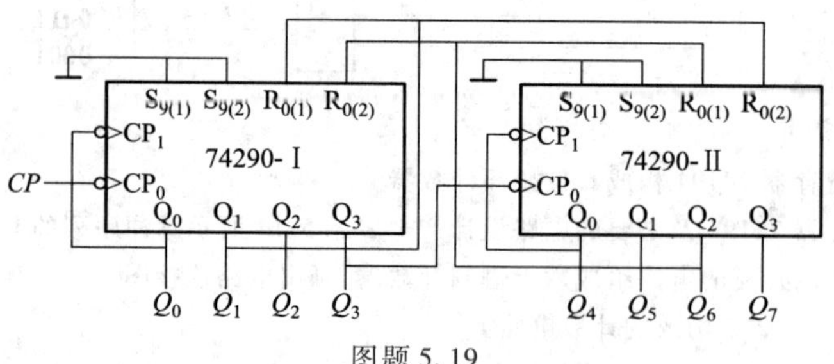

图题 5. 19

5.20 计数器 74161 构成电路如图题 5.20 所示,试说明其逻辑功能。

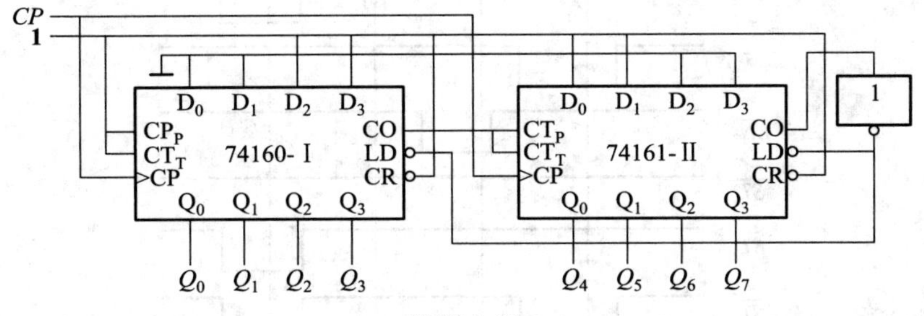

图题 5.20

5.21 试分析图题 5.21 所示用计数器 74163 构成电路的逻辑功能。

5.22 计数器 74193 构成电路如图题 5.22 所示,试分析该电路的逻辑功能。

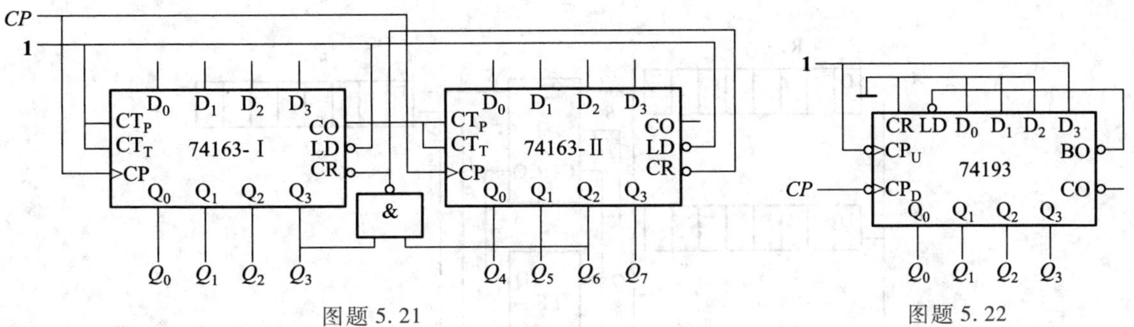

图题 5.21　　　　图题 5.22

5.23 指出图题 5.23 电路中 W、X、Y 和 Z 点的频率。

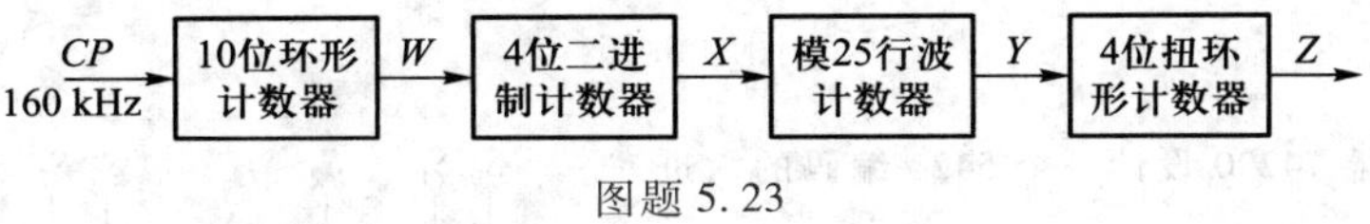

图题 5.23

5.24 设图 5.5.4 中各寄存器起始数据为[Ⅰ]=**1011**,[Ⅱ]=**1000**,[Ⅲ]=**0111**,将图题 5.24 中的信号加在寄存器Ⅰ、Ⅱ、Ⅲ的使能输入端。试确定在 t_1、t_2、t_3 和 t_4 时刻,各寄存器的内容。

5.25 时序电路如图题 5.25 所示,其中 $\mathrm{R_A}$、$\mathrm{R_B}$ 和 $\mathrm{R_S}$ 均为 8 位移位寄存器,其余电路分别为全加器和 D 触发器:

(1) 说明电路的逻辑功能;

(2) 若电路工作前先清 **0**,且两组数码 A = **10001000**,B = **00001110**,8 个 CP 脉冲后,$\mathrm{R_A}$、$\mathrm{R_B}$ 和 $\mathrm{R_S}$ 中的内容为何?

(3) 再来 8 个 CP 脉冲,R_S 中的内容如何?

5.26 图题 5.26 中,74LS154 是 4 线–16 线译码器。试画出 CP 及 S_0、S_1、S_2、S_3、S_4、S_5、S_6 和 S_7 各输出的波形图。

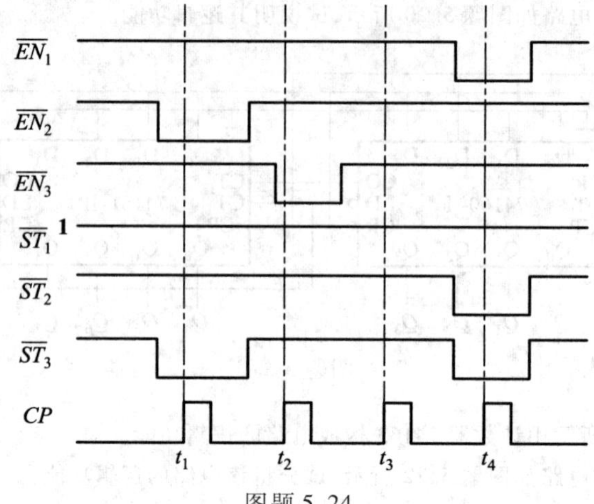

图题 5.24

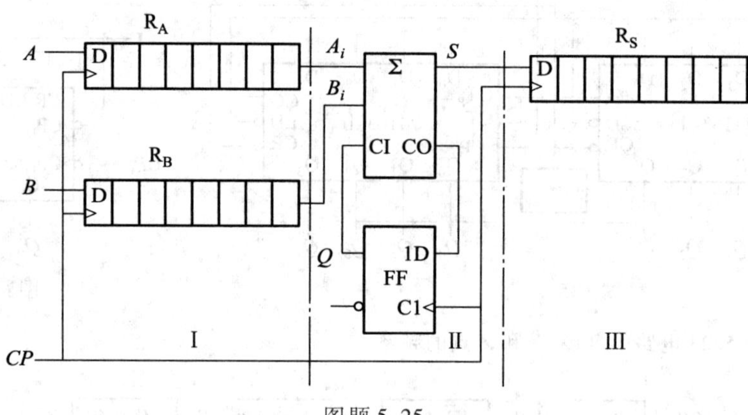

图题 5.25

5.27 试用计数器 74290 设计一个 5421 编码的六进制计数器。

5.28 电路如图题 5.28 所示

(1) 画出电路的状态图;

(2) 说明电路的逻辑功能。

5.29 电路如图题 5.29 所示,要求

(1) 列出电路的状态迁移关系(设初始状态为 **0110**);

(2) 写出 F 的输出序列。

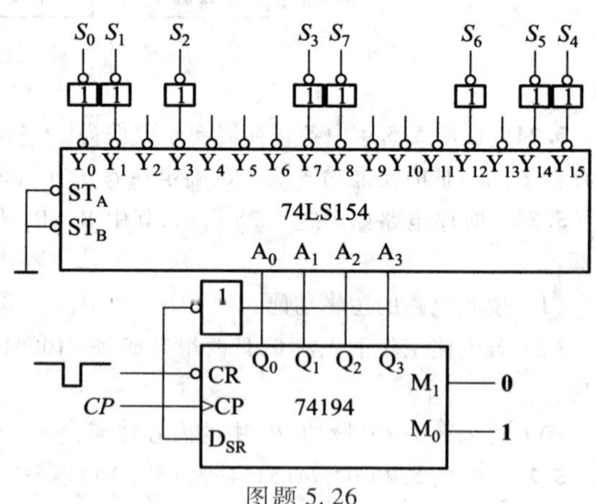

图题 5.26

5.30 图题 5.30 所示为某非接触式转速表的逻辑框图,其由 A ~ H 八部分构成。转动体每转动一周,传感器发出一信号,如图题 5.30 中所示。

(1) 根据输入输出波形图,说明 B 框中应为何种电路;

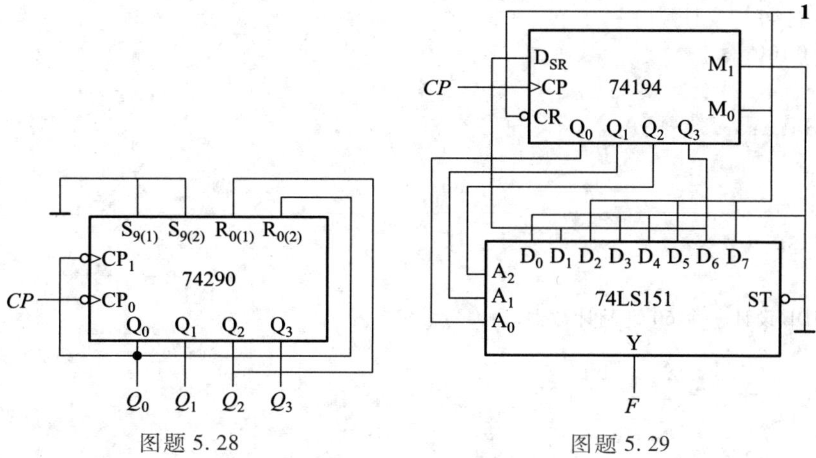

图题 5.28　　　　　　图题 5.29

（2）若已知测速范围为 0 ~ 9999，E、G 框中各需集成器件多少？

（3）E 框中的计数器应为何种进制的计数器？试设计之；

（4）若 G 框中采用 74LS47，H 框中应为共阴还是共阳显示器？当译码器输入代码为 **0110** 和 **1001** 时，显示的字形为何？

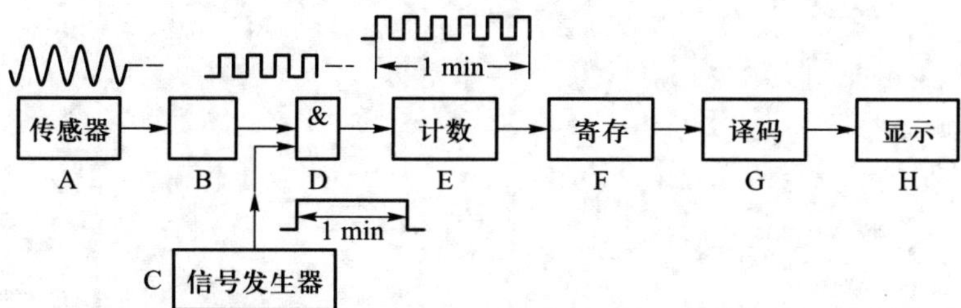

图题 5.30

5.31　分析下面的 VHDL 程序，说明它的逻辑功能。

```
LIBRARY ieee;
USE ieee.std_logic_1164.all;
ENTITY example IS
  PORT (cp, reset : IN STD_LOGIC;
            data : IN STD_LOGIC_VECTOR(3 DOWNTO 0);
            q: OUT STD_LOGIC_VECTOR(3 DOWNTO 0));
END example;
ARCHITECTURE behav OF example IS
BEGIN
  PROCESS (cp)
  BEGIN
    IF ( cp'EVENT AND cp='1') THEN
```

```
      IF reset ='1' THEN
      q<= "0000";
    ELSE
      q<= data;
      END IF;
    END IF;
  END PROCESS;
END behav;
```

5.32 用 VHDL 设计一个 60 进制计数器。

6

脉冲的产生与整形电路

【内容提要】

本章主要讨论几种脉冲产生和整形的基本电路。在脉冲整形部分,介绍常用的两类整形电路——施密特触发器和单稳态触发器。在脉冲产生部分,介绍门电路构成的多谐振荡器和石英晶体多谐振荡器。最后介绍555定时器及其组成的施密特触发器、单稳态触发器和多谐振荡器。

6.1 脉冲的基本知识

通常将既非直流又非正弦交流的电信号统称为脉冲信号。而在数字电路中,为了控制和协调整个系统的工作,常常需要时钟脉冲信号。获得这种矩形脉冲的方法有两种:一种是利用多谐振荡器直接产生;另一种是通过整形电路变换而成。整形电路又分为两类:施密特触发器和单稳态触发器,它们可以使脉冲的边沿变陡峭,形成规定的矩形脉冲。

由于实际的矩形脉冲波形是非理想的,为了定量地描述矩形脉冲的特性,经常使用如图6.1.1所示的几个主要参数来表述矩形脉冲的性能指标。

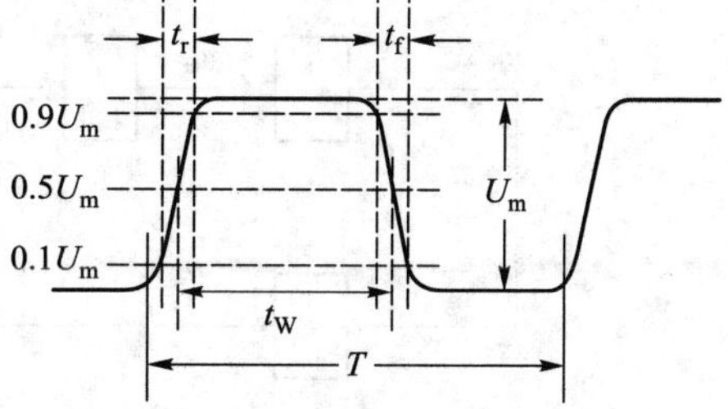

图 6.1.1 描述矩形脉冲特性的指标

脉冲周期 T——周期性重复的脉冲序列中,两个相邻脉冲间的时间间隔。有时也用频率 $f=1/T$ 表示,f 代表单位时间内脉冲重复的次数。

脉冲幅度 U_m——脉冲电压最大变化的幅值。

脉冲宽度 t_W——从脉冲前沿 $0.5U_m$ 始,到脉冲后沿 $0.5U_m$ 止的一段时间。

上升时间 t_r——脉冲从 $0.1U_m$ 上升到 $0.9U_m$ 所需的时间。

下降时间 t_f——脉冲从 $0.9U_m$ 下降到 $0.1U_m$ 所需的时间。

占空比 q——脉冲宽度与脉冲周期之比，即 $q=\frac{t_W}{T}$。

上述几个指标反映了一个矩形脉冲的基本特性。

下面依次讨论多谐振荡器、单稳态触发器、施密特触发器。最后介绍555定时器及由它构成施密特触发器、单稳态触发器及多谐振荡器的方法。

6.2 多谐振荡器

多谐振荡器是一种无稳态电路，它在接通电源以后，不需外加触发信号，其输出就能自动地不断来回翻转，产生矩形脉冲。由于输出的矩形波中含有很多谐波分量，故通常将它称为多谐振荡器，又称方波发生器。

6.2.1 集成门电路构成的多谐振荡器

将奇数个非门首尾连接，利用门电路的传输延迟时间就可以构成多谐振荡器。由于这些门组成了一个环形，所以又称这种振荡器为环形振荡器。用三个集成非门构成的环形振荡器如图6.2.1所示。假设三个非门的传输延迟时间均为 t_{pd} 且在虚线所示处断开，如在 u_I 处输入一个方波，如图6.2.2中最上面的波形所示（忽略方波中的上升沿和下降沿所需的时间），则在门的输出得到延迟 t_{pd} 且反相的 u_O 的波形。u_O 再经过两个非门总共 $2t_{pd}$ 延迟之后，得 u_F 波形如图6.2.2所示。若 u_I 的周期为 $6t_{pd}$，则 u_F 与 u_I 波形完全相同。因此，若把 u_F 直接作为 u_I 输入，电路就可以自激振荡，其振荡频率取决于 t_{pd} 及环路中非门的个数。对于图6.2.1所示的电路，振荡频率为 $f=1/6t_{pd}$。振幅则由门电路的输出高低电平 U_{OH} 和 U_{OL} 来决定。TTL非门的 t_{pd} 约为几十纳秒，CMOS非门的 t_{pd} 一般有数百纳秒。这种振荡器的振荡频率较高，而且无法调节，所以不实用。为了降低振荡频率，通常在环形通路中串入 RC 延时环节。

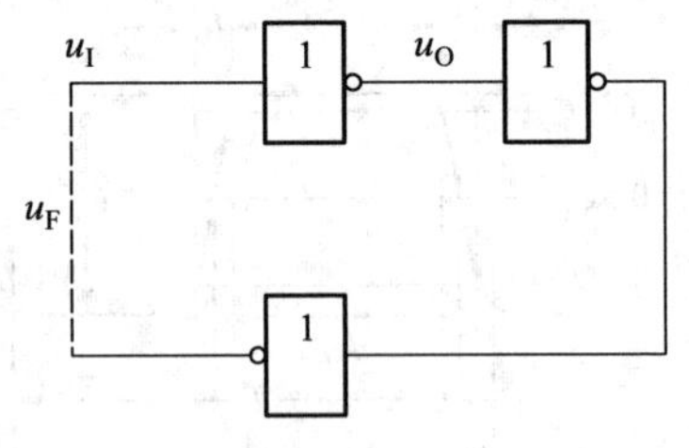

图6.2.1 环形振荡器

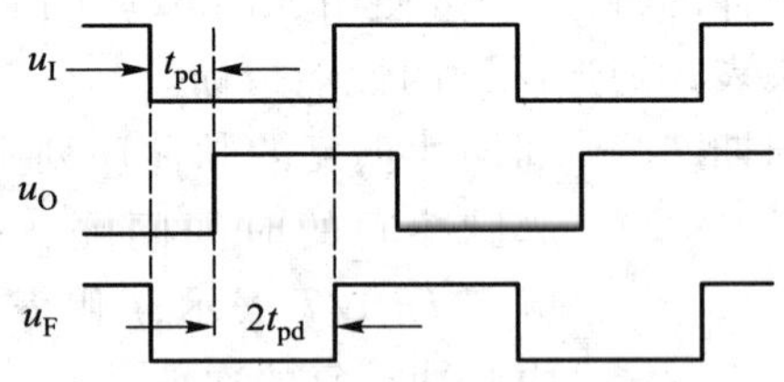

图6.2.2 环型单稳态的工作波形

另一种用CMOS门电路构成的多谐振荡器如图6.2.3(a)所示。其原理图可参考有关文献。为了分析方便，假定门电路的电压传输特性曲线具有理想特性，即门电路的阈值电平 $U_T=V_{DD}/2$，

输出高电平 $U_{OH}=V_{DD}$，输出低电平 $U_{OL}=\mathbf{0}$，如图 6.2.3(b)所示。

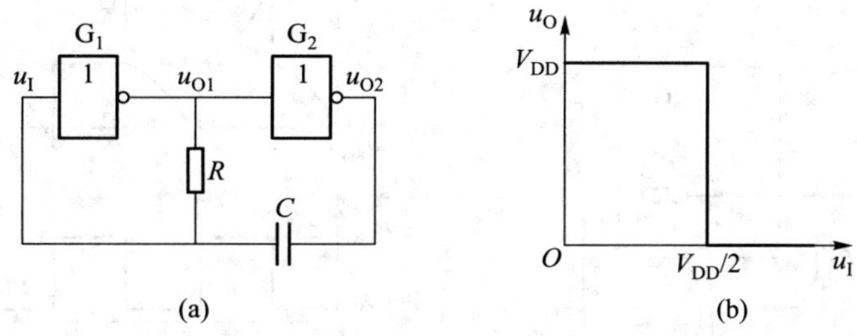

图 6.2.3　方波发生器

(a) 电路图　(b) 传输特性曲线

若 u_I 有正向扰动，必然引起下述正反馈：

$$u_I\uparrow \longrightarrow u_{O1}\downarrow \longrightarrow u_{O2}\uparrow$$

使 u_{O1} 迅速变成低电平，而 u_{O2} 迅速变成高电平，电路进入第一暂稳态。此时，电容 C 通过 R 到 u_{O1} 放电，进而通过 u_{O2} 反向充电。电容 C 的放电等效电路如图 6.2.4 所示。

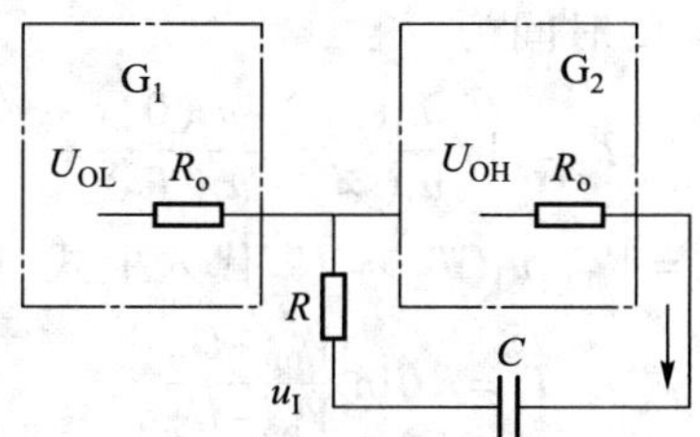

图 6.2.4　电容 C 的放电等效电路

随着电容 C 的放电，u_I 不断下降，当达到 $u_I=U_T(V_{DD}/2)$ 时，电路又经历另一个正反馈过程：

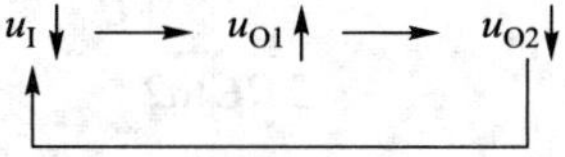

从而使 u_{O1} 迅速变成高电平，u_{O2} 迅速变成低电平，电路进入第二暂稳态。同时，电容 C 通过 u_{O1}、R、C 和 u_{O2} 充电。电容 C 的充电等效电路如图 6.2.5 所示。

随着电容 C 的不断充电，u_I 不断上升，当达到 $u_I\geqslant U_T$ 时，电路又迅速跃变到第一暂稳态。如此周而复始，电路不停地在两个暂稳态之间转换，产生方波输出，图 6.2.3(a)构成方波发生器。

图 6.2.6 定性地画出了电路中各点的波形。由于 CMOS 门电路的输入端对电源和地有钳位二极管，u_I 的最大和最小值被限制到 $V_{DD}+U_D$ 和 $-U_D$，其中，U_D 为二极管的管压降。

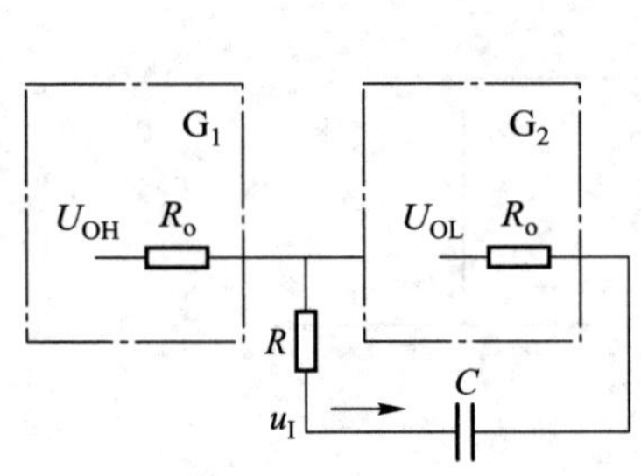

图 6.2.5 电容 C 的充电等效电路

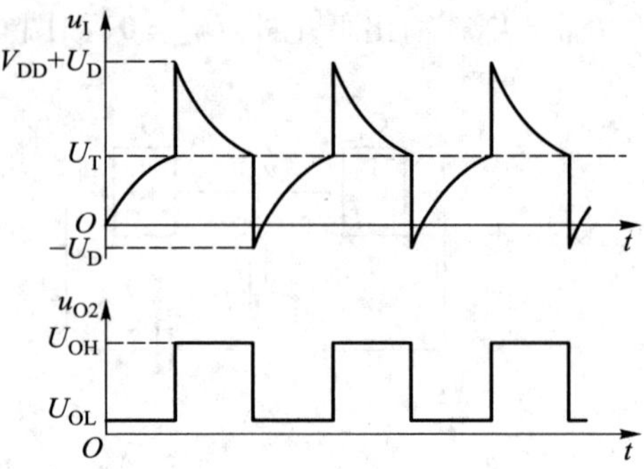

图 6.2.6 方波发生器电压波形图

若忽略门电路的输出电阻,根据一阶 RC 电路的三要素法,由图 6.2.6 可知,输入电压 u_I 由 $V_{DD}+U_D$ 下降到 U_T 的时间为

$$T_1=\tau\ln\frac{u_I(\infty)-u_I(0)}{u_I(\infty)-u_I(T_1)} \tag{6.2.1}$$

将 $\tau=RC, u_I(\infty)=0, u_I(0)=V_{DD}+U_D, u_I(T_1)=U_T$ 代入上式,得

$$T_1=RC\ln\frac{V_{DD}+U_D}{U_T} \tag{6.2.2}$$

输入电压 u_I 由 $-U_D$ 上升到 U_T 的时间为

$$T_2=\tau\ln\frac{u_I(\infty)-u_I(0)}{u_I(\infty)-u_I(T_2)} \tag{6.2.3}$$

将 $\tau=RC, u_I(0)=-U_D, u_I(\infty)=V_{DD}, u_I(T_2)=U_T$ 代入上式,得

$$T_2=RC\ln\frac{V_{DD}+U_D}{V_{DD}-U_T} \tag{6.2.4}$$

若忽略二极管的管压降 U_D,可求得该电路的振荡周期为:

$$\begin{aligned} T &= T_1+T_2 \\ &\approx 2RC\ln\frac{V_{DD}}{U_T} \\ &= 2RC\ln 2 \\ &\approx 1.4RC \end{aligned} \tag{6.2.5}$$

6.2.2 石英晶体多谐振荡器

在上述多谐振荡电路中,由于决定振荡频率的主要因素是电路的定时元件 RC 以及门电路的阈值电压 U_T。而它们都容易受温度的影响,所以 RC 振荡器的频率稳定性只有约 10^{-3} 或更差。因此,在对频率稳定性要求比较高的场合,普遍采用石英晶体振荡器。

1. 石英晶体的基本特性

石英晶体的电路符号如图 6.2.7 所示。它是将切成薄片的石英晶体置于两平板之间构成的。用石英晶体代替一般的调谐电路,可将振荡器的频率稳定性提高到 $10^{-5}\sim10^{-8}$,高质量石英晶体振荡器,其晶片置于恒温盒内,频率稳定性可达 10^{-11}。

2. CMOS 石英晶体多谐振荡器

目前较好的家用电子钟表几乎都采用具有石英晶体谐振器的方波发生器。由于它的频率稳定性高,所以走时准确,在通常的气温条件下,很容易保证每天不差半秒的精度。通常选用固有频率为 32 768 Hz 的石英谐振器,因为 $32\ 768=2^{15}$,将此振荡频率经过 15 次二分频,即可得 1 Hz 的时钟脉冲,作为计时基准。图 6.2.8 所示为这种方波发生器的简化电路,其中虚线以上部分制作在电子钟表专用大规模 CMOS 集成电路内,而石英谐振器 QR 及 C_1、C_2 为外接分立元件。在有些集成电路中,C_2 也做在芯片内。

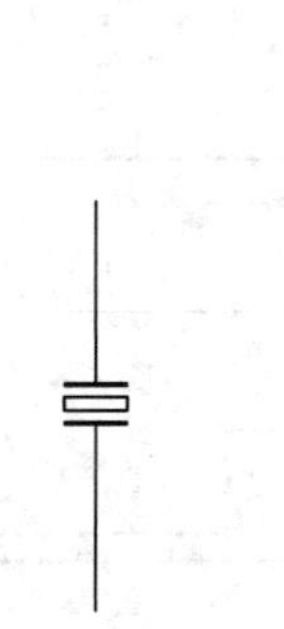

图 6.2.7　石英晶体的电路符号

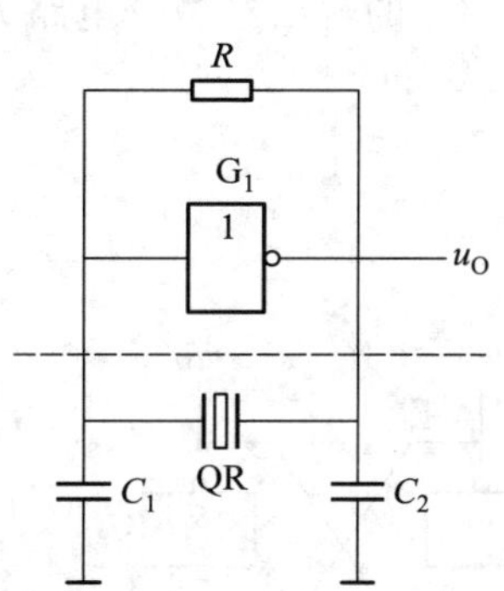

图 6.2.8　石英晶体方波发生器

图中 R 为偏置电阻,使 CMOS 反相器工作在线性放大区,这时电压放大倍数很大。晶体谐振器工作在频率位于其串联谐振频率 f_s 和并联谐振频率 f_p 之间,这时它相当于一个电感器。这样,电路就形成一个由反相器组成的电容三点式振荡器①。

虽然石英晶体振荡器可以得到极其稳定的频率,但它输出的波形却并不理想,还需进行整形(在图 6.2.8 的输出再加一级反相器),才能得到矩形脉冲输出。

6.3　单稳态触发器

单稳态触发器与第 4 章介绍的双稳态触发器不同之处是它只有一个稳态。在触发脉冲作用下,单稳态触发器从稳态翻转到暂稳态,经过时间 t_W 后,又自动地翻回稳态,并在其输出端产生一个宽度为 t_W 的矩形脉冲。

单稳态触发器通常由门电路和 RC 电路元件组成。暂稳态的时间长短取决于电路本身的参

---

① 电容三点式振荡器的工作原理在模拟电子技术 LC 振荡器部分讲述,这里从略。

数,与触发脉冲宽度无关。

由于上述特点,单稳态触发器被广泛应用于数字系统的整形(把不规则的波形转换成宽度、幅度都相同的脉冲)、延时(将输入信号延迟一定的时间输出)和定时(产生一定宽度的方波)电路中。

6.3.1 用门电路构成的单稳态触发器

按定时元件 R 和 C 的不同连接,这类单稳态触发器可分为微分型和积分型两种。下面着重讨论由 TTL **与非**门构成的微分型单稳态触发器。

1. 电路组成

如图 6.3.1 所示。G_1 的输出经微分电路 RC 接到 G_2 的输入端,G_2 的输出直接耦合到 G_1 的输入端。

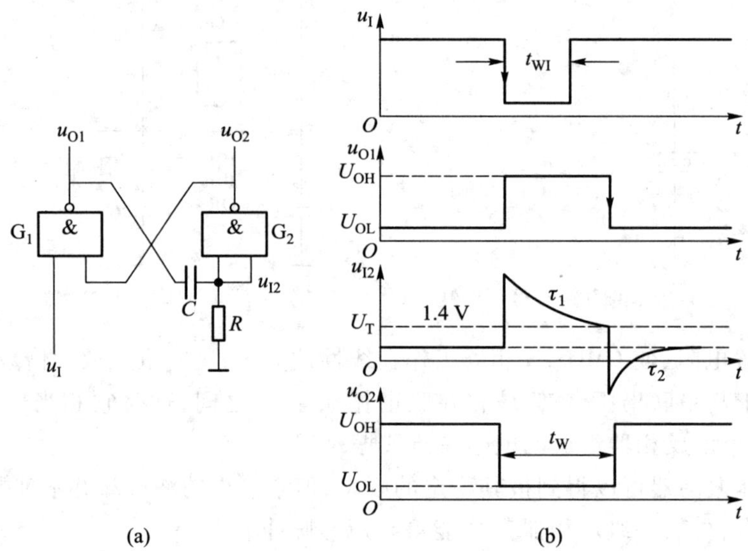

图 6.3.1 微分型单稳态触发器

(a) 电路图 (b) 工作波形图

电路处于稳态时,u_I 为高电平,u_{O1} 为低电平,为了使 u_{O2} 可靠为高电平,应选 $R<R_{off}$,一般取 $R<0.7\ k\Omega$。

2. 工作原理

u_I 为高电平,电路处于稳态:$u_{O1}=\mathbf{0}$,$u_{O2}=\mathbf{1}$。

u_I 的负跳沿到来时,电路触发翻转:u_{O1} 由低变高,由于电容两端电压不会突变,因此 u_{I2} 亦由低变高,使 u_{O2} 由高变低,从而引起如下反馈过程:

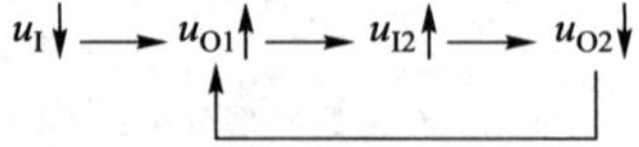

使电路迅速进入暂稳态：$u_{O1}=\mathbf{1}$，$u_{O2}=\mathbf{0}$。

在暂稳态期间，如图 6.3.2(a)所示，G_1 的输出高电平 U_{OH} 经电容 C 和电阻 R 到地的方向给电容充电，使 G_2 的输入电压 u_{I2} 以时间常数 $\tau_1=(R+R_o)C$（式中 R_o 为 G_1 的输出电阻）按指数曲线下降，当下降到阈值电平（$U_T=1.4$ V）时，产生如下正反馈过程

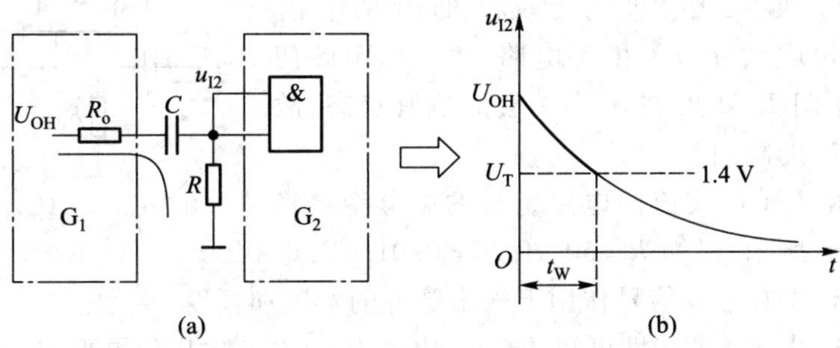

图 6.3.2 电容 C 的充电回路和 u_{I2} 的波形图

(a) 充电回路 (b) u_{I2} 波形图

$$u_{I2}\downarrow \rightarrow u_{O2}\uparrow \xrightarrow{u_I=1} u_{O1}\downarrow$$

使电路结束暂稳态，自动返回稳态：$u_{O1}=\mathbf{0}$，$u_{O2}=\mathbf{1}$。

暂稳态时间结束后，C 通过图 6.3.3 所示回路放电，使 u_{I2} 以时间常数 $\tau_2=(R_1 /\!/ R)C$ 按指数曲线上升，电路经历一个恢复阶段回到稳态时的初始状态。

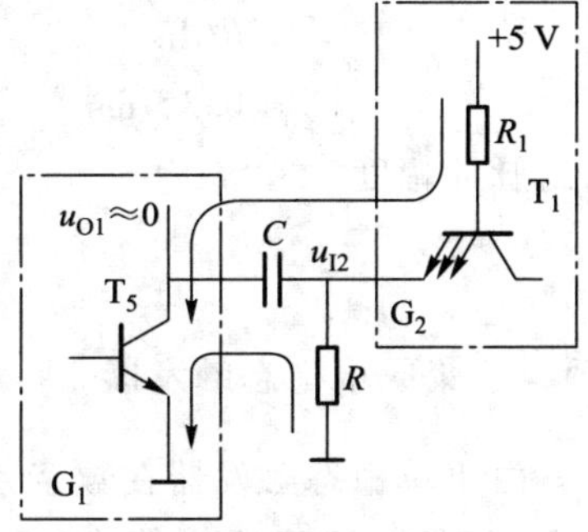

图 6.3.3 恢复阶段 C 的放电回路

电路各点波形如图 6.3.1(b)所示。

① 输出脉冲宽度（暂稳态时间）t_W

在 RC 串联回路充放电过程中，电阻上的压降 u_R 从过渡过程的起始值 $u_R(0)$ 变到某一值 U_T 所经历的时间，可用下式计算

$$t=RC\ln\frac{u_R(\infty)-u_R(0)}{u_R(\infty)-U_T} \tag{6.3.1}$$

由图 6.3.2(b)可见，u_{I2} 从 $U_{OH}R/(R+R_o)$ 下降到 U_T 的时间即 t_W，故可按上式得

$$t_W=(R+R_o)C\ \ln\frac{R}{R+R_o}\frac{U_{OH}}{U_T} \tag{6.3.2}$$

实际常使用如下经验公式估算

$$t_W\approx 0.8RC \qquad (R<R_{off}) \tag{6.3.3}$$

② 恢复时间 t_{re}

$$t_{re}\approx(3\sim5)\tau_2=(3\sim5)(R_1/\!/R)C \tag{6.3.4}$$

③ 电路的分辨时间

$$t_d=t_W+t_{re} \tag{6.3.5}$$

图 6.3.1(a) 适用于输入触发脉冲较窄的情况，若 u_I 脉冲宽度 $t_{WI}>t_W$，为使单稳电路能按要求自动返回，则应通过微分电路 $R_P C_P$ 再输入到**与非**门 G_1，如图 6.3.4 所示。要求图中电路 $R_P \cdot C_P \leq t_{WI}$ 和 $R_P \geq R_{on}$，以保证稳态时 $u_{O1}=\mathbf{0}$。

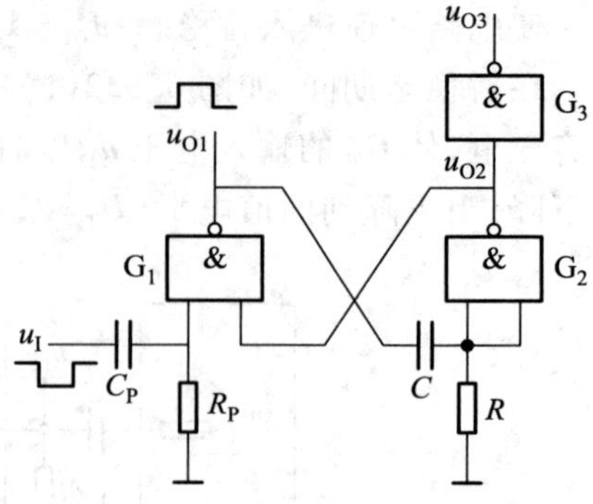

图 6.3.4　输入带微分环节的单稳态触发器

在图 6.3.4 中，G_3 改善了输出波形，起反相和整形的作用。

若用 CMOS 门构成微分型单稳态电路，由于 CMOS 门输入阻抗高，外接电阻 R 和 R_P 的大小不会影响其稳态，故它们不再受 R_{off} 和 R_{on} 的限制。

［例 **6.3.1**］　由 CMOS 集成门电路组成的微分型单稳态触发器如图 6.3.5 所示，已知 $R=50\ \text{k}\Omega$，$C=0.01\ \mu\text{F}$，电源电压 $V_{DD}=10\ \text{V}$，试求在触发信号作用下输出脉冲的宽度和幅度。

［解］　由 CMOS 集成门的特性可知，输出高电平 $U_{OH}=V_{DD}$，输出低电平 $U_{OL}\approx\mathbf{0}$，阈值电平 $U_T=V_{DD}/2$。若忽略门电路的输出电阻，由图可知：

$$u_C(0)=\mathbf{0},u_C(\infty)=V_{DD},\tau=RC。$$

根据一阶电路的三要素法，得输出脉冲宽度

$$\begin{aligned} t_W &= \tau\ln\frac{u_C(\infty)-u_C(0)}{u_C(\infty)-u_C(t_W)} \\ &= RC\ln 2 \\ &\approx 0.35\ \text{ms} \end{aligned}$$

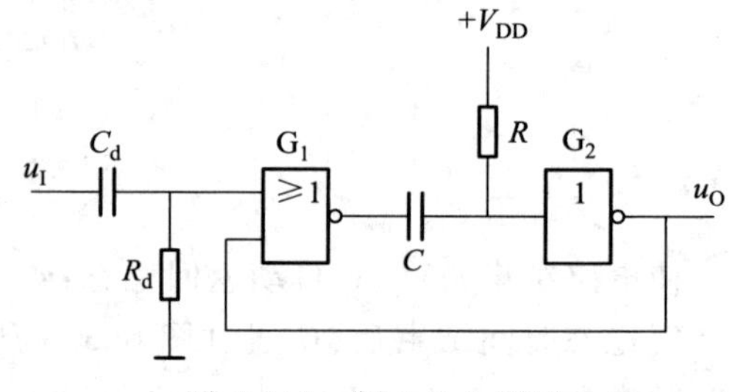

图 6.3.5　例 6.3.1 题图

输出脉冲幅度

$$U_m=U_{OH}-U_{OL}\approx V_{DD}=10\ \text{V}$$

6.3.2　集成单稳态触发器

由于单稳态触发器在数字系统中应用十分普遍，目前已有各种单片集成电路。TTL 系列的有 74121、74122、74123 等；CMOS 系列的有 4098、4528、4538 等。这些器件只要外接很少的电阻和电容，就可构成单稳态触发电路，使用起来非常方便。

1. TTL 集成单稳态触发器

74121 逻辑图如图 6.3.6 所示。它是在普通微分型单稳态触发器的基础上附加输入控制电路和输出缓冲级而形成的。

门 G_5、G_6、G_7 和外接电阻 R_{ext}、电容 C_{ext} 组成的电路是一个用**或非**门构成的微分型单稳态触发器，它的工作原理与图 6.3.1(a) 用**与非**门构成的微分型单稳态触发器类似，只是触发脉冲需改用正脉冲。因此，它由 G_4 给出的正脉冲触发，而输出脉冲宽度则由 R_{ext} 和 C_{ext} 决定。门 G_1 ~ G_4 组成输入控制电路，用于实现上升沿与下降沿触发控制。

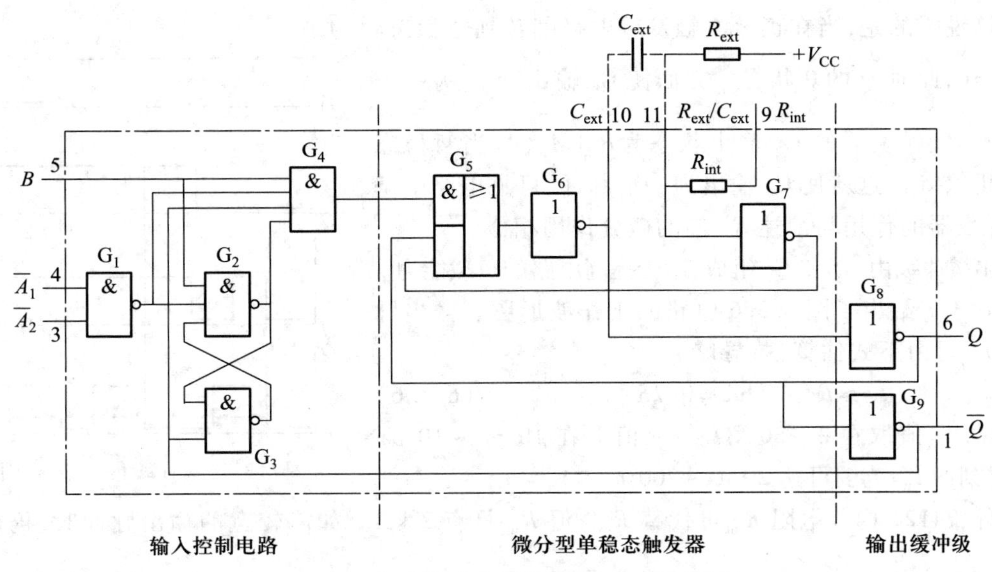

图 6.3.6　集成单稳态触发器 74121 的逻辑图

静态($\overline{A}_1$、$\overline{A}_2$、B 处于任一稳定不变的组合状态)时,电路处于稳态:$Q=\mathbf{0}$、$\overline{Q}=\mathbf{1}$。如设电路在上电时,C_{ext}上的电压为 **0**,且 G_8 输出为 **1**(即 $Q=\mathbf{1}$,$\overline{Q}=\mathbf{0}$),则电源 V_{CC} 将通过 R_{ext} 向电容 C_{ext} 充电(左负右正),当 C_{ext}上的电压增大到门 G_7 的阈值电压 U_T 时,G_7 输出由 **1** 变 **0**,此时 G_4 的输出为 **0**,故电路由于正反馈的结果,迅速回到稳态 $Q=\mathbf{0}$、$\overline{Q}=\mathbf{1}$。

74121 的功能表如表 6.3.1 所示。稳态时,G_4 的输出为 **0**,电路处于稳态。当需要上升沿触发时,触发脉冲从 B 端输入,同时 $\overline{A}_1$、$\overline{A}_2$ 当中至少应有一个为 **0** 状态;当需要下降沿触发时,则触发脉冲应该从 $\overline{A}_1$ 或 $\overline{A}_2$ 输入(另一个接 **1** 状态),同时保持 B 端状态为 **1**。

表 6.3.1　集成单稳态触发器 74121 的功能表

输　入			输　出
$\overline{A}_1$	$\overline{A}_2$	B	Q
0	×	**1**	**0**
×	**0**	**1**	**0**
×	×	**0**	**0**
1	**1**	×	**0**
1	↓	**1**	⊓
↓	**1**	**1**	⊓
↓	↓	**1**	⊓
0	×	↑	⊓
×	**0**	↑	⊓

应该说明的是，当在正脉冲触发后电路翻转到暂稳态：$Q=\mathbf{1}$、$\overline{Q}=\mathbf{0}$，此时 $\overline{Q}$ 的 **0** 状态一方面使 G_4 输出变 **0**，另一方面使基本 RS 触发器的 G_2 输出状态为 $\overline{B\overline{A}_1\overline{A}_2}$（且当暂稳态结束后仍保持），这就使 G_4 输出为一窄脉冲，可见电路中基本 RS 触发器的作用与前述 $R_P C_P$ 的微分作用相似。

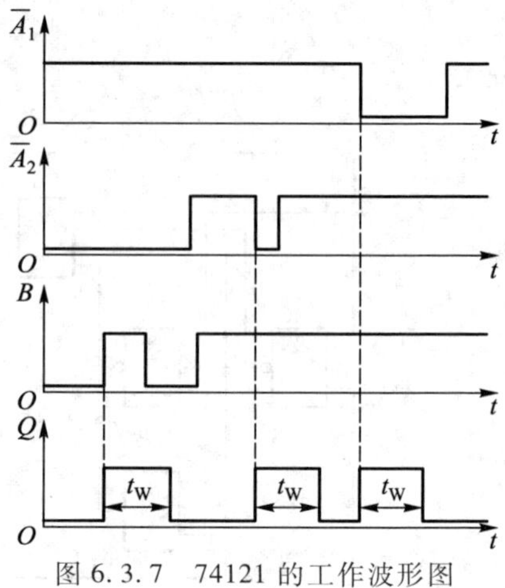

图 6.3.7　74121 的工作波形图

输出缓冲级由 G_8 和 G_9 组成，用于提高电路的负载能力。

图 6.3.7 给出了图 6.3.6 电路的工作波形图。输出脉冲宽度 t_W 可由下式估算（推导略）

$$t_W \approx R_{ext} C_{ext} \ln 2 = 0.7 R_{ext} C_{ext} \qquad (6.3.6)$$

通常 R_{ext} 值取在 2 ~ 30 kΩ。C_{ext} 值取在 10 pF ~ 10 μF 之间，得到的 t_W 范围可达 20 ns ~ 200 ms。

另外，74121 内部电阻 R_{int} 可代替 R_{ext}，但 R_{int} 只有 2 kΩ。如需较宽的输出脉冲时，仍需外接电阻。

2. CMOS 集成单稳态触发器

4538 是 CMOS 精密单稳态触发器。由于采用了线性 CMOS 技术，可得到高精度的输出脉冲宽度。4538 的符号图如图 6.3.8(a) 所示，功能表见表 6.3.2。由表可见：A 为上升沿触发输入端，B 为下降沿触发输入端，CR 为清零输入端。当选择上升沿触发时，应将输入脉冲加入 A 输入端，同时 B 输入端接高电平；若选择下降沿触发时，可将输入脉冲引入 B 输入端，A 输入端接低电平，其他情况时，Q 和 $\overline{Q}$ 状态不变。

表 6.3.2　4538 的功能表

输入			输出
A	$\overline{B}$	$\overline{CR}$	Q
↑	**1**	**1**	⊓
↑	**0**	**1**	**0**
1	↓	**1**	**0**
0	↓	**1**	⊓
×	×	**0**	**0**

4538 内部集成了两个单稳态触发器。引脚图如图 6.3.8(b) 所示。若只使用一个电路时，另一电路仅需将 CR 端置低电平，而外接电阻 R_{ext} 和电容 C_{ext} 可任意处理，其他输入端可置于高电平或低电平。4538 输出脉冲宽度仅由外接电阻 R_{ext} 和电容 C_{ext} 决定。$t_W = R_{ext} C_{ext}$，不含任何系数。R_{ext} 和 C_{ext} 可在较大范围内选择，t_W 的范围可达 10 μs ~ ∞。

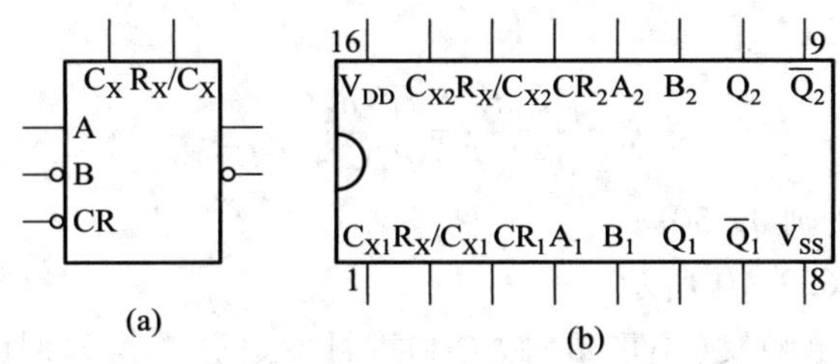

图 6.3.8　集成单稳态触发器 4538

(a) 符号图　(b) 引脚图

[例 **6.3.2**]　由双集成单稳态触发器 4538 构成的电路如图 6.3.9 所示,要求

(1) 说明电路在 S_2 断开和闭合时的工作原理;

(2) 求出 S_1 断开 S_2 闭合时电路的主要指标,并画出电路的输出波形。

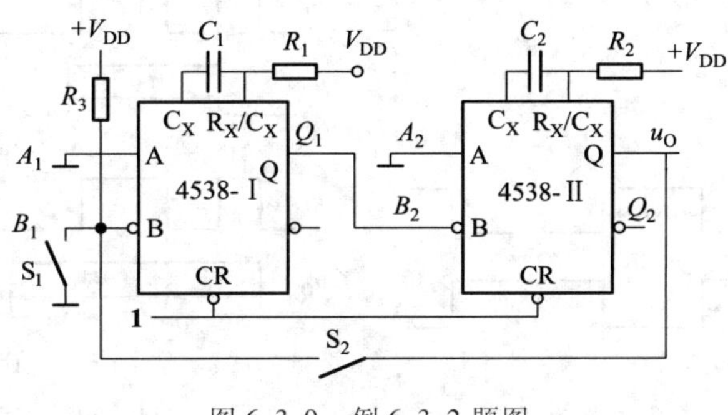

图 6.3.9　例 6.3.2 题图

[解]　(1) S_2 断开时, 电路是两个串接的单稳态触发器。

① S_1 断开时,单稳态触发器处于稳态。按下 S_1,由于 $A_1=\mathbf{0}$,单稳态触发器Ⅰ被触发而进入暂稳态,Q_1 由 **0** 跃变为 **1**,而 Q_2 保持不变。到单稳态触发器Ⅰ暂态结束时,Q_1 由 **1** 回到 **0**,单稳态触发器Ⅱ被触发进入暂态,Q_2 由 **0** 跃变为 **1**。此时段,单稳态触发器Ⅰ保持稳态,直到单稳态触发器Ⅱ暂态结束时。

② 如果在单稳态电路处于稳态时,使 S_2 闭合,单稳态触发器Ⅰ获得有效触发脉冲,单稳态触发器Ⅰ被触发进入暂稳态。单稳态触发器Ⅰ暂稳态结束时,Q_1 的负跃变又触发单稳态触发器Ⅱ;单稳态触发器Ⅱ暂稳态结束时,又触发单稳态触发器Ⅰ……如此周而复始,该电路通过互触发,维持输出状态不断变化,在 Q_1 与 Q_2 产生矩形脉冲输出。因此,该电路构成了多谐振荡电路。

(2) 求多谐振荡电路的周期、电路脉宽及占空比。

① 周期 T(两个单稳态触发器暂稳态时间之和为振荡周期)

$$T=t_{W1}+t_{W2}=R_1C_1+R_2C_2$$

② 脉冲宽度(若由 Q_2 输出,则 t_{W2} 为脉宽)

$$t_W=t_{W2}=R_2C_2$$

③ 占空比

$$Q=\frac{t_W}{T}=\frac{t_{W2}}{T}=\frac{R_2C_2}{R_1C_1+R_2C_2}$$

（若取 $R_1=R_2$，$C_1=C_2$，则 $q=50\%$）

④ 画电路波形，如图 6.3.10 所示。

集成单稳态触发器有单触发（不可重触发）和重触发之分。其差别可用图 6.3.11 加以说明。单触发的单稳态触发器一旦被触发进入暂稳态以后，再加入触发脉冲不会影响电路的工作过程，直到暂稳态结束后，它才能接收触发脉冲而转入下一个暂稳态，如图 6.3.11（a）所示。重触发单稳态触发器则截然不同，在电路被触发而进入暂稳态以后，如果再次输入触发脉冲，电路将被重新触发，电路的输出脉冲再持续一个 t_W 脉宽，如图 6.3.11（b）所示。

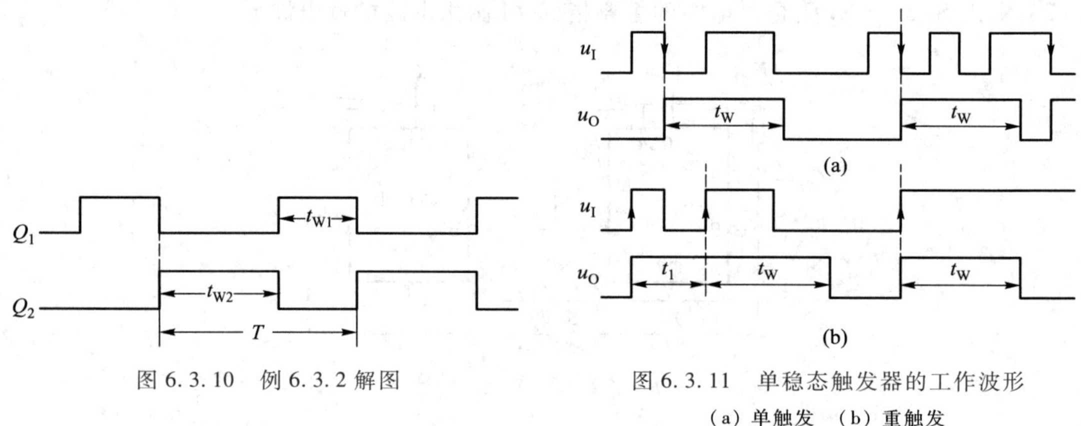

图 6.3.10　例 6.3.2 解图

图 6.3.11　单稳态触发器的工作波形
（a）单触发　（b）重触发

集成单稳态触发器中，属于单触发的有 74121、74221、74LS221 等，属于重触发的有 74122、74123、74LS123、4528、4538 等。

6.3.3　单稳态触发器的应用举例

单稳态电路除了能对脉冲信号的宽度进行变换外，还广泛用于脉冲的整形、定时及延时等场合。

1. 脉冲的整形

在实际的数字系统中，由于脉冲的来源不同，波形也相差较大。例如，从光电检测设备送来的脉冲波形一般不太规则；脉冲信号在线路中远距离传送，常会导致波形变化或叠加上干扰；在数字测量中，被测信号的波形可能千变万化。整形电路可以把这些脉冲信号变换成具有一定幅度和宽度的矩形波形。单稳态触发器就是这种整形电路。

在图 6.3.12 所示电路中，将波形很不规则的 u_I 加到单稳态电路的输入端（从 B 端输入，$\overline{A}_1$ 和 $\overline{A}_2$ 为 **0**），输出端就得到了规则的脉冲信号 u_O。输出的脉宽由 $R_{ext}C_{ext}$ 决定，幅度为 TTL 标准电平。

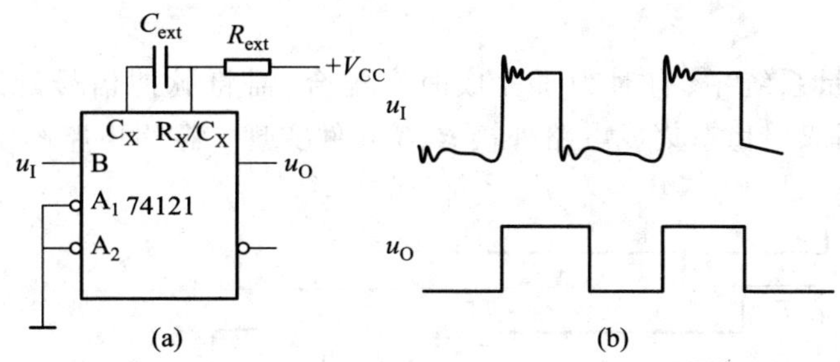

图 6.3.12　脉冲整形电路

（a）电路　（b）波形图

2. 定时

由于单稳态电路能产生一定宽度 t_W 的矩形脉冲，利用这一脉冲去控制某个系统，就能使其在 t_W 时间内动作（或不动作），起到定时控制的作用。图 6.3.13 示出了单稳态触发器用于定时的典型电路。当单稳态触发器处于稳定状态时，输出无信号。当触发信号作用后，单稳态触发器进入暂稳态，**与**门被打开，在时间 t_W 内输出输入信号 u_F。若**与**门输出接一个计数器，则可以知道在时间 t_W 内输出的脉冲个数（即脉冲频率）。

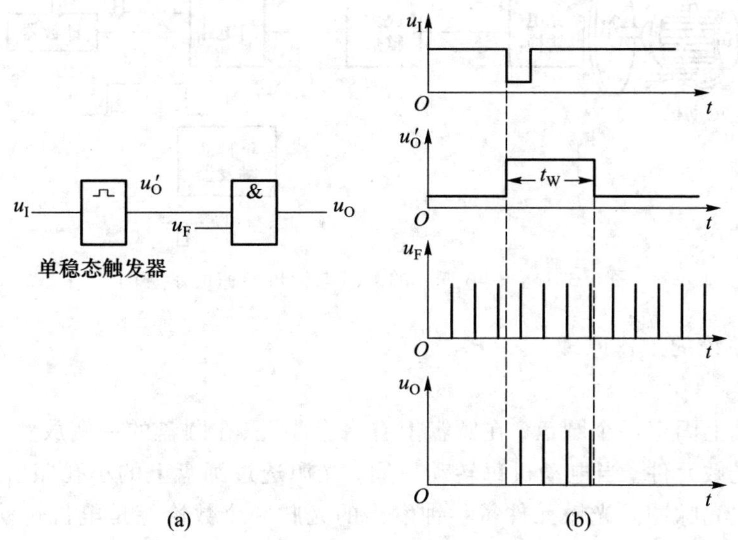

图 6.3.13　单稳态触发器用于定时的典型电路

（a）逻辑图　（b）波形图

塑料成型控制系统也是定时控制的典型例子。塑料成型一般要经历预热、加压、保温、冷却四道工序。各道工序的工作波形如图 6.3.14 所示。这一典型的顺序加工控制系统可以方便地用单稳态触发器来实现，其中的道理不难理解，逻辑电路图请读者自己完成。

3. 脉冲的延迟

在数字控制和测量系统中，有时为了完成时序配合，需将脉冲信号延迟 t_1 时间后输出，如图 6.3.15 所示。可用双单稳态集成电路外接 R、C 元件实现。逻辑电路图留给读者构思。

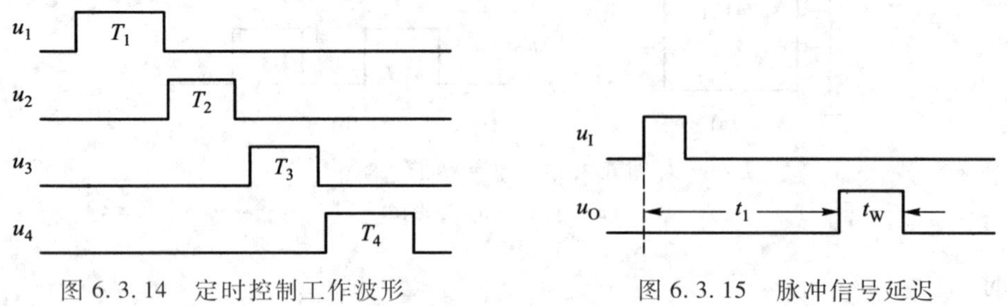

图 6.3.14 定时控制工作波形　　图 6.3.15 脉冲信号延迟

［例 **6.3.3**］ 图 6.3.16 是一个测量电机转速的数字测量系统示意图，试说明其工作原理。

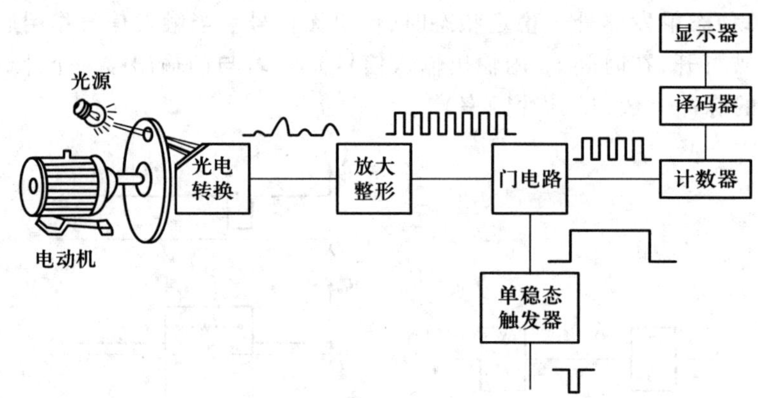

图 6.3.16 例 6.3.3 的测量电动机转速的示意图

［解］ 测速系统的工作原理：

（1）光电转换

在电动机转轴上固定一个圆盘，在圆盘上有一个小孔，在圆盘的一侧放置一光源，在圆盘的另一侧放置一个光敏元件。当电动机每转动一周，光源透过圆盘上的小孔照射光敏元件一次，光敏元件则发出一次光脉冲。光敏元件每秒钟发出的光脉冲个数恰好是电机转动的转数。

（2）信号的放大与整形

由于光敏元件输出的光脉冲信号不仅弱，而且很不规则，脉冲边沿不陡直。因此，必须首先对光脉冲信号进行放大，然后进行脉冲整形，得到边沿陡直且具有一定幅度的脉冲信号。

（3）定时

为了得到 1 s 内的光脉冲个数，首先用单稳态触发器产生一个脉冲宽度为 1 s 的矩形脉冲，作为定时信号。然后通过**与**门电路，把输入的光脉冲控制在 1 s 内通过。

(4) 计数显示

把 1 s 内通过的光脉冲作为计数器的计数脉冲,计数器累计的数就是 1 s 内通过的光脉冲个数,即电动机的转速。将计数器的输出经译码器译码后,就可以显示出电动机的转速。

6.4 施密特触发器

施密特触发器是一种重要的脉冲整形电路。它能够把变化缓慢的输入波形变换成为数字电路适用的矩形脉冲。输入电压上升时,施密特触发器的翻转电平被称为上限阈值电压 U_{T+};输入电压下降时,施密特触发器的翻转电平被称为下限阈值电压 U_{T-}。两者不相同,而且 $U_{T+}>U_{T-}$。施密特触发器的这种特性被称为回差特性,U_{T+} 与 U_{T-} 的差值被称为回差电压。这样,施密特触发器的传输特性上就出现了“滞回”曲线。在图 6.4.1(a)中,只有当 u_I 从低电平上升到 U_{T+} 时,u_O 才从高电平降为低电平;当 u_I 从高电平下降到 U_{T-} 时,u_O 才从低电平变为高电平。由于 u_I 和 u_O 始终为反相关系,故称这类施密特触发器为反相施密特触发器,其逻辑符号见图 6.4.1(c)。同理,u_I 和 u_O 始终保持同相变化,具有如图 6.4.1(b)那样的传输特性曲线的施密特触发器称为同相施密特触发器,其逻辑符号如图 6.4.1(d)所示。

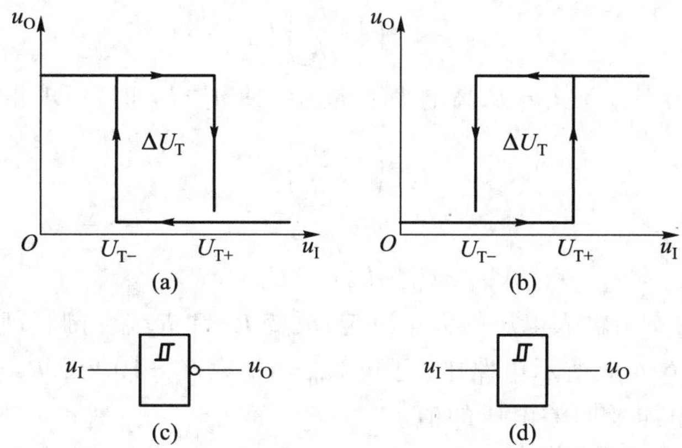

图 6.4.1 施密特触发器的电压传输特性及逻辑符号

(a) 反相输出 (b) 同相输出 (c) 反相输出逻辑符号 (d) 同相输出逻辑符号

下面介绍几种常见的施密特触发器。

6.4.1 用门电路构成的施密特触发器

图 6.4.2 (a)是用两个 CMOS 非门和两只电阻构成的施密特触发器,设 $U_T \approx V_{DD}/2$,且 $R_1<R_2$。

如图 6.4.2 (b)所示,当 $u_I=0$ 时,有 $u'_O \approx V_{DD}$,$u_O \approx 0$。随着 u_I 上升,u'_I也上升,且有 $u'_I \approx u_I R_2/(R_1+R_2)$。当 u_I 增加到使 $u'_I=U_T$ 时,产生如下正反馈过程

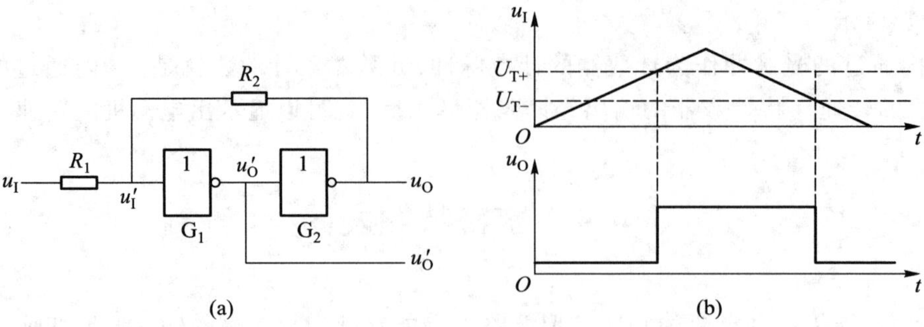

图 6.4.2　用 CMOS 反相器构成的施密特触发器
(a) 电路　(b) 波形图

$$u_I' \uparrow \longrightarrow u_O' \downarrow \longrightarrow u_O \uparrow$$

在极短时间内，电路翻转为 $u_O \approx V_{DD}$。此时由

$$u_I' = \frac{R_2}{R_1+R_2} U_{T+} = U_T$$

可求得电路的上限阈值电压

$$U_{T+} = \left(1+\frac{R_1}{R_2}\right) U_T \tag{6.4.1}$$

同理，$u_I = V_{DD}$ 时，$u_O \approx V_{DD}$。当 u_I 从高电平下降达到使 $u_I' = U_T$ 时，可求得电路的下限阈值电压

$$U_{T-} = \left(1-\frac{R_1}{R_2}\right) U_T \tag{6.4.2}$$

该电路的回差电压

$$\Delta U_T = U_{T+} - U_{T-} = 2U_T R_1 / R_2 \tag{6.4.3}$$

可见，电路输出的状态由输入电压的大小决定，改变 R_1 和 R_2 就可调节回差电压 ΔU_T 的大小。

［例 **6.4.1**］　在图 6.4.2 所示电路中，已知 $V_{DD}=10\ \text{V}$，$R_1 = 10\ \text{k}\Omega$，$R_2 = 20\ \text{k}\Omega$，试求电路的上限阈值电压、下限阈值电压及回差电压的值。

［解］　由 $U_{T+} = (1+R_1/R_2)U_T$，$U_{T-} = (1-R_1/R_2)U_T$，$\Delta U_T = U_{T+} - U_{T-}$，$U_T = V_{DD}/2$，得到

$$U_{T+} = \left(1+\frac{10}{20}\right) \times 5\ \text{V} = 7.5\ \text{V},\ U_{T-} = \left(1-\frac{10}{20}\right) \times 5\ \text{V} = 2.5\ \text{V},\ \Delta U_T = (7.5-2.5)\ \text{V} = 5\ \text{V}。$$

6.4.2　集成施密特触发器

由于集成施密特触发器性能一致性好，触发阈值稳定，因此得到了广泛应用。

TTL 集成施密特触发器有：六反相器(缓冲器)7414，四 2 输入**与非**门 74LS132，双 4 输入**与非**门 74LS13 等三类七个品种。它们的主要特性如表 6.4.1 所示。它们的逻辑符号是在原来门电路符号中加上表示回差特性的符号，如图 6.4.1(c)、(d)所示。

表 6.4.1 TTL 集成施密特触发器特性表

型　　号	t_{pd}/ns	P_m/mW	ΔU_T/V
7414	15	25.5	0.8
74LS132	15	8.8	0.8
74LS13	16.5	8.75	0.8

CMOS 集成施密特触发器有:CD40106(六反相器),CD4093(四 2 输入**与非门**)和 CD4584(六反相器)。逻辑符号与 TTL 集成施密特触发器的相同。CMOS 施密特触发器的回差电压与电源电压 V_{DD} 的大小有关,使用时要查产品手册。

6.4.3 施密特触发器应用举例

施密特触发器除了广泛用于脉冲整形外,还常用于波形变换等方面。下面举几个具体的例子。

1. 脉冲整形电路

在数字测量和控制系统中,由传感器送来的信号波形边沿较差,此外,脉冲信号经过远距离传输后,往往会发生各种各样的畸变,利用施密特电路可以对这些信号进行整形。将边沿较差或畸变脉冲 u_I 作为施密特电路的输入,其输出 u_O 为矩形波。但其相位与 u_I 相反,若要求同相输出,再加一级反相器即可。

图 6.4.3 为几种常见的畸变脉冲经过施密特触发器整形后的波形图。

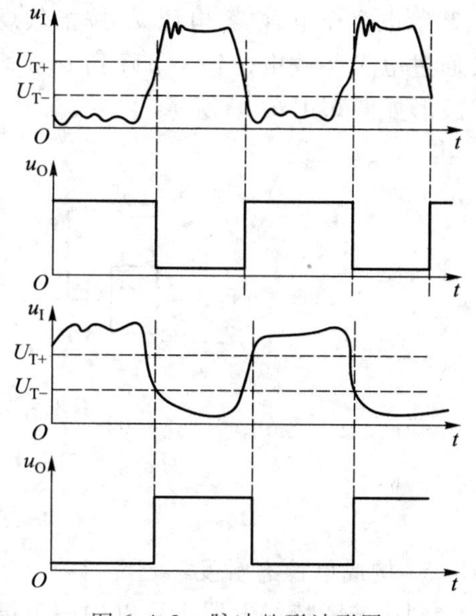

图 6.4.3 脉冲整形波形图

2. 脉冲变换电路

由于施密特电路在状态转换过程中伴随着正反馈过程发生,转换速度极快。因此,施密特电路输出矩形波的前后沿总是很陡峭。利用这一特点,施密特电路可以把变化比较缓慢的正弦波、三角波等变换成矩形脉冲信号。图 6.4.4 是完成这种变换的波形图。

由变换电路的输入、输出波形图可见,施密特触发器能把幅度满足要求的不规则波形变换成前后沿陡峭的矩形波,但输出波形的周期和频率则与输入信号相同。

3. 鉴幅电路

如果在一串幅度不相等的脉冲信号中,要剔除幅度不够大的脉冲,此时可利用施密特触发器。图 6.4.5 示出在施密特触发器的输入端送入一串幅度不等的脉冲时相应的输出波形。此图说明,只有幅度超过上限阈值电压 U_{T+} 的脉冲才能使施密特触发器翻转,同时在输出端得到一个矩形脉冲。可见,施密特触发器可用作脉冲幅度鉴别电路。

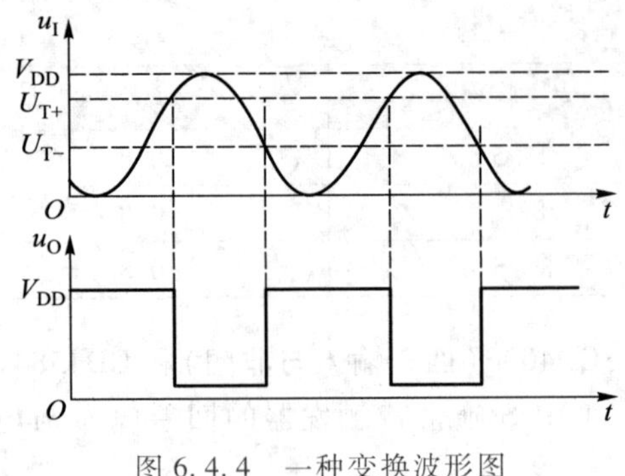

图 6.4.4　一种变换波形图

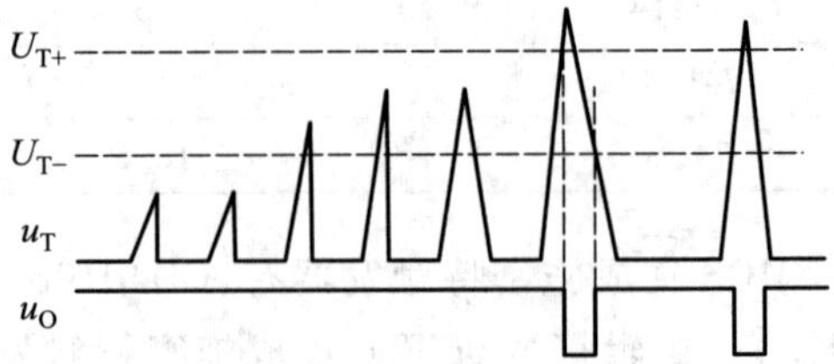

图 6.4.5　鉴幅电路

4. 构成多谐振荡器

利用 CMOS 集成施密特触发器组成的多谐振荡器如图 6.4.6(a)所示。

设电容上的初始电压 $u_C=0$ V,施密特触发器的输出电压为高电平,即 $u_O=V_{DD}$。u_O 通过电阻 R 给电容充电,电容电压 u_C 按指数规律增加,当 u_C 到达 U_{T+}时,触发器翻转,使 $u_O=0$ V,电容又通过电阻 R 放电,当 u_C 下降到 U_{T-}时,触发器再次翻转,$u_O=V_{DD}$。如此周而复始,u_C 和 u_O 的工作波形如图 6.4.6(b)所示。

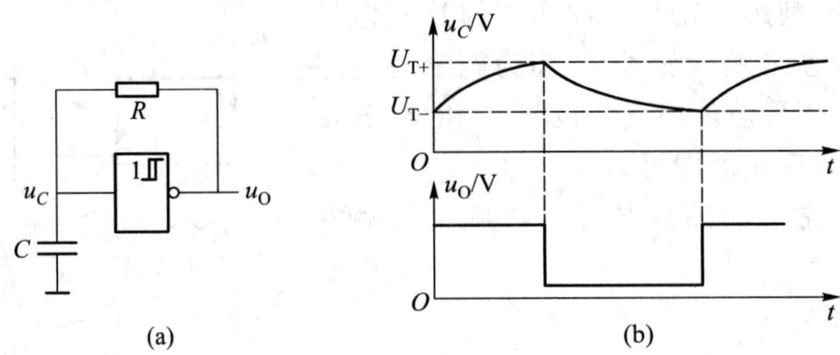

图 6.4.6　CMOS 集成施密特触发器组成的多谐振荡器

(a) 电路　(b) 波形图

5. 构成单稳态触发器

利用施密特触发器也可以构成单稳态触发器,图 6.4.7(a) 所示电路就是利用 CMOS 施密特触发器构成的单稳态触发器,其工作波形如图 6.4.7(b)所示。

当输入电压 $u_I=0$ 时,输出电压 $u_O=U_{OL}=0$ V,这是稳定状态。

当 u_I 的正触发脉冲加到输入端时,由于电容上的电压不能突变,u_A 也随着上跳,只要上跳的幅值大于 U_{T+},则输出 $u_O=V_{DD}$。触发器发生一次翻转,由稳定状态进入到暂稳态。

此后,随着电容 C 充电,u_A 按指数规律下降,当 u_A 下降至 U_{T-}时,触发器再次发生翻转,$u_O=U_{OL}=0$ V,由暂稳态返回至稳定状态。

由图 6.4.7(b)可知,暂稳态持续时间为:

$$t_W=RC\ln\frac{U_{IH}}{U_{T-}}$$

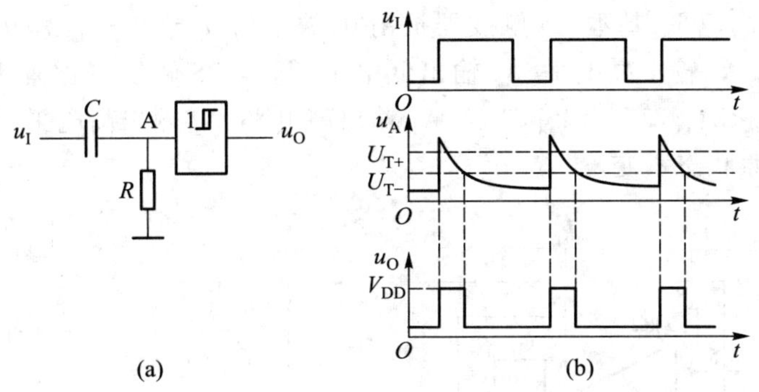

图 6.4.7　施密特触发器构成的单稳态触发器

(a) 电路　(b) 波形图

6.5　555 定时器及其应用

555 定时器是一种中规模集成电路，利用它可以方便地构成施密特触发器、单稳态触发器和多谐振荡器等。555 定时器具有功能强、使用灵活、应用范围广等优点，目前在仪器、仪表和自动化控制装置中得到了广泛应用。本节先简单介绍该定时器内部电路和工作原理，然后着重介绍由它组成的施密特电路、单稳态电路和多谐振荡电路。

■ 视频6-1 555定时器

6.5.1　555 定时器

■ 视频6-2 555定时器的工作原理

555 定时器有 TTL 型和 CMOS 型两类，它们的逻辑功能和外部引线排列完全相同。图 6.5.1(a)、(b)分别示出了 TTL 集成定时器 NE555 的电路结构和引线端功能图。从图可知，它有 8 个引出端：① 接地端 GND，⑧ 正电源端 V_{CC}，④ 复位端 $\overline{R}_D$，⑥ 高触发端 TH，② 低触发端$\overline{TR}$，⑦ 放电端 DIS，③ 输出端 OUT，⑤ 电压控制端 $C\text{-}U$。NE555 定时器是双列直插式组件，它由分压器、电压比较器、基本 RS 触发器、放电管和输出缓冲级几个基本单元组成。分压器由 3 个 5 kΩ 的电阻组成，它为两个比较器提供参考电平。如果电压控制端(⑤端)悬空，则比较器的参考电压分别为 $2V_{CC}/3$ 和 $V_{CC}/3$。改变电压控制端的电压可以改变比较器的参考电平。A_1 和 A_2 是两个结构完全相同的高精度的电压比较器。A_1 的同相输入端接参考电压 $V_{REF1}=2V_{CC}/3$，A_2 的反相输入端接参考电压 $V_{REF2}=V_{CC}/3$。在高触发端和低触发端输入电压的作用下，A_1 和 A_2 的输出电压不是 V_{CC} 就是零，它们作为基本 RS 触发器的输入信号。基本 RS 触发器的输出 Q 经过一级**与非**门控制放电三极管，再经过一级反相驱动门作为输出信号。R_D 为复位端，在正常工作时应接高电平。

当高触发端(⑥端)输入电压 $u_6>2V_{CC}/3$，低触发端(②端)输入电压 $u_2>V_{CC}/3$ 时，比较器 A_1

输出低电平，A_2 输出高电平，基本 RS 触发器被清 **0**，放电管 T 导通，输出 OUT 为低电平；当 $u_6<2V_{CC}/3$，$u_2<V_{CC}/3$ 时，A_1 输出高电平，A_2 输出低电平，基本 RS 触发器被置 **1**，放电管 T 截止，输出 u_O 为高电平；当 $u_6<2V_{CC}/3$，$u_2>V_{CC}/3$ 时，A_1 输出高电平，A_2 输出高电平，基本 RS 触发器的状态不变，电路也保持原状态不变。

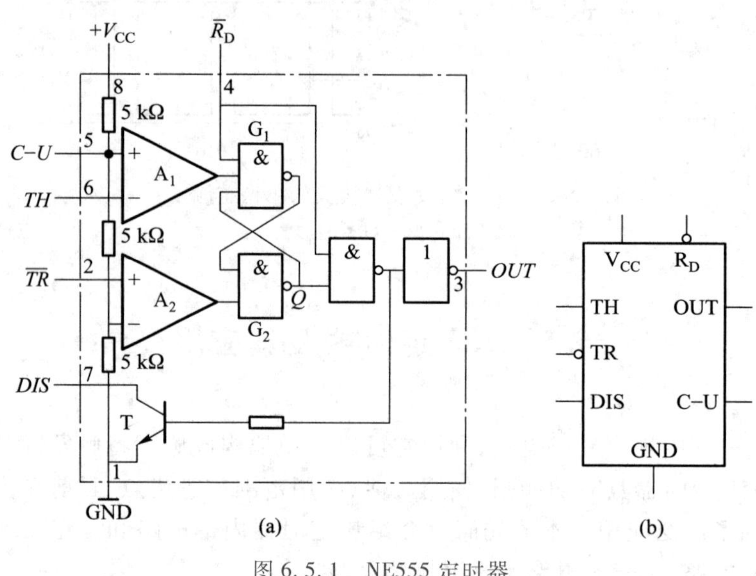

图 6.5.1　NE555 定时器

（a）电路结构图　（b）功能图

NE555 定时器的功能如表 6.5.1 所示，其中×表示任意态。

表 6.5.1　555 功能表

u_6	u_2	$\overline{R}_D$	OUT	DIS
×	×	L	L	导通
$>\frac{2}{3}V_{CC}$	$>\frac{1}{3}V_{CC}$	H	L	导通
$<\frac{2}{3}V_{CC}$	$>\frac{1}{3}V_{CC}$	H	不变	不变
$<\frac{2}{3}V_{CC}$	$<\frac{1}{3}V_{CC}$	H	H	截止

555 组件接上适当 R、C 定时元件和连线，可构成施密特触发器、单稳态触发器和多谐振荡器等电路。

NE555 定时器的电源电压范围为 5～16 V，输出电流可达 100 mA。

555 定时器中的 CMOS 型电路，具有静态电流较小（80 μA 左右）、输入阻抗极高（输入电流 0.1 μA 左右）、电源电压范围较宽（在 3～18 V 内均可正常工作）等特点。它的工作原理与

NE555 相似，功能表与表 6.5.1 相同。另外，还有双定时器产品，如双极型 NE556 和 CMOS 电路 7556。

视频6-3 用555定时器构成的施密特触发器

6.5.2 用 555 定时器构成的施密特触发器

将 555 定时器的高电平触发端和低电平触发端连接起来，作为触发信号的输入端，就可构成施密特触发器，如图 6.5.2 所示。

由于 TH、$\overline{TR}$是图 6.5.1 中电压比较器的输入端，输入信号的大小直接决定了电压比较器和整个电路的输出状态。当高电平触发端 TH 和低电平触发端 $\overline{TR}$ 连接在一起时，整个电路的状态由输入电压的大小决定，并在输入电压作用下，电路状态能快速变换，且有两个稳定状态。

现以输入电压 u_I 为如图 6.5.3 所示的三角波为例，来说明图 6.5.2 电路的工作过程。由表 6.5.1 可知：在 u_I 上升期间，当 $u_I<V_{CC}/3$ 时，电路输出 u_O 为高电平；当 $V_{CC}/3<u_I<2V_{CC}/3$ 时，输出 u_O 不变，仍为高电平；当 u_I 增大到略大于 $2V_{CC}/3$ 时，电路输出 u_O 变为低电平。

当 u_I 由高于 $2V_{CC}/3$ 的值下降，达到 TH 端（⑥端）的触发电平时，电路输出不变。直到 u_I 下降到略小于 $V_{CC}/3$ 时，输出 u_O 跃变为高电平。

根据上述过程可得出，当 u_I 是三角波时，输出电压变为上升沿和下降沿都很陡峭的矩形波，如图 6.5.3 所示。此图进一步说明：u_I 上升时电路改变状态的输入电压 U_{T+} 和 u_I 下降时电路改变状态的输入电压 U_{T-} 不同，两者之间的差值为 555 定时器构成的施密特触发器的回差电压。即

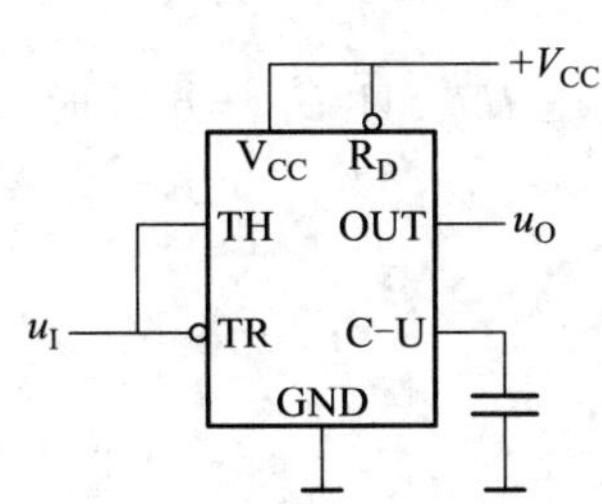

图 6.5.2 555 定时器构成的施密特触发器

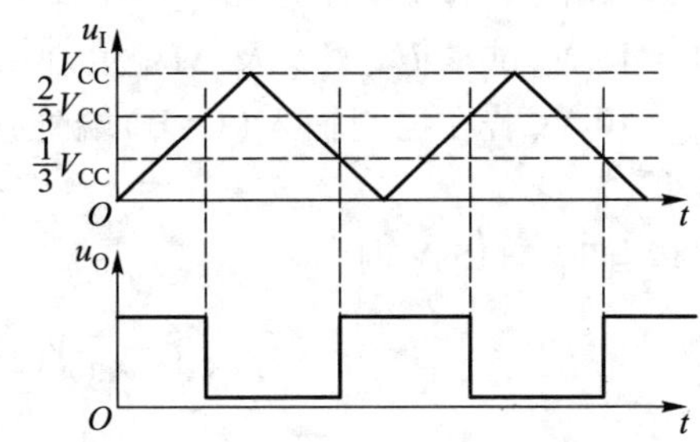

图 6.5.3 三角波变换矩形波电路

$$\Delta U_T = U_{T+} - U_{T-}$$

由图 6.5.3 可得出 u_O 和 u_I 关系，即电路的电压传输特性，如图 6.5.4 所示。电路的电压传输特性表明了电路的滞回特性，即回差特性。其上、下限阈值电压 U_{T+} 和 U_{T-}、回差电压 ΔU_T 分别为

$$U_{T+} = 2V_{CC}/3$$

$$U_{T-} = V_{CC}/3$$

$$\Delta U_T = V_{CC}/3$$

如果在 $C-U$ 端（⑤端）施加直流电压，则可调节滞回电压 ΔU_T 值。控制电压越大，滞回电压 ΔU_T 也越大。回差大，电路的抗干扰能力强。

图 6.5.5 示出了 555 定时器构成的施密特触发器用作光控路灯开关的电路图。

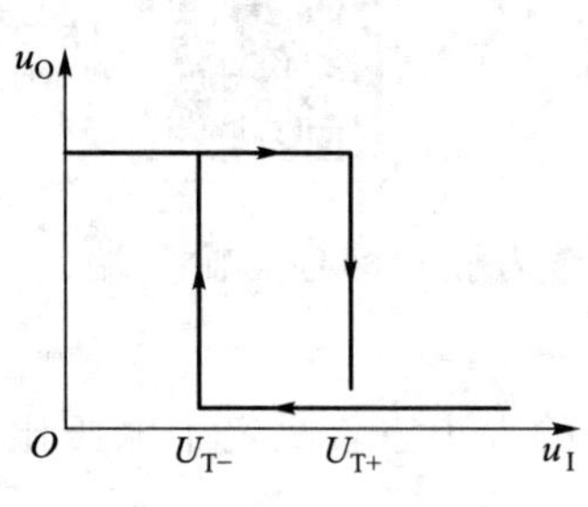

图 6.5.4　电压传输特性

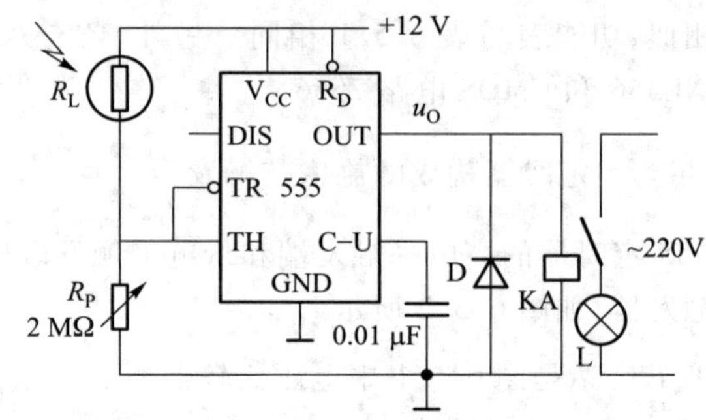

图 6.5.5　施密特触发器用作光控路灯开关

图中，R_L 是光敏电阻，有光照射时，阻值在几十 kΩ 左右；无光照射时，阻值在几十 MΩ 左右。KA 是继电器，线圈中有电流流过时，继电器吸合，否则不吸合。D 是续流二极管，起保护 555 的作用。

由图可以看出，555 定时器构成了施密特触发器。白天光照比较强，光敏电阻 R_L 的阻值比较小，远远小于电阻 R_P，使得触发器输入端电平较高，大于上限阈值电压 8 V，定时器输出低电平，线圈中没有电流流过，继电器不吸合，路灯 L 不亮；随着夜幕的降临，光照逐渐减弱，光敏电阻 R_L 的阻值逐渐增大，触发器输入端的电平也逐渐降低。当触发器输入端的电平小于下限阈值电压 4 V 时，输出变为高电平，线圈中有电流流过，继电器吸合，路灯 L 点亮。实现了光控路灯开关的作用。

[例 **6.5.1**]　在图 6.5.2 所示电路中：

(1) 当 $V_{CC}=15$ V，试求 U_{T+}、U_{T-} 及 ΔU_T 值。

(2) 当 $V_{CC}=10$ V，若在控制输入(C−U)端外接控制电压 U_{CO}，且 $U_{CO}=6$ V 时，试求 U_{T+}、U_{T-} 及 ΔU_T 各为多少。

[解]　(1) 当 $V_{CC}=15$ V 时

$$U_{T+}=\frac{2}{3}V_{CC}=10\ \text{V}$$

$$U_{T-}=\frac{1}{3}V_{CC}=5\ \text{V}$$

$$\Delta U_T=U_{T+}-U_{T-}=5\ \text{V}$$

(2) 当外接控制电压 $U_{CO}=6$ V 时

$$U_{T+}=U_{CO}=6\ \text{V}$$

$$U_{T-}=\frac{1}{2}U_{CO}=3\ \text{V}$$

$$\Delta U_T=U_{T+}-U_{T-}=3\ \text{V}$$

6.5.3　用 555 定时器构成的单稳态触发器

图 6.5.6(a)是用 555 定时器构成的单稳态触发器，图 6.5.6(b)

是其波形图。图中 R、C 为外接定时元件。输入触发信号接在低触发端 TR,由 OUT 端输出信号。

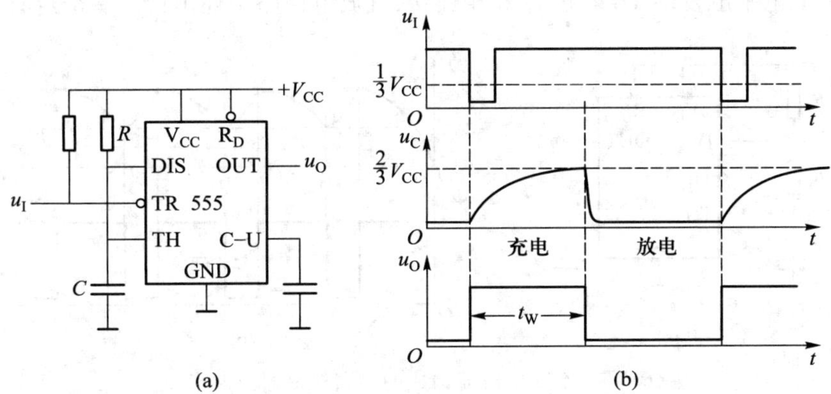

图 6.5.6 555 定时器构成的单稳态触发器及其工作波形图

(a) 电路图 (b) 波形图

在刚接通电源时,如果触发负脉冲还未到来,则低触发输入 TR 端处于高电平,设电容 C 上的电压 u_C 初始值为零,如果 Q 为 **0**,$\overline{Q}$ 为 **1**,则放电管导通,电容 C 上的电压保持在零电平,如无外加触发脉冲,电路将稳定在此状态;如果 Q 为 **1**,$\overline{Q}$ 为 **0**,则 T 截止,电源 V_{CC} 将通过 R 向 C 充电,使高触发输入端 TH 的电压按指数规律上升,当达到高电平触发电压时,Q 变为 **0**,$\overline{Q}$ 变为 **1**,放电管导通,电容 C 通过 T 放电,输出 Q 将维持 **0** 状态不变。综上所述,可知 $Q=\mathbf{0}$,$\overline{Q}=\mathbf{1}$,是电路保持的稳定状态。

稳态时:触发端处于高电平($u_I\approx V_{CC}$),定时电容 C 两端电压为低电平,高触发输入端 TH 为低电平,电路输出 $u_O\approx 0$。

触发翻转:当输入信号 u_I 的负脉冲到来时,只要负脉冲的低电平值小于 $V_{CC}/3$,电路输出 u_O 跃变为高电平,放电管截止,电路处于暂稳态。同时,电源 V_{CC} 通过 R 对电容 C 充电。

自动返回:当电容 C 充电使 $u_C\geqslant 2V_{CC}/3$ 时,u_O 跃变为低电平,放电管 T 导通,电容 C 通过 T 迅速放电,电路返回到稳态。

单稳态触发器的输出脉冲宽度,即暂稳态时间 t_W 取决于 R 和 C 的数值。

$$t_W=RC\ln 3\approx 1.1RC \tag{6.5.1}$$

应当说明的是,这种单稳态电路对输入脉冲宽度有一定要求,即触发脉冲宽度要小于暂稳态时间 t_W。在实际应用中如遇到 u_I 宽度大于 t_W 时,应先经微分电路后再加到电路的低电平触发端。

6.5.4 用 555 定时器构成的多谐振荡器

555 外接定时电阻 R_1、R_2 和电容 C 构成的多谐振荡器如图

6.5.7(a)所示。由图可见，它与555构成的单稳态触发器的区别是无外接触发信号，而是将高电平触发端TH和低电平触发端TR与电容C相连接，且放电回路中还串接了一个定时电阻R_2。

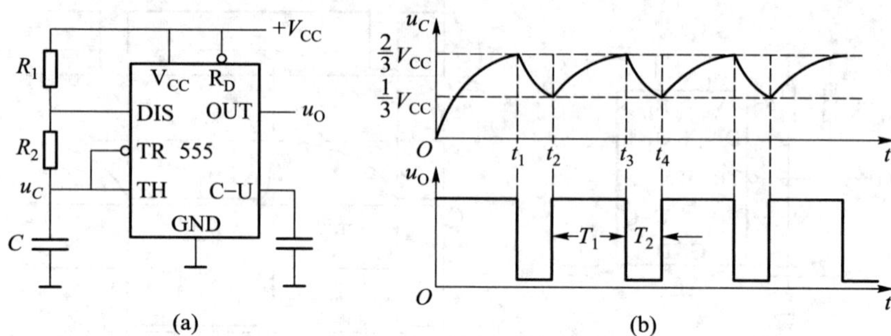

图 6.5.7　555定时器构成的多谐振荡器及波形图

(a) 电路图　(b) 波形图

根据图6.5.7(b)所示波形图来分析电路的工作原理。

当接通电源V_{CC}时，设电容C上的初始电压为0，由表6.5.1可知，u_O处于高电平，放电管T截止，电源通过R_1、R_2向C充电，经过t_1时间后，u_C达到高触发电平($2V_{CC}/3$)，u_O由**1**变为**0**，这时放电管T导通，电容C通过电阻R_2放电，到$t=t_2$时，u_C下降到低触发电平($V_{CC}/3$)，u_O又翻回到**1**状态，随即T又截止，电容C又开始充电。如此周而复始，就可以在输出端(OUT端)得到矩形波电压。

现在计算电路的振荡周期。为了简单起见，设组件内运放A_1、A_2的输入电阻为无穷大，并近似地认为T截止时，DIS端对地的等效电阻为无穷大，而T导通时，管压降为零。现以$t=t_2$为起始点，可得充电时间T_1为

$$T_1=(R_1+R_2)C\ln 2\approx 0.693(R_1+R_2)C \tag{6.5.2}$$

若以t_3为起始点，可得电容C的放电时间为

$$T_2=R_2C\ln 2\approx 0.693R_2C \tag{6.5.3}$$

由此可得矩形波的周期为$T=T_1+T_2$，频率为

$$f=\frac{1}{T_1+T_2}\approx 1.44\frac{1}{(R_1+2R_2)C} \tag{6.5.4}$$

电路的振荡频率主要取决于电阻R_1、R_2和电容C，改变R_1、R_2和C的值即可改变振荡频率；输出电压的幅度则由电源电压V_{CC}来决定。输出矩形波的占空比为

$$q=\frac{T_1}{T}=\frac{R_1+R_2}{R_1+2R_2}>50\% \tag{6.5.5}$$

如果$R_1\gg R_2$，则占空比接近于1，此时，u_C近似为锯齿波。

如果将图6.5.7(a)所示电路略加改变，就可构成占空比可调的多谐振荡器，如图6.5.8所示。

图中增加了可调电位器R_W和两个引导二极管，该电路放电管T截止时，电源通过R_A、D_1对电容C充电；放电管T导通时，电容通过D_2、R_B、T进行放电。只要调节R_W，就会改变R_A与R_B的比

值，从而改变输出脉冲的占空比。图中，$T_1=0.693R_AC$，$T_2=0.693R_BC$，因此输出脉冲占空比

$$q=\frac{T_1}{T}=\frac{R_A}{R_A+R_B}$$

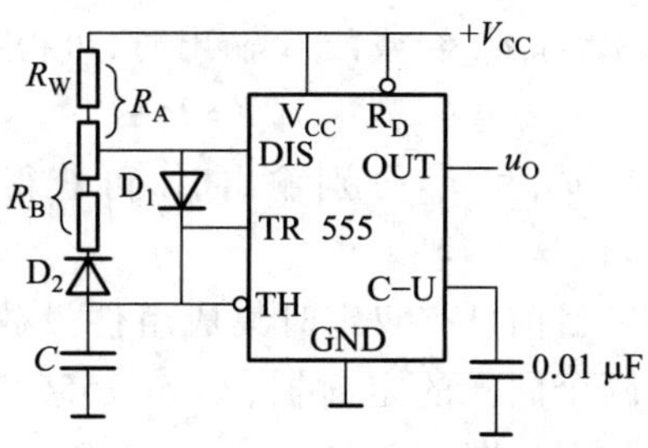

图 6.5.8 占空比可调的多谐振荡器

6.5.5 555 定时器的其他应用电路

1. 长时间延时电路

由前面讨论的延时电路可知，欲获得长时间的延时，必须采用大电容。然而电容量大漏电也大，这必将对延时时间的准确性造成影响。因此，采用多个单稳态电路串接的形式来组成长延时电路。图 6.5.9(a)是由两个单稳态延时电路相串接构成的长时间延时电路，其输入、输出波形图如图 6.5.9(b)所示，其周期可计算如下：

$$T_1=1.1(R_2+R_3)C_3$$

$$T_2=1.1(R_5+R_6)C_6$$

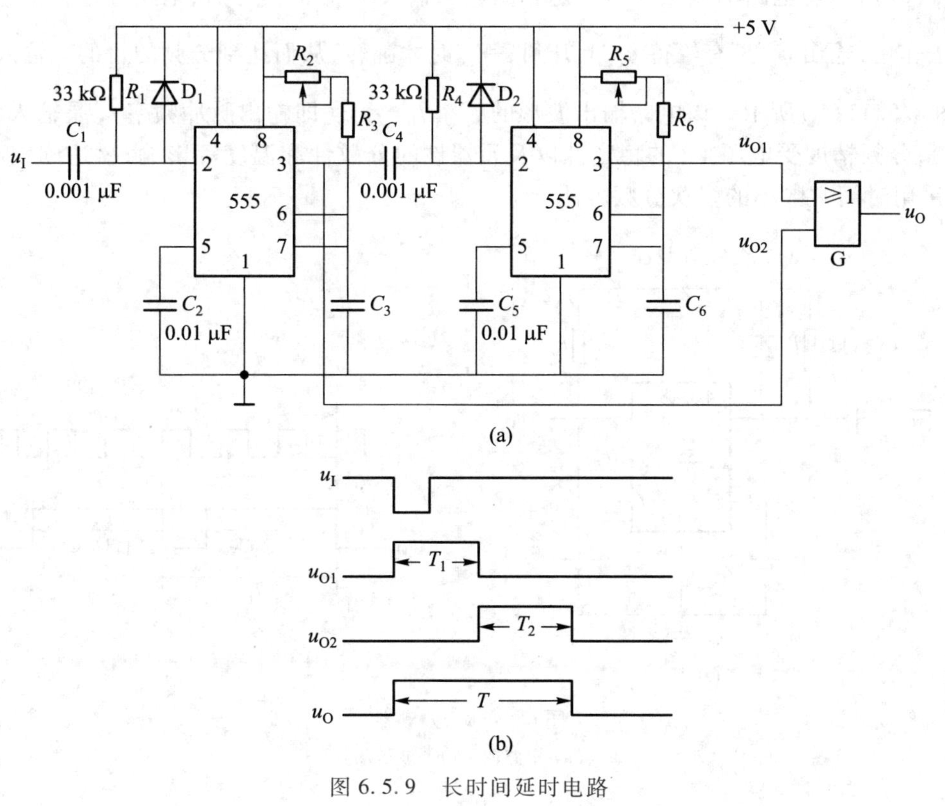

图 6.5.9 长时间延时电路

(a) 电路图 (b) 波形图

将 u_{O1} 和 u_{O2} 经**或**门 G 输出时，可得 u_O 的延时周期为

$$T=T_1+T_2$$

若将 u_{O1} 和 u_{O2} 分别输出时，可获得顺序产生的脉冲序列。

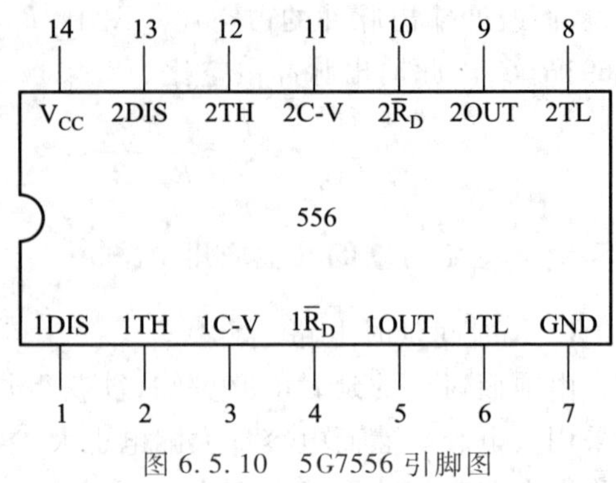

图 6.5.10　5G7556 引脚图

目前已有双定时集成组件投放市场。其内部具有两个同样的定时器，如 5G7556 型双时基电路，其引脚图如图 6.5.10 所示。这样，用一个集成组件即可构成上述长时间延时电路。

2. 任意分频器

分频器通常采用第 4 章所讨论的触发器来实现。当需要分频比（f_I/f_O）较大时，固然可采用多级触发器串接或用集成计数器实现，但也可采用集成定时器实现。

采用 5G555 型定时器有其独特的优点。分频比的大小取决于 R_2、C_2 的选择，电路如图 6.5.11(a)所示。电路的接法与单稳态相同。当输入 u_I 脉冲信号后，电路进入暂稳态，在此期间 u_I 失去作用，输出 u_O 只有等待 u_{C2} 上升到 $\frac{2}{3}V_{CC}$ 时才翻转，从而达到分频的目的。输入、输出波形图如图 6.5.11(b)所示。该电路输出波形的频率 $f_O=f_I/3$（即输出脉冲频率 f_O 是输入脉冲频率 f_I 的 1/3）；分频精度受电源 V_{CC} 的稳定性以及元器件的分散性和温度等影响，欲达到较高的分频精度，可采用时间常数小的多次分频方法。

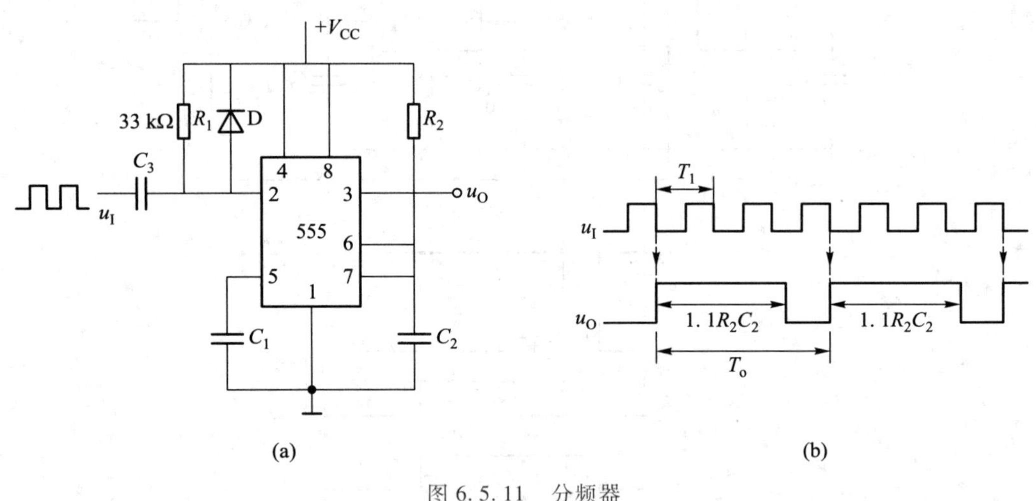

图 6.5.11　分频器

(a) 电路图　(b) 波形图

3. 脉宽调制器

脉宽调制器是指输出 u_O 的脉冲宽度受输入 u_I（正弦波或其他随时间变化的波形，这里选为

三角波）大小变化而改变的电路。

图 6.5.12(a) 为脉宽调制器电路，图(b) 为输入、输出波形图。从图 6.5.12(a) 可知，脉宽调制器的接法与单稳态电路相同，其 CP 脉冲从电平触发端②输入，控制端⑤接调制信号 u_I。这样，控制端电压就随 u_I 而变，从而可改变输出脉冲的占空比，使其脉宽受输入信号 u_I 大小的调制。

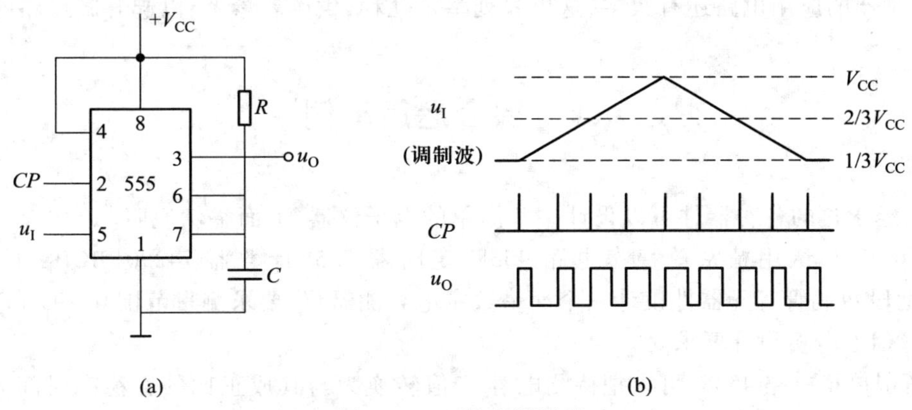

图 6.5.12　脉宽调制器

(a) 电路图　(b) 波形图

4. 波群发生器

图 6.5.13(a) 为波群发生器电路。其中(Ⅰ)和(Ⅱ)均连接成振荡器。振荡器(Ⅰ)的振荡频率较低，(Ⅱ)则较高，该电路是用(Ⅰ)去控制(Ⅱ)。当 u_{O1} 为低电平时，禁止振荡器(Ⅱ)输出，使 u_{O2} 为低电平，这是因为(Ⅰ)的输出是接至(Ⅱ)的复位端④。

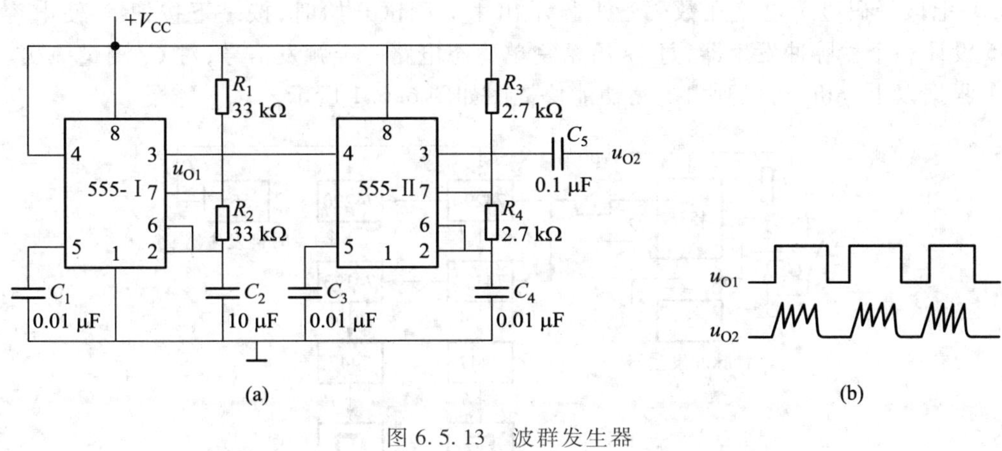

图 6.5.13　波群发生器

(a) 电路图　(b) 波形图

输出波群脉冲的频率由(Ⅱ)中的参数决定，根据式(6.5.4)为

$$f_2=\frac{1.44}{(R_3+2R_4)C_4}$$

输出波群的间隔由（Ⅰ）的振荡频率决定为

$$f_1=\frac{1.44}{(R_1+2R_2)C_2}$$

调节两个振荡器的频率，可分别调节输出波群的间隔和输出波群在 u_{O1} 周期内的个数。

555 定时器的应用电路还有很多，这里只列举了几种，供读者参考，以起开阔思路的作用。

6.6 综合运用举例

运用已经学过的各种器件可以设计一些简单的电子仪器，下面举例说明。

［例 6.6.1］ 试用精密单稳态电路 4538、定时器 555、计数器 74290、BCD－七段译码器 74LS47 和七段数码管等元器件设计一个简易数字电容测量仪，要求测量范围 0～99 nF。

［解］（1）分析设计要求。

利用精密单稳电路 4538，可以把待测电容 C 值转换为与其成正比的暂稳态时间 t_W，若取电阻 R 为 100 kΩ，则有

$$t_W=RC=0.1C \quad （单位为 s）$$

在采样间隔 t_W 时间内，计数器对已知频率脉冲信号进行计数，若选 $f_{CP}=10$ kHz，暂态时间结束后，计数器计数结果是

$$N=f_{CP}t_W=C \quad （单位为 nF）$$

亦即是电容量的直接测量值。为了获得稳定的读数，先把计数值锁存在四 D 锁存器 74173 中，再通过 BCD－七段译码显示电路在数码管上显示出来。测试开始时，按一下按钮 S，使电容放电。再用 555 设计一个秒脉冲发生器，每 1s 给精密单稳态电路一个触发信号，对 C_x 测量一次。

（2）根据以上分析，可以画出电路功能块框图如图 6.6.1 所示。

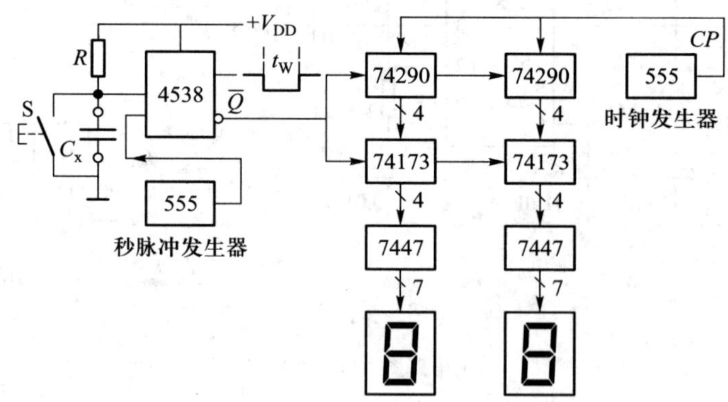

图 6.6.1 例 6.6.1 电路功能块框图

（3）本题各框内均是已学过的逻辑电路，这里就不再详细讨论。

本章小结

数字系统中经常需要合适的脉冲信号，以满足系统中定时或信号处理的需要。获取脉冲信号的途径有二：一是由多谐振荡器直接产生；二是通过整形电路将已有的周期性波形变换成矩形波。多谐振荡器、单稳态触发器和施密特触发器是脉冲产生与变换中常用的三种电路。

多谐振荡器不需外加输入信号，只要接通电源就能自行产生矩形脉冲信号，其输出脉冲频率由电路参数 R、C 决定，在要求脉冲频率很稳定的场合通常采用石英晶体多谐振荡器。

单稳态触发器的显著特点是：在无外加触发信号时，它工作于稳态，只是在触发脉冲作用下才由稳态翻转到暂稳态。经过一段时间后，它又自动返回到稳态。单稳态触发器输出脉冲宽度（即暂稳态时间）由电路定时参数 R、C 决定，而与输入触发信号无关。

单稳态触发器可用于脉冲整形（对脉冲信号的宽度、幅度进行变换）、定时和延时。

施密特触发器输出有两个稳态。输入信号电平上升到上限阈值 U_{T+} 时，输出从一个稳态转换到另一稳态；下降到下限阈值 U_{T-} 时，输出又转换到第一稳态。上、下限阈值不同，具有回差电压 ΔU_T。施密特触发器用于波形变换、整形和脉冲鉴幅等，应用较广。

利用施密特触发器可将边沿变换缓慢的周期波形变换为边沿很陡的矩形波；利用回差电压可将叠加于输入波形上的噪声干扰有效地抑制掉。其输出脉冲的宽度是由输入信号变化情况决定的。

555 定时器是一种用途很广的集成电路，只需外接少量 R、C 元件，就可构成多谐振荡器、单稳态及施密特触发器。其他应用电路可参考有关文献。

思考题和习题

思考题

6.1 施密特触发器的主要特点是什么？它主要应用于哪些场合？

6.2 在数控系统和计算机系统中，常采用施密特触发器作为输入缓冲器，为什么？

6.3 简述单稳态触发器的主要用途。

6.4 用哪些方法可以产生矩形波？

6.5 简述 555 组件的主要用途。

习题

6.1 集成施密特触发器及输入波形如图题 6.1 所示，试画出输出 u_O 的波形图。施密特触发器的阈值电平 U_{T+} 和 U_{T-} 如图所示。

6.2 图题 6.2 所示为数字系统中常用的上电复位电路。试说明其工作原理，并定性画出 u_I 与 u_O 波形图。若系统为高电平复位，如何改接电路？

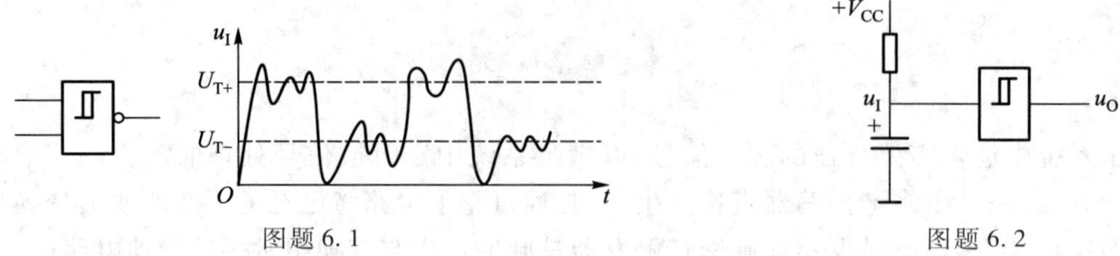

图题 6.1　　　　图题 6.2

6.3　图题 6.3(a)是用 TTL 与非门、反相器和 RC 积分电路组成的积分型单稳态触发器。该电路用图题 6.3(b)所示正脉冲触发，$R<R_{OFF}$。试分析电路工作原理，画出 u_{O1}、u_{I2} 和 u_O 的波形图。

6.4　集成单稳态触发器 74121 组成的延时电路如图题 6.4 所示。

(1) 计算输出脉宽的调节范围；

(2) 电位器旁所串电阻有何作用？

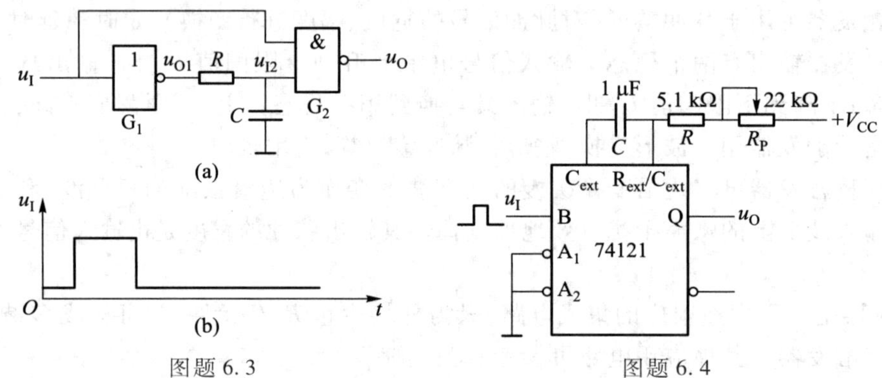

图题 6.3　　　　图题 6.4

6.5　集成单稳态触发器 74121 组成电路如图题 6.5 所示。

(1) 计算 u_{O1}、u_{O2} 的输出脉冲宽度；

(2) 若 u_I 如图中所示，试画出输出 u_{O1}、u_{O2} 的波形图。

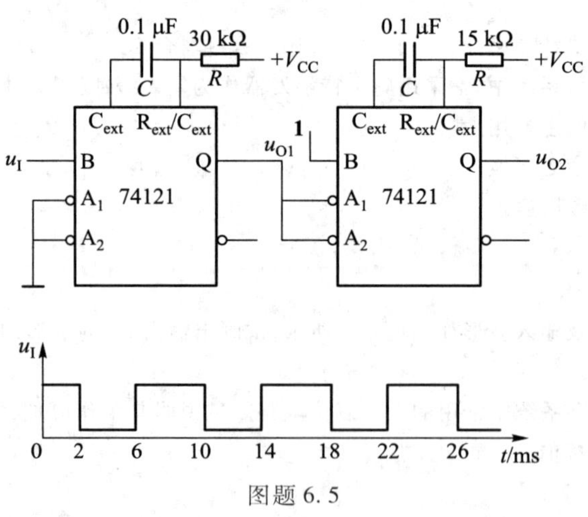

图题 6.5

6.6 若集成单稳态触发器 74121 的输入信号 A_1、A_2、B 的波形如图题 6.6 所示，试对应画出 Q 的波形。

6.7 控制系统为了实现时序配合，要求输入、输出波形如图题 6.7 所示，t_1 可在 1 ~ 99 s 之间变化，试用 CMOS 精密单稳态触发器 4538 和电阻 R、电位器 R_W 和电容器 C 构成电路，并计算 R、R_W 和 C 的值。

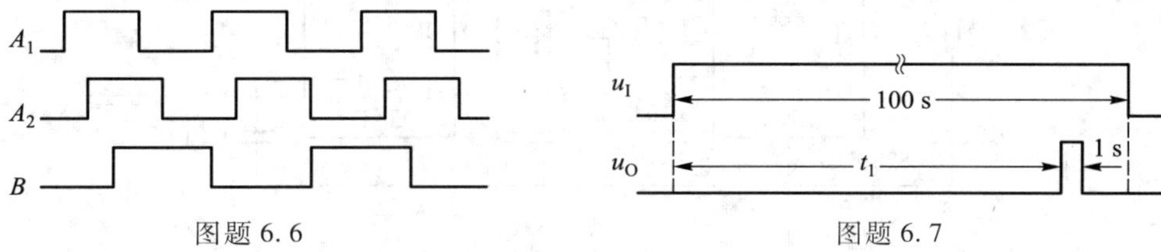

图题 6.6　　图题 6.7

6.8 电路如图题 6.8 所示。

(1) 分析 S 未按下时电路的工作状态。u_O 处于高电平还是低电平？电路状态是否可以保持稳定？

(2) 若 C =10 μF，按一下启动按钮 S，当要求输出脉宽 t_W = 10 s 时，计算 R 值；

(3) 若 C = 0.1 μF，要求暂稳态时间 t_W = 5 ms 时求 R 值。此时若将 C 改为 1 μF(R 不变)，则时间 t_W 又为多少？

6.9 电路如图题 6.9 所示。若 C = 20 μF，R = 100 kΩ，V_{CC} = 12 V，试计算常闭开关 S 断开以后经过多长的延迟时间，u_O 才能跳变为高电平。

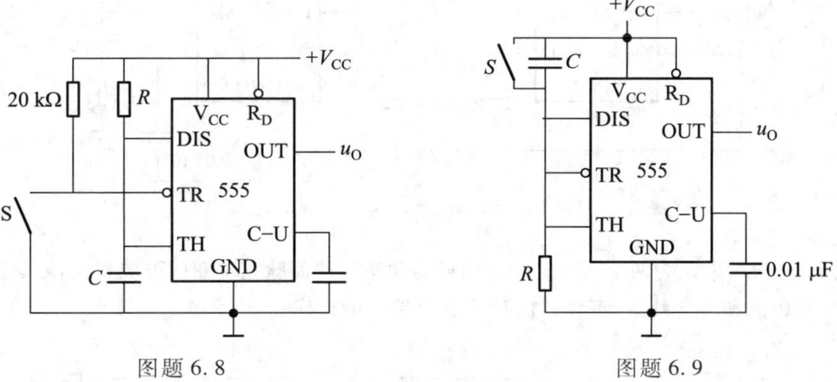

图题 6.8　　图题 6.9

6.10 用 555 定时器和逻辑门设计一个控制电路，要求接收触发信号后，延迟 22 ms 后继电器才吸合，吸合时间为 11 ms。

6.11 试用 555 定时器设计一个 100 Hz，占空比为 60% 的方波发生器。

6.12 试用 555 定时器和适当的电阻、电容元件设计一个频率为 10 ~ 50 kHz，频率可调的矩形波发生器。

6.13 试设计一个间隔 2 s 振荡 3 s 的多谐振荡器，其振荡频率为 200 Hz。

6.14 用双定时器组成的脉冲发生电路如图题 6.14 所示，设 555 定时器输出高电平为 5 V，输出低电平为 0 V，二极管 D 为理想二极管。

(1) 每一个 555 定时器组成什么电路？

(2) 若开关 S 置于 1，分别计算 u_{O1} 和 u_{O2} 的频率；

(3) 当开关置于 2 时，画出 u_{O1} 和 u_{O2} 波形图。

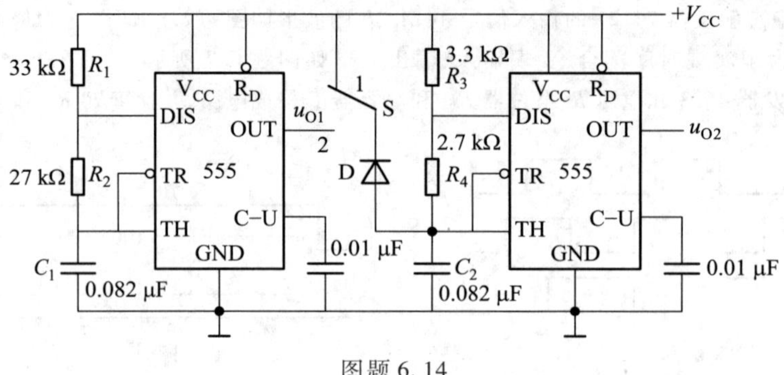

图题 6.14

6.15 图题 6.15 所示电路为两个多谐振荡器构成的模拟声响发生器，已知 $f_A<f_B$。试分析电路的工作原理，并定性地画出 u_{O1}、u_{O2} 的工作波形。

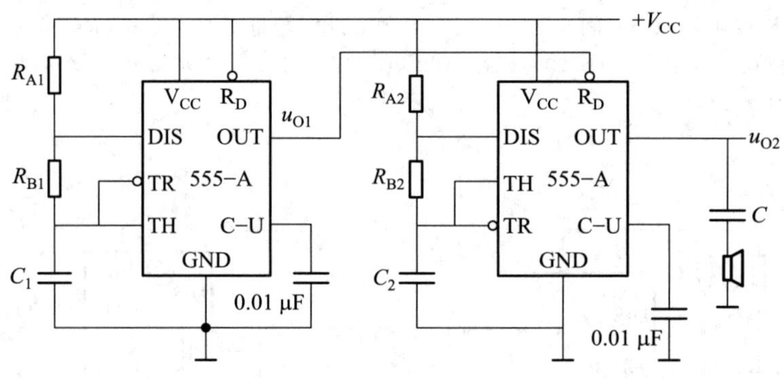

图题 6.15

6.16 图题 6.16 所示电路为两个 555 定时器构成的频率可调而脉宽不变的方波发生器，试说明电路的工作原理，确定频率变化范围和输出脉宽，解释二极管 D 在电路中的作用。

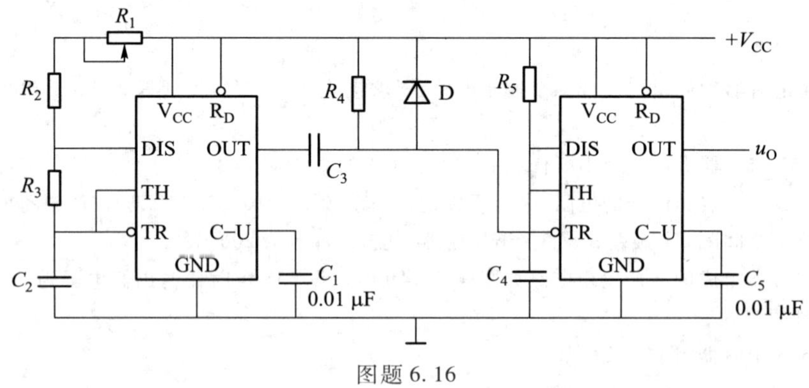

图题 6.16

6.17 图题 6.17 电路中石英晶体的谐振频率为 10 MHz，试分析电路的逻辑功能。问该电路的时钟频率是多少？画出 CP、Q_1、Q_2 和 Q_3 的波形。

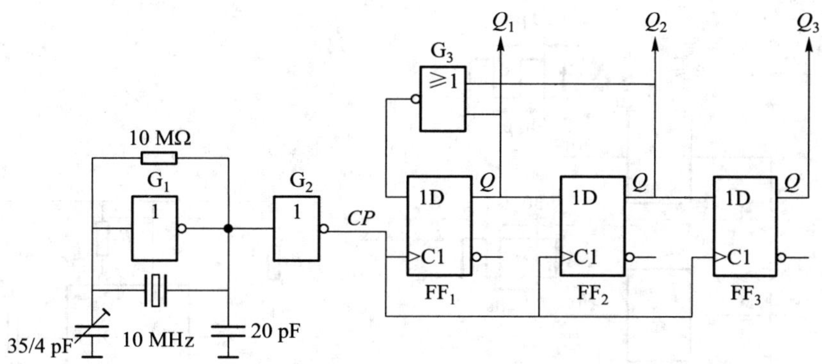

图题 6.17

6.18 由 555 定时器、计数器 74193 和单稳态触发器 4538 组成的电路如图题 6.18 所示。已知 $R_X = 4\ \text{k}\Omega$，$C_X = 0.02\ \mu\text{F}$。

(1) 说明电路各部分的功能；

(2) 若 $R_1 = 10\ \text{k}\Omega$，$R_2 = 20\ \text{k}\Omega$，$C = 0.01\ \mu\text{F}$，试求 u_O 的周期 T；

(3) 74193 芯片 $\overline{CO}$ 和 CP 脉冲的分频比为多少？

(4) 4538 芯片的输出脉宽 t_W 为多少？

(5) 画出 u_{O1}、$\overline{CO}$ 和 u_O 的波形。

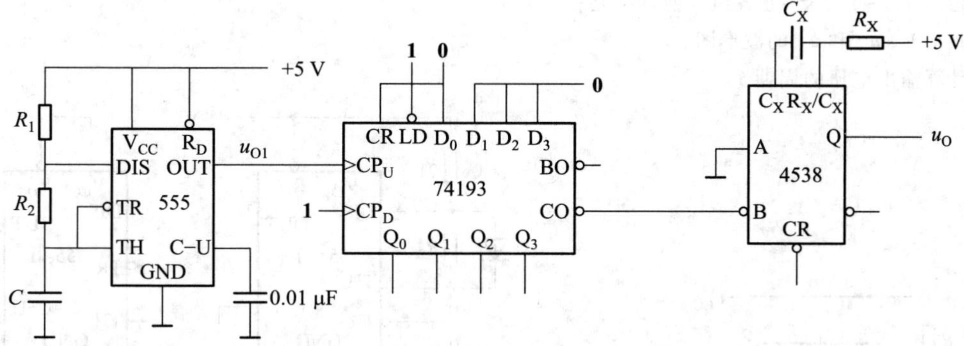

图题 6.18

6.19 为区分单稳、双稳和施密特电路单元，用相同的信号输入到各电路，再用示波器观测出各输出波形如图题 6.19 所示，试根据输入输出波形判断三种电路。（设直流电源电压为+5 V）

6.20 图题 6.20 是一个防盗报警电路，图中，$R_1 = 5.1\ \text{k}\Omega$，$R_2 = 100\ \text{k}\Omega$，$C = C_2 = 0.01\ \mu\text{F}$，$C_1 = 100\ \mu\text{F}$，$R_3 = 50\ \text{k}\Omega$，$V_{CC} = 6\ \text{V}$，ab 两端被一细铜丝接通，此铜丝置于认为盗窃者必经之处。当盗窃者闯入室内将铜丝碰断后，扬声器即发出报警声。

(1) 试问 555 定时器组成何种电路？

(2) 说明电路的工作原理。

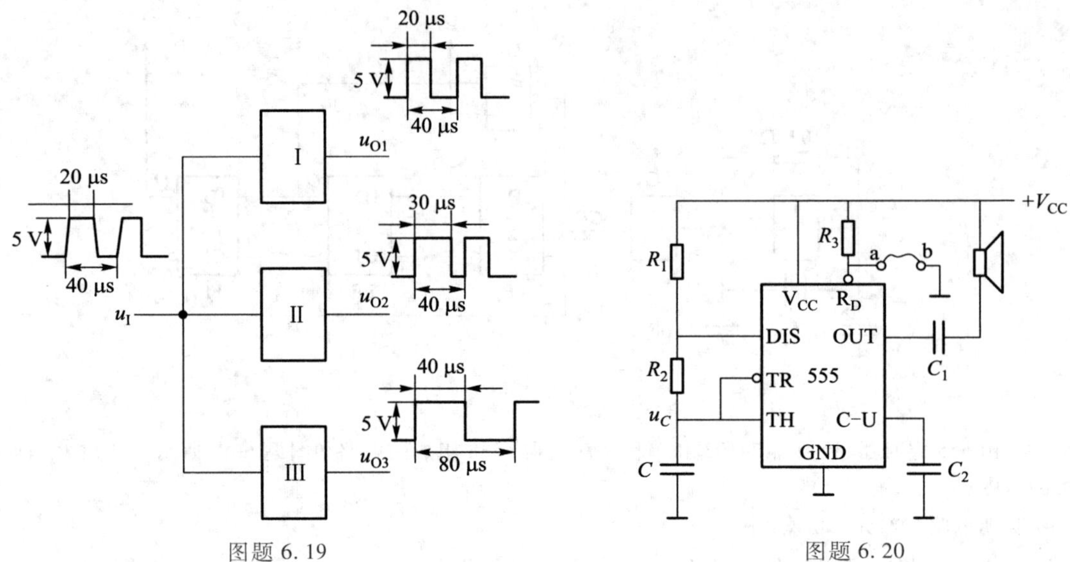

图题 6.19　　图题 6.20

6.21　图题 6.21 是一简易的触摸开关电路。图中，$R=200\ \text{k}\Omega$，$C=50\ \mu\text{F}$，$V_{CC}=6\ \text{V}$。当手摸金属片时，发光二极管亮，经过一定时间，发光二极管熄灭。试说明其工作原理，并计算发光二极管发光时间。

6.22　电路如图题 6.22 所示。已知 $R_1=R_2=71.5\ \text{k}\Omega$，$C=0.01\ \mu\text{F}$，D 为理想二极管，理想运放的电源电压为±15 V。

（1）指出 555-Ⅰ、555-Ⅱ各组成何种电路；

（2）画出 u_C、u_A 和 u_O 的波形图；

（3）计算输出电压的周期 T。

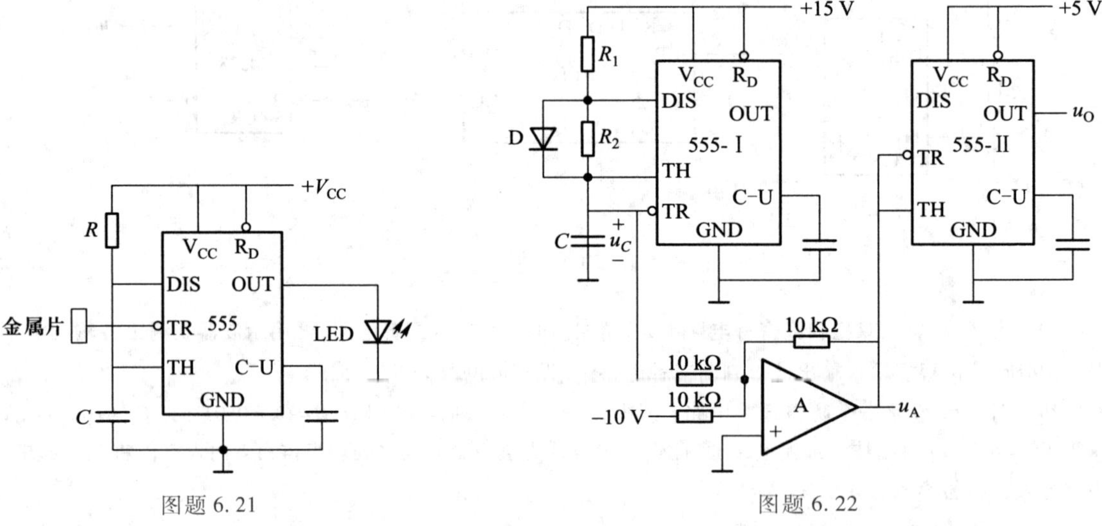

图题 6.21　　图题 6.22

6.23　图题 6.23 是由 555 定时器构成的一个温度控制电路。图中，$R_1=1\ \text{k}\Omega$、$R_2=10\ \text{k}\Omega$，$R_3=9.17\ \text{k}\Omega$，定时器输出初态为 **0**。R_t 为热敏电阻，当温度为 20 ℃时，其值为 $R_t=10\ \text{k}\Omega$，温度系数为-3%/℃。该电路可将被

控对象的温度限定在 20 ~ 40 ℃之间。

（1）简述电路的工作原理；

（2）当温度达到 $T_L = 20$ ℃和 $T_H = 40$ ℃时，试求 555 定时器相应的 2 端和 6 端的电压 u_2 和 u_6 的表达式。

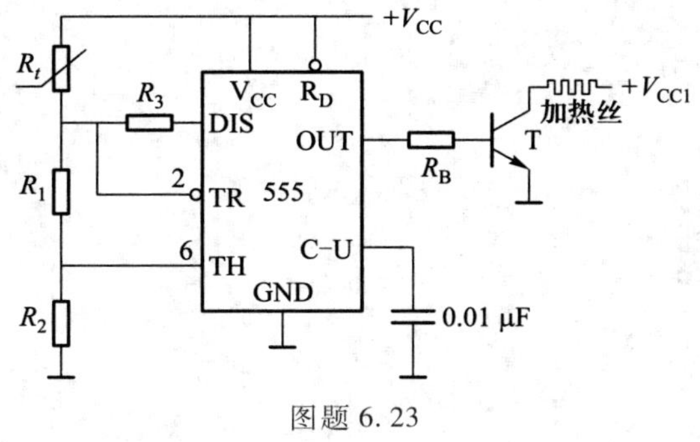

图题 6.23

7

数模和模数转换

【内容提要】

本章重点学习数模和模数转换的基本原理和常见的转换电路。在数模转换部分，先介绍权电阻、倒T形电阻和权电流网络三种类型的数模转换技术，再介绍集成数模转换器。在模数转换部分，介绍了并行比较型、逐次渐近型和双积分型等模数转换器。

在自动检测和控制系统中，常见的物理量，像速度、压力和温度等，一般都是随时间连续变化的模拟信号。为了把模拟信号送入计算机进行处理，必须首先把该模拟信号转换成为相应的数字信号。另外，计算机对输入信号处理和运算的结果通常也需要转换成为模拟信号再送回系统。通常把模拟量转换成为相应数字量的过程称为模数转换，相应的转换器件称为模数转换器（analog-digital converter，ADC）。把数字量转换成为相应模拟量的过程称为数模转换，相应的转换器件称为数模转换器（digital-analog converter，DAC）。

7.1 数模转换

7.1.1 基本转换原理

DAC 的基本功能是把 n 位二进制数字量 $D_n=d_{n-1}d_{n-2}\cdots d_1d_0$ 转换为与之成正比的模拟电压 u_O 或电流 i_O。把 D_n 加到如图 7.1.1 所示 DAC 的输入端，DAC 的输出电压 u_O 为

$$u_O=(d_{n-1}2^{n-1}+d_{n-2}2^{n-2}+\cdots+d_1 2^1+d_0 2^0)U_\Delta=D_n U_\Delta \tag{7.1.1}$$

其中，U_Δ 称为 DAC 的**单位量化电压**，它的大小等于 D_n 为 **1** 时 DAC 输出的模拟电压值。显然，DAC 最大的输出电压 $U_{Omax}=(2^n-1)U_\Delta$。

直接从电阻阵列输出的电压输出型 DAC 仅用于高阻抗负载。由于无输出放大器部分的延迟,故常作为高速转换使用。

一般常见的 DAC 多是电流输出型的,为了得到模拟电压输出,可在它的后面接一个如图 7.1.2 所示的电流电压(I/V)转换电路。

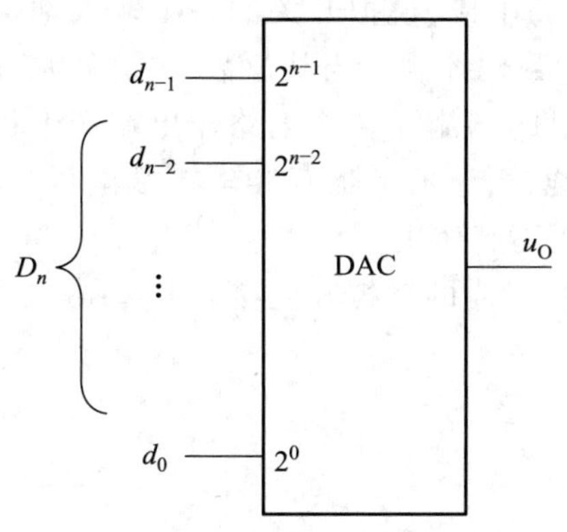

图 7.1.1 电压型 DAC 框图

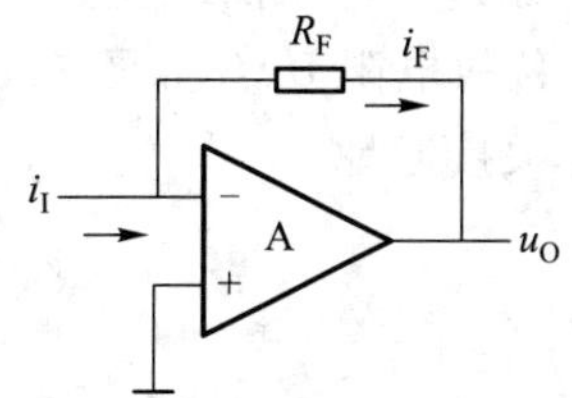

图 7.1.2 电流电压转换电路

电流从运算放大器 A 的反相输入端输入,A 的输出端通过反馈电阻 R_F 与反相输入端相连接。由于流入 A 内部的电流可以忽略不计,故有 $i_F \approx i_I$。电流电压转换电路的输出电压为 $u_O = -i_F R_F$。由于加大了运算放大器的延迟,会使 DAC 响应速度变慢。此外,为了避免运算放大器振荡,有时必须作相位补偿。

[**例 7.1.1**] 一个 8 位 DAC 的最大输出电压为 5.10 V,它的单位量化电压为多少?当输入代码为 **10000000** 时,输出电压 u_O 为多少?

[**解**] 单位量化电压为

$$U_\Delta = U_{Omax}/(2^8-1) = 0.02\ \text{V}$$

输入代码为 **10000000** 时,输出电压为

$$u_O = D_8 U_\Delta = 128 \times 0.02\ \text{V} = 2.56\ \text{V}$$

[**例 7.1.2**] 如果要对输入二进制数码进行数模转换,要求输出电压能分辨 2.5 mV 的变化量,最大输出电压要达到 10 V。试选择 DAC 的位数 n。

[**解**] 根据题目要求

$$2.5\ \text{mV} \times (2^n-1) \geqslant 10\ \text{V}$$

可以解出 $n \geqslant 11.97$,故应选择 12 位 DAC。

下面结合具体电路,讨论各种 DAC 的工作原理。

7.1.2 常用转换技术

1. 权电阻网络 DAC

权电阻网络 DAC 是一种最基本的 DAC。它由电阻网络、模拟开关和一个电流电压转换电路

组成。权电阻网络 DAC 的基本思想是用多个阻值成倍数关系的电阻构成电阻网络,使每个支路电阻中的电流是其前一支路的1/2。这样,各支路电流就可以分别代表二进制数各位不同的权值。

最高权值对应支路的电阻值为 R,次高位电阻值为 $2R$,流过的次高位支路电流是最高位的1/2,其他各支路权电阻值和电流关系依次类推。权电阻网络总输出电流值是各支路电流的线性叠加。各支路为一个支路电阻与一个单刀双掷模拟开关串接,模拟开关的一个输入都接基准电源 V_{REF},另一个输入都接地。模拟开关由输入的二进制数码控制。当某位数字代码为 **1** 时,其相应的模拟开关把该电阻接到基准电源 V_{REF},流过该电阻的电流在转换电路输出端产生相应输出电压。当数字代码为 **0** 时,相应模拟开关把该电阻接地,由于放大器反相输入端电压为 0 V(虚地),所以流过该电阻的电流为零,对转换电路输出电压不起作用。

某4位权电阻 DAC 如图7.1.3所示,图中 $d_i=\mathbf{1}$ 时,对应的模拟开关接通 V_{REF};$d_i=\mathbf{0}$ 时,对应的模拟开关接通地。

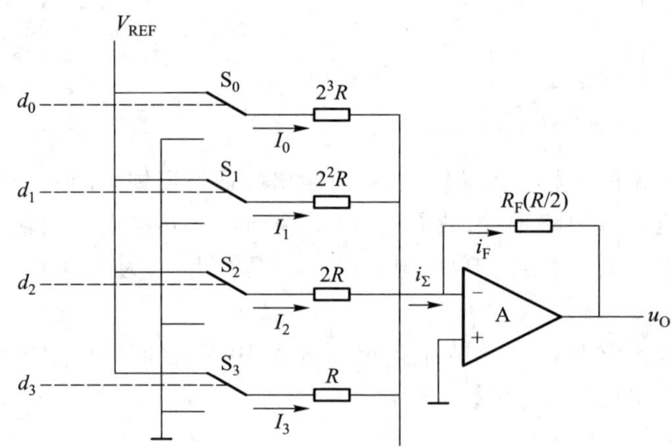

图 7.1.3　4 位二进制权电阻网络 DAC

由于运算放大器反相输入端为“虚地”和“虚断”

$$i_F=i_\Sigma=I_3+I_2+I_1+I_0=d_3\frac{V_{REF}}{R}+d_2\frac{V_{REF}}{2R}+d_1\frac{V_{REF}}{4R}+d_0\frac{V_{REF}}{8R} \tag{7.1.2}$$

权电阻 DAC 的输出和输入的关系为

$$u_O=-i_FR_F=-(8d_3+4d_2+2d_1+d_0)V_{REF}/16 \tag{7.1.3}$$

权电阻 DAC 的优点是结构简单,缺点是用的电阻种类太多,因此不易集成化且转换精度低。

2. 倒 T 形电阻网络 DAC

倒 T 形电阻网络 DAC 是目前较为常用的 DAC。它采用 $R-2R$ 两种阻值的电阻构成电阻网络。倒 T 形电阻网络 DAC 的基本思想是逐级分流和线性叠加原理。基准电流 $I=V_{REF}/R$ 经过倒 T 形电阻网络逐级分流,每支路等效电流是前一支路的1/2。这样,每支路电流就可以分别代表二进制数各位不同的权值。最高位权值对应 $2R$ 支路的等效电流只经过一次分流,次高位权值

2R 支路电流经过两次分流，其他各位权值 2R 支路的等效电流分流关系依此类推。总输出电流值是各支路电流的线性叠加。

一个 4 位电压输出倒 T 形电阻网络 DAC 如图 7.1.4 所示。它是由倒 T 形电阻网络、模拟开关和一个电流电压转换电路组成。模拟开关受输入的二进制数码控制。当某个数字代码为 **1** 时，其相应的模拟开关把 2R 电阻接到 I/U 转换电路输入端，流过该 2R 支路的电流在转换电路输出端产生相应输出电压。当数字代码为 **0** 时，相应模拟开关把 2R 电阻接地，流过该电阻的电流对转换电路不起作用。由于放大器反相输入端电压为 0 V(虚地)，所以不管数字代码是 **0** 或是 **1**，流过倒 T 形电阻网络各支路的电流始终不变。

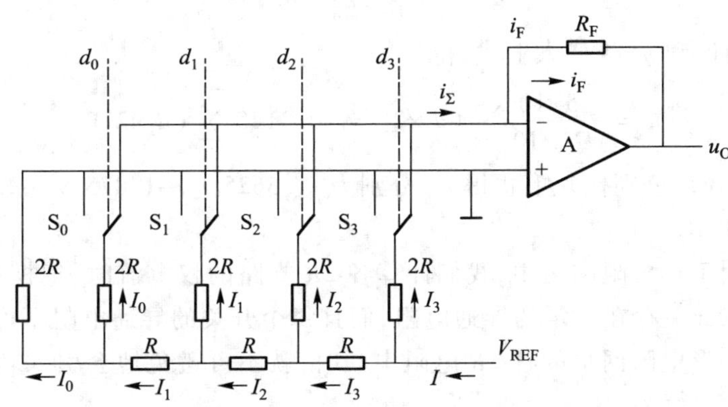

图 7.1.4　4 位电压输出倒 T 形电阻网络 DAC

下面计算各 2R 电阻上的电流 I_3、I_2、I_1 和 I_0。4 位倒 T 形电阻网络的等效电路如图 7.1.5 所示。

在此电路中，从 A、B、C、D 各点分别向左看进去的对地等效电阻始终为 R，所以 $I=V_{REF}/R$。根据分流公式，D、C、B 和 A 各支路的电流依次衰减 1/2。由此可得到各 2R 电阻支路的电流 I_3、I_2、I_1 和 I_0 分别为 $I_3=I/2$，$I_2=I/4$，$I_1=I/8$，$I_0=I/16$。它们就是倒 T 形电阻网络中各 2R 支路的权电流。当输入的数字代码为 **1** 时，相应的权电流输入到电流电压转换电路的输入端；当输入的数字代码为 **0** 时，相应权电流接地。由此得到 4 位倒 T 形电阻网络 DAC 的输出电压 u_O 与输入二进制数 D_4 间的关系为

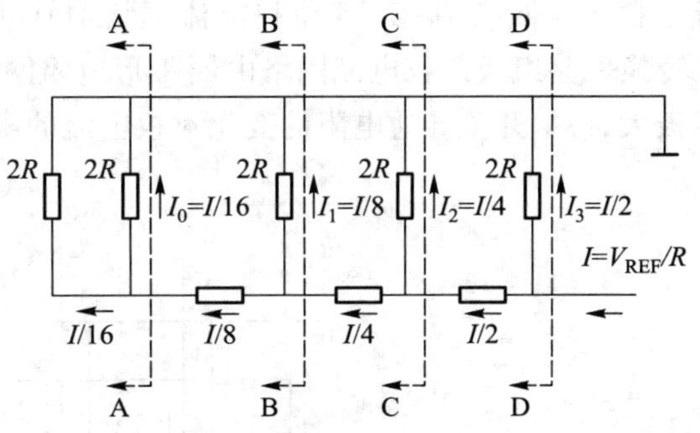

图 7.1.5　4 位倒 T 形电阻网络的等效电路

$$u_O=D_4\left(-\frac{R_F V_{REF}}{2^4 R}\right) \tag{7.1.4}$$

同理，对 n 位倒 T 形电阻网络，可得 DAC 输出电压为

$$u_O=D_n\left(-\frac{R_F V_{REF}}{2^n R}\right) \tag{7.1.5}$$

由于倒T形电阻网络中各权电阻支路都是直接通过模拟开关与运算放大器的反相输入端相连,不存在信号传输延迟问题;又由于在模拟开关切换过程中,各权电阻支路的电流不变,减小了电流建立时间,并减小了转换过程中的尖峰脉冲。所以提高了倒T形电阻网络DAC的转换速度。

[**例 7.1.3**]　4位倒T形电阻网络DAC如图7.1.4所示,设 $V_{REF}=5\ V$, $R_F=R=10\ k\Omega$,求分别输入4位二进制码**0101**,**0110**,**1101**时的输出电压。

[**解**]　由式(7.1.4)知,输出电压 u_O 与输入二进制数之间的关系为

$$u_O=-\frac{V_{REF}R_F}{2^nR}\sum_{i=0}^{n-1}(d_i\times2^i)$$

将 V_{REF}、R_F、R 的值和 $n=4$ 代入上式,得

$$u_O=-\frac{5\times10}{2^4\times10}\sum_{i=0}^{3}(d_i\times2^i)=-0.3125\sum_{i=0}^{3}(d_i\times2^i)$$

将**0101**,**0110**,**1101**,分别代入上式得 u_O 分别为-1.5625 V,-1.875 V,-4.0625 V。

3. 权电流网络DAC

在上面讨论的倒T形电阻网络中,我们计算各2R支路的权电流时,把模拟开关当作是理想开关。而实际的模拟开关存在一定的导通电阻,而且每个开关的导通电阻不可能完全相同,这些开关导通电阻与倒T形电阻网络的各2R电阻串联时,就不可避免地会引入转换误差,影响转换精度。

解决这个问题的方法之一是把倒T形电阻网络中各2R支路的权电流变为恒流源,这样就构成了权电流网络DAC。4位权电流网络DAC如图7.1.6所示。它由权电流网络、模拟开关和I/U转换电路组成。权电流网络由倒T形电阻网络和若干晶体管恒流源组成。由于恒流源的输出电阻极大,模拟开关导通电阻的变化对权电流的影响极小,这样就大大提高了转换精度。

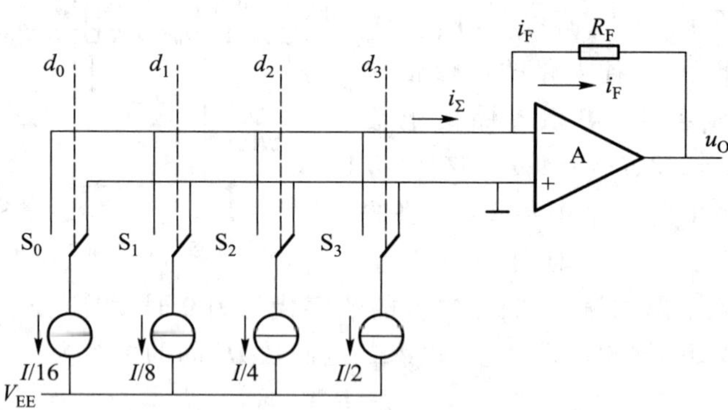

图7.1.6　4位权电流网络DAC

模拟开关和电流电压转换器的工作原理与倒T形电阻网络相同,分析从略。

4位权电流网络DAC输出电压表达式为

$$u_O = D_n IR_F/16 \tag{7.1.6}$$

式中 $IR_F/16$ 为该 DAC 的单位量化电压。

7.1.3 DAC 的主要参数和误差

DAC 性能的好坏将直接影响整个系统的性能。了解 DAC 的特性参数是很重要的,它是正确选择和使用 DAC 的依据。下面介绍一些 DAC 的主要特性参数和误差。

1. 转换精度

DAC 的转换精度主要是由分辨率和转换误差来决定的。

(1) 分辨率

DAC 的分辨率为单位量化电压与最大输出电压的比,一般为 $1/(2^n-1)$。通常用二进制数码的位数 $\boldsymbol{n}$ 来表示分辨率。因此,n 位分辨率表示 DAC 在理论上可以达到的精度。

(2) 转换误差

在理想情况下,DAC 输入一个数字代码时,其模拟电压输出值都应在理想转换直线上。但实际 DAC 输出的模拟量总会产生各种形式的偏离,这些偏离就是 DAC 的误差。它包括偏移误差、增益误差和非线性误差等。

偏移误差:输入代码全为 **0** 时,DAC 的输出电压与 0 V 之差。偏移误差通常是由 DAC 中的运算放大器的失调电压造成的,由图 7.1.7 可以看出,偏移误差使输入-输出转换直线沿垂直方向产生一定的位移。

增益误差:输入代码由全 **0** 变为全 **1** 时,输出电压变化量与理想输出电压变化量之差。

增益误差:主要由基准电流产生电路中的基准电源 V_{REF} 和网络电阻 R 以及电流-电压变换电阻 R_F 引起的。图 7.1.8 表明了增益误差对 DAC 输出的影响。

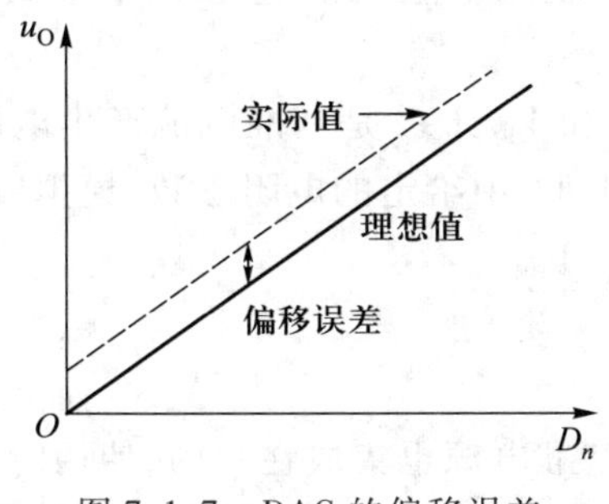

图 7.1.7 DAC 的偏移误差

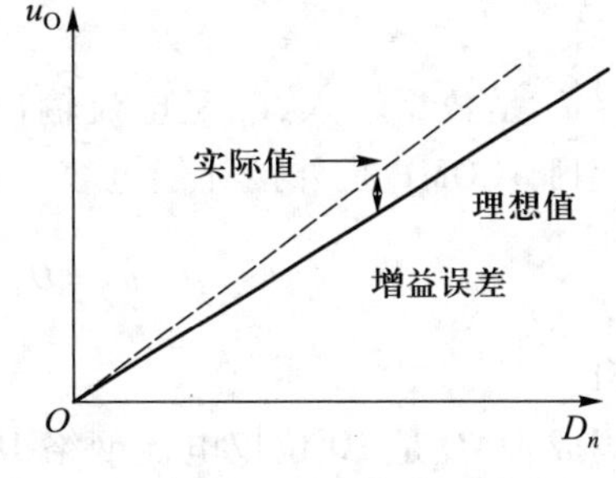

图 7.1.8 DAC 的增益误差

非线性误差:DAC 实际输出电压值与理想输出电压值之间偏差的最大值。

DAC 的非线性误差主要由模拟开关以及运算放大器的非线性引起。图 7.1.9 表明了非线性误差的影响。

2. 建立时间(转换时间)

DAC 的建立时间定义为:从输入代码由全 **0** 变为全 **1** 瞬间起,到 DAC 输出的模拟量达到稳定值的规定误差带内止，所需要的时间。规定的误差带一般为±1/2 单位量化电压值。当输入代码由全 **0** 变为全 **1** 时，DAC 的模拟电压输出从 0 到 U_{Omax} 的过程一般具有阻尼振荡，其波形如图 7.1.10 所示。

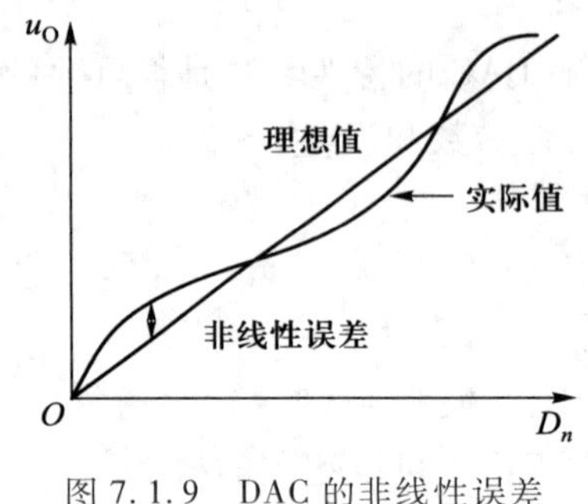

图 7.1.9　DAC 的非线性误差

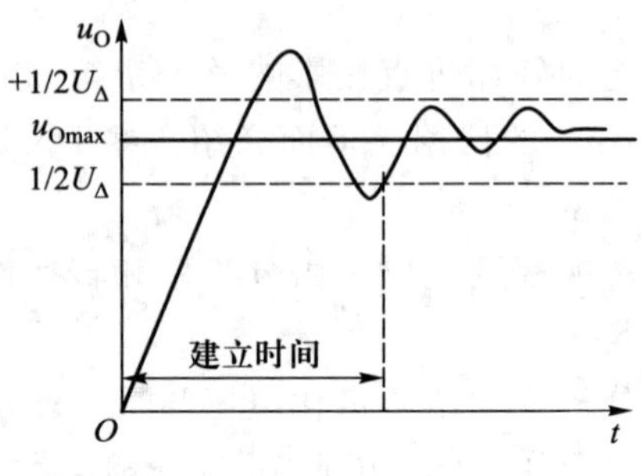

图 7.1.10　DAC 的建立时间

7.1.4　集成 DAC

由于集成 DAC 具有转换精度高、速度快和成本低等特点，在数字控制系统以及微型计算机系统中已得到了广泛的应用。集成 DAC 品种繁多，电路各异。但其基本类型主要是前面讲的几种形式。下面以 DAC0808 和 AD561 为例，简单介绍集成 DAC。

1. DAC0808

DAC0808 是一种常用的 8 位权电流网络 DAC。它具有功耗低（350 mW）、转换速度快（150 ns）、价格低及使用方便等特点。DAC0808 的典型应用参数为

$V_{\mathrm{CC}}=+5\ \mathrm{V}$；$V_{\mathrm{EE}}=-15\ \mathrm{V}$；$-10\ \mathrm{V}\leqslant u_{\mathrm{O}}\leqslant+18\ \mathrm{V}$；$V_{\mathrm{REF(+)max}}=+18\ \mathrm{V}$；$V_{\mathrm{REF}}/R_{\mathrm{R}}\leqslant5\ \mathrm{mA}$。

该 DAC 应用时需外接运算放大器、基准电源及产生基准电流的电阻 R_{R}，其典型应用图如图 7.1.11 所示。

图中 $d_0\sim d_7$ 是数据输入，i_{O} 是电流输出，$V_{\mathrm{REF}}(+)$ 和 $V_{\mathrm{REF}}(-)$ 是基准电流产生电路的同相和反相输入，⑯引脚 COMP 是外接补偿电容。如按图 7.1.11 中给定的电阻参数，模拟输出电压为

$$u_{\mathrm{O}}=D_8\ \frac{R_{\mathrm{F}}V_{\mathrm{REF}}}{2^8R_{\mathrm{R}}}=D_8\ \frac{V_{\mathrm{REF}}}{2^8}\tag{7.1.7}$$

2. AD561

AD561 集成 DAC 是 10 位权电流网络 DAC，它将基准电源也集成在片内，使用时只需外接运算放大器即可。其典型应用电路如图 7.1.12 所示。

AD561 内部可以产生电压为 2.5 V 的高稳定和高精度基准电压。该基准电压用来产生 DAC 的单位量化电流，也可为偏移电压输入端提供一稳定的偏移电压。

当偏移电压输入端②引脚悬空时，DAC 输出电流 i_{O} 为 $D_n2/2^{10}$ mA，模拟输出电压 u_{O} 为

$$u_{\mathrm{O}}=D_n10/2^{10}\mathrm{V}\tag{7.1.8}$$

显然，AD561 的单位量化电压为 $10/2^{10}$ V。当输入 $D_n=$ **00**⋯**0** 到 **11**⋯**1** 变化时，可以得到

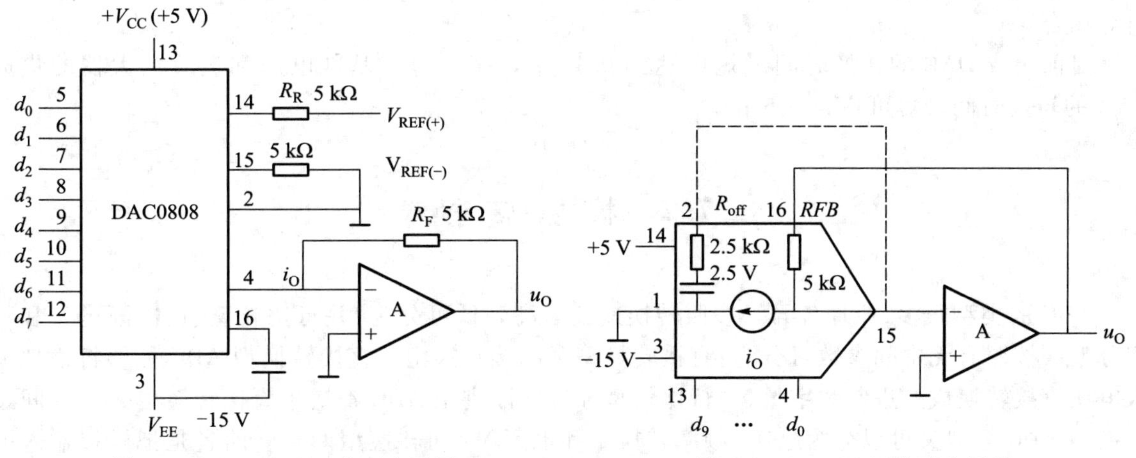

图 7.1.11　DAC0808 典型应用图　　图 7.1.12　AD561 典型应用图

0 ~ +9.99 V 的单极性输出电压。偏移电压输入端的作用是把单极性 DAC 变成双极性 DAC。将②引脚接到运算放大器的反相输入端，如图 7.1.12 中虚线所示，则 u_O 可以得到 −5.00 ~ +4.99 V 的双极性输出电压。

7.1.5　集成 DAC 的应用

集成 DAC 用途很广，除了可以进行单、双极性数模转换的基本功能外，还可以构成乘法器和波形发生电路等。这里只介绍一种如图 7.1.13 (a)所示的阶梯波形发生电路，图中 DAC 的内部是图 7.1.11 电路。在 8 位二进制计数器作用下，DAC 的输出波形为图 7.1.13(b) 所示。DAC 一般使用恒定基准电压，但是也有在基准电压输入上加交流信号的。由于这种 DAC 输出能得到数字输入和基准电压输入相乘的结果，因而称为乘算型 DAC。这种 DAC 不仅可以进行乘法运算，而且可以对输入信号进行数字化衰减及对输入信号进行调制。

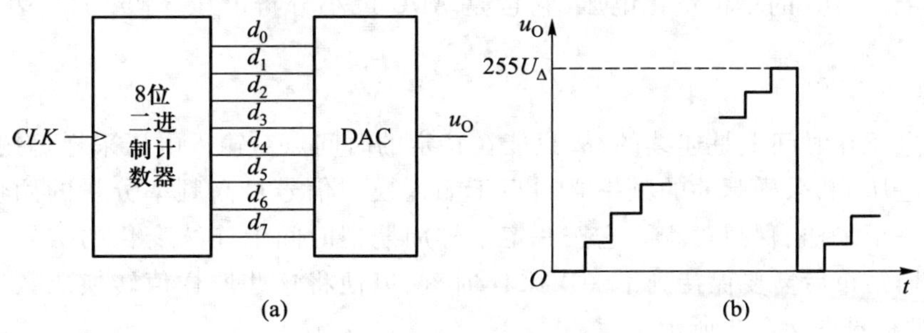

图 7.1.13　阶梯波形发生电路

(a) 电路图　(b) 波形图

一位 DAC 的转换方式与上述转换方式完全不同，它将输入二进制数字转换为脉冲宽度调制或频率调制的输出，然后用低通滤波器得到一般的电压输出(又称位流方式)，可以用于音频输出等场合。

目前集成 DAC 的转换时间最短可达到 0.1 μs 以下。包含基准电源和运算放大器的集成 DAC 的转换时间最短可达到 1.5 μs。

7.2 模数转换

ADC 的类型很多,原理各异。按照转换速度由高到低可分为:并行比较型、逐次渐进型和双积分型。按照有无中间参数可分为:直接转换型和间接转换型。直接转换型 ADC 能够将模拟输入电压直接转换成二进制数字量,并行比较型和逐次渐进型 ADC 都属于直接转换型 ADC。间接转换型 ADC 一般又可以分为电压-频率转换型和电压-时间转换型两种。前者是把模拟输入电压通过中间信号频率,再转换成数字信号;后者是先把模拟电压转换成中间信号时间后,再转换成数字信号。双积分型 ADC 就是一种典型的电压-时间转换型 ADC。还有其他一些 A/D 转换方法,在此不再一一列举。

7.2.1 转换的基本原理

模数转换器 ADC 的功能是把模拟电压 u_I 转换成为与它成比例的二进制数字量 D_n 的电路。ADC 一般包括量化和编码两个过程。所谓量化就是把幅值可连续变化的电压转化成为所规定的单位量化电压的整数倍。编码是把量化的结果用代码表示出来。

1. 输入输出关系

ADC 的功能框图如图 7.2.1 所示。把一个直流或缓慢变化的电压 u_I 接到 ADC 的输入端,这时转换器的输出 n 位二进制数 D_n 为

$$D_n=[u_I/U_\Delta] \tag{7.2.1}$$

式中 U_Δ 叫作 ADC 的单位量化电压,它也是 ADC 最小分辨电压。$[u_I/U_\Delta]$表示将商 u_I/U_Δ 的结果取整。

2. 采样

由于输入电压在时间上是连续的,故只能在特定的时间点对输入电压采样。按采样定律,要正确恢复输入电压 u_I,采样脉冲的频率必须高于输入模拟信号最高频率分量的两倍。模数转换一般需要增加一个采样-保持过程。它按一定采样周期把时间上连续变化的信号变为时间上离散的信号。采样结束后需要保持到下一次采样时刻,以便将这些取样值转换成数字量输出。对 u_I 采样-保持过程见图 7.2.2 所示。

3. 量化与编码

输入电压 u_I 的幅值是连续变化的,它的幅值不一定是其量化电压的整倍数,所以量化过程不可避免地会引入误差,这种误差叫量化误差。

例如,为了把一个 0~8 V 的模拟电压 u_I 转换成为 3 位二进制数码,首先取 0 V、1 V、…、7 V

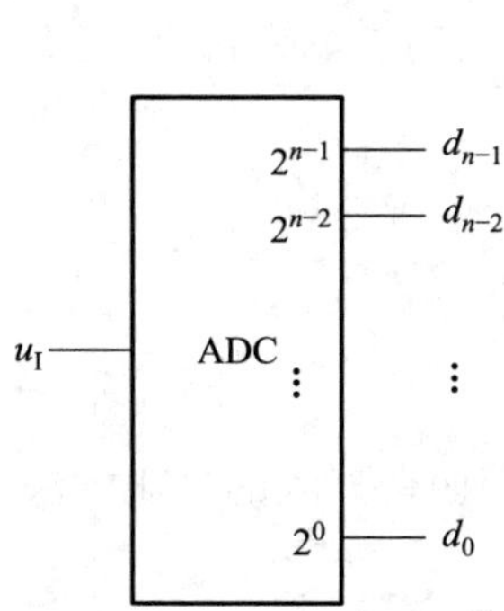

图 7.2.1　ADC 功能框图

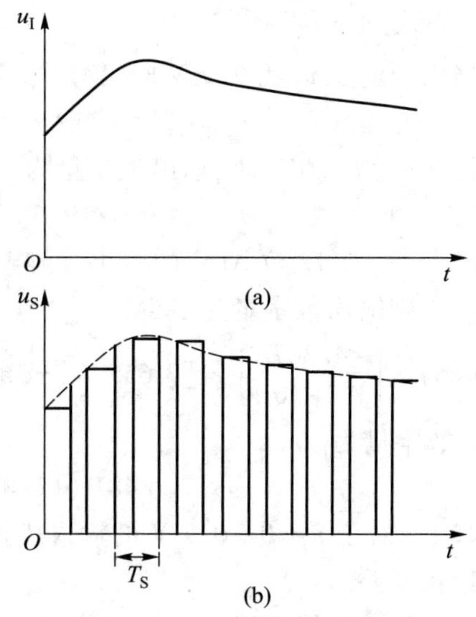

图 7.2.2　采样-保持过程

等 8 个离散电平，它们的差值都等于一个量化电压，即 1 V。如果 u_I 在 0 ~ 1 V 的范围内，则就用 0 V 来表示该电压值；如果在 1 ~ 2 V 的范围内，则就用 1 V 来表示，……，如果在 7 ~ 8 V，则就用 7 V 来表示。显然，这种舍尾取整量化方法最大量化误差可达到 1 V。为了减少量化误差，可以采用四舍五入量化方法，如果 u_I 在 0 ~ 0.5 V，则用 0V 来表示，在 0.5 ~ 1.5 V，则就用 1 V 来表示，……，在 6.5 ~ 7.5 V，则就用 7 V 来表示。如果限制最大输入电压 U_{Imax} 为 $7.5U_{\Delta}$，则最大量化误差可减少到 1/2 个量化单位。

量化后的信号只是一个幅值离散的信号，为了对量化后的信号进行处理，还应该把量化的结果用二进制代码或其他形式表示出来，这个过程就叫作编码。经过编码后，上述八个离散电平 0 V、1 V、…、7 V 可分别用二进制数 **000**、**001**、…、**111** 来表示。这样就完成了模拟量到数字量的转换。两种量化和编码过程中，输入输出之间的关系如图 7.2.3 和图 7.2.4 所示。

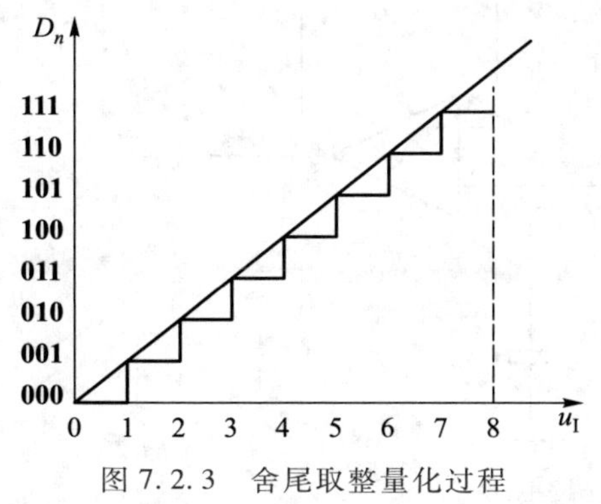

图 7.2.3　舍尾取整量化过程

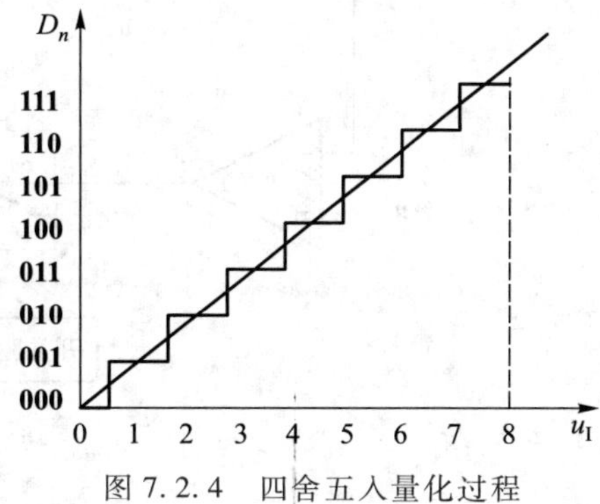

图 7.2.4　四舍五入量化过程

[例 7.2.1]　若一个 8 位 ADC 的单位量化电压为 19.6 mV，当输入电压 u_I 为 2.2 V 和 4.0 V

时，输出数字量为多少？

［解］ 当输入电压 u_I 为 2.2 V 时，输出数字量为

$$D_8=[2\,200/19.6]=112=(\mathbf{1110000})_B$$

当输入电压 u_I 为 4.0 V 时，输出数字量为

$$D_8=[4\,000/19.6]=204=(\mathbf{11001100})_B$$

［例 **7.2.2**］ 一片 12 位 ADC 的最小分辨电压为 1.2 mV，采用四舍五入的量化方法，若输入电压为 4.387 V，则输出数字量为多少？

［解］ 因为 $\left[\dfrac{4.387}{1.2\times10^{-3}}\right]\approx[3\,655.8]=365\,6$

故输出的数字量为

E48H(**111001001000**B)

［例 **7.2.3**］ 对于 $u_I=0\sim0.7$ V 的输入模拟电压，若采用四舍五入的量化方法，试计算 6 位 ADC 的最大量化误差。

［解］ 已知输入模拟电压为 0～0.7 V，6 位 ADC 的最大单位量化电压

$$U_\Delta=0.7/(2^6-1)\text{ V}=0.011\text{ V}$$

所以，最大的量化误差为

$$\pm U_\Delta/2=\pm5.5\text{ mV}$$

7.2.2 采样-保持电路

在 ADC 的前面，有时需要加采样-保持电路，使 ADC 的输入电压在一次转换过程中保持不变。

一个采样-保持电路的原理框图如图 7.2.5 所示，主要由模拟开关、存储电容和两个缓冲放大器组成。模拟输入电压 u_I 经过缓冲器 A_1 输入到模拟开关 T 的输入，模拟开关的输出与存储电容 C 和缓冲器 A_2 相连接，A_2 的输出 u_S 就是输入电压 u_I 的采样值。采样控制信号 u_D 经开关驱动电路后控制模拟开关 T 导通或断开。

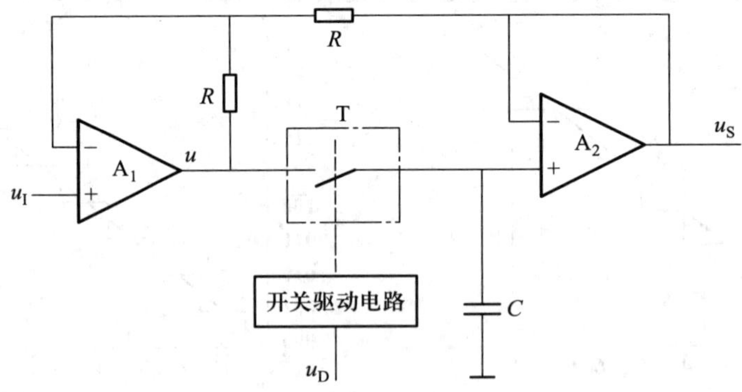

图 7.2.5 采样-保持电路

在采样阶段，采样控制信号 u_D 为高电平，模拟开关 T 导通，输入电压 u_I 通过缓冲放大器 A_1

和模拟开关 T 向存储电容 C 充电，电容上的电压 u_C 基本等于 u_I，缓冲放大器 A_2 的输出电压 u_S 与 u_C 相同。输出电压 u_S 经过电阻 R 反馈到缓冲器 A_1 的输入可以确保电压 u_S 等于 u_I。

在保持阶段，采样控制信号 u_D 为低电平，模拟开关 T 断开，输出电压 u_S 和电容 C 上的电压 u_C 将保持 T 断开瞬间 u_I 的电压值，直到下次采样开始。

由采样保持原理分析可知，在采样阶段，电容 C 的电压应能迅速跟随输入模拟电压 u_I 的变化，缓冲放大器 A_1 应具有较大的输出驱动能力，同时模拟开关的导通电阻要小。在保持阶段，要求输出电压 u_S 保持不变，为此缓冲放大器 A_2 应具有很高的输入阻抗，存储电容 C 和模拟开关断开时的漏电流要小。

常用的集成采样保持电路，有些内部包含保持电容，有些则需要外接。如 LF398 是采用 BI-FET 工艺制成的单片集成采样保持电路，它具有超高直流精度，高速采样和低下降率等特点。它的单位增益精度为 0.002%，获得时间 6 μs。LF398 需要外接保持电容 C。LF398 的电源电压 V_{CC} 和 V_{EE} 最大可以达到±18 V，模拟输入电压 u_I 不得超过电源电压，采样控制信号 u_D 输入为 TTL 逻辑电平。

为了在保持阶段获得低下降率，保持电容 C 应选择低泄漏电流的高质量电容器，如聚苯乙烯电容或者四氟乙烯电容等。电容量的选择应综合考虑精度、下降误差、采样保持偏差及采样频率等参数的影响。

下面介绍几种典型的 ADC。

7.2.3 并行比较型 ADC

在所有的 ADC 中，并行比较型 ADC 是转换速度最快的一种转换器，其转换几乎是在瞬间完成的。

3 位并行比较型 ADC 的原理如图 7.2.6 所示。整个电路由分压、比较和编码三部分组成。

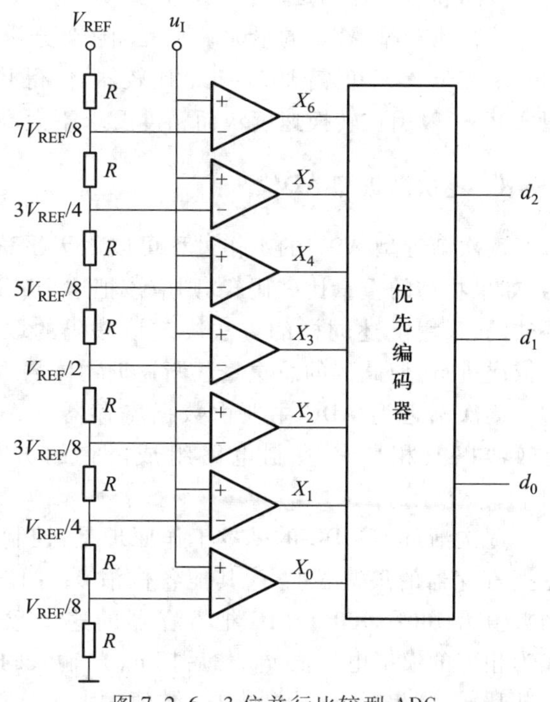

图 7.2.6　3 位并行比较型 ADC

分压电路由八个相同的电阻组成，它把基准电压 V_{REF} 分成八层。每层电平可用一个二进制数码来表示。例如：**000** 代表 0 V，**001** 代表 $V_{REF}/8$，**010** 代表 $V_{REF}/4$，……，**111** 代表 $7V_{REF}/8$。显然，这里采用了舍尾取整量化法，输入电压范围为 0 ~ V_{REF}。

如果采用四舍五入取整法，可以把分压电路最上端电阻改为 $3R/2$，最下端电阻改为 $R/2$。输入电压范围为 0 ~ $15V_{REF}/16$。

比较电路由七个比较器组成。模拟输入电压 u_I 同时接到比较器的同相输入端，而比较器的反相输入端分别接到分压器的各层电平上。

这样，输入的模拟电压就可以与七个基准电压同时进行比较。在各比较器中，若模拟电压 u_I 低于基准电压，比较器输出为 **0**；反之，若模拟电压 u_I 高于基准电压，比较器输出为 **1**。模拟电压、各比较器输出逻辑电平和输出代码之间的关系如表 7.2.1 所示。

优先编码器是一个多输入多输出的组合逻辑电路，它的作用是将比较器的输出逻辑电平转换成二进制数。

表 7.2.1 模拟电压、各比较器输出和输出代码之间的关系

u_I/V_{REF}	X_6	X_5	X_4	X_3	X_2	X_1	X_0	d_2	d_1	d_0
0 ~ 1/8	**0**	**0**	**0**	**0**	**0**	**0**	**0**	**0**	**0**	**0**
1/8 ~ 2/8	**0**	**0**	**0**	**0**	**0**	**0**	**1**	**0**	**0**	**1**
2/8 ~ 3/8	**0**	**0**	**0**	**0**	**0**	**1**	**1**	**0**	**1**	**0**
3/8 ~ 4/8	**0**	**0**	**0**	**0**	**1**	**1**	**1**	**0**	**1**	**1**
4/8 ~ 5/8	**0**	**0**	**0**	**1**	**1**	**1**	**1**	**1**	**0**	**0**
5/8 ~ 6/8	**0**	**0**	**1**	**1**	**1**	**1**	**1**	**1**	**0**	**1**
6/8 ~ 7/8	**0**	**1**	**1**	**1**	**1**	**1**	**1**	**1**	**1**	**0**
7/8 ~ 1	**1**	**1**	**1**	**1**	**1**	**1**	**1**	**1**	**1**	**1**

由并行比较型 ADC 工作原理可以看出，它的转换速度非常高，转换时间只取决于比较器的响应时间和编码器的延时，典型值为 100 ns，甚至更小。

并行比较型 ADC 的最大缺点是：随着分辨率的提高，比较器和有关器件按几何级数增加。如一个 n 位 ADC 就需要 2^n-1 个比较器，使得并行比较型 ADC 的制作成本较高。因此并行比较型 ADC 一般用在转换速度快而精度要求不太高的场合。

7.2.4 逐次渐近型 ADC

逐次渐近型 ADC 的工作过程可以用天平称物体重量的过程来比喻。先试放一个最重的砝码，如果物体的重量比砝码轻，则应该把这个砝码去掉；反之，应保留这个砝码。再加上一个次重的砝码，采用上述同样的方法决定该砝码的取舍。这样依次进行，使砝码的总重量逐渐逼近物体的重量。

逐次渐近型 ADC 主要由数据寄存器、DAC、电压比较器以及相应的控制电路组成。它的方框图如图 7.2.7 所示。

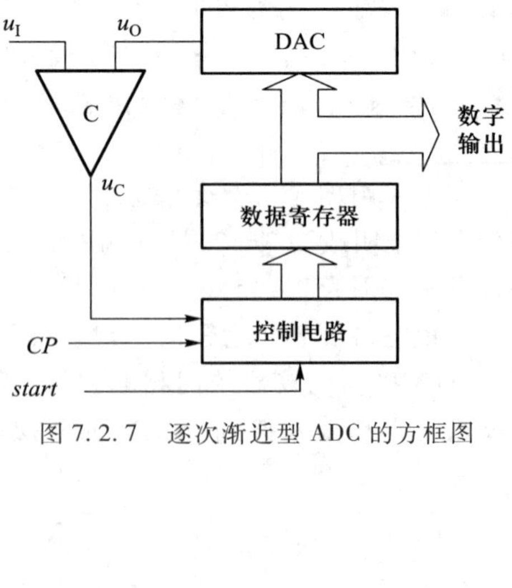

图 7.2.7 逐次渐近型 ADC 的方框图

逐次渐近型 ADC 的基本工作原理是：控制电路首先把寄存器的最高位置 **1**，其他各位清 **0**，即使寄存器的数值为 **100…000**。DAC 把寄存器的这个数值转换成为相应的模拟电压值 u_O，然后把 u_O 与输入的模拟量 u_I 相比较，如果 $u_O>u_I$，说明这个数值太大了，应该把最高位的这个**1**清除，也就是使最高位为**0**；如果 $u_O<u_I$，说明这个数值比模拟量对应的数值还要小，所以应该保留这个**1**。再把次高位置**1**，并用同样的方法判别次高位应该是**1**还是**0**。按照这样的方法，依次进行，直到最低有效位的数值被确定，就完成了一次转换。这时寄存器输出的数码就是输入的模拟信号所对应的数字量。

由 *RS* 触发器组成的寄存器受移位寄存器及控制电路控制，逐次改变其中的数码。寄存器的输出直接与 DAC 的输入端相连。DAC 把寄存器的二进制数码转换成为与其成正比的电压值。

下面设模拟输入电压 $u_I=5.4$ V，DAC 的单位量化电压 $U_\Delta=0.5$ V，结合图 7.2.8，简要说明 4 位逐次渐近型 ADC 转换过程。图中 C 为电压比较器，用来比较模拟电压 u_I 与量化电压 u_g 的大小。为了减小量化误差，DAC 的输出 u_O 减去 $U_\Delta/2$ 的偏移量后得到 u_g。若 $u_I>u_g$ 则电压比较器输出 u_C 为低电平 **0**；反之，若 $u_I<u_g$，则电压比较器输出 u_C 为高电平 **1**。$FF_0\sim FF_3$ 4 个触发器组成了数码寄存器，移位寄存器和门电路 $G_1\sim G_{13}$ 组成控制逻辑电路。

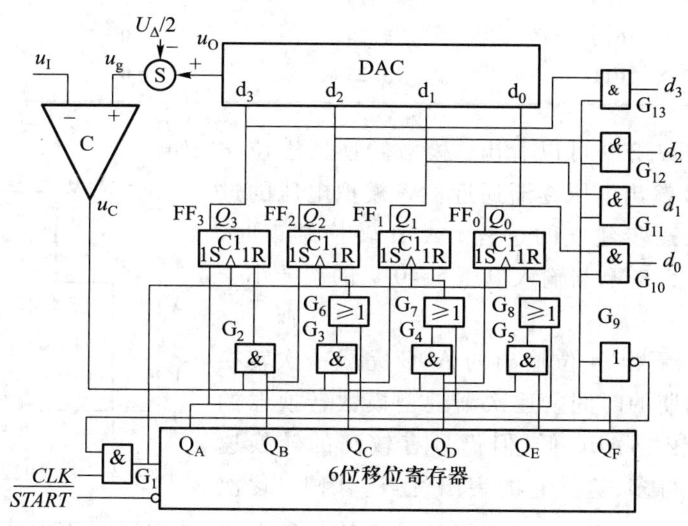

图 7.2.8　4 位逐次渐近型 ADC 的原理图

转换开始信号 $\overline{START}$ 先将移位寄存器的输出 $Q_AQ_BQ_CQ_DQ_EQ_F$ 置成 **100000** 状态。此时 Q_F 打开时钟控制门，转换开始。

第一步：第 1 个脉冲的上升沿将 4 位寄存器的最高位 Q_3 置 **1**，而其他各位 $Q_2Q_1Q_0$ 清 **0**。这时 DAC 的输出量化电压 u_O 为 4 V，比较电压 $u_g=3.75$ V，由于 $u_I>u_g$，比较器输出 u_C 为低电平，封锁了 FF_3 的清 **0** 信号。同时，移位寄存器右移 1 位，输出变成 **010000** 状态。

第二步：第 2 个脉冲的上升沿使 FF_2 的 Q_2 置 **1**，Q_3 保持为 **1** 状态不变。此时 $u_g=5.75$ V。此时 $u_I<u_g$，u_C 输出高电平，放开 FF_2 的清 **0** 信号控制门 G_3。移位寄存器右移变成 **001000** 状态。

第三步：第 3 个脉冲的上升沿将寄存器的 Q_1 置成 **1**，并将 Q_2 的 **1** 清除，u_g 为 4.75 V。由于 $u_I>u_g$，u_C 输出为低电平 **0**。移位寄存器变成 **000100** 状态。

第四步：第 4 个脉冲的上升沿将寄存器的 Q_0 置为 **1**，Q_1 的 **1** 保持不变。量化电压 u_g 为 5.25 V。由于 $u_I>u_g$，比较器输出为低电平 **0**。移位寄存器的输出右移成 **000010** 状态。

第五步：由于上一步比较器输出为低电平 **0**，第 5 个脉冲的上升沿保留 Q_0 的 **1** 不变。移位寄存器的输出右移成 **000001**。Q_F 的高电平将输出控制门 $G_8 \sim G_{11}$ 打开，在输出端得到转换结果 D。同时，Q_F 关闭时钟控制门，转换结束。

在 ADC 逐位比较转换过程中，各寄存器的状态、比较电压 u_g 以及比较器输出状态之间的关系如表 7.2.2 所示。u_O 的波形图如图 7.2.9 所示。

表 7.2.2　逐次渐近型 ADC 工作过程（u_I=5.4 V）

脉冲序数	寄存器状态 $Q_3 \cdots Q_0$	u_g/V	比较器输出状态	数码的留与舍
1	**1000**	3.75	**0**	留
2	**1100**	5.75	**1**	舍
3	**1010**	4.75	**0**	留
4	**1011**	5.25	**0**	留

由表 7.2.2 和图 7.2.9 可以看出，模数转换器逐位比较的过程，就是 ADC 输出电压逐渐逼近输入模拟电压的过程，也是寄存器数码逐步建立的过程。A/D 转换结束时，ADC 输出电压 u_O 为 5.5 V，与输入电压 5.40 V 的误差小于 0.25 V。

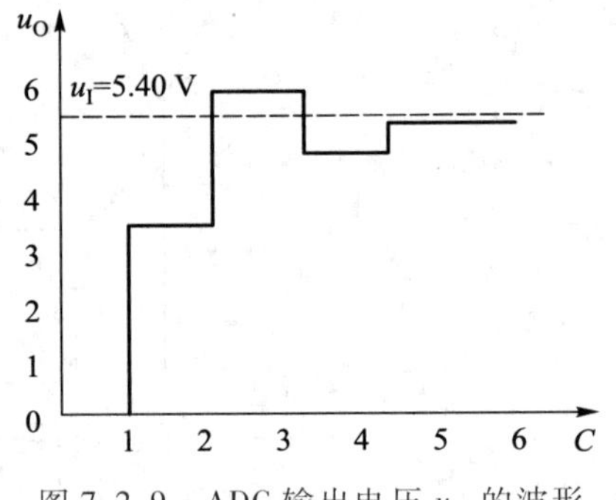

图 7.2.9　ADC 输出电压 u_O 的波形

从这个例子可以看出，4 位输出的 ADC 完成一次转换需要 5～6 个时钟周期的时间。逐次渐近型模数转换器的转换速度比并行比较型 ADC 低，但仍具有较高的转换速度，且电路结构简单得多，这是它的突出优点。因此，逐次渐进型 ADC 是目前集成 ADC 产品中用的最多的一种电路，被广泛应用在要求实现较高速转换的场合。

这种 ADC 对输入模拟电压进行瞬时值采样比较，如果在输入模拟电压上叠加有外界干扰时，将会造成一定的转换误差。所以它的抗干扰能力不够理想。

7.2.5　双积分型 ADC

双积分型 ADC 是一种电压时间变换型 ADC，它的转换原理是把被测电压 u_I 先转换成与之成正比的时间间隔 Δt，然后利用计数器在 Δt 内对一已知的恒定频率 f_C 的脉冲进行计数。可以看出当 f_C 为定值时，计数器中的数值与 Δt 成正比，从而把被测电压转换成为与之成正比的数字量。

图 7.2.10 是双积分型 ADC 原理图，它由积分器、过零比较器、时钟控制门、n 位二进制计数器和定时器组成。双积分型 ADC 在一次转换过程中要进行两次积分。第一次，积分器对模拟输

入电压$+u_I$进行定时积分，第二次对恒定基准电压$-V_{REF}$进行定值积分，二者具有不同的斜率，故称为双斜积分（简称为双积分）型 ADC。

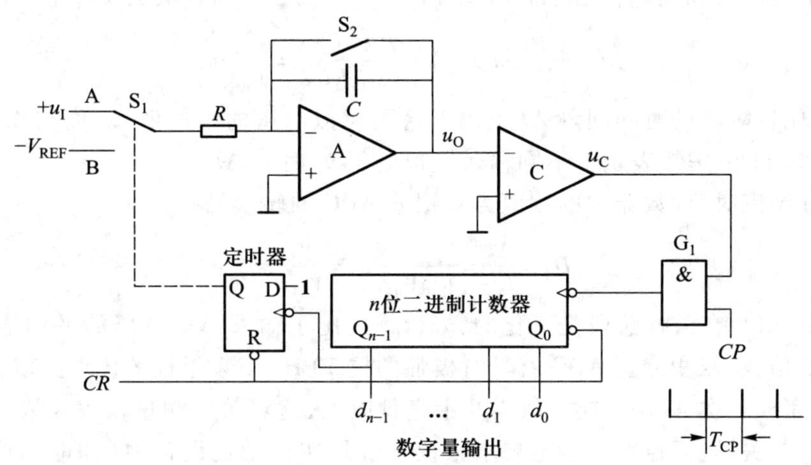

图 7.2.10　双积分型 ADC 原理图

首先提供清零脉冲$\overline{CR}$，将计数器和定时器清零。S_2 短时闭合使积分电容放电。

第一次定时积分又称为采样阶段。采样开始时，定时器 $Q=\mathbf{0}$，使电子开关 S_1 与 A 端接通。此时积分器对输入电压$+u_I$ 进行反向积分，假设输入电压 u_I 在采样阶段保持不变，达到采样结束时刻 t_1 时，积分器的输出电压 $u_O(t_1)$ 为

$$u_O(t_1)=-\frac{1}{RC}\int_0^{t_1}u_I\mathrm{d}t=-\frac{u_I}{RC}t_1 \tag{7.2.2}$$

采样积分阶段 $u_O(t)$ 随输入电压 u_I 大小不同而变化情况如图 7.2.11 所示。由于采样阶段 $u_O(t)<0$，比较器的输出 u_C 为高电平，时钟控制门 G 打开，计数器进行加法计数。在 2^n 个时钟脉冲后，定时器 $Q=\mathbf{1}$，使电子开关 S_1 与 B 端接通，采样结束，积分器转入下一阶段。

若令采样阶段的时间间隔为 T_1，即 $T_1=t_1$。显然，由式 7.2.2 可得

$$u_O(t_1)=-\frac{u_I}{RC}T_1=-\frac{u_I}{RC}(2^nT_{CP}) \tag{7.2.3}$$

第二次积分称为比较阶段，积分器对基准电压$-V_{REF}$进行反向积分，由于在采样结束时，积分器已有电压 $u_O(t_1)$，所以此阶段积分器输出电压从 $u_O(t_1)$ 开始按固定斜率增加，如图 7.2.11 所示。在比较阶段，计数器从 **0** 开始重新计数。当 $u_O(t_2)$ 上升至零时，比较器输出变为 **0**，比较阶段结束，计数器停止计数。积分器的输出电压 $u_O(t_2)$ 为零，即

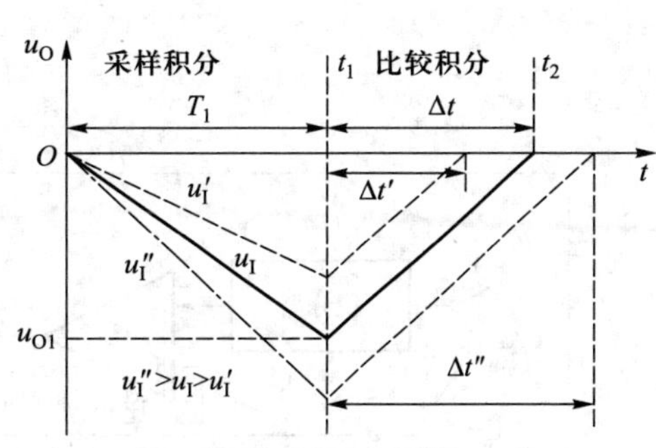

图 7.2.11　双积分型 ADC 的工作波形

$$u_O(t_2)=u_O(t_1)+\frac{1}{RC}\int_{t_1}^{t_2}V_{REF}\mathrm{d}t=u_O(t_1)+\frac{V_{REF}}{RC}(t_2-t_1)=0 \tag{7.2.4}$$

若令比较阶段的时间间隔为 Δt，即 $\Delta t=t_2-t_1$。由式 7.2.3 和式 7.2.4 可得

$$\Delta t=-\frac{RC}{V_{REF}}u_O(t_1)=\frac{RC}{V_{REF}}\frac{T_1}{RC}u_I=\frac{T_1}{V_{REF}}u_I \tag{7.2.5}$$

由此可见，比较阶段的时间间隔 Δt 正比于输入模拟电压的平均值 u_I，而与积分的时间常数 RC 无关。图 7.2.11 中虚线表示了不同输入模拟电压 u_I 时的 Δt。

第二次积分结束时，计数器中的数值为双积分 ADC 的转换结果。

$$D_n=\frac{\Delta t}{T_{CP}}=\frac{T_1}{T_{CP}V_{REF}}u_I=\frac{u_I}{V_{REF}}2^n \tag{7.2.6}$$

若输入电压 $u_I(t)$ 在采样阶段是变化的，$u_O(t_1)$ 正比于输入模拟电压的平均值 U_I。因此，若 T_1 取 20 ms 的整倍数，双积分型 ADC 就具有极强的抗 50 Hz 工频干扰的优点。双积分型 ADC 的转换速度较慢，完成一次 A/D 转换一般需几十毫秒以上，这对数字测量仪表来说一般无关紧要，因为仪表的精度是关键，而速度一般不要求很快。可是在自动化设备中（如巡回检测、数字遥测等），一个模数转换器需对多路模拟信息进行转换，如一次 A/D 转换需几十到几百毫秒，往往感到费时太长。

目前已有许多双积分型 ADC 集成电路，其中一些把译码和驱动电路也集成在片内。例如，ICL7106 和 7107ADC 只需外接少量元件即可构成数字电压表。此外，双积分型 ADC 还常用来构成数字温度计。

利用双积分型 ADC 和二-十进制转换电路、译码驱动器及发光二极管就可构成数字电压表，用来测量恒定的或缓变的模拟电压，以十进制数字显示出来。图 7.2.12 就是一个采用双积分型 ADC 的数字电压表方框图。此外，双积分型 ADC 还常用来将热电偶及其他传感器的输出电压转换成数字量。

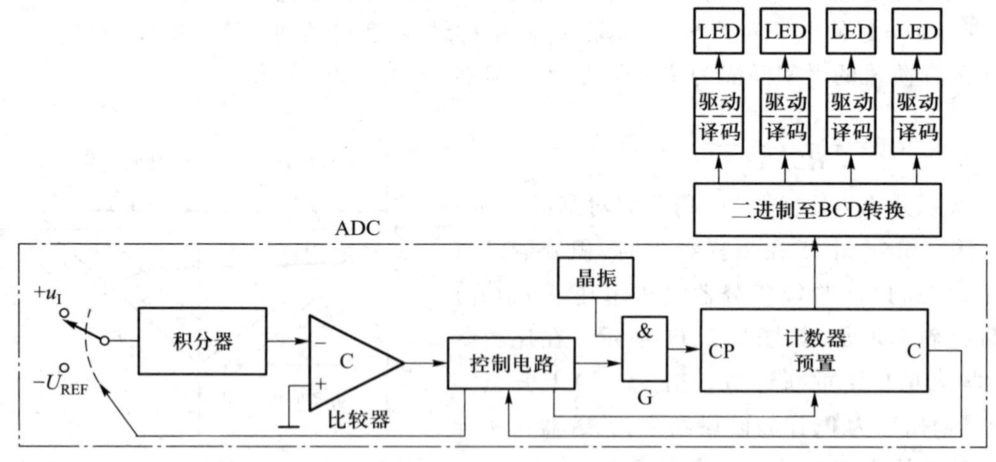

图 7.2.12　双积分型 ADC 数字电压表方框图

［例 **7.2.4**］ 在图 7.2.10 所示的双积分型 ADC 中，输入电压 u_I 的绝对值可否大于 V_{REF} 的绝对值？为什么？

［解］ 不能，因为当 $|u_I| \geq V_{REF}$ 时，双积分型 ADC 第一次对模拟输入电压 $+u_I$ 进行定时积分的时间将小于第二次对恒定基准电压 $-V_{REF}$ 进行定值积分的时间，这样会使计数器在计满时仍达不到第二次积分的时间，会使转换结果错误。

7.2.6 Σ-Δ 型 ADC

20 世纪 90 年代以来，在一片混合信号 CMOS 大规模集成电路上将抽样、量化、数字信号处理融为了一体，从而获得了低价格、高分辨率的 Σ-Δ 型 ADC，目前分辨率高达 24 位，主要应用于高精度数据采集特别是数字音响、多媒体等电子测量领域。由于采用高倍频过采样技术，降低了对传感器信号进行滤波的要求，实际上取消了信号调理电路。缺点：当高速转换时，需要高阶调制器；在转换速率相同的条件下，比积分型和逐次逼近型 ADC 的功耗高。

Σ-Δ 型 ADC 又称为过采样转换器。它的工作原理近似于双积分型 ADC，将输入电压转换成时间（脉冲宽度）信号，再用数字滤波器处理后得到数字值。Σ-Δ 型 ADC 采用增量编码方式，即根据后一个量值与前一个量值的差值的大小来进行量化编码，若是后一个量值比前一个大，则输出 **1**；反之，则输出 **0**。最后通过把这些 **1** 或者 **0** 累加起来，也就构成了数字输出。另一方面，把这个数字信号转换成模拟信号反馈回去和下一个模拟信号进行比较。Σ-Δ 型 ADC 包括模拟 Σ-Δ 调制器和数字抽取滤波器。Σ-Δ 调制器主要完成信号抽样及增量编码（Σ-Δ 码），数字抽取滤波器完成对 Σ-Δ 码的抽取滤波，把增量编码转换成高分辨率的线性脉冲编码调制的数字信号。

如图 7.2.13 所示 Σ-Δ 型 ADC 中的调制器由积分器、比较器、1 位 DAC（1 个简单的开关）等组成。时钟脉冲 CP 通过 D 触发器控制积分器输入端模拟开关 S_1 的切换。若积分器输出 $u_O>0$，比较器输出 u_C 为 **0**。时钟脉冲 CP 使 D 触发器输出 Q 为 **0**，控制 S_1 切向 V_{REF}，积分器输入 $u_K=u_I+V_{REF}>0$，积分器反相积分。积分器输出 u_O 下降。当 $u_O \leq 0$ 时，比较器输出 u_C 为 **1**，时钟脉冲 CP 使 D 触发器输出 Q 为 **1**，控制模拟开关 S_1 接通 $-V_{REF}$，$u_K=u_I-V_{REF}<0$，所以积分器正向积分，u_O 上升。如此循环，积分器以 T_{CP} 为积分区间对 u_K 进行分段积分。

u_O 的变化周期决定了 D 触发器输出序列信号的周期。若在一个序列周期中，D 触发器输出高电平 **1** 的 CP 周期数为 n，低电平 **0** 的周期数为 m，则序列周期 $T=(m+n)T_{CP}$。积分器对 u_K 反向积分的总时间为 m 个时钟周期 mT_{CP}，而对 u_K 正向积分的总时间为 nT_{CP}，设 u_I 在转换过程中不变，根据分段积分的原理，积分器在一个序列周期的输出为

$$
\begin{aligned}
u_O(t_0+T) &= u_O(t_0)-m\int_0^{T_{CP}}\frac{u_I(t)+V_{REF}}{RC}\mathrm{d}t-n\int_0^{T_{CP}}\frac{u_I(t)-V_{REF}}{RC}\mathrm{d}t \\
&= u_O(t_0)-\frac{u_I(t)+V_{REF}}{RC}mT_{CP}-\frac{u_I(t)-V_{REF}}{RC}nT_{CP}
\end{aligned}
\tag{7.2.7}
$$

由于 u_O 也以序列信号的周期 T 变化，所以等于初始值 $u_O(t_0)$。由式（7.2.7）得

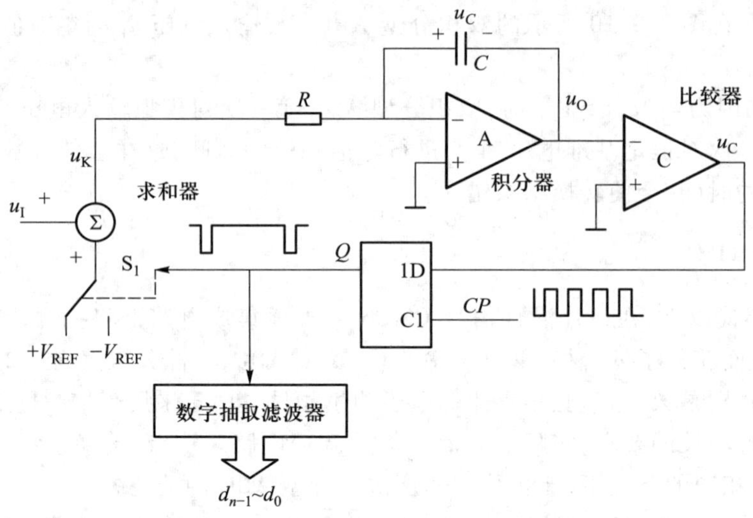

图 7.2.13　∑-Δ 型 ADC 原理图

$$\frac{u_I(t)+V_{REF}}{RC}mT_{CP}+\frac{u_I(t)-V_{REF}}{RC}nT_{CP}=0 \tag{7.2.8}$$

整理后可得到

$$\frac{n-m}{n+m}=\frac{u_I}{V_{REF}} \tag{7.2.9}$$

它连续不断地对输入模拟信号 u_I 和基准参考电压 V_{REF} 的和或差进行积分，将输入模拟量转换成波特率等于时钟频率的周期性串行数字信号序列。该序列周期信号中的高电平 **1** 和低电平 **0** 的位数之差与序列周期之比也等于输入模拟信号 u_I 和基准参考电压 V_{REF} 之比。所以，对 D 触发器输出的串行信号序列进行数字滤波，运算后即得与输入模拟信号成正比的数字量。

作为例题，图 7.2.14 给出 V_{REF} 为 5 V，u_I 为 2 V 时，∑-Δ 型 ADC 中随 CP 脉冲数 i 增加各信号的波形。设 u_O 的初始值为 0，$T_{CP}=RC$。由于反向积分，$u_O(i+1)=u_O(i)-u_K$，当 $Q=\mathbf{0}$ 时，$u_K=u_I+V_{REF}=7$，$u_O(i+1)=u_O(i)-7$，而 $Q=\mathbf{1}$ 时，$u_K=u_I-V_{REF}=-3$ V，$u_O(i+1)=u_O(i)+3$。

显然，u_O 的周期 $T=10T_{CP}$，而由于 $n=7$ 和 $m=3$，可得

$$\frac{n-m}{n+m}=\frac{4}{10}=\frac{u_I}{V_{REF}} \tag{7.2.10}$$

用数字抽取滤波器测量出串行输出信号序列的 n 和 m，计算出 $2^n(n-m)/(n+m)$，即可得到 ADC 的输出 D_n。

虽然 ∑-Δ 转换方式类似于双积分转换，但串行输出信号序列是连续产生的，不像双积分转换有采样阶段和比较阶段之分。∑-Δ 转换不仅具有较高的抗周期性干扰能力，而且分辨率和转换速度都远高于双积分转换。这种 ADC 采用了极低位的量化器，从而避免了制造高位转换器和高精度电阻网络的困难。由于采样与量化编码可以同时完成，因此不需要采样保持电路；而且由

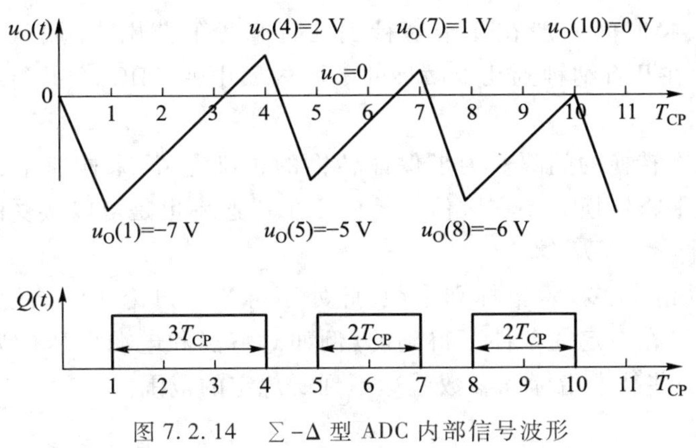

图 7.2.14　∑-Δ 型 ADC 内部信号波形

于采用过采样技术，降低了对输入信号进行滤波的要求，可以取消信号调制电路，这就使得采样系统大为简化。∑-Δ 型 ADC 的缺点为：当高速转换时，需要高阶调制器；在转换速率相同的条件下，比积分型和逐次逼近型 ADC 的功耗高。∑-Δ 型 ADC 实际上是以高采样率来换取高分辨率。

20 世纪 90 年代后，可将抽样、量化和数字信号处理集成在一片混合 CMOS 大规模集成电路上，从而获得了低价格、高分辨率的∑-Δ 型 ADC。目前，∑-Δ 型 ADC 的分辨率高达 24 位，主要应用于高精度数据采集特别是数字音响、多媒体等电子测量领域。

7.2.7　ADC 的主要参数

ADC 的主要参数名称与 DAC 相同，但是其输入、输出形式不同，所以定义也不相同，主要的静态参数是转换精度，主要的动态参数是转换时间。

1. 转换精度

ADC 的转换精度主要是由分辨率和转换误差来决定的。

（1）分辨率

分辨率（resolution）：ADC 能够分辨输入信号的最小变化量，定义为最小分辨电压（单位量化电压）与最大输入电压的比值。它表明了 ADC 对输入信号的分辨能力。由于 ADC 最大输入电压一般为 V_{REF}，所以分辨率通常以 ADC 数字信号的位数 n 来表示。n 位模数转换器的分辨率为 $1/2^n$。

（2）转换误差

转换误差主要包括量化误差、偏移误差、增益误差等。其中量化误差是 ADC 本身固有的一种误差，而其他几种误差与 DAC 的转换误差类似，是由于电路内部各元器件及单元电路的偏差产生的。ADC 转换误差一般以最大误差形式给出，例如 $\varepsilon_{max} \leqslant \pm 1/2LSB$。

2. 转换时间

ADC 的转换时间定义为：从模拟信号输入起，到达到规定的精度之内的数字输出止，转换过程所经历的时间。转换速率是转换时间的倒数。

积分型 ADC 的转换时间一般在几十毫秒到几百毫秒的范围内，属低速 ADC；逐次比较型 ADC 的转换时间大约在几百纳秒到几十微秒的范围内属中速 ADC；全并行/串并行型 ADC 可达到纳秒级属高速 ADC。

采样时间是指两次转换的间隔。为了保证转换的正确完成，采样速率必须小于或等于转换速率。因此有人习惯上将转换速率在数值上等同于采样速率也是可以接受的。常用单位是 Ksps 和 Msps，表示每秒采样千/百万次。

集成 ADC 还有其他一些技术指标和参数，此处不再一一讨论。应该指出，产品手册中给出的技术指标和参数都是在一定的条件下得到的，例如对室温和电源电压的要求。如果这些条件得不到满足，ADC 的一些技术指标和参数就达不到所规定的范围。

7.2.8 集成 ADC

目前，逐次渐近型集成 ADC 应用较多，下面以 ADC0804 介绍集成 ADC 及其应用。

ADC0804 是 8 位 CMOS 集成 ADC，它的转换时间为 100 μs，输入电压为 0 ~ 5 V，它能够方便地与微处理器相连接。ADC0804 的引脚和说明见图 7.2.15。

ADC0804 各输入输出信号的时序见图 7.2.16，当 $\overline{CS}$ 和 $\overline{WR}$ 同时为低电平有效时，$\overline{WR}$ 的上升沿启动 A/D 转换，经过约 100 μs 后，A/D 转换结束，$\overline{INTR}$ 信号变为低电平，当 $\overline{CS}$ 和 $\overline{RD}$ 同时为低电平有效时，可以由 $D_0 \sim D_7$ 获得转换数据输出。

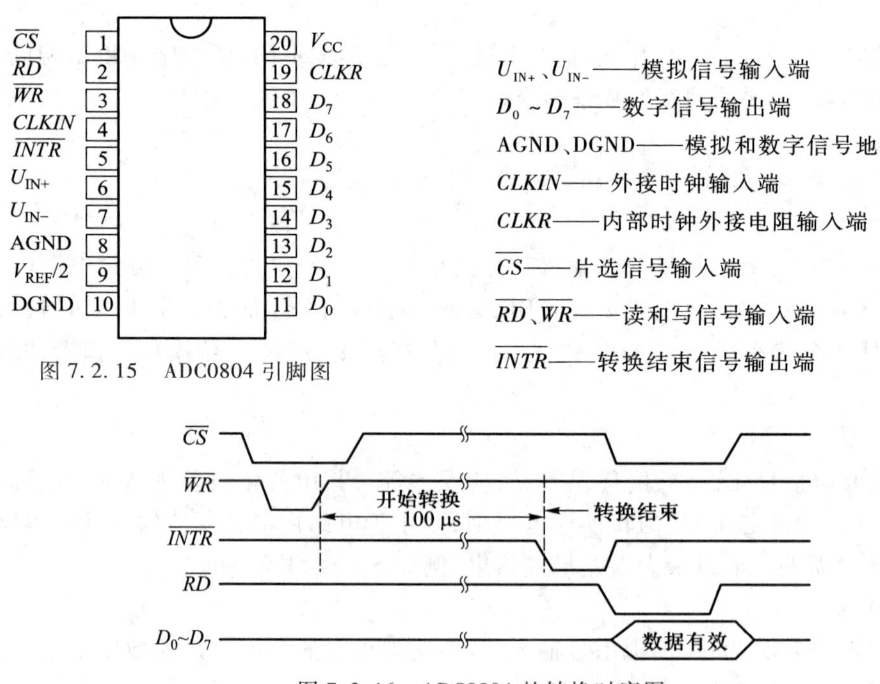

图 7.2.15 ADC0804 引脚图

图 7.2.16 ADC0804 的转换时序图

图 7.2.17 是 ADC0804 电路的典型应用。此电路中，RC 组成时钟电路，振荡频率 $f_{CLK}=1/(1.1RC)$，典型值 $R=10\ k\Omega$、$C=150\ pF$ 时，$f_{CLK}=606\ kHz$，对应的转换时间约为 100 μs。

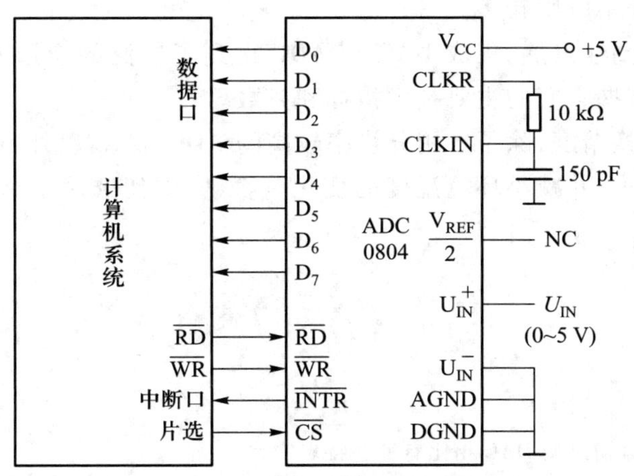

图 7.2.17 ADC0804 电路典型应用

由于单端输入范围为 0 ~ 5 V，因而将 U_{IN}^- 接地，U_{IN}^+ 接输入信号，$V_{REF}/2$ 端悬空（使用内部分压电路提供的参考电压）。

ADC0804 的工作过程如下：先送出控制信号使 $\overline{CS}$、$\overline{WR}$ 为低电平，从而启动 ADC。当 ADC 转换结束时有一低电平信号从 ADC 的 $\overline{INTR}$ 端口输出，与之相连的系统得到这一信号后便可送出控制信号（读信号）使 $\overline{CS}$、$\overline{RD}$ 为低电平，这时，转换后的数据便出现在 $D_7 \sim D_0$ 端口上供系统读取。

本章小结

随着微型计算机在各种工业测量、控制和信号处理系统中的广泛应用，A/D 和 D/A 转换技术得到迅速发展。而且，随着计算机精度和速度的不断提高，对 ADC 和 DAC 的转换精度和速度也提出了更高的要求。事实上，在许多计算机测控系统中，系统所能达到的精度和速度最终是由 ADC 和 DAC 的转换精度和转换速度所决定的。因此，转换精度和转换速度是 ADC 和 DAC 的两个重要的指标，也是本章讨论的重点。

ADC 和 DAC 的种类十分繁杂，不可能逐一列举。因此首先应着重理解和掌握 A/D 和 D/A 转换的基本概念以及如何对它们进行分类。

本章首先讨论了 DAC 的工作原理。倒 T 形电阻网络 DAC 所需电阻种类少，容易保证转换速度，但转换精度比较低。而权电流网络 DAC 的转换速度和转换精度都比较高。目前在双极型集成 DAC 中多半采用权电流型的转换电路。

在 ADC 部分，重点讨论了并行比较型、逐次渐近型和双积分型三种 ADC 的工作原理。并行比较型具有高速度的优点，一般只用在超高速的场合。逐次渐近型 ADC 具有速度较高和价格低的优点，工业场合多采用此种 ADC。双积分型 ADC 可获得较高的精度，并具有较强的抗干扰能力，故在目前的数字仪表中应用较多。

由于微电子技术的高速发展，集成 DAC 和 ADC 得到了广泛的应用。为了较好地使用这些集成组件，应该理解和掌握它们的主要技术指标和参数。

为了得到较高的转换精度，除了选用分辨率较高的 ADC、DAC 以外，还必须保证参考电源和供电电源有足够的稳定度，并减小环境温度的变化。否则，即使选用了高分辨率的芯片，也难以得到应有的转换精度。

思考题和习题

思考题

7.1 电压输出型和电流输出型 DAC 相比有哪些特点？

7.2 权电阻网络 DAC 有哪些优缺点？

7.3 倒 T 形电阻网络 DAC 有哪些优缺点？

7.4 与倒 T 形电阻网络 DAC 相比，权电流网络 DAC 的主要优点是什么？

7.5 选择集成 DAC 时应该主要考虑哪些参数？

7.6 在什么情况要用采样-保持电路？

7.7 在选择采样-保持电路外接电容器的电容量大小时应考虑哪些因素？

7.8 三种不同类型的 ADC 中，转换速度最快的是哪一种？

7.9 为什么一般工业检测多选用逐次渐近型 ADC？

7.10 双积分型 ADC 最主要的优点是什么？

7.11 在图 7.2.10 的双积分型 ADC 中，输入电压 u_I 的绝对值可否大于 V_{REF} 的绝对值？为什么？

7.12 双积分型 ADC 数字电压表是否需要采样-保持电路？请说明理由。

习题

7.1 在图 7.1.3 所示的 4 位 DAC 中，给定 $V_{REF}=5$ V、$R_F=R$，试计算输入代码为全 **1**、全 **0** 和 **1000** 时对应的输出电压值。

7.2 一个 8 位 DAC 的单位量化电压为 0.02 V，当输入代码分别为 **01011001**、**10100100** 时，输出电压 u_O 为多少伏？

7.3 AD561 的电路结构见图 7.1.12，如将它接成±5V 的双极件输出，请回答下列问题。

(1) 1*LSB* 产生的输出电压增量是多少？是否发生变化？

(2) 输入 $d_9\sim d_0$ 为 **1000000000** 时的输出电压是多少？

(3) 输入 $d_9\sim d_0$ 为 **1111111111** 和 $d_9\sim d_0$ 为 **0000000000** 时对应的输出电压各为多少？

7.4 图题 7.4 所示电路是用 4 位二进制计数器和 4 位 DAC 组成的波形发生器电路。DAC 的输出电压 $u_O=0.3D_n$(V)，试画出输出电压 u_O 的波形，并标出波形图上各点电压值。

7.5 用一个 4 位二进制计数器 74161、一个如图 7.1.3 所示的 4 位 DAC 和一个 2 输入**与非**门设计一个能够产生如图题 7.5 所示波形的波形发生器电路。

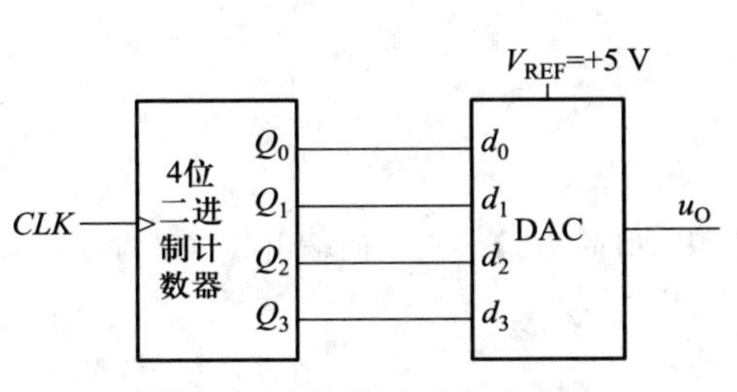

图题 7.4　阶梯波形发生电路

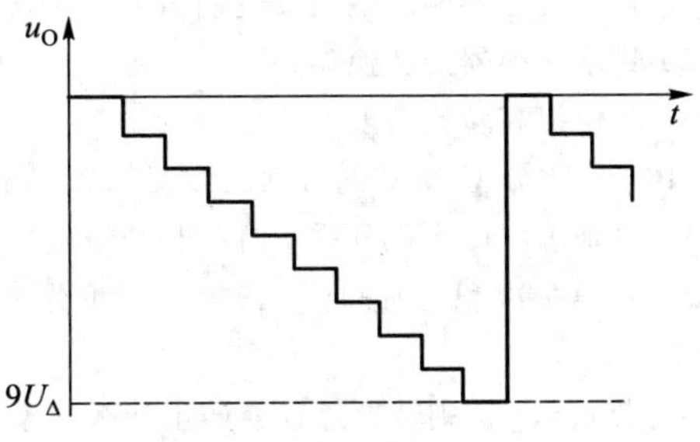

图题 7.5　阶梯波形发生电路

7.6　图题 7.6 所示电路是用 DAC 和运算放大器组成的可变增益放大器，DAC 的输出电压 $u=-D_nV_{REF}/256$，它的电压放大倍数 $A_u=u_O/u_I$ 可由输入数字量 D_n 来设定。试写出 A_u 的计算公式，并计算 D_n 为$(\mathbf{01})_H$ 和$(\mathbf{FF})_H$ 时，A_u 的值。

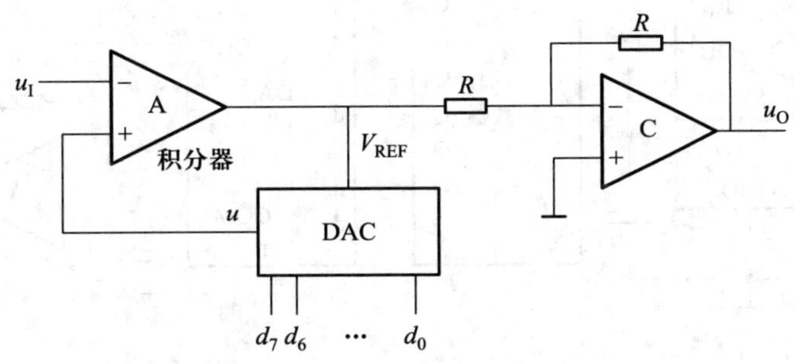

图题 7.6　增益放大器电路图

7.7　如果输入电压的最高次谐波的频率 f_h 为 100 kHz，请选择最小采样周期 T_s，计算采样频率。应该选择哪种类型的 ADC？

7.8　若一个 8 位 ADC 的最小量化电压为 17.6 mV，当输入电压 u_I 为 2.2 V 和 4.0 V 时，输出数字量为多少？

7.9　若图 7.2.7 所示的 3 位并行比较型 ADC 的量化误差要满足小于等于 $1/2U_\Delta$ 的条件，应如何确定分压电路电阻的阻值？

7.10　分析图题 7.10 给出的计数式 ADC 的工作原理，若输出的数字量为 10 位二进制数，时钟信号频率为 1 MHz，则完成一次转换的最长时间是多少？

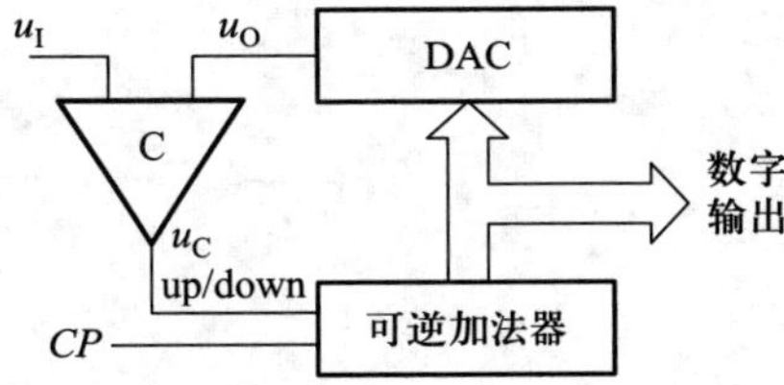

图题 7.10　计数式 ADC 的方框图

7.11　如果一个 10 位逐次渐近型 ADC 的时钟频率为 500 kHz，试计算完成一次转换操作所需要的时间。如果要求转换时间不得大于 10 μs，那么时钟信号频率应选多少？

7.12　并行比较型 ADC 输入数字量增加至 6 位，比较器数量应为多少？

7.13　若采用图 7.2.6 所示的量化电平划分方法，试计算 6 位并行比较型 ADC 的最大量化误差是多少。

7.14　在图 7.2.10 所示的双积分型 ADC 中，若计数器为 10 位二进制计数器，时钟信号频率为 50kHz，试计算完成一次转换的最大转换时间是多少。

7.15 逐次渐近型 ADC 的方框图如图 7.2.7 所示，设 5 位 DAC 的输出最大电压为 5 V，输入 $u_I=1.2$ V。

（1）试求寄存器输出端的二进制数 $Q_4Q_3Q_2Q_1Q_0$；

（2）试求转换器的转换误差；

（3）如何提高转换精度？

7.16 双积分型 ADC 的方框图如图 7.2.10 所示。

（1）分别求出两次积分完毕时的积分器输出电压 u_O；

（2）设第一次积分时间为 T_1，第二次积分时间为 T_2，总积分时间为（T_1+T_2），问输出数字量与哪个时间成正比？

（3）若 $u_I>V_{REF}$，则转换过程会产生什么现象？

7.17 分析图题 7.17 所示电路的逻辑功能，试问如何能改变输出波形的频率和幅度？

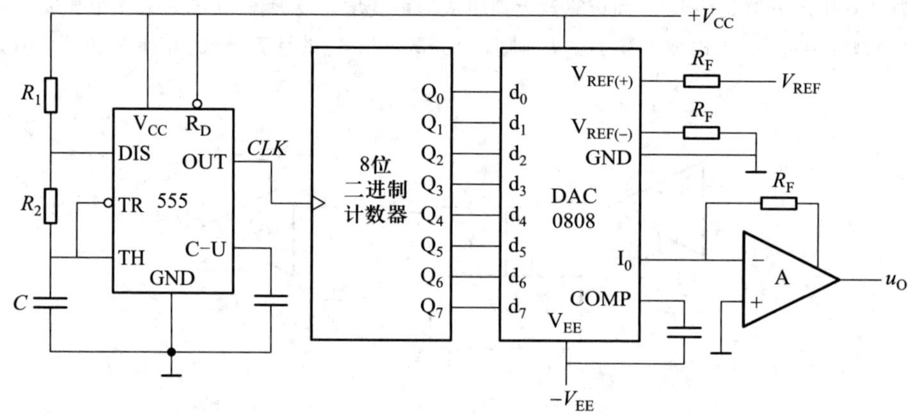

图题 7.17

8

半导体存储器与可编程逻辑器件

【内容提要】

本章主要学习以阵列电路为基础的数字集成电路,包括半导体存储器和可编程逻辑器件。在半导体存储器部分,介绍了随机存取存储器和只读存储器的结构和工作原理。在可编程逻辑器件部分,先介绍了低密度可编程逻辑器件,在此基础上,再讨论复杂可编程逻辑器件和现场可编程门阵列。这类器件的集成密度特别高,并具有在系统可编程或现场可编程的特性,可用于实现较大规模的数字逻辑电路。

8.1 概　　述

在数字系统和电子计算机工作过程中,有大量的数据需要存储。半导体存储器就是一种能够存放大量数据的集成电路。它是各种数字系统和计算机中不可缺少的组成部分。半导体存储器具有集成度高、功耗低和存取速度快等优点。它可分为**随机存取存储器**(random access memory,RAM)和**只读存储器**(read-only memory,ROM)两大类。

随机存取存储器 RAM 既能读出数据,又能写入数据。按照存储单元的结构类型,RAM 可分为静态 RAM(static RAM,SRAM)和动态 RAM(dynamic RAM,DRAM)。SRAM 的存储单元结构较复杂,集成度较低,但读写速度快;而 DRAM 的存储单元结构简单,集成度高,价格便宜,广泛地用于计算机中。

目前,DRAM 向大容量、高集成度和高速专用化发展。国外 2000 年首次开发出了 512M DRAM,2001 年底开发了 1G DRAM。近几年高速 DRAM 发展迅速,已从过去的扩展数据输出 DRAM(EDO DRAM)向同步 DRAM(SDRAM)转移。高速缓冲存储是 SRAM 的主要应用领域,一般要求存取时间小于 30ns。1999 年已开发出存取时间仅为 0.55ns 的超高速缓存 SRAM。

只读存储器 ROM 一般存储固定的数据和程序，工作时一般只需进行读操作。ROM 中存储的数据可以长期保持不变，即使断电也不会丢失数据。按照 ROM 数据写入的方式，可分为掩模 ROM、可编程 ROM(programmable ROM，PROM)、可擦除 PROM (erasable PROM，EPROM) 和电可擦除 EPROM(electrically EPROM，E^2PROM) 四种只读存储器。掩模 ROM 中存储的数据是在生产 ROM 的工厂里用特殊的方法烧录进去的，其中的内容用户不能更改。PROM 中的数据由用户自己写入，但是只能写一次。EPROM 写入的数据可用紫外线擦除，解决了 PROM 芯片只能写入一次的弊端。E^2PROM 可用电擦除存入的数据，而且是以字节为最小修改单位，彻底摆脱了 EPROM 擦除器和编程器的束缚。使用起来更加方便。Flash ROM 类似 EPROM，但它是以块为最小单位擦除，Flash ROM 的存储容量大、价格低，近年来已逐渐取代了 EPROM。

可编程逻辑器件(programmable logical device，PLD)是一种半定制器件，可以由编程来确定其逻辑功能。在设计和制作电子系统中使用 PLD，可以获得较大的灵活性和较短的研制周期。只读存储器是一种早期的 PLD，由于结构的限制，它更适合用于存储数据。随后，出现了专门用于实现逻辑函数的可编程逻辑阵列 PLA (programmable logic array) 芯片，它由可编程**与**和**或**阵列组成，因此可以实现任意逻辑函数。70 年代末期，又出现了另一种结构较灵活的可编程阵列逻辑 PAL (programmable array logic) 芯片。在 PAL 的基础上又发展了一种通用阵列逻辑 GAL (genetic array logic) 芯片，它采用了 E^2CMOS 工艺，实现了电可改写，由于其输出结构是可编程的逻辑宏单元，因此给逻辑设计带来很强的灵活性。

上述低密度 PLD 通常只有几百门的集成规模，由于结构简单，所以它们仅能实现较小规模的逻辑电路。20 世纪 80 年代中期，又出现了新一代的高密度 PLD。这类器件的集成密度一般可达数千门，甚至上万门，具有在系统可编程或现场可编程特性，可用于实现较大规模的逻辑电路。一般把基于乘积项技术和 Flash 结构的高密度 PLD 称为复杂可编程逻辑器件 CPLD(complex PLD)，而把基于查找表技术和 SRAM 结构的高密度 PLD 称为现场可编程门阵列 FPGA(field programmable gate array)。CPLD 和 FPGA 的逻辑功能基本相同，只是实现原理略有不同，所以我们有时可以忽略这两者的区别，统称为高密度可编程逻辑器件。这两种器件可实现较大规模的电路，编程也很灵活。它们具有设计开发周期短、设计制造成本低、开发工具先进、标准产品无需测试、质量稳定以及可实时在线检验等优点，因此被广泛应用于电子产品的设计和生产中。

经过了几十年的发展，许多公司都开发出了多种可编程逻辑器件。比较典型的就是 Intel 公司的 CPLD 器件系列和 Xilinx 公司的 FPGA 器件系列。FPGA 最主要优点是容量大和设计灵活，但是每一次上电时要进行数据加载。目前，几万门至几十万门的 FPGA 的使用越来越普遍，单片价格也大幅度下降。密度和性能的持续提高、低廉的开发费用和快速的上市时间正在使设计人员转向 FPGA。

由于在 PLD，特别是在 CPLD 中，含有大量的门电路，门的输入也较多，本章中采用图 8.1.1 中的简化画图法，这也是国际上有关 PLD 的习惯画法。图 8.1.1(a)给出了一个 PLD 输入缓冲器，它的两个输出是输入的真和补。图 8.1.1(b)是一个三输入**与**门的简化画法，其他门输入的画法也与此相同。PLD 器件的连接方法如图 8.1.1(c)所示，“·”加到交叉点上，表示永久连接；

"×"符号加到交叉点上，表示可编程连接；无符号交叉点表示两线不连接。

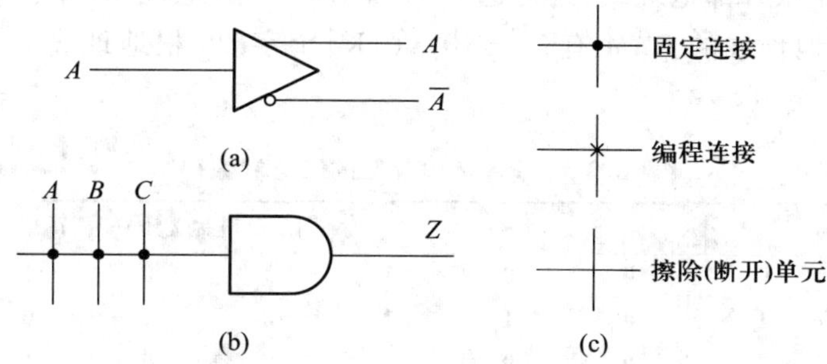

图 8.1.1 PLD 简化画图法
（a）输入缓冲器 （b）三输入与门 （c）连接方法

8.2 随机存储器

8.2.1 RAM 的基本结构

RAM 存储器一般主要由存储矩阵、地址译码器和读/写控制器组成，如图 8.2.1 所示。

1. 存储矩阵

存储矩阵由大量基本存储单元组成，每个存储单元可以存储一位二进制数。这些存储单元按字（word）和位（bit）构成存储矩阵。一个字可以是一位，也可以是多位，一个字中含有的存储单元数被称为字长，一般用字数和字长的乘积表示 RAM 的存储容量。例如，一个 32×8 位的 RAM，表示它有 32 个字，字长为 8 位，存储容量是 32×8 位=256 位。对于大容量的 RAM，常用 K 表示 1024（2^{10}），M 表示 1024K（2^{10}K）。这样，64K×8 位的 RAM 具有 64K 字，字长为 8 位，故它的存储容量为 512K 位。

RAM 中存储的数据一般是按字节进行读写操作的，一个 8×8 的 RAM 在某时刻存储的二进制数码如表 8.2.1 所示。

由于 RAM 的存储单元是触发器，所以一旦关掉电源，RAM 中存放的数据就会全部丢失。

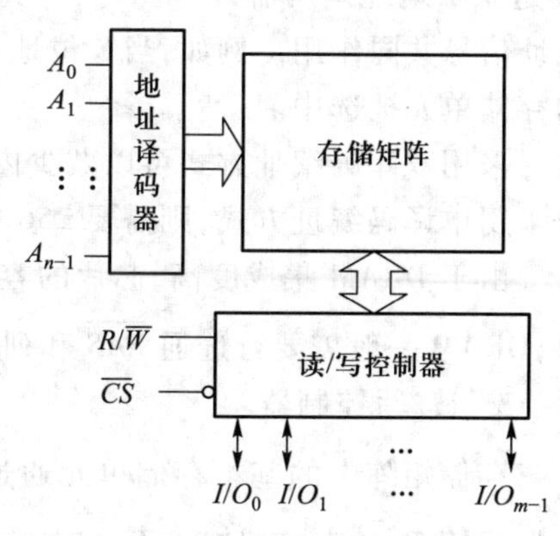

图 8.2.1 RAM 的结构图

2. 地址译码器

为了读出或写入存储矩阵中指定的字，需要选通该字所对应的存储单元，这由地址译码器来完成。地址译码器对 RAM 地址线上的二进制信号进行译码，以便选中与该地址码对应字的一个或几个基本存储单元，使其在读/写控制器的控制下进行读/写操作。

如一个 RAM 有 4 根外部地址线，则可选择 16 个字。一般地说，有 n 根地址线的 RAM 具有 2^n 个字。例如，10 根地址线的 RAM 有 $2^{10}=1024$(1K)个字，20 根地址线的 RAM 有 $2^{20}=1024$K(1M)个字。

表 8.2.1 RAM 中存储的二进制数码

地址码			存储的二进制数码（字节）							
0	**0**	**0**	**0**	**0**	**1**	**1**	**0**	**1**	**0**	**0**
0	**0**	**1**	**0**	**1**	**1**	**0**	**1**	**0**	**0**	**1**
0	**1**	**0**	**0**	**0**	**1**	**0**	**0**	**1**	**0**	**1**
0	**1**	**1**	**1**	**0**	**0**	**0**	**0**	**0**	**1**	**0**
1	**0**	**0**	**0**	**0**	**0**	**1**	**0**	**1**	**1**	**0**
1	**0**	**1**	**0**	**1**	**0**	**0**	**1**	**0**	**0**	**0**
1	**1**	**0**	**1**	**0**	**0**	**1**	**1**	**0**	**0**	**1**
1	**1**	**1**	**0**	**0**	**0**	**1**	**0**	**0**	**1**	**1**

存储矩阵中存储单元的编址方法有两种，一种是单译码编址方式，适用于小容量存储器；另一种是双译码编址方式，适用于大容量存储器。单译码编址方式中，RAM 内部字线 w_i 选择一个字的所有位，由于 n 根地址线的 RAM 具有 2^n 个字，所以它有 2^n 根字线。图 8.2.2 是一个 32×8 位的存储器单译码编址方式的结构图。存储矩阵排列成 32 行乘 8 列，每一行对应一个字，每一列对应 32 个字的同一位。32 个字需要 5 根地址输入线，即 $A_0 \sim A_4$。给出一个地址信号，便可选中存储矩阵中相应字的所有存储单元。如当地址输入信号为 **00000** 时，选中第 0 号字线(w_0)，可对(0,0) ~ (0,7)的 8 个基本存储单元同时进行读/写操作。各列位线经过读/写控制器与外部的数据线 $D_0 \sim D_7$ 相连。

双译码编址方式中，地址译码器分成 X 和 Y 两个。图 8.2.3 为一个 256 字的存储器，它共有 8 根地址线，分为 $A_0 \sim A_3$ 和 $A_4 \sim A_7$ 两组。$A_0 \sim A_3$ 送入 X 地址译码器，产生 16 个 x 地址线；$A_4 \sim A_7$ 送入 Y 地址译码器，产生 16 个 y 地址线。存储矩阵中的每个字能否被选中，由 x 地址信号和 y 地址信号共同作用。例如，当 8 位地址线输入为 **00001111** 时，y_0 和 x_{15} 地址线均为高电平，字 w_{15} 的存储单元被选中。

采用双译码编址方式可以减少内部地址选择线的数目，如本例中的地址选择线为 32 根，但若采用单译码编址方式，则需要 256 根内部地址选择线。

由于 DRAM 集成度高，芯片的容量大，需要较多的地址引线，一般采用双地址译码方式。所以，DRAM 一般需要行选通 $\overline{RAS}$ 和列选通 $\overline{CAS}$ 两个选通信号来分时送入行和列地址。

3. 读/写控制器

存储矩阵中的基本存储单元通过地址译码器被选中后，它的输出端 Q 和 $\overline{Q}$ 需与 RAM 内部数据线 D 和 $\overline{D}$ 直接相连。而这时该基本存储单元的信息能否被读出，或者外部的信息能否写到该基本存储单元中，还决定于读/写控制器。

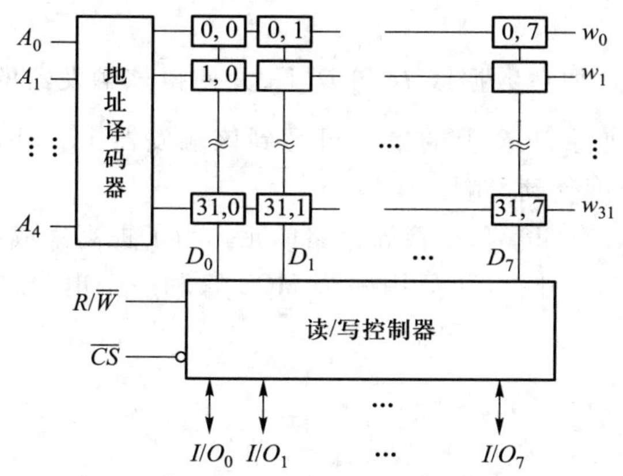

图 8.2.2　单译码编址方式的结构图

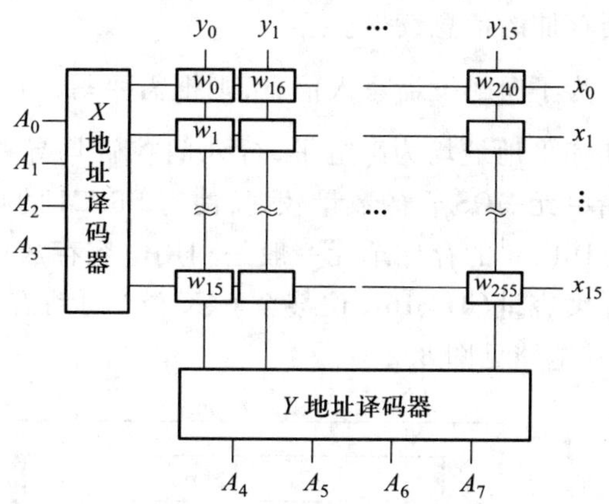

图 8.2.3　双译码编址方式的结构

图 8.2.4 为读/写控制器的逻辑电路图。其中 I/O 为存储器的数据输入输出端，D 和 $\overline{D}$ 为 RAM 内部数据线，$\overline{CS}$ 为片选控制输入信号，$R/\overline{W}$ 为读/写控制输入信号。

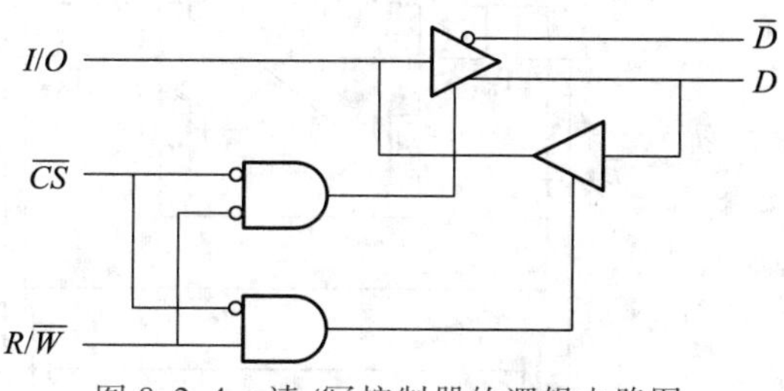

图 8.2.4　读/写控制器的逻辑电路图

片选输入 $\overline{CS}$ 控制 RAM 芯片能否工作。当 $\overline{CS}=\mathbf{1}$ 时，写入和读出驱动器都处于高阻状态，这时 RAM 的信号既不能读出也不能写入。当 $\overline{CS}=\mathbf{0}$，$R/\overline{W}=\mathbf{1}$ 时，读出驱动门使能，$I/O=D$，RAM 存储器中的信息被读出，而当 $\overline{CS}=\mathbf{0}$，$R/\overline{W}=\mathbf{0}$ 时，写入驱动门使能，数据输入输出端 I/O 经过写入驱动器，以互补的形式加在内部数据线 D 和 $\overline{D}$ 上，$D=I/O$，$\overline{D}=\overline{I/O}$，这样就把外部的信息写入到 RAM 的一个被选中的存储单元中。

8.2.2　RAM 的存储单元

存储器的存储单元一般是由几个 MOS 管组成的触发器。图 8.2.5 是一种由六个 MOS 管组成的静态存储单元。其中 T_1 ~ T_4 四个 MOS 管构成基本 RS 触发器，用以寄存 1 位二进制数码，T_5 和 T_6 是门控管，作模拟开关使用，以控制 RS 触发器的输出端 Q、$\overline{Q}$ 和位线 B_j 和 $\overline{B}_j$ 的连接。门控管受 X_i 地址线控制，当 $X_i=\mathbf{1}$ 时，T_5 和 T_6 导通，触发器 Q 和 $\overline{Q}$ 与位线 B_j 和 $\overline{B}_j$ 连接；当 $X_i=\mathbf{0}$ 时，T_5 和 T_6 断开，触发器 Q 和 $\overline{Q}$ 与位线 B_j 和 $\overline{B}_j$ 的连接被切断。另外，每一列存储单元共用两个门控管 T_7 和 T_8，它们受 Y 地址线控制，用来控制该列输出与 RAM 内部数据线的相连，$Y_j=\mathbf{1}$ 时导通，$Y_j=\mathbf{0}$ 时断开。列门控管不计入基本存储单元的数目中。

为了读出该触发器的信息，可使触发器的 X 地址线和 Y 地址线均为高电平，行列门控管均导通，双稳态触发器的输出端 Q 和 $\overline{Q}$ 分别与 RAM 内部的数据线 D 和 $\overline{D}$ 相连，通过内部数据线把触发器存储的信息读出。

为了向触发器写入信息，则把需要写入的信息加在数据线 D 和 $\overline{D}$ 上，并使得该触发器的 X 地址和 Y 地址均为高电平，行列门控管均导通，使得 D、$\overline{D}$ 上的信息可写到该触发器中。SRAM 存储单元 MOS 管的数量较多，使得 SRAM 的集成度受到影响。

DRAM 的存储单元一般是利用电容存放信息，有四管和三管等存储单元。为了提高集成度，目前大容量(4K、16K 位甚至 64K 位)的动态 RAM 存储单元只用一个 MOS 管和一个电容器组成，其电路见图 8.2.6。

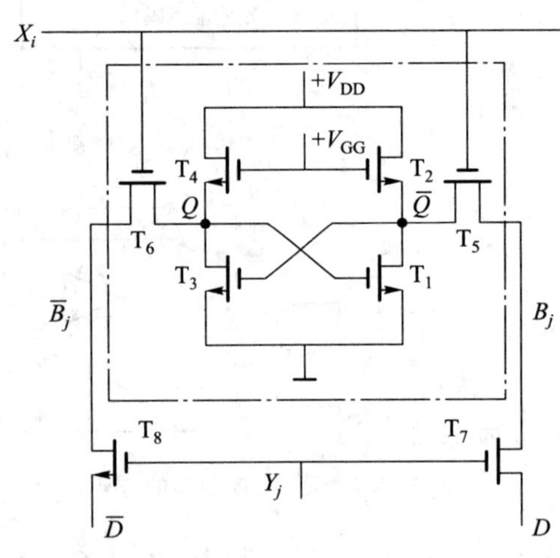

图 8.2.5 六管静态存储单元

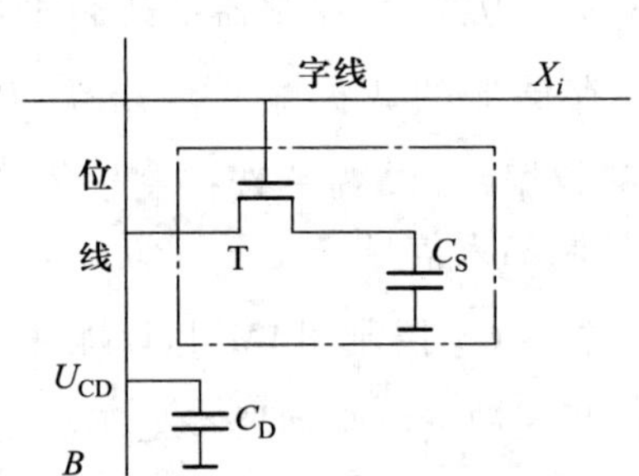

图 8.2.6 单管动态 RAM 存储单元

电容 C_S 用来存储数据，T 为门控管。写入时，字线 $X_i=\mathbf{1}$，T 导通，位线 B 上的输入数据经 T 存储在 C_S 中；读出时，位线原状态为 **0**，当 $X_i=\mathbf{1}$，T 导通，电容 C_S 的电荷向位线上的离散电容 C_D 转移，使位线输出电压 $U_{CD}=C_S U_{CS}/(C_S+C_D)$，由于 $C_S \ll C_D$，因此 U_{CD} 的 V_{OH} 值很小，必须经放大器读出。读出后 C_S 电荷转移，所存信息被破坏，必须立即“刷新”操作恢复，以保证存储信息不会丢失。

动态 MOSRAM 的突出优点是容量大、功耗低，价格也便宜，但其读写速度比 SRAM 低，并需要刷新及读出放大器等外围电路。

8.2.3 RAM 的读写时序

为了保证 RAM 可靠地进行读写数据操作，各控制信号必须满足一定的读写时序。图 8.2.7 是 SRAM 读出过程时序图，读出的具体过程如下：

① 欲读数据的地址加到 RAM 的地址输入端；

② 读写信号一直保持高电平读状态；

③ $\overline{CS}$ 加入有效的片选低电平信号，延时 t_{CO}后，在 I/O 会出现欲读的数据信号；

④ 使$\overline{CS}$无效,再经过一小段延时后,I/O 回到高阻状态,完成本次读操作。

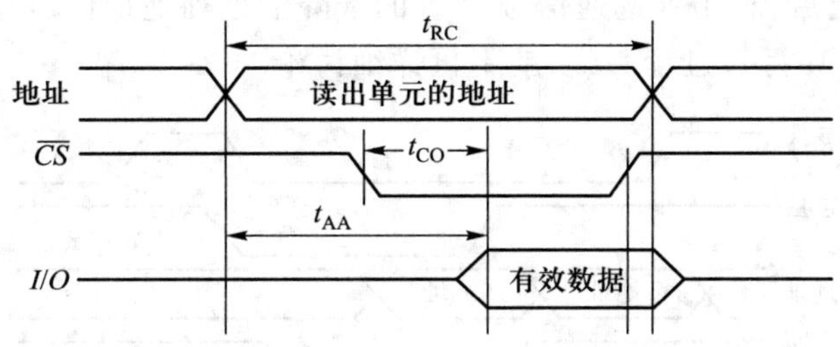

图 8.2.7　SRAM 读出过程时序图

由于 RAM 内部电路存在延时,t_{AA} 和 t_{CO} 必须同时满足芯片参数的要求。图中 t_{RC} 是 RAM 的读周期,它表示两次读操作之间的最小时间间隔。

图 8.2.8 是 SRAM 写入过程时序图,写入的具体过程如下:

① 欲写入数据的地址信号加到 RAM 的地址输入端;

② $\overline{CS}$ 加入有效的片选低电平信号;

③ 将欲写入的数据加到数据输入端;

④ 读写信号 $R/\overline{W}$ 变为低电平,保持一段时间 t_{WP},以确保数据的可靠写入;

⑤ 使 $\overline{CS}$ 无效,完成本次写操作,经过延时 t_{WR} 和 t_{DH} 后,可以改变地址信号和写入数据。

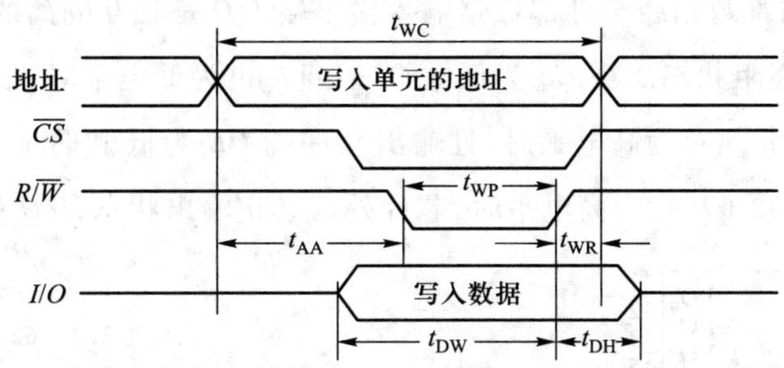

图 8.2.8　SRAM 写入过程时序图

与读操作类似,延时 t_{AA} 和 t_{DW} 也必须同时满足芯片参数的要求。图中 t_{WC} 是 RAM 的写周期,它表示两次写操作之间的最小时间间隔。对大多数 RAM,读和写周期是相等的,称为读写周期。读写周期是 RAM 的一个重要指标。

DRAM 的读写过程与 SRAM 基本相似,但行和列地址是分时送入的,下面介绍 DRAM 写入过程,如图 8.2.9 所示。

① 先送入欲写入数据的行地址信号;

② 地址信号稳定后,利用行选通信号 $\overline{RAS}$ 的下降沿把行地址信号存入行地址锁存器;

③ 再送入欲写入数据的列地址信号；

④ 列地址信号稳定后，利用列选通信号 $\overline{CAS}$ 的下降沿把列地址信号存入列地址锁存器。以后的操作与 SRAM 写入过程一致，就不再详细讨论。

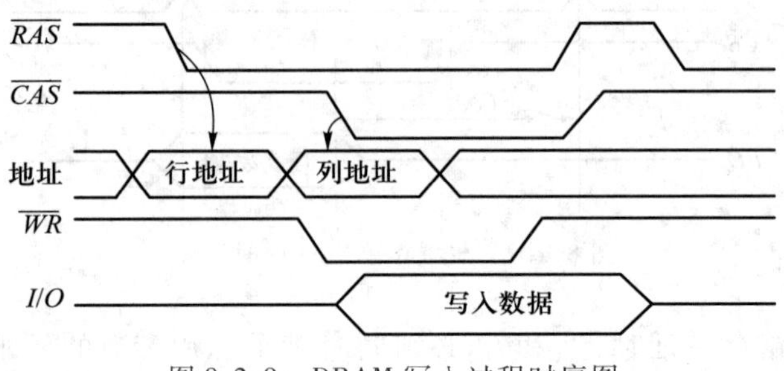

图 8.2.9　DRAM 写入过程时序图

8.2.4　集成 RAM 举例

62256 是一种存储容量为 32K×8 位的 SRAM，它采用 28 脚双列直插封装，逻辑符号如图 8.2.10 所示。62256 有 15 个地址输入端 $A_0 \sim A_{14}$、8 个数据输入输出端 $I/O_0 \sim I/O_7$、一个片选输入端 $\overline{CS}$、一个输出允许端 $\overline{OE}$ 和一个读写控制端 $\overline{WR}$。它的读写周期为 450ns。

62256 的功能见表 8.2.2，当片选输入端 $\overline{CS}$ 为高电平时，不论读写控制端 $\overline{WR}$ 和输出允许端 $\overline{OE}$ 为何种状态，芯片内部数据线与外部数据输入输出端 I/O 是相互隔离的，该芯片既不能写入，也不能读出，I/O 端为高阻状态。当 $\overline{CS}$ 为低电平，且 $\overline{WR}$ 也为低电平时，信号由外部数据线写入存储器。当 $\overline{CS}$ 为低电平，$\overline{WR}$ 为高电平时，且输出允许端 $\overline{OE}$ 为低电平时，内部存储的信息送到外部数据线上。当 $\overline{OE}$ 和 $\overline{WR}$ 均为高电平时，芯片处于禁止输出状态，I/O 端为高阻。

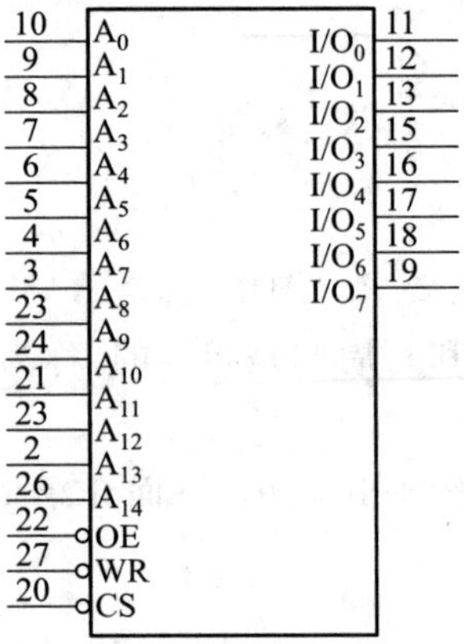

图 8.2.10　62256 逻辑符号

表 8.2.2　62256 功能表

$\overline{CS}$	$\overline{WR}$	$\overline{OE}$	I/O	方式
1	×	×	Z	无片选
0	1	0	DO	读
0	0	×	DI	写
0	1	1	Z	禁止输出

8.2.5 RAM 的扩展

在设计一个数字系统时,如果一片 RAM 满足不了系统对存储容量的要求,可以把几片 RAM 组合在一起构成较大容量的存储器,这就是 RAM 的扩展连接。扩展可分为位扩展和字扩展两种情况。

1. 位扩展连接

所谓位扩展就是用位数较少的 RAM 芯片组成位数较多的存储器。例如,用 8 个 $N\times1$ 位的 RAM 构成 $N\times8$ 位的存储器,其连接方式为:把这些相同芯片的地址输入端都分别连在一起,芯片的片选控制端和读/写控制端也分别连在一起,而数据端各自独立,每一根 I/O 代表一位。例如,用 8 个 256×1 位的 RAM 芯片组成 256×8 位的存储器的连接如图 8.2.11 所示。

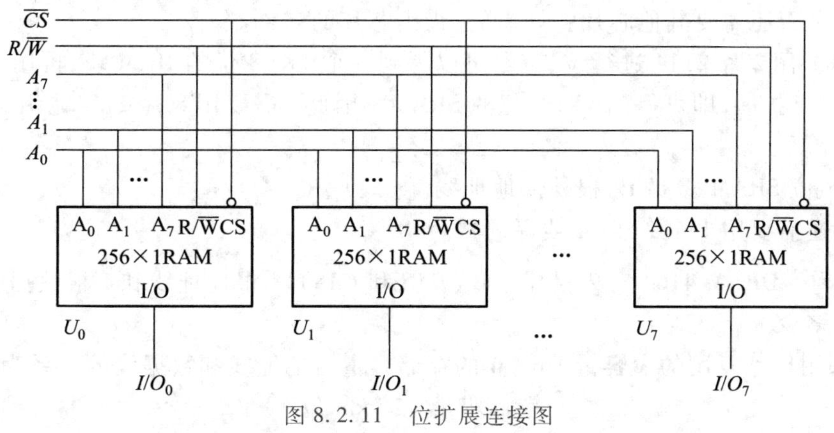

图 8.2.11 位扩展连接图

2. 字扩展连接

所谓字扩展就是用位数相同的 RAM 芯片组成字数更多的存储器。例如,4 片 256×8 位 RAM 芯片组成 1024×8 位存储器的连接如图 8.2.12 所示。256×8 位的 RAM 芯片有 8 根地址线(A_0 ~

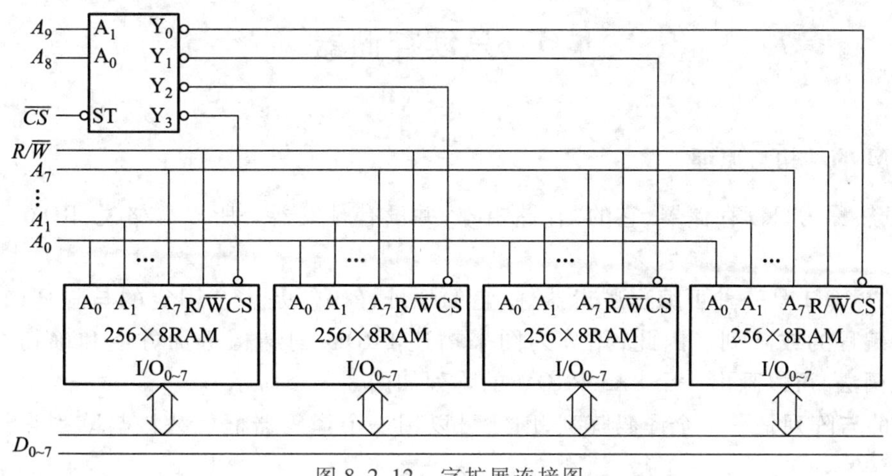

图 8.2.12 字扩展连接图

A_7)，而 1024×8 位的存储器应该有 10 根地址线（A_0 ~ A_9），为此可把 4 片 RAM 芯片相应的地址输入端都分别连在一起，构成 1024×8 位存储器的低 8 位地址，1024×8 位存储器的两根高端地址线 A_8 和 A_9 加到 2 线-4 线译码器输入端。而译码器的 4 个输出端分别与 4 个 256×8 位 RAM 芯片的片选控制端 $\overline{CS}$ 相连。

如果字数和位数都不够时，可以进行复合扩展连接，即首先进行位扩展，然后再进行字扩展连接。

［例 **8.2.1**］ 2114 是 1K×4 位 SRAM，请回答：

（1）要用多少片 2114 芯片才能组成 4K×8 位 SRAM？

（2）4K×8 位 SRAM 需要多少外部地址线？

（3）扩展是否还需要其他芯片？如需要，指出芯片的名称。

［解］ （1）用 2 片 2114 进行位扩展，可以得到一个 1K×8 位的 RAM 块；再用 4 个位扩展后的 RAM 块进行字扩展，即可得到 4K×8 位的 SRAM。因此，需要用 8 片 2114 芯片才能组成 4K×8 位 SRAM。

（2）4K×8 位 SRAM 需要 12 根外部地址线。

（3）扩展还需要用 1 个 2 线-4 线译码器。

［例 **8.2.2**］ DRAM 4164 有 2 根片选线（$\overline{RAS}$ 和 $\overline{CAS}$）、8 根地址线和 1 根数据线。请判断它的存储容量为多少。

［解］ 采用地址复用的大容量 DRAM 的存储容量与地址线和数据线的关系为

$$存储容量 = 2^{2n} \times m\ 位$$

其中 n 为地址线数目，m 为数据线数目。

故 4164 的存储容量为

$$2^{16} \times 1 = 64\ K \times 1\ 位$$

8.3 只读存储器

8.3.1 ROM 的结构与原理

ROM 虽然称为只读存储器，它的"存储矩阵"并没有触发器。所以严格说，ROM 实际是一种组合电路。

实质上，PROM 是一种可编程逻辑器件，它的地址译码器是一个固定的**与**阵列，它的存储矩阵是一个可编程的**或**阵列。因此，用阵列图来描述 PROM 的结构更加方便和确切。如果采用 PLD 的简化画法，可以画出一个 8×3 PROM 的阵列如图 8.3.1 所示。

PROM 的**与**阵列是一个全译码阵列，因此可以用一个译码器框代替该**与**阵列得到它的简化阵列图。

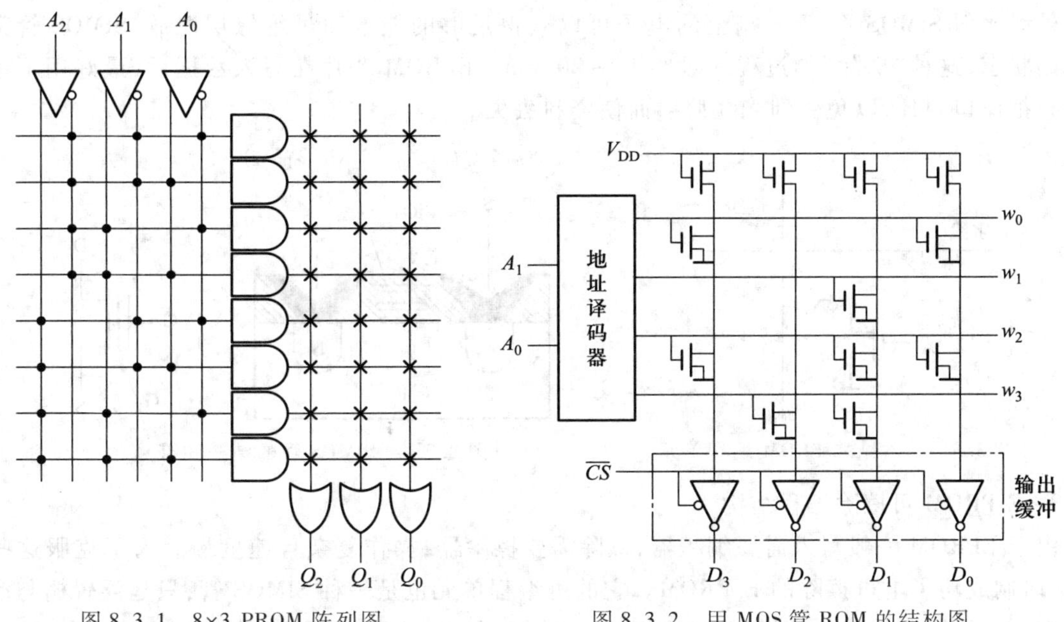

图 8.3.1　8×3 PROM 阵列图　　图 8.3.2　用 MOS 管 ROM 的结构图

8.3.2　PROM 的可编程节点

1. PROM 一次性编程结构

图 8.3.2 是一个用 MOS 管 PROM 的结构图,在或阵列中需要存入 **1** 的每一个交叉点有一个 MOS 管,字线接到 MOS 管的栅极,漏极通过上拉电阻接(MOS 管)V_{dd},每一根位线通过一个三态非门接输出。这样,当对应某地址输入的字线为高电平时,该字线上所有的 MOS 管导通,有 MOS 管的连接点相当于存入数据 **1**,没有 MOS 管对应连接点相当于存入数据 **0**。

图 8.3.3 所示的可编程节点由一个 MOS 管和串接在漏极的熔丝组成。出厂时 PROM 的所有熔丝是连通的,即全部存储单元都存储了 **1**。若要将某些单元改写为 **0**,只要给这些单元通过足够大的电流,将其熔丝烧断即可。这样,用户就可根据需要通过编程改写 PROM 中的存储内容。

2. EPROM 可擦除编程结构

EPROM 在每一个交叉点采用一个叠栅注入式 MOS 管(stacked-gate injection metal oxide semiconductor,SIMOS),其结构和符号如图 8.3.4 所示。N 沟道 SIMOS 管与 N 沟道增强型 MOS 管基本相同,只是它有两个重叠的栅极,控制栅 G_2 用于控制数据的写入和读出,浮置栅 G_1 位于控制栅下方,悬浮在绝缘层内且没有引出线。G_1 不带电荷时,SIMOS 相当于一个普通的 MOS 管,控制栅 G_2 加入高电平时 SIMOS 管导通,相当于存入 **1**。编程写入时,在要写入 **0** 对应单元管子的漏极加上足够高的正脉冲电压,使漏极与衬底之间的 PN 结产生“雪崩”击穿,如果同时在控制栅上加正脉冲,高能电子就会进入并堆积在浮置栅上。外加电压消失后,由于没有放电回路,浮置栅上的负电荷可以长期保存。即使在 G_2 加入高电平时,该 SIMOS 管仍处于截止状态。如用紫外线照射 SIMOS 管,浮置栅上的电子可以获得足够的能量通过绝缘层泄放,SIMOS 管又恢复初始状态,这种“擦除”的过程一般要 15 ~ 20 min。EPROM 芯片在写入数据后,最好用不透光的胶布把窗口封住,以免受到光线照射而使资料丢失。

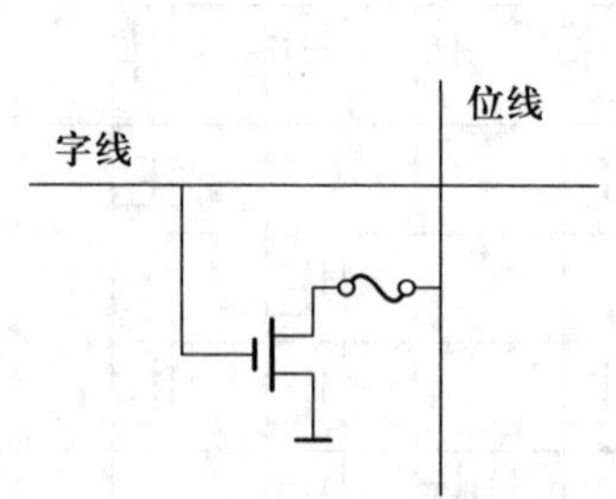

图 8.3.3　熔丝结构 PROM 编程单元

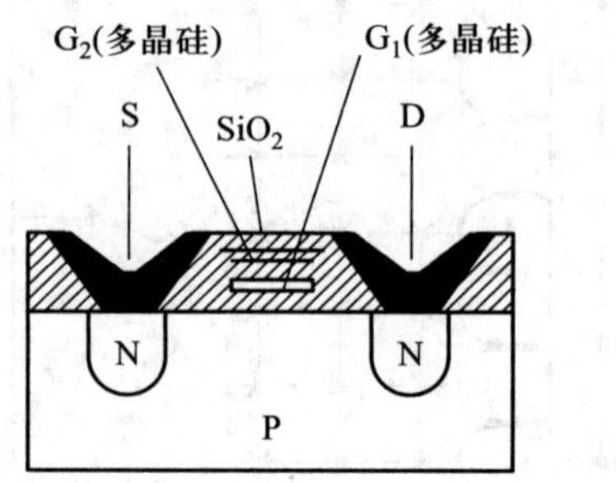

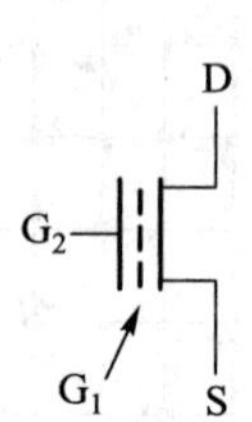

图 8.3.4　SIMOS 管的结构和符号

3. E^2PROM 可擦除编程结构

由于 EPROM 一般写入需要编程器,擦除需要擦除器,操作复杂且速度慢。为了克服这些缺点,又研制成功了电可擦除的 E^2PROM。它的可编程单元也是一种 SIMOS 管,只是浮置栅与漏极之间有一小块厚度极薄的绝缘层,这种特殊的结构可以产生隧道效应,简称 Flotox 管,它的符号如图 8.3.5 所示。当 Flotox 管的源漏极接地,在栅极加上 20 V 的正脉冲时,浮置栅与漏极之间产生隧道效应,使得衬底的电子进入浮置栅,MOS 管的开启电压变高,相当于存入 **0**。反之,如果栅极接地,在漏极加上 20 V 的正脉冲时,浮置栅上的电子通过隧道返回衬底,相当于存入 **1**。E^2PROM 的工作电压为 5 V,编程所需的高电压可以在芯片内部产生,这样就可以不用编程器,可以逐字地修改存储的数据,一个字节的写入时间为毫秒级,重复编程次数可以达到几万次。

4. Flash ROM 的存储单元

Flash ROM 的编程结构类似于 EPROM,二者的差别在于它的 SIMOS 管浮置栅与衬底的绝缘层更薄,面积更小。Flash ROM 的编程单元如图 8.3.6 所示。MOS 的控制栅接字线,漏极接位线,一个块中所有 SIMOS 管的源极都接在一起。

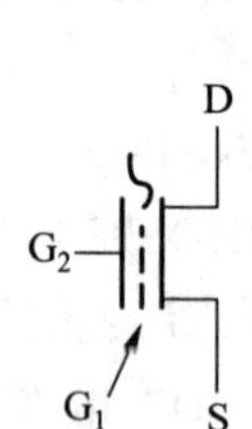

图 8.3.5　Flotox 管符号

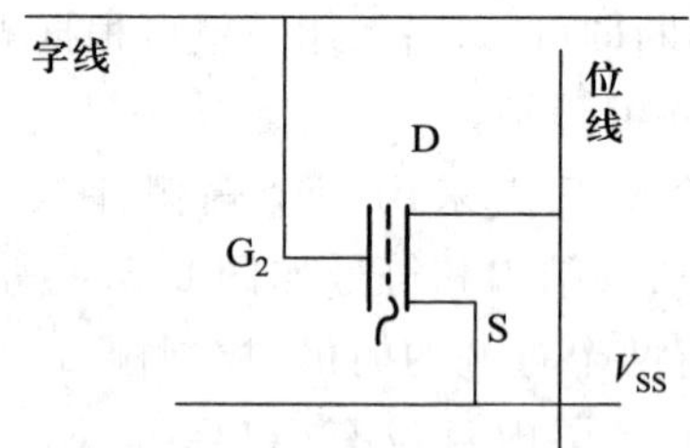

图 8.3.6　Flash ROM 的编程单元

Flash ROM 在写入时,是以字节为最小单位写入的。把要写入 **0** 的 MOS 管的漏极经过位线接 6V 左右的电压,源极接地,在控制栅加入 12V 正脉冲,使源漏极之间发生雪崩击穿,部分高能电子就能进入浮置栅,使 SIMOS 管的开启电压变高。

在读出时，所有 SIMOS 管的源极接地，被字线选中的 MOS 管的控制栅为高电平，浮置栅上充有负电荷的 MOS 管截止，相当于读出 **0**；反之导通，相当于读出 **1**。

Flash ROM 的擦除过程与 E^2PROM 类似，但它是以块为最小单位。把块内 SIMOS 管的控制栅接低电平，源极 V_{SS} 接 12V 正脉冲，浮置栅和源极之间极薄的重叠部分产生隧道效应，使浮置栅的电荷可经过隧道区向源极释放。

Flash ROM 芯片的存储容量普遍大于 EPROM，目前可达到 1TB（1024GB），它的读和写操作都是在单电压下进行的，编程和擦除可以直接在电路板上进行。由于其大容量和低成本，近年来已逐渐取代了 EPROM，广泛地用在 U 盘、MP3 播放器和数码相机等电子产品中。

8.3.3 ROM 的应用

在数字系统中，ROM 除了存储程序、表格和大量固定数据外，它还可以用来实现代码转换和逻辑函数等。

［例 **8.3.1**］ 试用 ROM 实现两个 2 位二进制数的乘法运算。

［解］ 设这两个乘数为 A_1A_0 和 B_1B_0，积为 $L_3L_2L_1L_0$，列出乘法表如表 8.3.1，画出实现 2 位二进制数乘法的简化阵列图 8.3.7。

PROM 可以称为最早的可编程逻辑器件。但由于 PROM 中的**与**阵列是一个固定的全译码阵列，当输入变量较多时，必然会导致器件工作速度降低，PROM 的体积较大，成本也较高，所以它主要不是作为可编程逻辑器件使用。

表 8.3.1 2 位二进制数的乘法表

A_1	A_0	B_1	B_0	L_3	L_2	L_1	L_0
0	0	0	0	0	0	0	0
0	0	0	1	0	0	0	0
0	0	1	0	0	0	0	0
0	0	1	1	0	0	0	0
0	1	0	0	0	0	0	0
0	1	0	1	0	0	0	1
0	1	1	0	0	0	1	0
0	1	1	1	0	0	1	1
1	0	0	0	0	0	0	0
1	0	0	1	0	0	1	0
1	0	1	0	0	1	0	0
1	0	1	1	0	1	1	0
1	1	0	0	0	0	0	0
1	1	0	1	0	0	1	1
1	1	1	0	0	1	1	0
1	1	1	1	1	0	0	1

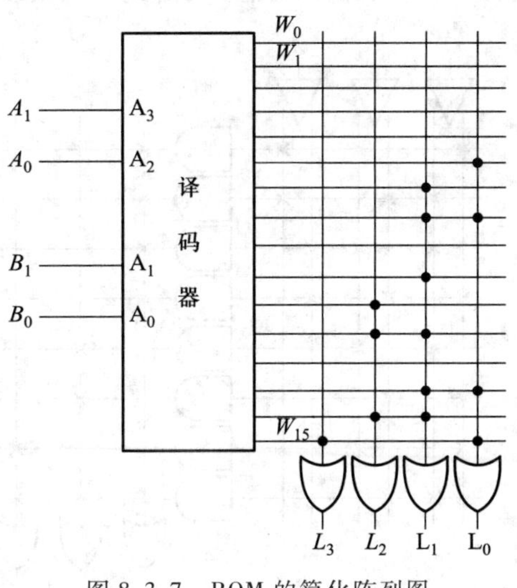

图 8.3.7 ROM 的简化阵列图

8.4　低密度可编程逻辑器件

8.4.1　PLA 和 PAL

若可编程逻辑器件的**与**阵列也可编程，则字线数量可以大大减少。可编程逻辑阵列 PLA 的**与**和**或**阵列都是可编程的。如图 8.4.1 所示，一个编程后的 PLA 实现了以下逻辑函数。

$$L_2=\overline{A}\ \overline{B}C+\overline{A}B\ \overline{C}+A\overline{B}\ \overline{C}+ABC$$

$$L_1=\overline{B}\ \overline{C}+BC$$

$$L_0=\overline{B}C+B\ \overline{C}$$

PAL 的结构如图 8.4.2 所示，它的**与**阵列是可编程的，而**或**阵列是固定的。在 PAL 的逻辑电路图中，一般用**或**门来代替固定的**或**阵列。PAL 中一个**或**门一般有 7 ~ 8 个乘积项，可以满足典型的逻辑设计的需要。与 PLA 相比，PAL 具有多种不同的输出结构。大约有几十种结构，对应着不同的型号，常用的结构可以分为以下两种类型。

第一种类型是 I/O 结构，如图 8.4.3 所示。一个有七个乘积项的**或**输出，同时该输出数据被反馈到**与**阵列。输出三态缓冲器由乘积项控制，当缓冲器为高阻时，该 I/O 可作为输入使用。

第二种类型是时序逻辑或寄存器输出结构，如图 8.4.4 所示。七个乘积项的**或**逻辑可以在公共时钟 CP 作用下置入 D 寄存器，该寄存器输出数据被反馈到**与**阵列，这就使当前状态的数据能成为下一状态的部分输入，由此可以实现时序电路的设计。

C
B
A
L2
L1
L0
与阵列(可编程)
或阵列(可编程)

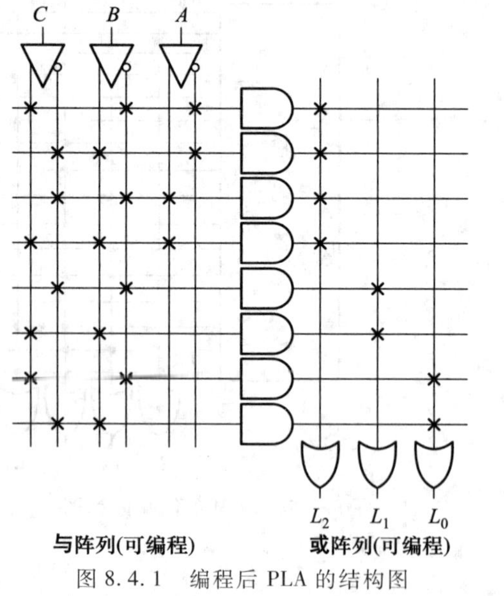

图 8.4.1　编程后 PLA 的结构图

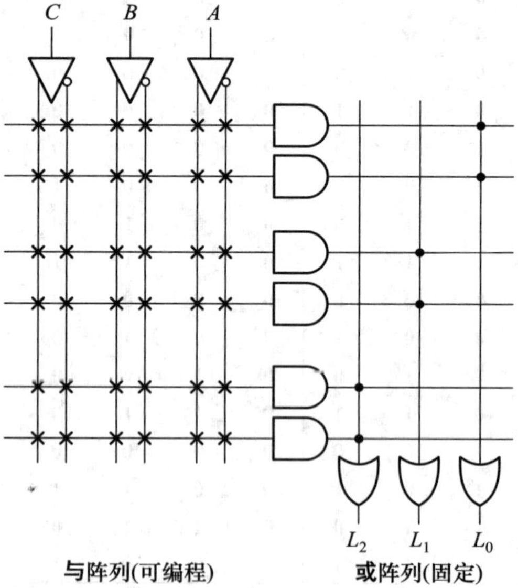

C
B
A
L2
L1
L0
与阵列(可编程)
或阵列(固定)

图 8.4.2　PAL 的结构图

PAL 16L8 是一种典型的 PAL 器件，它是由 8 个与图 8.4.3 相同的 I/O 结构组成的。图 8.4.5 是它的引脚图，引脚 1～9 和 11 是输入端，引脚 13～18 是 I/O 端，可以根据需要用作输入端或是输出端，12 和 19 只能作为输出端。PAL 16R4 是另一种常用的 PAL 器件，它是由四个 I/O 结构和四个时序（寄存）输出结构组成的。

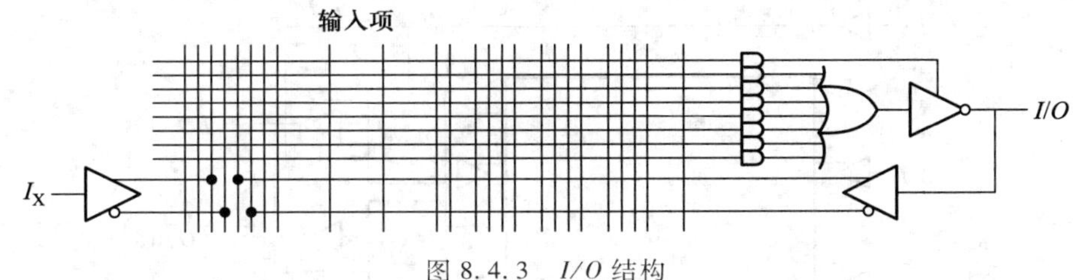

图 8.4.3　I/O 结构

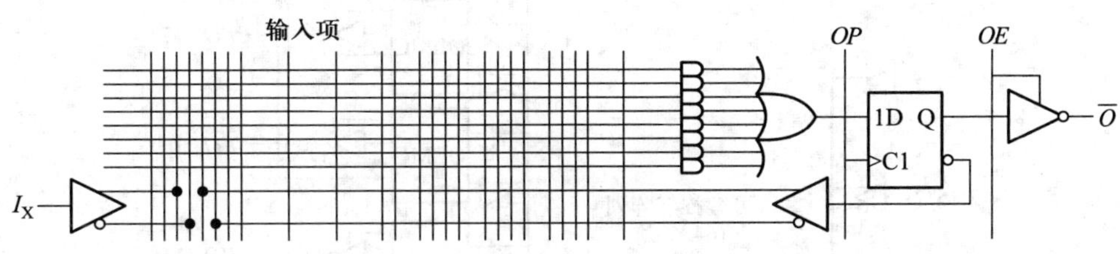

图 8.4.4　时序逻辑（寄存器）输出结构

早期的 PAL 是一次性熔丝编程结构，不同的结构对应不同的芯片型号，给使用带来不便，现在已很少使用。

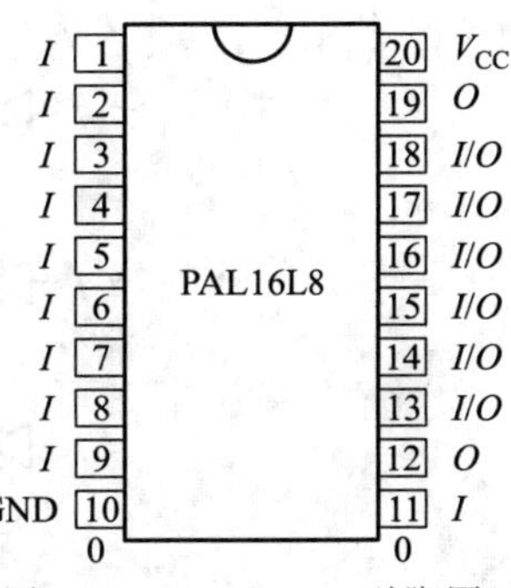

图 8.4.5　PAL16L8 引脚图

8.4.2　GAL

GAL 器件是在 PAL 基础上发展起来的新一代可编程逻辑器件，它采用了能长期保持数据的 CMOS E^2PROM 工艺，还提供了电子标签、宏单元和结构字等新技术，从而使 GAL 实现了电可擦除、可重编程等性能，大大增强了电路设计的灵活性。GAL 器件的上述特点使其获得了广泛应用，从而成为低密度可编程器件的代表。

GAL 器件的阵列结构与 PAL 一样，是由一个可编程的**与**阵列驱动一个固定的**或**阵列。但输出部分的结构不同，它的每一个输出引脚上都集成了一个输出逻辑宏单元（output logic macro-cell，OLMC）。

GAL16V8 的结构如图 8.4.6 所示。它由一个 32×64 位的可编程**与**阵列、8 个 OLMC、10 个输入缓冲器、8 个三态输出缓冲器和 8 个反馈/输入缓冲器组成。引脚 2～9 是输入端，1 和 11 是专用输入端，12～19 是 I/O 端，可以根据需要用作输入端或是输出端。

输出逻辑宏单元的结构如图 8.4.7 所示。它由一个**或**门、一个**异或**门、一个 D 触发器和四个多路选择器组成。**或**门有 8 个输入端，可以产生不超过 8 项**与-或**逻辑函数。利用**异或**门的一个输入端，可以控制或门输出逻辑函数的极性。OLMC 的电路结构由 4 个多路选择器控制，它们分别是：输出多路选择器 OMUX、反馈多路选择器 FMUX、输出使能多路选择器 TSMUX 和附加多路选择器 PTMUX。通过对 GAL16V8 结构控制字编程，可以使输出逻辑宏单元具有不同的工作方式。

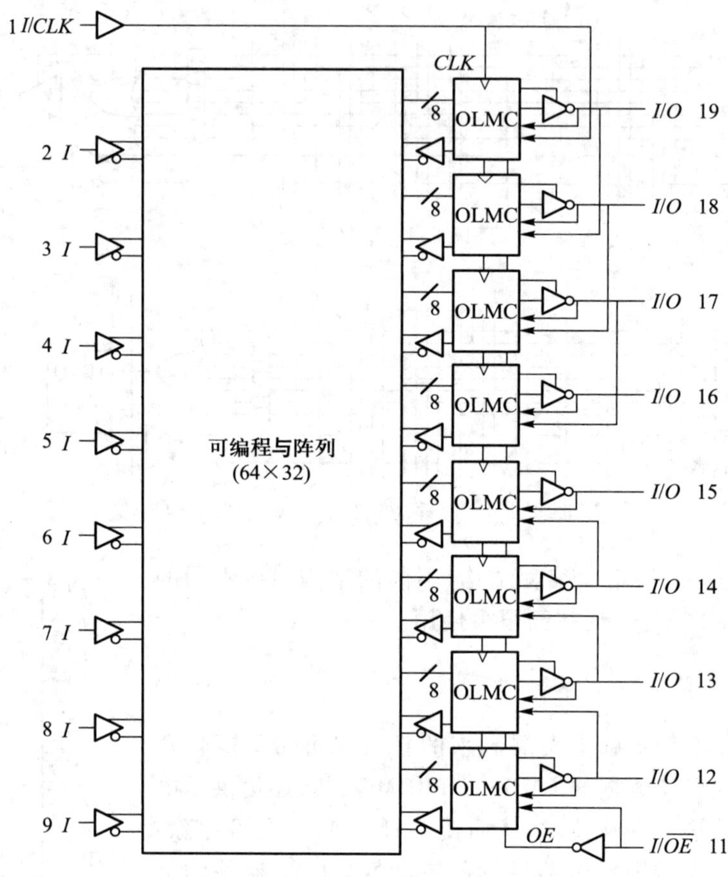

图 8.4.6　GAL16V8 的结构

各多路选择器的功能如下：

（1）OMUX 选择输出方式

如 D 触发器 Q 与 I/O 连接，该端就是一个时序逻辑输出；如 D 触发器被旁路，该输出端就是一个专用组合逻辑输出。

（2）FMUX 决定以下 4 种反馈方式

① D 触发器输出反馈；

② 本单元 I/O 反馈；

③ 相邻输出反馈；

④ 无反馈。

(3) TSMUX 决定输出三态门工作方式

① 受全局 OE 信号控制;

② 受一个乘积项控制;

③ 恒为高电平输出状态;

④ 恒为低电平输入状态。

(4) PTMUX 决定附加乘积项用途

附加乘积项可以作为三态门控制信号,也可以使**或**门增加一个输入端。

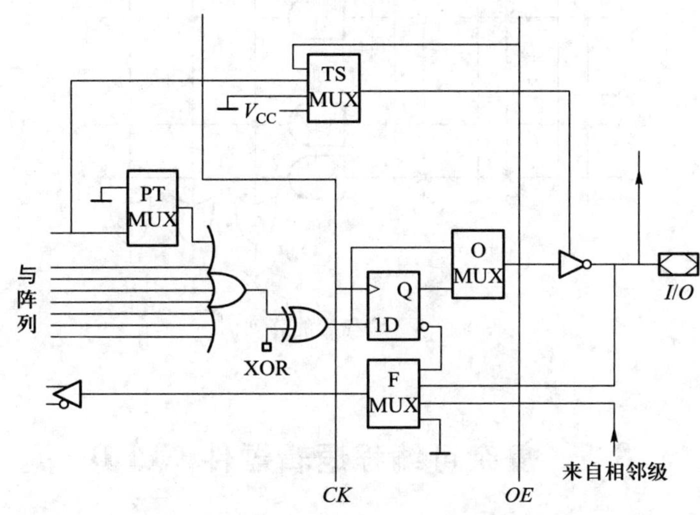

图 8.4.7 输出逻辑宏单元的结构

[例 8.4.1] 用一片 PAL 实现以下逻辑函数,并画出编程后的 PAL 阵列图。

$$Y_0=\overline{A}C+A\overline{B}$$

$$Y_1=\overline{\overline{A\overline{B}\,\overline{C}}\cdot\overline{BC}}$$

$$Y_2=C+AB$$

[解] 因为 PAL 的**与**阵列是可编程的,**或**阵列是固定的。所以首先将逻辑函数变换成**与-或**表达式

$$Y_0=\overline{A}C+A\overline{B}$$

$$Y_1=\overline{\overline{A\overline{B}\,\overline{C}}\cdot\overline{BC}}=A\overline{B}\,\overline{C}+BC$$

$$Y_2=C+AB$$

用**与**阵列实现逻辑函数的**与**项,用**或**阵列实现逻辑函数。编程后的阵列图如图 8.4.8 所示。

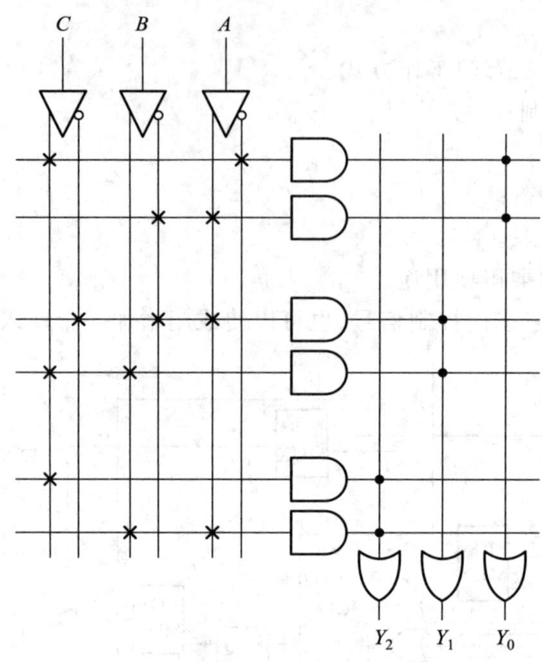

图 8.4.8　编程后的阵列图

8.5　复杂可编程逻辑器件 CPLD

以 GAL 为代表的低密度可编程逻辑器件的集成密度较低,不能满足日益复杂的数字系统的需要。复杂的可编程逻辑器件 CPLD 指集成密度大于 1 000 门的 PLD,具有更多的输入输出信号、更多的乘积项和宏单元。CPLD 的内部包含许多逻辑宏单元块,这些块之间还可以利用内部的可编程连线实现相互连接。CPLD 的编程方式有两种,一种使用编程器编程的普通编程方式,另一种是在系统可编程(in-system programmable, isp)方式。下面就以 Lattice 公司生产的 2000 系列 CPLD 中的 ispLSI / pLSI 2032 和 ALTERA 公司生产的 7000 系列 CPLD 中的 EMP7128s 为例,介绍 CPLD 内部的基本结构和工作原理。

8.5.1　ispLSI/pLSI 2032

ispLSI/pLSI 2032 是美国 Lattice 公司生产的一种 E^2CMOS CPLD。pLSI 2032 是普通可编程逻辑器件,ispLSI 2032 是在系统可编程逻辑器件,它们有相同的逻辑结构。图 8.5.1 是 2032 的功能块结构图,其内部包含 8 个通用逻辑块(generic logic block, GLB),1 个集总布线区(global routing pool, GRP),32 个输入输出单元(I/O Cell, IOC)、1 个输出布线区(output routing pool, ORP)和 1 个时钟分配网络(clock distribution network, CDN)等。

图 8.5.2 是 2032 的引脚图，它包含 44 个引脚，其中 32 个是 *I/O* 引脚（*I/O* 引脚既可作为输出，又可作为输入引脚），4 个专用引脚。

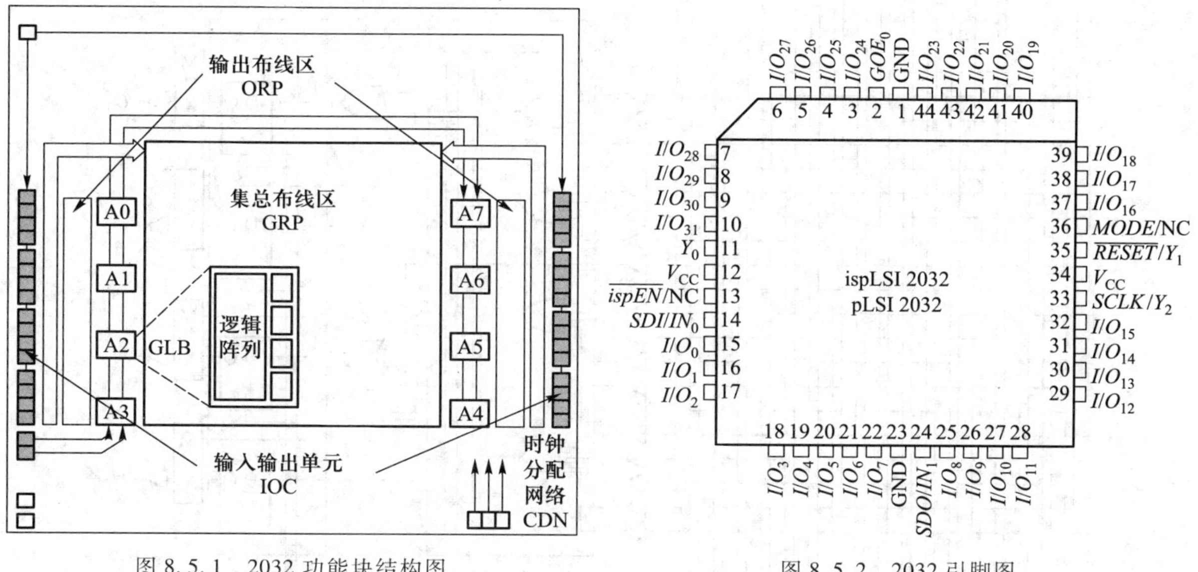

图 8.5.1　2032 功能块结构图

图 8.5.2　2032 引脚图

1. 通用逻辑块 GLB

GLB 是 2032 内部基本逻辑单元，它的结构框图如图 8.5.3 所示，由**与**阵列、乘积项共享阵列和 4 输出逻辑宏单元等组成。

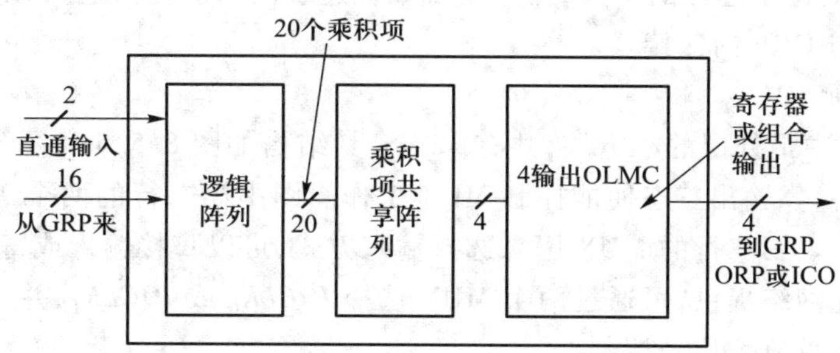

图 8.5.3　2032 系列 GLB 内部结构

2000 系列 GLB 的内部结构如图 8.5.4 所示，**与**阵列有 18 个输入端，其中 16 个来自集总布线区 GRP，2 个来自 IOC 单元直通输入；每个 GLB 有 20 个**与**门，形成 20 个乘积项，从**或**门的输出端可得到 4 个**与-或**逻辑函数。4 输出逻辑宏单元中的触发器及相关电路与 GAL 中的 OLMC 类似，可以被组态为组合输出或寄存器输出。由此可见，一个 GLB 的集成密度和逻辑功能相当于半个 GAL 16V8。

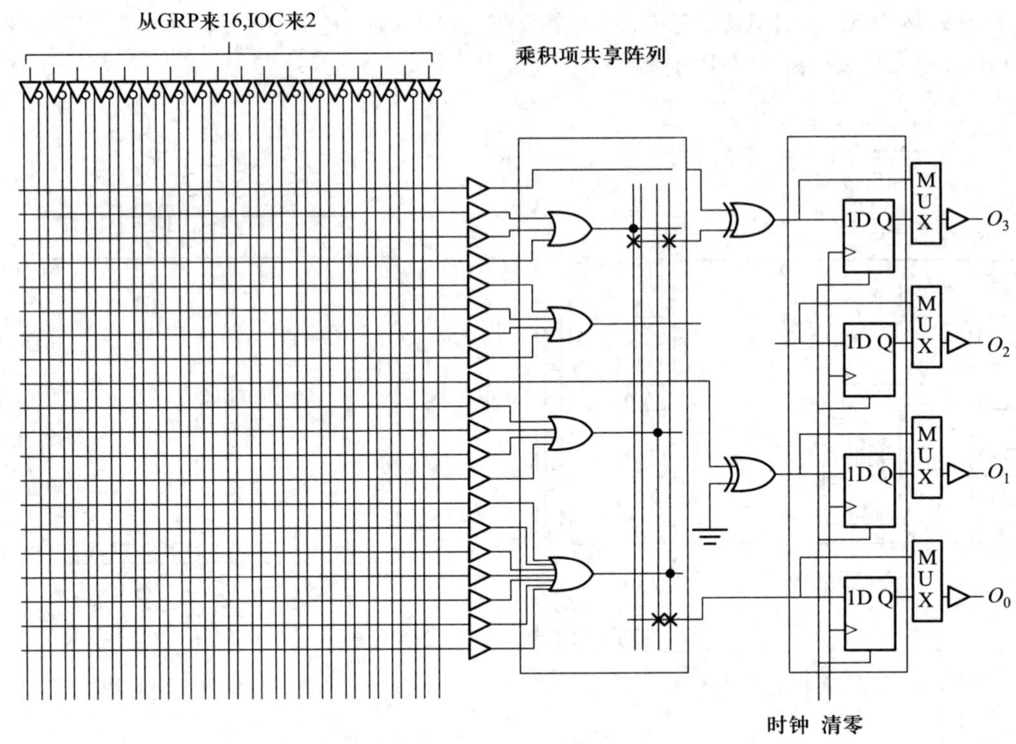

图 8.5.4　2000 系列 GLB 结构图

2. 集总布线区 GRP

集总布线区 GRP 位于芯片的中央,区内是可编程连线网络。通过它可以将芯片内所有逻辑块相互连接及 IOC 与 GRP 的连接。

3. 输入输出单元 IOC

IOC 是图 8.5.1 中最外层的小方块,共有 32 个,其结构如图 8.5.5 所示。IOC 有输入、输出和双向 I/O 三种组态,靠输出三态使能控制 MUX 工作。图中第二行的两个 MUX 用来选择输出极性和信号输出途径。第三行的 MUX 用来选择输入方式,可以直接输入或寄存输入。触发器的时钟由芯片时钟分配网络提供,可通过两个 MUX 选择 $IOCLK_0$ 或 $IOCLK_1$,并可改变时钟的极性。触发器的复位信号由总复位信号控制。

4. 输出布线区 ORP

ORP 是 GLB 和 IOC 之间的可编程互连阵列,它的输入是 8 个 GLB 的 32 个输出端,输出是芯片位于该侧的 16 个 IOC。通过编程,可以将任一个 GLB 的输出和 4 个 IOC 端分别连接。

5. 时钟分配网络 CDN

时钟分配网络的输入信号由三个专用输入 Y_0、Y_1、Y_2 提供,其中 Y_1 是时钟和复位双功能引脚。它的输出信号有 5 个,其中,CLK_0、CLK_1 和 CLK_2 提供给 GLB,$IOCLK_0$ 和 $IOCLK_1$ 提供给 IOC。

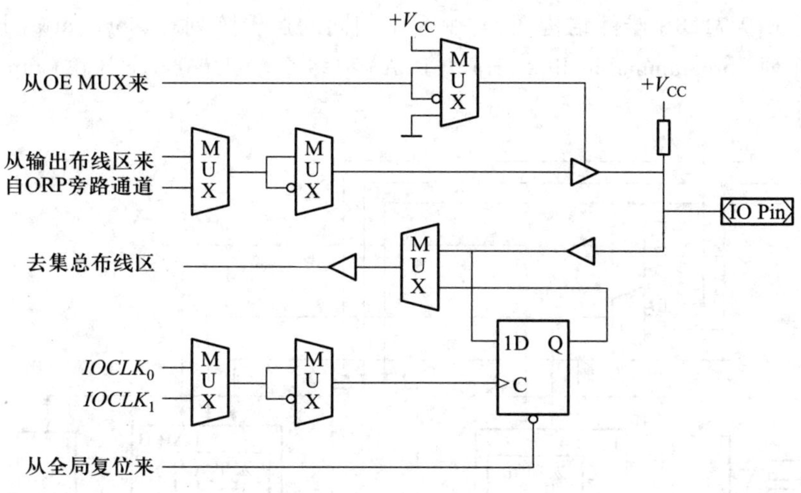

图 8.5.5　2000 系列 IOC 结构图

8.5.2　EPM7128S

MAX7000 系列高密度可编程逻辑器件是美国 ALTERA 公司生产的 CPLD，它的内部包含 600 到 5000 个 PLD 等效门，32 到 256 个逻辑宏单元，36 到 164 个 *I/O* 引脚。它们具有在系统可编程功能。

下面以 EPM7128S 为例介绍 MAX7000 系列芯片的内部结构。图 8.5.6 是其 PLCC 封装 84 脚的引脚图，可以看出，它有 64 个 *I/O* 引脚和 4 个直接输入引脚，*TMS*、*TDI*、*TDO* 和 *TCK* 是在系统编程信号。

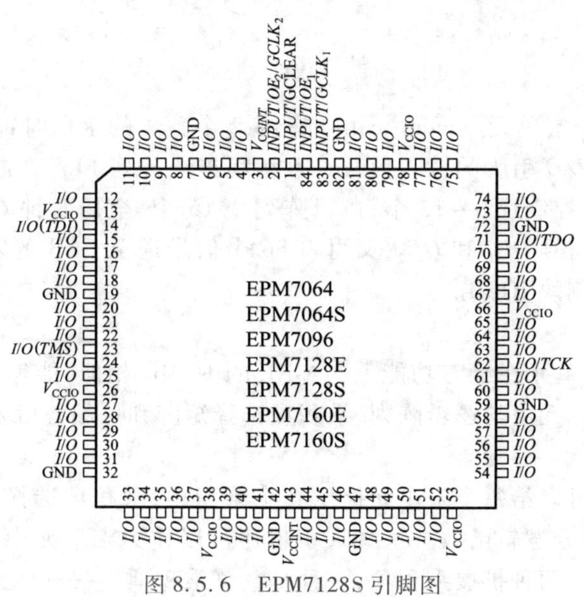

图 8.5.6　EPM7128S 引脚图

图 8.5.7 是 EPM7128S 器件结构图，它由 8 个相同的逻辑阵列块（logic array blocks，LABs）、1 个可编程连线阵列（programmable line array ，PLA）和多个输入输出控制块（input output control block ，IOCB）组成。

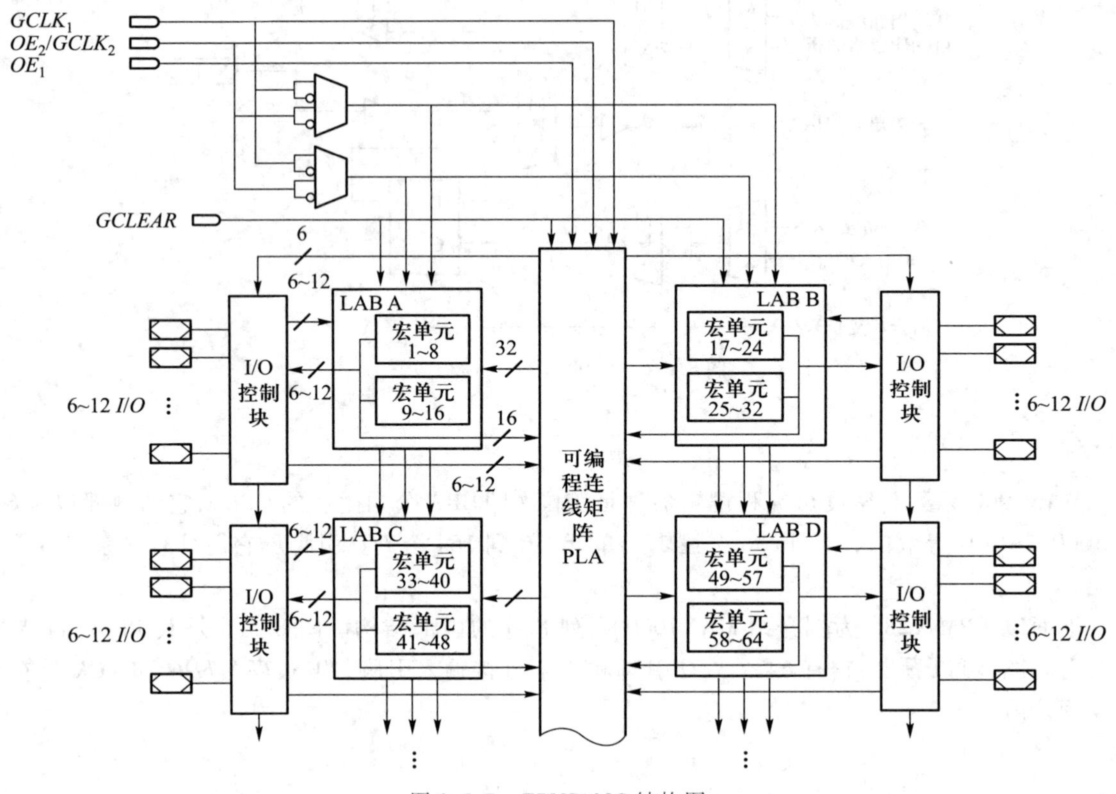

图 8.5.7 EPM7128S 结构图

一个 LAB 包含 16 个宏单元（macro-cells）阵列，2 个独立的全局时钟和一个全局清除。LAB 可以直接接受 6～12 个 *I/O* 引脚的输入信号。可编程连线阵列 PLA 在芯片的中央，相当于中转站，它既可接收来自 *I/O* 控制块 6～12 个、逻辑阵列块 16 个、全局时钟 $GCLK_1$ 和 $GCLK_2$、全局清零 *GCLEAR* 及输出使能信号 OE_1 和 OE_2，又可将 36 个信号送至 LAB 的宏单元中的**与**阵列，将 6 个使能信号送到 *I/O* 控制块 IOCB。

1. 宏单元

MAX7000 系列的宏单元在组态功能上与 GAL 的 OLMC 相似，能够单独组态为时序逻辑和组合逻辑工作方式。宏单元由**与**逻辑阵列、乘积项选择矩阵和可编程触发器三个功能块组成，如图 8.5.8 所示。

可编程**与**逻辑阵列可以给每个宏单元提供 5 个乘积项，乘积项选择矩阵将乘积项分配给**或**门和**异或**门，从而实现组合逻辑函数。这些乘积项还可以作为宏单元中触发器的清零等控制输入信号。宏单元可以支持两种扩展乘积项，一种是共享乘积项，它是由宏单元中的一个乘积项经

非门反馈到**与**阵列构成,另一种是并联乘积项,它是由相邻宏单元借来的。每一个宏单元中的触发器可以编程为各种类型的触发器,以实现各种时序逻辑电路。若适当地编程寄存器旁路数据选择器,可将触发器断开,以实现组合逻辑电路。触发器的清零、置位、时钟和时钟使能控制可来自全局信号或乘积项。

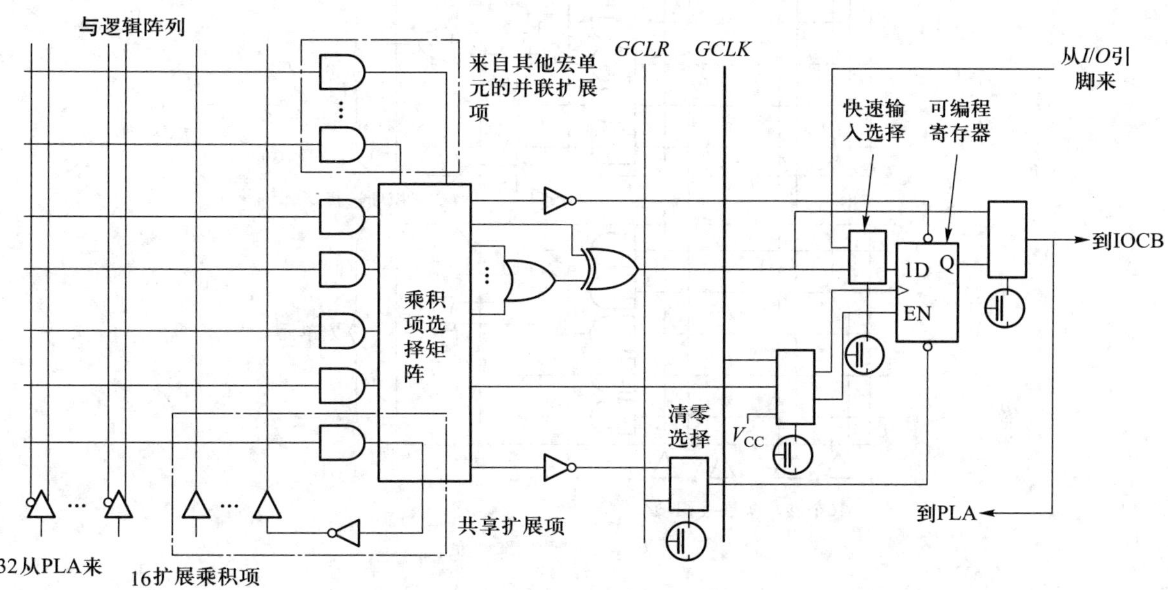

图 8.5.8　EPM7128S 宏单元结构图

2. 扩展乘积项

大多数的逻辑函数可由一个宏单元中的 5 个乘积项之和来实现,对于较复杂的逻辑函数需要增加另一个宏单元提供的附加乘积项。MAX7000 结构中提供了共享和并联扩展乘积项,它可作为附加的乘积项直接送到该 LAB 的每个宏单元中。

(1) 共享扩展乘积项

每一个 LAB 有 16 个共享扩展乘积项。它们是由每个宏单元提供一个乘积项接到**与**逻辑阵列组成。每个共享扩展乘积项可被同一 LAB 内任何一个或全部宏单元使用和共享,如图 8.5.9 所示。利用共享扩展乘积项可以获得较小的延时。

(2) 并联扩展乘积项

并联扩展乘积项是一些宏单元没有使用的乘积项,可以把它们借到邻近高位的宏单元去快速实现较复杂的逻辑函数。这样一来,**或**逻辑函数最多可有 20 个乘积项,其中 5 个乘积项是宏单元本身的,15 个并联扩展乘积项是从 LAB 中邻近宏单元借用的。一个 LAB 中有两组宏单元,每组有 8 个(宏单元 1 到 8 和 9 到 16),形成两条借出或借入并联扩展乘积项的链。一个宏单元可从较小编号的宏单元中借用并联扩展乘积项。如宏单元 8 可从宏单元 7 借用 5 个并联扩展乘积项,也可以从宏单元 7、6 和 5 借用 15 个并联扩展乘积项,则可构成最大乘积项为 20 的逻辑函数。在宏单元组内,最小编号的宏单元仅能借出并联扩展乘积项,而最大编号的宏单元仅能借入并联扩展乘积项,如图 8.5.10 所示。

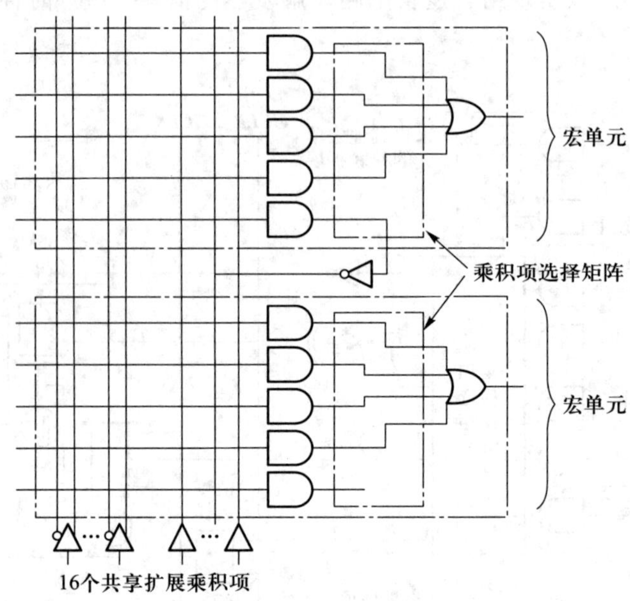

图 8.5.9　共享扩展乘积项

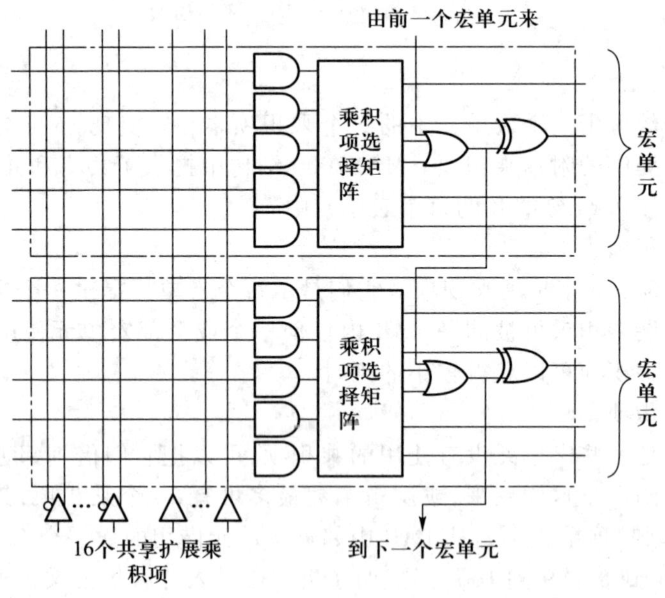

图 8.5.10　并联扩展乘积项

3. 可编程连线阵列 PLA

EPM7128S 的专用输入、I/O 引脚和宏单元输出信号均可通过 PLA 送到各个 LAB。图 8.5.11 显示出了一个 PLA 可编程节点的结构。编程单元控制 2 输入**与**门的一个输入端,以选择驱动 LAB 的 PLA 信号。

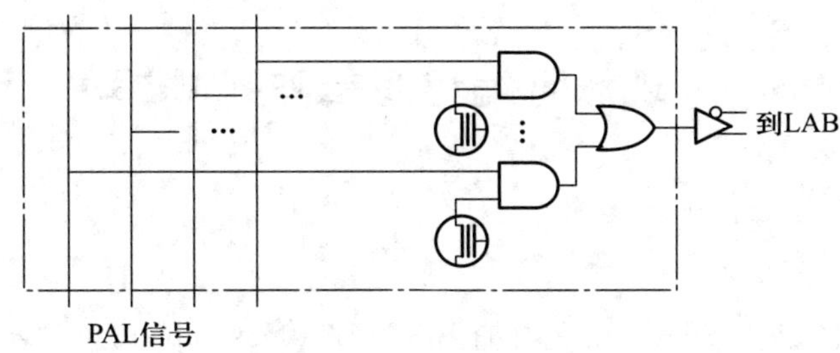

图 8.5.11 PLA 可编程节点结构图

4. IOCB

IOCB 的结构如图 8.5.12 所示。它可以把每个 I/O 引脚单独地配置为输入、输出或双向工作方式。所有引脚都有一个三态缓冲器,通过 OE MUX 可由地(GND)、电源(V_{CC})或 6 个全局使能信号中的一个驱动它的使能端。

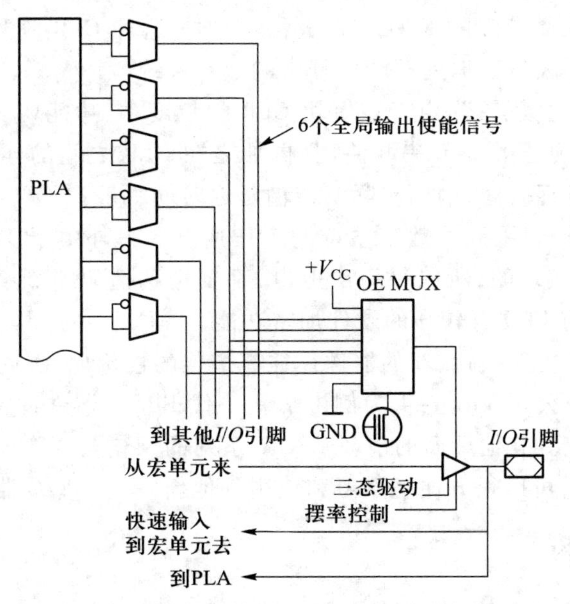

图 8.5.12 IOCB 的结构图

6 个全局输出使能信号包含 OE_1 和 OE_2、其他为 I/O 引脚或一个宏单元的输出信号。这些信号都可以反相后再作为输出使能信号。当三态缓冲器的控制端连到电源 V_{CC} 上时,三态缓冲器直通;连到地 GND 时,*I/O* 引脚可以作为输入端使用。每一个 *I/O* 引脚的输出缓冲器都可以调整输出电压摆率,编程后设置在快电压摆率时,可以提供较高的高低电平转换速度,这种设置一般仅用于影响速度的关键输出端。电压摆率控制隐含设置在低电压摆率状态,这可降低芯片的功耗、减少噪声和地线上的毛刺。

8.6 现场可编程逻辑阵列 FPGA

8.6.1 FPGA 简介

FPGA 是一种采用了基于 SRAM 工艺和查找表 LUT(look-up-table)结构的现场可编程逻辑器件,它与前面介绍过的 CPLD 电路结构形式不同,其内部的可配置逻辑块 CLB(configuration logic block)的集成度比 CPLD 中 GLB 小得多,但每块芯片中 CLB 的数量要比 CPLD 中 GLB 的数量大得多。这些 CLB 在 FPGA 内部排成阵列,通过丰富的可编程布线 PR(programmable routing)互相连接,再通过输入输出块 IOB (I/O block)与芯片的引脚连接。FPGA 在使用时需要外接一个存储器以保存 FPGA 开发软件生成的构造码。上电时,FPGA 将外部存储器中的数据串行或并行载入片内构造代码存储器,完成配置后,进入工作状态;掉电后 FPGA 内部逻辑消失。这样 FPGA 不仅能反复使用,还无需专门的 FPGA 编程器。FPGA 这种 CLB 阵列结构有很强的灵活性,可以方便地实现一些需要大量数据处理能力复杂的数字系统。

FPGA 也有它的不足之处,首先由于逻辑块 CLB 的粒度小、功能弱,要实现一个较复杂的数字系统,不可避免地要出现若干 CLB 串联使用,再加之在 CLB 之间的连接有可能通过多级通用可编程连线所需的传输延迟时间,因而实际的传输延迟时间一般比 CPLD 长且不固定,这不仅给设计工作带来一定的困难,也限制了数字系统的工作速度。另外由于 FPGA 的逻辑功能是靠静态 RAM 中的构造代码来实现的,所以每一次上电,都要把构造码重新载入 FPGA。这给使用带来一些不便,而且也不像 CPLD 有较强的硬件加密功能。

目前 FPGA 正在不断更新换代,新的器件往往有最佳的性价比,因此学习最新 FPGA 产品非常重要。下面将以 Xilinx 公司 Virtex-4 为例讲解新一代 FPGA 器件内部结构和最新技术,让读者的学习有比较高的起点。其他厂商的最新 FPGA 系列的架构与 Virtex-4 有很多相似的地方,掌握 Virtex-4 的结构之后可以很方便地学习和使用其他新一代 FPGA 器件。

8.6.2 FPGA 的基本结构

下面简单介绍 Virtex-4 系列 FPGA 各个部分构成和基本逻辑功能。FPGA 简化的结构如图 8.6.1 所示。Virtex-4 主要包括 CLB、IOB、BRAM 和可编程布线 PR 资源(图中未画出)。其中 CLB 是 FPGA 中的基本逻辑单元,CLB 阵列完成用户指定的逻辑功能; IOB 位于芯片四周,为内部逻辑阵列与外部引脚之间提供了一个可编程接口。PR 位于 CLB 之间,在 FPGA 内部占了很大的硅片面积,编程后形成连线网络,用于为 FPGA 各逻辑单元提供灵活可配的连接。

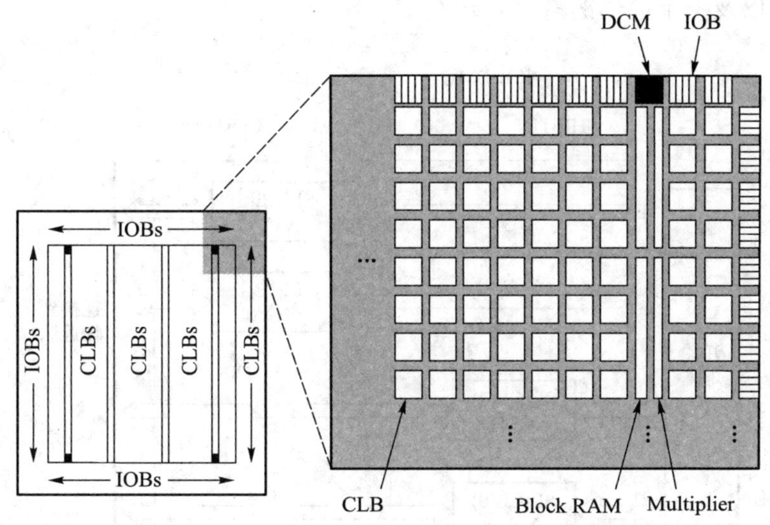

图 8.6.1　Virtex-4 系列 FPGA 的基本结构图

除了上述基本模块以外,新的 FPGA 还有很多其他的功能单元,例如数字时钟管理器 DCM (digital clock manager)和乘法器(multiplier)等。在更先进的 FPGA 中,还包含了嵌入式处理器、DSP 模块、以太网 MAC、高速串行 *I/O* 收发器等,例如 Xilinx Virtex-4 包含了 PowerPC 处理器、千兆以太网 MAC 和速度高达 6.5Gbps 的串行收发器 RocketIO。

1. 查找表 LUT

FPGA 中的组合逻辑函数是用查找表 LUT 实现的。一个 LUT 本质上就是一个 RAM,一个 4 输入的 LUT 可以看成一个有 4 位地址线的 RAM。如果把要实现逻辑函数的真值表事先存入这个 RAM 中,通过查表就可以方便地实现逻辑函数。例如,要使用 LUT 实现一个 4 输入**与**门电路,只需把**与**门真值表写入 4 输入的 LUT,就相当于实现了**与**门电路的逻辑功能。可以看出,LUT 具有和逻辑电路相同的功能。实际上,LUT 具有更快的执行速度和更大的规模。

2. 可配置逻辑块 CLB

Xilinx 公司的 Virtex-4 系列 FPGA 中,一个 CLB 由 4 个 SLICE 和附加逻辑构成,如图 8.6.2 所示。右边两个 SLICE 是 SLICEL,它们只有组合逻辑资源。左边两个 SLICE 是 SLICEM,它们包含组合逻辑、分布式 RAM 和移位寄存器资源。每个 CLB 都包含一个可配置开关矩阵,此矩阵可以对其进行配置,使 CLB 不仅可以用于实现组合逻辑、时序逻辑,还可以配置为分布式 RAM 等。

SLICE 是 Xilinx 公司定义的基本逻辑单位。这里先给出 SLICEL 的简化结构图如图 8.6.3 所示。它由两个 4 输入的 LUT、进位和控制逻辑和 *D* 触发器组成。一个 SLICEL 有 15 个输入和 10 个输出。输入包括两组 4 变量函数输入 $F_1 \sim F_4$ 和 $G_1 \sim G_4$,4 个触发器控制(其中 *BY* 为共用信号)及时钟信号,一个级联输入 F_5,2 个旁路输入 *BX*、*BY* 和一个进位输入 *CIN*。输出包括 2 个独立的逻辑函数输出 X 和 Y,时序逻辑输出 XQ 和 YQ,2 个进位输出 XB 和 YB,2 个 MUX 输出 $XMUX$ 和 $YMUX$,以及一个进位链输出 $COUT$。

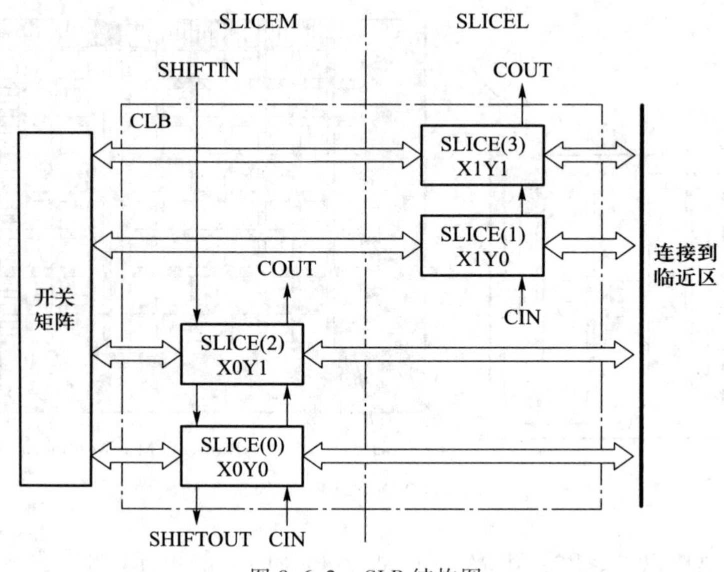

图 8.6.2　CLB 结构图

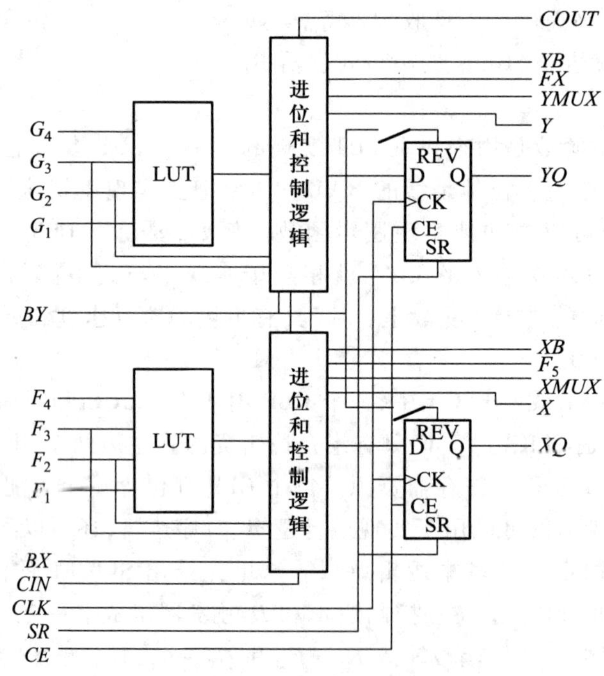

图 8.6.3　SLICEL 简化结构图

一个 4 输入 LUT 可以实现 4 输入函数,加上一个旁路输入 BX 或 BY 可以实现五变量逻辑函数;时序逻辑可配置为 D 触发器或锁存器。进位逻辑包括两条快速进位链,用于方便加法器的实现和提高 CLB 模块的处理速度。

SLICEM 的结构与 SLICEL 的结构类似,最大的区别是使用了一个新的单元代替 SLICEL 中的查找表。这个新单元可以配置为 LUT、RAM、ROM 或移位寄存器,从而使 SLICE 除了可以实现 LUT 的逻辑功能外,也能作为存储单元(多个单元组合起来可以提供更大的容量)和 16 位移位寄存器使用。

3. 输入输出模块 IOB

输入输出模块 IOB 是 FPGA 的主要组成部分之一,作用是为 FPGA 提供内部资源与外围电路之间的接口,提供输入缓冲、输出驱动、接口电平转换、阻抗匹配、延迟控制等功能。高端 FPGA 的输入输出模块还提供了 DDR 输入输出接口、高速串并收发器 SERDES(SERializer/DESerializer)等功能。SERDES 可以达到数十 Gbps 的收发速度。输入输出模块的功能非常丰富,可以灵活配置成各种工作方式以实现不同的功能, Xilinx FPGA 的输入输出模块采用 SelectIO 技术,可以提供多达 960 个用户 I/O,支持 20 多个单端和差分电平 I/O 标准,如 LVTTL、LVCMOS、PCI、LVDS 等,单端 I/O 的速度可以达到 600Mb/s,差分 I/O 的速度可以达到 1Gb/s,还支持 DDR、DDR-2、SDRAM、QDR-II 和 RLDRAM-Ⅱ等 memory 接口标准。SelectIO 可以提供有源 I/O 终端以实现阻抗匹配,这是高速 PCB 布线不可缺少的。使用片上有源 I/O 终端代替外部终端电阻,提高了信号的完整性、节省了 PCB 空间。

Virtex-4 的 IOB 以 tile 为单位,一个 I/O tile 包含两个 IOB、两个 ILOGIC/ISERDES 单元和两个 OLOGIC/OSERDES 单元,如图 8.6.4 所示。

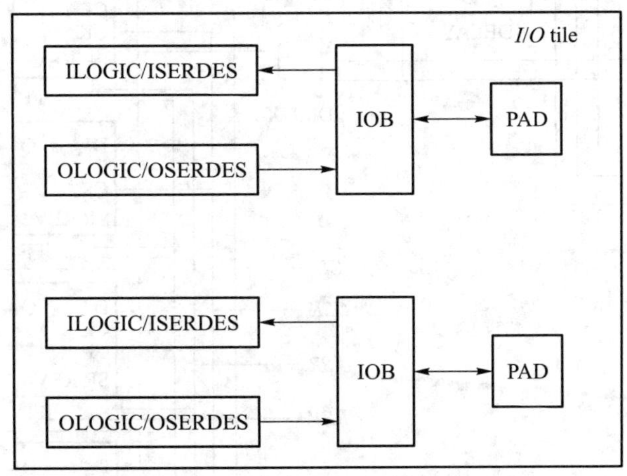

图 8.6.4 Virtex-4 内 I/O tile 示意图

IOB 内部主要由 I/O buffer 和 PAD(焊盘,由金属焊点和静电防护二极管组成)组成,如图 8.6.5 所示。它们提供输入信号缓冲、输出信号驱动等功能。

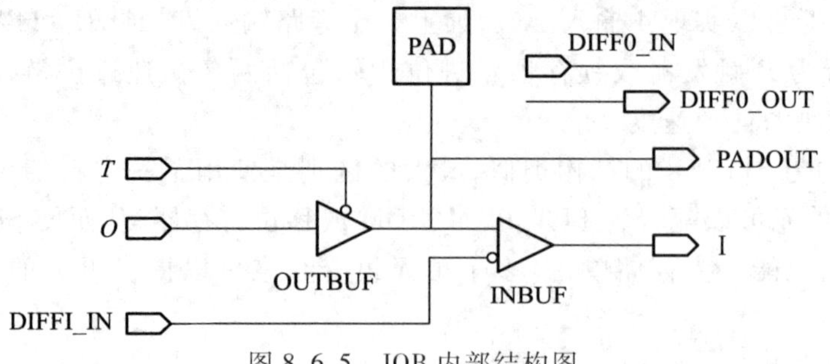

图 8.6.5　IOB 内部结构图

ILOGIC 的内部简化结构如图 8.6.6 所示，最主要的部件是左上方的 IDELAY 模块和 4 个触发器（$FF_1 \sim FF_4$）。IDELAY 单元可以提供精确和不受工艺和温度影响的延迟，延迟共分为 64 档，每档提供 75ps 的延迟，因此延迟的数值可以在 0 ~ 4800 ps 之间进行选择。IDELAY 单元大大方便了接口时序的调整，在对输入数据和时钟有严格要求的设计中非常有用。在以往的 FPGA 中实现高速 DDR 接口是非常困难的工作，其难点在于需要使用普通的 FF 采样输入信号、驱动输出信号。由于 FPGA 布线延迟比较大，因此很难满足时序要求。

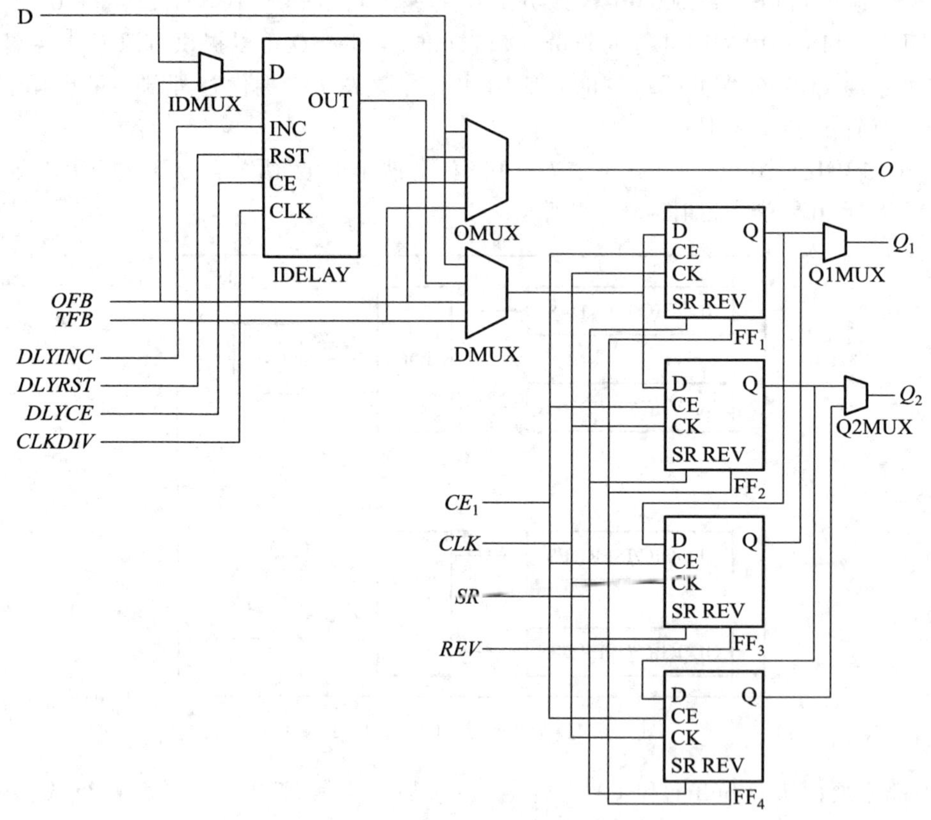

图 8.6.6　ILOGIC 内部简化结构图

Virtex-4 提供了专用的逻辑资源实现 DDR 接口,降低了设计难度、提高了接口工作频率。图 8.6.6 中 $FF_1 \sim FF_4$ 的主要作用就是实现 DDR 的输入接口,它们可以配置成不同的连接方式,实现不同的输入模式,以简化 FPGA 内部逻辑设计。

OLOGIC 的内部简化结构如图 8.6.7 所示,OLOGIC 包含 6 个结构相同触发器,$TFF_1 \sim TFF_3$ 用于三态控制,$OFF_1 \sim OFF_3$ 用于数据输出。由于电路结构完全相同,图中只画出下半部分。使用 TFF_1 和 OFF_1 可以实现普通的边沿触发 D 触发器,其他的触发器用于实现 DDR 接口、驱动 DDR 数据。

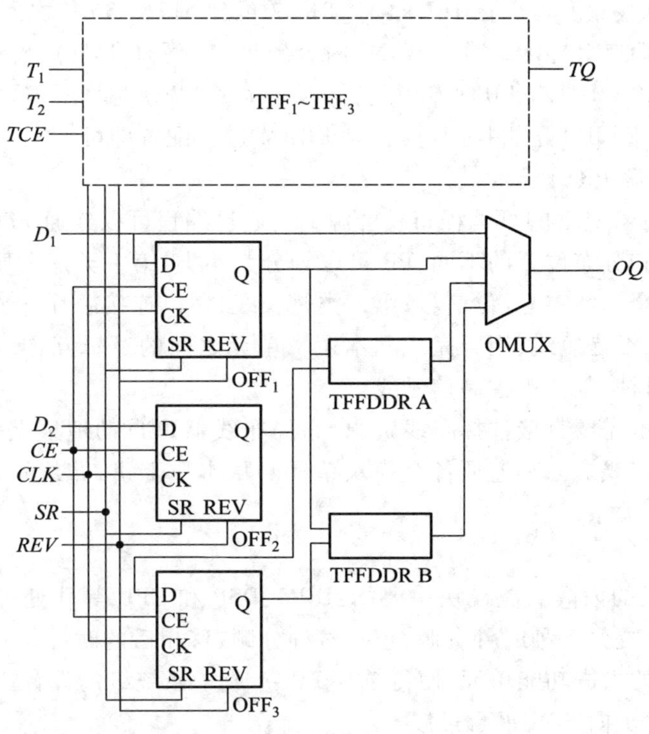

图 8.6.7　OLOGIC 内部简化结构图

IOB 中,每个 ILOGIC/ISERDES 单元都可以配置为 ILOGIC 或 ISERDES,配置为 ILOGIC 时,可以作为常见的输入逻辑单元或作为 DDR 接口的输入端;配置为 ISERDES 时,可以完成 1-6 的串并转换,两个 ISERDES 单元相连可以完成 1-10 的串并转换。

类似地,每个 OLOGIC/OSERDES 单元可以配置为 OLOGIC,实现常见的输出逻辑单元或作为 DDR 接口的输出端;也可以配置为 OSERDES,完成 6-1 的并串转换,经过 IOB 和 PAD 驱动高速串行总线,两个 OSERDES 单元相连可以完成 10-1 的并串转换。

可见,Virtex-4 的 IOB 功能强大,使用灵活,集成的串并收发器 SERDES 逻辑使数 10Gb/s 的收发速度串行 I/O 的实现变得非常简便,也不再需要消耗 CLB 资源。

部分 I/O 接口标准需要特定的 V_{CCO} 和 V_{REF} 电压,这些电压由 FPGA 外部电路提供,并连接到 FPGA 引脚,供多个 I/O tile 共享。连接到同一组 V_{CCO} 和 V_{REF} 电压的 tile 组成一个组(bank),不同

FPGA 的 bank 的数目不一样，具体可以查阅器件手册，掌握这些对 PCB 布局布线非常重要。

4. 嵌入式块 RAM(BRAM)

目前的 FPGA 一般都有内嵌的 BRAM，这大大拓展了 FPGA 的应用范围和灵活性，在实际应用中，芯片内部 BRAM 的数量也是选择芯片的一个重要因素。Xilinx FPGA BRAM 大小有 4 096 bit (Virtex、VirtexE 和 Spartan 系列)和 18 Kbit(Virtex-Ⅱ、Spartan-3 和 Virtex-4 系列)两种。BRAM 是真正的双口 RAM 结构，有两套读写数据、地址和控制总线，共享同一组存储单元。两套总线的操作是完全独立的，总线宽度可以在 16K×1 位、8K×2 位到 512K×36 位之间任意选择，不必相同。BRAM 可被配置为单端口 RAM、双端口 RAM、内容地址存储器(CAM)以及 FIFO 等常用存储结构。Virtex-4 的 BlockRAM 具有 FIFO 专用逻辑，因此实现 FIFO 时将不需要额外的 CLB 资源，也不需要设计者自行设计 FIFO 逻辑控制电路，对 BRAM 进行配置即可。

5. 可编程布线资源 PR

FPGA 芯片内部有着丰富的可编程布线资源 PR，通过编程可以连通 FPGA 内部的所有单元。根据工艺、长度、宽度和分布位置的不同，PR 可以划分为 4 类：第一类是全局布线，通常用来连接芯片内部全局时钟和全局清零/置位信号；第二类是长线，用以连接芯片 Bank 间的高速信号和第二全局时钟信号；第三类是短线，用于完成基本逻辑单元之间的逻辑互连和布线；第四类是分布式的布线，用于专有时钟、复位等控制信号线。

在实际中设计者不需要直接选择布线资源，布局布线器可自动地根据输入逻辑网表的拓扑结构和约束条件选择布线资源来连通各个模块单元。从本质上讲，布线资源的使用方法和设计的结果有密切、直接的关系。

6. 内嵌功能单元

Xilinx 公司芯片上的内嵌功能模块主要指：DCM、DSP 和 CPU 等软处理核(soft core)。数字时钟管理器 DCM 模块提供各种时钟资源，包括多种分频、移相后的时钟。

现在越来越丰富的内嵌功能单元，使得单片 FPGA 成了系统级的设计工具，使其具备了软硬件联合设计的能力，逐步向 SOC 平台过渡。

7. 内嵌专用硬核

相对底层嵌入的软核而言，内嵌专用硬核是指 FPGA 处理能力强大的硬核(hard core)，等效于 ASIC 电路。为了提高 FPGA 性能，芯片生产商在芯片内部集成了一些专用的硬核。例如：为了提高 FPGA 的乘法速度，主流的 FPGA 中都集成了高性能的专用硬件乘法器 multiplier，位宽一般是 18 bit 乘以 18 bit 的，可以在一个时钟周期内完成乘法运算。Xilinx 公司的高端产品不仅集成了 Power PC 系列 CPU，还内嵌了 DSP Core 模块。

本章小结

半导体存储器是一种能够存放大量二值数据的集成电路。在数字系统尤其计算机内，大容量的半导体存储器已是必不可少的重要组成部分。半导体存储器可分为 RAM 和 ROM 两大类。

RAM 又可分为 SRAM 和 DRAM 两种类型,前者用触发器寄存数据,读写速度快但集成度较低;后者用电容寄存数据,集成度高且价格便宜,但需要刷新电路。

ROM 一般存入的是固定的数据,它的结构可以用简化阵列图来表示。按照数据写入的方式,ROM 可分为掩膜 ROM、PROM、EPROM 和 E^2PROM 四种只读存储器。

一片 RAM 或 ROM 的容量不够用时,可以将多片存储器采用字扩展和位扩展的方法组成较大容量的存储器。

可编程逻辑器件 PLD 是可以由编程来确定其逻辑功能器件的统称。在设计和制作数字系统中使用它们,可以获得最大的灵活性和最短的研制周期。

PROM 是早期的 PLD,而 PAL 和 GAL 则是典型的低密度可编程逻辑器件,其中 GAL 使它们给逻辑设计带来很强的灵活性,但是集成密度较低。

新一代高密度可编程逻辑器件 CPLD 的集成度一般可达数千至上万门,而现场可编程门阵列 FPGA 集成度更可达几十万门。它们都具有现场可编程特性,可用于实现较大规模的逻辑电路和数字系统。

思考题和习题

思考题

8.1 试比较 RAM 和 ROM 的特点和区别,并分析它们的应用范围。

8.2 静态存储器 SRAM 和动态存储器 DRAM 有何区别？为什么计算机多用 DRAM？

8.3 256×4 位、1K×8 位和 1M×1 位的 RAM 各有多少根地址线和数据线？

8.4 断电后再通电,哪一种存储器内存储的数据能够保持不变？

8.5 简述 PAL 和 GAL 的区别。为什么说 GAL 是低密度可编程逻辑器件的代表？

8.6 试比较 CPLD 和 FPGA 的特点。分析它们的应用范围。

8.7 FPGA 内部主要功能单元有哪些？它们各完成什么逻辑功能？

8.8 高度可编程逻辑器件中具有硬件加密功能的是 CPLD 还是 FPGA？

习题

8.1 试用 2 片 1 024×4 位的 RAM 和 1 个非门组成 2 048×4 位的 RAM。

8.2 试用 8 片 1 024×4 位的 RAM 和 1 片 2 线-4 线译码器组成 4 096×8 位的 RAM。

8.3 试用 ROM 实现 8421BCD 码到余 3 码的转换。要求选择 EPROM 容量,画出简化阵列图。

8.4 试用 16×4 位 EPROM 构成一个多输出逻辑函数发生电路,画出电路图,写出 EPROM 存储的二进制数码。

$L_2=\overline{A}+\overline{B}+\overline{C}$

$L_1=\overline{B}\,\overline{C}+BC$

$L_0=\overline{B}C+B\overline{C}$

8.5 图题 8.5 所示电路是用 4 位二进制计数器和 8×4 位 EPROM 组成的波形发生器电路。在某时刻 EPROM 存储的二进制数码如表题 8.5 所示,试画出输出 CP 和 $Y_0\sim Y_3$ 的波形。

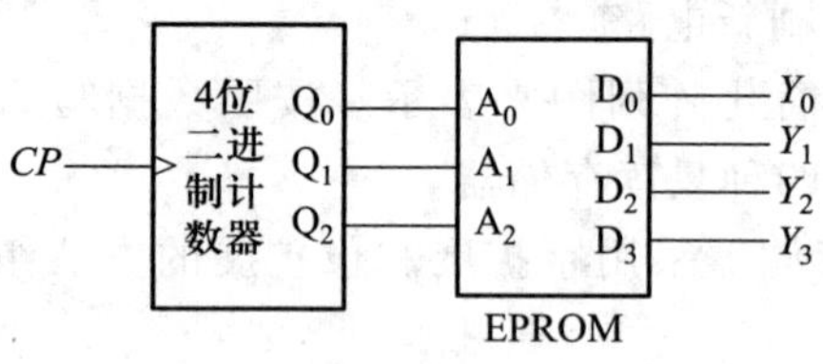

图题 8.5　波形发生电路图

表题 8.5　EPROM 数据表

A_2	A_1	A_0	D_3	D_2	D_1	D_0
0	0	0	1	1	1	0
0	0	1	0	0	1	0
0	1	0	1	0	0	0
0	1	1	0	0	0	0
1	0	0	1	1	1	1
1	0	1	0	0	1	1
1	1	0	1	0	0	1
1	1	1	0	0	0	1

8.6　试用 PLA 实现以下逻辑函数,并在图 8.4.1 上画出编程后的阵列图。

$Y_2 = A\overline{B}C + \overline{A}B + AB\overline{C}$

$Y_1 = \overline{A} + B\overline{C}$

$Y_0 = A\overline{B} + \overline{A}\,\overline{C}$

8.7　试用一片 PAL 实现以下逻辑函数,并在图 8.4.2 上画出阵列图。

$Y_2 = A\overline{B}\,\overline{C} + AB\overline{C}$

$Y_1 = A\overline{BC}$

$Y_0 = \overline{A}\,\overline{B}C + \overline{A}BC$

8.8　分析图题 8.8 所示 PAL 构成的逻辑电路,试写出输出与输入的逻辑关系式。

8.9　试写出图题 8.9 所示 ROM 简化阵列图表示的逻辑函数。

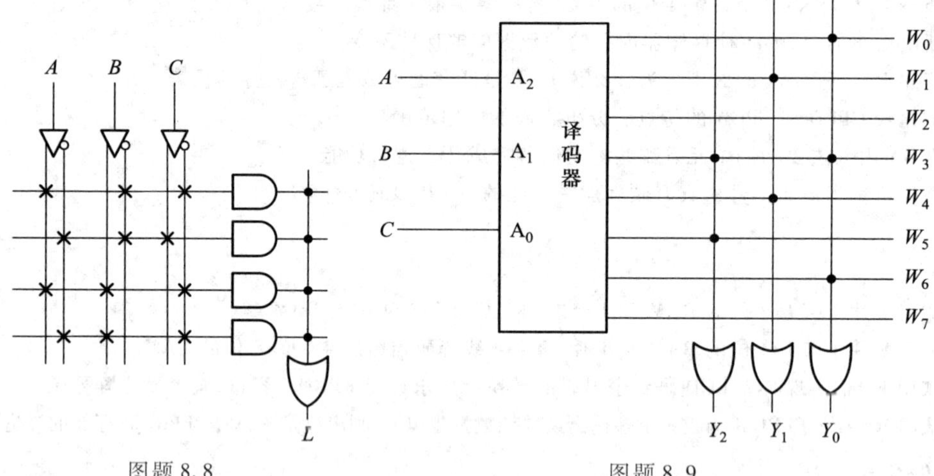

图题 8.8　　　　图题 8.9

8.10　试用一片二进制计数器、一片 EPROM 和一片 8 位 DAC 设计一个任意波形发生器。如要求实现最大输出电压为 5 V、频率为 1 kHz 的三角波,请写出 EPROM 中存放的数据,并选择 *CLK* 的频率。

9

数字系统综合设计

【内容提要】

本章先介绍数字系统综合设计的一般方法,再以数字频率计和 DDS 信号发生器为例介绍用 VHDL 语言设计数字系统的方法。

9.1 数字系统设计的一般方法

9.1.1 数字系统的基本构成

数字系统结构可以用图 9.1.1 所示,数字系统一般由控制器电路、数字信号处理器电路和输入输出接口等组成。一个系统一般有一个控制系统内各部分协同工作的控制器电路,它根据输入信号及数字信号处理器电路反馈的信号,产生对数字信号处理器的控制信号以及系统的输出信号。数字信号处理器电路在控制器的控制下完成各种操作,如计数运算、逻辑运算等。输入输出接口主要用于系统和外部交换信息。有些规模较大的数字系统控制器还设置了存储器,用来存储数据和各种控制信息,以供控制器调用。

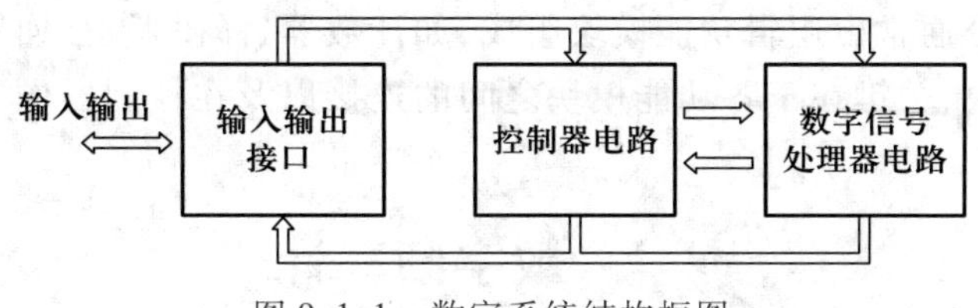

图 9.1.1　数字系统结构框图

数字系统的规模可大可小,复杂程度也有很大差别。它们通常都由许多组合逻辑电路和时序逻辑电路连接而成,整个系统按照一定的要求,实现复杂的逻辑功能。

9.1.2 数字系统的设计方法

现代数字系统设计中一般采用自上而下或者自下而上的设计方法。设计者从整个系统的功能要求出发,先进行最上层的系统设计,而后将系统分成若干子系统逐级向下,再将每个子系统分为若干功能模块,模块还可继续向下划分成子模块,直至分成许多最基本的数字功能电路实现。

在自上而下的划分过程中,重要的是将系统或子系统划分成控制电路和若干受控电路(数字信号处理电路),对于受控电路(数字信号处理电路)一般都有现成的功能电路,设计的主要任务是设计控制电路,该电路通常相当于时序机。因为控制电路在系统或子系统中只有一个,所以自上而下的设计方法是把一个系统设计工作化为一个时序机和一些数字信号处理基本模块的设计问题。各数字信号处理模块在时序机的控制下完成系统功能。

自上而下的设计方法并不是一个一次就可以完成的设计过程,它需要不断地改进,反复实践,通过多次改进达到设计要求。

9.1.3 数字系统的设计步骤

自上而下的设计是从系统全局出发逐次分层次的设计。因此,首先根据系统的设计要求,进行系统顶层方案的设计,也就是确定系统的结构框图,包括系统的输入信号、输出信号,系统划分为几个部分,各个部分由哪些模块组成,以及根据系统的功能确定各模块的功能和各模块之间的输入输出关系等。这一步骤需反复推敲,通过仿真或实际调试达到设计要求。具体设计项目如下:

1. 顶层设计

采用 VHDL 语言描述顶层的系统接口,包括输入信号、输出信号以及所需传输的某些信息,例如信号的方向、信号的类型等。确定数据处理部分由哪些功能模块组成以及这些模块与控制器之间的关系。

2. 控制器的设计

控制器的设计是根据系统的功能要求,充分分析系统的工作过程和时序关系,用 VHDL 描述控制器的输入与输出之间的关系。

3. 数字信号处理部分的设计

数字信号处理部分通常由逻辑功能模块组成,如计数器、译码器、全加器、移位寄存器等。这些都是成熟的功能模块,关键在于各功能模块之间的连接以及在控制器作用下如何操作。

9.2 数字频率计

数字频率计用于测量输入脉冲信号的频率,测量方法有简易测频法和恒精度法等。下面分别介绍。

9.2.1 测频原理

1. 简易测频法

简易测频法是把被测信号（TTL 电平）加到一个受定时（闸门）信号控制的计数器上，在闸门开通时间 T_S（1 s）内对被测信号进行十进制计数，所得的计数值 N 即为被测信号的频率 f_X。由于计数器只能进行整数计数，因此会引起±1 的测量误差。

2. 恒精度测频法

对于简易测频法，被测信号与闸门信号无关，这样就会导致计数并不一定在被测信号的上升沿开始，并在某个上升沿结束计数，频率测量有±1 的测量误差。恒精度测频法通过控制电路使得预置门控信号与被测信号发生关联，达到精确测量的目的。恒精度测频能够在整个频域内保持恒定的精度，当然，这不是说恒精度测频没有误差，而是由于误差恒定，不随被测信号频率变化而变化，所以方便了频率补偿，有助于提高精度。恒精度测频法的原理图如图 9.2.1 所示。

图 9.2.1 中，预置门控信号控制计数的时间，可由计数器实现，CNT1 和 CNT2 是两个可控计数器，标准频率分波信号从 CNT1 的时钟输入端 CLK 输入，设其频率为 f_S，预置门时间为 T_S，被测信号经过整形后从 CNT2 的 CLK 端输入，设其频率为 f_X。

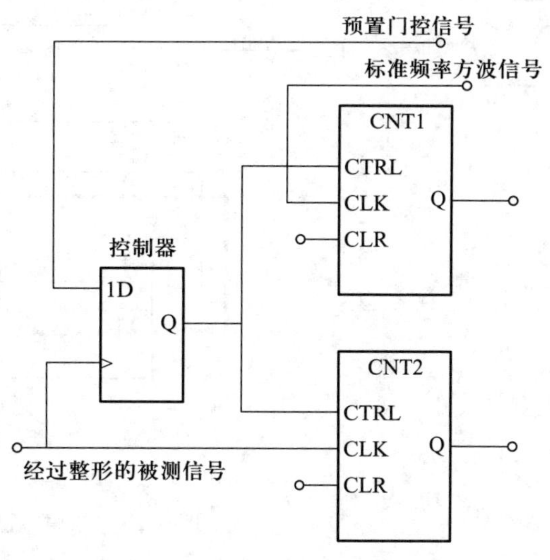

图 9.2.1 恒精度测频法原理图

图 9.2.1 中的控制器很简单，就是一个 D 触发器，当预置门控信号为高电平时，经整形后的被测信号的上升沿通过 D 触发器后，输出 Q 端启动两个计数器同时进行计数。当预置门控信号为低电平时，经整形后的被测信号的一个上升沿使两个计数器同时停止计数。所以计数器是否计数，何时停止计数，不仅由预置门控信号来决定，也决定于被测信号。因此，当预置门开启时，计数器在被测信号的上升沿开始计数，当预置门闭合时，计数器在被测信号的上升沿停止计数，也就是说，计数时间是被测信号周期的整数倍。

设在一次测量中，标准频率为 f_S，对标准频率的计数值为 N_S；被测信号频率为 f_X，对被测信号的计数值为 N_X。则 $N_S/f_S = N_X/f_X$

得到被测信号频率为 $f_X = (N_X/N_S)f_S$

计数误差取决于标准信号的频率，而标准信号一般来自有源晶振，其频率的稳定性较高，所以误差恒定，这是恒精度测量能够保持恒定误差的关键。

由于可编程器件不便完成复杂的乘除运算，一般是将计数结果传给微处理器，由微处理器完成被测信号频率的计算和显示。

9.2.2 简易频率计

1. 设计要求

测频范围:1 ~999999 Hz,采用 6 个数码管显示。

(1) 测量时，读数不随计数变化;测量结束后，显示 3 s,重新测量。

(2) 被测频率大于 999999 Hz 时，显示"------"。

(3) 自动清零，每 4 s 测量一次，其中 1 s 用于测量,3 s 用于显示，每次测量无须复位。

2. 设计结果

采用简易测频法设计的频率计由 4 个功能模块组成:控制模块、计数模块、锁存模块、显示模块。简易数字频率计的系统组成框图如图 9.2.2 所示。

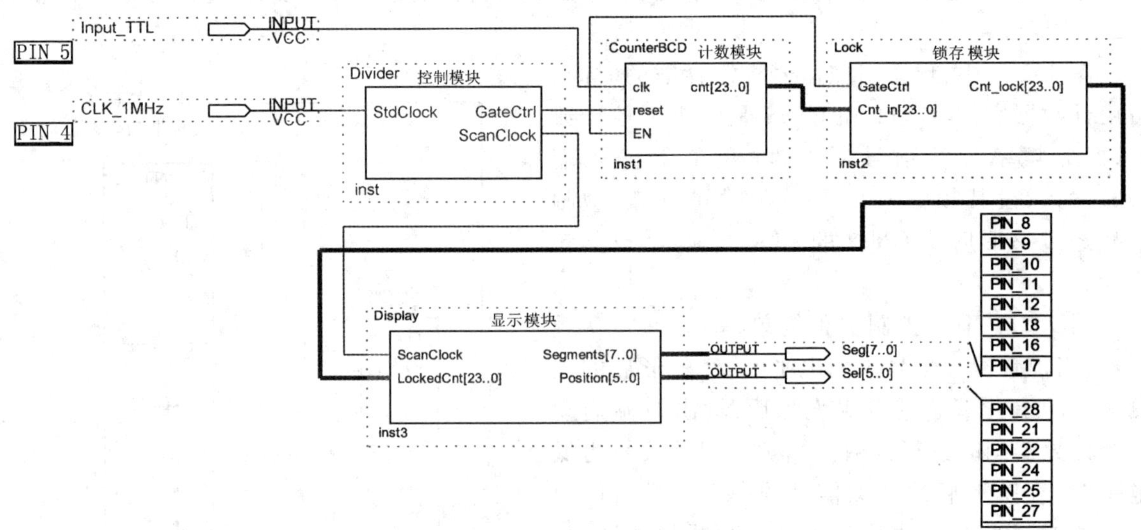

图 9.2.2 简易数字频率计的系统组成框图

输入端 PIN_5 接被测信号，输入端 PIN_4 接 1MHz 的有源晶振，显示模块输出 Seg[7..0]通过输出端 PIN_8 ~ PIN_17 接动态数码管显示对应的段选信号，显示模块输出 Sel[5..0]通过输出端 PIN_21、PIN_22、PIN_24、PIN_25、PIN_27、PIN_28 接动态数码管显示对应的位选信号。数码管显示驱动电路如图 9.2.3 所示。

(1) 控制模块

控制模块产生显示扫描时钟和闸门信号。控制模块的输入是 1 MHz 的晶振频率。对其分频得到频率为 1 kHz、占空比为 1/2 的显示扫描时钟信号。将 1 kHz 的显示扫描信号再进行分频得到 1 Hz 的信号，通过整数计数得到频率为 0.25 Hz、占空比为 1/4 的闸门信号，闸门信号周期为 4 s，其中 1 s 闸门开启，进行测量，3 s 闸门闭合，显示测量值。

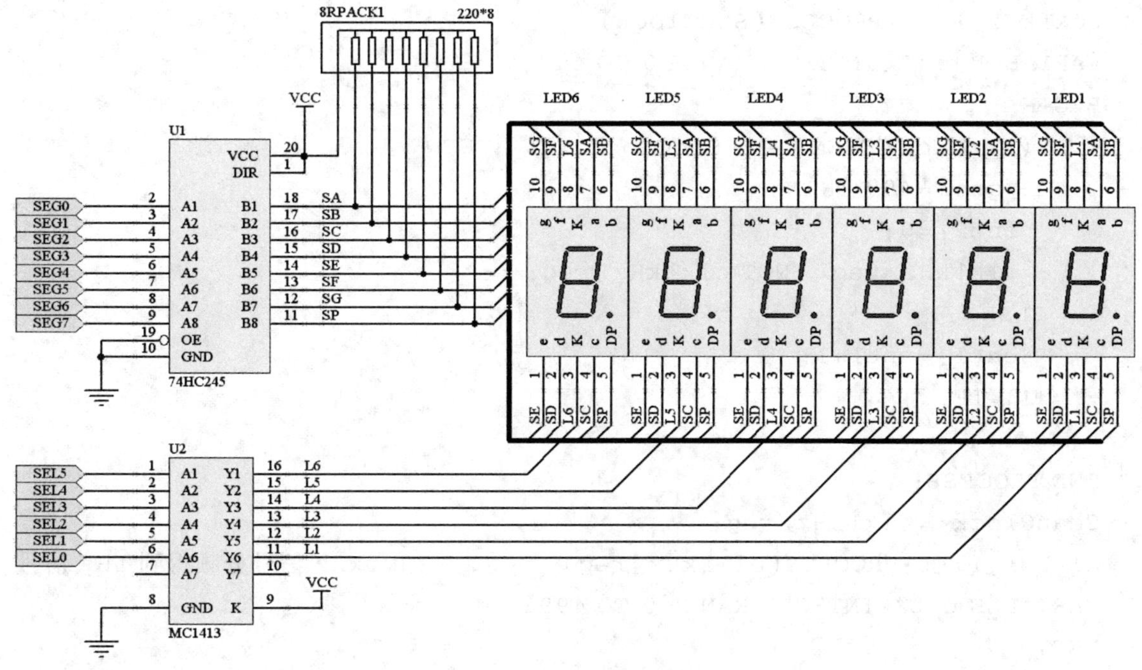

图 9.2.3　数码管显示驱动电路

控制模块的 VHDL 程序如下：

```
LIBRARY ieee;
USE ieee.std_logic_1164.all;
USE ieee.std_logic_arith.all;
USE ieee.std_logic_unsigned.all;
ENTITY Divider IS
  PORT(StdClock   :IN STD_LOGIC;   ---标准时钟信号1MHz
      GateCtrl    :OUT STD_LOGIC;  ---门控信号0.25Hz,占空比为1/4
      ScanClock   :OUT STD_LOGIC   ---显示扫描信号1kHz
      );
END Divider;
ARCHITECTURE Divider_Body of Divider IS
  SIGNAL clk1kHz_reg   :STD_LOGIC;
  SIGNAL clk1Hz_reg    :STD_LOGIC;
```

```
  SIGNAL gate_reg       :STD_LOGIC;
BEGIN
---由 1MHz 标准时钟信号分频得到 1kHz 显示扫描信号
Clk1kHz_Proc:PROCESS(StdClock)
VARIABLE cnt1:INTEGER RANGE 0 TO 499;
BEGIN
  IF (StdClock'EVENT AND StdClock = '1') THEN
    IF cnt1=499 THEN
      cnt1:=0;
      clk1kHz_reg<=NOT clk1kHz_reg;
    ELSE
      cnt1:=cnt1+1;
    END IF;
  END IF;
END PROCESS;
ScanClock<=clk1kHz_reg;
Clk1Hz_Proc:PROCESS(clk1kHz_reg)        ---由 1kHz 信号分频得到 1Hz 信号
VARIABLE cnt2:INTEGER RANGE 0 TO 499;
BEGIN
  IF (clk1kHz_reg'EVENT AND clk1kHz_reg = '1')THEN
    IF cnt2=499 THEN
      cnt2:=0;
      clk1Hz_reg<=NOT clk1Hz_reg;
    ELSE
      cnt2:=cnt2+1;
    END IF;
  END IF;
END PROCESS;
---由 1Hz 信号分频得到 0.25Hz、占空比为 1/4 的闸门信号
Gate_Proc:PROCESS(clk1Hz_reg)
VARIABLE cnt3:INTEGER RANGE 0 TO 3;
BEGIN
  IF (clk1Hz_reg'EVENT AND clk1Hz_reg = '1')THEN
    IF cnt3=2 THEN
      gate_reg<='1';
```

```
      cnt3:=3;
    ELSE IF cnt3=3 THEN
      gate_reg<='0';
      cnt3:=0;
    ELSE
      cnt3:=cnt3+1;
    END IF;
    END IF;
  END IF;
END PROCESS;
GateCtrl<=gate_reg;
END Divider_Body;
```

(2) 计数模块

在闸门信号开启时对被测信号计数,闸门信号开启时间为1s,所以计数值即为被测信号的频率,计数值从0~999999,计数模块要求的输出为6位十进制数。计数模块的复位信号也是闸门信号,其复位电平与其他模块相反,低电平复位,所以在闸门闭合时,计数模块复位,准备下一次计数。当计数超过999999时输出溢出标志,计数模块输出"**111111111111111111111111**"。

计数模块的VHDL程序如下:

```
LIBRARY ieee;
USE ieee.std_logic_1164.all;
USE ieee.std_logic_arith.all;
USE ieee.std_logic_unsigned.all;
ENTITY CounterBCD IS
  PORT ( clk    :IN STD_LOGIC;                         ---时钟信号
         reset  :IN STD_LOGIC;                         ---计数重新开始信号
         EN     :IN STD_LOGIC;                         ---计数允许信号
         cnt    :OUT STD_LOGIC_VECTOR(23 DOWNTO 0)     ---计数值6*4=24
       );
END CounterBCD;
ARCHITECTURE CounterBCD_Body of CounterBCD IS          ---信号说明
  SIGNAL c1      :STD_LOGIC_VECTOR(3 DOWNTO 0);
  SIGNAL c2      :STD_LOGIC_VECTOR(3 DOWNTO 0);
  SIGNAL c3      :STD_LOGIC_VECTOR(3 DOWNTO 0);
  SIGNAL c4      :STD_LOGIC_VECTOR(3 DOWNTO 0);
  SIGNAL c5      :STD_LOGIC_VECTOR(3 DOWNTO 0);
```

```
  SIGNAL c6       :STD_LOGIC_VECTOR(3 DOWNTO 0);
  SIGNAL overflow :STD_LOGIC;
------------------------------
BEGIN
  ---从 0 开始计数,计数到 999999 时输出溢出标志
  CounterBCD_Proc:PROCESS(EN,clk)
  BEGIN
    IF reset='0' THEN
      c1<="0000";
      c2<="0000";
      c3<="0000";
      c4<="0000";
      c5<="0000";
      c6<="0000";
      overflow<='0';
    ELSE IF (clk'EVENT AND clk='1') THEN
      IF EN='1' THEN
        IF c1<"1001" THEN
          c1<=c1+'1';
        ELSE
          c1<="0000";
          IF c2<"1001" THEN
             c2<=c2+'1';
          ELSE
            c2<="0000";
            IF c3<"1001" THEN
               c3<=c3+'1';
            ELSE
              c3<="0000";
              IF c4<"1001" THEN
                 c4<=c4+'1';
              ELSE
                c4<="0000";
                IF c5<"1001" THEN
                   c5<=c5+'1';
```

```
              ELSE
                c5<="0000";
                IF c6<="1001" THEN
                  c6<=c6+'1';
                ELSE
                  overflow<='1';  ---计数溢出
                END IF;
              END IF;
            END IF;
          END IF;
        END IF;
      END IF;
    END IF;
  END IF;
  END IF;
END PROCESS;
Output_Proc:PROCESS(c1,c2,c3,c4,c5,c6,overflow)
BEGIN
  IF overflow='1' THEN
    cnt<="111111111111111111111111";
  ELSE
    cnt<=c6&c5&c4&c3&c2&c1;
  END IF;
END PROCESS;
END CounterBCD_Body;
```

(3) 锁存模块

锁存模块的作用是在闸门信号的下降沿,将计数模块的输出锁存,交给显示模块显示。这有两个作用:① 避免计数值丢失;② 在测量时,屏蔽计数值,否则数码管会不停地变化。

锁存模块的 VHDL 程序如下:

```
LIBRARY ieee;
USE ieee.std_logic_1164.all;
USE ieee.std_logic_arith.all;
USE ieee.std_logic_unsigned.all;
ENTITY Lock IS
  PORT ( GateCtrl:      IN STD_LOGIC;                    ---闸门信号
```

```
        Cnt_in:      IN STD_LOGIC_VECTOR(23 DOWNTO 0);   ---计数值输入
        Cnt_lock:     OUT STD_LOGIC_VECTOR(23 DOWNTO 0) ---计数值锁存
    );
END Lock;
ARCHITECTURE Lock_Body of Lock IS
BEGIN
  ---在闸门信号的下降沿锁存计数值
  Lock_Proc:PROCESS(GateCtrl)
  BEGIN
    IF (GateCtrl'EVENT AND GateCtrl='0')THEN
      Cnt_lock<=Cnt_in;
    END IF;
  END PROCESS;
END Lock_Body;
```

(4) 显示模块

显示模块先将输入的6位十进制数的个位译码,加在七段数码管的段控制线上,在显示扫描时钟的作用下,选通个位上的数码管,个位上的数码管亮,其他数码管灭。然后输出十位上数码管要显示的内容,选通十位上的数码管。这样依次输出各位上的译码值,逐个选通数码管。由于扫描频率为1kHz,看起来不会有闪烁的感觉。

显示模块的VHDL程序如下:

```
LIBRARY ieee;
USE ieee.std_logic_1164.all;
USE ieee.std_logic_arith.all;
USE ieee.std_logic_unsigned.all;
ENTITY Display IS
  PORT (ScanClock:     IN STD_LOGIC;       ---扫描信号
        LockedCnt:     IN STD_LOGIC_VECTOR(23 DOWNTO 0); ---锁存的计数值
        Segments:     OUT STD_LOGIC_VECTOR(7 DOWNTO 0);  ---7段数码管
                                                          的译码输出
        Position:     OUT STD_LOGIC_VECTOR(5 DOWNTO 0)   ---数码管选择
       );
END Display;
ARCHITECTURE Display_Body of Display IS
  TYPE state_type IS(led1,led2,led3,led4,led5,led6);     ---信号定义
  SIGNAL pre_state,next_state :state_type;
```

```
  SIGNAL datacut_reg  :STD_LOGIC_VECTOR(3 DOWNTO 0);
  SIGNAL datacut_reg2 :STD_LOGIC_VECTOR(3 DOWNTO 0);
  SIGNAL datacut_reg3 :STD_LOGIC_VECTOR(3 DOWNTO 0);
  SIGNAL datacut_reg4 :STD_LOGIC_VECTOR(3 DOWNTO 0);
  SIGNAL datacut_reg5 :STD_LOGIC_VECTOR(3 DOWNTO 0);
  SIGNAL datacut_reg6 :STD_LOGIC_VECTOR(3 DOWNTO 0);
  SIGNAL position_reg :STD_LOGIC_VECTOR(5 DOWNTO 0);
  SIGNAL segments_reg :STD_LOGIC_VECTOR(6 DOWNTO 0);
BEGIN
  Present_State_Process:PROCESS(ScanClock)    ---当前状态处理
  BEGIN
    IF (ScanClock'EVENT AND ScanClock='1')THEN
      pre_state<=next_state;
    END IF;
  END PROCESS;

  ---数码管选择处理(注意:用于位选的 MC1413 是个非门)
  Position_Process:PROCESS(ScanClock)
  BEGIN
    IF (ScanClock'EVENT AND ScanClock='1')THEN
      CASE next_state IS
        WHEN led1=>          ---第一个数码管亮
          position_reg<="000001";
          datacut_reg<=LockedCnt(3 DOWNTO 0);
          next_state<=led2;
        WHEN led2=>          ---第二个数码管亮
          position_reg<="000010";
          datacut_reg2<=LockedCnt(7 DOWNTO 4);
          IF (datacut_reg2="0000" AND datacut_reg3="0000" AND
            datacut_reg4="0000" AND datacut_reg5="0000" AND
            datacut_reg6="0000")THEN
            datacut_reg<="1100";
          ELSE
            datacut_reg<=datacut_reg2;
          END IF;
```

```
  next_state<=led3;
WHEN led3 =>              ---第三个数码管亮
  position_reg<="000100";
  datacut_reg3<=LockedCnt(11 DOWNTO 8);
  IF (datacut_reg3 ="0000" AND datacut_reg4 ="0000" AND
    datacut_reg5 ="0000" AND datacut_reg6 ="0000")THEN
    datacut_reg<="1100";
  ELSE
    datacut_reg<=datacut_reg3;
  END IF;
  next_state<=led4;
WHEN led4 =>              ---第四个数码管亮
  position_reg<="001000";
  datacut_reg4<=LockedCnt(15 DOWNTO 12);
  IF (datacut_reg4 ="0000" AND datacut_reg5 ="0000" AND
    datacut_reg6 ="0000")THEN
    datacut_reg<="1100";
  ELSE
    datacut_reg<=datacut_reg4;
  END IF;
  next_state<=led5;
WHEN led5 =>              ---第五个数码管亮
  position_reg<="010000";
  datacut_reg5<=LockedCnt(19 DOWNTO 16);
  IF (datacut_reg5 ="0000" AND datacut_reg6 ="0000" )THEN
    datacut_reg<="1100";
  ELSE
    datacut_reg<=datacut_reg5;
  END IF;
  next_state<=led6;
WHEN led6 =>              ---第六个数码管亮
  position_reg<="100000";
  datacut_reg6<=LockedCnt(23 DOWNTO 20);
  IF datacut_reg6 ="0000" THEN
    datacut_reg<="1100";
```

```
        ELSE
          datacut_reg<=datacut_reg6;
        END IF;
        next_state<=led1;
      WHEN others=>          ---所有数码管全灭
        position_reg<="000000";
        datacut_reg<="1100";
        next_state<=led1;
    END CASE;
  END IF;
END PROCESS;
WITH datacut_reg SELECT
  segments_reg <="0111111" WHEN"0000",
                 "0000110" WHEN"0001",
                 "1011011" WHEN"0010",
                 "1001111" WHEN"0011",
                 "1100110" WHEN"0100",
                 "1101101" WHEN"0101",
                 "1111101" WHEN"0110",
                 "0100111" WHEN"0111",
                 "1111111" WHEN"1000",
                 "1101111" WHEN"1001",
                 "0000000" WHEN"1100",
                 "1000000" WHEN"1111",
                 "0000000" WHEN others;
segments <= '0' & segments_reg;
position <= position_reg;
END Display_Body;
```

9.2.3 恒精度频率计

图 9.2.4 是恒精度测频系统的顶层图。预置门信号由外部输入，它的大小可以在 0.1 ~ 1s 之间，对测量精度没有影响。设闸门开启时间为 Tgate。Counter 是 2 个 20 位的计数器，计数最大值为 999999，晶振频率为 1MHz，作为其中一个计数器的输入脉冲，另一个计数器的输入时钟是被测信号。

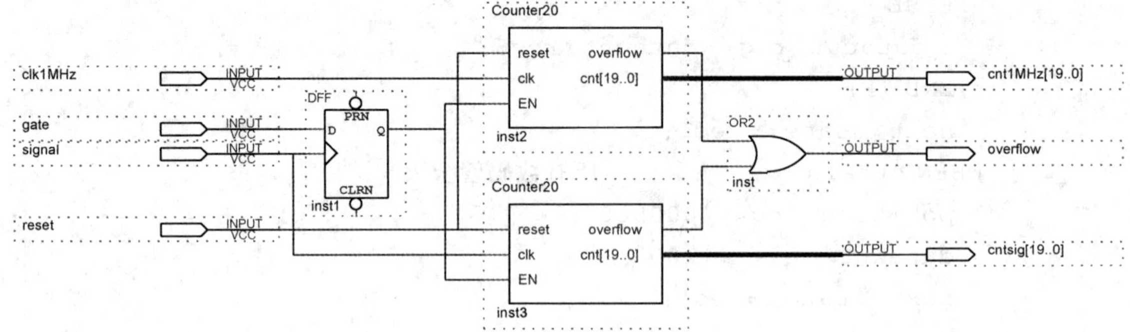

图 9.2.4 恒精度测频系统顶层图

计数器 Counter20 的 VHDL 程序：

```
LIBRARY ieee;
USE ieee.std_logic_1164.all;
USE ieee.std_logic_arith.all;
USE ieee.std_logic_unsigned.all;
ENTITY Counter20 IS
  PORT ( reset     :IN STD_LOGIC;                          ---复位信号
         clk       :IN STD_LOGIC;                          ---时钟信号
         EN        :IN STD_LOGIC;                          ---计数允许信号
         overflow  :OUT STD_LOGIC;                         ---计数溢出信号
         cnt       :OUT STD_LOGIC_VECTOR(19 DOWNTO 0)      ---计数值
    );
END Counter20;
ARCHITECTURE Counter20_Body of Counter20 IS
  constant RESET_ACTIVE :STD_LOGIC :='0';
  SIGNAL counter :STD_LOGIC_VECTOR(19 DOWNTO 0);
BEGIN          ---从 0 开始计数,计数到 999999 时输出溢出标志
  Counter20_Proc:PROCESS(reset,EN,clk)
  BEGIN
    IF reset=RESET_ACTIVE THEN
      overflow<='0';
      counter<=(OTHERS=>'0');
    ELSE IF (clk'EVENT AND clk='1')THEN
      IF EN='1' THEN
        IF counter="11110100001000111111" THEN
```

```
          overflow<='1';
        ELSE
          counter<=counter+'1';
        END IF;
      END IF;
    END IF;
  END PROCESS;
  cnt <=counter;
END Counter20_Body;
```

9.3 信号发生器设计

1971 年,J. Tierney 首次提出了直接数字频率合成(DDS)技术,但由于 DDS 全数字化的特点,直到 20 世纪 80 年代末 90 年代初才掀起对 DDS 谱质的研究热潮。采用 DDS 设计的信号发生器具有频率分辨率高、频率改变快捷、频率稳定性好等优点。它由全数字电路构成,易于集成,在通信系统的各个领域得到广泛应用,特别适合在移动通信和跳频扩频通信领域中使用。

9.3.1 直接数字频率合成技术

基于 DDS 的信号发生器方案如图 9.3.1 所示。

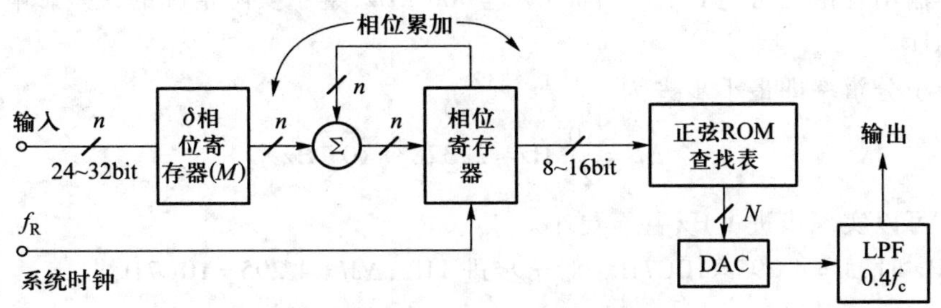

图 9.3.1 基于 DDS 信号发生器方案

DDS 的工作原理:

首先将正弦波的输出看作为一个围绕相位圆的旋转矢量。相位圆上的每一点均对应输出正弦波形上的一个特定点。矢量围绕相位圆旋转,相应的输出波形也就产生了。矢量旋转一周,对应产生正弦波的一个完整周期。

如图 9.3.2 所示,相位累加器用于完成矢量绕相位圆的线性运动。相位圆的离散点数由相位累加器的分辨率决定。一个 n bit 的累加器在相位圆上有 2^n 个点。

δ 相位寄存器(M)中的数值表示 DAC 两次转换(刷新)之间的跳动步长。它指使相位累加器以系统时钟频率每次在相位圆上跳跃 M 个点。M 是存于 δ 相位寄存器中的数,f_R 为时钟频率,n 为

相位累加器的分辨率,那么围绕相位圆的旋转频率,即系统输出频率 f_o 为

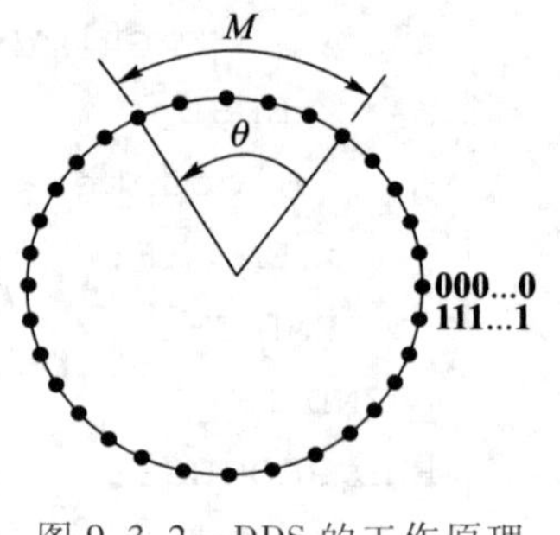

图 9.3.2 DDS 的工作原理

$$f_o = 1/T_o = 1/[(2^n/M)T_R] = 1/[(2^n/M)(1/f_R)] = Mf_R/2^n$$

此系统的频率分辨率为 $f_R/2^n$。输出频率取决于存在 δ 相位寄存器中的数 M,因此 M 被称作频率控制字。

理论上,累加器中的任一个可能的相位均对应 ROM 查找表中一个特定的值,这就会需要相当大容量的 ROM。实际上,可以将相位数据截短,以减小 DDS 系统对 ROM 容量的需要。相位截短是一个很重要的概念。例如:24 位的相位累加器,只取最高 8 位用于地址查表。相位分辨率直接影响输出正弦波波谱的纯度。如果相位信息截短到 16 bit,重建正弦波波谱纯度将比非截短时下降 96 dB。

DDS 原理的核心就是一个加法器和寄存器构成的一个累加器,累加器累加一次的时间为时钟周期 T_c,随着加法器输入数据的增加,累加的步距变大,输出的频率变高,故通过改变累加器的输入可以方便地调整输出信号的频率,而且选用晶振作为时钟信号可以使输出信号频率稳定。

相关计算:

DDS 输出频率 f_o 和参考时钟 f_R、相位累加器长度 n 以及频率控制字 M 的关系为 $f_o = f_R(M/2^n)$

DDS 的频率分辨率为 $\Delta f_o = f_R/2^n$

DDS 最高输出频率受奈奎斯特抽样定理限制,所以 $f_{max} = f_R/2$

当采用的晶振为 $f_R = 1$ MHz,相位累加器长度 n 取 32 位,则频率控制字 M 为

$$M = (2^{32}/10^6)f_o$$

最高频率输出理论上可达到 $f_{max} = 1\text{MHz}/2 = 500$ kHz,鉴于实际情况的误差影响,最高输出频率大概为 45 kHz。

频率的最小分辨率即最小步进为

$$\Delta f_o = \frac{10^6}{2^{32}}\text{Hz} \approx 2.3283 \times 10^{-4}\,\text{Hz}$$

这样完全可以实现步进 1 Hz 甚至更小。

当 $f_o = 1$ Hz 时,$M = 4\,295 = 10C7H$。对于步进 1Hz,$\Delta M = 4\,295 = 10C7H$。

9.3.2 DDS 信号发生器设计

(1) 实现 DDS 信号发生器的 VHDL 程序

```
LIBRARY ieee;
USE ieee.std_logic_1164.all;
USE ieee.std_logic_arith.all;
USE ieee.std_logic_unsigned.all;
ENTITY DDS32 IS
  PORT ( CLK:      IN STD_LOGIC;
```

```
        RST:      IN STD_LOGIC;
        FreqCtrl:      IN STD_LOGIC_VECTOR (26 DOWNTO 0);
        DigitalWaveOut:      OUT  STD_LOGIC_VECTOR (7 DOWNTO 0));
END DDS32;
ARCHITECTURE Behavioral of DDS32 IS
  SIGNAL BData32 :STD_LOGIC_VECTOR (31 DOWNTO 0);
  SIGNAL ACC    :STD_LOGIC_VECTOR (31 DOWNTO 0);
  TYPE memory IS array(0 to 31) OF STD_LOGIC_VECTOR(7 DOWNTO 0);
  SIGNAL WaveData :memory := (
      "01111111","10011000","10110000","11000110",
      "11011001","11101001","11110101","11111100",
      "11111111","11111100","11110101","11101001",
      "11011001","11000110","10110000","10011000",
      "01111111","01100110","01001110","00111000",
      "00100101","00010101","00001001","00000010",
      "00000000","00000010","00001001","00010101",
      "00100101","00111000","01001110","01100110");
BEGIN
  Bdata32(26 DOWNTO 0)  <=  FreqCtrl;
  Bdata32(31 DOWNTO 27)  <=  "00000";
PROCESS(CLK)
BEGIN
  IF (CLK'event AND CLK = '1') THEN
    IF(RST = '1') THEN
      ACC <= (others =>'0');
    ELSE
      ACC <= ACC + Bdata32;
    END IF;
  END IF;
END PROCESS;
PROCESS(CLK)
BEGIN
  IF (CLK'event AND CLK = '1') THEN
    IF(RST = '1') THEN
      DigitalWaveOut <= (others =>'Z');
```

```
      ELSE
        DigitalWaveOut <= WaveData(conv_integer(ACC(31 DOWNTO 27)));
      END IF;
    END IF;
  END PROCESS;
  END Behavioral;
```

（2）DDS 信号发生器顶层电路

DDS 信号发生器顶层电路原理图如图 9.3.3 所示。此 DDS 信号发生器是一个含有波形存储单元的控制器。控制器的输入为时钟信号(CLOCK)、复位信号(RESET)和频率控制信号(Freq_C[26..0]),控制器根据频率控制信号决定相位累加的步长,通过查表得到要输出的波形数据。输出信号为查表得到的波形数据(WaveData[7..0])。

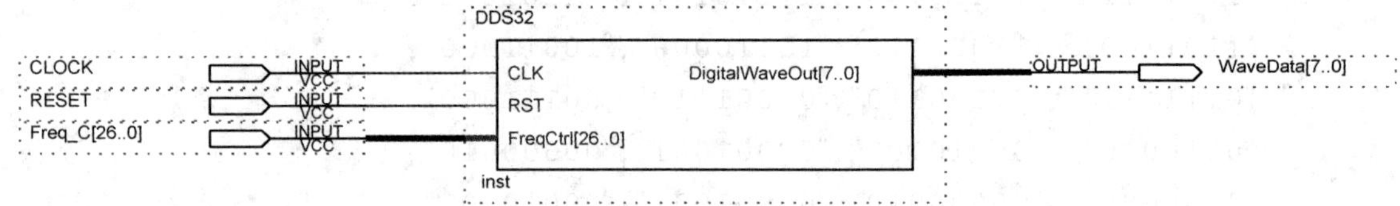

图 9.3.3　DDS 信号发生器顶层电路原理图

（3）D/A 转化电路

本系统的 D/A 转化电路由 DAC0832LCJ 和运放 uA741CN 组成,如图 9.3.4 所示。将图 9.3.3 中的 WaveData [7..0]与图 9.3.4 中的 D7 ~ D0 连接,可将输入的数字信号直接转化为模拟信号。

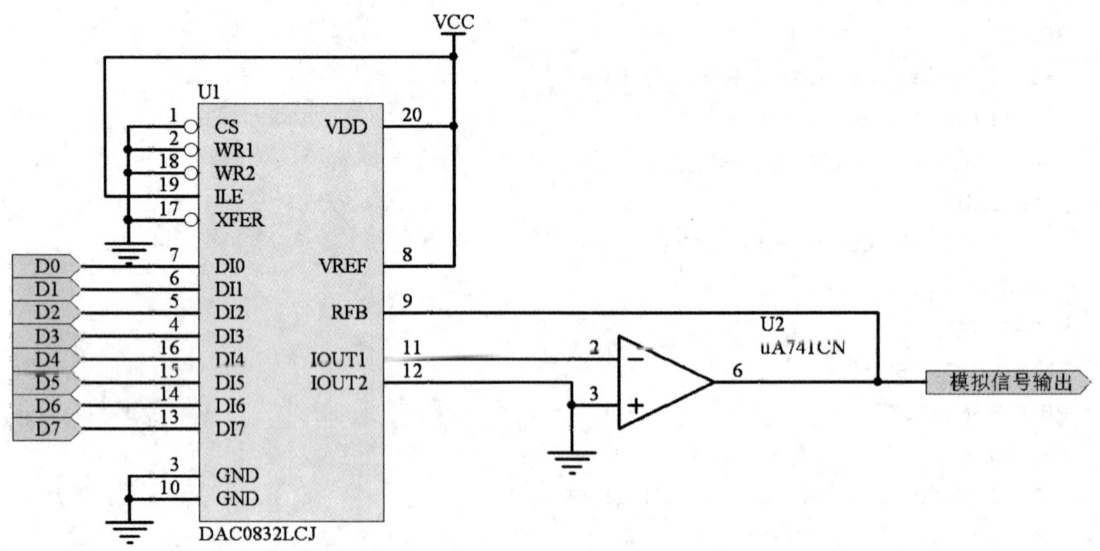

图 9.3.4　D/A 转化电路

9.3.3 仿真与测试

图 9.3.5 是采用 ModeSim 对 DDS32. vhd 的仿真波形。连接好电路，CLK 接 1MHz 有源晶振，RST 接一逻辑开关，并置为低电平，FreqCtrl[26..0]的高几位接逻辑开关，并置位低电平，FreqCtrl[12]端接一逻辑开关，并置为高电平，将图 9.3.3 中的 WaveData [7..0]与图 9.3.4 中的 D7 ~ D0 连接，接通电源，下载 DDS32. pof 文件到 EMP7128SLC84 - 15。这时用示波器可观察到 uA741CN 的 6 引脚输出约 1Hz 的正弦信号。改变频率控制引脚 FreqCtrl 所接逻辑开关的位置（置 **1** 或置 **0**），示波器上可看到频率的改变情况。

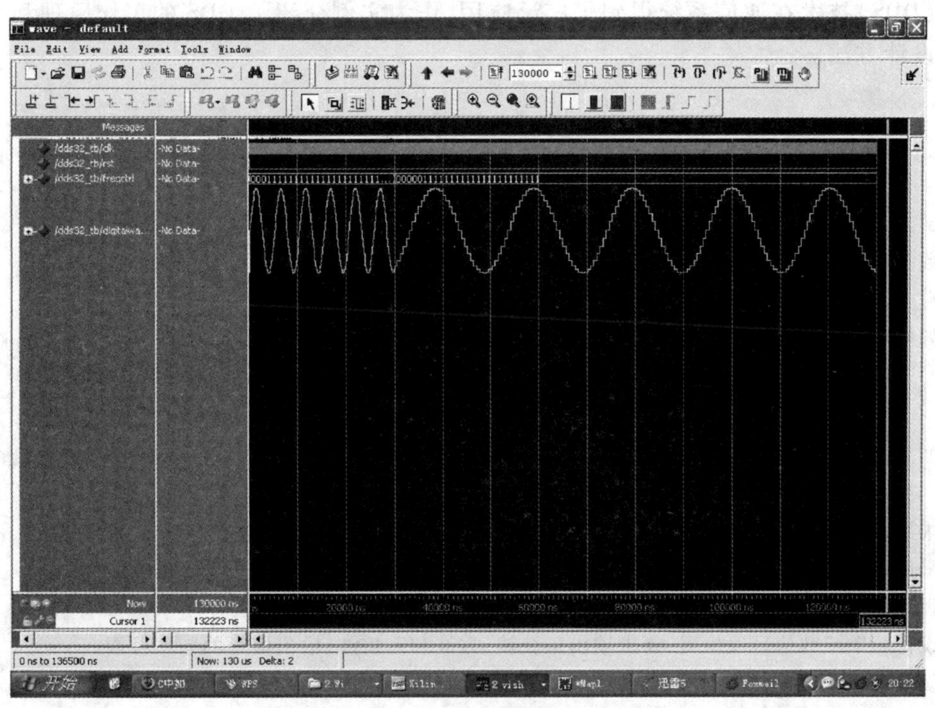

图 9.3.5　DDS32. vhd 的仿真波形

本 章 小 结

数字电子技术正在以前所未有的姿态高速发展，DSP 技术、SOPC 技术、EDA 技术等已经渗透到电子系统设计的各个方面，它们在数字通信、工业自动化、嵌入式系统设计、软件无线电、智能仪器仪表等领域起着核心技术支持的作用。

数字系统的核心是控制器电路和数字信号处理器电路。数字信号处理器电路在控制器的控制信号控制下完成各种操作。控制器是控制系统内各部分协同工作的电路，它根据输入信号及数字信号处理器电路反馈的信号，产生对数字信号处理器的控制信号以及系统对外界的输出信号。数字系统设计中一般采用自上而下或者自下而上的设计方法，要求设计者从整个系统的功能要求出发，逐级向下进行分解，直至分成许多最基本的模块。数字系统的设计往往不是一次就可以完成的，它需要反复推敲和实践，通过仿真或实际调试达到设计要求。本章通过实例介绍了数字系统设计的一般步骤。

本章在实例介绍中首先给出了简易测频法，由于计数器只能进行整数计数，因此简易测频法会引起±1 的测量误差。为了减小测量误差，介绍了恒精度测频法，恒精度测频法的测量精度与被测信号的频率无关，测量精度取决于标准频率信号的频率和预置门控信号的宽度。直接数字频率合成(DDS)技术在通信系统得到了广泛应用，作为实例介绍了 DDS 的工作原理和 DDS 信号发生器的设计方法。

思考题和习题

思考题

9.1 数字系统主要由哪些部分组成？

9.2 自上而下的设计方法的基本步骤是什么？

9.3 如何理解数字系统设计的核心是控制器的设计？

习题

9.1 如果测频用的闸门时间为 $T_S=1$ s，标准信号频率为 $f_S=1$ MHz，请设计一频率计，其测量范围为 1 ~ 9999 Hz。

9.2 采用 DDS 原理设计一个三角波信号发生器。

9.3 采用 DDS 原理设计一个方波信号发生器。

9.4 设计一个可测量脉冲宽度和占空比的频率计。

9.5 设计一个函数信号发生器，要求输出正弦波、方波和三角波，输出信号的频率可调。

9.6 设计一个数字钟，要求时、分、秒可调。

9.7 设计一个简易计算器，完成 4 位二进制数的加、减、乘、除运算，将运算结果显示在数码管上。

参考文献

[1] 张克农,宁改娣.数字电子技术基础[M].2版.北京:高等教育出版社,2010.

[2] M. Morris Mano.数字设计(影印版)[M].3版.北京:高等教育出版社,2002.

[3] M. Morris Mano.数字设计[M].4版.徐志军,尹廷辉,译.北京:电子工业出版社,2010.

[4] William Kleitz.数字与微处理器基础——理论与应用[M].4版.张太镒,李争,顾梅花,等译.北京:电子工业出版社.2004.

[5] 卢毅,赖杰.VHDL与数字电路设计[M].北京:科学出版社,2003.

[6] 康华光.电子技术基础(数字部分)[M].6版.北京:高等教育出版社,2014.

[7] 阎石.数字电子技术基础[M].6版.北京:高等教育出版社,2016.

[8] 汤山俊夫.数字电路设计与制作[M].彭军,译.北京:科学出版社,2005.

[9] 潘松,黄继业.EDA技术实用教程[M].6版.北京:科学出版社,2018.

[10] 谭会生,张昌凡.EDA技术及应用[M].4版.西安:西安电子科技大学出版社,2016.

[11] 臧春华,蒋璇.数字系统设计与PLD应用技术[M].3版.北京:电子工业出版社,2009.

[12] 赵曙光,郭万有.可编程逻辑器件原理、开发与应用[M].2版.西安:西安电子科技大学出版社,2006.

[13] 陈云洽,保延翔.CPLD应用技术与数字系统设计[M].北京:电子工业出版社,2003.

[14] 李国洪,沈明山.可编程器件EDA技术与实践[M].北京:机械工业出版社,2004.

[15] 赵不贿.在系统可编程器件与开发技术[M].北京:机械工业出版社,2004.

[16] 万天才.频率合成器技术发展动态[J].微电子学,2004.34(4):366-370.

[17] 肖金球,潘敬熙,诸跃进.CPLD在数字频率测量中的应用[J].微计算机信息,2005,29:37-40.

[18] 林红,周鑫霞.数字电路与逻辑设计[M].北京:清华大学出版社,2004.

[19] 江晓安,董秀峰,杨颂华等.数字电子技术[M].3版.西安:西安电子科技大学出版社,2008.

[20] 鲍家元,毛文林.数字逻辑[M].2版.北京:高等教育出版社,2002.

[21] 王玉龙.数字逻辑实用教程[M].北京:清华大学出版社,2002.